THE GREAT LEVELER

불평등의 역사

불평등의 역사

초판 1쇄 발행일 2017년 9월 29일　**초판 3쇄 발행일** 2018년 10월 20일

지은이 발터 샤이델 | **옮긴이** 조미현
펴낸이 박재환 | **편집** 유은재 김예지 | **관리** 조영란
펴낸곳 에코리브르 | **주소** 서울시 마포구 동교로 15길 34 3층(04003) | **전화** 702-2530 | **팩스** 702-2532
이메일 ecolivres@hanmail.net | **블로그** http://blog.naver.com/ecolivres
출판등록 2001년 5월 7일 제10-2147호
종이 세종페이퍼 | **인쇄·제본** 상지사 P&B

ISBN 978-89-6263-164-7 93900

책값은 뒤표지에 있습니다.　잘못된 책은 구입한 곳에서 바꿔드립니다.

불평등의 역사

발터 샤이델 지음 | 조미현 옮김

에코리브르

알브레히트 뒤러(Albrecht Dürer), '묵시록(The Apocalypse)' 연작 중 '묵시록의 네 기사(The Four Horsemen of the Apocalypse)'(1497~1498), 목판화(38.7×27.9센티미터).

어머니에게

"그러니 분배로써 초과량을 원상태로 되돌려야 한다.
그리고 모든 인간은 가질 만큼 가졌다."
—셰익스피어, 《리어왕》

"부자들을 없애라. 그러면 가난한 이들을 찾지 못하리니."
—《재산(De Divitiis)》

"신은 우리가 처한 위험보다 더 끔찍한 치유법을 얼마나 자주 찾아내시던가!"
—세네카, 《메데아(Medea)》

차례

그림과 표 목록

그림

표

감사의 글

가진 자들과 못 가진 자들 간의 격차는 인류 문명을 거치는 사이 벌어졌다 좁혀졌다를 반복해왔다. 대중적 담론에서는 최근 들어서야 다시 두각을 나타냈을지 몰라도 경제적 불평등은 그 역사가 깊다. 내 책은 대단히 장기적인 관점에서 이런 역사를 추적하고 설명해보고자 한다.

이토록 장기적인 관점으로까지 내 시선을 끌어당긴 최초의 인물 중 한 명은 자신의 연구를 통해 고대까지 거슬러 올라간 세계적 불평등 전문가 브랑코 밀라노비치(Branko Milanovic)다. 만약 그와 같은 경제학자들이 좀 더 많아진다면, 좀더 많은 역사가들이 귀를 기울일 것이다. 10년 전쯤 스티브 프리슨(Steve Friesen)은 나로 하여금 고대의 소득 분배에 관해 더 깊이 생각해보게끔 만들었고, 에마뉘엘 사에즈(Emmanuel Saez)는 스탠퍼드 대학교의 행동과학고등연구센터에서 함께 보낸 1년 동안 그런 나의 관심을 한층 더 자극했다.

내 시각과 논거는 토마 피케티(Thomas Piketty)의 작업에서 적잖이 영감을 받았다. 21세기 자본에 관한 도발적인 책으로 피케티가 자신의 생각을 더 많은 독자에게 소개하기 이전에 나는 수년간 그의 저술을 탐독했고, 지난 두 세기(나 같은 고대사 학자에게는 '단기간'으로 여겨지는 시간)를 뛰어넘어 그것이 타당한지 고민했다. 그의 대표작은 나로 하여금 단순한 고찰에서 나만의 연구를 집필하는 데까지 옮아가게 한 자극제가 되었다. 길을 열어준 그에게 정말 감사할 따름이다.

폴 시브라이트(Paul Seabright)의 초대로 2013년 12월 툴루즈(Toulouse) 고등연구소에서 성공적인 강연을 함으로써 이 주제를 둘러싸고 흩어졌던 생각들이 한층 일관된 논거를 형성하기에 이르렀고, 이 책의 기획을 추진해볼 용기도 생겼다. 샌타페이연구소에서 이뤄진 초기의 2차 토론 도중 샘 볼스(Sam Bowles)는 매섭지만 우호적인 평론가임을 입증했고, 수레시 나이두(Suresh Naidu)는 유용한 조언을 해주었다.

동료인 케네스 스케브(Kenneth Scheve)가 스탠퍼드 대학교 유럽센터를 대표해 컨퍼런스를 준비해달라고 요청했을 때, 나는 장구한 역사 속에서 이어져온 물질적 불평등의 진화에 관해 토론할 여러 분야의 전문가를 집결시킬 기회를 잡았다. 2015년 9월 빈에서 열린 우리의 모임은 즐겁고 유익했다. 공동 조직위원인 베른하르트 팔메(Bernhard Palme)와 피어 브리즈(Peer Vries)를 비롯해 재정적 지원을 해준 케네스 스케브와 오거스트 라이니시(August Reinisch)에게 감사드린다.

그뿐만 아니라 나는 에버그린 주립대학, 코펜하겐 대학교와 룬드 대학교, 베이징의 중국사회과학원에서 발표할 때 얻은 피드백에서도 도움을 받았다. 위 행사들을 주최한 울리케 크로체크(Ulrike Krotscheck), 페테르 방(Peter Bang), 카를 함푸스 리트켄스(Carl Hampus Lyttkens), 리진유(Liu Jinyu), 후유주안(Hu Yujuan)에게도 고마움을 전한다.

데이비드 크리스천(David Christian), 조이 코널리(Joy Connolly), 피터 간지(Peter Garnsey), 로버트 고든(Robert Gordon), 필리프 호프먼(Philip Hoffman), 브랑코 밀라노비치, 조엘 모커(Joel Mokyr), 레비얼 네츠(Reviel

Netz), 셰브케트 파무크(Şvket Pamuk), 데이비드 스테이새비지(David Stasavage)와 피터 터친(Peter Turchin)은 매우 친절하게도 원고 전체를 읽고 코멘트를 해줬다. 카일 하퍼(Kyle Harper), 윌리엄 해리스(William Harris), 제프리 크론(Geoffrey Kron), 피터 린더트(Peter Lindert), 조사이어 오버(Josiah Ober)와 토마 피케티도 책의 일부를 읽어줬다. 코펜하겐 삭소연구소(Saxo Institute)의 역사학자들은 함께 모여 내 원고를 놓고 토론했는데, 나는 특히 군네르 린(Gunner Lind)과 얀 페데르센(Jan Pedersen)의 폭넓은 조언에 감사를 표하고 싶다. 앤 오스틴(Anne Austin), 카라 쿠니(Kara Cooney), 스티브 하버(Steve Haber), 메릴린 매슨(Marilyn Masson), 마이크 스미스(Mike Smith), 개빈 라이트(Gavin Wright)로부터 특정 부문에 대한 소중한 전문적 조언과 질문을 받기도 했다. 의당 받아들였어야 할 그들의 코멘트를 수용하지 않은 것은 순전히 내 개인적 불찰이다.

자신들의 미발간 저술을 아낌없이 공유해준 귀도 알파니(Guido Alfani), 카일 하퍼, 미카엘 유르사(Michael Jursa), 제프리 크론, 브랑코 밀라노비치, 이언 모리스(Ian Morris), 헨리크 모우리첸(Henrik Mouritsen), 조사이어 오버, 피터 린더트, 베른하르트 팔메, 셰브케트 파무크, 마크 파이지크(Mark Pyzyk), 케네스 스케브, 데이비드 스테이새비지, 피터 터친, 제프리 윌리엄슨(Jeffrey Williamson) 등 많은 동료 학자에게 더할 나위 없는 감사를 전한다. 브랜든 듀폰트(Brandon Dupont)와 조슈아 로젠블룸(Joshua Rosenbloom)은 매우 유익하게도 남북 전쟁 기간 동안 미국의 부의 분배에 관한 통계 자료를 작성하고 공유해주었다. 레오나르도 가스파리니(Leonardo Gasparini), 브랑코 밀라노비치, 셰브케트 파무크, 레안드로 프라도스 데라 에스코수라(Leandro Prados de la Escosura), 케네스 스케브, 미카엘 스텐쿨라(Mikael Stenkula), 롭 슈테판(Rob Stephan), 클라우스 벨데(Klaus

Wälde)는 친절하게도 내게 자료 파일을 보내줬다. 스탠퍼드에서 경제학을 전공한 앤드루 그라나토(Andrew Granato)는 귀중한 리서치 보조 업무를 맡아줬다.

나는 2015/2016 학기 동안 '스탠퍼드 인문학 및 예술 안식년 향상 장학금'을 지원해준 데 대해 데브라 새츠(Debra Satz)와 리처드 샐러(Richard Saller) 학장님께 감사드린다. 이 안식년이 있었기에 나는 원고 마무리 작업을 하던 2016년 봄을 코펜하겐의 삭소연구소에서 방문 연구원으로 보낼 수 있었다. 덴마크 동료들의 따뜻한 환대와 특히 내 친한 벗이자 연거푸 공동 저술자로 작업한 페테르 방에게 고마움을 전한다. 아울러 이 프로젝트를 밀고 나갈 수 있도록 연구 장학금을 수여한 '존 사이먼 구겐하임 기념재단'에도 약간은 어색한 감사의 말을 전해야겠다. 이 장학금을 받을 기회가 생기기 전에 어떻게든 책을 끝내려 안간힘을 썼건만, 훗날 반드시 노력을 쏟아 이를 최대한 활용할 것이다.

프로젝트의 끝이 보이기 시작할 무렵, 조엘 모키르는 흔쾌히 이 책을 그의 총서 시리즈에 포함시키겠다는 제안을 했고, 검토 과정 내내 나의 계획을 끌고 갈 수 있도록 도와줬다. 그의 지원과 신중한 코멘트가 얼마나 고마웠는지 모른다. 롭 템피오(Rob Tempio)는 멋진 선동가이자 편집자, 진정한 애서가이자 필자를 옹호해주는 사람이었다. 아울러 그는 이 책의 제목을 추천해주기도 했다. 그의 동료 에릭 크레이헌(Eric Crahan)은 나에게 두 권의 연관된 프린스턴 출판물의 페이지 조판 교정쇄를 때맞춰 보도록 해줬다. 아울러 완벽하게 매끄럽고 신속한 제작을 할 수 있도록 해준 제니 월코위키(Jenny Wolkowicki), 캐럴 맥길브레이(Carol McGillivray), 조너선 해리슨(Jonathan Harrison) 그리고 멋진 책 표지를 디자인해준 크리스 퍼란테(Chris Ferrante)에게도 감사드린다.

서문

불평등이라는 도전 과제

'위험하게 증가하는 불평등'

억만장자가 몇 명 있어야 세계 인구 절반의 순자산과 맞먹을까? 2015년에는 지구상 최고 부자 62명이 인류의 절반인 하위 35억 명의 개인 순자산을 합친 것만큼 소유했다. 만일 현장 학습을 같이 가기로 한다면 그들은 대형 관광버스 한 대면 너끈할 것이다. 전년도에는 그 문턱을 통과하는 데 억만장자 85명이 필요했으니 아마도 더 널찍한 2층 버스를 불러야 했을 것이다. 아울러 그리 오래전도 아닌 2010년에는 지구상 나머지 절반의 자산을 상쇄하려면 388명이 자기의 재원을 그러모아야 했다. 이는 소규모 차량 대열이 필요하든, 아니면 통상적인 보잉 777이나 에어버스 A340을 가득 채울 법한 인원이다.[1]

그러나 불평등이란 수십억만 장자들만 있다고 탄생하는 것은 아니다. 오늘날 전 세계 가구 중 제일 부유한 1퍼센트는 지구상 개인 순자산의 절반보다 조금 더 많이 소유하고 있다. 그중 일부가 해외 계좌에 은닉하고 있는 자산을 포함한다면 분배는 한층 더 편중될 것이다. 이러한 격차는 단순히 선진국과 개발도상국 간 막대한 평균 소득 차이에서 기인하지 않는다. 비슷한 불균형이 국가 내부에도 존재한다. 현재 미국 최고 부자

20명은 이 나라 하위 50퍼센트 가구를 전부 합친 것만큼 소유하고 있으며, 소득 상위 1퍼센트는 국민 총소득의 약 5분의 1을 차지한다. 불평등은 세계 대부분 지역에서 증가해왔다. 최근 몇십 년간 소득과 부는 유럽과 북미에서, 구소련에서, 그리고 중국과 인도 및 기타 지역에서 더욱 고르지 않게 분배되어왔다. 아울러 가진 자들한테는 더 많은 재물이 들어오기 마련이다. 미국에서는 상위 1퍼센트 중에서도 다시 상위 10분의 1(상위 0.1퍼센트)이 1970년대에 그들이 점유한 비중의 4배를 차지하고 있는 사이, 동일 집단에서 가장 잘 버는 1퍼센트(최상위 0.01퍼센트 소득 계층에 속한 이들)는 자신들의 몫을 거의 6배나 증가시켰다. 반면 나머지 사람들은 평균 4분의 3 정도의 수익을 올렸다—눈살을 찌푸릴 정도는 아니나, 그들보다 위에 있는 계층의 상승과는 큰 차이가 있다.[2]

'1퍼센트'는 입에서 술술 나오는 간편한 별칭으로 이 책에서 내가 반복적으로 사용할 표현인데, 극소수 사람들의 수중에 들어간 부의 집중 정도를 모호하게 만드는 작용도 한다. 1850년대에 너대니얼 파커 윌리스(Nathaniel Parker Willis)는 뉴욕 상류 사회를 기술하기 위해 '상위 1만 명(Upper Ten Thousand)'이라는 용어를 만들었다. 오늘날 불평등 확대에 으뜸으로 기여하는 이들을 제대로 다루기 위해서는 '상위 1만 번째(Upper Ten-Thousandth)'라는 변종이 필요할 수도 있겠다. 그리고 이 동떨어진 집단 내에서도 최상위에 속한 이들은 계속해서 그들을 제외한 모든 사람을 한참 앞지르고 있다. 현재 미국의 최대 재산은 연간 평균 가계 소득의 약 100만 배이며, 이는 1982년보다 20배 많은 수치다. 그렇다 해도 미국은 중국에 밀리고 있는지 모른다. 중국은 오늘날 현저하게 떨어진 명목 국내총생산(GDP)에도 불구하고 훨씬 많은 억만장자들이 생겨나고 있다니 말이다.[3]

이 모든 것이 증폭되는 불안감을 불러일으킨다. 2013년 버락 오바마(Barack Obama) 대통령은 불평등의 증가를 '명백한 도전 과제'로 격상시켰다.

> 그리고 미국 중산층의 기본적 합의—열심히 일하면 출세할 수 있다—를 위태롭게 해온 것은 바로 위험한 불평등의 증가이며, 계층 상승의 부재입니다. 저는 이것이 우리 시대의 명백한 도전 과제라고 생각합니다. 우리 경제가 반드시 일하는 모든 미국인을 위해 돌아가도록 만들어야 합니다.

2년 전 수십억만 장자 투자가 워런 버핏(Warren Buffett)은 자신과 자기의 '갑부 친구들(mega-rich friends)'이 충분한 세금을 내지 않는다며 불만을 제기했다. 이런 의견에 많은 이들이 공감하고 있다. 2013년 자본주의 불평등에 관한 700쪽짜리 학술서 한 권이 출판한 지 18개월도 안 돼 150만 부가 팔리면서 〈뉴욕 타임스〉 논픽션 하드커버 베스트셀러 1위에 올랐다. 2016년 민주당 대통령 예비 선거에서 상원의원 버니 샌더스(Bernie Sanders)가 퍼부은 '억만장자 계층(billionaire class)'에 대한 맹렬한 비난은 다수의 민심을 일깨워 풀뿌리 지지자들로부터 수백만 달러의 소액 기부를 이끌어냈다. 중화인민공화국의 지도자마저도 '소득 분배 제도 개혁' 방법에 관한 보고서를 승인함으로써 공개적으로 이 문제를 시인했다. 자꾸만 고개를 쳐드는 모든 의구심은 구글(Google)이 불식시킨다. 내가 거주하는 샌프란시스코만 지역에서 불평등을 양산하는 어마어마한 돈벌이 업체 중 하나인 구글은 소득 불평등이 대중의 의식 속에서 점점 부각되는 추이를 추적할 수 있게끔 해준다(그림 I.1).[4]

그럼 부자들은 그냥 계속 더욱 부자가 됐을까? 딱히 그런 것 같지는 않

그림 I.1 미국 상위 1퍼센트의 (연간) 소득 비중과 '소득 불평등' 참고 자료(3년 이동 평균), 1970~2008년

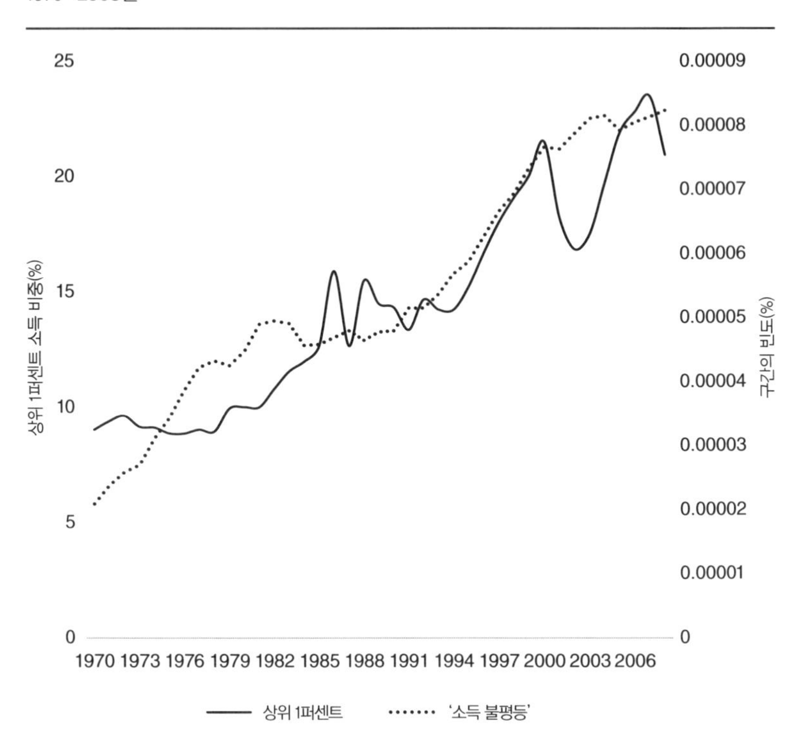

다. 많은 비방을 받아왔던 '억만장자 계층', 아니 좀더 광범위하게 말하면 '1퍼센트'의 탐욕에도 불구하고 미국의 상위 소득 비중은 과거 1929년 도달했던 수준을 최근 들어서야 겨우 따라잡았으며, 자산의 집중은 그때보다 지금이 덜 심하다. 제1차 세계대전 전야의 잉글랜드에서는 충격적이게도 전국 가구 중 가장 부유한 10분의 1이 전체 개인 자산의 92퍼센트를 움켜쥐고 그 밖의 사람들을 거의 밀어냈다. 오늘날 그들이 차지하는 비중은 절반보다 약간 많은 정도다. 높은 불평등에는 극도로 오래된 족보가 있다. 2000년 전 로마의 최대 개인 재산은 제국의 1인당 연간 평균 소

득의 약 150만 배에 달했는데, 이는 오늘날 빌 게이츠와 평균적인 미국인 사이의 비율과 대충 같다. 모르긴 해도 로마 제국의 전반적 소득 불평등 수준은 미국과 크게 다르지 않았다. 그렇지만 대규모 재산은 600년경 교황 그레고리오 1세 시대에 사라졌고, 그나마 로마 귀족들은 빚을 지지 않고 버티기 위해 교황청 지원금에 의존했다. 이 경우처럼 가끔씩 불평등이 감소하기도 했는데, 이는 많은 사람이 더 가난해졌기도 하지만 부자들은 잃을 게 더 많았기 때문이다. 다른 경우를 보면, 자본 수익률이 떨어진 시기에 노동자의 살림살이가 나아졌다. 실질 임금이 2배 혹은 3배로 늘어나 노동자들이 고기와 맥주로 식사하는 동안, 지주들은 체면을 지키려 몸부림쳤던 흑사병 이후의 서유럽이 대표적 사례다.[5]

소득과 부의 분배는 시간이 지나면서 어떻게 발달해왔으며, 왜 가끔씩 그토록 크게 달라졌던 걸까? 최근 몇 년간 불평등에 쏠린 막대한 관심을 감안하면, 여기에 대해 우리가 알고 있는 것은 아직 생각보다 적다. 꾸준한 성장세를 보이는, 종종 고도로 전문적인 학자 집단에서는 가장 시급한 다음의 질문에 주목한다. 왜 지난 세대를 거치는 동안 소득은 종종 더욱 집중되었는가? 어떤 힘이 20세기 초 세계 곳곳에 밀어닥친 불평등을 초래했는지에 관해 쓴 글은 별로 없었다—그보다 먼 과거의 물적 자원 배분에 관한 글은 더더욱 없었다. 명백히 오늘날 세계에서 소득 격차가 증가한 데 대한 관심은 마치 현대의 기후 변화가 관련 역사 자료를 분석하도록 부추겨온 것만큼이나 한층 장기적 관점에서의 불평등 연구에 탄력을 불어넣었다. 그러나 아직 우리에게는 큰 그림에 대한 제대로 된 느낌이 없다. 관찰 가능한 폭넓은 범위의 역사를 다루는 범지구적 조사도 부족하다. 소득과 부의 분배를 형성해온 메커니즘을 이해하기 위해서는 초(超)문화적이고 비교적(comparative)이고 장기적인 시각이 반드시 필요하다.

네 기사

물질적 불평등은 우리 모두를 살아 있게 하는 데 소용되는 최소한도 이상의 자원에 대한 접근성을 필요로 한다. 잉여란 수만 년 전에도 이미 존재했으며, 그것을 불균등하게 나눌 채비가 된 인간들 역시 항상 있었다. 옛날 마지막 빙하기의 수렵·채집인은 시간과 재물을 할애해 어떤 개인을 다른 사람들보다 훨씬 더 호화롭게 매장했다. 그러나 전적으로 새로운 차원에서 부를 창출한 것은 바로 식량 생산—농경과 목축—이었다. 불평등의 증가와 지속은 충적세(沖積世)를 규정하는 특징이 됐다. 작물 재배와 가축 사육으로 생산 자원을 축적하고 보존하는 일이 가능했다. 이런 자산에 대한 권리를 규정하기 위해 사회 규범이 발전했고, 여기에는 후손에게 그것을 전해주는 능력도 포함됐다. 이러한 조건 아래 소득과 부의 분배가 다양한 경험에 의해 형성되기에 이르렀다. 요컨대 건강, 결혼 전략과 번식 성공, 선택적 소비와 투자, 대풍년, 메뚜기 떼와 우역(rinderpest, 牛疫: 소나 그 비슷한 동물에게 발생하는 전염병—옮긴이) 등이 한 세대에서 다음 세대로 전해질 재산을 결정했다. 운과 노력의 산물은 시간의 경과와 더불어 장기적으로 불균등한 결과를 초래했다.

이론상으로는 체제가 물질 자원의 배분과 노동 결실의 균형을 바로잡기 위해 고안한 개입을 통해 막 고개를 쳐들던 격차를 고르게 다질 수 있었을 것이다. 일부 전근대 사회가 실제로 시행했다고 알려진 것처럼 말이다. 하지만 사회적 진화는 일반적으로 현실에서는 역효과를 가져왔다. 식량의 가축화는 또한 길들여진 인간을 만들었다. 고도로 경쟁적 조직 형태인 국가의 형성은 소득과 부에 대한 접근 기회를 편중시키는 가파른 권력 위계와 강제력을 구축했다. 정치적 불평등은 경제적 불평등을 강화하고 증폭시켰다. 대부분의 농경 시대에 국가는 다수를 희생시켜 소수의 배를 불렀다. 급료와 공공 서비스 혜택에서 오는 이익은 부패, 갈취, 약탈로 얻는 것에 비하면 아무것도 아니었다. 결과적으로 많은 전근대 사회는 성장과 더불어 최대한 불평등해졌고, 낮은 1인당 생산량과 최소 성장이라는 조건 아래서 소수 엘리트들이 잉여를 전용하는 한계를 시험했다. 그리고 좀더 온건한 체제가 더 왕성하게 경제 발전을 촉진할 때—이는 부상 중이던 서구에서 가장 두드러졌다—높은 상태의 불평등은 끊임없이 지속됐다. 도시화, 상업화, 금융 부문의 혁신, 갈수록 세계적 규모를 갖추어 가는 무역 그리고 마지막으로 산업화는 자본 소유자들에게 풍성한 수익을 안겨줬다. 노골적 권력 행사에서 비롯된 지대(rent, 地代)가 줄어들어 엘리트를 살찌우던 전통적 원천이 차단되자 좀더 안전한 재산권과 국가 공약이 세습적인 개인 자산의 보호를 강화했다. 경제 구조, 사회 규범 및 정치 제도가 달라졌음에도 불구하고 소득과 부의 불평등은 여전히 높거나 아니면 새로운 성장 활로를 찾았다.

수천 년 동안 문명은 평화적인 평등화에 적합하지 않았다. 안정은 다양한 사회와 각기 다른 발전 수준을 망라해 경제적 불평등을 편애했다. 이는 빅토리아 시대의 영국에서처럼 파라오의 이집트에서도 그랬고, 미국에서와 마찬가지로 로마 제국에서도 그러했다. 기존 질서를 붕괴시키고 소득과 부의 분배를 압박해 빈부 격차를 좁히는 데는 격렬한 충격이 그 무엇보다 중요했다. 역사를 통틀어 가장 강력한 평준화는 예외 없이 가장 강력한 충격으로 인해 발생했다. 네 가지 다른 종류의 격렬한 분출이 불평등의 벽을 허물어왔다. 요컨대 대중 동원 전쟁, 변혁적 혁명, 국가 실패 그리고 치명적 대유행병이 그것이다. 나는 이것들을 '평준화의 네 기사(騎士)'라고 부른다. 이것들은 바로 성경의 4인방처럼 전진해 "땅에서 평화를 거두"고 "칼과 굶주림과 흑사병과 들짐승으로 사람들을 죽"였다. 이것들은 때로는 독자적으로 움직이고 때로는 서로 협력하며 현대인에게 흔히 묵시록이나 다름없어 보이는 결과물을 양산했다. 수억 명이 이것들의 뒤를 따라 목숨을 잃었다. 그리고 사태가 잠잠해질 때쯤 가진 자와 못 가진 자 사이의 간극이 줄어들었다. 가끔은 극적일 정도였다.[6]

오직 특정 유형의 폭력만이 줄기차게 불평등을 끌어내렸다. 대부분의 전쟁은 자원 배분에 어떤 체계적 효과도 미치지 못했다. 정복과 약탈이라는 토양에서 번성한 낡은 방식의 충돌은 승자 쪽 엘리트는 풍요롭게, 패자 쪽 엘리트는 빈곤하게 만들 가능성이 높긴 했지만 결말이 덜 명확할 때는 예견할 수 있는 결과가 나오지 않았다. 전쟁이 소득과 부의 격차를 평준화하려면 사회 전체에 침투해 종종 근대 국민 국가에서나 실행 가능했던 규모로 인력과 자원을 동원할 필요가 있었다. 이는 양차 세계대전이 왜 역사상 최대의 평등화 동력이 되었는지를 설명해준다. 산업적 규모의 전쟁으로 유발된 물리적 파괴, 몰수나 다름없는 과세, 정부의 경제 개입, 인플레이션, 재화와 자본의 국제적 흐름 붕괴 및 기타 요인이 일제히 결합해 엘리트의 부를 말살하고 자원을 재분배했다. 이것들은 또한 평등화를 추구하는 정책 변화에도 유례없이 강력한 촉매제로 작용했고 선거권 확대, 노동조합 설립 및 복지 국가 확대에 강력한 추진력을 제공했다. 양차 세계대전의 충격은 선진국 사이에 소득과 부의 불평등이 대폭 감소하는 이른바 '대압착(Great Compression, 大壓搾)'으로 이어졌다. 대부분 1914~1945년 시기에 집중된 대압착은 자연적으로 완전히 수그러들기까지 50~60년이 걸렸다. 이전의 대중 동원 전쟁은 이렇게까지 널리 여파를 미친 적이 없었다. 나폴레옹 시대의 전쟁이나 미국의 남북 전쟁은 혼재된 분배적 성과를 가져왔고, 과거로 더 거슬러 올라갈수록 적절한 증거는 도리어 희박해진다. 아테네와 스파르타로 대표되는 고대 그리스 도시국가 문명은 강력한 대중적 군사 동원과 평등주의적 제도가 비록 절반의 성공일지라도 물질적 불평등을 압박하는 데 얼마만큼 도움을 주는지 보여주는 가장 앞선 사례임에 틀림없다.

세계대전은 변혁적 혁명이라는 평준화의 두 번째 핵심 동력을 잉태했다. 보통은 내부 갈등이 불평등을 줄인 적은 없었다. 농민 봉기와 도시 폭동은 전근대 역사에는 흔했지만 일반적으로 실패했고, 개도국들의 내전은 소득 배분의 불균형을 줄이기보다 더욱 심화하는 경향이 있다. 과격한 사회 구조 조정은 물질 자원에 대한 접근 권한을 재구성하려면 이례적으로 강력해야 할 필요가 있다. 대중 동원 전쟁과 비슷하게 이는 주로 20세기의 현상이었다. 몰수하고 재분배한 다음 흔히 집산화한 공산주의자들은 불평등을 극적인 규모로 평준화시켰다. 이 중에서도 가장 혁신적인 혁명에는 엄청난 폭력이 수반됐고, 결국 사망자 수와 인류의 고통이라는 관점에서 보면 세계대전에 필적했다. 프랑스 혁명처럼 피를 훨씬 덜 흘린 분출은 그만큼 더 적은 규모로 평준화를 이뤘다.

폭력은 국가를 통째로 파괴할 수도 있다. 국가 실패 혹은 체제 붕괴는 특히 믿을 만한 평준화 수단이 되곤 했다. 대부분의 역사에서 부자는 정치적 권력 위계의 상층부나 그 가까이에 자리 잡든가, 아니면 그런 부류와 연계되어 있었다. 게다가 국가는 최저 생계 수준을 넘어서는 경제 활동을 위해 현대적 기준으로 보면 시시할지언정 보호 조치를 제공했다. 국가가 해체되자 이러한 지위, 인맥, 보호 장치는 압박을 받거나 한꺼번에 사라졌다. 국가가 흐트러지면 모두가 고통 받을 테지만, 부자는 그야말로 잃을 게 더 많았다. 엘리트의 소득과 부가 줄어들거나 무너지면서 전반적인 자원 분배를 압박했다. 이는 국가가 존재하는 한 언제나 발생해온 일이다. 가장 최초라고 알려진 사례는 4000년 전 고대 이집트 왕국과 메소포타미아의 아카디아(Akkadia) 제국으로 거슬러 올라간다. 오늘날조차도 소말리아(Somalia)의 경험은 한때 막강했던 이 평준화 동력이 완전히 사라진 게 아니었음을 시사한다.

국가 실패는 폭력적 수단에 의한 평준화라는 법칙을 논리적 극단까지 밀고 간다. 그것은 기존의 정치 체제를 개혁하고 개편해 재분배와 균형 조정을 이뤄내는 대신, 한층 포괄적인 방식으로 과거를 깨끗이 지워버린다. 처음의 세 기사는 각기 다른 단계를 나타낸다. 순서대로 등장할 가능성이 높다는 의미가 아니라—대혁명은 대규모 전쟁으로 인해 촉발되는 반면, 일반적으로 국가 붕괴는 그만큼 강한 압력을 필요로 하지 않는다—그 강도의 관점에서 그렇다는 뜻이다. 그것들 전부가 갖는 공통점은 정치 및 사회의 질서와 함께 소득과 부의 분배를 재구축하기 위해 폭력에 의존한다는 사실이다.

인류가 일으킨 폭력에는 오랜 경쟁 상대가 있었다. 과거에는 페스트, 천연두, 홍역이 사상 최대의 군대나 가장 치열한 혁명가들이 꿈꿨던 것보다 훨씬 강력한 힘으로 전 대륙을 쑥대밭으로 만들었다. 농경 사회에서는 전염병이 어떤 경우 인구의 3분의 1 또는 그 이상을 앗아가 노동력의 부족을 초래했고, 통상 멀쩡하게 남아 있는 고정 자산 및 기타 비인간적 자본(nonhuman capital)의 가치를 상대적으로 올려놨다. 실질 임금이 상승하고 임대료가 하락함으로써 결과적으로 노동자는 이득을 보고 지주와 고용주는 손해를 봤다. 제도가 끼어들어 이런 변화의 규모를 조정했다. 엘리트들은 흔히 지시와 물리력을 통해 기존의 장치를 어떻게든 지켜보려 했으나 평등화를 향한 시장의 힘을 제어하는 데는 번번이 실패했다.

대유행병은 폭력적 평준화의 네 기사단을 완결시킨다. 하지만 불균형을 완화하는 좀더 평화적인 다른 메커니즘도 있었을까? 대규모 평준화만 생각한다면 대답은 틀림없이 부정적이다. 전체 역사를 통틀어 우리가 기록으로 알 수 있는 물질적 불평등의 굵직한 압축 하나하나는 이 네 가지 평준화 동력 중 한 개 이상이 주도한 것이었다. 더욱이 대규모 전쟁과 혁명은 단순히 이런 사건과 직접적으로 연관된 국가에만 작용하지 않았다. 세계대전과 공산주의로 무장한 도전자들에게 노출된 국외자 사이에서도 경제 상황, 사회적 기대, 정책 수립에 영향을 미쳤다. 이런 파급 효과는 격렬한 충돌에 뿌리를 둔 평준화의 영향력을 한층 확대했다. 이런 점 때문에 1945년 이후 세계 많은 곳에서 일어난 발전을 그보다 앞선 충격 및 그러한 충격의 지속된 반향으로부터 구분하기가 어렵다. 2000년대 초 중남미의 소득 불평등 감소가 비폭력적 평등화의 가장 유망한 후보일 수도 있으나, 이러한 추세는 비교적 미미한 범위에 머물렀고 지속 가능성도 불확실하다.

다른 요인들은 기록이 엇갈린다. 고대에서 현재에 이르기까지 토지 개혁은 폭력이나 폭력에 대한 위협과 제휴했을 때 불평등을 최대한 줄이는 경향이 있었다—아울러 그렇지 않을 땐 최소한으로만 줄였다. 거시경제적 위기는 소득과 부의 분배에 잠깐만 영향을 미쳤을 뿐이다. 민주주의는 저절로 불균형을 완화시키지 않는다. 교육과 과학기술의 변화는 의심할 바 없이 소득 분산에 영향을 미치지만, 교육과 기술에서 얻는 수익은 격렬한 충격에 대단히 민감하다는 게 입증됐다. 마지막으로, 엄밀한 의미에서 근대의 경제 발전이 격차를 좁힌다는 견해를 받쳐줄 설득력 있는 실증적 증거는 없다. 네 기사가 보여준 것에 조금이라도 대적할 만한 효과를 거둔 적이 있는 온건한 압박 수단의 목록이 없다는 얘기다.

하지만 충격은 수그러든다. 국가가 실패하면 조만간 다른 국가가 그 자리를 대체했다. 전염병이 진정되자 인구 축소는 역전되고, 다시 시작된 인구 증가는 점차 노동과 자본의 균형 상태를 이전 수준으로 되돌려놓았다. 세계대전은 비교적 짧았고, 그 여파는 시간이 지나면서 잠잠해졌다. 최고 세율과 노조 조직률은 떨어지고, 세계화가 부상하고, 공산주의는 자취를 감추고, 냉전 시대는 끝나고, 제3차 세계대전의 가능성은 희미해졌다. 이 모든 게 최근 불평등이 부활한 이유를 더 이해하기 쉽게끔 만든다. 전통적인 격렬한 평준화 동력은 현재 휴면기에 들었고, 가까운 미래에 귀환할 가능성은 낮다. 그만큼 강력한 대안적 평등화 메커니즘은 나타나지 않고 있다.

가장 앞선 선진국에서조차 재분배와 교육은 이미 과세와 이전(transfer, 移轉)을 포함한 소득의 불균형 확대라는 압력을 완전히 흡수할 수 없다. 개도국에서는 더욱 따먹기 쉬운 과일이 손짓을 하지만, 재정상의 제약이 강하게 남아 있다. 투표하고, 규제하고, 교육해서 우리를 월등하게 더 평등한 세상에 이르게끔 해줄 수월한 길은 없어 보인다. 세계사적 관점에서 보면 이는 놀랄 일도 아니다. 우리가 알고 있는 한 중대하고 격렬한 충격과 그러한 충격이 가져온 한층 광범위한 반향으로부터 자유로운 환경에서는 주요한 불평등의 압착이 거의 보이지 않았다. 미래에는 다를까?

이 책이 다루지 않는 것

소득과 부의 불균등한 분배는 사회적 또는 역사적 관련성을 가진 유일한 종류의 불평등은 아니다. 젠더와 성적 지향, 인종과 민족, 나이와 능력과 신념에 뿌리를 둔 불평등이 있으며, 교육과 건강과 정치 성향 및 생활 기회에서도 그것은 존재한다. 따라서 이 책의 제목은 아주 정확하지는 않다. 또 한편으로 '석기 시대부터 현재 그리고 그 이후의 격렬한 충격 및 소득과 부의 불평등에 관한 세계사'라는 (출간 전) 부제는 출판사의 인내심을 시험했음은 물론 쓸데없이 고급스럽기까지 했을 것이다. 어쨌든 권력 불균형은 물질 자원에 대한 접근성을 결정하는 데 항시 중추적 역할을 담당해왔다. 그러므로 좀더 세부적인 제목은 더욱 정확하기도 하면서 동시에 지나치게 협소하기도 할 것이다.

나는 경제적 불평등과 관련해서도 모든 측면을 다루려 애쓰지 않았다. 국가 **내부의** 물질 자원 배분에 초점을 맞추고, 여러 차례 논의된 중요한 주제인 국가 **간의** 경제적 불균형은 제쳐두었다. 좀 전에 언급한 다른 많은 불평등의 근원에 대한 명쾌한 설명도 하지 않는다. 나는 특정 사회 내에서의 조건을, 요컨대 소득과 부의 분배에 그것이 미치는 영향을, 아주 장기적으로 추적하고 비교하는 게 불가능한 건 아니지만 쉽지 않은 그런 요인을 고찰한다. 나는 주로 평준화의 메커니즘을 발견해가면서 불평등이 왜 감소했느냐는 질문에 대답하는 데 관심이 있다. 아주 개략적으로 말하면, 우리 인간 종족이 재배 및 사육에 의한 식량 생산과 그로 인한 공통된 필연적 결과, 즉 정착 생활 및 국가 형성을 받아들인 이후 그리고 일종의 세습 재산권을 인정한 이후 물질적 불균형에 대한 상승 압박은 실질적으로 기정사실이 되었다(인간이라는 사회적 존재의 근본적 특성). 이러한 압박, 특히 우리가 강압과 시장의 힘이라고 대놓고 딱지를 붙일 만한 요인들 사이의 복합적 시너지 효과가 수백수천 년을 지나는 동안 어떻게 진화했는지에 관한 미세한 점을 고려하자면 훨씬 더 긴 별도의 연구가 필요할 것이다.[7]

끝으로 나는 (대안적 메커니즘과 더불어) 격렬한 충격과 그러한 충격이 물질적 불평등에 끼친 영향을 논의하지만, 불평등이 그런 격렬한 충격을 발생시킨 것인지—아울러 만일 그렇다면 어떻게 그랬는지—라는 역관계의 문제는 개괄적으로 탐구하지 않았다. 내가 주저하는 데는 몇 가지 이유가 있다. 높은 수준의 불평등은 역사상 존재했던 모든 사회의 보편적 특징이므로 그 상황별 조건과 연관된 특정한 충격을 설명하기란 쉽지 않다. 유사한 수준의 물질적 불균형이 존재하는 동시대 사회들 간에도 내부의 안정에는 상당한 차이가 있었다. 과격한 분출을 겪은 일부 사회가 특별히 불평등했던 것도 아니다. 혁명 전 중국이 한 예다. 어떤 충격은 대부분 혹은 완전히 외생적이었는데, 가장 대표적인 것이 자본과 노동의 균형 상태를 변경함으로써 불평등을 평준화시킨 대유행병이다. 세계대전처럼 인재로 인한 사건마저도 이러한 갈등에 직접적으로 연루되지 않은 사회에 심대한 영향을 미쳤다. 내전을 촉발하는 데 소득 불평등이 어떤 역할을 했는지에 관한 연구는 이런 관계의 복합성을 강조한다. 이 중 어느 것도 국내 자원 불균형이 전쟁과 혁명의 발발이나 국가 실패를 초래할 잠재력을 갖고 있지 않았음을 시사하는 것으로 받아들여서는 안 될 것이다. 이는 전반적인 소득 및 부의 불균형과 격렬한 충격의 발생 사이에 체계적 인과관계가 있다고 가정할 만한 설득력 있는 이유가 현재 없다는 뜻일 뿐이다. 최근의 저술이 보여주듯 엘리트 집단 내부의 경쟁처럼 분배적 차원을 가진 좀더 구체적인 특징을 분석하는 편이 과격한 갈등과 붕괴를 설명해낼 가망성이 더 클 수 있다.

이 연구의 목적을 위해 나는 격렬한 충격을 물질적 불평등에 작용하는 별개의 현상으로 다룬다. 이런 접근 방식은 이러한 사건과 이전의 불평등 사이에 유의미한 연관성이 있는지를 규명 또는 부정할 충분한 증거가 있는지 여부와 무관하게, 아주 장기간에 걸친 평준화 동력 같은 충격의 중요성을 평가할 수 있도록 고안했다. 오로지 충격에서 불평등으로 가는 유일한 인과관계 화살표에만 중점을 두는 게 그 역의 관계를 발전시키는 힘이 된다면 훨씬 더 좋겠지만 말이다. 소득과 부의 분배에서 시간의 경과와 함께 관측할 수 있는 변화를 내생화하는 그럴듯한 설명을 도출하는 일은 결코 가능하지 않을 수 있다. 그렇다 해도 불평등과 격렬한 충격 사이에 일어날 수 있는 피드백의 고리는 분명 더 심도 깊게 탐구할 가치가 있다. 내 연구는 이 큰 프로젝트를 위한 틀을 세우는 데 불과할 뿐이다.[8]

어떻게 연구했는가

불평등을 측정하는 데는 많은 방법이 있다. 다음 장들에서 나는 보통 가장 기본적인 2개의 지표인 지니계수(Gini coefficient)와 총소득 또는 부의 백분율 비중을 사용할 것이다. 지니계수는 소득이나 물질적 자산의 분배가 완전한 평등으로부터 어느 정도 벗어났는지 측정한다. 만일 모집단의 각 구성원이 정확히 같은 양의 자원을 받았거나 보유하고 있다면, 지니계수는 제로다. 구성원 한 명이 모든 것을 장악하고 그를 제외한 모든 이가 하나도 못 가졌다면, 지니계수는 1에 근접한다. 이렇게 분배가 불균등하면 할수록 지니계수의 값은 올라간다. 이를 분수나 백분율로 표현할 수 있다. 나는 백분율로 주어지는 소득 또는 부의 비중과 더 확연하게 구분되도록 통상 전자를 즐겨 쓴다. 비중은 전체 분포 내의 위치로 정의되는 특정 집단이 모집단의 총소득이나 부에서 얼마만큼의 비율을 받았거나 소유하고 있는지 보여준다. 예를 들어, 여러 차례 인용한 '1퍼센트'는 구성단위—보통은 가구—의 99퍼센트보다 높은 소득을 누리거나 더 큰 자산을 처분하는 모집단 내의 구성단위를 나타낸다. 지니계수와 소득 비중은 특정 분포에서 서로 다른 속성을 강조하는 상호 보완적 측정법이다. 전자가 전반적 불균형 정도를 산출하는 반면, 후자는 매우 긴요하게 분포의 형태를 들여다보게끔 해준다.

두 지표 모두 다른 버전의 소득 분포에 관한 분배를 측정하는 데 사용할 수 있다. 세금과 공적 이전(移轉) 소득을 계산하기 전의 소득은 '시장(market)' 소득으로, 이전 소득을 포함한 소득은 '총(gross)'소득으로, 그리고 모든 세금을 제하고 이전 소득을 더한 순소득은 '가처분(disposable)' 소득으로 정의한다. 앞으로 나는 시장 소득과 가처분 소득만을 언급할 것이다. 내가 추가적 세부 설명 없이 **소득 불평등**이란 용어를 사용할 때는 첫 번째를 의미한다. 기록된 대부분의 역사에서 시장 소득 불평등은 우리에게 알려져 있고 추산할 수 있는 유일한 유형이기 때문이다. 더욱이 근대 서구에서 광범위한 재정 재분배 시스템을 탄생시키기 전까지는 시장 소득, 총소득 및 가처분 소득의 분배 차이가 흡사 오늘날의 개발도상국에서처럼 일반적으로 매우 적었다. 이 책에서는 소득 비중도 예외 없이 시장 소득 분배를 기초로 했다. 소득 비중에 관한, 특히 분포의 최상위에 위치한 이들에 관한 현대와 과거의 자료는 양측 모두 일반적으로 재정 개입 이전의 소득을 명시한 납세 기록에서 얻은 것이다. 나는 아주 가끔씩 각기 다른 계층의 상대적 비중을 측정하는 대안으로서 소득 비중이나 소득 분배의 백분위수 간 비율을 거론할 것이다. 훨씬 정교한 불평등 지표가 존재하겠지만, 매우 다양한 일련의 데이터를 망라해 다뤄야 하는 장기간의 연구에는 일반적으로 적용할 수 없다.[9]

물질적 불평등의 측정은 두 유형의 문제를 제기한다. 개념상의 문제와 입증의 문제다. 여기서 개념상의 주요 쟁점 두 가지에 주목할 필요가 있다. 첫째, 가장 접하기 쉬운 지표는 전체 자원 가운데서 인구의 특정 부문이 차지한 **비율**에 기초해 **상대적** 불평등을 측정 및 표시한다. 반면 **절대적** 불평등은 이들 부문에 누적되는 자원의 **양적** 차이에 초점을 맞춘다. 이 두 가지 접근 방식은 매우 상이한 결과를 낳기 마련이다. 소득 분포의 상위 10분위수 평균 가구가 하위 10분위수 평균 가구의 10배만큼—가령 10만 달러 대 1만 달러—을 버는 인구가 있다고 생각해보자. 국민 소득은 소득 분배가 변치 않고 유지되는 한 이후 2배가 된다. 지니계수와 소득 점유율은 예전과 똑같다. 이런 관점으로 보면 소득은 그 과정에서 불평등을 확대하지 않으면서도 상승한다. 하지만 동시에 상위 10분위수와 하위 10분위수 사이 소득 격차는 9만 달러에서 18만 달러로 2배가 되고, 저소득 가구보다 부유한 가구가 훨씬 더 큰 이익을 보장받는다. 똑같은 원리를 부의 분배에도 적용할 수 있다. 사실 경제 성장이 절대적 불평등을 증가시키는 원인이 되지 않을 거라는 시나리오치고 믿을 만한 것은 거의 없다. 상대적 불평등의 지표는 이렇게 물질 자원의 분배에서 나타나는 다방면의 좀더 작은 변화를 더욱 존중하면서 소득과 부의 지속적 격차 증가로부터 주의를 분산시키는 역할을 하기 때문에 관점이 보수적인 편이라 할 수 있다. 이 책에서 나는 지니계수와 상위 소득 점유율 같은 상대적 불평등의 표준 측정 기준을 우선순위로 두면서 관습을 따르지만, 적절한 지점에서는 그것들의 한계에 주목한다.[10]

또 다른 문제는 최저 생활 요건과 경제 발전 수준에 대한 소득 분배의 민감도와 관련한 지니계수에서 생겨난다. 적어도 이론상으로는 단 한 명이 모집단에 존재하는 모든 부를 소유하는 것이 완벽하게 가능하다. 그러나 소득을 완전히 박탈당한 사람은 누구도 생존할 수 없을 것이다. 이는 소득 지니계수에서 실현 가능한 최고값이 명목상 상한인 ~1에는 절대 미칠 수 없음을 의미한다. 더 구체적으로 말하면, 그것은 최저 생계 요건을 충족하는 데 필요한 양을 초과하는 자원의 양에 의해 제한된다. 이런 제약은 특히 대부분의 인류 역사에 으레 존재했고, 오늘날 세계에도 일부에 여전히 존재하는 저소득 국가에서 특히 강하다. 가령 GDP가 최저 생계의 2배에 가까운 나라에서 단 한 명의 개인이 나머지 국민의 기본 생존에 필요한 것 이상의 모든 소득을 독점하려 든다 해도 지니계수는 0.5 넘게 올라갈 수 없다. 생산량 수준이 좀더 높아지면, 최저 생계가 무엇인지에 대한 정의가 바뀜으로써, 그리고 대다수 빈곤 인구가 선진국을 뒷받침할 능력이 안 되므로 불균형이 최대치 수준에 이르는 것을 더욱 억제한다. 그에 따라 이론상으로 가능한 불평등의 최대치가 주어진 환경에서 현실화한 정도를 나타내는 이른바 추출률(extraction rate)을 계산하려면 명목 지니계수를 조정해야만 한다. 이는 아주 오랜 기간에 걸친 모든 불평등 비교에서 특히 중요하지만, 아주 최근에 와서야 관심을 끌기 시작한 복잡한 쟁점이다. 이 책 말미의 부록에서 나는 이를 좀더 자세히 다룰 것이다.[11]

증거의 질과 관련한 문제가 나를 두 번째 범주로 이끈다. 지니계수와 상위 소득 점유율은 광범위하게 들어맞는 불평등 측정 지수다. 그것들은 (예외가 없지는 않지만) 보통 시간이 지나 변화할 때면 동일한 방향으로 움직인다. 둘 다 근본적인 데이터 출처의 결점에 민감하다. 통상 근대의 지니계수는 국내 분배 추정치를 유추하는 토대인 가구 조사에서 얻는다. 이런 방식은 가장 큰 소득을 포착하는 데 별로 적합하지 않다. 심지어 서구 국가에서도 상위 소득의 실제 기여도를 충분히 고려하기 위해서는 명목 지니계수를 상향 조정할 필요가 있다. 더욱이 많은 개도국에서는 믿을 만한 전국적 추산을 뒷받침하기엔 조사의 질이 떨어진다. 이런 경우 신뢰 구간이 넓어 국가 간 비교를 방해할 뿐 아니라 시간의 경과에 따른 변화를 추적하기도 힘들다. 전반적인 부의 분배를 측정하려는 시도는 훨씬 더 큰 도전 과제에 직면한다—엘리트 자산의 상당한 비중이 해외에 은닉되어 있다고 여겨지는 개도국은 물론이고 미국처럼 데이터가 풍부한 환경에서도 그렇다. 소득 점유율은 납세 기록에서 산출되는데, 그것의 품질과 특성은 나라별로 시기별로 매우 다른 데다 탈세로 인한 왜곡에도 취약하다.

저소득 국가들의 낮은 참여율, 그리고 무엇을 과세 소득으로 잡을 것인가라는 정치 중심적 정의가 상황을 더욱 복잡하게 만든다. 이런 난관에도 불구하고 '세계 부와 소득 데이터베이스(World Wealth and Income Database, WWID)'에서 소득 점유율과 관련한 많은 양의 정보를 모아 온라인으로 발행함으로써 소득 불평등에 관한 우리의 이해가 한층 견고한 기반 위에 올라섰다. 아울러 관심의 방향도 지니계수처럼 다소 불투명한 단일값 지수로부터 자원 집중에 관한 좀더 분명한 지표 쪽으로 다시 돌려졌다.[12]

이런 모든 문제는 우리가 소득과 부의 불평등에 관한 연구를 더 먼 과거로 확장하려 할 때 맞닥뜨리는 것에 비하면 아무것도 아니다. 20세기 이전에는 정기적인 소득세가 거의 없었다. 가구 조사의 부재 속에서 지니계수를 산출하려면 대체 자료에 의존해야만 한다. 대략 1800년 이전의 소득 불균형은 모든 국가를 불문하고 각 사회의 명단, 즉 동시대 관찰자들이 작성했든 빈약하나마 후대의 학자들이 추론했든 각계각층의 인구가 얻은 소득의 대략적인 근사치의 도움을 받아 추정할 수밖에 없다. 그나마 보람 있는 것은 유럽 곳곳에서 고중세(High Middle Ages)까지 거슬러 올라가는 일련의 데이터가 갈수록 더 많이 나와 개별 도시나 지방의 상황에 대한 새로운 사실이 밝혀졌다는 점이다. 프랑스와 이탈리아 도시들의 부유세, 네덜란드의 주택 임대료에 매긴 세금 및 포르투갈의 소득세와 관련해 남아 있는 고문서 기록은 우리로 하여금 자산의 그리고 가끔씩 심지어 소득의 기본적 분배를 재구성할 수 있도록 해준다. 프랑스 농경지의 분산과 잉글랜드의 '유언 검증 상속 재산(probate estate)' 가격에 관한 근대 초기의 기록도 마찬가지다. 사실 지니계수는 시간상 훨씬 더 오래된 증거에도 효과적으로 적용할 수 있다. 로마령 이집트 후기의 토지 소유권 패턴, 고대와 중세 초의 그리스·영국·이탈리아·아프리카 및 아즈텍 시대 멕시코의 주택 크기 변동, 바빌론 사회의 상속 지분 및 지참금 분배 그리고 거의 1만 년 전에 건설한 세계 최초 도시 정착촌의 원형으로 알려진 차탈회위크(Çatalhöyük)의 석기 도구 확산까지 모두 이런 방식으로 분석했다. 고고학은 물질적 불평등에 관한 연구의 한계선을 마지막 빙하기의 구석기 시대까지 몰아붙일 수 있게끔 해줬다.[13]

아울러 우리는 직접적으로 분배를 기록하고 있지는 않으나 소득 불균형 수준의 변화에 민감한 것으로 알려진 모든 영역에 걸친 대체 자료도 접할 수 있다. 임금 대비 토지 임대료 비율은 좋은 예다. 농업이 지배적인 사회에서 가장 중요한 유형의 자본 가치와 임금 변동을 비교하는 것은 각기 다른 계급에 누적된 상대적 이익의 변화를 반영하기 마련이다. 지수값의 상승은 지주들이 일꾼을 희생시키면서 번영했고 불평등이 커지는 원인을 제공했음을 시사한다. 이와 연관 있는 측정인 임금 대비 평균 1인당 GDP 비율도 마찬가지다. GDP에서 비노동 점유율이 크면 클수록 지수는 더 올라가고 소득은 좀더 불균등할 공산이 컸다. 분명 두 방식 모두 심각한 약점이 있긴 하다. 임대료와 임금을 특정 지역에서는 확실하게 보고했을지 몰라도 더 많은 인구나 나라 전체를 대표해야 할 근거는 없으며, 어떤 전근대 사회의 GDP 추정이건 부득이하게 상당한 오차 범위를 수반한다. 그럼에도 불구하고 이런 대체 자료는 흔히 불균등의 추이에 대한 윤곽을 감지할 수 있게끔 해준다. 실질 임금은 도처에서 구할 수 있으나 약간 덜 유용한 대체 자료에 해당한다. 현재 유라시아 서부에서는 곡물 등가물로 표시된 실질 임금이 4000년 전까지 거슬러 올라가는 것으로 밝혀졌다. 매우 장기적인 이런 관점은 노동자의 실질 소득이 평소와 달리 상승한 사례, 즉 불평등 하락과 제법 연관돼 있을 법한 현상을 찾아낼 수 있도록 해준다. 그럼에도 불구하고 자본 가치나 GDP와 관련한 맥락에서 파악되지 않은 실질 임금 정보는 전반적 소득 불평등 지표로는 매우 거칠고 여전히 별로 신뢰할 수 없다.[14]

최근 몇 년 사이 근대 이전의 납세 기록 연구와 실질 임금, 지대/임금 비율 및 심지어 GDP 수준의 재구성에서 상당한 진전이 있었다. 이 책의 많은 부분을 20년, 아니 불과 10년 전이라면 집필할 수 없었을 것이라는 말은 과장이 아니다. 역사상 소득과 부의 불평등에 관한 연구 규모, 범위 및 진척 속도를 보면 우리는 이 분야의 미래에 많은 희망을 갖게 된다. 장구하게 이어져 내려온 인류 역사가 물질 자원 배분에 관한 가장 기초적 정량 분석조차 허용하지 않는다는 사실은 부인할 수 없다. 하지만 이런 경우라도 시간의 경과와 함께 변화의 신호를 알아챌 수 있다. 엘리트의 부의 과시는 가장 전망 있는—그리고 사실은 종종 유일한—불평등의 표식이다. 주거와 식단 또는 매장(埋葬)에 있어 엘리트의 아낌없는 소비를 보여주는 고고학적 증거가 훨씬 평범한 유적들로 대체되는 순간, 혹은 계층화의 신호가 한꺼번에 사라질 때, 어느 정도의 평준화가 이뤄졌다고 유추하는 것은 무리가 아니다. 전통 사회에서는 흔히 부와 권력을 거머쥔 엘리트의 일원이 커다란 손실, 즉 자료 기록에 나타나는 손실을 입을 정도로 많은 소득이나 자산을 관리한 유일한 부류였다. 병원균의 활동 같은 다른 요인도 중요한 역할을 하긴 했지만, 사람들의 체격과 기타 생리학적 특징의 변화도 마찬가지로 자원 분배와 연관되었을 수 있다. 좀더 즉각적인 방식으로 불평등을 기록한 데이터로부터 멀리 떨어지면 떨어질수록 우리의 해석은 더욱더 추측에 가까워지기 마련이다. 하지만 확장할 각오가 되어 있지 않다면, 우리에게 세계 역사란 불가능할 뿐이다. 이 책은 바로 그것을 위한 하나의 시도다.

그렇게 하는 과정에서 우리는 최근 미국의 소득 불평등을 확대시킨 숨은 요인에 관한 자세한 통계에서부터 문명 여명기의 자원 불균형을 가리키는 모호한 암시에 이르기까지, 그리고 그 사이에 존재하는 수많은 갖가지 일련의 데이터를 포함해 기록 문서의 엄청난 경사도(gradient, 傾斜度)에 직면한다. 이 모든 것을 모아 논리적으로 일관된 분석적 서술로 맞추는 것은 우리에게 만만찮은 도전 과제를 안긴다. 이 서문의 소제목에 인용한 불평등의 진정한 도전 과제가 바로 그것이다. 나는 이 문제를 다루는 데 최선이라 여겨지는 방식으로 이 책의 각 부분을 구성하기로 결정했다. 1부는 우리 영장류의 시작부터 20세기 초에 이르기까지 불평등의 진화를 뒤좇으며, 그에 따라 관습적 연대기 방식으로 정리했다(1~3장).

일단 네 기사, 즉 폭력적 평준화의 주요 동력으로 넘어가기 시작하면 이것은 달라진다. 이 네 기사의 처음 두 일원인 전쟁과 혁명에 바친 부분에서는 20세기부터 점검하기 시작한 다음 과거 시대로 거슬러 올라간다. 여기에는 단순한 이유가 있다. 대중 동원 전쟁과 변혁적 혁명에 의한 평준화는 주로 근대화의 특징이었다. 1910년대부터 1940년대까지의 '대압착'은 단연 이 과정에 대한 최고의 증거를 배출했을 뿐 아니라, 그것을 패러다임의 형태로 나타내고 실제로 구성한다(4~5장). 두 번째 단계로, 나는 미국 남북 전쟁부터 고대 중국, 로마 및 그리스로, 그뿐만 아니라 프랑스 혁명에서 근대 이전의 무수한 반란으로 거슬러 올라가면서 이 과격한 분출의 선행 사건들을 찾아간다(6장과 8장). 6장의 마지막 대목에서는 내전(civil war)을 논하며 오늘날 개도국들에서 나타나는 그런 갈등의 결과부터 로마공화국의 종말에 이르기까지 똑같은 궤적을 좇는다. 이렇게 해서 나는 이런 접근법이 더 먼 과거에도 적용될 수 있는지 탐구하기에 앞서 근대의 데이터에 확고히 뿌리내린 폭력적 평준화 모델을 구축할 수 있었다.

전염병에 대해 다룬 5부에서 나는 기록이 가장 제대로 남아 있는 경우―중세 말의 흑사병(10장)―부터 덜 알려진 사례로 계속 옮아감으로써 같은 전략을 수정된 버전으로 사용한다. 이와 관련해 다른 사례는 전부 더 옛날 것인 데 반해 그중 하나(1492년 이후의 아메리카)만 공교롭게도 다소 최근에 더 가깝다(11장). 연구의 근거는 똑같다. 즉 다른 곳에서 유사한 사건을 찾아내기 전까지 내가 구할 수 있는 최선의 증거로부터 도움을 받아 전염병에 의한 대량 사망이 초래한 과격한 평준화의 핵심 메커니즘을 구축하는 것이다. 국가 실패와 체제 붕괴를 다룬 4부에서는 이러한 구성 원칙을 논리적 결말로 끌고 간다. 대체로 전근대 역사에 한정됐던 현상을 분석하는 데는 연대기가 거의 중요하지 않으며, 어떤 특정한 시간 순서를 따른다고 해서 얻는 것도 없다. 특정 사례의 날짜보다는 그 증거의 성격과 근대 연구의 범위가 더 중요한데, 둘 다 시기별 및 장소별로 매우 다양하다. 따라서 나는 덜 상세하게 다룬 다른 장(9장)으로 넘어가기에 앞서 훌륭히 입증된 2개의 사례로 시작한다. 폭력적 평준화의 대안을 다룬 6부는 대체로 내가 반(反)사실적 결말로 넘어가기 전에(14장) 다양한 요인을 평가하면서(12장과 13장) 주제별로 정리했다. 1부와 더불어 내 주제 연구의 뼈대를 형성하는 마지막 7부는 연대기적 양식으로 되돌아간다. 7부는 최근의 불평등 부활(15장)에서부터 가깝거나 먼 미래의 평준화 전망(16장)으로 넘어가며 나의 진화론적 개요를 완성한다.

도조 히데키(東條英機)의 일본과 페리클레스(Pericles)의 아테네, 또는 고대 저지대의 마야와 오늘날 소말리아를 한데 합친 연구는 원컨대 사회과학 독자들에게는 덜하겠지만 나의 일부 동료 역사가들에게는 곤혹스럽게 비쳐질 수 있다. 앞서 말했듯이 불평등의 세계사를 탐구하는 도전은 만만찮은 일이다. 기록된 전 역사에 걸쳐 평준화의 동력을 발견하고 싶다면, 우리는 학계 내부는 물론 바깥의 다양한 전문 분야 사이의 간극을 메우고 데이터의 질과 양이 가진 거대한 불균형을 극복할 방법을 찾아내야 한다. 장기적 시각은 비정통적인 해결책을 요구한다.

그것이 중요한가

이 모든 것은 단순한 질문을 제기한다. 매우 상이한 문화권에 걸쳐, 그것도 아주 장기적으로 불평등의 역학을 연구하는 게 그리도 어렵다면, 우리는 도대체 왜 이를 시도해야 하는가? 이 질문에 대답하자면 별개이면서도 서로 연관된 두 가지 쟁점을 다룰 필요가 있다. 오늘날 경제적 불평등은 중요한가? 그리고 왜 불평등의 역사는 탐구할 가치가 있는가? 초기 저서 《개소리에 대하여(On Bullshit)》로 가장 유명한 프린스턴 대학의 철학자 해리 프랑크푸르트(Harry Frankfurt)는 이 책 서문에 인용한 오바마의 의견에 반대표를 던지는 것으로 자신의 소책자 《불평등에 대하여(On Inequality)》를 시작한다. "우리에게 가장 근본적인 도전 과제는 미국인의 소득이 대단히 **불평등하다**는 사실이 아니다. 오히려 아주 많은 우리 국민이 **가난하다**는 사실이다." 빈곤은 분명 움직이는 표적이다. 미국에서 가난하다고 여겨지는 사람이 중앙아프리카에서도 꼭 그렇게 보이리라는 법은 없다. 세계은행이 사용한 2005년 물가 기준 1.25달러의 한계선이라든가, 미국의 소비재 장바구니 물가 언급 같은 절대적 기준이 더 많이 통용되기는 하지만, 이따금 빈곤은 불평등의 작용—영국에서는 공식적 빈곤선을 중간 소득의 일부로 설정한다—으로도 정의된다. 어떻게 규정하건 빈곤이 바람직하지 않다는 데는 이견이 없을 것이다. 우리가 봉착한 도전 과제는 보통 말하는 소득과 부의 불균형이 연관되어 있을지 모를 빈곤이나 막대한 부를 보여주는 게 아니라, 그것이 우리 삶에 부정적 영향을 미친

다는 사실을 입증하는 데 있다.[15]

가장 냉철한 접근 방식은 불평등이 경제 성장에 미친 효과에 집중한다. 경제학자들은 이런 관계를 헤아리는 게 어려울 수 있고, 문제의 이론적 복잡성이 기존 연구의 실증적 설명과 항상 연결되었던 것은 아니라는 점을 거듭해서 언급해왔다. 그렇긴 해도 수많은 연구는 실제로 높은 불평등 수준이 낮은 성장률과 관계있다고 주장한다. 가령, 가처분 소득 불평등이 낮으면 낮을수록 더 빠른 성장과 좀더 긴 성장 국면으로 이어진다는 사실이 밝혀졌다. 불평등은 선진국의 성장에 특히 해를 끼치는 듯하다. 미국 가구들 사이에 존재하는 고도의 불균형이 2008년 대침체(Great Recession)를 촉발한 신용 거품에 기여했다는 논란 많은 가설은 일각에서 지지를 받기도 한다. 저소득 가구들이 훨씬 잘사는 집단의 소비 패턴에 뒤지지 않기 위해 차용한, 즉시 현금화 가능한 (부분적으로 상류층에서 부의 축적으로 생산된) 신용에 매달렸다는 것이다. 반대로 더 엄격한 대출 조건 아래서는 부의 불평등이 신용에 대한 접근 기회를 차단함으로써 저소득 집단에 불리하게 작용한다고 여겨진다.[16]

선진국에서 높은 불평등은 세대 간 경제적 이동성의 감소와 관련이 있다. 부모의 부와 소득은 수입은 물론 학업 성취도의 확실한 지표이기 때문에 시간의 경과와 함께 불평등이 영구화하기 쉬운데, 불평등이 높으면 높을수록 훨씬 더 그러하다. 소득에 따른 주거지 분리의 불평등화 효과는 이와 연관된 이슈다. 1970년대 이래 미국의 대도시권에서는 고소득층과 저소득층 지역의 인구 증가와 함께 중간 소득층 지역의 위축이 양극화의 증가세로 이어져왔다. 특히 부자 동네는 더욱 고립되었는데, 이는 지역별로 자금을 조성하는 공공 서비스를 포함한 자원 집중을 촉발할 공산이 큰 국면으로, 결국은 아이들의 삶의 기회에 영향을 미치고 세대 간 계층 이

동성을 가로막는다.[17]

개도국에서는 적어도 특정 유형의 소득 불평등이 내부의 갈등과 내전 가능성을 증대시킨다. 고소득 국가들은 그보다 덜 극단적인 결과와 씨름한다. 미국에서는 불평등이 부자들의 영향력 행사를 더 수월하게 만듦으로써 정치적 과정에 작용한다고들 말한다. 이 경우, 그런 현상의 이유가 불평등 자체보다 막대한 재산의 존재인지 여부가 궁금하긴 하지만 말이다. 어떤 연구는 높은 수준의 불평등이 스스로 기록한 행복 수준이 낮은 것과 상관관계가 있음을 발견한다. 오직 건강만큼은 보통 말하는 자원의 배분에 영향을 받지 않는 듯하다. 건강의 차이가 소득 불평등을 발생시키는 반면, 그 역은 입증되지 않은 상태다.[18]

이 모든 연구의 공통점은 물질적 불평등의 현실적 효과, 즉 그것이 왜 문제로 여겨지느냐는 도구적 추론에 초점을 맞춘다는 것이다. 편중된 자원 분배에 맞서는 각기 다른 일단의 반대 의견은 규범적 윤리와 사회 정의 개념을 기반으로 하고 있으며 나의 연구 범위를 한참 벗어나는 시각이지만, 비일비재하게 경제적 관심에 의해 주도되는 논쟁 속에서 더 많은 주의를 기울일 가치가 있다. 하지만 순전히 도구적 추론이라는 더욱 제한된 기반에서만 봐도 높은 수준의 불평등과 소득 및 부의 격차 증가가 적어도 특정 맥락에서는 사회·경제적 발전에 유해하다는 데는 의심의 여지가 없다. 그렇다면 무엇이 '높은' 수준을 구성하는가? 그리고 우리는 '증가하는' 불균형이 현대 사회의 새로운 특징인지, 아니면 우리를 그저 역사적으로 공통된 조건에 더 가까이 데려가는 것인지 어떻게 알 수 있는가? 프랑수아 부르기뇽(Francois Bourguignon)의 표현을 사용하자면, 불평등의 확대를 경험하고 있는 나라들이 돌아가기를 열망하는 '정상' 수준의 불평등은 존재하는가? 그리고 만일—많은 선진국에서처럼—불평등이 몇십 년 전보다는 현재가 더 높지만 한 세기 전보다는 더 낮다고 한다면, 이는 우리가 소득과 부의 분배를 결정짓는 요인을 이해하는 데 무엇을 의미하는가?[19]

불평등은 대부분의 기록된 역사에서 증대했거나 꽤 꾸준히 유지됐으며, 의미심장한 감소는 드물었다. 하지만 불평등의 증가세를 저지하거나 역전시키고자 고안한 정책안은 이런 역사적 배경에 대한 자각이나 공감을 거의 보여주지 않는 경향이 있다. 그것이 올바른 방향일까? 어쩌면 우리 시대는 농업 사회의 비민주적 토대와 근본적으로 너무나 달라졌고, 그로부터 고삐가 완전히 풀려버려 역사가 우리에게 가르쳐줄 게 아무것도 남지 않았을지 모른다. 그리고 실제로 많은 게 변했다는 데는 의심의 여지가 없다. 부국의 저소득 집단은 지난날의 대다수 국민보다 윤택하며, 가장 덜 발달한 나라의 극빈층 거주자일지라도 그들의 조상보다는 더 오래 산다. 불평등을 당하는 측의 삶의 경험은 다방면에서 과거에 그랬던 것과는 판이하게 다르다.

그러나 우리가 여기서 우려하는 것은 경제적 혹은 더욱 광범위한 인류의 발전이 아니다—그보다 문명의 결실은 어떻게 배분되는가, 그것들을 지금의 방식으로 분배하게끔 만든 원인은 무엇인가, 그리고 이러한 결과를 바꾸려면 무엇이 필요한가이다. 나는 예전에 불평등을 형성했던 힘이 사실은 원형을 알아볼 수 없을 정도로 변한 게 아님을 증명하고자 이 책을 썼다. 우리가 더 큰 평등의 편에 서서 현재의 소득 및 부의 분배에 균형을 잡으려 한다면, 과거에 이 목표를 달성하는 데 무엇이 필요했는지 좌시해서는 안 된다. 우리는 크나큰 불평등이 엄청난 폭력 없이 완화된 적이 있는지, 좀더 온건한 영향력은 이 '강력한 평준화 동력'이 지닌 위력에 얼마나 필적하는지, 그리고 미래가 아주 달라질 가능성은 있는지 질문해야 한다. 설령 우리가 그 대답을 좋아하지 않을지라도 말이다.

1부

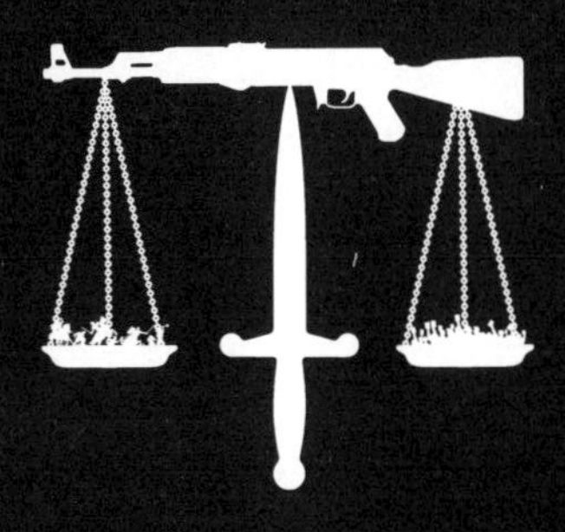

불평등의 역사

01

불평등의 탄생

원시 시대의 평준화

불평등은 언제나 우리 곁에 있었는가? 오늘날 세상에서 우리와 가장 가까운 비(非)인류 친척인 아프리카 유인원—고릴라, 침팬지, 보노보—은 강력한 위계질서를 가진 생물이다. 성인 수컷 고릴라는 암컷들의 하렘을 부여받은 소수 지배자와 배우자가 전혀 없는 그 밖의 다수로 분류된다. 실버백(silverback: 등에 은백색 털이 난 나이 많은 수컷 고릴라—옮긴이)은 집단에서 암컷은 물론이고 장성한 후에도 계속 남아 있는 모든 수컷을 지배한다. 특히 침팬지는—비단 수컷들만 그런 것은 아니지만—지위 경쟁에 엄청난 에너지를 소비한다. 괴롭힘과 공격적 우위의 과시는 서열상 하위에 위치한 녀석들의 갖가지 굴복 행위와 부합한다. 각 구성원은 위계 서열에서 특정한 지위를 차지하지만 언제라도 그것을 개선할 방도를 모색하기 때문에 50~100마리의 집단에서 순위는 가장 중요하면서도 스트레스를 주는 현실이다. 그리고 여기에 탈출구는 없다. 고압적인 지배자를 피하고자 자기 집단을 이탈하는 수컷은 다른 집단의 수컷에게 제거당할 위험을 감수해야 하므로 그 자리에 남아 경쟁하든가 복종하든가 선택해야 한다. 인류의 위계 생성을 설명할 때 언급하곤 하는 사회적 제한 현상을 상기시키는 이런 강력한 제약은 불평등 강화에 기여한다.

침팬지의 가장 가까운 친척인 보노보는 한층 온화한 이미지로 세상에 비춰지지만, 마찬가지로 일인자 수컷과 암컷을 특징으로 한다. 그들은 침팬지보다는 훨씬 덜 폭력적이고 괴롭히려는 의향도 적은데, 그럼에도 불구하고 명확한 위계 서열을 유지한다. 감춰진 배란기 및 수컷에 의한 체계적 암컷 지배의 결여가 짝짓기 기회를 놓고 벌이는 과격한 충돌을 줄이긴 하지만, 위계는 수컷들 사이의 먹이 경쟁에서 드러난다. 이 종 전체에 걸쳐 불평등이란 먹이 자원에 대한 불균등한 접근 기회—인간 방식의 소득 격차에 가장 가까운 근사치—와 무엇보다도 번식의 성공이라는 관점에서 표현된다. 가장 크고 가장 강하고 가장 공격적인 수컷(이러한 수컷이 가장 많은 것을 소비하고 대부분의 암컷과 성적 관계를 갖는다)이 최고 자리에 오르는 지배 위계가 표준적 패턴이다.[1]

이런 공통된 특성은 이들 세 종이 조상의 혈통에서부터 갈라져 나온 이후에야 진화되었을 것 같지 않다. 이는 고릴라의 등장과 함께 1100만 년 전에 시작되었고, 오스트랄로피테쿠스 및 궁극적으로는 인간으로 진화한 가장 초기의 선대들로부터 침팬지와 보노보의 공통된 조상이 분리되는 300만 년 후까지 계속 이어진 과정이었다. 그렇다 하더라도 불평등이 사회적으로 뚜렷하게 표출된 것은 영장류 사이에서 항상 보편적이지는 않았을 것이다. 위계란 집단생활의 작용이고, 일찍이 갈라져 나온 좀더 먼 우리의 영장류 친척은 오늘날 덜 사회적이어서 혼자 살든가 아니면 매우 작거나 일시적인 집단 내에서 살아간다. 이는 그 조상들이 약 2200만 년 전 유인원으로부터 갈라진 긴팔원숭이와 대략 1700만 년 전 유인원 중 최초로 종 분화를 겪고 현재 아시아에서만 서식하는 오랑우탄 둘 모두에도 역시 해당한다. 반대로 위계적 집단성은 분류학상 우리 인간을 포함한 이 과(科)의 아프리카 속(屬)에서는 전형적이다. 이는 고릴라, 침팬지, 보노보 및 인간의 가장 최근의 공통 조상은 이미 이런 특성의 어떤 버전을 선보인 반면, 좀더 오래전의 선대는 그럴 필요가 없었음을 시사한다.[2]

다른 영장류 종과의 유사성은 초기 호미닌(hominin) 및 인간의 불평등에 대한 형편없는 안내서일지도 모르겠다. 우리가 가진 최고의 대체 증거는 한 성(性)의 성숙한 구성원—이 경우 남성—이 다른 성보다 더 키가 크고 더 무겁고 더 힘이 센 정도를 이르는 성별 크기 이형(sexual size dimorphism)에 관한 골격 데이터다. 바다사자가 그렇듯 고릴라의 경우 수컷과 암컷 사이는 물론 하렘을 가진 수컷과 그렇지 않은 수컷 사이의 극심한 불평등은 수컷에 고도로 편향된 크기 이형과 관련이 있다. 화석 기록으로 판단해보건대, 인류 이전의 호미닌—400만 년 이상으로 거슬러 올라가는 오스트랄로피테쿠스와 파란트로푸스(Paranthropus)—은 인간보다 더욱 이형적이었던 것 같다. 만일 최근 점점 더 압력을 받고 있는 정통적 입장을 옹호해도 좋다면, 최초 종들의 일부로서 300만~400만 년 전에 등장한 오스트랄로피테쿠스 아파렌시스(Australopithecus afarensis)와 아나멘시스(anamensis)는 남성이 체질량지수에서 50퍼센트 넘게 강점이 있는 것으로 밝혀졌다. 반면, 이후 종들은 그들과 인간 사이의 중간에 위치했다. 200만 년도 전에 더 커다란 뇌를 가진 호모 에렉투스(Homo erectus)가 출현할 무렵, 성별 크기 이형은 이미 우리가 오늘날에도 여전히 목격할 수 있는 비교적 경미한 수준까지 떨어진 뒤였다. 이형의 정도가 암컷을 향한 수컷 대 수컷의 무리한 경쟁 관행과 상관관계가 있거나 암컷의 성적 선택으로 형성되는 한 성별 차이의 감소는 수컷 사이에서 생식의 다양성이 줄어들었다는 신호일지도 모른다. 이런 해석으로 보자면 진화는 수컷 사이에서도, 이성 사이에서도 불평등을 약화시켰다. 그럼에도 불구하고 암컷보다는 수컷에게서 더 높게 나타나는 번식 불평등 비율은 미미한 수준의 일부다처제 번식과 함께 끈질기게 이어져왔다.[3]

200만 년 전에 시작되었을 다른 발전 역시 평등의 확대를 조성해온 것으로 여겨진다. 협동 교배와 사육을 촉진한 뇌 및 생리학적 변화가 지배자들의 공격에 맞서도록 했을 테고, 더 큰 집단의 위계를 약화시켰을 것이다. 폭력을 적용하는 것과 관련한 혁신이 이 과정에 기여했을 수도 있다. 하층민으로 하여금 지배 계급에 저항하도록 한 모든 게 후자의 힘을 축소함으로써 전반적 불평등을 감소시켰을 것이다. 하층민의 연대 구축은 이런 목적을 위한 한 가지 수단이었고, 발사 무기의 사용은 또 다른 수단이었다. 두 손과 이빨이든, 막대기와 돌이든 근거리 싸움은 더 강하고 더 공격적인 인간을 선호했다. 무기를 더 먼 거리에 배치할 수 있게 된 이후, 무기는 평준화 역할을 맡기 시작했다.

약 200만 년 전 어깨의 해부학적 변화는 최초로 돌과 그 밖의 다른 물건을 효과적인 방식으로 던지는 것을 가능케 했다. 그 이전의 종들과 오늘날의 비인간 영장류에게는 없는 기술이다. 이런 적응은 사냥 능력을 향상시켰을 뿐만 아니라 2인자들이 일인자에게 도전하는 것을 더욱 용이하게 만들었다. 창을 만드는 것이 그다음 단계였고, 창끝을 불로 강화하고 이어서 돌촉 같은 개선이 뒤따랐다. 불의 세심한 사용은 아마도 80만 년 전, 열처리 기술은 적어도 16만 년 전으로 거슬러 올라갈 것이다. 남아프리카공화국에서 약 7만 년 전의 것으로 처음 입증된 활이나 돌화살촉의 등장은 지체된 발사 무기의 발전 과정에서 마지막 단계에 불과했다. 현대의 관찰자들에게 아무리 원시적으로 보일지라도 이런 도구는 크기·힘·

공격성보다 기술에 특권을 부여했고, 약한 개인들에게 협동은 물론 최초의 습격과 매복을 가능케 해줬다. 인지 능력의 진화는 더욱 정확한 던지기, 무기 설계 개선 및 좀더 신뢰할 만한 협력 구축에 필요한 필수적 보완 요소였다. 한층 정교한 동맹을 가능케 하고 도덕 개념을 강화했을 완벽한 언어 능력은 적게는 10만 년 전, 많게는 30만 년 전으로 거슬러 올라갈 것이다. 이런 사회적 변화의 연대기에서 많은 부분은 여전히 불확실하다. 이는 대부분 지난 200만 년 동안 전개되어왔을 수도 있고, 아니면 최소 20만 년 전 아프리카에서 발생한 해부학적 현대 인류이자 우리와 같은 종인 호모 사피엔스 사이에 더욱 집중되었을 수도 있다.[4]

현재의 맥락에서 가장 중요한 것은 누적된 성과로서, 낮은 지위의 개인들 사이에서 비인간 영장류라면 감행할 수 없는 방식으로 일인자 수컷에 맞설 능력이 향상됐다는 점이다. 구성원들이 발사 무기로 무장하고 연합을 형성해 일인자의 영향력에 팽팽히 맞설 수 있는 집단에서 무력과 협박을 통한 공공연한 지배는 더 이상 실행 가능한 선택 사항이 아니었다. 만일 이 추측이 옳다면—이러한 추측만이 가능하므로—폭력은, 아니 좀더 구체적으로 말해서 과격한 활동을 조직하고 위협하는 새로운 전략은 인류 역사상 최초의 커다란 평준화에서 중요하고 어쩌면 필수적이기까지 한 역할을 했다. 그때까지 인류의 생물학적·사회적 진화는 평등주의적 균형 상태를 가져왔다. 집단은 아직 충분히 크지 않았고, 생산력은 아직 제대로 분화하지 않았으며, 집단 간 갈등과 세력권은 아직 소수에게 굴복하기엔 충분히 발달하지 않아 다수로서는 가장 나쁘지 않은 선택지로 보였다. 동물적 지배와 위계 형태는 무너졌지만 아직 가축 사육, 재산 및 전쟁을 기반으로 한 새로운 유형의 불평등으로 대체되지는 않았다. 그 세계가 대부분 사라졌으나 완전히 없어지지는 않았던 것이다. 낮은 자원 불평등 수준과 강한 평등주의 정신으로 정의되는, 비록 많은 수는 아니어도 오늘날 세상에 남아 있는 수렵·채집 인구는 구석기 시대 중기와 후기에 평등의 역학이 어땠을지 감을 잡을 수 있게끔 해준다.[5]

물자 운송과 하부 구조의 강력한 제약은 수렵·채집인들 사이에서 불평등을 억누르는 데 일조했다. 사역(使役) 동물을 특징으로 하지 않는 유목민적 생활 방식은 물질적 부의 축적을 엄격하게 제한하며, 수렵·채집 집단의 작은 크기와 유동적이고 유연한 구성은 연령과 성별의 기본적 권력 불균형을 뛰어넘는 안정적 비대칭 관계에 도움을 주지 않는다. 게다가 수렵·채집인의 평등주의는 지배하고자 하는 시도에 대한 의도적 거부에 입각해 있다. 이런 태도가 위계를 형성하려는 인간의 자연스러운 성향에 결정적 억제 역할로 작용한다. 적극적 평등화는 공평한 경쟁의 장을 유지하는 데 쓰인다. 인류학자들은 평등주의적 가치를 강화하는 수많은 방법을 문서화했는데, 거기에는 엄격하게 등급이 매겨져 있다. 구걸하기, 공짜로 얻기, 훔치기는 좀더 평등한 자원 분배를 보장하게끔 해준다. 권위주의적 행위와 자기 세력 확대에 대한 제재는 험담, 비판, 조롱 및 거역부터 배척과 심지어 살인을 포함한 신체적 폭력에 이르기까지 다양하다. 그 결과 리더십은 감지하기 힘들고, 다수의 집단 구성원 사이에 분산되어 있고, 일시적이다. 자기주장을 가장 덜 내세우는 자가 다른 이들에게 영향을 줄 확률이 가장 높다. 이런 독특한 도덕 경제를 '역 지배 위계(reverse dominance hierarchy)'라고 부른다. (흔히 여성과 아이들을 지배하는) 성인 남성들 사이에서 작동하는 이것은 지속적이고 예방적인 권위의 중립을 나타낸다.[6]

하드자족(Hadza)—탄자니아에 있는 몇백 명의 수렵·채집 집단—은 캠프 구성원이 개별적으로 수렵·채집을 하며, 획득한 식량을 분배할 때면 자기 식구를 강하게 선호한다. 동시에 자기 식구 이외의 사람들과 식량을 나누길 기대하고 또 보편적으로 그렇게 한다. 특히 식량 자원이 타인들에게 즉각 발견되었을 때 그렇다. 하드자족은 숨기기 더 쉽다는 이유로 꿀을 감추려 하기도 하는데, 발각되면 나눌 수밖에 없다. 공짜로 얻어먹는 게 용인되고 만연해 있다. 따라서 개개인은 분명 자기 자신과 그들의 가까운 친족을 위해 더 많이 비축해두고 싶어도 규범이 끼어든다. 요컨대 지배의 부재가 나눠 갖는 것을 거부할 수 없게끔 만들기 때문에 나누는 게 일반적이다. 부패하기 쉬운 대형 사냥감은 캠프 집단을 넘어 공유하기도 한다. 절약은 가치 있게 여겨지지 않는다. 쓸 수 있는 자원은 지체 없이 소비하는 경향이 있다. 아울러 그 순간 어쩌다 현장에 없던 사람들과는 공유조차 하지 않는다. 결과적으로, 하드자족에게는 최소한의 개인 소유물만 있을 뿐이다. 요컨대 여자들에겐 보석, 옷, 구멍 파는 막대기 그리고 종종 요리 솥이 있다. 남자들에겐 활 하나와 화살, 옷과 보석 그리고 아마도 몇몇 도구가 있을 수 있다. 이런 물건 대부분은 특별히 오래가지도 않고, 그 주인들은 거기에 강한 애착도 갖지 않는다. 이러한 기본 품목 이상의 재산은 존재하지 않으며, 영토를 방어하지 않는다. 권위의 결핍 또는 분산은 집단의 결정을 강요하기는커녕 거기에 도달하는 것도 힘들게 만든다. 이 모든 측면에서 봤을 때, 하드자족은 더욱 일반적으로 현존하는 수렵·채집 집단의 더없는 전형이다.[7]

수렵·채집 양식의 최저 생활과 평등주의적 도덕 경제의 결합은 어떤 형태의 발전에도 만만찮은 걸림돌이 된다. 경제 성장에는 혁신과 잉여 생산을 북돋우기 위해 소득과 소비에서 어느 정도의 불평등이 필요하다는 단순한 이유 때문이다. 성장이 없으니 전용하고 물려줄 잉여도 거의 없다. 도덕 경제는 성장을 차단하고, 성장의 결핍은 잉여의 생산과 집중을 예방한다. 그렇다고 수렵·채집인이 일종의 공산주의를 실천했음을 시사하는 것으로 받아들여서는 안 된다. 요컨대 소비는 평준화되지 않고, 개개인은 단지 타고난 신체 능력의 관점에서뿐 아니라 협력 네트워크와 물질 자원에 대한 접근 기회와 관련해서도 제각각 다르다. 다음 절에서 살펴보겠지만, 수렵·채집인에게는 불평등이 존재하지 않는 게 아니라 단지 최저 생활에 의존하는 다른 양식의 사회 불평등과 비교했을 때 매우 낮을 뿐이다.[8]

아울러 우리는 현대의 수렵·채집인이 농경 이전의 우리 조상들과 중요한 측면에서 다를 수 있다는 가능성을 참작할 필요도 있다. 잔존한 수렵·채집 집단은 농부와 목부(牧夫)의 손이 닿지 않거나 그들이 거의 관심을 두지 않는 지역에서 완전히 소외된 채 갇혀 산다. 물질 자원의 축적과 영토에 대한 확고한 권리 주장을 경계하는 생활 방식에 적절한 환경이다. 식량 생산을 위한 식물 재배와 가축 사육을 하기 이전에 수렵·채집인은 전 지구에 걸쳐 훨씬 더 널리 퍼져 있었고, 좀더 풍부한 천연자원에 접근할 수 있었다. 더욱이 경우에 따라 현대의 수렵·채집 집단은 스스로를 외부 규범과 모순된다고 규정하면서, 더욱 위계적인 농부와 목부들이 사는 지배적 세계에 반응할 수도 있다. 현존하는 수렵·채집인은 세월이 흘러도 변함없거나 '살아 있는 화석'이 아니며, 그들의 관습은 특정한 역사적 맥락 속에서 이해할 필요가 있다.[9]

이런 이유 때문에 선사 시대 사람들은 오늘날 수렵·채집인의 경험이 시사하는 것만큼 항시 평등주의적일 필요는 없었다. 약 1만 1700년 전에 시작된 충적세 이전으로 거슬러 올라가면, 매장의 맥락에서 식별할 수 있는 물질적 불균형이 드물지만 정말로 존재한다. 일하지 않고 얻은 지위와 불평등의 가장 유명한 사례는 모스크바에서 북쪽으로 120마일(약 193킬로미터—옮긴이) 떨어진 홍적세(洪積世) 유적지 숭기르(Sungir)에서 나왔다. 이는 마지막 빙하기의 비교적 온화한 시기에 해당하는 약 3만~3만 4000년 전 것으로 추정된다. 거기에는 늑대, 여우, 불곰 및 동굴사자(cave lion)와 함께 들소, 말, 순록, 영양 그리고 특히 매머드 같은 거대 포유류를 죽이고 소비했던 일단의 수렵인과 채집인 유적이 포함되어 있다. 인간의 무덤 3기가 두드러진다. 하나는 약 20개의 펜던트와 25개의 매머드 상아 반지를 비롯해 아마도 무덤 주인의 털옷에 매달았을, 매머드 상아로 만든 무려 3000개의 구슬과 함께 매장된 성인 남자의 것이다. 나머지 무덤은 약 열 살짜리 소녀와 대략 열두 살 먹은 소년의 마지막 휴식 장소였다. 두 아이들의 옷은 전부 합쳐 1만 개쯤 되는 훨씬 더 많은 수의 상아 구슬로 장식했고, 부장품에는 곧게 편 매머드의 엄니 같은 갖가지 고급품과 다양한 예술품이 포함되어 있었다.

이러한 부장품에는 분명 엄청난 공을 쏟아부었을 것이다. 현대 학자들은 구슬 하나를 깎아 만드는 데 15~45분이 소요되었을 것으로 추정하는데, 이는 한 사람이 주당 40시간을 만든다고 했을 때 총 1.6~4.7년이 걸린다. 아이들 무덤의 벨트와 머리 보호대 한 개에 부착된 300개의 송곳니를 뽑자면 최소 75마리의 북극여우를 잡을 필요가 있었고, 그것들을 손상하지 않고 뽑는 어려움을 감안하면 실제 잡아들인 북극여우는 분명 더 많았을 것이다. 상당 기간 동안 비교적 정착 생활을 한 것이 이 집단의 구성원에게 이 모든 걸 이룰 충분한 여가를 주었을 수도 있지만, 우선은 왜 이들이 그렇게 하고 싶어 했을까 하는 의문이 남는다. 이 세 사람은 일상의 의복 및 물건과 함께 묻힌 것 같지는 않다. 아동용 구슬이 성인용보다 작다는 점은 이러한 것을 살아생전이든 아니면 (이게 좀더 가능성이 높은데) 단지 매장 용도든 특별히 아이들을 위해 만들었다는 것을 암시한다. 우리에겐 알려지지 않은 어떤 이유로 이 사람들은 특별한 대접을 받았다. 하지만 두 아이는 특권적 대우를 받기엔 너무 어렸다. 어쩌면 다른 사람들보다 더 중요했던 누군가와의 가족 관계 덕분이었을 것이다. 성인 남자와 소년 둘 모두에게서 나타나는 아마도 치명적이었을 부상과 생전에 소녀에게 장애를 가져왔을 대퇴부 단축은 수수께끼를 보탤 뿐이다.[10]

숭기르 매장지의 화려함은 구석기 시대 기록에서 지금까지도 유례를 찾기 힘들긴 하지만, 그보다 한참 서쪽에서 풍요로운 다른 무덤들을 발견했다. 거의 비슷한 시기에 모라비아(Moravia)의 돌니베스토니체(Dolní Věstonice)에는 세 사람이 정교한 머리 보호대를 하고 황토로 얼룩진 바닥에 매장되어 있었다. 이후의 사례는 좀더 많다. 리구리아(Liguria: 이탈리아 서북부에 있는 주—옮긴이) 해안의 아레네 칸디데(Arene Candide) 동굴에서는 약 2만 8000~2만 9000년 전에 호화로운 장식을 하고 붉은 황토 바닥에서 안식을 찾은 남자 청소년의 깊은 구덩이 무덤을 발견했다. 그의 머리 주변에서 발견된 수백 개의 구멍 뚫린 조개껍데기와 사슴 송곳니는 애초 어떤 생물을 재료로 만든 머리 보호대에 붙어 있었을 것이다. 매머드 상아 펜던트, 엘크의 뿔로 된 4개의 지휘봉, 오른손에 쥐고 있던 이국적인 플린트(flint)로 만든 굉장히 긴 칼이 부장품 목록에 추가됐다. 약 1만 6000년 전 생제르맹드라리비에르(Saint-Germain-de-la-Rivière)에 묻힌 한 젊은 여성은 조개껍데기와 이빨로 된 장식물을 지니고 있었다. 그중 70개가량의 구멍 뚫린 붉은사슴 송곳니는 200마일(약 322킬로미터—옮긴이) 밖에서 수입한 게 틀림없다. 충적세 초기이지만 수렵·채집 환경이었던 약 1만 년 전 한 세 살짜리 아이는 약 1500개의 조개껍데기 구슬을 지닌 채 도르도뉴(Dordogne)의 라마들렌(La Madeleine) 동굴에 안장되었다.[11]

이러한 발견물을 다가올 불평등의 최초 전조로 해석하고 싶은 생각에 솔깃하다. 선진적이고 표준화된 공예품 생산에 대한 증거, 고도로 반복적인 과업에 대한 시간 투자, 그리고 먼 곳에서 가져온 원료의 사용은 우리로 하여금 현대의 수렵·채집인에게서 발견한 것보다 한층 앞선 경제 활동의 일면을 보게끔 해준다. 그것은 아울러 수렵·채집 생활과 보통은 연결되지 않는 사회적 격차를 암시하기도 한다. 요컨대 아이들과 청소년을 위한 호화로운 무덤은 태어날 때부터 주어진, 어쩌면 상속까지 될 지위를 가리킨다. 이러한 재료로부터 위계적 관계의 존재를 유추하기는 더 어렵지만, 적어도 그럴싸한 옵션이기는 하다. 그러나 불평등이 지속적이었다는 흔적은 없다. 복잡성과 지위 분화의 증대는 현실적으로 일시적이었던 것 같다. 평등주의는 안정적 범주여야 할 이유가 없다. 요컨대 사회적 행위는 상황 변화에 따라서 혹은 심지어 되풀이되는 계절적 압박에 따라서도 달라질 수 있는 것이다. 그리고 조개류 같은 해양 식량 자원에 대한 접근 기회가 세력권 및 좀더 효율적인 통솔력을 부추긴 사회적 진화의 발상지인 연안 지역에 최초로 적응한 때는 10만 년 전까지 거슬러 올라갈 수 있지만, 신생 위계 서열 및 소비 격차와 관련한 증거는—적어도 아직은—없다. 우리가 말할 수 있는 것은 구석기 시대의 사회적 혹은 경제적 불평등이 산발적이고 일시적인 상태에 머물렀다는 것이다.[12]

대불평등화

불평등은 마지막 빙하기가 끝나고 기후 조건이 이례적 안정기에 들어선 다음에야 급격히 퍼졌다. 10만 년 이상 지속된 최초 간빙기의 고온 기간인 충적세는 경제적·사회적 발달에 더욱 유리한 환경을 조성했다. 이런 발전이 인간들로 하여금 더 많은 에너지를 추출하고 수적 증가를 가능케 하면서 점차 권력과 물질 자원의 불균등한 분배를 위한 토대를 마련했다. 이는 내가 '대불평등화(Great Disequalization)'라고 부르는 것, 즉 수렵·채집인의 평등주의를 무너뜨리고 소득과 부의 지속적 위계와 불균형으로 이를 대체한 새로운 양식의 최저 생활 및 새로운 형태의 사회 조직 이행으로 이어졌다. 이런 발전이 일어나려면 그 침해로부터 방어 가능하고 소유자들이 예측할 수 있는 방식으로 잉여를 끌어낼 생산적 자산을 갖춰야 했다. 농경과 목축에 의한 식량 생산은 두 가지 요건을 충족하면서 경제적·사회적·정치적 변화의 주요 동인이 되기에 이르렀다.

그러나 작물 재배와 가축 사육은 없어서는 안 될 전제 조건이 아니었다. 어떤 조건하에서는 수렵·채집인 역시 길들이지 않은 천연자원을 유사한 방식으로 개발할 수 있었다. 세력권, 위계 및 불평등은 물고기를 잡을 수 있거나 특정 장소에서만 유난히 생산성이 높은 곳에서 발생했다. 해안 또는 연안 적응(adaptation)으로 알려진 이런 현상은 민족지학적 기록에 잘 나와 있다. 500년경부터 알래스카에서 캘리포니아에 이르는 북아메리카 서부 해안을 따라 인구가 증가한 결과, 어류 자원에 대한 압박은 수렵·채집인들로 하여금 매우 국지적인 연어(salmon) 이동로에 대한 통제권을 구축하도록 했다. 여기에는 대부분 획일적이던 주거지에서 주로 가족, 피보호자, 노예를 위한 대형 주택을 특징으로 하는 계층화한 사회로의 전환도 가끔 수반됐다.[13]

상세한 사례 연구는 자원 부족 및 불균형 등장 간의 밀접한 연관성에 주목해왔다. 400년경부터 900년까지 브리티시컬럼비아주 키틀리만(Keatley Creek) 지역에는 프레이저강(Fraser River) 인근에서 현지의 연어 이동을 활용하는, 수백 명의 구성원으로 이뤄진 공동체가 자리하고 있었다. 고고학 유적으로 판단하건대, 연어 소비는 800년경 감소하고 포유류의 고기가 그 자리를 대신했다. 이 시기의 기록을 보면 불평등의 징조가 나타난다. 가장 큰 주택들의 구덩이에서 찾아낸 생선 뼈는 성숙한 치누크연어(chinook salmon)와 붉은연어(sockeye salmon)가 큰 비중을 차지했는데, 이것들은 지방과 칼로리가 풍부한 대물(大物)이었다. 거기서는 희귀한 종류의 돌 같은 고급품도 나왔다. 반면 가장 작은 두 채의 집에서는 오직 어리고 영양가도 떨어지는 물고기 뼈만 나왔다. 이런 정도의 복잡성을 가진 다른 많은 사회에서처럼 불평등은 예식상의 재분배를 통해 축하받기도 하고 동시에 완화되기도 했다. 요컨대 상당히 많은 군중을 위해 음식을 준비하기에 충분할 만큼 큰 구이용 구덩이(roasting pit)는 부유하고 권력 있는 자들이 공동체를 위해 축제를 열었음을 시사한다. 그로부터 1000년 뒤 지도자들이 관대함을 드러내면서 자기들끼리 경쟁하던 포틀래치(potlatch: 사람들을 초대해 음식과 선물을 나누어주는 풍습—옮긴이) 의식은 태평양 북서부 전체에 걸친 공통된 특징이었다. 유사한 변화가 같은 지역의 브리지강(Bridge River) 유역에서도 발생했다. 요컨대 800년경 큰 건물을 소유한 자들이 고급품을 축적하기 시작하면서 공용으로 쓰던 취사도구를 집 밖에 방치하자 가난한 주민들은 이러한 가정에 붙어살고 불평등이 일상화되었다.[14]

다른 경우를 보면, 불평등을 심화하는 사회적·경제적 변화를 촉발한 것은 바로 기술적 진보였다. 수천 년 동안 지금의 샌타바버라(Santa Barbara)와 벤투라(Ventura) 카운티에 해당하는 캘리포니아 연안에서 추마시족(Chumash)은 간단한 배를 사용하고 도토리를 채취하는 평등주의적 수렵·채집인으로 살았다. 500~700년경 추마시족은 12명을 태우고 60마일(약 96킬로미터—옮긴이) 넘게 바다로 나갈 수 있는 커다란 대양 항해용 널빤지 카누(plank canoe)의 도입으로 더 큰 물고기를 잡는 게 가능했으며, 해안을 따라 조개 무역의 중개인으로서 입지를 구축했다. 그들은 채널제도(Channel Islands)로부터 도토리, 견과류, 식용 식물과 맞바꿔 획득한 플린트를 내륙의 집단들에게 팔았다. 이는 일부다처 족장들이 카누와 영토에 대한 접근 권한을 통제하고, 그 부하들을 전쟁으로 이끌고, 제례 의식을 주관하는 위계를 발생시켰다. 그들은 추종자로부터 답례의 표시로 음식과 조개를 받았다. 이런 환경에서 수렵·채집 사회는 비교적 높은 수준의 복잡성에 도달할 수 있었다. 집중된 지역 자원에 대한 의존도가 커질수록 사회적 이동성은 줄어들고 직업적 전문화, 엄격하게 정의된 자산 소유권, 경계선 방어 및 일반적으로 포로의 노예화를 수반한 이웃 집단 간의 극심한 경쟁이 위계와 불평등을 키웠다.[15]

수렵·채집인 사이에서 이런 종류의 적응은 특정한 생태학적 틈새에서만 가능했고, 보통은 그들 외부로 확산되지 않았다. 오직 식량 자원의 사육만이 범지구적 규모에서 경제 활동과 사회적 관계를 변형시킬 잠재력을 갖고 있었다. 그것이 없었다면 냉혹한 불평등은 온천지가 한층 평등주의적인 수렵·채집인으로 둘러싸인 해안과 강가의 작은 집단에 국한된 채로 남았을지도 모른다. 하지만 운명은 그렇지 않았다. 대륙마다 다양한 식용 작물을 재배하기 시작했다. 가장 빠르게는 약 1만 1500년 전 서남아시아에서, 그다음은 1만 년 전 중국과 남아메리카에서, 9000년 전에는 멕시코에서, 7000년 전에는 뉴기니에서, 그리고 남아시아와 아프리카 및 북아메리카에서는 5000년 전의 일이다. 실제로 생겨난 가축 사육은 이런 혁신보다 앞설 때도 있고 뒤따를 때도 있었다. 수렵·채집에서 농경으로의 이행은 항상 연속적 경로를 따르는 것이 아니라 지난한 과정일 수 있었다.[16]

특히 이런 과도기를 최초로 목격한 나투프(Natuf) 문화와 레반트(Levant) 지역에 있는 선토기(先土器) 신석기 계승자들이 그런 경우였다. 약 1만

4500년 전부터 한층 더 따뜻하고 습해진 날씨로 인해 이 지역의 수렵·채집 집단은 자신들의 규모를 키우며 좀더 영구적인 정착지에서 삶을 영위했다. 그들은 넘쳐나는 사냥감을 잡아들이고 최소한 작은 저장 시설이 필요할 정도로 충분한 양의 야생 곡물을 채취했다. 증거 자료는 매우 한정적이지만, 선구적인 전문가들이 '초기 사회 위계(incipient social hierarchy)'라고 일컬어온 것의 조짐을 보여준다. 고고학자들은 공동으로 사용한 것 같은 좀더 큰 건물 한 채와 만드는 데 엄청난 공을 들였을 특수한 현무암 막자사발(mortar)을 약간 발견했다. 한 집계에 따르면, 약 1만 4500~1만 2800년 전 초기 나투프에서 출토된 해골 중 약 8퍼센트는 조개껍데기와 뼈 또는 이빨로 만든 장식품을 걸치고 있었다. 그중 조개껍데기는 이따금 수백 마일 밖에서 들여온 것도 있었다. 한 발굴 현장에는 세 남자가 조개껍데기 머리 장식을 한 채 묻혔는데, 그중 한 남자는 네 줄 깊이의 조개껍데기를 두르고 있었다. 석기와 피겨린(figurine: 장식용 조각상—옮긴이)은 소수의 무덤에서만 나왔다. 구이용 대형 구덩이와 난로의 존재는 미국 북서부에서 훨씬 나중에 열린 유형의 재분배 축제를 암시하는지도 모른다.[17]

하지만 사회 계층화와 불평등은 이런 우호적 환경 조건 아래서 어느 정도 발달했을지 몰라도 신드리아스기(Younger Dryas)로 알려진 약 1만 2800~1만 1700년 전의 추운 시기 동안 서서히 사라졌다. 그때 남아 있던 수렵·채집인은 현지 자원이 줄어들거나 예측하기 어려워짐에 따라 좀더 유동적인 생활 양식으로 복귀했다. 1만 1700년경 기후가 다시 안정기로 돌아선 것은 외알밀(einkorn), 에머밀(emmer), 밀 및 보리 같은 야생 작물 재배의 최초 증거와 들어맞는다. 선토기 신석기 시대 초기(약 1만 1500~1만 500년 전)로 알려진 기간 동안 정착촌은 확장되었고 마침내 개별 가구마다 식량을 저장하기에 이르렀는데, 이는 소유권 개념의 변화를 암시하는 관습이다. 흑요석(obsidian) 같은 일부 이국적인 물건의 등장은 높은 지위를 표시 및 강화하려는 욕망을 반영하는 것일 수 있다. 선토기 신석기 시대 말기(약 1만 500~8300년 전)는 한층 구체적인 정보를 보여준다. 약 9000년 전 터키 남동부의 자외뉘(Cayönü) 마을은 건물과 발견물의 크기 및 품질에서 차이가 나는 각기 다른 구역들로 이뤄져 있었다. 더 크고 더 잘 지은 건축물에는 특이하고 이국적인 공예품이 있고, 위치도 광장과 사원에 매우 근접한 편이었다. 무덤 중 일부에만 흑요석이나 구슬 또는 도구가 들어 있는 반면, 자외뉘의 가장 호화로운 가내 매장지 넷 중 셋은 광장에서 가까운 주택 안에 있었다. 이 모든 것은 엘리트 지위의 표식으로 간주할 수 있다.[18]

다음 1000년간 우리가 목격한 대부분의 불평등이 농경에 의해 가능해졌다는 데는 의심의 여지가 없다. 그러나 다른 경로도 존재했다. 나는 이미 식량 재배가 없는 가운데서도 상당한 정치적·경제적 격차를 발생시킨 수상생활 적응에 대해 언급한 적이 있다. 다른 경우는 가축화한 말을 운송 수단으로 도입함으로써 식량 생산의 부재에도 불구하고 불평등화 효과를 가져올 수 있었다. 18~19세기에 미국 남서부 국경 지대의 코만치족(Comanche)은 장거리 전쟁과 기습을 감행하기 위해 유럽 혈통의 말에 의존한 전사(戰士) 문화를 형성했다. 버펄로와 기타 야생 포유류가 그들의 주요 식량원이었으며, 채취한 야생 식물 및 교역이나 약탈로 획득한 옥수수로 이를 보충했다. 이런 장치는 높은 수준의 불평등을 뒷받침했다. 사로잡은 소년을 부자들의 말을 돌보는 데 활용하고, 소유한 말의 수로 코만치 가구를 '부유층(tsaanaakatu)', '빈곤층(tahkapu)', '극빈곤층(tubitsi tahkapu)'으로 확연하게 구분했다. 전체적으로 봤을 때, 수렵·채집 사회와 원예 사회 및 농경 사회가 항상 체계적으로 각기 다른 수준의 불평등과 관련 있는 것은 아니었다. 즉 어떤 수렵·채집 집단은 일부 농경 공동체보다 더 불평등할 수 있었다. 258개 아메리카 원주민 사회에 관한 조사는 보통 얘기하는 사육이 아니라, 잉여의 크기가 물질적 불평등의 핵심 결정 요인이었음을 시사한다. 잉여가 전혀 없거나 거의 없던 사회 중 3분의 2에서는 자원 불균형이 드러나지 않은 반면, 약간 혹은 큰 잉여가 발생한 사회의 다섯 중 넷에서는 자원 불균형이 나타났다. 이런 상관관계는 한편에 각기 다른 생계 양식을, 다른 한편에 불평등을 놓고 볼 때보다 훨씬 더 강력하다.[19]

상이한 발달 수준—수렵·채집인, 원예인, 목축인, 농경인—을 가진, 세계의 다른 지역에 거주하는 21개 소규모 사회에 대한 공동 연구는 불평등의 두 가지 중요한 결정 요인을 밝혀냈다. 바로 토지와 가축의 소유권 그리고 한 세대에서 다음 세대로 부를 전달하는 능력이다. 연구자들은 서로 다른 세 종류의 부를 살펴봤다. 요컨대 체화된 부(주로 체력과 번식 성공), 관계적 부(동업자들에 의해 예시됨) 그리고 물질적 부(가정용품, 토지 및 가축)가 그것이다. 그들의 표본에서 수렵·채집인과 원예인에게는 체화된 자질이 가장 중요한 부의 범주였고, 물질적 부는 가장 덜 중요했다. 반면 목축인과 농경인은 정반대였다. 다른 종류의 부에 대한 상대적 가중치는 전체 불평등 정도에 영향을 주는 중요한 요인이다. 체화된 부에 대한 물리적 제약은 비교적 엄격하다. 특히 신체 크기에 대해 그렇고, 체력과 사냥 수익 및 번식 성공에는 약간 덜 엄격하다. 관계적 부는 더 유동적이긴 하지만 농경인과 목축인한테서보다 불균등하게 분배됐고, 이들 두 집단에서 나타난 토지와 가축의 불평등 정도는 수렵·채집인과 원예인의 도구나 배(boat) 점유율보다는 더 높은 수준에 달했다. 각기 다른 종류의 부에 적용되는 다양한 불평등 제약과 특정 유형의 부에 매겨지는 상대적 중요성의 조합이 생계 양식마다 관찰되는 차이점을 설명해준다. 부의 종합 평균 지니계수는 수렵·채집인과 원예인은 0.25~0.27로 낮았지만, 목축인(0.42)과 농경인(0.48)은 훨씬 높았다. 물질적 부만 놓고 보면 주요 분계선은 수렵·채집인(0.36)과 나머지 전체(0.51~0.57) 사이에 놓인 것으로 보인다.[20]

부의 전달 가능성은 또 다른 중요한 변수다. 세대 간 부의 전달 정도는 농경인과 목축인이 나머지 집단의 약 2배만큼 높았고, 그들이 이용할 수 있는 물질적 소유물은 수렵·채집인과 원예인의 자산보다 전달에 훨씬 더 적합했다. 이러한 체계상의 차이는 종합적인 부의 상위 10분위수에 있는 부모의 자녀가 가장 가난한 10분위수 부모의 자녀와 비교해 결국 동일한 10분위수에 속할 가능성이라는 관점에서 측정했을 때 삶의 기회 불평등에 강한 영향력을 행사한다. 이런 방식으로 규정한 세대 간 이동성은 일반적으로 미미했다. 심지어 수렵·채집인과 원예인 사이에서도 상위 10분위수 자손이 이 지위를 재생산할 가능성은 최하위 10분위수 자손이 거기에 올라설 확률의 최소 3배였다. 그러나 농경인의 경우는 그럴 가능성이 매우 높고(약 11배), 특히 목축인은 훨씬 더 높았다(약 20배). 이런 격차는 두 가지 요인 때문일 수 있다. 즉 이러한 효과의 절반 정도는 기술이 차지하는데, 이런 기술이 각기 다른 유형의 부가 갖는 상대적 중요도와 특징을 결정한다. 그리고 나머지 절반은 부의 전달 양식을 지배하는 제도가 차지한다. 농경과 목축의 규범이 친족으로의 수직적 전달에 유리하기 때문이다.[21]

이상의 분석에 따르면, 불평등과 그것의 지속은 세 가지 요인이 조합된 결과다. 바로 상이한 부류의 자산에 대한 상대적 중요도, 자산을 다른 이들에게 전달하는 데 얼마나 적합한가, 그리고 자산의 실제 전달 비율이 그것이다. 그러므로 물질적 부가 별로 큰 역할을 하지 않고 손쉽게 전달하기 적합하지 않으며 상속의 의욕을 꺾는 집단은 물질적 부가 가장 중요한 유형의 자산이고 전달 가능성이 대단히 높으며 다음 세대에 남겨주는 것이 허용된 집단보다 당연히 더 낮은 수준의 전반적 불평등을 경험하게 마련이다. 결국에는 전달 가능성이 결정적이라는 얘기다. 만약 부가 세대 간에 대물림된다면 건강과 관련한 임의의 충격, 동등함 그리고 불균형을 창출하는 자본과 노동의 수익은 보존될 것이다. 아울러 분배의 성과는 평균으로 회귀하도록 방치되는 대신 시간이 지남에 따라 쌓일 것이다.[22]

앞서 언급한 아메리카 원주민 사회의 조사에서 도출한 의견을 계속 따라가 보면, 이 21개 소규모 사회 표본을 통해 얻은 실증적 발견은 역시 작물 재배와 가축 사육이 의미 있는 불평등화를 위한 충분한 전제 조건이 아님을 시사한다. 방어할 수 있는 천연자원에 대한 의존이 훨씬 중요한 요인인 듯하다. 왜냐하면 이것은 일반적으로 다음 세대에 물려줄 수 있기 때문이다. 쟁기질, 계단식 논 및 관개(灌漑) 같은 투자도 역시 마찬가지다. 이러한 생산적 자산과 이에 대한 개선을 대물림하는 것은 두 가지 방식으로 불평등을 조성한다. 요컨대 시간의 경과와 함께 자산이 늘어나도록 하는 것, 세대 간 가변성과 계층 이동성을 줄이는 것을 통해서다. 각기 다른 발전 수준을 지닌 1000개 이상의 사회에 대한 한층 더 광범위한 조사는 전달의 중추적 역할을 한층 분명히 해준다. 이 일련의 전 지구적 데이터에 따르면, 단순 수렵·채집 사회의 약 3분의 1이 동산에 대한 상속 규칙을 갖고 있으나 12개 사회 중 1개꼴로만 부동산의 전달을 인정한다. 이와 대조적으로 집약적 형태의 농경을 수행하는 거의 모든 사회는 양쪽을 모두 포괄하는 규칙을 갖추고 있다. 복합적 수렵·채집인과 원예인은 중간 입장을 취한다. 상속은 재산권의 존재를 전제로 한다. 우리는 단지 그것이 생성되는 상황을 추측해볼 수 있을 뿐이다. 요컨대 새뮤얼 볼스(Samuel

Bowles)는 농경이 수렵·채집인에게는 비실용적이거나 실행 불가능한 재산과 관련한 권리에 유리하다고 주장해왔다. 농작물·건물 및 가축 같은 농경 자원은 쉽게 경계를 정해 방어할 수 있기 때문인데, 이것들은 수렵·채집인이 의존하는 분산된 천연자원과는 공통점이 없는 전제 조건이었다는 것이다. 수상생활 적응과 기마(騎馬) 문화 같은 예외는 이런 설명과 완벽하게 들어맞는다.[23]

역사적으로 불평등은 이따금 천천히 도약했다. 기원전 8000년으로 거슬러 올라가 아나톨리아(Anatolia) 남서부에 있는 신석기 시대 최초 도시 취락의 원형인 차탈회위크는 눈에 띄는 사례다. 이곳의 거주자 수천 명은 괭이를 사용한 원예 농업 종사자와 목축에 의존하는 이들이 뒤섞여 있었다. 땅은 넘쳐났고 명백한 통치 조직이나 사회 계층화의 흔적은 없다. 거주자들은 곡식, 과일 및 견과류를 비축해둔 친족 가구에서 살았다. 이 유적지에서 다수의 돌 가공품을 발굴했다. 기원전 7400~기원전 6000년에 건설된 20채의 건물과 9개의 안마당에서 출토된 2429개의 유물을 포괄적으로 조사한 결과, 특정 유형의 유물 분배에서 차이점이 드러난다. 모든 가구가 일반적 요리 도구와 석기 도구에 폭넓은 접근 권한을 향유한 반면, 원상태 그대로의 물맷돌(millstone)과 구멍맷돌(quern)은 전 주택에 걸쳐 매우 불균등하게 분포되어 있었다. 온전한 구멍맷돌은 주로 더욱 정교한 건물에서 발견되었는데, 이것이 지위가 더 높은 가구를 나타내는 것인지, 아니면 그들이 단지 음식 조리와 관련한 협동 과업을 주최했던 것인지는 알 수 없다. 대부분의 맷돌을 닳아서 못 쓰게 되기 훨씬 전에 의도적으로 파기했다는 의견은 이 중 맨 처음의 해석에 맞지 않을 수 있다. 이런 관습은 심지어 그 귀중한 자산의 세대 간 전달에 배치되는, 보편적이진 않아도 널리 퍼진 어떤 명령을 반영하는 것일 수도 있다. 후기 메소포타미아 사회에서 맷돌은 상속할 수 있는 부 가운데서도 단연 으뜸가는 물건이었다. 평준화 조치가 가구들 간 부의 불균형을 억제하도록 활발하게 적용되었을 가능성도 있는 것이다.[24]

하지만 시간이 지나면서 불평등은 점점 일반화했다. 메소포타미아의 고고학적 증거는 그 지역에 최초의 국가가 건설되기 훨씬 이전에 강한 계층화가 있었던 흔적을 보여준다. 가령 오늘날 바그다드 북쪽 티그리스강에 면한 텔에스사완(Tell es-Sawwan) 마을에 있는, 점토로만 만든 많은 투석기가 출토된 도랑이 있는 진흙 벽은 무려 7000년 전의 과격한 충돌을 가리킨다. 이는 중앙 집권화한 통솔력과 위계를 창출하기에 좋은 조건이었다. 이 유적에서 가장 부유한 매장지 중 일부는 아이들 것으로, 개인의 업적보다는 가족의 부에 기초한 지위 구분을 반영한다. 대략 같은 시기에 사용한 모술(Mosul) 유적지 인근의 텔아르파치야(Tell Arpachiyah)에는 엘리트 가족의 주거지로 보이는 곳이 한 군데 있는데 고급 도자기, 설화 석고 식기류, 흑요석 그리고 다양한 종류의 장신구 및 공예 도구 등이 출토된 수많은 방으로 이뤄져 있었다. 이 정착촌에서 지도자들은 말리기 전에 간단한 직인을 새겨 넣은 점토—후기 메소포타미아 역사에 있었던 복잡한 밀봉의 초창기 효시—로 수송품을 밀봉함으로써 무역을 통제했다. 야림테페(Yarim Tepe)에는 화장(火葬)을 한 젊은이가 흑요석 구슬뿐 아니라 인감 드릴(seal drill)을 지니고 묻혀 있는데, 이는 그가 관리의 자손이자 아마도 후계자로 지목됐음을 효과적으로 보여준다.[25]

그 무렵, 요컨대 기원전 6000~기원전 4000년 구조적 불평등의 모든 기초 요소는 이미 마련되어 있었다. 부족한 자원을 둘러싼 경쟁을 환기시키는 수많은 방호 설비와 효율적 리더십의 필요성, 통치 기능과 연관이 있을 세속적인 공공건물, 제례적 힘의 중요성을 말해주는 주택 내부의 사당과 사원, 화려한 아동 무덤이 예시하는 세습적 지위의 징후, 그리고 상이한 정착촌의 엘리트 가족 간에 일어난 공예품 교환의 증거가 그것이다. 정치적·군사적·경제적 발달은 인구를 구분했고 출중한 지위, 경제 거래에 대한 통제력 및 개인의 부는 밀접한 관련이 있었다.

다른 맥락에서, 정치적 리더십은 고도의 물질적 불평등과 연관을 갖기에 이르렀다. 지금의 불가리아에 속하는 흑해 연안 바르나(Varna)의 한 공동묘지에는 기원전 5000년부터 사용해온 200개 넘는 무덤이 있다. 그중 한 무덤이 특히 눈에 띄는데, 중년 남자가 총 3파운드(약 1.4킬로그램—옮긴이)에 달하는 최소 990개의 황금 유물과 함께 잠들어 있다. 남자는 아마도 애초 의복에 부착했을 금 장신구로 덮여 있고, 팔에는 무거운 황금 고리를 끼고, 도끼 지휘봉을 갖고 있었다. 심지어 음경조차도 금으로 씌워져 있었다. 남자의 무덤은 이 유적지에서 발견한 모든 황금 유물의 3분의 1을 차지했다. 아울러 무게로는 전체 황금 유물의 4분의 1에 달했다. 부장품은 전체적으로 매우 불균등하게 분포되어 있다. 요컨대 주인 있는 무덤의 절반 이상에서 유물이 나왔는데, 기껏해야 10기 중 1기 정도에만 부장품이 풍부하고 몇 안 되는 무덤에만 많은 황금을 포함한 다양한 물품이 있었다. 무덤 1기당 유물 개수의 지니계수는 시기에 따라 0.61~0.77까지 다양하지만, 우리가 분배를 가치로 조정할 수 있다면 수치는 훨씬 높아질 것이다. 우리는 이 사회의 구성을 추측만 할 수 있을 뿐이지만, 그 위계적 특징은 거의 의심할 여지가 없다. 금으로 뒤덮인 남자와 그보다 약간 덜한 동료 몇몇은 당연히 최고 우두머리들이었을 것이다.[26]

이런 발견물은 불평등에 대한 일종의 상호 보완적 원천을 가리킨다. 방어 가능한 자원으로부터 추출한 잉여 그리고 이를 후손이나 기타 친족한테 넘겨줄 권리를 포함하는 (이러한 자원에 대한) 개인 재산권 혹은 가족 재산권의 결합은 사회·경제적 계층화가 증가할 수 있는 기반을 다졌다. 새로운 형태의 정치적·군사적 권력은 그 결과로 생긴 소득과 부의 불평등에 기여하고 또 그것을 증폭시켰다. 식량 재배로의 이행과 매우 비슷하게 정치적 위계 서열의 진화는 느리고 점진적인 과정이었으며 생태 환경, 기술 진보 및 인구 증가에 크게 좌우되었다. 결국 전체적 변화의 방향은 단순 수렵·채집 경제의 전형인 10명 내외의 소가족 수준 집단으로부터 일반적으로 구성원 수가 수백 명인 지역 집단 및 공동체 그리고 수천수만을 다스리는 더 큰 군장 사회(chiefdom)나 초기 국가 형태를 향했다. 이는 항상 연속적으로 이뤄진 것은 아니고, 모든 환경이 더 복잡한 형태의 사회 조직을 뒷받침하지도 않았다. 결과적으로 농경에 바탕을 둔 복잡한 국가 수준의 사회는 궁극적으로 무리(band), 부족 그리고 목축인과 원예인 및 수렵·채집인의 조상 인구 중 잔존한 이들의 군장 사회와 세상을 공유하기에 이르렀다. 이런 다양성은 우리가 불평등의 등장 이면에 있는 추진력을 이해하는 데 필수적이다. 아울러 우리로 하여금 상이한 생계 양식의 특징과 이미 요약했듯 부의 축적, 전달 그리고 집중에 미친 그러한 추진력의 결과를 비교할 수 있도록 해준다.[27]

전 세계적으로 사회·정치적 조직의 변화가 문서화한 범위는 비슷하게 폭넓고, 권력과 지위의 불평등을 부의 불평등과 결부시키는 것을 가능하게끔 만들었다. 범지구적 시각으로 보면, 농경은 사회·정치적 계층화와 밀접한 상관관계가 있다. 1000개 넘는 공동체 표본에서 4분의 3 이상의 단순 수렵·채집 공동체는 사회적 계층화의 징후를 보이지 않는데, 집중적 형태의 농경에 종사하는 공동체가 3분의 1 미만인 것과 대조적이다. 정치적 위계는 정착 농업에 훨씬 강하게 의존한다. 엘리트와 계층 구조는 단순 수렵·채집인에게는 사실상 미지의 것이지만, 대다수 농경 사회에서는 입증되어 있다. 그러나 또다시 중요한 변수로 작용한 것은 일반적으로 얘기하는 생계 양식이라기보다 바로 경제적 잉여의 규모였다. 앞서 언급한 258개 아메리카 원주민 조사에 따르면, 유의미한 잉여 생산이 없는 집단의 86퍼센트에서는 정치적 불평등의 조짐 역시 결여되어 있었다. 이와 반대로 약간의 또는 큰 잉여가 발생한 집단 중 똑같은 비율은 최소한 어느 정도의 정치적 위계를 발전시켰다. 표준 비교 문화 표본(Standard Cross-Cultural Sample)으로 알려진 더욱 상세한 기록을 보면, 전 세계 186개 사회 가운데 수렵·채집 집단 다섯에 넷은 지도자가 없었던 반면, 농경 사회의 4분의 3은 군장 사회나 국가로 조직되어 있었다.[28]

그러나 모든 농경 사회가 똑같은 경로를 따른 것은 아니었다. 새로운 범지구적 조사는 곡물 재배가 한층 복잡한 사회적 위계를 발달시키는 데 중요한 역할을 담당했음을 시사한다. 지속적으로 구할 수 있지만 빨리 썩어버리는 다년생 뿌리식물과 달리, 곡물은 특정 수확기에만 대량으로 거둘 수 있고 장기 보관에 적합하다. 이 두 가지 특징 모두가 엘리트로 하여금 잉여 식량 자원을 전용하고 고수하는 것을 더욱 용이하게끔 만들었다. 지구상에서 국가는 농경을 최초로 발달시킨 지역에서 처음 생겨났다. 요컨대 일단 식물—무엇보다도 곡물—을 재배하고 가축을 사육함으로써 인간은 머잖아 자신들의 운명을 공유하고, 전에는 상상할 수 없던 수준까지 불평등을 확대시켰다.[29]

최초의 '1퍼센트'

소득과 부에 대한 불균등한 접근 기회는 국가의 형성보다 앞서 존재했고, 국가가 발전하는 데 기여했다. 하지만 통치 체제를 일단 구축하고 나자 결과적으로 기존의 불평등을 악화시키고 새로운 불평등을 생성했다. 전근대 국가들은 상업 활동에 대한 보호 조치를 마련함으로써, 그리고 동시에 정치권력 행사와 가장 밀접하게 연관된 자들을 위해 개인적 이득이 생겨날 새로운 출처를 가능케 함으로써 소수의 손안에 물질 자원이 축적 및 집중될 수 있는 전례 없는 기회를 창출했다. 결국 정치적·물질적 불평등은 "하나의 변수가 증가하면 다른 변수에도 그에 상응하는 증가를 초래할 가능성이 높은 상향 나선형 상호 작용 효과"라고 일컫는 것 안에서 나란히 진화했다. 현대 학자들은 국가라는 지위의 본질적 특징을 정확히 포착하기 위해 매우 다양한 정의를 제시해왔다. 그중 몇 가지 요소를 차용하면, 국가란 영토와 그곳의 인구 및 자원에 대한 지휘권을 주장하고, 구속력 있는 명령과 규칙을 공표하고, 이러한 명령과 규칙을 위협이나 물리적 폭력을 포함한 합법적인 강압 조치의 행사로 뒷받침함으로써 통치 기능을 수행하는 일련의 제도와 인력을 갖춘 정치 조직을 나타낸다고 할 수 있다. 최초의 국가 출현을 설명하는 이론은 아주 많다. 내재적 추진력은 모두 어떤 면에서는 경제 발전과 그것의 사회적·인구학적 결과에 입각해 있다. 즉 유리한 위치를 점한 자들이 교역의 흐름을 통제함으로써 거둬들이는 이득, 지도자들에게 인구 밀도 증가 및 생산과 교환의 더욱 복잡한 관계에서 유발되는 문제를 처리할 권한을 부여할 필요성, 생산 수단에 대한 접근 기회를 둘러싼 계층 갈등, 그리고 규모 확장과 위계 및 중앙 집권화한 지휘 체계를 선호하는 자원 부족을 둘러싼 무력 충돌이 생성하는 압력 등이 그것이다.[30]

불평등 연구의 시각에서 보면, 엄밀히 말해 이러한 요인 중 어느 것이 가장 문제적인지는 그다지 중요하지 않을 수 있다. 국가의 형성이 상당한 잉여가 존재하는 사회에 가파르고 안정적인 위계를 도입했으므로, 권력과 지위 및 물질적 부의 불평등은 당연히 증대하게 마련이었다. 그렇다 해도 현재는 이 과정에서 조직화한 폭력이 중심 역할을 했다는 주장에 갈수록 공감대가 형성되고 있다. 로버트 카네이로(Robert Carneiro)의 영향력 있는 한계 이론(circumscription theory)은 부족하나마 재배한 식량 자원에 의존해야 하고 스트레스를 주는 환경에서 빠져나갈 수 없던 옛날에는 자주적이고 평등주의적이던 가구들이 다른 집단과의 경쟁에 더욱 효율적으로 대처하기 위해 권위적 통치력에 굴복하고 불평등을 감내할 각오를 했던 이유를 영토의 한계성이라는 조건 아래서 인구 증가와 전쟁 사이의 상호 작용이 설명해준다고 주장한다. 가장 최신 이론과 국가 형성의 시뮬레이션 모델도 마찬가지로 집단 간 갈등의 결정적 중요성을 강조한다. 아울러 폭력의 중대한 역할은 전근대 국가들 대부분의 독특한 특징, 특히 독재적 리더십과 종종 전쟁 수행에 대한 극도의 치중을 설명하는 데 또한 큰 도움을 준다.[31]

모든 초기 국가들이 비슷했던 것은 아니다. 중앙 집권적 정치 조직은 한층 '수평적 관계'를 따르는 형태 또는 기업적 유형의 정치 조직과 공존했다. 그럼에도 불구하고 중앙 집권적 독재 국가는 흔히 다른 구조를 가진 경쟁 국가를 능가했다. 국가는 구세계는 물론 아메리카에서도, 그리고 이집트와 메소포타미아의 충적 범람원(alluvial floodplain)부터 안데스 산맥의 산악 지대에 이르기까지 광범위한 환경에 걸쳐 생태적 전제 조건이 허락하는 한 전 세계 어디서나 독자적으로 출현했다. 이런 맥락의 적잖은 다양성에 반(反)해 그중 가장 잘 알려진 국가들은 현저하게 유사한 개체로 발전했다. 이들 국가는 모두 정치 영역부터 가족 제도 및 종교적 신앙 체계에 이르기까지 서로 다른 영역에서 수직적 위계질서의 확대—"위계 구조 자체가 지휘 구조를 뒷받침하는 전체 시스템에 좀더 긴밀해지도록 모든 사회적 요인에 피드백을 하는" 자가 촉매적(autocatalytic) 과정—를 경험했다. 계층화 증가에 유리한 압박은 도덕적 가치에 막대한 영향을 끼쳤다. 여전히 남아 있던 조상들의 평등주의 유산을 불평등의 장점에 대한 믿음, 그리고 대자연과 우주적 질서의 필수 요소로서 위계 서열을 수용하는 것으로 대체했기 때문이다.[32]

정량적 관점에서, 농경 국가는 지극히 성공적이었음이 드러났다. 비록 이러한 수치가 세심하게 통제된 추측 이상일 수는 없다 하더라도, 우리는 국가 수준의 정치 조직이 아마도 (남극을 제외한) 지표면의 1퍼센트가량을 차지했을 3500년 전에 이미 우리 인류 절반에 대한 권리를 주장했음을 짐작할 수 있다. 서력기원(Common Era: 기원후—옮긴이)이 시작될 무렵 국가들—대개는 로마나 중국 한나라처럼 거대한 제국—은 광활한 지구 땅덩어리의 10분의 1 정도를 점유했음에도 불구하고 당시 생존해 있던 모든 인간의 3분의 2에서 4분의 3을 차지했다고 추정할 좀더 확실한 근거가 있다. 아무리 불확실해 보인다 해도 이러한 수치는 특정 유형의 국가가 경쟁 우위를 갖고 있다는 인상을 준다. 강력한 착취적 엘리트로 뭉쳐진 광대한 제국 구조 말이다. 거듭 말하지만 이것이 유일한 결과는 아니었다. 독립적인 도시국가들이 이러한 제국들 틈바구니에서 번성할 수 있었다. 다만 고대 그리스인이 기원전 5세기에 가까스로 해냈던 것처럼 초대형 이웃 국가들을 물리치는 데 거의 성공하지 못했을 뿐이다. 도시국가는 흔히 더 큰 국가에 흡수됐다. 때로는 로마와 베네치아, 그리고 테노치티틀란(Tenochtitlan), 텍스코코(Texcoco), 틀라코판(Tlacopan)의 '멕시카 3국 동맹(Mexica Triple Alliance)'처럼 자신들만의 제국을 건설하기도 했다. 더욱이 제국들은 이따금 몰락했고, 좀더 파편화한 정치생태학 앞에 무릎을 꿇기도 했다. 중세 유럽은 이런 이행의 가장 극단적 사례다.[33]

그러나 더 일반적으로 볼 때, 새로운 정복 정권이 이전의 권력 네트워크를 다시 공고히 함에 따라 제국은 제국을 낳았다. 아주 장기적인 시각에서, 이는 갈수록 잦아진 중국의 '왕조 사이클'에서부터 동남아시아, 인도, 중동과 레반트, 멕시코 중부 및 안데스 지방의 좀더 긴 변동에 이르기까지 주기적 해체와 복원의 패턴을 창출했다. 유라시아 대초원 역시 정착사회에 의해 발생한 부에 힘입어 남쪽을 향해 약탈적 습격과 정복에 나선 수많은 제국 정권을 양산했다. 국가는 시간이 지나면서 성장했다. 기원전 6세기 이전 지구상에서 가장 큰 제국들은 몇 십만 제곱마일에 걸쳐 있었다. 그다음 1700년간 그들의 가장 강력한 후계자는 전체 규모 면에서 이 한계를 뛰어넘는 게 다반사였고, 13세기 몽고 제국의 범위는 중부 유럽에서 태평양까지 뻗쳤다. 아울러 영토는 단지 하나의 측정 기준일 뿐이다. 인구 밀도의 장기적 증가를 얘기하자면, 제국 통치의 실질적 팽창이 훨씬 더 극적이었음을 알 수 있다. 우리 인류는 오늘날보다 한층 더 심할 정도로 중미와 남미 북서부의 일부 지역을 비롯해 유라시아의 온대 지역에 집중되어 있었다. 여기가 제국이 번창했던 곳들이다. 수천 년 동안 인류 대부분은 소수가 힘없는 보통 사람들보다 훨씬 더 위에 군림하는 이 거대한 조직들의 그림자 속에서 살았다. 이것이 내가 '최초의 1퍼센트'라고 부르는 부류가 탄생한 환경이다. 그들은 국가 건립과 제국 통합에 따라 동원된 정치적 지대(rent)와 상업적 이익을 확보하기 위해 있는 힘을 다한, 경쟁적이면서도 종종 긴밀하게 얽힌 엘리트 집단이었다.[34]

전근대 국가의 형성은 소수 지배 계급을 다수의 1차 생산자들로부터 분리시켰다. 종종 그 안에서도 계층화하기는 했지만, 이 엘리트는 국가의 기본 구성단위를 이루는 개별 지역 공동체를 뛰어넘는 동시에 집단적으로 그들을 통제하기도 했다. 어니스트 겔너(Ernest Gellner)의 유명한 그림

그림 1.1 농경 사회 구조의 일반적 형태

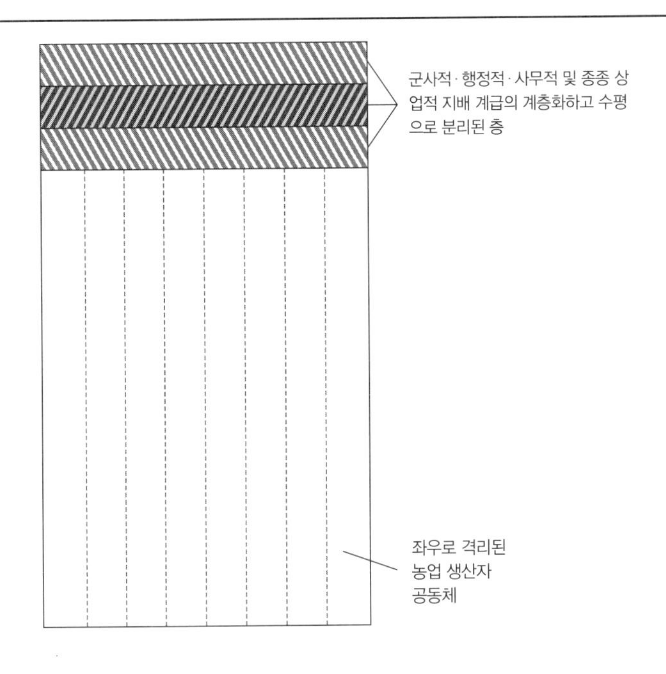

은 독보적으로 이 구조를 정확히 포착해낸다(그림 1.1).[35]

국가 요직이나 그와 연관된 높은 지위에 오른 지역 유지 같은 지배 계급의 일원은 이들 공동체 출신이거나 여전히 거기에 뿌리를 두고 있었을 것이다. 반면 외국인 정복자 같은 그 밖의 구성원은 사실상 별개라고 해야 할 사회를 형성하며 충분히 분리되었을 수 있다. 중앙 집권 통치는 현대의 기준으로 보면 매우 제한적이었다. 국가는 통상 퍼트리샤 크로네(Patricia Crone)가 일반 국민을 위한 "보호 껍데기"라고 부른 것보다 조금 나은 정도에 도달했고, 국민이 나라 안팎 도전자들의 손아귀에 들어가지 않도록 하면서 기존 정권에 계속 붙어 있도록 노력했다. 그러나 지배자와 그 대리인 역시 현대 사회에서 마피아 조직이 하는 것 같은 의미의 보호를 제공했고, 조직된 폭력을 출중하게 사용함으로써 이익을 챙겼다. 그들은 수시로 엄청난 독재 권력을 행사했다. 시민 사회의 제도가 인명에 대한 권력 행사나 재산 배분을 포함한 엘리트의 활동을 제약하기에는 너무나 약했던 것이다. 한편으로 이들 많은 국가는 하부 구조 권력, 즉 사회에 침투해 정책을 널리 실행할 능력을 결여하고 있었다. 공동체는 비교적 작고 보통은 멀리 떨어져 있는 지배적 중앙 통치 권력으로부터 느슨하게 억제를 받긴 했으나 대부분 자치권을 갖고 있었다.

정부는 본질적으로 반(半)사유 조직이었고, 하등한 인구를 다스리고 통치자를 위한 자원을 동원하기 위해 정치적·군사적·경제적·이데올로기적 권력을 쥔 다양한 이들의 선출과 협력에 의존했다. 후자는 경쟁이 치열한 엘리트 사이의 균형을 유지하기 위해 보상과 폭력의 위협을 뒤섞어 사용하는 경향이 있었는데, 정부는 흔히 부유하고 힘 있는 자들 간의 갈등을 관리하는 데 주로 중점을 뒀기 때문이다. 일반적으로 중첩된 범주였던 통치자와 그들의 대리인 및 대지주는 국가 세금과 개인 지대를 통해 빨아들일 수 있는 잉여의 통제권을 놓고 갈등에 휘말렸다. 이미 자리 잡은 엘리트 구성원을 국가 관료로 고용하는 것은 통치자들의 자율권을 축소한 반면, 더 낮은 지위의 하층민 대리인을 사용하는 것은 기존 엘리트 사회의 일원이 되고자 국가 세금을 유용하고 공무에서 얻은 이익을 사유화하는 데 열중하는 새로운 엘리트 지망생을 창출했다. 통치자들은 앞다퉈 권력과 특혜를 국가 서비스의 임시적이고 무효화할 수 있는 기능으로 만들려 분투했지만, 그들의 대리인은 자신과 후손을 위한 사적인 혜택을 추구했다. 결국에 가서는 종종 후자가 더욱 성공적이었음이 입증되었다. 부패와 다른 형태의 약탈은 비일비재했다. 지배 계급의 일원이 지위와 이점을 놓고 경쟁함에 따라 개인 간의 이직률을 높을 수는 있었으나, 이른바 엘리트 통치는 국가 구조가 성공적으로 유지되는 한 안정적인 편이었다. 상류층은 생활 방식과 세계관을 통해 자신들을 일반인과 분리시켰는데, 흔히 그 세계관이란 본질적으로 전쟁과 연관되었으며 통치자를 열등한 농민 생산자의 착취자로 규정했다. 과시적 소비는 권력 관계를 드러내고 강화하는 중요한 수단으로 작용했다.[36]

이러한 기본 조건이 소득과 부의 분배를 깊이 있게 형성했다. 필수 요소로 축소한다면, 역사적으로 이상적이고 전형적인 부의 습득 양식은 단 두 가지였다. 그것은 바로 만들기(making)와 차지하기(taking)다. 잉여 생산, 재배와 사육 및 세습 재산권의 출현은 개인 재산의 생성과 보존을 위한 초석을 다졌다. 결국 이 과정에 기여한 제도 적응, 기술 진보 및 경제 활동의 규모와 범위 확대는 개인 혹은 가족의 부 축적에 대한 상한선을 높였고, 그렇게 함으로써 적어도 소득 및 생산적 자산의 분산과 관련한 잠재적 범위를 증대시켰다. 이론상 임의적 충격의 누적 효과는 일부 가구를 다른 가구들보다 더 부유하게 만들기에 충분했을 것이다. 토지, 가축, 건물 및 대출과 교역에 투자한 자원 같은 자본 수익률의 차이가 이를 보장했을 것이다. 아울러 이것들이 운을 다하면 다른 것들이 그 자리를 대신했을 것이다.

경제 발전으로 생겨난 듯한 준엘리트 사회의 부의 불평등 증가를 보여주는 최초의 정량적 증거라 할 수 있는 것은 수천 년 전의 고대 메소포타미아에서 나왔다. 고(古)바빌로니아 시대(기원전 2000년의 상반기)의 아들들을 위한 상속 지분 표본과 신(新)바빌로니아 시대(기원전 7세기 말과 기원전 6세기의 대부분, 대략 1000년 후)의 딸들을 위한 지참금 기록을 비교하면, 두 가지 주목할 만한 차이점이 드러난다. 밀 임금(wheat wage)으로 환산하면 후자는 전자의 약 2배에 상당한다. 일련의 두 자료는 모두 동일한 계층—도시 거주 유산 계급, 아마도 도시 인구의 상위 10분위수 정도—을 나타내는 듯하므로, 특히 아들을 딸보다 선호했을 것이라는 점을 감안한다면, 이는 전반적으로 더욱 큰 부를 가리킨다. 게다가 지참금의 실제 가치는 훨씬 더 불균등하게 분배되기도 했다. 신바빌로니아 시대는 이례적으로 역동적인 경제 발전 시기였기 때문에 이런 대비는 어쩌면 성장과 상업화의 불평등화 효과로 가장 잘 설명할 수 있을 것이다.[37]

그러나 단지 이 사례뿐 아니라 더욱 일반적으로 이는 전체 내용의 일부에 불과할지도 모른다. 방금 개괄한 전근대 국가 형성의 결정적 특징이 어떻게 독특한 방식으로 경제 활동에 영향을 주었을지 알아채는 것은 쉽다. 정치 통합은 시장 확대에 도움을 줬을 뿐 아니라, 적어도 거래와 정보의 비용을 어느 정도 낮췄다. 즉 전근대 정치 조직의 일반적 특징인 만연한 권력의 비대칭성은 경제 행위자들에게 불균등한 경쟁의 장을 보장해주다시피 했다. 허술한 재산권, 부적절한 규칙 강요, 독단적 공무 집행, 부패한 국가 관료 및 개인적 연줄과 강압적 권력의 핵심에 대한 근접성에 최상의 비중을 두는 분위기 등은 지위의 피라미드에서 상류층에 있는 이들 및 이들과 이익으로 연결된 부류에 유리하도록 결과를 왜곡시킬 가능성이 높은 요인이었다. 이는 지배 계급의 구성원과 그 동료들이 쓸 수 있던 다양한 형태의 '차지하기'에 훨씬 더 많이 적용됐을 것이다. 통치에 참여한다는 것은 공식적 보상, 통치자와 그 밖에 다른 상관들의 토지 증여 및 뇌물·횡령·갈취 요구로 얻은 소득에 대한 접근 기회를 만들어냈고, 이는 종종 납세와 기타 다른 의무로부터의 피신처도 제공했다. 군대의 상급직은 전리품 일부를 보상으로 받았을 수 있다. 더 중요한 것은 국가를 위한 직접적 봉사가 필수 전제 조건은 전혀 아니었다는 점이다. 혈연관계, 내혼 및 공직자와의 기타 동맹 관계는 그에 상응하는 혜택을 창출해낼 수 있었다. 게다가 국가가 통상 어느 정도 제한적인 하부 구조 권력을 가졌음을 감안하면, 개인의 부와 지역의 영향은 국가나 공동체의 요구로부터 얻은 자기 자신의 자산은 물론 친구들과 고객의 자산에 대한 보호를 더 용이하게 만들었다(다른 혜택을 대가로). 필요할 경우 할당된 세금은 힘없는 이들에게 추가적 부담을 전가함으로써 충족하면 그만이었다.

이런 상황 아래서 정치권력이 물질 자원의 분배에 주된 영향을 끼치지 않을 리 만무했다. 부족이나 빅맨(Big Man: 능력이 뛰어나 집단 내에서 큰 비중을 차지하는 사람—옮긴이) 공동체 같은 더 작고 덜 위계적인 정치 조직에서는 지도자의 지위가 그 능력과 자신의 포상금을 공동체 전체와 공유하려는 자발성에 적잖이 의존했다. 농경 국가와 제국의 지배 계급은 일반적으로 더 큰 자율권을 누렸다. 가끔씩 아낌없이 퍼주는 걸 만천하에 과시하긴 했지만, 재분배의 흐름은 역전되기 일쑤여서 다수를 희생시켜 소수를 더욱 배부르게 했다. 1차 생산자로부터 잉여를 짜내는 엘리트의 집단적 능력이 전체 자원 중 전용(轉用)을 위해 쓸 수 있는 비율을 확정했고, 국가 통치자와 다양한 엘리트 집단 간 힘의 균형이 어떻게 이런 이익을 국고, 국가 대리인의 개인 장부 및 상업적 부와 토지를 차지한 엘리트의 자산에 할당할지 결정했다.[38]

힘 있는 자들 쪽으로 자원을 몰아 쏟아부은 전근대 국가의 바로 이런 특성은 소득과 부의 집중에 대한 강력한 억제 기제로도 작용했다. 약탈, 사유 재산권 묵살, 독단적 지휘권 행사는 재산을 생성하도록 도왔을 뿐 아니라, 일순간에 아주 쉽게 파괴할 수도 있었다. 국가 관직, 권력에 대한 근접성 및 통치자의 호의가 인맥 탄탄한 이들을 엄청난 돈방석에 올려놓았듯이 정적의 술책 및 측근의 영향력을 견제하고 그들이 부정 축재한 이익을 흡수하려는 통치자의 욕망은 목숨은 아니더라도 그들의 재물을 아주 수월하게 박탈할 수 있었다. 사적 재산의 존속이나 분산을 설명하는 데 도움을 주는 예측 불허의 가족 인구 변동과 더불어 폭력적 재분배는 엘리트 사회 내부에 자원이 집중되는 정도를 제한했다.

실제로, 성과는 역사상 국가별로 매우 다양했다. 중세의 맘루크 이집트(Mamluk Egypt)가 스펙트럼의 한쪽 끝을 차지했다. 외국인 출신의 비(非)세습 정복자 엘리트는 집단적으로 토지 통제권을 주장했는데, 토지는 권력 구조 내의 지위 여부에 따라 국가 계급의 구성원에게 할당되었다. 이러한 계급 구성원은 잦은 조정의 대상이었으며, 이는 자원에 대한 접근 기회를 유동적이고 예측할 수 없게 만들었다. 과격한 당파주의가 심한 물갈이를 보장했기 때문이다. 스펙트럼의 다른 쪽 끝, 즉 춘추 시대 중국이나 중세 유럽처럼 통치자들이 약한 봉건 사회에서는 영주가 상대적으로 안전한 자산 통제를 향유할 수 있었다. 마지막 위기를 맞이하기 직전의 로마공화국도 이에 해당한다. 당시 귀족들은 자신의 이익을 위해 집단적으로 정치 조직을 통제했으며, 그에 합당하게 사유 재산권을 유지하는 데 열심이었다. 대부분의 전근대 사회와 적잖은 현대 개도국이 이러한 이상과 전형의 극단 사이에 속하며, 때로는 사유 재산 관계에서 과격한 정치적 개입과 개인 재산을 존중하는 조치를 결합했다. 나는 뒤에서 이러한 관계를 좀더 자세하게 탐구하고자 한다.[39]

정치권력과의 근접성에서 비롯된 지대는 발전 수준이 낮은 사회만의 일은 아니었다. 서구의 최고 부자 사업가 12인에 관한 최신 연구는 그들이 어떻게 정치적 인맥으로부터 혜택을 얻었고, 어떻게 규제의 허점을 이용했으며, 어떻게 시장의 결함을 활용했는지 보여준다. 이런 점에서 민주주의 시장 경제의 선진국과 다른 유형의 국가 간 차이는 정도의 문제다. 몇몇 사례에서는 얼마만큼의 엘리트 재산이 경제 활동 이외의 출처로부터 나온 소득 덕분인지 추정하는 일도 가능할 것이다. 기원전 2~기원전 1세기의 로마 귀족들이 농업과 상업만으로 부를 축적했다고 하기엔 지나치게 풍족했다고 얘기할 수 있다면, 우리는 틀림없이 역사상 그보다 최근에 가까운 사회에 대해서도 좀더 구체적인 명세서를 돌려볼 수 있을 것이다. 내가 이번 장 후반부에서 간단히 거론할 앙시앵 레짐(Ancien régime) 시대의 프랑스는 단지 하나의 사례일 뿐이다. 가장 보편적인 시각으로 봤을 때, 개인화한 정치적 인맥과 특권이 오늘날의 선진국에서 엘리트의 부에 훨씬 더 크게 기여했다는 데는 거의 의심할 여지가 없다. 중남미와 아프리카에서 지대를 추구하는 엘리트는 세계사적 관점에서 보면 분명 부의 전용과 집중이라는 전통적이고 사실상 '일반적인' 전략으로 간주할 수 있는 것에 약간 더 근접해 있는지도 모른다. 현대 러시아의 '올리가르히(oligarch: 러시아 신흥 재벌, 또는 과두 지배 세력을 일컫는 말—옮긴이)'도 마찬가지로 여기에 해당한다. 그들이 재산의 생성과 보존 모두를 개인화한 정치적 권력 관계에 의존해온 정도를 보면 일부 전근대 엘리트 집단을 방불케 할 정도다. 맥락의 적잖은 다양성을 참작한다 해도, 러시아의 신용카드 재벌 올레그 틴코프(Oleg Tinkov)가 자신의 친구들에 대해 말한 것("그들은 자기 자산의 일시적 관리자다—진짜 소유자가 아니다")은 고대 로마와 중국에서부터 근대 유럽 초기의 군주에 이르기까지 많은 전임자들이 가졌던 불안정한 지위에도 똑같이 적용된다.[40]

토마 피케티는 경제 성장률과 자본 수익률 사이의 커다란 차이('r > g')를 참조하며 18세기와 19세기에 전형적이었던 상당히 높은 수준의 부의 불평등을 설명하고자 애썼다. 이러한 조건은 증식하고 첨가되는 충격—투자 전략 또는 운(luck)과 연계된 자본 수익률, 사망과 출산으로 인해 발생하는 인구학적 변수, 또는 소비 및 저축과 관련한 선호도, 외부 소득이 추가될 때의 생산성—을 특징으로 하는 역동적 모델 안에서 초기의 부의 격차를 증폭시키고, 고도의 부의 집중으로 이어지는 경향이 있다. 전시(戰時)의 파괴, 인플레이션, 과세 및 징발의 형태로 자본 비축량과 그 수익률에 가해진 부정적 충격이 부를 크게 줄이고 부의 순수익을 더욱더 감소시킨 20세기 상반기와 달리, 상당히 평준화되었던 이 시기보다 앞선 좀더 안정적인 상황은 부자들에게 유리했다. 결과적으로, 그때 이후로 총소득에서 자본 소득은 이전보다 더 큰 비중을 차지했다.

이런 상황은 전체적으로 전근대 사회를 대표할까? 경제 성장률과 명목 자본 수익률(이자율 또는 토지나 증여에서 나오는 고정 소득으로 대체된) 사이의 격차가 언제나 지극히 컸다는 것을 감안하면, 대체적으로 자본가들은 지속적 이득을 누렸다고 가정하는 게 타당해 보인다. 동시에 과격한 자산 재분배의 가능성이 얼마나 높은지에 따라 자본에 가해진 충격의 강도는 상당히 달랐을 것이라고 예상할 수 있다. 안정의 시대에 전제적 통치권의 독단적 행사는 특히 엘리트의 재산에 그 재산을 파괴했던 것만큼 언제고 부풀게 만들 강력한 충격을 만들어낼 수 있었다. 이런 개입이 이미 사회의 최상층이 차지한 자산을 단순히 재분배하는 것이기만 하다면, 부의 분배에 미친 전반적 효과는 틀림없이 중립적이었을 것이다. 반대로 전쟁, 정복 혹은 국가 실패에서 기인한 충격은 더욱 예측할 수 없는 결과를 양산했다. 무력에 의한 성공이 승자 쪽 지배 계급을 부유하게 함으로써 불평등을 증대할 공산이 컸던 반면, 전반적 평준화는 흔히 통치 구조의 해체에 뒤따라 일어났다. 나는 이번 장과 다음 장들에서 이러한 발전의 역사적 증거를 제시하고자 한다.

결국 부의 불평등 수준은 사회를 더 불안정하게 만드는 이런 과격한 분출의 발생 빈도에 의해 형성되었음에 틀림없다. 소득 분배 및 부의 축적과 관련한 초기 메커니즘이 18세기—특히 19세기—유럽에서 관찰한 메커니즘과 다르다고 한다면, 엘리트가 노동 이외의 원천에서 얻은 소득의 상대적 중요도와 관련해 그랬을지도 모른다. 개인의 재산이 정치적 지대에 대한 접근 기회에 더 많이 좌우될수록, 노동을 통해 얻는 소득—우리가 적어도 부패, 횡령, 강탈, 군사적 약탈, 경쟁적 기부, 경쟁자의 자산 탈취 등을 노동의 형태라고 규정할 수 있다면—이 좀더 평화롭고 누그러진 사회에서 사업 자본이나 임대 자본 투자자에게 그러했던 것보다 훨씬 더 중요했을 것이다. 이번 절 남은 부분에서 거론하겠지만, 이런 종류의 소득은 엘리트의 지위와 관련해 중요한 그리고 어쩌면 때로는 으뜸이기까지 한 결정 요인일 수 있었다. 이는 특히 상류층이 사적 자산의 수익률보다 국가가 후원한 재화와 노동 서비스의 지대 권리에 더 많이 의존했던 초기 고대 국가에 해당한다. 이런 지원 혜택은 자본 소득과 노동 소득 간 전통적 구분에 적합하며, 또다시 초기 '1퍼센트'의 출현과 관련해 정치권력 관계의 절대적 중요성을 부각시킨다.[41]

†

훗날 대제국들이 자리를 잡은 많은 지역에서는 한때 상당히 평등주의적인 토지 소유권 양식이 보편적이었다. 5000년 전의 기록물을 통해 알려진 최초의 문명 중 하나, 곧 메소포타미아 남부의 수메르인(Sumer) 사이에서는 많은 농지가 공동 소유로서 그걸 경작하던 부계 대가족의 통제를 받곤 했다. 이런 소유 형태는 기원전 2000년 고대 중국의 상(商) 왕조와 서주(西周) 시대에도 전형적이었는데, 추정하건대 당시 사적인 토지 거래는 허용하지 않았던 것 같다. 아즈텍 시대의 멕시코 계곡에서는 대부분의 땅을 가문의 토지와 공유지를 결합한 농경지를 소유한 기업 집단, 곧 칼포틴(calpotin)이 점거 및 경작했다. 가문의 토지는 이따금 가족 크기의 변화를 고려해 주기적으로 재설정되곤 했다. 잉카 시대에 페루 고산 지대의 아이유(ayllu)도 마찬가지였다. 아이유는 각각의 회원 가족에게 서로 다른 고도(altitude, 高度)의 구획을 할당하고 공정한 분배를 보장하기 위해 이를 정기적으로 조정한 동족결혼 집단을 말한다. 이와 같은 조치는 토지의 집중과 상업적 착취에 강력한 제약으로 작용했다.

그러나 시간이 흘러 자본 소유자들은 토지를 획득하고, 정치 지도자들은 기존의 소유지에 공물적 구조를 첨가하면서 불평등이 확대됐다. 기원전 3000년대에 수메르의 문서 기록이 확대될 무렵, 이미 막대한 토지를 보유하고 이를 시설의 자체 노동력으로 경작하는 사원들이 있었다. 아울러 엄청난 땅을 차지한 귀족도 있었다. 가계의 토지 사유화는 다른 집단 구성원이 동의하는 한 가능했다. 부채는 잉여 소득을 추가적인 토지로 전환시키는 유력한 수단으로 작용했다. 요컨대 3분의 1에 달하는 높은 연이자율로 인해 대출을 해준 종래의 소유주들은 채무자에게 재산 양도를 강요하는 일이 비일비재했고, 스스로를 담보물로 서약했을 경우에는 심지어 채무자를 노예로 만들기도 했다. 이런 과정은 대토지와 이를 경작하는 무토지 노동력 둘 모두를 탄생시켰다. 채권자들이 다른 사람에게 빌려준 가처분 자원의 일부는 자신의 경제적 자산을 관리함으로써 획득할 수 있었겠지만, 정치적 지대 역시 그들이 이런 전략을 추구할 수단을 마련하는 데 중요한 역할을 했을 것이다. 사유화는 결과적으로 의뢰인(client)과 후원자(supporter)에 대한 전통적인 사회적 의무를 감소시켰다. 요컨대 대가가 큰 사회적 책임이 사유 재산과 덜 연관될수록 투자자에게는 더 매력적이었을 것이다. 자본 소유자의 노동 수요를 충족하기 위해 소작인과 채무 보증인 같은 다양한 사회적 지위가 발달하고, 좀더 원시적 종속 형태인 노예제가 그러한 혼합체에 더해졌다. 유사한 과정을 4000년 후에도 관찰할 수 있다. 상당한 수준의 사회·경제적 발달을 이룬 아즈텍 일부 지역에서는 농촌의 부채 및 무토지 농노와 노예에 대한 의존이 불평등의 확대를 뒷받침했지만 말이다.[42]

국가 통치자들의 관행은 침해의 모델이면서 동시에 종종 침해의 수단이기도 한 것을 모두 제공했다. 수메르의 왕들은 자신과 동료를 위해 토지를 입수하려 애썼고, 사원의 자산을 장악하기 위해 그곳의 토지 운용에 호감을 표시했다. 사원 관리자들은 시설의 자산 운영을 그들 자신의 소유와 뒤섞었다. 부정 이득, 부패 및 무력은 이미 정착된 전용 수단이었다. 기원전 24세기 라가시(Lagash: 티그리스강과 유프라테스강 사이에 있던 고대 수메르의 도시—옮긴이)의 수메르 설형문자 기록을 보면, 현지의 왕과 여왕은 성전의 땅과 거기에 소속된 노동력을 차지했고, 귀족은 고리대금의 담보로 토지를 획득했다. 관리들은 배와 어장(漁場) 같은 국가 자산을 남용했고, 장례와 양털 깎기 같은 기본 서비스에 과다 요금을 청구했고, 근로자의 급료 지급을 연체했고, 부패를 통해 자기 주머니를 채우는 일이 다반사였다. 아울러 부자들은 가난한 이들의 연못에서 물고기를 훔쳤다. 이런 일부 혐의의 이점이 무엇이건 전체적 인상은 개인의 이익을 위한 권력 행사에 의거해 침해와 축재를 조장하는 특별한 유형의 통치 방식이라는 것이다. 일찍이 고리대금업자부터 군림하는 지주에 이르기까지 엘리트 사회에서 지속된 사적인 부의 습득과 집중은 통치자의 우려를 불러일으켰다. 통치자에게는 세금을 납부하고 국가를 위해 노무를 제공하는 1차 생산자를 보호할 필요가 있었기 때문이다. 기원전 3000년 중반부터 기원전 2000년 중반까지 메소포타미아의 왕들은 개인 자본의 발달을 늦추려는 시도의 일환으로 채무 면제의 명을 주기적으로 내렸다. 우리가 아는 한 이는 패배할 게 뻔한 싸움이었다.[43]

이런 긴장을 효과적으로 보여주는 사례를 기원전 15세기에 히타이트어(Hittite)로 번역된 후르리인(Hurrian)의 신화 '해방의 노래(Song of Release)'에서 찾을 수 있다. 거기에는 후르리의 기후의 신(weather god) 테숩(Tessub)이 등장하는데, 한눈에 보기에도 매우 곤궁하고 '푸석푸석한' 채무자로 변장해 (시리아 북서부에 있는) 에블라(Ebla)의 시의회에 나타난다. 메기(Megi) 왕은 부채 노예(debt slave)의 석방을 두고 도시의 유력 인사들과 충돌해온 터였다. 신의 명령이라며 요구한 조처가 엘리트 의회의 여론을 주도하는 타고난 웅변가 자잘라(Zazalla)로 인해 제대로 반대에 부딪힌 것이다. 자잘라의 영향 아래 시의원들은 왕에게 빚이 있다면 금과 은을, 메말랐다면 기름을, 춥다면 연료를 제공하겠다고 하면서 메기의 소망대로 노예가 된 채무자를 풀어주는 일은 거부한다.

> 하지만 우리는 〔노예를〕 풀어주지 않을 것입니다. 〔노예를 풀어주지 않으면〕 당신의 영혼에 큰 기쁨이 있을 것입니다. 오, 메기.

그들은 채무자를 계속 노예로 놔두어야 할 필요성을 환기시킨다. 이유인즉슨,

> 만일 그들을 풀어준다면 누가 우리에게 먹을 걸 주겠습니까? 그들은 우리에게 한편으로는 술을 따라주고, 다른 한편으로는 (음식을) 차려줍니다. 그들은 우리의 요리사이며, 우리를 위해 그릇을 씻습니다.

메기는 그들이 대드는 통에 눈물을 머금고 노예에 대한 자신의 주장을 포기하겠노라 선언한다. 현존하는 텍스트가 끊기기 바로 직전, 테숩은 다른 부채들을 면제한다면 신성한 보상을 약조하고 그게 안 된다면 극심한 형벌을 내리겠노라 위협한다.[44]

이와 같은 이야기는 엘리트의 특권과 전용에 직면한 왕권의 한계를 드러낸다. 고대 근동 지방의 도시-왕들(city-kings) 역시 지역의 사원과 여타 영향력 있는 유지와의 경쟁에서 자기 자신의 토지를 확장하는 데 신중을 기해야 했다. 균형 유지와 이런 많은 정치 조직의 상대적으로 작은 규모가 어느 정도까지는 불평등을 조장하는 개입을 억제하는 역할을 했다. 그러나 대규모 정복은 이러한 등식을 극적으로 변화시켰다. 경쟁자의 조직과 영토에 대한 폭력적 장악은 더욱 공공연한 약탈, 그리고 관습적인 지역적 제약에 규제받지 않고 부를 축적하는 길을 열어줬다. 기존 정치 조직이 더 큰 구조로 결집되면서 새로운 계급의 위계를 탄생시켰고, 최상층에게는 더욱 광범위한 자원을 기반으로 나오는 잉여에 대한 접근 권한이 주어졌다. 상류층의 소득과 부의 몫이 늘어남으로써 전체적으로 불평등이 심화할 수밖에 없는 국면이었다.

대규모 정복에 의한 국가 형성의 불평등화 효과는 기원전 24~기원전 22세기의 아카디아 왕국 사례에서 확연하게 드러난다. 만일 우리가 제국이라는 것을 단지 규모의 관점에서뿐만 아니라 다민족의 이질성, 비대칭적 핵심-주변 관계, 차별과 위계의 지역 전통 고수라는 관점에서 정의한다면, 역사상 '진정한' 최초의 제국으로 간주할 수 있는 이 왕국은 시리아 북부에서 이란 서부에 이르는 다양한 사회에 권력을 행사했다. 전례 없는 이러한 팽창은 아카디아의 통치자들이 신성한 지위를 자칭하도록 부추겼을 뿐만 아니라—현존하는 텍스트에 따르면, 제국의 창시자 사르곤

(Sargon)의 아들이자 후계자인 리무시(Rimush)는 "스스로를 신들 중 하나로 여겼으며", 그의 조카 나람신(Naram-Sin)은 "시민들이 그에게 자신들의 도시 아가데(Agade)의 신이 될 것을 요구했으며 …… 시민들이 아가데에 그의 신전을 지었다"고 공표했다—방대한 자산을 압수하고 재분배하도록 장려했다. 지방 도시국가의 왕들은 아카디아 총독으로 교체됐고, 다량의 토지가 새 통치자 및 그의 고위직 대리인들의 수중으로 넘어갔다. 가장 생산성 높은 농지 대부분은 사원이 보유하고 있었으므로, 통치자들은 그것을 몰수하든 아니면 친척이나 관리를 이 자원을 관리할 성직자로 임명했다. 이 광대한 지역의 내적 분할을 초월한 새로운 제국의 지배 계급은 거대한 토지를 축적했다. 전용한 토지는 관리에게 넘겨 그들을 지원하고 그들만의 피보호자와 부하에게 사례하는 데 사용하도록 했는데, 그중 일부는 '선택된 자들'로 알려져 있었다. 훗날의 전통은 "대초원의 농경지를 쪼개 나눠준 서기관들"을 향한 혐오를 표현했다. 국가 보조금의 수혜를 받은 자들은 사유지를 사들임으로써 자신의 땅을 한층 더 늘렸다.

일부 아카디아 기록은 엘리트 부의 증가를 상세히 보여준다. 신격화된 왕 나람신의 집사 예티브메르(Yetib-Mer)는 제국의 온갖 지역에 거의 2500에이커의 땅을 갖고 있었다. 기원전 23세기 말의 유지(有志) 메사그(Mesag)는 3000에이커 넘는 땅을 소유했다. 메사그는 그중 3분의 1을 자신의 생계를 위해 하사받았고, 나머지 토지에 대한 사용권은 돈을 주고 구입했다. 아울러 자신의 토지를 소수의 하급 관리, 장인 및 기타 고객들에게 나눠줬는데, 그중 일부만이 90에이커 이상의 땅을 할당받았다. 요컨대 사실상 대부분의 사람은 훨씬 더 적은 땅뙈기에 만족해야 했다. 물질 자원에 대한 접근 기회는 따라서 전 국가 계급에 걸쳐 뚜렷한 등급이 매겨졌다. 기존의 소유 패턴은 거의 고려하지 않은 채 자산의 재배당 능력과 결부된 제국의 생산 자원 합병은 소수의 권력 엘리트에게 불공정한 혜택을 주는 '승자 독식'의 환경을 창출했다. 주요 전문가들의 판단에 따르면, "아카디아의 지배 엘리트는 그들보다 앞서 수메르의 유지들이 알고 있던 것을 한참 뛰어넘는 자원을 향유했다".[45]

제국의 건설은 경제 활동에 대한 수익과 무관했으며, 물질적 불균형을 근본적 권력 관계 재편의 부산물로 탈바꿈시키는 방식으로 소득과 부의 분배에 영향을 미치는 잠재력이 있었다. 대규모 정치적 통합은 거래 비용을 낮추고, 고급 재화와 서비스의 수요를 증대시키고, 기업가들이 돈을 뜯어낼 목적으로 구축한 교환 네트워크를 활용할 수 있게 함으로써 상업 활동의 전반적 조건을 향상시킬 수 있었다. 아울러 그 결과 자본 소유자와 그 밖에 사람들 간의 격차를 확대했다. 이는 도시 성장의 원동력이었는데, 특히 물질적 불균형을 가중시킨 대도시 중심부에서 그러했다. 이는 또한 중앙 권력과 동맹 관계에 있는 부유한 엘리트를 대중의 요구와 기대로부터 보호하며, 개인의 이익 추구와 관련해 그들에게 무제한적 자유를 부여했다. 이 모든 요소는 무엇보다도 소득과 부의 집중에 공헌했다.

그러나 제국은 한층 더 직설적인 방식으로 불평등을 생성하기도 했다. 정치 엘리트와 행정 인력의 구성원에 대한 국가 주도의 물질 자원 할당은 정치적 불평등을 소득과 부의 불평등으로 전환시켰다. 이는 경제 영역에서 권력의 비대칭을 직접적이면서도 즉각적으로 재생산했다. 전근대 국가 통치의 위임적 성격은 통치자로 하여금 기존 엘리트는 물론 그들의 대리인 및 지지자와도 이익을 공유할 것을 요구했다. 이런 맥락에서 양도된 잉여에 대한 권리는 생산적 자산의 공식적 재산권보다 더 중요할 수 있었다. 이는 노동 서비스가 국가와 엘리트 수입의 주요 구성 요소를 대표하던 사회에서 특히 그러했다. 잉카 제국의 부역 제도인 코르베(Corvée)는 역사에 기록된 것으로는 가장 대규모였지만, 강제 노동의 활용은 몇몇 장소만 꼽아도 이집트, 근동, 중국, 메소아메리카(Mesoamerica: 중앙아메리카의 다른 말—옮긴이)에 널리 퍼져 있었다. 토지 보조금은 핵심 측근에게 사례하는 거의 보편적 수단으로서 하와이의 족장, 아카디아와 쿠스코(Cuzco)의 신격화한 왕, 이집트의 파라오, 중국 주나라의 황제, 중세 유럽의 왕과 신세계의 카를 5세(Charles V)에 의해 배분되었다. 이렇게 봉록으로 받은 토지를 초기 수혜자들의 가문 내에서 세습하도록 하고, 궁극적으로 사유 재산화하려는 시도는 거의 필연적 결과였다. 그러나 성공적으로 완수했을 때조차도 이런 변화는 정치 영역에서 비롯된 물질적 불평등을 영속화하고 고착시켰을 뿐이다.

토지와 노동의 보조금에 덧붙여 세수 징수에 참여하는 것은 권력에 기반을 둔 엘리트가 부를 축적하는 또 하나의 중요한 통로였다. 이 과정은 한 권의 긴 책으로 엮을 만큼(실제로 그래야 할 것이다) 매우 잘 입증되어 있다. 다만 덜 알려진 사례를 하나 언급하자면, 근대 초기 서아프리카 요루바족(Yoruba)의 대규모 국가인 오요(Oyo) 제국에서는 고만고만한 왕들과 그 밑의 족장들이 수도의 연례 축제에 참석하기 전 지역 공물 수집소에 모였다. 이들은 공물 운반자(tribute-bearer)라는 특별한 집단의 후원자로 활동하도록 임명받고 그 고충에 대한 대가로 수익금의 일부를 차지한 관리들의 중개를 통해 개오지 조개껍데기(cowrie), 가축, 고기, 밀가루, 건설 자재 형태의 공물을 왕에게 바쳤다. 말할 필요도 없이 공식 지급액은 재정 대리인들(fiscal agents)이 자신의 서비스로부터 얻는 개인 소득의 일부분만을 차지했다.[46]

3000년도 더 전인 바빌로니아 시대 중기에 수세기 동안 연속적인 제국의 통치에 노출되었던 메소포타미아 주민은 중요한 가르침—"왕이란 부를 옆에 두고 걸어가는 자이다"—을 배웠다. 그들이 알 수 없었지만 설령 알았다 해도 거의 놀라지 않았을 사실은 그게 수천 년이 더 지나도록 전 세계에서 진리였다는 점이다. 폭력적 약탈과 정치적 편애는 잉여 생산과 세습적이고 전달 가능한 자산에서 생겨난 소득과 부의 불평등을 크게 보완하고 증폭시켰다. 최초의 '1퍼센트'를 잉태한 것은 바로 이런 경제 발전과 정치적 발전 사이의 상호 작용이었다. 나로서는 아즈텍의 피필틴(pipiltin: 귀족 계급을 일컫는 말—옮긴이)에 관한 브루스 트리거(Bruce Trigger)의 다음과 같은 간결한 설명을 뛰어넘지 못할 것이다.

> (피필틴은) 무명옷과 샌들과 깃털 장식과 옥 장신구를 착용하고, 2층짜리 돌집에서 살았다. 인신 공양한 살을 뜯어 먹고, 공개적으로 초콜릿과 발효 음료를 (적당히) 마셨으며, 첩들을 데리고 있었다. 마음대로 왕궁에 들어가 궁전 식당에서 식사를 할 수 있고, 공공 의례에서는 특별한 춤을 추었다. 그들은 세금을 내지 않았다.[47]

한마디로 이 귀족 계급은 전근대의 불평등을 대표했다. 이 특이한 엘리트의 경우, 그 계급에 전형적이었던 인간의 피와 땀에 대한 은유적 소비를 이례적으로 문자 그대로의 수준까지 끌어올린 대목은 바로 식인적 취향을 통해서였을 뿐이다. 대부분의 인류 역사에서 갑부들은 실제로 "너와 나하고는 다른"—아니, 그보다는 더욱 평범한 우리 조상과 다른—이들이었다. 물질적 불평등은 심지어 인간의 몸에까지 강한 영향을 끼쳤을지 모른다. 의료 지식의 발전이 마침내 부자들로 하여금 더 긴 수명을 영위하고 긴 팔다리를 가질 수 있게끔 만든 18세기와 19세기에 영국 상류층은 널리 알려진 대로 성장 발달을 저해당한 대중보다 훨씬 키가 컸다. (꽤나)

완벽하지 못한 편인 일련의 데이터를 믿는다면, 그런 격차는 훨씬 먼 과거까지 거슬러 올라간다. 이집트의 파라오와 청동기 시대 그리스의 미케네 엘리트 구성원은 평민보다 눈에 띄게 키가 컸던 듯하다. 심하게 계층화한 몇몇 사회의 골격 기록은 계층이 덜 강력하게 분화한 사회보다 신장에서 더 큰 분산을 보여준다. 결국은 (그리고 다윈의 시각에서는 가장 중요하게도) 엘리트들이 축첩을 하고 자손을 10여 명씩 퍼뜨린 만큼 물질적 불평등은 일상적으로 어마어마한 규모의 번식 불평등으로 옮아갔다.[48]

분명 전근대 사회의 소득과 부의 불평등 정도는 오로지 인맥이 탄탄한 엘리트의 탐욕으로만 결정된 게 아니었다. 앞서 인용한 준엘리트 사회의 상속과 지참금 분산에 대한 고대 바빌로니아의 증거는 우리로 하여금 경제 성장과 상업화에 대응해 격차가 증대해왔던 것으로 여겨지는 상황을 어렴풋하게나마 들여다볼 수 있게끔 한다. 나는 다음 장과 9장에서 도시 평민 가운데 소비 불평등의 상당한 차이가 드러나는 유럽과 북아프리카 여러 지역에서 로마 통치 시대 이전, 도중 및 이후의 주택 크기에 관한 고고학적 데이터를 소개할 것이다. 특히 장례식과 관련해서는 추가 자료가 틀림없이 나올 수 있겠지만, 그럼에도 불구하고 대부분의 전근대 시기 동안 일반 인구의 소득과 부의 분배에 관한 의미 있는 정보를 얻기란 (불가능하지는 않더라도) 어렵다.[49]

그러나 내가 부유층에 초점을 맞추는 것은 일차적으로 실용적 이유 때문만은 아니다. 3장과 부록에서 살펴보겠지만, 많은 경우 사회적 도표나 인구 조사 기록은 고대부터 근대 식민지 시대에 이르기까지 특정 사회의 물질적 자원 분배에 대한 추적을 적어도 매우 개략적으로나마 가능케 해준다. 우리가 이러한 예상치를 기초로 구상할 수 있는 대부분의 로렌츠 곡선(Lorenz curve: 미국 통계학자 로렌츠가 창안한, 소득 분포의 불평등 정도를 표시하는 곡선—옮긴이)은 초승달보다는 하키 스틱을 닮을 텐데, 이는 선택받은 소수와 기초적인 최저 생활을 하거나 거기서 그리 멀지 않은 대다수 사람들 사이의 급격한 격차를 가리킨다. 3장과 6장에서 되짚어볼 집단, 곧 고대 그리스와 북아메리카 식민지 정착민 같은 몇 가지 예외를 제외하면, 국가 수준의 정치 조직을 구성했던 농경 인구에는 일반적으로 자원을 소유한 중산층, 엘리트의 부에 균형을 잡아줄 탄탄한 중산층이 없었다. 이런 이유만으로도 불평등의 변동은 부유층이 관할하는 자원의 점유율에 의해 대부분 조정되었다.[50]

끝으로, 매우 가난한 개인들의 대규모 유입 역시 전체적 불평등을 증폭시켰다. 많은 전근대 사회에서 외부인의 노예화나 추방은 이런 목적을 달성하는 강력한 수단이었다. 비옥한 초승달 지대의 신아시리아(Neo-Assyria) 제국은 주로 예속된 변방에서 메소포타미아 북동부에 위치한 제국의 중심부로 거대 규모의 강제 재정착을 도모한 것으로 악명 높았다. 대규모 이동은 제국의 팽창과 통합에 가속도가 붙었던 티글라트필레세르 3세(Tiglath-Pileser III, 기원전 745~기원전 727) 치세에 시작되었다. 고대 기록에 관한 한 조사에 따르면, 121만 928명의 추방자를 포함한 43건의 사건과 아울러 기록이 없거나 부분적으로만 알려진 100여 건의 추방이 있었다. 비록 드러난 수치의 신뢰도가 미심쩍긴 하지만, 그리고 전체 인구의 근절이라는 주장은 신중하게 다룰 필요가 있겠지만—"그의 땅의 국민을, 남자와 여자, 어른과 아이 할 것 없이 나는 이끌고 전진하였노라. 나는 그들을 전리품으로 계산했노라"—이러한 실행의 누적 효과는 엄청났다.

대략 다음 세기에 걸쳐 아시리아 왕들은 추방자의 지속적 유입으로 여러 수도를 세우고, 채우고, 공급할 수 있었다. 왕의 착취를 미화하는 화

상석(stone relief, 畫像石)은 추방자들이 가방 한 개나 배낭 한 개처럼 최소한의 개인 소지품만 갖고 도착했다는 인상을 전달한다. 갖고 있던 자산을 빼앗긴 그들은 통상 입에 겨우 풀칠하는 것보다 나을 바 없는 생활을 했다. 그들의 지위는 제국이 권력의 정점에 치달을수록 더욱 악화했을 것이다. 오랫동안 이주민이 토착민과 공식적으로 차별을 받았다는 흔적은 기록에 없다. 요컨대 그들은 "아시리아인과 함께 집계되었다". 이런 구절은 대대적인 승리와 지속적 팽창이 고조된 우월감을 키운 기원전 약 705~기원전 627년 아시리아 정복의 마지막 시기에 사라졌다. 추방자들은 강제 노역자로 전락해 대규모 공공 공사 프로젝트에 동원되었다.

강제 이주는 빈민 계급을 증대시켰을 뿐만 아니라, 상류층의 부와 소득을 증가시켰다. 다수의 문서가 궁정과 사원으로 전쟁 포로를 배분한 것을 언급한다. 마지막 위대한 정복자 아슈르바니팔(Ashurbanipal, 기원전 668~기원전 627)은 엘람(Elam: 오늘날 이란 남서부의 후제스탄)으로부터 엄청난 수의 추방자를 끌고 와 이렇게 선언했다. "내가 나의 신들에게 바친 최고의 선택일지니 …… 병사들을 …… 나는 내 왕실 군대에 추가했노라. ……나머지는 내가 여러 수도(capital city)와 위대한 신들의 거처, 내 관리와 내 귀족 그리고 내 진영 전체에 양처럼 나눠주었노라." 포로들은 관리에게도 부여되었던 밭과 과수원에서의 노동에 종사했고, 더러는 왕실 소유지에 정착했다. 대규모로 이뤄진 이러한 조치는 저소득 무산자 인구 중 노동자의 비중을 높이는 동시에 상류층에 가까운 자들의 소득을 증대시켰다. 아울러 이는 전체적 불균형을 악화시킬 수밖에 없는 결합이었다.[51]

노예제는 유사한 결과를 낳았다. 외부인의 노예화는 태평양 북서부의 수산물(aquatic) 수렵·채집인뿐만 아니라, 다양한 부족 집단 전체에 걸쳐 규모가 작고 (낮거나 중간 정도의) 복잡성을 가진 수렵·채집 사회에서 상당 수준의 불평등을 생성시킬 수 있는 몇 안 되는 메커니즘 중 하나였다. 그러나 다시 한 번 말하지만, 노예 노동을 새로운 차원으로 끌어올리기 위해서는 작물 재배와 가축 사육 그리고 국가 형성이 필요했다. 로마공화국 치하에서는 수백만 명의 노예가 이탈리아반도로 유입되었고, 그중 많은 수가 부자들의 저택·공방·농지에서 피땀 흘려 일하기 위해 팔렸다. 2000년 후인 19세기에 지금의 나이지리아에 있던 〔지하드(jihad: 이슬람교 전파를 위해 이슬람교도에게 부과된 종교적 의무—옮긴이)를 추종하는〕 소코토 칼리프 국가(Sokoto Caliphate)는 '특이한 제도'가 남북 전쟁 이전의 미국 남부에서 물질적 불평등을 빠르게 끌어올리던 시기와 정확히 똑같은 때에 막대한 수의 전쟁 포로를 정치적·군사적 엘리트 구성원에게 할당했다.[52]

02

불평등의 제국

불평등의 탄생에는 많은 선조가 있었다. 생산적 자산의 성격과 그것이 미래 세대에 전해지는 방식, 최저 생계를 초과하는 잉여의 규모 및 상업 활동의 상대적 중요도, 그리고 노동의 수요와 공급은 모두 물질 자원의 분배를 결정하는 복잡하면서도 변화무쌍한 방식으로 상호 작용했다. 이 상호 작용을 중재한 체제는 정치적·군사적 힘의 행사와 궁극적으로는 폭력을 동원 및 활용하는 능력에 뿌리를 둔 압박과 충격에 고도로 민감했다. 안정되고 가파른 위계를 특징으로 하고 에너지 확보, 도시화, 정보 처리 및 군사 역량 같은 사회 발전의 핵심 지표에서—적어도 산업혁명 이전의 기준으로는—높은 점수를 기록하고, 규모 면에서 아주 크고 많은 세대를 버텨온 농경 제국은 폭력적 대혼란으로부터 상대적으로 안전한 환경일 때 불평등의 역학을 가장 잘 들여다볼 수 있게끔 해준다. 이 마지막 측면에서 보면, 이는 유례없는 경제적·문화적 변동기였던 비교적 평화로운 19세기 서구 세계에 가장 근접해 있다. 뒤에서 살펴보겠지만, 고대 제국과 산업화 시기의 국가는 소득과 부의 불평등이라는 관점에서 매우 비슷한 성과를 경험했다. 1500년 넘게 떨어져 있고 질서, 안정 및 보호받는 발전(protected development)을 똑같이 경험했다는 것 말고 거의 아무런 공통점도 없는 이들 문명은 물질 자원의 분배에서 극심한 격차를 지속시켰다. 시대와 상이한 경제 발전 단계를 막론하고 폭력적 대분출의 부재는 높은 불평등의 필수 전제 조건이었다.[1]

나는 이런 전제를 입증하기 위해 2개의 사례 연구를 제시하고자 한다. 바로 중국 한나라 왕조와 로마 제국이다. 두 나라는 위세가 최고조에 달했을 때 지구상 전체 인구의 약 4분의 1을 차지했다. 고대 로마는 무엇보다도 땅을 획득해 부를 창출한 부동산 제국이라는 꼬리표가 붙은 반면, 중국의 재산은 개인 투자보다 관직 재임에서 파생했다. 이런 대비는 많이 부풀려진 것 같긴 하다. 요컨대 양국의 환경에서 정치권력이란 경제 활동과 떼려야 뗄 수 없게 얽혀 있는 소득과 부의 중요한 원천이자 물질적 불평등의 강력한 결정 요인이었다.[2]

고대 중국

4세기 넘게 통치한 한나라(기원전 206~기원후 220)는 앞서 '전국(戰國)'을 최초로 통일했지만 단명한 제국 진(秦)나라의 자취를 따르며 상당히 안정된 세계 제국에서 소득과 부가 어떻게 집중되었는지의 역학에 관한 풍부한 증거를 양산했다. 통치자와 엘리트는 누가 토지와 그 잉여 및 농촌의 노동력을 통제할 것인가를 놓고 충돌했으며, 경제적·정치적 권력이 거대 재산을 창출하거나 파괴하기도 했다. 농경의 상업화가 한 가지 요소였다. 한나라의 다섯 번째 황제 유항(劉恒, 기원전 180~기원전 157)의 재위 시절 한 보고서에 따르면, 높은 이자율로 돈을 빌릴 수밖에 없던 소자작농은 (소작인,

품삯일꾼 및 노예의 도움을 받아 경작하는) 대토지를 차곡차곡 축적해온 상인과 고리대금업자에게 자신의 땅을 빼앗겼다(때로는 자녀들마저 노예로 팔려갔다).[3]

소규모 땅의 주인이자 농부인 이들을 재정과 군사 징병제의 토대로 유지하고자 했던 국가 통치자들은 이러한 압력을 제압하기 위해 고심했다. 통치자들은 정부의 토지를 기원전 140년부터 기원후 2년까지 열한 차례에 걸쳐 농민 계급에 배분했다. 지방의 엘리트 구성원에 대해서는 정치적 충성을 확실히 하는 하나의 방법으로서뿐 아니라, 그들의 권력을 현지 수준으로 제한하기 위해 수도권에 강제 정착하도록 했다. 이런 관행이 일시 중지되자 부유하고 유리한 입지에 있던 그들은 토지를 구매하거나 점령함으로써, 그리고 빈민을 지배함으로써 자산을 축적하는 일이 훨씬 더 쉬워졌다. 수세대 동안의 엘리트 침탈이 있은 뒤인 기원전 7년, 궁정의 최고위 참모들은 마침내 토지 소유의 집중을 격파할 법적 규제를 제안했다. 그러나 엘리트의 토지 및 노예 소유에 전반적 상한선을 부과하고 초과 자산의 압수를 꿈꾼 이러한 조치는 막강한 이해관계와 충돌해 곧장 고배를 마셨다. 얼마 후 왕권을 찬탈한 왕망(王莽, 9~23)은 한층 적극적인 개입을 기획했다. 훗날 적대적인 기록은 토지 국유화부터 노예 무역 종식에 이르기까지 거창하지만 실속 없는 온갖 계획을 왕망의 탓으로 돌린다. 각 가구는 주어진 한도 이상의 모든 땅을 친척과 이웃에게 넘겨야 했다. 고대의 전통으로 추정되는 주기적 재분배('정전법(井田法)'으로 알려져 있다)를 떠올리게 하는 토지 소유권의 정기적 조정은 공평한 조건을 보장하기 위함이었다. 아울러 토지, 가옥 및 노예의 매매를 금지해 위반할 경우 사형에 처했다. 그러나 놀랄 것도 없이 이런 규제는—이러한 것들을 실제로 시도했고, 훗날 단지 한나라의 선전(propaganda)으로 인해 날조 및 윤색된 것이 아닌 한—시행 불가능한 것으로 드러나 곧 파기됐다. 새로운 정권은 지주

들의 후원을 받은 한 왕조가 성공적으로 복귀함에 따라 즉시 무너졌다.[4]

한나라의 기록은 우리가 시장 활동이라 부를 만한 것을 통한 부의 취득을 무엇보다 상인들의 속성으로 여긴다. 상인은 우리가 현재 의존하는 문서를 작성한, 정치적 인맥이 두둑한 지식인이 경멸했던 계급이다. 역사가 사마천(司馬遷)은 부유한 상인을 "가난한 백성의 도움을 이용하는" 계급으로 묘사했고, 빈민 덕분에 모은 그들의 거대 재산은 제국 최고 고관대작들의 재산에 비할 만했다. 이에 따라 황실은 개인의 상업적 부를 공격 목표로 잡았다. 상인한테는 다른 직종의 구성원보다 높은 세금을 부과했다. 재정상의 개입은 기원전 130년대 무제(武帝) 치하에서 훨씬 더 공격적으로 전개되었다. 무제는 당시 북방 흉노족의 대초원 제국에 맞서기 위해 고비용의 군사 동원 프로그램에 착수했다. 아울러 소금과 철에 대한 국가 독점권을 확립했다. 무제는 이렇게 해서 예전에는 개인 사업가의 호주머니로 들어간 이익을 가로챘을 뿐만 아니라, 부동산에 투자하려는 상업 자본가들로 인해 내쫓길 위험으로부터 (징집 병력과 납세자로서 긴요한) 소자작농을 보호했다. 무제 정권은 상업 재산에 대해 연간 납세액을 인상했다. 이로 인해 많은 거대 자산가들이 무너졌을 것으로 추정된다. 이러한 평준화 조치는 이 책의 중심 주제와 일치하는 대중 동원 전쟁과 긴밀하게 묶여 있었는데, 전쟁이 진정 국면에 들어서자 흐지부지되었다.[5]

상업 자본의 집중과 그것이 사회에 미치는 불평등화 영향에 맞선 조치가 최종적으로 실패한 것은 단지 정책 결정의 중단 때문만은 아니었다. 무엇보다도 상인이 국가의 요구로부터 자기들을 지켜내고자 이익금을 반드시 땅에 투자했기 때문이다. 사마천의 《사기(史記)》에 따르면 그들의 전략은 다음과 같았다.

> 2차적 직업〔예를 들면 무역〕을 통해 재물을 형성하고, 근본적인 직업〔즉, 농업〕으로 그것을 보존한다.

금지한다고 이것을 막을 수는 없었다. 상인들의 토지 구입을 효과적으로 차단할 수 없었던 것처럼, 그들은 관료 집단 계급으로의 진입 금지도 용케 피해 일부 부유한 사업가나 그 친척은 작위가 있는 귀족 반열에 오르기까지 했다.[6]

경제 활동과 더불어 국가 서비스 및 (더 일반적으로는) 정치권력의 핵심부에 대한 긴밀한 밀착이 막대한 부의 또 다른 주요 원천이었다. 고위 관료들은 황실의 선물과 봉토로부터 이익을 얻었다. 봉토 소유자는 자신에게 할당된 가구에서 납부하는 인두세 일부를 원천 징수할 수 있었다. 막대한 부가 편파주의와 부정부패를 통해 쌓여갔다. 요컨대 황실의 몇몇 재상(宰相) 및 다른 최고위급 관리들은 전체적으로 역사상 최대 재산에 상응하는 부를 축적한 것으로 알려졌다. 동한〔東漢: 왕망 이후의 한 왕조. '후한(後漢)'의 다른 말—옮긴이〕시대 말기에는 수입이 쏠쏠한 고위 관료의 성격이 그들이 매입하려는 상품의 가격에 반영되기에 이르렀다. 법적 특혜는 부패한 관리들을 점점 더 관대하게 보호했다. 특정 급여 등급 이상의 관리들은 황제의 사전 승인 없이 체포하지 못했고, 유사한 보호 조치가 양형 및 처벌에까지 확대되었다.[7]

연줄이 든든한 이들은 새롭게 발견한 부를 합법적 방법으로 투자하는 것 말고 평민을 괴롭히며 착취하는 일이 쉽다는 걸 알아챘다. 관리들은 권력을 남용해 공유지를 차지하거나 그것을 다른 이들에게서 압수했다. 각종 문헌은 국가로부터 하사받았건 영향력과 강제력을 동원해 획득했건 정치권력이라 함은 땅에 담긴 지속적인 물질적 부로 해석할 수 있다는 기본적 기대치를 보여준다. 시간이 흐르자 이런 과정은 연대를 구축해 그 안에서 혼인 관계를 맺는 작위 귀족, 관리 및 총신(寵臣)들의 엘리트층을 형성했다. 부자들은 스스로 관직에 오르거나 그런 사람들과 연계되었고, 관직을 수행하는 이들에게 주어지는 국가의 서비스와 인맥은 다시 더 많은 개인의 부를 창출했다.[8]

이런 역학은 부의 보유와 관련해 가문의 연속성을 선호하기도, 제한하기도 했다. 한편으로는 고위 관료의 자제들이 아버지의 발자취를 따를 공산이 컸다. 그들과 다른 어린 친척에게는 관료 집단에 합류할 자격이 자동적으로 주어졌고, 정부의 직위를 충원할 때 활용하는 추천제를 통해 불공평한 혜택을 봤다. 자신의 형제와 아들 중 예닐곱 명—어떤 경우는 13명씩이나—이 황실 행정직으로 근무하는 관리도 있었다. 다른 한편으로는 공무원을 금권정치가로 둔갑시킨 바로 이와 똑같은 약탈적이고 변덕스러운 정치권력 행사가 그들의 성공을 좀먹기도 했다. 관푸라는 정부의 한 고위 관료는 막대한 재산을 축적했는데, 고향에도 토지가 너무나 많아 그 악명에 대한 혐오가 널리 퍼져 지역의 동요에 영감을 줄 지경이었다.

> 잉허(穎河) 강물 맑을 때면 관씨네도 무사하네. 잉허 강물 탁할 때면 관씨네는 끝장이다!

이 짤막한 노래는 정치를 통해 부유해진 자들의 위태로운 운명을 포착했다. 높이 올라갔던 가문은 대부분 나락으로 떨어졌다. 위험은 지위 피라미드의 맨 꼭대기까지, 왕후의 가족에게까지 뻗쳤다.[9]

다양한 엘리트 계층에 걸쳐 좀더 체계적인 숙청이 일어났다. 한나라 창시자는 165명의 추종자에게 작위를 내리고 직함과 봉토의 소득으로 보상을 했는데, 이 집단의 가족들이 높은 관직을 독점하고 땅을 모아들이기에 이르렀다. 무제 치하에서는 그들 대부분이 하도 철저하게 작위와 소유지를 빼앗긴지라, 무제의 증손자 선제(宣帝)가 통치할 무렵에는 다음과 같은 불만이 터져 나올 정도였다.

> 가장 유명한 공신 장군들의 후손이 일꾼으로, 그 밖의 비천한 신분으로 일하고 있습니다.

이렇게 한나라 초기의 엘리트 최상층은 한 세기 이상을 지탱하지 못하고 전국시대 지배 가문의 잔존 세력과 함께 제거됐다. 새로운 공신들이 그 자리를 차지했다. 1세기 후 찬탈자 왕망은 그들의 후손을 몹시도 끌어내리고 쫓아버리려 했으며, 그 자신의 지지자들은 결국 동한의 추종자로 대체되었다. 이러한 수차례의 전복이 일어난 결과, 훗날 1세기에는 소수의 서한〔西漢: 왕망 이전의 한 왕조. '전한(前漢)'의 다른 말—옮긴이〕 귀족 가문만이 여전히 눈에 띄었을 뿐이다.[10]

국가 계급에는 폭력적 죽음과 몰수가 성행했다. 수많은 고위 관료가 처형당하거나 어쩔 수 없이 자결했다. 역사서 《사기》와 《한서(漢書)》의 전기(傳記)를 보면 황제의 명령을 받들어 지배층 엘리트 구성원을 박해한 '가혹한 관리'에 관한 특집 부문이 등장한다. 표적이 된 많은 이들은 목숨을 잃었고, 때로는 온 가족이 몰살당했다. 국가 계급에서 서로 다른 단위 간 내분은 이처럼 엄청난 전복과 자산의 이동으로 끝났다. 엘리트 사회 내의 끊임없는 요동은 권력과 부의 추구를 제로섬 게임으로 바꿔놓았다. 즉 누군가 더 얻으면 다른 누군가는 잃어야 했다. 폭력적 재산 구축과 재분배

역학은 엘리트의 부가 집중되는 데 제약으로 작용했다. 특정 가문이나 집단이 다른 이들보다 너무 많이 될 때면 언제고 정적이 바통을 이어받아 그들을 제거했다.[11]

하지만 이것이 장기적으로 지위와 재산을 보존하고 확장할 수 있는 극소수 대규모 부자 가문의 출현을 막긴 했어도, 부와 권력의 엘리트 전체는 일반 백성을 희생시키면서 계속 강세를 보인 듯하다. 급속한 국가 개입은 시간이 흐르자 누그러졌고, 동한의 부상은 여느 때보다 높은 불평등의 토대를 마련했다. 통치자들의 친족인 한나라 제후 20인에 의해 봉토로 잡혀 있던 가구 수는 기원후 2년의 135만에서 140년에는 190만으로 상승했는데, 이는 황실의 인구 통계에 등록된 전체 가구의 11~20퍼센트에 해당한다. 격렬한 파벌 싸움은 문중 전체가 몰살당하거나 유배를 가는 등 개인의 목숨과 가문의 재산을 앗아갔지만, 전체로서 부자 계층은 새로운 질서를 통해 이득을 챙겼다. 한 왕조를 다시 권좌에 앉히는 데 중요한 역할을 한 대지주 가문은 점점 더 많은 땅을 손아귀에 넣고, 채무를 통해 경작자를 예속시켰다. 그 시기의 자료는 과세 대상 자산을 은폐하기 위해 인구 통계 장부를 위조하던 엘리트의 관행을 언급한다. 따라서 등록된 가구 수가 기원후 2년 1200만 이상에서 140년—제국의 남쪽 변방에 정착지를 확장하던 시기—1000만 이하로 감소한 것은 지주들이 토지 상속권자를 무토지 임차인으로 전환시키고 그들을 국가 관리로부터 보호해줌으로써 악화하던 납세 불이행 풍토를 적어도 부분적으로 반영한다.[12]

동한 시대에는 고위층으로의 사회적 상승이 보기 드문 것으로 여겨졌던 것을 보면 더욱 안정적인 제국의 엘리트가 형성되었던 것 같다. 지배계급의 이런 폐쇄성은 무려 6~7세대 동안 고위 공직자를 배출한 가문이 계속 눈에 띄는 사례가 점점 더 늘어나는 것과 일치하는데, 이는 결국 소수 가문을 지나치게 부각시키는 결과를 초래했다. 지속적 내분과 재순환에도 불구하고, 우리는 권력과 부가 모두 더욱 끈질기게 집중되는 근본적 추세를 목격한다. 이 과정에서 관직 임용에 덜 의존하는, 좀더 결속력 있는 엘리트의 형성이 수반됐다. 부의 사유화는 마침내 국가의 위세가 약해져 행정부 직위에 대한 접근 권한이 덜 중요해졌음에도 불구하고 약탈적 개입에 대비해 더 많은 보호책을 끌어낼 수 있는 수준에까지 도달했다. 동시에 지주와 소작인 사이에는 후자가 단순한 계약상의 의무를 넘어 종속 관계로 진입하면서 양극화가 증대된 것으로 보인다. 제국이 분열함에 따라 임차인들은 강력한 지방 영주(지주)의 하인으로 탈바꿈했다. 의존적 소작권은 사병제를 뒷받침하는 클리엔텔리즘(clientelism: 보호자(patron)와 피보호자(client) 간에 각각 보호와 충성을 담보로 유지되는 암묵적 신뢰 관계—옮긴이)으로 이어졌다. 3세기의 갑부들은 그야말로 천하무적이었다.[13]

한나라 제국은 정부 관리·지주·상업 투자자로 구성된 엘리트 계급을 유지했는데, 이들 집단은 구성원이 상당히 겹쳤고 자기들끼리는 물론 다른 집단과도 자원을 놓고 경쟁을 벌였다. 최저 생활을 하는 생산자들에 대한 국가의 장악력이 약해지고 임대료로 인해 세금이 설 자리를 잃음으로써 장기적으로 가장 중요한 주제는 증대하는 토지 소유의 집중 문제였다. 유력한 가문은 시간이 흐르면서 더욱 막강해졌다. 통치자와 엘리트의 관계는 진나라의 중앙 집권적 군국주의 리더십에서 한나라의 수용 정책으로 바뀌었고, 이런 관계는 공격적 통치자의 개입에 의해서만 산발적으로 중단되었다. 한 왕조의 복귀는 힘의 저울을 부유한 엘리트 쪽으로 한참 기울게끔 바꿔놓았다. 불평등 심화는 두 가지 요인에 의해 형성되었다. 바로 소자작농과 최종적으로는 국가의 통치자까지 희생시키면서 부의 집중을 허용한 장기간에 걸친 평화, 그리고 엘리트 계층 구성원이 얻은 이득의 지속적인 약탈적 재순환이다. 전자는 불평등을 증대시킨 반면, 후자는 그 상승세를 늦췄다. 하지만 동한 시대 후기와 3세기의 한나라 이후 왕국에서는 부의 집중이 승리를 거두었다.

한나라의 경험은 중국의 불평등 역사에서 결정적 특징이 될 것들을 처음으로 반복한 것일 뿐이다. 주요 왕조를 갈라놓은 격렬한 혼란은 기존의 경제적 격차를 얼마간 줄이게 마련이었다. 새로운 정권이 착수한 토지 재분배가 이런 평준화에 기여했을 수도 있으나 보통은 수나라(581~), 당나라(618~), 송나라(960~) 및 명나라(1368~)에서처럼 거듭되는 토지 소유의 집중 앞에 무너져내렸다. 새 왕조가 들어설 때마다 새로운 엘리트 지지자들은 정치적 영향력과 개인의 부를 겸비한 위치에 둥지를 틀었다. 9장에서 기술할 사건이지만, 당나라 말기에 실각한 귀족 계층은 그 뿌리가 깊었다. 소수의 유명한 가문은 고위 관직에 접근할 특권을 누리고 엄청난 재산을 긁어모으며 200~300년 동안 굳게 권력을 지킬 수 있었다. 귀족·공무원 및 고관대작은 보통 납세와 부역을 면제받았고, 이는 자원이 그들의 수중에 집중되는 것을 더욱더 부추겼다. 또다시 사유지가 국유지를 훼손하며 팽창했다. 그리고 또다시 지주들이 휘하의 소작농 가구를 납세 장부에서 증발되게끔 만들었다.

이 계급이 극적으로 파멸하자 송나라에서는 완전히 새로운 엘리트가 부상했다. 통치자들이 내린 선물은 대토지를 창출했고, 이후 농민에게 저렴한 정부 대출을 제공하려던 노력은 곧 휘청거렸다. 토지 집중과 클리엔텔리즘은 남송(南宋) 시기에 팽창했다. 부동산 규모에 상한선을 지정하려는 때늦은 시도는 엘리트의 반발에 부딪혔다. 몽골 침입자들은 지도자들에게 후한 토지 보조금으로 보상했고, 그들의 지위와 서열에 따라 연금 제도를 운영했다. 몽골의 지주와 관리들이 명나라에 의해 쫓겨난 후,

새 왕조의 창시자 홍무제(洪武帝)는 추종자에게 대토지를 조금씩 나눠주었고, 이들이 새로운 귀족층을 형성했다. 이 증여 토지를 훗날 홍무제와 그 계승자들이 삭감하려던 시도는 실패로 돌아갔다. 오히려 황제의 아낌없는 선물, 구매, 강제적 잠식 및 포상—그로 인해 소작인은 황실의 과세를 피하려고 부자들에게 토지를 양도했다—덕택에 엘리트의 토지는 늘어만 갔다. 16세기의 기록을 간결하게 요약하면 아래와 같다.

> 양쯔강 남쪽에서는 빈민과 부자가 서로에게 의지했으며, 모든 약자는 자신들의 땅을 맡겼다.

인구 조사 위조는 엘리트 토지의 진정한 규모를 은폐했다. 그리고 또다시 관직은 부에 이르는 통로로 작용했다. 《대명률강해(大明律講解)》는 이렇게 직설적으로 서술했다.

> 많은 공신 관료가 광범위한 규모의 대지와 저택을 취하고 백성을 손아귀에 넣기 위해 자신들의 권력을 사용할 것이라는 점이 우려스럽다.

우리가 보고 있는 것은 어떤 점에서는 1500년 전의 동한 시대로 거슬러 올라가는 과정의 재탕이다.

> 명나라 시대 말에 상류층은 다수의 농노를 획득해왔는데, 이들을 세습적으로 자신의 지배 아래 두었다. 현(縣)에는 자유로운 평민이 거의 한 명도 없었다. 그러나 주인의 힘이 약해지기라도 하면, 그들은 족쇄를 박차고 떠나버릴 것이다. 그들은 때로는 반역적으로 주인의 토지를 소유하고, 주인의 소유물을 몰수하

고, 새로이 지위를 획득한 다른 사람에게 충성을 바칠 것이다. 애초의 유력한 가문이 이에 대해 소송을 제기할 테지만, 당국은 오직 누구의 힘이 가장 센지를 근거로 이런 사태를 처리할 것이다.[14]

명나라의 어마어마한 재산을 몰수해 황실의 씨족 및 다른 사람들에게 재할당한 중국 최후의 왕조인 만주족의 청나라는 폭넓은 납세 비리 수법 때문에 골머리를 앓았다. 공무원은 세금 체납을 날조해 횡령을 은폐하고, 면세가 적용되는 자연재해의 규모를 부풀리고, 자기들의 땅을 척박한 상태라고 거짓 신고했다. 또한 부자들이 예납한 세금을 융통해 쓰고, 돈을 슬쩍한 뒤에는 백성에게 연체 책임을 떠넘기고, 토지를 재분류해놓고는 보통 금리로 세금을 징수해 차액을 거둬들이고, 영수증을 보류하거나 위조했다. 통상 상류층과 퇴역 관리는 세금을 전혀 내지 않았고, 활동적인 관리 및 서기들과 짜고 이윤에서 한몫 떼어주는 것을 대가로 백성한테 부담을 전가했다. 마침내 토지는 수백 개의 가명으로 등재되었고, 이로 인해 소액 연체료를 추적하기가 아주 번거로웠다. 고위 관료에 의한 부정부패는 부를 축적하는 표준 메커니즘이었고, 지위가 높을수록 더욱 그러했다. 한 추정치에 따르면, 관료들의 평균 소득은 급여, 보상, 수당 형태의 공식 법적 소득의 12배에 달했다. 한편 총독의 경우는 100배가 훨씬 넘었고, 18세기 후반 청나라 재상 화신(和珅)의 경우는 40만 배나 되었다. 사형 집행과 몰수를 시대를 초월한 대책으로 채택한 것 또한 똑같았다.[15]

오늘날의 중국은 이런 관행의 경이로운 회복력을 보여준다. 중앙정치국 상무위원 저우융캉(周永康)은 자신과 가족 명의의 은행 계좌 수백 개에 예치한 60억 달러와 또 다른 82억 4000만 달러 상당의 유가증권을 비롯해 중국 전역에 걸쳐 시가 17억 6000만 달러의 부동산 326건을 취득했다.

2014년 12월 체포 당시에는 다량의 금괴와 함께 3억 달러 상당의 국내외 지폐가 여러 채의 집에서 발견되었다. 한편 어느 장군은 현금 1톤을 차곡차곡 채운 상자를 자신의 저택에 숨겨둔 것으로 드러났다. 심지어 당 지도층한테 인기 있는 휴양지의 중간급 급수(給水) 담당관조차 1억 8000만 달러 남짓한 부동산과 현금을 축재했다. 그러나 저우융캉의 위업은 그의 높은 직위 덕분에 경쟁자들의 실적을 왜소하게 만든다. 그들의 부단한 노력에도 불구하고 말이다. 저우융캉의 총재산 정도면 2015년 〈포브스(Forbes)〉 세계 억만장자 리스트에서 55위는 차지했을 것이다.[16]

로마 제국

하지만 한 번 더 고대 세계 최초의 '1퍼센트'로 돌아가보자. 로마의 불평등 추이는 여러 면에서 중국과 닮았지만, 문서에서 고고학적 유물에 이르기까지 그 증거의 깊이와 풍성함은 우리로 하여금 소득과 부의 집중을 훨씬 더 자세히 추적하고, 이를 제국의 위력이 증대 및 강화되는 것과 한층 밀접하게 결부시킬 수 있게끔 해준다. 로마가 이탈리아반도를 훨씬 벗어나 위세를 떨치고 점차 지중해 동부 헬레니즘 왕국들의 자원을 활용하기 시작한 기원전 2세기 이래로 정량적 정보가 넘쳐나기 시작한다. 귀족층의 재산 규모는 제국의 팽창과 더불어 엄청나게 비대해졌다(표 2.1).[17]

이러한 수치는 개인 재산의 최고 액수가 5세대 정도 지나는 동안 40배나 증가했음을 보여준다. 국가를 통치하는 원로원 계급의 규제를 받는 재산의 총액은 제일 적게 잡는다 해도 기원전 2~기원전 1세기에 한 자릿수만큼 늘었다. 인플레이션은 경미했고, 아울러 일반 서민의 1인당 생산량이나 개인 재산이 상류층의 부가 이룬 팽창보다 새 발의 피만큼이라도 늘

표 2.1 로마 사회에서 신고된 최대 재산의 추이와 로마 통치 시기의 인구, 기원전 2세기~기원후 5세기

(a)

시기	재산*	배수
기원전 2세기 중기/말기	400만~500만	1
기원전 1세기 초기	2500만	5
기원전 60년대	1억	20
기원전 60년대/50년대	2억	40
1세기	3억~4억	80
5세기 초기	3억 5000	70

(b)

시기	인구	배수
기원전 2세기 초기	700~800만	1
기원전 1세기 중기	2500만	3
1세기/5세기 초기	6000만~7000만	9

* 제국 시기의 화폐 단위인 세스테르티우스로 표시.

었다는 조짐은 없다. 로마의 권력층은 절대적으로뿐만 아니라 상대적 관점에서도 엄청나게 더 부유해진 것이다. 요컨대 원로들의 재산 증가율은 같은 시기 지중해 유역과 그 내륙 전역에 걸쳐 로마 치하에 있던 인구수의 성장세를 훨씬 앞질렀다. 그리고 엘리트의 풍요는 로마 사회 내부로 한층 깊숙이 손을 뻗쳤다. 기원전 1세기경 대부분 이탈리아 본토 출신으로, 아마도 2배 늘어난 인원인 최소 1만 명의 시민이 인구 조사에서 원로원 다음으로 높은 계급인 에쿠에스테르(equester: 기사 계급—옮긴이)의 자격 요건인 40만 세스테르티우스(sestertius)의 문턱을 통과했다. 불과 몇 세대 전만 해도 개인 재산이 몇 백만 세스테르티우스라는 게 예외적이었음을

감안하면, 이는 로마 지배 계급의 하층부 역시 상당한 이익을 누렸음을 보여준다. 일반 시민들 사이의 추세는 여전히 안갯속이지만, 아마도 두 가지 불평등의 동력으로 재산이 형성되었을 것이다. 흔히 불평등을 악화시키는 성향을 가진 강력한 도시화, 그리고 이탈리아만 해도 100만 명은 넘었을 노예 인구의 출현이 그것이다. 법적으로 이들은 어떤 사유 재산이라도 박탈당했고, 예외가 없는 것은 아니지만 보통은 겨우 연명할 정도의 보수에 묶여 있었으므로 사회 전반에 걸쳐 경제적 격차를 확대했을 것으로 짐작할 수 있다.[18]

그 모든 추가적 자원은 어디에서 온 걸까? 공화국 시대의 후기 단계에는 확실히 시장 관계에 기반을 둔 경제 발전에 물이 올랐다. 포도주와 올리브유 수출에 대한 풍부한 고고학적 증거는 물론, 환금 작물 생산과 제조업에서의 노예 활용은 로마 자본가들의 성공을 시사한다. 하지만 이는 빙산의 일각에 불과했다. 단순히 가능했을 법한 수요와 공급의 규모를 추정해보면, 토지 소유 및 그와 관련한 상업 활동이 창출할 수 있는 소득이란 게 우리가 알고 있는 것만큼 로마 엘리트를 부유하게 만들기엔 턱없이 모자랐다는 것이 드러난다. 그리고 사실은 우리가 갖고 있는 자료에서도 상류층의 소득과 재산의 원천으로서 강압이 으뜸으로 중요했음을 강조한다. 이탈리아 밖에서 국가 행정으로 쌓은 막대한 부와 로마식 통치는 착취에 매우 유리했다. 지방 행정은 수익성이 높았고, 지대 추구 행위도 착취를 고발하기 위해 마련한 법률과 법원으로부터 가벼운 제약을 받았을 뿐이다. 요컨대 힘 있는 자들의 동맹 구축과 지대 공유가 기소에 대비한 보험 역할을 했다. 게다가 로마 부자들은 로마 자체의 이자율이 일반적으로 6퍼센트였던 시기에 지방 도시들에서 최대 48퍼센트의 이자율을 부과했다. 이러한 지방 도시는 총독의 요구에 맞추려다 보니 절실하게 돈이 궁했던 곳들이다. 기사 계급 구성원들은 널리 퍼져 있던 세금 대납 관행에서 재미를 봤는데, 특정 지방에서 특정 세금을 징수할 권한이 당시 수익 전환 사업을 도모하는 쪽으로 옮겨가고 있던 컨소시엄에 경매로 넘어갔기 때문이다. 전쟁은 그 이상은 아니더라도 비슷하게 엘리트 소득의 중요한 원천이었다. 로마 지휘관들은 전리품에 대한 전권을 쥐고 있어 병사, 엘리트 계급에서 차출해온 장교와 보좌관, 국고 그리고 자기 자신이 그것을 어떻게 분배할지 결정했다. 다수의 군사극(military theater)과 전쟁을 근거로 기원전 200~기원전 30년의 시기를 살았던 3000여 명의 원로 중 최소 3분의 1은 이런 식으로 재산을 불릴 기회를 잡았다는 추정이 가능하다.[19]

기원전 80년대에 공화국 체제가 반세기에 걸친 막다른 불안정기에 들어서자, 격렬한 내부 갈등은 기존의 엘리트 재산을 강제로 재분배함으로써 새로운 부를 창출했다. 당시 1600명 넘는 로마 지배 계급—원로와 기사 계급—이 박탈의 희생양이 되었는데, 이는 그들의 자산과 종종 목숨 또한 내놓게 한 일종의 정략적 매장이었다. 승리를 거둔 당파의 지지자들은 경매에서 갯값이 된 압류 자산을 낚아채 이익을 봤다. 과격한 재분배는 기원전 40~기원전 30년대에 더 길게 지속된 내전 기간 동안 가속화했다. 기원전 42년에는 또 한 차례의 박탈이 2000여 명의 엘리트 가구를 전멸시켰다. 이런 전이와 반군 지도자에 편승한 신참자들이 부상한 결과, 로마 상류 사회는 공화국이 시작된 이래 처음으로 180도 전환을 경험했다. 수세기 동안 세상을 주름잡았던 가문들은 마침내 권좌에서 물러나고, 그 자리를 다른 이들이 차지했다. 로마공화국이 파탄나면서 우리가 방금 중국 한나라 사례에서 조금 자세히 살펴본 군주제의 전형적 특징이 드러나기 시작했다. 피비린내 나는 내부의 권력 투쟁 및 정치적으로 유발된 엘

리트 재산의 단절에서 생겨난 엘리트의 득과 실이 거기에 포함되었다.[20]

공화국의 몰락은 공화국 체제의 표면적인 과시적 요소를 그대로 가져간 항구적 군사 독재 정권의 확립으로 이어졌다. 막대한 부는 이제 측근으로부터 새로운 통치자, 곧 황제와 그들의 궁중으로 흘러 들어갔다. 1세기에는 공화국 시대에 알려졌던 그 어떤 재산도 뛰어넘는 3억~4억 세스테르티우스의 개인 재산이 여섯 건 기록되었다. 최고위층의 조신(朝臣)들이 축적한 이러한 재산 대부분은 결국 국고로 흡수됐다. 엘리트 부의 재순환은 다양한 양상을 띠었다. 통치자들은 툭하면 귀족 지지자와 총신들이 유언장에 자기를 넣어주길 바랐다. 첫 번째 황제 아우구스투스(Augustus)는 20년 동안 벗들로부터 14억 세스테르티우스를 유산으로 받았노라고 주장했다. 그 후계자들의 치하에서 로마의 연대기는 진짜인지 상상인지 끝도 없이 이어지는 반역 행위 및 계략과 관련한 처형, 그리고 엘리트 재산의 몰수를 기록하고 있다. 어떤 황제의 재위 중에는 로마 사회 최상층의 몰수 규모가 엘리트 총재산의 5~6퍼센트에 달했다는 것을 암시하는 기록도 있다. 이를 보면 최고 부자들 간의 격렬한 재분배가 얼마나 흉포했는지 알 수 있다. 결론적으로, 선물과 회수는 통치자가 정치적 계산에 따라 엘리트의 부를 만들고 부수는 동일한 과정의 양면에 불과했다.[21]

전제 정치 아래서 정치적 축재의 더 많은 전통적 변종이 집요하게 이어졌다. 지방 총독들은 이제 뛰어난 업무에 대한 대가로 연간 100만 세스테르티우스까지 받았지만, 계속해서 불법으로 막대한 부를 빼돌렸다. 가령, 한 총독은 시리아 속주(屬州)에 빈털털이로 들어갔다가 2년 뒤 갑부가 되어 그곳을 떠났다. 한 세기 뒤 에스파냐 남부의 한 총독은 자신이 쓴 편지에서 그 지방 사람들한테 400만 세스테르티우스를 쥐어짰고, 그 사람들 중 일부를 노예로 팔기까지 했다고 분별없이 떠벌렸다. 먹이사슬의 한참 아래로 내려가면, 갈리아(Gaul)에서 제국의 금고를 감독하던 한 황실 노예는 자기 휘하의 노예 16명에게 업무 지시를 내렸는데, 그중 2명은 한눈에도 많아 보이는 그의 은식기 세트를 담당했다.[22]

제국의 통일과 인맥은 개인 재산의 팽창과 집중을 용이하게 했다. 네로(Nero) 황제 통치하에서는 6명이 (오늘날의 튀니지를 중심으로 한) 아프리카 속주의 '절반'을 소유한 적이 있었다고 한다. 비록 네로가 그들의 부동산을 압수할 때까지이기만 했지만 말이다. 확실히 과장되긴 했으나, 대토지가 규모 면에서 도시의 영토와 맞먹는다고 할 수 있는 지방에서 이런 주장은 사실과 완전히 동떨어져 있지는 않을 것이다. 속주에서 제일가는 부자인 총독은 지위와 그에 수반되는 특혜를 요구하고, 자신에게 주어진 더 많은 축재 기회를 이용할 수 있길 몹시도 열망하면서 제국의 핵심 지배 계급에 합류했다. 로마 문헌에 관한 한 연구는 '부자'라는 별칭이 거의 집정관급 지위의 원로들에게만 배타적으로 적용되었다면서, 이들이 가장 많은 특권과 부가적인 재물에 대한 최고의 접근 권한을 누렸다고 밝혀낸 적이 있다. 공식적 신분 배치는 재정 능력에 기반을 뒀으며, 국가 계급의 세 계층(원로원 의원, 기사 계급, 참사회 의원)의 자격 요건은 시차를 둔 인구 조사 시작점과 엮여 있었다.[23]

개인의 부와 정치권력의 이런 은밀한 관계는 지역 단위에서 충실하게 복제됐다. 성숙한 로마 제국은 순회 총독, 엘리트 관리, 제국의 자유인 및 주로 재정 문제와 관련한 노예의 핵심 소집단이 느슨하게 감독하는—그리고 호시탐탐 뜯어내는—도시의 또는 다양한 구조를 가진 2000개의 자치 공동체로 구성되어 있었다. 보통 각 도시는 지역의 부유한 엘리트들이 대표하는 참사회(參事會)에 의해 운영됐다. 참사회 의원을 구성원으로 공식 설립된 이런 조직은 지방의 세입·세출뿐 아니라 로마의 국가 세수를 충당하기 위해 그들 지역 사회의 부를 감정하는 업무도 담당했다. 아울러 징수원과 세금 징수 청부인에게 넘겨진 자금 조달의 책임도 있었다. 당시 도시의 아낌없는 지출에 대한 고고학과 금석학의 풍부한 증거를 근거로 판단해보건대, 이들 엘리트는 제국의 먼 중심부로부터 자신의 자산을 어떻게 보호할지, 그리고 자신의 주머니 속이건 공공 편의 시설을 유지하기 위한 것이건 잉여의 대부분을 자기 지역에 어떻게 보유할지 그 방법을 알고 있었다.[24]

지방의 부가 점차 집중됐다는 사실은 로마의 모든 도시 중 가장 유명한, 79년 베수비오의 화산재에 파묻힌 폼페이 유적에 잘 나타나 있다. 관료 및 생산적 자산의 소유자를 언급하는 수많은 비문 외에도 파괴 당시의 주택 상당수가 고스란히 남았고, 가끔씩은 특정 건물의 거주자를 식별할 수도 있다. 폼페이의 엘리트는 지방 관직에 접근할 수 있는 특전을 누리는 부유한 시민들의 내부 핵심 집단으로 구성되어 있었다. 계층화는 도시 구조에서도 확연하다. 도시는 너른 아트리움(atrium: 도로에서 옥내로 들어가자마자 나오는 로마 주택의 현관 뜰—옮긴이), 열주(colonade, 列柱)로 둘러싸인 중정(中庭) 및 여러 식당을 갖춘 50채가량의 대저택을 비롯해 그보다 작은 최소 100채의 고급 주택부터 가장 작다고 알려진 한 참사회 의원의 집 문지방까지 간직하고 있었다. 이는 문서에 기록된 100여 개 엘리트 가문의 존재와 잘 맞아떨어지는데, 아마도 그중 일부만이 특정 시기를 통치하던 참사회 소속이었을 것이다. 개략적으로 볼 때, (시의 영토를 포함해) 3만~4만 명이 사는 공동체에서 100~150개의 엘리트 가문 및 호화로운 도시 저택이 지역 사회의 상위 1~2퍼센트를 대표했을 것이다. 이들 가문은 시의 영토에 있는 농경지를 도시의 제조업 및 교역과 결합했다. 요컨대 엘리트의 대저택은 흔히 상점과 기타 상업 부지를 갖추고 있었다.

도시의 부동산은 어느 때보다도 극소수의 수중에 집중되는 경향이 두드러진다. 고고학자들의 연구 결과, 웅대한 저택 전체와 2층 구조물 대부분이 예전에는 대여섯 채의 작은 집이었던 곳을 흡수함으로써 만들어졌다는 사실이 밝혀졌다. 시간이 지나면서 기원전 80년 로마 참전 용사들의 강제 정착과 틀림없이 결부되었을 꽤 공평한 주택 (그리고 아마도 그에 따라 재산도 포함했을) 분배는 도시 구조로부터 밀려난 중산층 가구를 대부분 희생시키며 점차 증가세에 있던 불평등에 자리를 내주었다. 대중적 군사 동원 문화와 하향식 재분배가 안정된 전제 정치로 대체되면서 양극화가 뒤따랐다. 높은 사망률과 분할 상속은 자산을 분산시켜 사회 피라미드를 수평화하는 데 실패했고, 단지 엘리트 사회 내부의 부를 재순환시키는 역할만 했을 뿐이다.[25]

로마의 주거에 대한 고고학적 증거는 로마 지배 아래서 더욱 보편적으로 계층화가 심화되었음을 보여준다. 9장에서 더 자세히 거론하겠지만, 영국과 북아프리카의 주택 크기 분포는 예전보다 로마 시대에 더 불균등해졌고, 우리가 어떤 일련의 데이터를 선택하느냐에 따라 이탈리아 본토에서도 마찬가지였을 수 있다. 이는 놀랄 일이 아니다. 요컨대 제국은 권력의 지렛대 위에 있거나 그 가까이 있는 이들에게 파격적인 이익을 안겨주긴 했지만, 전반적인 엘리트 사회에서 부를 축적하고 집중하는 데에도 호의적이었다. 군주제가 지속된 처음 250년간은 역사적 잣대로 봤을 때 분열적 전쟁과 그 밖의 충돌이 지극히 드물었다. 제국의 평화는 자본 투자에 보호막을 제공했다. 최상층 사람들을 제외하면 부자는 재산의 소유와 증여에서 상대적으로 안전했다.[26]

결론적으로 로마는 가장 부유한 1~2퍼센트가 최저 생계 이상의 가용 잉여 대부분을 흡수한 극도로 계층화한 사회였다. 로마 제국의 불평등을 수량화하는 것은 적어도 단순한 요약으로 가능하다. 발전이 정점에 달한 2세기 중반, 약 7000만 국민의 제국은 연간 밀 5000만 톤에 상응하거나 200억 세스테르티우스에 육박하는 GDP를 생산했다. 1990년 기준 국제 달러로 환산하면 그에 상응하는 1인당 평균 GDP 800달러는 다른 전근대 경제와 비교했을 때 타당해 보인다. 나의 개인적 재구성에 의하면 약 600명의 원로, 2만 명 넘는 기사 및 13만 명의 참사회 의원 그리고 높은 자리를 차지하지 않은 또 다른 6만 5000~13만 명의 부자 가문을 합치니 총소득 30억~50억 세스테르티우스를 보유한 총 25만 가구가 나왔다. 이 시나리오에 따르면, 전체 가구의 약 1.5퍼센트가 전체 생산량의 6분의 1에서 약 3분의 1을 차지했다. 이런 수치는 추산한 부에 대한 추정 수익에서 나온 소득인 만큼 실제 값은 당연히 과소평가되었을 수 있다. 요컨대 정치적 지대는 엘리트의 소득을 훨씬 더 높게 끌어올렸을 것이다.

엘리트 계층 이하의 소득 분포를 가늠하기는 훨씬 더 힘들지만, 추정치를 적게 잡는다고 할 때 전반적 소득 지니계수는 제국 전체에 비해 0.4대 이하를 가리킨다. 이는 보기보다 높은 값이다. 1인당 평균 GDP가 세금과 투자를 제외한 최소 생계비의 2배가량에 불과했기 때문에 로마의 소득 불평등 추정 수준은 그 정도의 경제 발달 수준에서 실제로 실현 가능한 최대치에 한참 못 미치는 것은 아니었으며, 이는 다른 많은 전근대 사회와 공통되는 특징이다. 1차 생산자들로부터 추출할 수 있는 GDP와 비교해 측정하면, 로마의 불평등은 매우 심각했다. 부자 엘리트 이외의 인구 중 최대 10분의 1은 최저 생계 수준 이상으로 훨씬 많은 소득을 누렸을 것이다.[27]

최상위의 소득은 매우 컸으므로 틀림없이 그중 일부를 재투자했을 것이며, 그로 인해 부의 집중은 한층 심화했을 것이다. 권력의 비대칭으로 인해 속주의 주민은 세금을 내기 위해 토지 일부를 팔지 않을 수 없었다. 우리는 이런 관행을 계량화할 엄두조차 낼 수 없지만, 그렇게 할 수만 있다면 이후 몇 세기 동안 등장한, 지역을 초월한 귀족들의 토지 소유 네트워크를 설명하는 데 도움을 줄 것이다. 이는 과연 로마의 불평등이 한계점에 도달했는가, 또는 언제 그 시점에 도달했는가라는 질문을 제기한다. 많은 것이 (명백히 과장된) 420년대의 한 기록에 우리가 얼마나 많은 비중을 둘지에 달려 있다. 이집트 역사가 올림피오도루스(Olympiodorus)는 비현실적으로 큰 부의 원인을 로마 귀족 사회의 주요 가문에서 찾는다. 그중 '다수'는 아마도 자기 땅에서 연간 금 4000파운드를 벌고 거기에다 현물로 그만큼의 3분의 1을 또 벌어들인 반면, 그 아래 계층은 연간 금 1000~1500파운드를 기대할 수 있었다. 초기 군주제 통화로 환산했을 때 금 5333파운드라는 상위 소득은 1세기의 약 3억 5000만 세스테르티우스에 해당하며, 이는 바로 당시 최대 재산으로 기록된 것과 동일하다. 서력기원이 시작될 무렵 군주제가 탄생하면서 처음으로 최상층에서 부의 안정기에 도달한 듯하며, 이후 약간 변동이 있긴 했지만 이는 5세기에 마침내 서구에서 로마의 위세가 흐트러질 때까지 지속된 듯하다.[28]

같은 시기에 전통적인 도시 엘리트가 점점 더 압박을 받으면서 지역 사회와 지방 차원에서는 불평등이 한층 강화되었을 것이라는 조짐이 있다. 그 결과 지방의 부자 엘리트는 초(超)공동체 조직의 일원이 됨으로써 이익을 얻는 소수와 그렇지 못한 대다수로 양극화하기에 이르렀다. 이런 과정을 보여주는 최고의 몇몇 증거가 로마령 이집트 말기에 나왔다. 현존하는 파피루스 문서는 일부 구성원이 지방세 납세 의무를 면제하고 개인의 축재 기회를 증진시킨 제국의 관리직을 맡아 떠나면서 기원전 4세기까지 유지해온 기존의 도시 지배 계급이 어떻게 약화했는지를 보여준다. 이런 종류의 상향 계층 이동으로 6세기 이집트에서는 경작 가능한 토지 대부분과 지방 통치의 핵심 요직을 통제하는 새로운 속주 귀족이 자리 잡은 것으로 보인다. 대표적인 예가 아피온(Apion) 가문이다. 아피온 가문은 본디 도시 참사회 계급 출신이지만 일부가 제국의 최고위직을 차지하면서 결국에는 고도로 생산성 높은 1만 5000에이커 이상의 토지(대부분 이집트의 한 지역에 집중되어 있었다)를 관장하기에 이르렀다. 아울러 이는 고립된 현상은 아니었던 듯하다. 323년 이탈리아의 한 소도시에서는 한 사람이 2만 3000에이커 넘는 땅을 차지하기도 했다. 이렇게 제국 곳곳에 촉수를 뻗치고 있던 대규모 부자들의 재산은 금상첨화로 지역 사회와 지방 차원에서 토지 소유가 나날이 집중화하면서 더욱더 확대되었다.[29]

또한 중국 역사에서도 익히 알려진 또 다른 과정이 불평등 증대에 기여했다. 로마 제국 후기에 각지에서는 유력한 지주(관료이기도 한)에게 보호를 신청한 농부들의 이야기가 전해진다. 지주는 외부 세계, 가장 두드러지게는 제국의 세금 징수원과의 거래 책임을 떠맡았다. 실제로 이는 국가의 세수 취합에 혼선을 빚었고, 농업 잉여에 대한 지주의 장악력을 강화했다. 이는 다시 중앙 당국을 취약하게 만들었을 뿐만 아니라 재정 부담을 힘없는 집단으로 전가시켜 중간 정도의 재산을 가진 지주에게 많은 손해를 입혔다. 이번에도 빈부의 양극화가 심화되는 것은 거의 필연적 결과였고, 중국 한나라 말기에 그랬듯 사병 조직과 초기 군벌이 언제나 멀리 있는 것은 아니었다. 시간이 흐르면서 전반적 계층화와 물질적 불균형은 훨씬 더 극단으로 치달았던 듯하다. 예전이라면 타협안이 될 수 있었던 것도 정계의 유력 엘리트 내부에 소득과 부가 집중되면서 압박을 받았다. 로마와 제국의 서쪽 절반이 게르만 통치자들에게 넘어간 이후 남겨진 제국의 지중해 동쪽에서는 빈부 격차가 계속 상승했다. 1000년경 비잔틴 제국에서 추정할 수 있는 보기 드문 수준으로까지 말이다. 그 상태가 오래 지속될수록 정치·경제적 권력과 그것이 키워낸 양극화라는 산물이 특유의 성격으로 뒤얽히면서 더욱 많은 속국이 불평등을 가속화하는 맹렬한 엔진으로 작용했다는 게 입증되었다.[30]

제국의 패턴

제도적·문화적 차이에도 불구하고 중국과 로마의 제국은 고도의 불평등을 배출한 잉여의 전용과 집중이라는 논리에서는 같았다. 제국 통치는 권력의 지렛대 위에 있는 이들을 부유하게 만들 수 있도록 그보다 적은 환경이었다면 상상할 수 없을 정도의 규모로 재원의 흐름을 움직였다. 그러므로 불평등 수준은 적어도 부분적으로는 제국 형성 규모 자체의 작용이었다. 이들 제국은 수천 년 전 최초로 발달한 자본 투자와 착취의 메커니즘을 기반으로 그 지분을 어느 때보다도 더욱 높였다. 제국의 관리직은 더 커다란 이익을 가져왔다. 장거리 교역 및 투자의 거래 비용 절감은 여분의 소득이 있는 사람들에게 유리했다. 결국 제국의 소득 불평등과 부의 양극화는 오직 정복, 국가 실패 또는 전체 체제의 붕괴를 통한 해체로만 척결하고 뒤집을 수 있었으며, 이는 하나같이 본질적으로 격렬한 대변동이었다. 전근대의 역사 기록은 견고한 제국의 불평등을 방지할 평화적 방도에 관해 입을 다물고 있으며, 이런 특수한 정치 생태계 속에서 그런 전략이 과연 어떻게 생겨났을지 알기도 어렵다. 하지만 제국의 몰락마저도 대개는 초기 상태로의 복귀에 그친 것이 아니라, 또 다른 규모 확장과 양극화의 물결에 길을 터줬다.

불평등이 고스란히 남은 제국의 정치 조직에 포함될 수 있었다면, 이는 엘리트 내부의 폭력적 자산 재순환에 의한 것이었다. 나는 앞서 이집트 맘루크 왕조(1250~1571)의 사례를 언급한 바 있는데, 이런 원칙이 역사적으로 문서화된 제국 중에서 그만큼 순수한 형태로 펼쳐진 적은 아마 없을 것이다. 술탄, 아미르(amir: 이슬람 국가의 통치자—옮긴이) 및 그들의 노예병사는 정복의 수익을 나눠 가졌다. 그들은 각각 인종별로 분리되고 공간적으로 독립되어 종속 토착 인구로부터 지대를 뜯어내기로 작정한 지배계급을 형성했는데, 세입의 흐름이 기대에 못 미칠 때는 토착민을 잔인하게 처리했다. 이 계급 내부의 끊임없는 권력 쟁투는 개인의 소득을 결정했고, 격렬한 충돌은 종종 이러한 배당을 변환시켰다. 지방의 지주는 그들로 하여금 자산에 대한 책임을 맘루크 계급 강자들에게 이양하고 과세로부터 보호해주는 대가로 비용을 지불하게 했던 착취적 불법 거래 속으로 도피했다. 이런 관행은 자기들의 몫을 챙긴 엘리트의 엄호를 받았다. 통치자들의 대응은 엘리트의 부를 철저하게 몰수하는 데 갈수록 매달리는 것이었다.[31]

전성기의 오스만 제국은 더욱 정교한 강제 재분배 전략을 공고히 다져오고 있었다. 400년 동안 술탄들은 수천 명의 관리와 징세 도급업자를 사법 절차 없이 처형하고 그들의 재산을 강제로 몰수했다. 정복 초기인 14~15세기에 귀족층은 오스만 집안과 전사 가문 사이에 동맹을 맺었고, 나중에는 외부 출신 전사 엘리트를 여기에 편입시켰다. 15세기 이후로는 술탄이 지휘권을 단호히 주장함에 따라 통치는 나날이 절대주의화했고 귀족의 세력은 줄어들었다. 태생이 비천한 노예 출신의 세습 인력이 공무원으로서 귀족 가문의 자손을 대체했다. 이들 가문은 계속해서 관직과 권력을 놓고 경쟁하긴 했으나, 통치자에 비하면 결국에는 모든 국가 관료가 사회적 배경과 무관하게 개인의 권리를 빼앗긴 셈이었다. 공직은 세습할 수 없었으며, 관리의 자산은 녹을 받는 것, 즉 결과적으로 사유 재산이라기보다 근무의 부속물로 여겨졌다. 사망 시에는 공직을 통해 얻은 이익을 토지에서 공제하고 이를 국고로 흡수했다. 실제로 관직과 부가 구별되지 않는다는 단순한 이유로 모든 소유물을 압수할 수도 있었다. 사망 시의 압수에 (술탄의 주목을 끌곤 했던) 현직 공무원에 대한 청산과 몰수를 덧붙이면 금상첨화였다. 엘리트 구성원은 이러한 침해에 어떻게든 저항해보려 했고, 17세기 무렵 일부 가문은 수세대 동안 자신의 재산을 지킬 수 있었다. 18세기에는 관직과 직무를 임대하기 시작하면서 지방 엘리트가 더욱 강력해졌다. 이는 국가 행정의 만연한 민영화로 이어졌고, 공무원의 부와 지위를 공고하게 만들어주었다. 중앙 정부는 과거와 똑같은 방식으로는 더 이상 자산을 장악할 수 없었고, 재산권은 어느 정도 안정을 찾았다. 강제 몰수는 전쟁의 압박 속에서 18세기 말과 19세기 초에 다시 한 번 시작되었고, 이는 저항과 회피의 전략을 촉발했다. 1839년 오스만의 엘리트는 마침내 술탄이 목숨과 재산을 보장해주자 이 권력 다툼을 그들에게 유리한 쪽으로 정리했다. 다른 제국들처럼, 특히 그중 로마와 중국 한나라에서처럼 지배 계급의 부를 개편하는 중앙 정부의 능력은 시간이 지나면서 점차 약화되었다.[32]

다른 사례를 보면, 통치자들은 엘리트 사회 내 부의 집중에 개입하기엔 너무 약하거나 너무 멀리 떨어져 있었다. 중미와 안데스에서 확립된 제국들의 정치 조직을 에스파냐가 점령한 사례는 특히 시사하는 바가 많다. 에스파냐에서 레콩키스타(Reconquista: 재정복 운동. 이베리아반도를 점령한 이슬람교도에게서 영토를 되찾기 위해 에스파냐와 포르투갈 등이 참여한 일련의 전쟁을 일컬음—옮긴이)가 벌어지는 동안, 당시 관할 주민의 사법권을 쥐고 있던 귀족과 기사들은 무상으로 토지를 하사받았다. 에스파냐 정복자들은 곧이어 이 제도를 신세계 영토로 확장했는데, 그곳에도 유사한 관행이 이미 자리를 잡고 있었다. 우리가 앞에서 살펴봤듯 아즈텍 사람들은 엘리트에 대한 무상 토지 하사, 농노제 및 노예제를 망라하는 강제적이고 착취적인 제도를 마련해온 터였다. 멕시코에서는 에스파냐 정복자들과 나중에는 귀족이 잽싸게 엄청난 양의 땅을 압수했는데, 일단 점령부터 하고 난 뒤 왕실이 하사한 것으로 확정하는 일이 비일비재했다. 오악사카(Oaxaca)에 있는 에르난 코르테스(Hernán Cortés)의 땅은 1535년 한사상속(entail, 限嗣相續: 상속인을 한정하는 상속. 부동산을 사사로이 처분할 수 없고 현재의 소유권자가 죽으면 자동으로 직계 상속자에게 소유권이 넘어가는 것을 말함—옮긴이)으로 지정되어 그의 집안에 300년 동안 남아 있었는데, 최종적으로 15채의 별장, 157개의 마을, 89개의 대농장, 119개의 농장, 5개의 목장, 15만 명의 거주자를 아울렀다. 이런 무상 토지〔엔코미엔다(encomienda)로 알려져 있다〕의 지속 기간을 제한하고자 한 왕의 명에도 불구하고, 실제로 이는 소수의 대규모 부자 지주 계급을 지탱해주는 항구적이고 사실상 세습적인 소유물로 둔갑했다. 이들 엔코멘데로(encomendero: 엔코미엔다의 혜택을 입은 사람—옮긴이)는 노동력을 통제하기 위해 교묘하게 현지인을 빚의 노예가 되도록 꼬드김으로써 강제노동금지법을 위반했다. 이는 시간이 지나면서 그들로 하여금 당초 무분별하게 퍼지던 온갖 엔코미엔다로부터 한층 지속성 있는 아시엔다(hacienda), 곧 대농장을 일굴 수 있게끔 했다. 아시엔다란 농장 일꾼(peon)들이 가족 텃밭과 지주의 영토 사이에서 자기 시간을 쪼개 경작하는, 한데 합쳐진 대토지로서 사실상 지주의 폭정에 시달리는 국가의 축소판을 형성하는 데 영향을 미쳤다. 이후의 변화는 상층부에 국한되었는데, 가장 주목할 만한 것은 1821년 멕시코의 독립으로 에스파냐 대농장주들이 쫓겨나고 기존 체제를 대부분 보존한 지방 엘리트가 이를 대체한 것을 들 수 있다. 토지 소유는 19세기를 거치며 한층 더 집중되었고, 이는 8장에서 설명할 혁명을 초래했다.[33]

거의 똑같은 과정이 페루에서도 일어났는데, 잉카 제국 역시 엘리트 가문과 고위 관료에게 토지와 수익을 무상으로 하사해왔다. 프란시스코 피사로(Francisco Pizarro)와 그의 장교들은 최초의 엔코미엔다를 받았으며, 그 자신은 토지 배당권과 경작자 통제권을 주장했다. 그는 이런 독단적 방식으로 많은 면적의 토지를 수여받고 현지 주민을 광산으로 이주시켰는데, 이는 둘 다 왕의 명령에 위배되는 것이었다. 엔코미엔다의 상한선 부과에 반기를 든 피사로가 자극을 받아 미완의 반란을 일으켰을 때에만 겨우 약간의 재분배가 이루어졌다. 그렇긴 해도 토지와 부의 집중은 멕시코에서 한층 극심해져 약 500명의 엔코멘데로가 국토의 대부분을 차지했다. 포토시(Potosí)의 풍부한 은광맥 일부도 총신들이 수여받았고, 그들은 원주민 부족을 노동에 투입했다. 현지 부족장은 자기 마을 사람들을 노역자로 넘기는 데 협조한 대가로 관리자에 임명되었는데, 때로는 자기 앞으로 땅을 받기도 했다. 외국 엘리트와 현지 엘리트 간의 야합은 제국 특유의 방식으로 경제적 양극화와 일반인의 착취를 보장했다. 시간이 흐르면서 멕시코에서 그랬듯 불법 독점은 합법화됐다. 볼리비아의 토지 재분배는 에스파냐로부터 독립한 이후 실패로 돌아갔고, 19세기에는 원주민의 공동 토지마저 더 큰 대토지에 흡수되었다.[34]

권력 엘리트들이 정치적인 자리나 인맥을 통해 획득한 재산을 지킬 수 있었던 것은 비단 식민지 상황에서만 가능했던 일은 아니다. 한 가지만 예를 들자면, 프랑스 근대 초기에 왕의 최측근들은 사후에 그리고 해고된 이후까지도 자신이 보유한 엄청난 사유 재산으로 어떻게든 영향력을 행사하려 했다. 1611년 앙리 4세가 서거할 때까지 11년간 왕의 재상이자

재무 관리자였던 쉴리 공(Duke of Sully), 즉 막시밀리앙 드 베튄(Maximilien de Béthune)은 해고된 후 30년까지 살아남았으며, 당시 파리의 비숙련 노동자 2만 7000명의 연간 수입과 맞먹는 500만 리브르(livre) 넘는 금화를 남겼다. 1624~1642년 쉴리에 필적할 만한 지위를 차지했던 리슐리외(Richelieu) 추기경은 쉴리보다 4배나 많은 재산을 모았다. 하지만 두 사람은 리슐리외가 직접 고른 후계자 마자랭(Mazarin) 추기경에 비하면 초라할 정도였다. 1642~1661년까지 재직한 그는 1648~1653년 프롱드의 난(Fronde rising: 프랑스의 부르봉 왕권에 대항한 귀족 세력의 마지막 반란—옮긴이) 기간 중 2년간 유배를 당했음에도 불구하고 3700만 리브르의 금화, 바꿔 말해 16만 4000년 동안의 비숙련 노동자 임금에 해당하는 재산을 남겼다. 중국 공산당 중앙위원회의 저우융캉 동지라도 인정했을 것이다. 위세가 덜한 장관들도 큰 몫을 챙겼다. 리슐리외의 협력자인 클로드 드 뷔용(Claude de Bullion)은 재무장관을 역임한 8년간 금화 780만 리브르를 손에 넣었고, 같은 자리에 같은 기간만큼 재직했던 니콜라 푸케(Nicolas Fouquet)는 1661년 체포될 당시 비록 자산에 맞먹는 빚이 있었긴 해도 1540만 리브르를 챙긴 것으로 추정됐다. 이런 수치는 귀족의 최대 재산과 비교할 만하다. 요컨대 이 시기에 부르봉 가문의 일족인 콩티(Conti) 가문의 왕자들은 800만~1200만 리브르 상당의 재산이 있었다. 대단히 적극적이었던 태양왕 루이 14세조차 훗날 장관들의 고삐를 죄는 데 약간의 성공밖에 거두지 못했다. 장밥티스트 콜베르(Jean-Baptiste Colbert)가 프랑스 재무부를 관장하면서 상대적으로 빈약한 500만 리브르를 축재하기까지는 18년이 걸렸고, 루부아의 후작(Marquis de Louvois) 프랑수아 미셸 르 텔리에(François Michel Le Tellier)는 800만 리브르를 따로 챙기기 위해 전쟁장관으로 25년간 일해야 했다. 연간 100만~200만 리브르부터 수십만 리브르에 이르기까지 장관

의 소득을 깎는 쪽이 달성 가능한 최선의 목표였을 듯싶다.[35]

전 세계에서 필시 훨씬 더 많은 사례를 추가할 수 있을 테지만, 기본 핵심은 분명하다. 전근대 사회의 초거대 재산은 경제적 위업보다는 흔히 정치권력의 신세를 더 많이 졌다는 사실이다. 지속성이라는 관점에서 주로 차이가 났는데, 이는 전제적 개입에 관여하는 국가 통치자의 역량과 자발성에 따라 결정적으로 조정되었다. 최상층에 극심하게 집중된 자원 및 높은 불평등은 기정사실이었고, 비록 부의 이동성이 바뀌기는 했어도 그러한 금권정치 사회 밖에 있는 자들에게는 거의 중요하지 않았다. 서문에서 개괄적으로 설명했듯 거의 모든 전근대 국가의 구조적 특성은 시간이 경과하면서 불평등을 극대화하는 경향이 있는, 소득과 부가 집중되는 강압 가득한 특유의 양식을 강하게 선호했다. 결론적으로, 흔히 이들 국가는 거의 더할 나위 없을 만큼 불평등했다. 이 책 말미의 부록에서 좀 더 상세히 정리하겠지만, 로마 시대부터 1940년대까지 28개 전근대 사회를 대략 추정해보면 평균 77퍼센트의 추출률이 나온다. 여기서 추출률이란 주어진 1인당 GDP 수준에서 이론적으로 가능한 최대량의 소득 불평등 중 현실화한 부분을 측정한 비율을 말한다. 예외는 드물었다. 유일하게 문서로 꽤 잘 입증된 것은 기원전 5~기원전 4세기의 고대 아테네 사례인데, 직접민주주의와 대중 동원 군사 문화(6장에서 다룰 예정이다)가 경제적 불평등을 억제하는 데 일조했다. 얼마 없는 옛 증거를 토대로 한 최근의 추정을 믿을 때, 기원전 330년대에 아테네의 1인당 GDP는 전근대 경제에 비하면 상대적으로 높았고—생리학적 최저 생계비의 4~5배로, 아마도 15세기 네덜란드와 16세기 잉글랜드의 수치와 비슷할 것이다—시장 소득 지니계수는 약 0.38에 달했다. 전근대의 기준으로 약 49퍼센트의 잠재적 추출률은 이례적으로 낮은 수치였다.[36]

그러나 아테네라는 특수한 사례는 지속되지 않았다. 로마 제국 전성기에 아테네 최고의 부자는 그에 걸맞게 팽창적인 이름을 가진 루시우스 비불리우스 히파르쿠스 티베리우스 클라우디우스 아티쿠스 헤로데스(Lucius Vibullius Hipparchus Tiberius Claudius Atticus Herodes)라는 사람으로, 자신이 기원전 5세기 유명 정치인의 자손이자 실은 제우스신의 혈통이라고 주장했다. 그의 좀더 최근 가족으로 로마 시민권을 얻어 고위 관직에 오르고 막대한 재산을 취득한 아테네 귀족 한 명이 있었는데, 아마도 로마 최고 부자들의 재산보다 그다지 적지 않았을 것이다. 그의 이름은 궁극적으로 대여섯 명의 황제를 배출한 로마 귀족 클라우디우스(Claudius) 일가와의 연관성을 보여준다. 헤로데스 집안은 그의 할아버지인 히파르쿠스의 재산—한때 약 1억 세스테르티우스로 추산되는—을 도미티아누스(Domitianus) 황제한테 몰수당했다가 나중에 (약간 불가사의하게) 되찾으면서 로마 상류층의 전형적 경험을 공유하기까지 했다. 헤로데스는 그리스의 도시들에 기부금을 쏟아붓고 공공건물을 후원했는데, 가장 유명한 것으로는 아테네의 오데온(Odeon) 극장이다. 그가 진짜 1억 세스테르티우스—고대에 최고로 알려진 사유 재산의 24배에 상응하는—를 소유했다면, 연간 자본 소득만으로 기원전 330년대 아테네의 전체 국가 경비—전함(warship), 정부, 축제, 복지, 공공 건설 등 일체—를 대고도 남았을 테지만, 그에게는 틀림없이 훨씬 더 많은 재산이 있었을 것이다. 안토니누스 피우스(Antoninus Pius) 황제의 양자 및 후계자들의 개인 교사로서 황제와 가까웠던 헤로데스는 143년 로마의 전통적 최고 관직인 집정관 자리를 거머쥔 최초의 그리스인으로 알려져 있다. 제국의 비호와 불평등이 승리를 거둔 것이다.

03

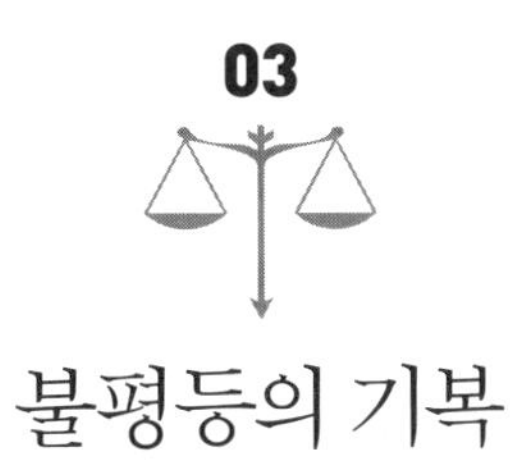

불평등의 기복

2개의 정점

장기적으로 경제적 불평등은 어떻게 변화했을까? 지금까지는 이 과정의 초기 국면을 다뤘다. 권력 불균형과 위계는 수백만 년 전 아프리카 유인원과 함께 등장해 대략 지난 200만 년간 현생 인류(*Homo*)가 진화하는 사이 점차 약화했다. 충적세의 작물 재배와 가축 사육은 권력과 부의 불평등을 모두 상승시켰고, 이는 앞서 설명한 대규모 약탈 국가의 형성으로 정점에 달했다. 이제 소득 및 부의 불평등과 관련한 진화가 전체적으로 특별한 불평등화 및 평준화 동력으로 설명할 수 있는 하나의 패턴을 따라온 것인지 살펴보기 위해 지구상의 특정 지역을 자세히 들여다볼 차례다. 내 목표는 이 책의 핵심 논거, 즉 불평등 증가는 기술적·경제적 발전과 국가 형성의 상호 작용으로 추동되었다는 논거를 입증하는 것이다. 아울러 효과적 평준화에는 불평등을 초래한 자본 투자, 상업화 및 약탈적 엘리트와 그 동료들에 의한 정치적·군사적·이데올로기적 권력 행사의 성과를 일시적으로나마 약화 및 역전시킨 격렬한 충격이 필요했다.

그림 3.1 장기적으로 본 유럽의 불평등 추세

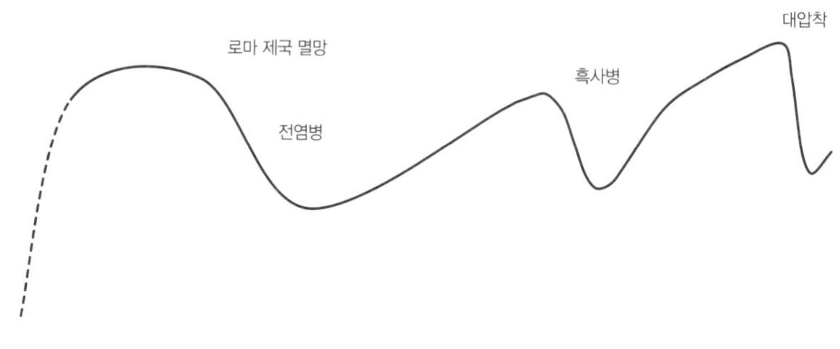

우리를 장장 20세기 초까지 데려갈 이 연구에서 나는 유럽에 초점을 맞췄다. 유럽 사회가 종합적이고 장기적으로 현대에까지 이르는 물질적 불평등의 추이에 관해 가장 풍부한—혹은 적어도 가장 철저하게 연구된—증거를 양산해왔다는 전적으로 실용적인 이유에서다. 불평등의 상승이나 안정 그리고 이를 평준화하는 충격들 사이에서 수천 년간 거듭되어 온 변동을 적어도 개략적으로 재구성할 수 있게끔 만들어주는 것이 바로 이러한 증거다(그림 3.1).

농경은 기원전 7000년부터 유럽에 등장해 다음 3000년 안에 널리 퍼졌다. 아주 뭉뚱그려 말하면, 이런 근본적인 경제적 변모에는 그 과정을 자세히 밝혀낼 수 있으리라 기대할 수 없긴 해도 점진적 불평등 증대가 따라오기 마련이었다. 단순한 연속선상의 궤적을 상상한다면 현명하지 못한 일일 것이다. 바르나(Varna: 불가리아 동부의 흑해에 면한 항구 도시—옮긴이)에 있는 고고학 유적의 경우, 단기적 변동도 꽤 적지 않음을 보여주기 때문이다. 그러나 한 걸음이 아닌 세 걸음 물러서서 우리의 연구를 수백 년부터 수천 년까지 확장한다면 인구 밀도가 높아지고, 통치를 강화하고, 잉여가 많아지면서 나타나는 지배적 상승세를 안심하고 상정할 수 있다.

이런 훌륭한 관점에서 보면, 우리는 기원후 초반 몇 세기에 걸쳐 있는 성숙한 로마 제국 시기에 물질적 불평등이 장기간 치솟은 최초의 정점을 찾아낼 수 있다. 과거 대부분의 유럽에서는 인구, 도시화, 사유 재산 및 강제력이 이 정도 수준에 도달한 적이 없었다. 유일한 예외는 그리스다. 그리스는 지리적으로 고대 근동 문명의 중심부에서 가까운 덕분에 유럽 여타 지역보다 시간상 훨씬 앞서 국가 차원의 발전을 이룩했다. 미케네에서는 청동기 시대 말기에 이미 높은 수준의 불평등에 도달해 아마도 기원전 13세기에는 절정에 올랐을 것이다. 이러한 격차는 다음 몇 세기 동안 국가 붕괴로 대폭 축소됐다. 왕실이 '아주 작은 마을(hamlet)'에 무릎을 꿇는, 9장에서 거론할 폭력적 해체가 일어난 것이다. 고대 및 고전 시대(대략 기원전 800~기원전 300) 그리스의 도시국가 문명은 한층 더 높은 수준의 경제 발전(어떤 경우는 대부분의 로마 세계보다 높았다)을 이룩하기는 했지만, 대중의 군사 동원에 뿌리를 둔 제도가 불평등을 견제했다. 하지만 로마 시대는 이 지역에서도 유럽의 다른 곳들과 마찬가지로 불평등이 한껏 증대한 시기였다.[1]

로마 제국을 이어받은 비잔틴 제국의 (때로는 불안정한) 통치 아래 남겨진 발칸반도 남부는 잠시 제쳐두고, 유럽에서 로마의 지배를 받은 다른 모든 지역은 5세기 후반 로마 세력의 해체와 함께 시작된 소득과 부의 불평등에서 극심한 압착을 겪었다. 9장에서 살펴보겠지만, 이런 경제적 평준화는 대부분 국가 실패의 직접적 결과였다. 대규모 격렬한 충격은 6~8세기에 유라시아 서쪽을 강타한 선(腺)페스트라는 최초의 대유행병으로 한층 더 강력해졌다. 선페스트는 토지 대비 노동의 가치를 상승시켰다. 시기별, 장소별로 상당한 편차가 있다는 것은 감안해야 하지만 말이다. 이전의 제도와 기반 시설을 대부분 일소한 로마 시대 이후의 영국에서는 평준화가 가장 철저하게 일어났을 수 있다. 반면 서고트족 통치하의 이베리아반도처럼 풍파가 덜한 곳에서는 불평등이 한층 더 탄력적으로 드러났을 수 있다. 그럼에도 불구하고 광범위하게 뻗어 있는 엘리트의 거래 네트워크, 도시화, 국가의 재정 구조 및 지역을 초월한 자산 보유의 와해는 어디서나 흔한 과정이었다.[2]

이 대압착에 수치를 매기려는 시도 자체가 분별없는 짓으로 보일 수 있다. 로마 제국의 지니계수 추정이 아무리 힘들다 한들 6세기, 7세기 혹은 8세기에 로마 지배 아래 있던 나라들의 지니계수를 계산하는 것은 하물며 얼마나 더 어렵겠는가. 두 가지 하향 압력이 동시에 발생했다는 점을 언급하는 것만으로도 충분할 것이다. 바로 불평등의 범위를 축소시킨 1인당 잉여의 위축, 그리고 국가와 엘리트의 착취 역량 감소가 그것이다. 비잔틴 시대의 그리스마저도 기존 격차를 경감시킬 공산이 컸던 격렬한 혼란에 지대한 영향을 받았다. 한동안 당대 유럽의 도시화에서 동쪽의 최전방 전초 기지였던 콘스탄티노플(Constantinople)은 제국식 불평등의 마지막 남은 보루였을 텐데, 이 철저히 방어적인 중심부조차도 심각한 하락의 시기를 겪었다.[3]

유럽의 국가와 정치 조직은 각기 다른 시기에 회복하기 시작했다. 8세기 카롤링거(Carolingia) 왕조의 팽창은 무슬림의 에스파냐 정복이 그렇듯 불평등의 소생기로 볼 수 있다. 영국에서는 로마 시대 이후의 최저점이 에식스(Essex: 잉글랜드 남동부의 주—옮긴이) 주도하의 국가 조직과 강력하고 부유한 귀족 계급의 형성으로 무너졌다. 부호들이 군림하던 비잔티움(Byzantium) 사회는 9~10세기 발칸반도에 대한 지배권을 재차 주장했다. 로마의 몰락 이후 일반적으로 약화했던 귀족들이 또다시 힘을 모았다. 상당한 지리적 분산을 감안하더라도, 9세기 이후 봉건 제도가 두각을 나타내면서 엘리트는 농업 노동력과 그 잉여에 대해 더 큰 통제권을 갖기에 이르렀다. 이는 속세와 교회 지도자 사이에 진행 중이던 토지 집중과 동시 다발적으로 일어난 과정이었다. 이후 대략 1000~1300년까지 유럽은 시종일관 경제적·인구학적 성장 국면을 경험했다. 늘어난 국민, 더 많고 더 커진 도시, 좀더 활성화한 상거래 그리고 훨씬 강력해진 엘리트가 일제히 경제적 불평등을 끌어올렸다.

잉글랜드의 불평등은 이 시기 내내 치솟았다. 1086년의 둠즈데이 북 토지 조사(Domesday Book survey: 정복자 윌리엄이 한층 강력한 과세를 위해 시행한 토지 조사. 노동 인력, 가축, 농기구 하나까지 간과하지 않은 무자비한 조사 때문에 《성경》에 나오는 '심판의 날'과 같은 별칭이 붙었다—옮긴이)는 대부분의 소작인 가구가 자신의 밭만으로도 최저 생계 이상의 소득을 얻을 만큼 충분한 땅을 가졌음을 보여준다. 그에 반해 1279~1280년 실시한 헌드레드 롤즈 토지 조사(Hundred Rolls survey: 19세기 말 잉글랜드와 지금의 웨일스 일부 지역에서 이뤄진 토지 조사—옮긴이)는 그들의 후손 대부분이 다른 사람을 위한 추수 노동에서 얻은 임금 소득으로 자기 밭의 생산량을 보충하지 않으면 적자를 면하는 것은 꿈도 꿀 수 없었음을 시사한다. 모형 시뮬레이션은 인구 성장만으로 이런 성과를 낳기에는 불충분하다는 것을 보여준다. 불평등의 상승은 여러 요인의 상호 작용으로 이뤄졌다. 요컨대 인구 증가, 소자작농이 위급할 때 음식·종자·가축의 비용을 마련하려고 또는 빚을 갚으려고 잘사는 사람에게 땅을 팔도록 종용하는 토지 거래의 용이성, 그리고 토지를 쪼개서 헐값 판매를 부추긴 분할 상속의 효과 등이 그것이다. 일부 소작농은 땅을 완전히 날렸고, 이는 자산의 불평등을 더욱더 증대시켰다. 게다가 영국 평민이 가진 땅의 규모는 줄어든 반면, 토지 임대료는 10~14세기 초에 대폭 올랐다. 한편 9~14세기 초에 프랑스에서는 전형적인 농지 규모가 약 10헥타르에서 흔히 3헥타르 미만으로 떨어졌다.[4]

불평등이 증가한 데는 소득과 부가 상위층에 집중된 것도 작용했다. 잉글랜드는 1200년 평균 소득이 200파운드인 부호(남작들) 160명의 산실이었으나, 1300년 들어 이 집단은 평균 소득 670파운드, 아니 실질적으로는 그 2배를 가진 200명가량의 귀족으로 팽창해 있었다. 불평등이 강화된 시기에는 으레 그렇듯 최대 재산이 가장 많이 번창했다. 1200년 제일 부자였던 체스터(Chester)의 로저 드 레이시(Roger de Lacy) 남작은 800파운드(같은 귀족의 연간 평균 소득의 4배)를 처분한 반면, 1300년 콘월(Cornwall)의 에드먼드(Edmund) 백작은 3800파운드, 실질적으로는 거의 그 3배(당시 귀족 전체 평균의 5.5배에 해당)를 벌어들였다. 잉글랜드 엘리트의 중간층은 허리띠를 졸라맨 기사의 수가 소득 기준선이 거의 동등한 상황에서 1200년 약 1000명에서 1300년 약 3000명으로 늘어남에 따라 훨씬 더 눈에 띄게 불어났다. 군사 급여의 불평등은 기사 대비 보병(步兵)의 지급 비율을 통해 추적해볼 수 있는데, 1165년 8 대 1에서 1215년에는 12 대 1이었다가 1300년에는 12~24 대 1로 상승했다. 우연치 않게도 프랑스 포도주 산업의 수익 역시 14세기 초에 최고치를 찍었다. 엘리트의 수익은 평민의 소득이 하락한 똑같은 시기에 실질적으로 상승했다. 인구 성장과 상업화 사이의 상호 작용 효과는 유럽의 다른 지역에서 유사한 결과를 낳았을 가능성이 높다.[5]

1347년 흑사병 직전의 유럽은 전체적으로 로마 제국 시대 이래로 그래 왔던 것보다 더욱 발전하고 더욱 불공평했다. 이 2개의 절정기를 어떻게 비교할지는 짐작만 할 수 있을 뿐이다. 나는 전반적 불균형이 14세기 초까지만 해도 1000년 전쯤에 도달한 수준에 조금 못 미쳤을 것으로 본다.

지중해 서쪽과 그 내륙에 걸쳐 자산을 보유하고 중세 유럽에는 맞수가 없을 정도로 비대한 몸집의 제국 국고(國庫)로부터 재원을 빨아들인 로마 말기의 귀족에 대적할 상대는 고중세에 없었다. 유일하게 비잔틴 제국이 전성기의 로마 제국보다 높은 추출률에 허덕였을 수 있으나, 엄밀한 의미에서 이 나라는 대부분 유럽 바깥에 위치해 있었다. 얼마나 가치 있는지는 모르겠지만 1290년경 잉글랜드와 웨일스의 소득 지니계수만 따로 놓고 보면, 불평등 정도는 동일한 1인당 생산량 수준에서 2세기의 로마 제국보다 약간 낮았을 것으로 추산된다. 결국 로마와 고중세 불평등 사이의 좀 더 의미 있는 비교는 여전히 우리 능력을 넘어선 일인 듯싶다. 여기서 중요한 것은 고중세 시대에 소득과 부가 전반적으로 불평등해졌다는 의심할 여지없는 하나의 경향이다. 1310년대(지니계수가 0.79까지 나온, 아니 어쩌면 그 이상이었던 시기)에 파리와 런던의 부가 고도로 집중됐음을 가리키는 납세 기록은 그 시대의 기나긴 상업혁명이 종료 시점에 가까워져가는 상황을 단지 문서화한 것뿐이다.[6]

이 모든 것은 1347년 페스트가 유럽과 중동을 강타하면서 달라졌다. 페스트는 몇 세대에 걸쳐 파도처럼 밀려오고 또 밀려와 수천만 명을 휩쓸어버렸다. 1400년 무렵에는 유럽 인구의 4분의 1 이상이—아마도 이탈리아에서는 3분의 1, 잉글랜드에서는 절반 가까이—사라진 것으로 보인다. 노동력이 부족해졌다. 요컨대 15세기경 지역을 불문하고 도시 비숙련 노동자의 실질 임금은 거의 2배로 뛰었지만, 숙련된 장인들의 경우는 조금 덜 올랐다. 잉글랜드의 농장 임금 역시 토지 임대료가 내려가고 엘리트 재산이 줄어드는 와중에도 실질적으로 2배 올랐다. 잉글랜드에서 이집트에 이르기까지 서민은 더 나아진 음식을 즐겼고 키를 비롯한 체격 또한 커졌다. 10장에서 살펴볼 내용이지만, 이탈리아 도시들의 납세 기록을 보면 현지 혹은 지방의 지니계수가 10포인트 이상 떨어지고, 상위층의 부 점유율이 3분의 1 넘게 하락하는 등 부의 불평등에서 극적인 하락이 나타났다. 수백 년간 지속된 불평등은 인류가 그때까지 경험해본 가장 가혹한 충격으로 인해 원상태로 되돌아갔다.[7]

새로운 정점의 부상

일단 15세기 말에 전염병이 누그러지자 유럽의 인구는 회복하기 시작했다. 경제 발전은 새로운 최고치에 도달했고, 불평등 역시 그랬다. 유럽에서 재정-군사 국가(fiscal-military state: 장기화한 전쟁 비용을 충당하기 위해 국민으로부터 막대한 세금을 걷어 재정 대부분을 군대 유지에 쏟아붓는 국가 체제—옮긴이)의 형성, 해외 식민 제국의 탄생 그리고 글로벌 무역의 전례 없는 팽창은 제도적 변화와 새로운 교환 네트워크를 조성했다. 상업적 및 조공적 교환은 언제나 공존해왔지만, 전자는 상업화가 속국을 변화시키고 그들의 상업 수익에 대한 의존도가 늘어나면서 점차 우세해졌다. 신세계에서 금괴 채굴 및 대륙 간 무역으로 뒷받침된 한층 통합적인 세계 체제의 성장은 부를 집결시키고 전 지구적 규모로 빈부의 격차를 확대했다. 유럽이 전 세계 교환 네트워크의 허브가 됨에 따라 발전은 상인 엘리트에게 더 많은 힘을 실어줬고, 대다수 농촌 인구를 땅에 대한 그들의 애착에 압박을 가하는 시장 활동으로 끌어들였다. 공물을 받는 엘리트는 영리 위주의 사업가적인 지주로 변신했고, 상인은 정부와 더욱 긴밀한 유대 관계를 구축했다. 소작농은 인클로저(encloser), 세금, 부채 및 토지 상품화를 통해 점차 땅으로부터 유리되었다. 약탈적 정치권력의 행사에 뿌리를 둔 전통적 축재 수단은 이러한 시장 기반의 근대화 과정과 함께 끈질기게 지속됐다.

강한 나라일수록 부자가 되는 매력적인 지름길을 제공했다. 아울러 이 모든 것이 부의 불균형에 더 높은 압박을 가했다.[8]

중세 말기와 특히 근대 유럽 초기는 물질적 불평등의 역사적 연구에서 특별한 자리를 차지한다. 처음으로 부의 분배(소득의 분배는 아직 아니지만)에 관한 정량적 증거를 구할 수 있어 시간에 따른 변화를 확고하게 추적하고 다양한 지역의 발달을 비교할 수 있게 된 것이다. 이런 자료는 주로 지역의 과세 대상 재산 명부에서 가져왔으며, 토지 임대료와 근로 소득에 관한 정보로 보완되었다. 다음에서 나는 부와 소득의 분배에 관한 정보를 나란히 사용하고자 한다. 이 두 지표를 체계적으로 분할하는 게 이 기간 동안에는 통상 가능하지 않기 때문이다. 전근대의 불평등에 관심이 많은 사람은 일반적으로 현대 경제학자들이 선호하는 쪽보다는 더욱 절충적인 선택을 할 필요가 있다. 이것이 주된 문제는 아니다. 요컨대 산업화 이전 국가에서 부와 소득의 불평등 추세가 서로 다른 방향으로 움직이는 일은 거의 있을 수 없었다.[9]

이러한 일련의 데이터를 합친다고 해서 불평등에 관한 순수한 국가적 통계가 되지는 않겠지만, 부가 집중된 구조와 그 추이에 관한 우리의 이해를 이전 시대보다 좀더 견고한 토대 위에 올려놓을 수는 있다. 중세 말기와 근대 초기의 몇몇 데이터는 그 내적 결속력과 지속적 일관성 덕분에 전혀 다른 출처로부터 전국적 동향을 재구성하려는 현대의 시도보다, 심지어 19세기에 관해서까지도 전반적 변화의 윤곽을 잡는 데 더욱 신뢰할 만한 지침이 될 수 있다. 서유럽 및 남유럽 여러 국가에서 나온 이런 증거를 종합해보면, 자원은 소도시나 시골보다 대도시에서 더 불균등하게 분배되었고, 불평등은 일반적으로 흑사병이 끝난 후 치솟았다. 아울러 이러한 상승은 다양한 경제적 조건 아래서 발생했다.

노동 분업의 확대, 기술 및 소득의 차등, 엘리트 가구와 상업 자본의 공간적 집중 및 가난한 이민자의 유입은 항상 도시의 불평등을 촉진했다. 1427년 피렌체의 인구 조사 '카타스토(catasto)'에 따르면, 부의 불평등은 도시화의 규모와 비례 관계에 있었다. 수도 피렌체는 0.79라는 부의 분배 지니계수를 자랑했다—아마도 기록되지 않은 무산계급 빈민을 포함한다면 0.85에 더 가까웠을 것이다. 지니계수 수치는 소도시에서 더 낮았고(0.71~0.75), 농촌의 평원에서는 더더욱 낮았으며(0.63), 제일 가난한 지역인 산악 지대에서 가장 낮았다(0.52~0.53). 상위의 소득 점유율도 그에 따라 피렌체 상위 5퍼센트의 67퍼센트에서부터 산악 지대에 사는 상위 5퍼센트의 36퍼센트에 이르기까지 역시 달랐다. 아주 똑같은 그림이 이탈리아의 다른 납세 장부에도 등장한다. 15~18세기 아레초(Arezzo), 프라토(Prato), 산지미냐노(San Gimignano) 같은 토스카나 도시들에서 보고된 부의 집중은 주변 농촌 지역보다 하나같이 더 높았다. 똑같은 패턴을 정도가 덜하긴 하지만 피에몬테(Piemonte)에서도 관찰할 수 있다.[10]

최소 0.75인 높은 부의 불평등은 중세 말기와 근대 초기에 서유럽 주요 도시의 일반적 특징이었다. 이 시기에 독일의 선도적 경제 중심지 아우크스부르크(Augsburg)는 특히나 극단적인 사례를 제공한다. 전염병과 연관된 평준화로부터 회복하는 사이, 이 도시에서는 부의 지니계수가 1498년 0.66에서 1604년 무렵 최고 높은 0.89까지 상승했다. 이보다 더 양극화한 공동체를 상상하기란 어렵다. 몇 퍼센트의 거주자들이 거의 모든 자산을 소유한 반면, 3분의 1에서 3분의 2는 보고할 만한 가치 있는 재산을 하나도 갖고 있지 않았다. 나는 11장 말미에서 이 사례를 좀더 자세히 살펴볼 것이다. 네덜란드에서는 대도시가 유사하게 높은 수준의 부의 집중을 경험한 반면(0.8~0.9의 지니계수), 중소 도시는 그보다 훨씬 뒤떨어졌다(0.5~

0.65). 암스테르담은 도시 소득 불균형 역시 꽤 높았는데, 관련 지니계수는 1742년 0.69에 달했다. 1524~1525년 영국의 납세 기록에는 보통은 0.6 이상에 농촌의 0.54~0.62를 훨씬 상회하는 0.82~0.85까지 높아지기도 하는 도시의 부 지니계수가 나타난다. 개인 재산의 공증 유언장 목록에 있는 자산의 분배 또한 정착지의 규모와 상관관계가 있었다. 도시화 비율은 이들 일부 지역에서, 가장 두드러지게는 이탈리아는 물론 이베리아반도에서도 1500~1800년 꾸준히 유지됐지만, 잉글랜드와 네덜란드에서 상당히 증가함으로써 전반적 불평등 수준을 높였다.[11]

흑사병이 초래한 평준화가 최저점을 기록한 15세기부터 사실상 우리가 자료를 갖고 있는 유럽의 모든 지역에서는 불평등이 증가했다. 네덜란드는 그중에서도 가장 상세한 정보를 일부 제공한다. 당시 전 세계에서 가장 높은 1인당 GDP를 자랑하던, 때 이른 선진국 네덜란드는 상업적이고 도시적인 발달의 불평등화 효과를 문서화해놓았다. 17세기 말경 인구의 도시 비중은 40퍼센트에 달했고, 인구의 3분의 1만이 농업에 종사했다. 대도시는 수출 시장을 위해 제조 및 가공 처리에 전념했다. 약해진 귀족은 전제적 약탈로부터 자유로워진 상업 엘리트에 가려 빛을 잃었다. 도시는 자본의 도시 집중과 많은 지주의 도시 거주 덕분에 매우 불균등했다. 1742년 암스테르담에서 전체 소득의 거의 3분의 2는 자본 투자와 기업 활동을 통해 나온 것이었다. 노동 집약적 생산 기술에서 자본 집약적 생산 기술로의 전환, 그리고 실질 임금을 침체시킨 외국인 노동력의 꾸준한 유입에 반응하며 네덜란드의 자본 점유율은 1500년 44퍼센트에서 1650년 59퍼센트로 올라갔다.[12]

경제 발전과 도시 성장은 시간이 지나면서 불평등을 증대시켰다. 도시 빈곤층이 계속 팽창하던 바로 그 시기에 네덜란드 시민 중 극히 일부가 새로이 창출된 부에서 불공평하게 많은 부분을 차지한 것이다. 신고된 재산 중 우리가 구할 수 있는 가장 긴 시계열(time series, 時系列: 시간의 경과에 따라 연속적으로 관측한 값을 일정한 기준에 따라 계열로 정리한 자료—옮긴이)은 레이던(Leiden)의 것으로, 상위 1퍼센트의 부 점유율이 1498년 21퍼센트에서 1623년 33퍼센트, 1675년 42퍼센트 그리고 1722년 59퍼센트로 증가했다. 같은 기간 동안, 자산이 최저 과세 한계선에 미치지 못한 가구의 비율은 76퍼센트에서 92퍼센트로 늘어났다. 가장 유용한 정보는 네덜란드 여러 지역의 연간 주택 임대 가격을 기록한 납세 장부에서 얻을 수 있다. 이는 전체적 자산 불평등을 짐작하기에는 좀더 간접적이고 불완전한 대체 자료로서, 부자들이 부유해질수록 점점 더 자신의 소득에서 적은 비중을 주택에 지출한다고 생각하면 과소평가될 가능성이 높다. 네덜란드 대부분 지역에 대한 가중치는 1514년 0.5에서 1561년 0.56까지, 1740년대 0.61 또는 0.63 그리고 1801년 0.63에 이르기까지 지속적인 증가를 보여준다. 1561~1732년 임대 가격의 지니계수는 도시가 0.52~0.59, 농촌이 0.35~0.38로 전역에서 올라갔다. 네덜란드의 15개 소도시에 관한 가장 최근의 표준 조사에 따르면, 16~19세기 말까지 줄곧 전반적 상승 추세를 발견할 수 있다.[13]

경제 발전은 이런 현상을 부분적으로만 설명해준다. 경제 성장의 시동이 일단 꺼졌을 때도 종종 부의 집중은 계속 증가했다. 오직 저지국(Low Country: 해발 평균 고도가 바다보다 낮은 네덜란드와 벨기에를 지칭하는 말—옮긴이) 북부에서만 불평등 증대 경향이 경제 성장과 동시에 일어났다. 그에 반해 저지국 남부에서는 이 두 변수 사이에 체계적 관계가 전혀 없었다. 서로 다른 경제 발전 경로는 공통된 불평등 증대 경향에 영향을 미치지 않았다. 상이한 세금 체제도 마찬가지였다. 남부에서는 퇴보적인 소비세 부과를 강력하게 강조해 불평등화 효과를 불러온 반면, 북쪽 네덜란드공화국의 세금은 사실상 독특하게 혁신적이어서 사치재와 부동산에 초점을 맞췄다. 물론 그럼에도 불구하고 불평등은 전 지역에 걸쳐 확대되는 추세였다.

이는 놀랍지 않다. 요컨대 더욱 역동적인 북부에서는 사회·정치적 권력 관계에 적어도 부분적으로 기반을 둔 임금 분산 증가가 글로벌 무역과 도시화라는 불평등화 동력에 가세했다. 1580~1789년 암스테르담에서는 고위 행정 관리, 사무원, 학교장, 이발사 겸 외과 의사의 임금이 (겨우 2배가 된) 목수의 임금보다 빨리 올랐다(5~10배까지). 이는 같은 기간 동안 근로자의 기술 프리미엄이 일반적으로 증가하지 않았음에도 불구하고 외과 의사 같은 어떤 직종의 기술에 더 큰 중요도를 부여했음을 반영하는 것일 수 있다. 그러나 정부 관료 및 학교장 같은 동종의 지식 노동자에 대한 관대한 임금 인상은 무엇보다 증가하는 자본 소득으로 혜택을 입은 동일한 부르주아 계층 사람들에 뒤처지지 않으려는 욕망에서 주도됐다고 해도 과언이 아니다. 이렇게 상업 자본 소득은 사회적 혜택을 받는 특정 집단의 임금에 현저한 도미노 효과를 일으켰던 듯하다. 엘리트의 지대 추구는 소득 분배에 양극화 효과를 가져왔다.[14]

피렌체의 영토〔콘타도(contàdo): 이탈리아 도시 주변의 농촌 지역—옮긴이〕에서 재산 명부에 기록된 부의 불평등은 15세기 중반 0.55 이하에서 1700년경 0.74로 커졌다. 아레초에서는 1390년 0.48에서 1792년 0.83으로 올랐고, 프라토에서는 1546~1763년 0.58에서 0.83으로 커졌다. 이런 집중은 다분히 상위 부 점유율이 증가한 데 기인한 것이었다. 15세기 말이나 16세기 초와 18세기 초 사이에 가장 부유한 1퍼센트 가구가 소유했다고 신고한 자산의 비중은 피렌체의 콘타도에서는 6.8퍼센트에서17.5퍼센트까지 올랐고, 아레초에서는 8.9퍼센트에서 26.4퍼센트, 프라토에서는 8.1퍼센트에서 23.3퍼센트까지 올랐다. 이에 필적할 만한 추세가 피에몬테의 장부에도 나타나는데, 부의 지니계수는 많은 도시에서 27포인트까지 증가했고, 몇몇 농촌 지역에서도 같은 규모로 올라갔다. 나폴리 왕국의 풀리아(Puglia)에서는 가장 부유한 5퍼센트의 부 점유율이 1600년경 48퍼센트에서 1750년 61퍼센트로 올랐다. 피에몬테와 피렌체에서는 재산이 지역 중앙값의 최소 10배에 달한 가구의 비율이 15세기 말 3~5퍼센트에서 3세기가 지나자 10~14퍼센트로 올랐다. 요컨대 더 많은 가구들이 중앙값에서 밀려남에 따라 양극화가 더 심해졌다.[15]

네덜란드에서와 달리 이 같은 변화의 대부분은 17세기의 경기 침체와 한층 더 장기화한 도시화의 순(純)증가 결핍이라는 맥락에서 일어났다. 여기엔 불평등을 일으킨 세 가지 주요 동력에 원인이 있는 것으로 여겨졌다. 바로 흑사병 시기의 감소로부터 회복한 인구, 농촌 생산자에 대한 점진적 착취와 그들의 프롤레타리아화, 재정-군사 국가의 형성이 그것이다. 유럽의 다른 곳에서 그랬듯 증대된 노동력 공급은 토지 및 기타 자본과 비교해 노동의 가치를 하락시켰다. 엘리트가 점점 더 많은 토지를 취득했는데, 이는 네덜란드와 프랑스에서도 관찰할 수 있는 과정이다. 게다가 자치 공동체의 전통 및 강력한 시민 정신과 공화주의라는 관념을 지녔다고 믿었던 도시국가들이 한층 가중된 세금을 부과하는 더 크고 더 강압적인 국가로 편입되었다. 피에몬테는 물론 저지국 남부의 공적 부채는 재원을 노동자들에게서 부유한 채권자들 쪽으로 향하게끔 만들었다.[16]

이런 사례 연구는 불평등화 메커니즘이 장기적으로 지속됐음을 강조한다. 최소 고대 바빌론으로만 시간을 되돌려봐도 집중적 경제 성장, 상업화 및 도시화는 불평등을 증대시켰다. 로마 시대와 고중세 시대도 마찬가지다. 우리가 살펴봤듯 부유한 자본가에 의한 토지 전용, 그리고 재정 추출 및 기타 국가 활동을 통해 유지된 엘리트의 축재는 수메르까지 거슬러 올라가는 훨씬 더 오래된 족보를 갖고 있다. 근대 초기의 소득과 부의 집중은 단지 스타일과 규모 면에서 달랐을 뿐이다. 다시 말해, 엘리트는 지대 추구라는 좀더 관습적인 전략과 함께 이제는 노골적으로 자원을 가로채거나 갈취하는 대신 공채를 구입함으로써 이익을 얻을 수 있었고, 글로벌 교역망이 전례 없는 투자 기회를 터주었으며, 도시화는 예전의 어떤 수준조차 뛰어넘기 시작했다. 하지만 더 깊이 들어가면 불평등화의 주요 수단은 근본적으로 변치 않고 남아 있었으며, 폭력적 충격으로 유발된 일시적 틈새 이후 또다시 강력하게 효력을 발휘했다.

확고하게 자리 잡은 이러한 불평등화 요인의 실질적 상호 보완성은 다양한 경제적·제도적 상황에 걸쳐 나타난 유사한 성과를 설명하는 데 많은 도움을 준다(그림 3.2). 네덜란드공화국에서 불평등은 글로벌 무역, 경제 성장 및 도시화 덕택에 상승했다. 반면 피에몬테에서는 재정적 압박이, 토스카나에서는 농촌의 프롤레타리아화가 가장 중요한 요인이었던 듯하며, 저지국 남부에서는 이 두 메커니즘이 모두 작용했다. 이 시기에 북부 저지국 다음으로 가장 역동적인 사회였던 잉글랜드에서는 상업화와 도시 팽창이 물질적 격차를 증대시켰다. 노팅엄(Nottingham)의 부 지니계수는 1473년 0.64에서 1524년 0.78로 올라갔고, 개인 사유지의 공증 유언장 목록에 관한 어떤 조사에 따르면 지니계수는 16세기 상반기에 0.48~0.52였던 것이 다음 80년간 0.53~0.66으로 증가했다. 이런 기록을 가진 9개 표본을 통틀어 가장 부유한 5퍼센트는 이 시기 초기에 모든 자산의 13~25퍼센트를, 이후에는 24~35퍼센트를 쥐고 있었다.[17]

에스파냐는 경제 상황이 확연하게 달라 목축에서 영농으로 이행하는

그림 3.2 이탈리아와 저지국들의 부의 분배와 관련한 지니계수, 1500~1800년

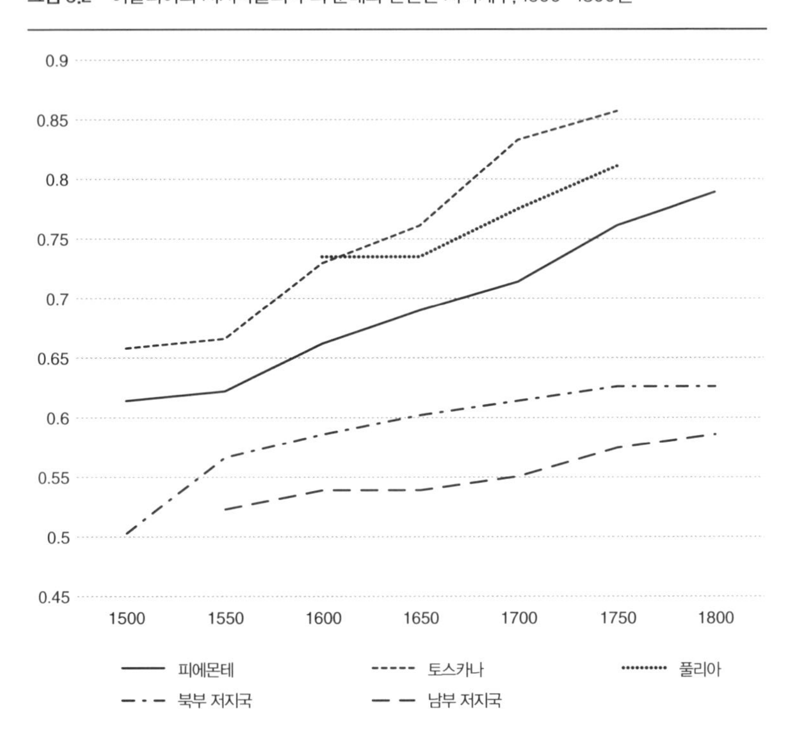

전원화(ruralization, 田園化)와 저임금을 경험했다. 이러한 정체 혹은 긴축이라고까지 할 만한 맥락 속에서 1420년대부터 18세기 말까지 명목 1인당 GDP 대비 명목 임금 비율은 꽤 꾸준히 상승했는데, 이는 실질 임금이 하락함에 따라 지속적으로 불평등을 유발하던 노동의 가치 저하를 반영하는 것으로, 다른 많은 유럽 국가에서도 나타나는 현상이다. 또 하나의 불평등 지표인 토지 임대료 대비 임금 비율은 이 시기 내내 변동을 거듭했지만, 마찬가지로 400년 이전보다 1800년에 훨씬 더 높았다(그림 3.3). 이러한 결론은 납세 기록으로 재구성한 마드리드(Madrid) 지방 부의 불평등이 불연속적 방식이었음에도 불구하고 1500~1840년 증가했다는 관찰과

그림 3.3 에스파냐의 1인당 평균 GDP 대비 임금 및 실질 임금 비율, 1277~1850년

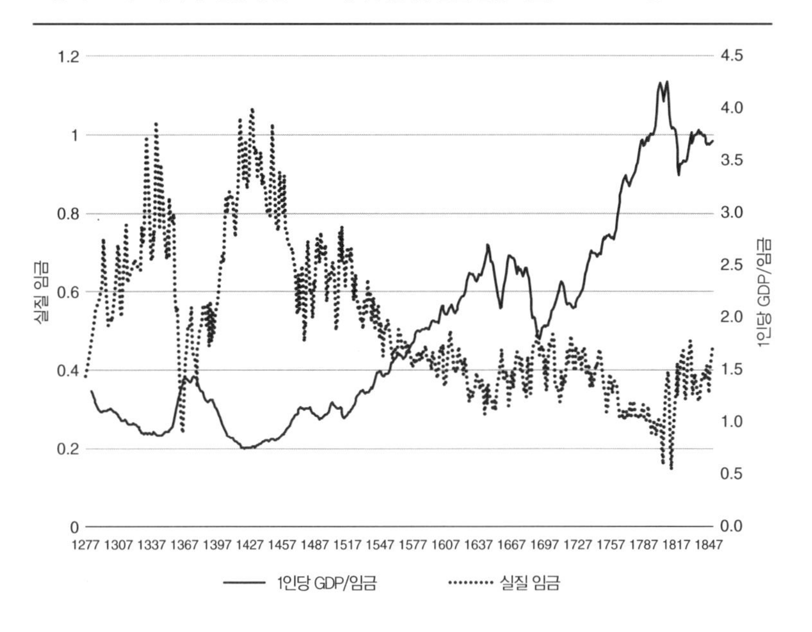

잘 맞아떨어진다.[18]

16세기 초엽 프랑스의 시골에서는 인구 회복과 사유지 증가라는 쌍두마차의 압박이 중간층을 도려냈고, 지역 공동체는 대지주 및 먹고살기에는 농장이 너무 작아 소작과 임금 노동으로 내몰린 소자작농으로 양극화되었다. 포르투갈은 지금으로서는 유일하게 문서로 기록된 특이치(outlier)를 보여준다. 납세 명부에 따르면, 1565~1700년 경제 발전과 도시화의 정체 및 해외 제국 약화로 정의할 수 있는 환경 속에서 전반적 소득 불평등이 쇠퇴했다. 기술 프리미엄은 대부분 이 시기에 꾸준히 유지된 반면, 토지 임대료 대비 임금의 비율은 1770년대 들어 부분적으로나마 회복하기 전까지 17세기 내내 하락했다. 하지만 좀더 면밀히 들여다보면, 소득 불균형의 경미한 감소는 대개 중소 도시와 농촌 마을의 현상이었고, 그에

반해 도시의 불균형은 변했다 하더라도 장기적으로는 거의 달라지지 않았다.[19]

격렬한 압력이 부재한다고 했을 때 불평등은 지역의 경제적·제도적 상황으로 결정되는 갖가지 이유로 인해 상승할 수 있겠지만, (거의) 언제나 정말로 상승했다. 도움이 될지는 몰라도, 최근 이 시기의 국가별 소득 지니계수를 추산하려 했던 시도의 결과를 보면 한층 국한된 일련의 실증적 데이터가 밝혀낸 추세와 대체로 일치한다. 네덜란드의 전체적 소득 불평등은 나폴레옹 전쟁 기간이었던 1808년 0.57로 다시 떨어지기 이전에는 1561년 0.56에서 1732년 0.61까지 증가했던 것으로 보인다. 근본적으로 도식적인 계산이라는 불안한 토대를 감안하더라도, 이러한 수치는 상당히 높고 안정된 불평등의 지표로 보는 것이 아마도 최선인 듯싶다. 그에 상응하는 잉글랜드와 웨일스의 지니계수 값은 1688년 0.45—중세의 최고치로 추정되는 0.37을 한참 웃도는—에서 1739년 0.46과 1801년 0.52까지 올라갔다. 프랑스 역시 1788년 약 0.56으로 높았다. 이 모든 값은 1인당 생산량이 그랬듯 로마와 비잔틴 제국보다 높다. 로마, 비잔티움 및 중세 영국에서는 1인당 생산량이 기본 최저치의 2배와 엇비슷했던 것에 비해 네덜란드에서는 최저 생계의 대략 4~6배, 잉글랜드와 웨일스에서는 5~7배, 그리고 프랑스에서는 4배 정도였다. 그러나 이미 언급했듯 엄밀히 말해서 경제 발전이 더 높은 불평등에 이르는 유일한 경로는 아니었다. 1인당 생산량이 최저 생계의 2.5배였던 1752년의 구카스티야(Old Castile)는 고대 로마보다 훨씬 큰 1인당 잉여를 자랑하지는 않았으나 높은 소득 불평등을 경험했는데(0.53), 이는 불평등을 초래하는 강력한 사회적·정치적 동력의 효과를 반영한다.[20]

16~19세기 초 사이에 실질적 추출률—주어진 1인당 GDP 수준에서

실현 가능한 불평등 최대치 중 현실화한 비율—은 이를 대략적으로 추정할 수 있는 모든 경우에서 평탄하게 유지되거나 증가했다. 흑사병이 쇠퇴하고 300년이 지난 뒤, 서유럽과 남유럽에서 문서 기록이 제대로 남아 있는 지역의 소득 불균형은 명목상—총 지니계수로 표현된—로마 시대를 처음으로 뛰어넘는 수준에 도달했다. 1인당 GDP에 민감한 실질적 최저 생활 요건에 맞춰 조정하면, 이는 고대 그리스·로마 시대와 고중세 시대가 겪은 것에 대체로 근접했다. 도시 근로자의 실질 임금은 1800년까지는 15세기 말보다 예외 없이 낮았고, 비록 고소득 집단과 저소득 집단에서 갈리는 생활비지수에 맞춰 조정한 '실제' 불평등이 명목상 측정값보다 다소 더 변덕스럽기는 했지만, 전반적 추세 역시 마찬가지로 상승세였다.[21]

유럽 이외의 지역

세계 나머지 지역은 어땠을까? 전체 부동산과 동산은 물론 현금, 신용 거래 및 채무를 포함해 일체의 재산을 기록한 소아시아 4개 도시의 오스만 공증 유언장 목록은 1500~1840년 부의 불평등 추이에 대한 약간의 실마리를 제공한다. 유럽에서처럼 평균적 부와 불평등 수준은 도시 규모와 비례 관계에 있었다. 폭넓은 일련의 데이터를 보유한 세 도시에서는 1820~1840년의 자산 집중 지니계수가 이러한 자료의 초기 수치보다 높았고, 16세기 초부터 18세기 초까지는 시기에 따라 달랐다. 상위 10분위수 부의 점유율의 경우도 대체로 이와 같았다. 농촌 지역 공증 유언장에 대한 총 지니계수는 1500~1510년대 0.54에서 1820~1830년대 0.66으로 올라갔는데, 이러한 증가는 농경의 상업화 및 국가의 토지 통제력 감소 그리고 토지 사유화 확대로 특징지을 수 있는 재산 관계 변화와 연관이 있을지 모른다. 부의 불평등에서 나타나는 상승은 또한 오스만 제국의 다른 곳에서 실질 임금이 하락한 증거와도 일치한다. 이렇게 에게해 동쪽의 불평등 추세는 서유럽 및 남유럽과 꽤 근접하게 유사했다.[22]

제1차 세계대전 발발을 목전에 둔 '기나긴 19세기'로 넘어가기 전, 지구상의 다른 지역에서도 그림 1.1과 유사한 불평등의 윤곽을 수천 년에 걸쳐 재구성할 수 있는지 질문해볼 필요가 있다. 그 대답은 현재로서는 대체로 부정적일 게 틀림없다. 우리는 중국에서 소득과 부의 집중에 일어난 변동이 '왕조의 주기'로 알려진 것과 관련이 있다고 추측할 수는 있어도 문서로는 이를 제대로 입증할 수 없다. 앞장에서 내가 보여주려 했듯 로마의 불평등이 4~5세기 초 대규모 제국의 최후 단계에서 절정에 달했던 것과 마찬가지로, 불평등이 한나라 왕조의 장기 통치 아래 증가해 아마도 2~3세기 초 동한 시대 후기에 정점을 찍었을 것이라고 믿는 데는 그럴 만한 이유가 있다. 4세기 초에서 6세기 말까지 장기간 지속된 '위진남북조(魏晉南北朝) 시대'에는 틀림없이 어느 정도 압착이 일어났을 것이다. 스쳐간 수많은 외국인 정복 정권 사이에서 처음으로 치열하게 경쟁을 벌였고, 이후 대중 동원 전쟁과 야심찬 토지 분배 계획을 부활시킨 그 지역 북부에서는 특히 그랬을 것이다.[23]

9장에서 설명하겠지만 당 왕조 치하에서 소득과 부는 최후의 분열 국면에서 엘리트가 대거 소멸하기 전인 7~9세기까지 증가함과 동시에 더욱 집중될 수밖에 없었다. 송 왕조 치하의 전례 없는 경제 성장, 상업화 및 도시화는 근대 초 유럽에서 관찰한 것과 흡사한 불평등화 성과를 이끌었을 것이며, 대지주의 세력은 이후 남송에서 막강해졌다. 몽골 제국 시대의 추세는 경기 침체, 전염병, 침략 및 약탈적 통치가 일제히 복잡한 상호 작용을 했으므로 정확히 밝혀내기 한층 더 어렵다. 불평등은 명 왕조 치하에서 또 한 번 증가했다. 국제 표준으로, 그 전반적 수준은 청 말기나 마오쩌둥의 혁명 이전까지도 특별히 높지 않았다고 보는 게 유익하긴 하지만 말이다. 남아시아에 관해서는 18세기 무굴 제국과 200년 후 영국 통치 아래 높았던 불평등이 대제국의 약탈적 지배나 식민 통치가 갖는 불평등화 영향을 좀더 확인시켜준다는 점을 빼면 얘기할 수 있는 게 훨씬 적다.[24]

지난 600년간 신세계의 불평등 추세는 다분히 인상적인 방식으로만 밑그림을 제시할 수밖에 없다. 공물의 이동이 장거리로 확대되고 강력한 엘리트가 갈수록 세습 자산을 축적함에 따라, 15세기의 아즈텍과 잉카 제국 형성은 경제적 불균형을 새로운 차원으로 끌어올렸을 확률이 크다. 다음 두 세기 동안은 길항하는 힘들이 작동했다. 즉 에스파냐의 팽창과 소수 정복 엘리트에 의한 약탈적 식민 통치가 기존의 부 집중 수준을 유지하거나 틀림없이 확대시킨 반면, (11장에서 설명하겠지만) 새로운 전염병의 구세계 도착으로 치명적 인구 감소가 일어나면서 노동력이 부족해지고 적어도 잠시 동안은 실질 임금이 치솟도록 했을 것이다. 그렇지만 이런 전염병이 누그러지자 인구는 회복되었고, 토지/노동 비율은 하락했고, 도시화는 증대했으며, 식민 통치는 완전히 자리를 굳혔다. 18세기까지 중남미의 불평등은 아마 어느 때보다 높았을 것이다. 19세기 초의 혁명과 독립은 같은 세기 후반에 상품 호황이 불평등을 역대 최고 수준으로 끌어올릴 때까지 평준화 효과를 미쳤을 것이다. 이 소득 집중 과정은 간헐적으로 멈추었을 뿐 20세기 후반까지 줄곧 이어졌다(그림 3.4).[25]

그림 3.4 중남미의 장기적 불평등 추세

기나긴 19세기

이로써 우리는 근대적 경제 성장의 출발점인 19세기로 넘어왔다. 그와 동시에 일련의 지역적 데이터로부터 소득과 부의 분배에 관한 국가 단위의 측정으로 이동하는데, 여기에는 적잖은 불확실성이 뒤따른다. 이런 이유만으로도 산업화가 영국의 불평등을 악화시켰는가라는 질문을 제기하기가 놀라우리만큼 어렵다는 게 드러난다. 유일하게 우리가 확신할 수 있는 것은 사유 재산의 집중이 1700년부터 1910년대 초(실제로 이 기간 동안 1인당 GDP가 3배 이상 늘었다)까지 꾸준히 강화됐다는 사실이다. 이렇게 해서 가장 부유한 1퍼센트의 부 점유율은 1700년 39퍼센트에서 1910년대에는 69퍼센트로 올랐다. 1873년경 토지 소유권 집중의 지니계수는 0.94까지 상승해 이런 유형의 불평등이 더 이상 증가하는 게 실질적으로 불가능할 지경이 됐다. 소득 분배에 관한 그림은 이보다 덜 뚜렷하다. 납세 신고서와 사회 평가표는 물론 토지 임대료/임금 비율에서 나온 증거를 보면 18세기 중반과 19세기 초 사이에 소득 불평등 증대가 꽤 결정적으로 나타난다. 그러나 비록 19세기 전반기에도 소득이 계속해서 좀더 불평등해졌음을 증명하기 위해 가옥세(house duty) 데이터와 신고된 임금에서 주택 공급 불평등에 관한 정보를 끌어다 모으긴 했지만, 이 특별한 자료가 얼마나 많은 하중을 견딜 수 있을지는 아직도 논란이 많다.[26]

다양한 불평등 지표가 19세기 초반 또는 같은 세기의 3분의 2가 경과할 때까지 상승했고 그 뒤로 1910년대까지 하락했다는 이전의 생각은 훨씬 더 논란이 많다. 이런 개념은 전환기 사회에서 경제 근대화가 처음에는 불평등을 확대시켰다가 다시 낮출 것이라는 경제학자 사이먼 쿠즈네츠(Simon Kuznets)의 생각과 딱 맞아떨어지는 완만하게 뒤집힌 U자 곡선을 창출한다. 임금 분산이 1815~1851년 증가했고, 1850~1860년대에는 최고조에 도달했으며, 이어 1911년까지 하락했다는 관찰은 상이한 직업의 기본 데이터를 갖고 분석한 가상적인 실제이며, 이는 모순된 추세를 드러내고 만다. 마찬가지로 거주자가 있는 모든 주택에 대해 집계한 지니계수, 곧 1830년의 0.61과 1871년의 0.67 그리고 개인 주택으로 집계한 1874년의 0.63에서 1911년의 0.55까지 떨어진 지니계수가 시사하는, 가옥세로 구축한 주택 불평등 측정도 액면 그대로 선뜻 받아들일 수 없다. 소득 점유율 명세서도 거의 쓸모가 없다. 개정된 사회 평가표는 국가 소득 지니계수가 잉글랜드와 웨일스에서는 1801/1803년 0.52, 1867년 0.48 그리고 1913년 대영제국에서는 0.48로 시간이 지나면서 꽤 안정된 수준이 되었음을 시사한다. 중요한 것은 정확성이다. 요컨대 잉글랜드 혹은 대영제국의 소득 불균형이 19세기에 대부분 변치 않고 유지됐다는 걸 아무리 확신할 수 없다 해도, 우리에겐 그렇지 않았다는 걸 확인시켜줄 능력이 없다.[27]

이탈리아의 결과물도 불확실하기는 마찬가지다. 이탈리아의 소득 불균형에 관한 가장 최근의 연구는 하나같이 1871년과 제1차 세계대전(그리고 그 이후) 사이의 기본적 안정을 가리키는 다양한 지표를 제시한다. 산업화의 불평등화 효과가 서반구로의 대량 이민으로 상쇄됐을 것이라 추정하는 1881년과 세계대전 사이 시기에 불평등의 점진적 하락세가 있었음을 시사하는 예전의 종합 가계 조사와는 상반되는 결과다. 프랑스에서는 유용한 국민 소득 데이터를 입수할 수 없다. 파리에서 전체 개인 재산 중 부동산 상위 1퍼센트의 비중으로 측정한 부의 집중은 1807~1867년 50~55퍼센트 범위로 상승한 데 비해, 상위 0.1퍼센트의 점유율은 15~23퍼센트에서 33퍼센트로 더 크게 올랐다. 전국에 걸쳐 엘리트의 부 점유율은 1807년 43퍼센트(상위 1퍼센트)와 16퍼센트(상위 0.1퍼센트)에서 1913년에는 각각 55퍼센트와 26퍼센트로 좀더 꾸준히 올랐다. 에스파냐의 소득 불균형은 1860년대부터 제1차 세계대전 때까지 증가했다.[28]

이 시기 독일에는 국가 데이터가 없다. 프러시아에서 상위 1퍼센트의 소득 점유율은 1874년 약 13퍼센트 혹은 15퍼센트에서 1891년 17퍼센트 또는 18퍼센트로 커졌다. 1891년과 1913년에는 실(實)동향에 변동이 없었다. 왜냐하면 이 두 연도에서 상위 소득 비중은 사실상 동일했고, 그사이에도 아주 약간만 변동이 있었기 때문이다. 상위 소득이 변했다 하더라도 그것은 친(親)경기 부양적 방식으로 움직이고 경제 성장과 함께 증가했다. 프러시아의 소득 지니계수에 관한 가장 자세한 조사는 1822년부터 1906년의 최고치까지 지속적인 증가를 추적하는데, 그 뒤로는 1912년까지 약간 하락했다가 1914년 부분적으로 회복했다. 제1차 세계대전이 발발해 그 시점에서 불평등의 '평화로운' 전개 과정의 싹을 잘라버렸으므로, 우리는 이 잠깐의 감소가 단지 일시적 현상이었는지 아니면 장기적 변곡점으로 탈바꿈할 수 있었는지 알 수 없다. 네덜란드에서 19세기는 앞서 설명했듯 수세기 동안 불평등이 증가한 뒤 고착화한 시기였다. 불평등화 추세는 아직 코스를 완주한 상태가 아니었다. 요컨대 1808~1875년 임대 가능한 주택 가치의 지니계수는 10개 중 8개 지방에서 상승했고, 고소득자 사이의 격차는 1742~1880년까지 그리고 다시 1910년대 초까지 커졌다. 하지만 한편으로 실질 임금은 회복했고 기술 프리미엄은 하락했다. 국민 소득 분배의 지니계수는 1800년과 1914년에 비슷했던 것 같다. 이는 불평등이 대부분 (높은) 안정권에 안착했음을 시사한다.[29]

스칸디나비아 국가들은 이 시기에 비교적 풍부하긴 하나 가끔은 곤혹스러운 정보를 제공한다. 1870년 덴마크에서 실시한 단 한 차례의 평가에는 결혼한 부부와 미혼 성인의 상위 1퍼센트 소득 점유율이 19.4퍼센트라고 나와 있다. 1903년 신고를 재개했을 당시에는 16.2퍼센트였고 1908년에는 16.5퍼센트에 달했는데, 그 뒤로는 다른 중립 국가에서도 관찰할 수 있는 제1차 세계대전의 부당 이득으로 유발된 한 번의 짧은 급등이 이어졌다. 1870~1903년에 있었다고 알려진 불평등 감소는 대단하지 않았지만, 그럼에도 불구하고 우리는 분명히 초기 측정의 신뢰도에 의구심을 가질 수밖에 없다.[30]

1789년의 일회성 세금 관련 기록도 비슷하게 미심쩍다. 이 기록은 불평등이 그러한 경제에서 이론적으로 가능한 최대치에 근접했다든가, 아니면 심지어 그 최대치에 도달했다고 보이게끔 만들었을 수치인 0.6~0.7의 소득 지니계수를 제시하기 위해 채택되었다. 이런 우려 때문에 18세기 말과 20세기 초 사이에 소득 불평등의 약화가 줄곧 진행되었다고 보기는 어렵다. 그와 대조적으로 18세기 말 대지주들의 우위에 관한 보고서는 1789~1908년 덴마크 사회에서 가장 풍족했던 10분의 1의 부의 분산이 상당했음을 보여주는 계산에 신뢰성을 부여한다.[31]

노르웨이와 스웨덴의 추이 역시 기록의 질에 관한 문제를 제기한다. 노르웨이에서는 상위 1퍼센트의 부 점유율이 1789년 산출된 훨씬 높은

그림 3.5 미국의 장기적 불평등 추세

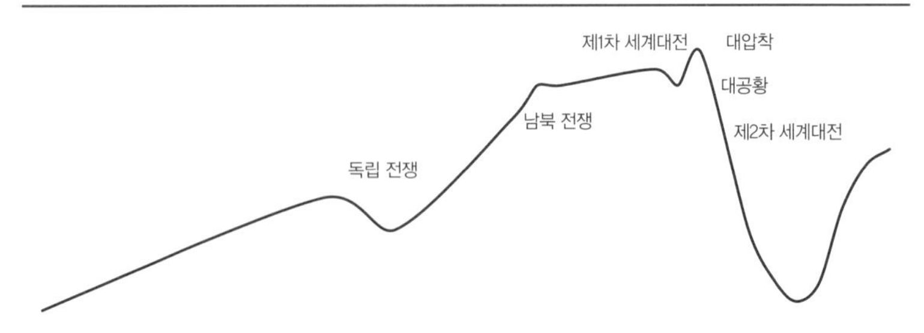

수준에서 하락한 후로는 1868~1930년까지 36~38퍼센트로 증가하면서 안정권에 머물렀다. 상위 1퍼센트의 소득 점유율 역시 1875~1906년 18~21퍼센트의 좁은 대역 내에서 거의 움직이지 않았고, 1910/1913년경 들어 갑작스레 약 11퍼센트까지 무너졌다. 이런 상황은 설명하기 어려운 데다 1908~1909년의 경기 불황은 이런 특이한 현상을 납득시키기에 충분하지도, 전혀 확실하지도 않다. 만일 이러한 하락이 사실이고 단순히 증거의 가상적 실제가 아니라면, 일종의 충격이 주도한 평준화 사건이 있었음을 가리킨다. 스웨덴의 동향은 노르웨이의 추세와 닮았다. 즉 상위 1퍼센트의 소득 점유율이 1903년 27퍼센트에서 1907~1912년 20~21퍼센트로 하락했음을 보여준다. 그러나 임금 불평등은 1870~1914년 상승했고, 덴마크와 노르웨이에서와 달리 부의 집중이 1800~1910년 약간 증가했다.[32]

훗날의 미합중국 지역에서는 불평등이 잠깐씩 일시 정지했을 뿐 아마도 250년이라는 긴 기간 동안 증가했을 것이다(그림 3.5). 식민지 시대의 동향에 대한 기록은 취약하다. 그렇지만 노예제 팽창이 17세기 말과 18세기 대부분 동안 소득과 부의 불평등을 높였을 공산이 크다. 독립 전쟁과 그 즉각적 여파는 일시적 압박으로 이어졌다. 교전으로 자본이 파괴되고, 군 복무와 사상자 그리고 도망친 노예가 노동력 공급을 감소시키고, 해외 교역이 붕괴하고, 도시의 엘리트가 이런 혼란으로 말미암아 과중하게 큰 타격을 입었기 때문이다. 부유한 친왕파들이 떠나고 남은 이들은 빈곤 상태에 처했다. 아울러 도시와 농촌 간 임금 격차 및 도시의 화이트칼라와 미숙련자의 수입 차이가 줄어들었다. 1800~1860년 급속한 노동력 성장, 산업과 도시에 편중된 기술적 진보, 그리고 개선된 금융 제도가 전례 없는 수준으로 불평등을 치솟게 했다. 1860년 들어서는 나라 전체의 소득 지니계수가 0.51에 도달했는데, 이는 1774년 0.44와 1850년 0.49에서 상승한 수치다. 아울러 '1퍼센트'는 총소득의 10분의 1을 벌어들였는데, 이는 1774년 8.5퍼센트와 1850년 9.2퍼센트에서 상승한 수치다. 노예주들은 일반적으로 훨씬 더 높은 수준의 불평등을 기록했다. 엄청나게 불어난 재산이 미국인 중 최고 부자의 수중으로 집중되고, 노동자 간 수입 격차가 어마어마하게 벌어진 것이 일제히 이후의 추이에 기여했다. 가장 부유한 1퍼센트 가구의 부 점유율이 1774년 약 14퍼센트에서 1860년 32퍼센트로 2배 이상 늘어나는가 하면 수입 지니계수는 0.39에서 0.47로 치솟았다.[33]

6장에서 좀더 자세히 살펴보겠지만, 남북 전쟁은 미국 남부의 재산을 평준화하고 북부의 불균형은 더욱 확대시켰다. 국가 지표가 크게 바뀌지 않은 것은 두 지역의 이런 상쇄 경향 덕분이었다. 불평등화는 연이어 20세기 초까지 계속됐다. 상위 1퍼센트의 소득 비중은 1870년 약 10퍼센트에서 1913년 약 18퍼센트까지 거의 2배로 뛰었고, 기술 프리미엄은 증가했다. 도시화, 산업화 및 저숙련 노동자의 대량 이민이 이러한 추세의 원인이었다. 상위 부 점유율에 대한 일련의 모든 지수는 1640~1890년까지, 아니 1930년까지도 마찬가지로 지속적 상승을 보였다. 한 측정에 따르면, 1810~1910년 미국 가구 중 가장 부유한 1퍼센트가 보유한 전체 자산 비율은 25퍼센트에서 46퍼센트로 거의 2배가 되었다. 부의 집중은 최상위층에서 가장 두드러졌다. 1790년 이 나라에서 신고된 가장 큰 재산은 연간 평균 근로 임금의 2만 5000배에 상응했으나 1912년 존 록펠러(John D. Rockefeller)는 동일 임금의 260만 배 가치에 해당하는 재산을 갖고 있었다. 두 자릿수만큼 상대적으로 증가한 것이다.[34]

나는 앞서 세계대전 시대로 치닫는 중남미의 길고 지속적인 불평등에 대해 언급했다. 상품 수출로 현지 엘리트가 부유해짐에 따라 소득 집중은 치솟았다. 남미의 남쪽 원뿔꼴 지역—아르헨티나, 브라질, 칠레 및 우루과이—에 대한 한 측정은 전체 소득 지니계수가 1870년 0.575에서 1920년 0.653으로 증가했다고 상정하는 반면, 한 대안적 분석은 인구에 비중을 둔 관점이긴 하나 1870년 0.296에서 1929년 0.475로 더욱더 극적으로 증가했다고 본다. 수치는 대단히 불확실하긴 하지만 그러한 추세의 일반적 방향은 충분히 명확해 보인다. 일본은 더 특이한 경우다. 기술 프리미엄은 도쿠가와 시대 동안 하락한 듯하며, 불평등 수준은 1850년대에 이 나라의 고립이 끝날 무렵 매우 낮았다. 과거 국제 교역에서 이익을 확보하지 못한 상업 엘리트의 무능이 이렇게 된 원인 중 하나였을 것이다. 게다가 고립된 시기 동안 농업 생산성이 향상되고 비농업 부문이 팽창했음에도 불구하고, 생산량은 고정되어 있다는 가정을 바탕으로 세금을 결정하던 풍토는 대규모 영토를 보유한 '300명의 쇼군'이 증대하던 농업 잉여를 차지하는 것을 사전에 차단하고 그들이 전체 수입에서 차지하는 비중을 떨어뜨리는 원인으로 작용했다. 불평등을 여느 때보다 높은 수준으로 밀어붙이기 위해서는 글로벌 경제에 대한 일본의 개방과 그 이후의 산

업화가 필요했다.[35]

대체로 세계대전 시기로 치닫는 이 세기에 나타난 국가적 추세는 현재의 기준으로는 통상 품질과 일관성 부족한 비교적 적은 양의 데이터로 여겨질 게 뻔한 자료를 배출한 기간에 우리가 으레 그럴 거라고 예상하는 것에 거의 가까울 만큼 명확하다. 1914년까지로 기간을 확장하면, 각 국가별로 구할 수 있는 증거에 따라 수십 년에서 한 세기 이상에 이르기까지 불평등은 대개 상승하거나 현상태를 유지했다. 잉글랜드에서는 19세기 초에 소득 불평등이 이미 너무나 높은 나머지 그에 못지않게 상당했던 부의 집중이 사실상 미증유로 계속 치솟았음에도 불구하고 아마 더 높아질 수 없었을 것이다. 때 이르게 불평등했던 또 다른 나라인 네덜란드—그리고 어쩌면 이탈리아—는 안정세를 겪은 반면, 프랑스와 에스파냐 그리고 대부분의 독일 지역은 물론 미국과 문서 기록이 잘 남아 있는 중남미 일부 국가 및 일본에서는 소득이나 부의 격차가 상승했다. 기존의 방식대로 기록을 해석했을 때 북유럽 국가는 19세기 부유층 사이에서 발생한 약간의 부의 분산, 그리고 제1차 세계대전이 발발하기 바로 몇 년 전 상위 소득 점유율에 발생한 급작스럽고 해명하기 힘든 두어 차례의 하락을 제외하면 대부분이 마찬가지로 이 기간 중 상당히 안정된 불평등을 경험했던 듯하다. 우리가 데이터를 갖고 있는 8개국 중 6개국, 즉 영국·프랑스·네덜란드·스웨덴·핀란드·미국에서는 18세기 말 또는 19세기 초와 제1차 세계대전 사이에 상위 1퍼센트 부의 점유율이 상승했다.

한편 불평등의 압착이 제대로 문서화된 경우는 드물었다. 18세기 말과 19세기 초 미국, 프랑스 및 중남미의 혁명이 평준화의 충격을 약간 가져다준 이후로 한 지역에서 부의 집중을 크게 줄인 사건으로 알려진 것은 오직 미국의 남북 전쟁뿐이었다. 어김없이 폭력적이었던 평준화의 돌발 사례를 제외하면, 불평등은 대부분 높은 수준으로 유지됐거나 한층 더 증가했다. 개괄적으로 정리해보면 각국이 산업화를 일찍이 경험했건 혹은 지연되었건 아직 경험하지 못했건, 또는 토지가 부족했건 풍부했건, 그리고 정치 체제를 어떤 식으로 설정했건 상관없이 이는 마찬가지였다. 기술적 진보, 경제 발전, 상품과 자본 흐름의 세계화 확대 그리고 국가의 지속적 강화는 유난히도 평화로웠던 한 세기 동안의 상황과 결합하면서 사유재산을 보호하고 자본 투자자에게 유리한 환경을 조성했다. 이는 유럽에서 중세가 끝나갈 무렵 흑사병이 가라앉으면서 시작된 불평등의 장기적 상승세를 4세기 이상 지속되게 만들었다. 지구상의 다른 지역에서도 불평등화의 장기화 국면은 더 짧긴 했지만 꾸준히 이러한 추세를 따라잡고 있었다.[36]

14장 말미에서 나는 세계가 한층 더 극단적으로 불평등한 소득과 부의 분배 시대로 거의 접어들었느냐는 질문에 대한 대답을 모색하고자 한다. 그러나 물론 이런 일은 일어나지 않았다. 1914년 6월 28일 아침 11시가 조금 안 된 시각, 19세의 한 보스니아계 세르비아인이 사라예보 거리를 건너 지붕 열린 자동차에 타려던 오스트리아의 프란츠 페르디난트(Franz Ferdinand) 대공과 그의 아내 소피(Sophie)를 향해 총을 쏘았다. 부상이 얼마나 심하냐는 질문에 죽어가던 왕세자는 어느 때보다도 몽롱하게 "별것 아니다"라고 대답했다. 그의 생각은 틀렸다.

36년의 세월과 1억 명 넘는 무참한 죽음 이후, 유럽과 동아시아의 많은 지역은 거듭해서 만신창이가 되었고 대량의 인명을 살상한 공산주의자들은 세계 인구의 3분의 1을 지배했다. 1914~1945년(요컨대 역사상 가장 짧은 시기)에 '1퍼센트'의 소득 점유율은 일본에서 3분의 2가량 줄었고, 프랑스와 덴마크와 스웨덴에서 그리고 어쩌면 영국에서도 절반 이상 감소했다.

아울러 핀란드에서 절반, 독일과 네덜란드와 미국에서는 3분의 1 이상이 줄어들었다. 불평등은 러시아와 그 위성 국가는 물론 중국과 한국 그리고 타이완에서도 무너졌다. 엘리트의 손안에 있던 부의 집중은 비록 혁명의 무대를 벗어나면 회복력이 더 크고 그에 따라 쇠퇴도 더뎠지만 일반적으로 같은 패턴을 따랐다. 서유럽에서는 1910~1950년 출자금 대비 연간 GDP 비율이 약 3분의 2 가까이 급감했는데, 아마도 전 세계적으로는 절반 가까이 떨어졌을 것이다. 이러한 재조정으로 인해 부유한 투자자의 경제적 우위는 크게 감소했다. 폭력적 평준화의 기사 넷 중 둘—대중 동원 전쟁과 변혁적 혁명—은 엄청나게 파괴적인 성과와 더불어 봉인 해제되고 말았다. 흑사병 이래 최초이자 서로마 제국 몰락 이래 아마도 맞수가 없을 정도의 규모로—아울러 특이하게도 지구상 대부분 지역에 걸쳐서—물질 자원에 대한 접근 기회는 훨씬 더 공평하게 분배되기에 이르렀다. 이런 '대압착'이 전개되고 있을 무렵, 흔히 1970년대 혹은 1980년대에 선진국은 물론 아시아에서 가장 인구가 밀집한 개발도상국에서도 실질적 불평등은 수천 년 전 정착 생활과 식량 재배로 이행한 이래 한 번도 겪은 적 없던 심연 속으로 추락했다. 다음 장들이 그 이유를 말해줄 것이다.[37]

2부

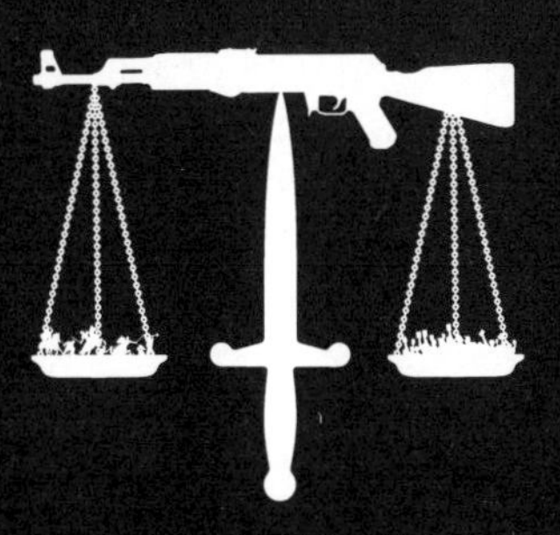

전쟁

04

총력전

"전세가 반드시 일본에 유리하게 전개되지는 않고 있습니다": 완전한 평준화 동력으로서 총력전

일본은 한때 지구상에서 가장 불평등한 나라 중 하나였다. 1938년 이 나라의 '1퍼센트'는 세금과 이전(移轉)을 계산에 넣기 전인 총 신고 소득의 19.9퍼센트를 벌어들였다. 그다음 7년 안에 그들의 점유율은 3분의 2가량 떨어져 6.4퍼센트까지 곤두박질쳤다. 이런 손실의 절반 이상은 최상층 중에서도 가장 부유한 0.1퍼센트가 유발했다. 그들의 소득 점유율이 같은 시기 9.2퍼센트에서 5분의 4가량 떨어져 1.9퍼센트를 기록했기 때문이다(그림 4.1).

이러한 소득 분배의 변동이 아무리 급작스럽고 심각했다 해도 엘리트의 부가 훨씬 더 극적으로 무너진 데 비하면 아무것도 아니다. 일본에서 가장 큰 1퍼센트 재산의 실질 신고 가격은 1936~1945년 90퍼센트, 1936~1949년 거의 97퍼센트 떨어졌다. 전체 재산 중 상위 0.1퍼센트는 훨씬 손해를 많이 봤다(각각 93퍼센트와 98퍼센트 이상). 실질적으로 1949년 최

그림 4.1 일본의 상위 소득 비중(퍼센트), 1910~2010년

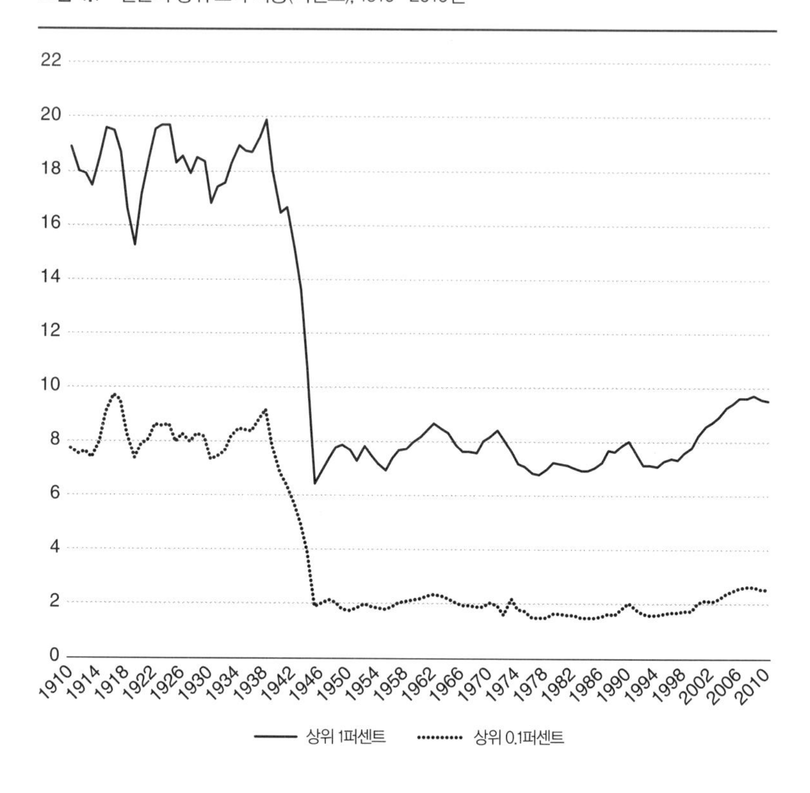

고 부자 계층 0.01퍼센트(또는 1만 명당 1명)의 재산은 1936년으로 치면 고작 상위 5퍼센트에 불과했다. 재산이 지나치게 확 줄어든 탓에 부자는 이제 극소수를 제외한 사람들은 도저히 도달할 수 없는 성역이 되고 말았다. 불연속적인 일련의 데이터는 일본의 전반적 불평등 감소를 정확하게 추적하는 작업을 더욱 힘들게 만든다. 그럼에도 불구하고 이런 자료들이 국민 소득 지니계수가 1930년대 후반 0.45~0.65 어디쯤이었다가 1950년대 중반 0.3 근처로 떨어졌음을 시사하는 것을 보면, 하향 추세에 있었음이 틀림없다. 아울러 상류층의 소득 및 부 점유율의 위축이 전달하는 어

마어마한 평준화라는 인상도 확고해진다.[1]

엘리트의 소득에 관한 한 일본은 1929년 주식 시장 붕괴 직전—'1퍼센트'의 절정기—의 미국처럼 소득 분배가 불균등했던 사회로부터 (상위 소득 점유율의 관점에서 봤을 때) 오늘날 세계에서 가장 평등한 선진국인 지금의 덴마크와 흡사한 사회로 변신했다. 그리고 엘리트의 재산은 대부분 소멸했다. 레닌, 마오쩌둥, 폴 포트(Pol Pot: 캄보디아의 독재자—옮긴이)가 아니고서야 이보다 더 철저하게 해치울 수는 없었을 것이다(7장 참조). 그러나 일본은 '덴마크 수준에 도달하기'라는 이상을 달성하지 못했으며, 미쳐 날뛰는 공산주의자들에게 점령당하지도 않았다. 대신 일본이 한 일은 처음에는 중국에 대한 지배권을 확립하려 함으로써, 그다음에는 서쪽으로 미얀마, 동쪽으로 미크로네시아(Micronesia)의 환초에 이르기까지 그리고 북극권 한계선 이북의 알류샨(Aleutian) 열도에서 적도 남쪽의 솔로몬(Solomon) 군도까지 뻗치는 식민 제국을 건설함으로써 제2차 세계대전에 참가한 것이었다(또는 누군가의 정의에 의하면 세계대전을 시작했다). 위세가 극에 달했을 때 일본은 거의 대영제국이 한때 그랬던 것만큼—5억 명 가까운, 다시 말해 세계 인구의 5분의 1에 해당하는—많은 사람에 대한 권리를 주장했다.[2]

이 터무니없는 모험을 지탱하고자 일본 군대는 1930년대 중반 25만 명이었던 병력을 1945년 여름까지 500만 명 이상, 즉 나이를 불문하고 일본 남성 7명 중 1명꼴로 늘려 20배 넘는 규모로 키웠다. 무기 생산도 똑같은 규모로 급증했다. 종전 때까지 약 250만 명의 일본 병사가 목숨을 잃었다. 마지막 9개월간의 충돌 과정에서 미군 폭격기는 일본에 죽음과 파괴를 쏟아부었고, 이로 인해 대략 70만 명의 민간인이 죽었다. 그 모든 공포에 비하면, 2개의 원자폭탄은 과도한 힘의 행사 그리고 고통과 파괴의 세월에 대한 마침표에 불과할 뿐이었다. 총력전이 완패로 끝나면서 일본은 수십만 미군 병력에 점령당했고, 제국주의적 야망을 소멸시키기 위해 고안한 제도 개혁의 칼날을 감수해야 했다.

극적으로 전개된 이러한 사건은 단지 이례적 수준의 평준화가 일어난 맥락만 제공한 것은 아니었다. 이것들이야말로 바로 이 과정의 유일한 원인이었다. 총력전은 전대미문의 규모로 불평등을 압착했다. 그리고 최근 학계가 풍부하게 밝혀왔듯 이런 성과는 결코 일본에만 국한한 것이 아니었다. 제2차 세계대전과 그보다 앞선 제1차 세계대전의 다른 주요 참전국은 이만큼 극단적이지는 않아도 유사한 변모를 겪었다. 전쟁을 방관한 일부 인접국들도 마찬가지였다. 대중 동원 전쟁은 20세기에 2개의 주요 평준화 수단 중 하나로 작용했다. 변혁적—공산주의적—혁명이 나머지 하나였다. 그러나 이러한 혁명이 세계대전에 의해 촉발되었다는 점을 고려하면, 총력전은 단 하나의 궁극적 원인이었다. 네 기사의 비유로 되돌아가면, 전쟁과 혁명은 나란히 돌격하는 쌍둥이 형제였다.

일본은 우리에게 전쟁이 주도한 평준화의 교과서적 사례를 제공한다. 나는 아래에서 그에 부응해 부를 혁파하는 데 공모하고 소득 확장을 혹독하게 압박한 수많은 다양한 요인을 찾아내면서 전시와 점령 아래서 이 나라가 겪은 것들을 좀더 자세히 기술하고자 한다. 그런 다음 개별 국가의 경험, 후속 정책 수립에 끼친 전쟁의 영향, 노동조합의 탄생 및 민주화 같은 주요 2차 효과를 간략하게 점검할 것이다. 아울러 단기는 물론 중기적 차원에서 양차 세계대전과 연관된 평준화에 관해 좀더 체계적인 전 지구적 평가를 제공할 예정이다. 그리고 이후의 장들에서는 대중 동원 전쟁으로 말미암은 평준화 성과를 얼마까지 거슬러 올라가 추적할 수 있는지, 그리고 역사상 훨씬 더 흔했던 다른 유형의 전쟁 효과와 더불어 마지막으로 내전의 효과를 탐구하려 한다. 우리는 인류 역사에서 전쟁의 폭력성이 매우 상이한 방식으로 불평등에 영향을 미쳐왔음을 깨달을 것이다. 요컨대 가장 폭넓은 기반을 가진 유형의 군사적 활동만이 빈부 격차를 좁힐 수 있었다.

†

불평등은 일본이 1850년대 말 세계에 문호를 개방한 이래 이 나라에서 상승해왔다. 이는 과거 상황들로부터의 현저한 일탈이었다. 막부 시대 말 지방의 자료는 개인 간 소득 격차와 빈곤 수준이 현대의 국제 표준으로 봤을 때 비교적 낮았음을 시사한다. 도쿠가와 시대에 임금 불평등이 확대됐다는 조짐은 없다. 대신 16세기 중반부터 19세기 중반까지 기술 프리미엄이 점진적으로 하락했다는 증거가 도시의 쌀 임금 측정에서 약간 보이기는 한다. 사실이라면 이는 근로자의 소득 불평등 감소를 가리킨다. 엘리트와 평민 사이의 격차 역시 좁혀지고 있었을지 모른다. 이 시기 후반에 지방 영주들은 늘어만 가는 잉여를 누가 통제해야 할지를 둘러싼 투쟁에서 자신들이 불리한 입장에 처해 있음을 알아차렸다. 요컨대 그들은 고정된 농업 세율의 제약으로 상인과 농민에게 밀리고 있었다. 18~19세기 초에 국제 교역 규모가 크게 감소함에 따라 전체적으로 봤을 때 엘리트는 상업 활동에서 발생하는 이익을 거둘 수 없었는데, 이것 역시 불평등을 억제하는 데 일조했다.[3]

이 모든 것은 일본이 세계 경제에 합류하고 급속한 산업화를 겪으면서 달라졌다. 믿을 만한 수치는 여전히 부족하지만, 국민 소득 지니계수와 상위 소득 점유율 모두 19세기 중반부터 계속 상승했던 것으로 보인다.

1904~1905년의 러일 전쟁 결과, 산업화에 가속도가 붙었다. 인플레이션이 실질 임금을 하락시켰음에도 불구하고, 유럽과의 무역 증대로 수출 주도 성장을 유지했다. 대기업의 이익 비중은 제1차 세계대전에 발맞춰 커졌으며, 소득 증가가 임금 상승을 앞지르기 시작했다. 그에 부응해 양차 세계대전 사이에 불평등도 증가했다. 1930년대에 이르러 부자 엘리트는 성공 가도를 달렸다. 지주, 주주 및 기업 경영진은 경제 발전으로 큰 이익을 거둬들였다. 자기 자본 소유권은 후한 배당금 덕분에 고도로 집중되고 수익은 쏠쏠했다. 경영진은 보통 대주주이기도 했으며, 고액의 연봉과 보너스를 받았다. 낮은 세금은 그들의 소득을 보호하고, 지속적인 부의 축적을 수월하게 해줬다.[4]

1937년 7월, 일본의 중국 공격은 이런 평안한 제도적 장치에 급작스러운 안녕을 고했다. 초기의 작전이 지구상에서 가장 인구가 많은 나라에 대한 전면적 침공으로 확대됨에 따라, 일본은 갈수록 더 많은 자원을 군대에 투입할 수밖에 없었다. 1940년 9월부터 프랑스령 인도차이나반도를 조금씩 점령한 후, 1941년 12월 미국·영국·네덜란드령 동인도·오스트레일리아 및 뉴질랜드에 대한 일본의 총공세는 판을 훨씬 더 크게 키웠다. 일본군은 태평양 전쟁의 첫 6개월간 하와이섬과 알래스카에서부터 스리랑카와 오스트레일리아에 이르는 방대한 지역에 걸친 작전을 감행했다. 1945년까지 800만 명 훨씬 넘는 일본 장정, 즉 이 나라 전체 남성 인구의 거의 4분의 1이 군대에서 복무하는 상황이 벌어졌다. 무기 생산은 1936~1944년 실질적으로 21배 증가했고, 정부 지출은 1937~1941년 2배 이상 늘었다가 다음 4년 동안 3배에 달했다.[5]

이 보기 드문 동원 작전은 경제에 상당한 영향을 끼쳤다. 전시에 정부 규제, 인플레이션 및 물리적 파괴는 소득과 부의 분배를 고르게 만들었다. 이 세 가지 메커니즘 중 첫 번째 것이 가장 중요했다. 국가 개입은 점차 자유시장자본주의의 한 측면만을 보존하는 계획 경제를 창안했다. 비상조치로 시작한 게 시간이 지남에 따라 확대 및 제도화되었다. 1932년 이래 일본군 점령 아래 있던 만주의 계획 경제가 모델을 제시했다. 1938년 봄, 국가총동원법은 일본 경제를 전시 작전을 위한 체제로 압박할 수 있는 광범위한 권한(이는 곧 국가총력전으로 확대되었다)을 정부에 부여했다. 요컨대 정부에 고용 및 해고, 근로 조건 결정, 생산·유통·운송·가격 통제, 노사 분규 해결 권한을 준 것이다. 1939년 '회사이익배당 및 자금융통령(資金融通令)'은 증배(增配: 배당이나 배급을 늘리는 것—옮긴이)를 제한했다. 농장 임대료와 특정 물가를 동결하고, 임금과 토지 가격을 규제하기 시작했다. 1940년에는 임원 상여금의 상한선을 설정하고, 다음 해에는 임대 소득을 고정했다. 개인과 법인 소득세는 거의 매해—1937년, 1938년, 1940년, 1942년, 1944년 그리고 1945년—올랐다. 상위 한계 소득 세율은 1935~1943년 2배가 되었다. 정부는 전쟁 채권을 늘리기 위해 주식과 채권 시장에 개입해 기업을 희생시켰고, 이는 나중에 더 낮은 수익률로 돌아왔다. 실질적인 물가 인플레이션은 도시와 농경지의 고정 임대료 및 토지 가격과 함께 채권, 예금 및 부동산의 가치를 떨어뜨렸다.

태평양 전쟁의 개시와 함께 국가는 배수량 100톤을 초과하는 모든 민간 선박을 징발했는데, 그중 다시 돌아온 배는 거의 없었다. 상선 5척 중 4척이 전쟁 와중에 사라졌기 때문이다. 1943년의 군수회사법 아래 군수품 회사로 공식 지정된 사업체는 정부로부터 직접 명령을 받는 생산 감독관을 임명해야 했는데, 이 직책은 장비·작업 관리 및 자본 배분에 대한 투자를 결정했다. 이익과 배당금은 국가가 결정했다. 1943년부터 정부는 전면적 군비 생산으로의 전환을 시행했다. 미래의 보상에 대한 근거 없는 공약이 유일한 유인책이었다. 1944년 추가적인 권력을 획득한 국가는 일부 사업체를 국유화했다. 한 설문 조사는 1937~1945년 탄생한 70여 개의 갖가지 경제적 통제를 나열한다—배급 제도, 자본 통제, 임금 통제, 가격 통제 및 토지 임대료 통제를 포함한 광범위한 조치.[6]

일부 부유한 가문이 엄격히 통제하던 자이바츠['財閥(재벌)'의 일본식 발음—옮긴이] 체제는 약화하기 시작했다. 부자들에 의한 기업의 저축과 투자가 전시 산업 팽창에 필요한 자금을 조달하는 데 충분치 못한 것으로 판명나면서, 예전에는 폐쇄적이었던 이들 사회 바깥에서 자금을 끌어대야 했고 일본산업은행은 민간 금융 기관의 시장 점유율을 낮추었다. 대주주들이 고위 간부직을 차지하곤 했던 것과 달리, 자본화와 외부 대출 증가로 인해 소유권과 경영권 간 밀월 관계가 단절되기 시작했고, 이는 부의 축적에 불리한 결과를 가져왔다. 전체적으로 봤을 때, 전쟁의 압박은 회사가 단지 주주만의 소유물이 아닌 구성원 각각을 참여시키는 공동체적 조직이 되어야 한다는 참신한 사고를 불러일으켰다. 이러한 신조는 소유권과 경영권 분리에 힘을 실어줬고, 근로자에게 수익 배분을 포함한 더 많은 권리를 주게끔 했다.[7]

일련의 전시 개입은 훗날 미국 점령하에 착수된 종합 토지 개혁의 전조였다. 전쟁 이전에는 지주—대부분 약간의 재산이 있었다—가 전체 농지의 절반을 소유했고, 모든 농민의 3분의 1이 그들의 소작인으로 일했다. 양차 대전 사이의 시기에 농촌의 빈곤은 분쟁과 불안을 촉발시켰지만, 개혁 시도는 그래봤자 미미할 뿐이었다. 이런 분위기는 1938년의 농지조정법과 더불어 달라졌는데, 이는 땅주인들로 하여금 소작지를 매각하도록 몰아붙이고 미경작지의 강제 구입을 고려하게끔 만들었다. 1939년의 지대가임통제령(地代家賃統制令)은 당시 수준으로 임대료를 동결하고 정부에 임대료 인하를 명령할 권리를 부여했다. 1941년의 개정 지대가임통제령은 토지가를 1939년 값으로 고정시키고, 같은 해의 농지관리령은 정부에 어떤 작물을 재배할지 결정할 권한을 주었다. 1942년의 식량관리령으로 당국은 기본 식료품의 가격을 결정하기 시작했다. 개인 소비에 필요한 양 이상의 모든 쌀은 국가에 팔아야 했고, 개인의 필요를 넘어선 모든 토지는 국고로 이전해야 했다. 가격 우대책의 부재 속에서 생산 장려를 위해 나날이 더 많은 보조금이 쌀농사 농부들에게 넘어갔다. 이는 1차 생산자의 소득을 인플레이션에 맞추도록 해준 반면, 지주의 소득을 갉아먹어 농촌에서 상당한 평준화를 이루는 계기가 됐다. 실제 농지 임대료는 1941~1945년 5분의 4만큼, 1930년대 중반에는 국민 소득의 4.4퍼센트에서 1946년의 0.3퍼센트로 떨어졌다. 몰수를 위한 온갖 제안이 돌았으나 한 번도 실행에 옮기지 않았던 걸 보면 지주들의 결과는 훨씬 더 참담했을 수도 있을 것 같다.[8]

노동자들은 임대료 통제, 국가 보조금, 정부의 기업 경영 개입 확대뿐만 아니라 신병 및 근로자의 신체 상태 및 시민의 불안감을 줄이려는 명백한 목적을 고려한 데서 비롯된 복지 시책 확대에서 이득을 봤다. 1938년 창설한 복지부는 즉각 사회 정책의 배후에서 주요 추진력으로 작동했다. 이 부서의 공무원들은 정부가 부분적인 재정을 지원하는 건강 보험 계획에 착수했다. 이러한 건강 보험은 1941년 이후 빈민 구제의 일환으로 크게 확대되었다. 다양한 공적 연금 제도는 소비 억제를 겨냥했고, 1941년에는 이 나라 최초의 공공 주택 프로젝트를 시작했다.[9]

전쟁 중에 두 번째 평준화 동력인 인플레이션이 가속화했다. 소비자 물가는 1937~1944년 235퍼센트 증가했고, 1944~1945년 또다시 360퍼센트 뛰었다. 이는 임대료 통제가 집주인의 실질 소득을 축내던 바로 그 시

기에 채권 및 예금의 가치를 급격히 낮추는 작용을 했다.[10]

유럽 무대에서와 달리 제3의 요인, 즉 일본 본토 자본의 물리적 파괴는 전쟁 마지막 단계에 와서야 이뤄졌다. 물론 상업 선적은 이미 훨씬 일찍부터 타격을 받기 시작한 터였다. 1945년 9월 이 나라의 물적 자본의 4분의 1이 전멸했다. 요컨대 상선의 80퍼센트, 전체 건물의 25퍼센트, 가정용품과 개인용품의 21퍼센트, 공장 설비의 34퍼센트 및 완제품의 34퍼센트를 상실했다. 가동 중인 공장 수와 거기에 고용된 노동력 규모는 전쟁 마지막 해에 거의 절반으로 떨어졌다. 피해는 산업별로 크게 달랐다. 철강업의 손실은 극히 적었지만 직물업의 10퍼센트, 기계 부품 생산의 25퍼센트, 화학 산업의 20~50퍼센트가 문을 닫는 지경에 이르렀다. 이러한 손실 대부분은 직접적인 공습에 원인이 있었다. 1946년 미국 전략폭격 조사(U.S. Strategic Bombing Survey)에 따르면, 연합군은 일본에 16만 800톤의 폭탄을 떨어뜨렸다. 이는 독일에 투하한 폭탄의 8분의 1 분량도 안 되지만 방어망이 약한 목표물을 상대로 매우 큰 성공을 거뒀다. 적게 잡아도 10만 명 가까운 주민이 죽고 16제곱마일 지역 내에 있는 25만 채 이상의 건물과 주택을 파괴한 1945년 3월 9일부터 10일 밤까지의 도쿄 대공습은 하나의 두드러진 사건에 지나지 않았다. 5개월 후 히로시마와 나가사키의 전멸도 마찬가지였다. 위 조사의 편집자들은 폭탄을 맞은 66개 도시의 시가지 중 무려 40퍼센트가 파괴되었으며, 일본 도시 전체 인구의 무려 30퍼센트가 집을 잃은 것으로 추정했다. 하지만 이것이 부동산 소유주와 투자자에게 끼친 손실에도 불구하고 전반적 영향을 과대평가하지는 말아야 한다. 중화학 공업의 공격적인 전시 팽창 덕분에 1945년까지 살아남은 생산 설비의 규모만 해도 1937년 수준을 넘어섰다. 아울러 물리적 파괴는 선박을 제외할 경우 대부분 상류층의 수입과 부의 점유율이 급락 상태에 들어가고도 한참 뒤인 전쟁의 마지막 9개월에 집중되었다(앞의 표 4.1 참조). 연합군의 폭격은 계속 진행되고 있던 추세를 단지 가속화시켰을 뿐이다.[11]

자본 이득은 전시에 거의 사라졌다. 총 국민 소득에서 임대료와 이자 소득의 비중은 1930년대 중반 약 17퍼센트 수준에서 1946년에는 겨우 3퍼센트로 떨어졌다. 1938년 배당, 이자 및 임대료 소득은 전부 합쳐 상위 '1퍼센트' 소득의 약 3분의 1을 차지했고, 나머지를 사업 소득과 고용 소득이 나눠 가졌다. 1945년에는 자본 소득 비율은 8분의 1 이하로, 임금 소득은 10분의 1까지 떨어졌다. 사업 소득은 (이전의) 부자들에게 남은 단 하나의 중요한 수입원이었다. 절대적 차원은 물론 상대적 차원에서도 점점 더 가혹한 정부의 통제를 받아야 했던 배당과 임금이 가장 심한 타격을 받았다. 하나의 계급으로서 임대인과 회사의 고연봉 중역은 거의 붕괴했다. 이런 추락은 최상위 '1퍼센트' 내에서 유독 심했다.

한편 그다음으로 가장 부유한 소득 집단에서는 이에 필적할 만한 압박이 뒤따르지 않았다. 95번째와 99번째 백분위수 사이(상위 1퍼센트 바로 아래 있는 최고 소득 4퍼센트)에 있는 가구의 소득 비중은 전쟁 도중 거의 떨어지지 않았고, 그 이후 오랫동안 20세기 초 수준 전후, 즉 국민 소득의 약 12~14퍼센트 정도로 안정적이었다. 대부분의 국민이 소득 손실을 겪긴 했지만 상대적 관점에서 손해를 입은 것은 가장 부유한 일본인뿐이었다. 요컨대 상위 '1퍼센트'는 제2차 세계대전 이전에는 바로 아래 4퍼센트 총소득의 절반 정도를 차지했지만, 1945년 이후로는 두 번 다시 그 집단의 절반 이상을 넘지 못했다. 이와 같이 상위 '1퍼센트' 소득 점유율의 총손실분은 다른 말로 하면 인구의 95퍼센트에 해당하는 엘리트 계층 이하의 점유율 증가분이라고 할 수 있다. (이러한 95퍼센트의 인구가 국민 소득에서 차지하는 비중은 1938년 68.2퍼센트에서 1947년 81.5퍼센트로 5분의 1가량 증가했다.) 이는 실로 엄청난 변동에 해당하는 것으로, 95퍼센트 인구의 소득 점유율을 2009년 미국에 상응하는 수준에서 오늘날의 스웨덴과 동등한 수준으로—10년도 안 되는 기간 동안—끌어올렸다.[12]

"더 이상 미래는 소수에 의해 해결되지 않을 것입니다": 평준화의 보완과 강화

하지만 전쟁이 벌어지던 기간 중에 발생한 것은 단지 평준화 과정의 일부였을 뿐이다. 1930년대 말 이래 관찰된 **모든** 순소득의 압착이 다른 곳에서 흔히 그랬듯 전시에 대부분 발생하고 전후에는 좀더 덜 일어났던 것이 아니라 제2차 세계대전 동안 일어났다는 점에서(표 5.2 참조) 일본은 주요 교전국 중 독보적이었을 수 있다. 하지만 장기적으로 봤을 때, 소득과 부의 분산은 그 밖의 다른 나라들에서와 똑같이 전후 정책의 평준화적 성격에 의해 형성되었다. 일본의 경우, 이 모든 정책은 전쟁의 직접적 산물이었다고 볼 수 있다. 1945년 8월 15일 히로히토 일왕이 "전세가 반드시 일본에 유리하게 전개되고 있지는 않습니다"라면서 "참을 수 없는 것을 참아야 하는" 때—무조건 항복과 연합군에 의한 점령—가 왔다고 시인할 무렵, 일본 경제는 아수라장이 되어 있었다. 원자재와 연료 부족으로 생산은 붕괴했다. 1946년의 실질 국민총생산은 1937년보다 45퍼센트 낮았고, 수입 규모는 사실상 1935년의 8분의 1 수준이었다. 경제가 회복하면서 한 무더기의 정책과 전쟁 관련 효과는 전시에 발생한 소득 압착을 지속시키고 부의 분배를 더욱 고르게 하는 쪽으로 일제히 작용했다.[13]

전쟁이 끝나자 초(超)인플레이션이 시작됐다. 1937~1945년 14배 뛰었던 소비자물가지수는 1945~1948년 훨씬 더 빠르게 치솟았다. 기록된 지수가 조금씩 다르긴 하지만 그중 하나에 따르면, 1948년의 소비자 물가는 일본의 중국 침공 당시보다 1만 8000퍼센트 높았다. 조금이나마 남아 있던 고정 자본 소득이 증발했다.[14]

기업과 지주 모두 공격적인 구조 조정의 표적이 됐다. 미군정의 3대 목표는 자이바츠의 해산, 노동의 민주화 및 토지 개혁이었다. 아울러 이는 징계 성격을 띤 누진세와 함께 시행할 조치였다. 궁극적 목적은 전쟁을 위한 물적 역량뿐 아니라 제국주의적 침략의 근원으로 여겨지는 것을 뿌리 뽑는 데 있었다. 경제 개혁은 일본의 체제를 재편하기 위해 고안한 (몇 가지만 예를 들면) 새로운 헌법, 여성 참정권, 사법 체계와 경찰 제도의 전면적 수정 같은 한층 폭넓은 범위에서 근본적인 민주적 변화의 일환이었다. 이 모든 것은 외국의 점령을 초래한 전쟁의 직접적 결과로 이뤄졌다.[15]

경제 개입은 원하는 성과를 달성하기 위한 수단으로서 평준화를 노골적으로 추구했다. 미군정 당국에서 작성한 '일본 경제 제도의 민주화'라는 제목의 '기본 지시문'은 "소득 및 생산과 무역 수단의 소유권을 널리 분배"하도록 촉진할 것을 강력히 권고했다. 사회 복지 국가의 탄생을 겨냥한 군정 정책의 목표는 뉴딜(New Deal)과 긴밀하게 연관되어 있었다. 1943~1945년 미국 연구자들은 일본의 산업 근로자와 농민에게 저조했던 부의 분배가 국내 소비의 발달을 저해하고 해외로의 경제팽창주의를 끌어냈다고 평가했다. 이런 문제는 이제 국내 소비를 촉진하고 비무장화를 꾀할 더 높은 임금의 노동 계급 재편으로 해결해야 했다. 경제 민주화 및 평준화 자체가 목표는 아니었다. 그 이면에 있는 정책 목표는 해외 침략을 조장할지도 모르는 경제의 특성을 개편함으로써 군국주의를 방지하는 것이었다. 거듭 말하지만, 결국은 전쟁과 그 결과가 이런 변화를 초래한 원인이었다.[16]

점령군은 과세라는 무기를 매섭게 휘둘렀다. 1946~1951년 공제 수준이 낮고 최고 한계 세율이 90퍼센트인 방대한 누진 재산세를 순자산 가치에 부과했다. 이는 소득이나 부동산뿐 아니라 자산에도 적용했으므로 사실상 공공연한 몰수나 마찬가지였다. 미국인의 시각에서 이 세금은 사유재산을 재분배하고 수익금을 하층민에게 이전함으로써 구매력을 강화하는 것으로 여겨졌다. 처음에는 8가구당 1가구에 적용하던 것을 궁극적으로는 부유한 5000가구 재산의 70퍼센트는 물론이고 모든 납세 의무자 자산의 3분의 1을 국가로 이전했다. 이런 징수는 전반적으로 세금 부담이 꽤 낮았던 시기에 특히 부자를 겨냥했다. 세수 극대화보다는 재분배가 통치 원리였던 것이다. 한편 1946년에는 많은 은행 예치금을 동결하자 뒤이은 인플레이션으로 가치가 하락했고, 2년 후에는 특정 한도를 초과하는 예금을 없앴다.[17]

군정 당국은 가족 소유의 대기업인 자이바츠를 탐탁지 않게 여겼다. 전시에는 군국주의 지도부의 가까운 동반자로, 더 일반적으로는 근로자의 임금을 떨어뜨리고 자본가들이 막대한 이익을 축적하는 데 일조하는, 경영과 노동 간 반(半)봉건적 관계를 영구화하는 세력으로 간주한 것이다. 가장 큰 자이바츠는 해체되었고, 그들의 국가 경제 장악도 마침표를 찍었다. (수백 개의 기업을 개편하겠다는 좀더 야심찬 계획은 냉전 정책의 변화에 가로막혔다.) 자이바츠를 소유한 가문들은 어쩔 수 없이 총 주식 보유량의 42퍼센트를 매각했고, 이는 기업 보유 주식의 비중이 엄청나게 하락하는 것으로 귀결됐다. 1947년 최고 경영진의 전국적 숙청으로 632개 기업에서 약 2200명이 해고당하거나 혹은 쫓겨날 것을 예견해 자진 사퇴했다. 이렇게 해서 자본가들이 폐쇄적으로 기업을 통제하던 예전의 시스템은 무너졌다. 맥아더 장군은 1948년 신년사에서 이렇게 선언했다.

연합국의 정책은 과거 소수의 봉건 가문이 상공업의 주요 부분과 여러분 나라의 천연자원을 소유하고, 통제하고, 자기들끼리 독점적으로 혜택을 갈취하도록 허용해온 제도의 해체를 요구해왔습니다.[18]

초기의 개입 방침은 매우 가혹했다. 1945~1946년 점령군 정부는 1920년대 말 또는 1930년대 초의 생활 수준을 유지하고 그 한도를 넘는 모든 것을 전쟁 배상금으로 흡수하기 위해 제조 및 에너지 생산 설비를 제거하는 방안을 고려했다. 이 정책은 냉전이라는 새로운 현실에 부딪혀 비록 신속하게 변경되긴 했지만, 점령군은 실제로 일본 경제에 메스를 들이대는 많은 조치를 시행했다. 병기 공장 및 이와 관련한 사업체는 배상금으로 몰수됐다. 1946년 7월, 미국인은 "전쟁은 수익 사업이 아니다"라고 주장하면서 전시 손실에 대해 공약했던 전쟁 보상금의 지급 중지 명령을 내렸다. 요컨대 미지불된 보상금 청구를 취소시킨 것이다. 이는 기업과 은행의 대차대조표를 더욱 압박했다. 다음 몇 년간 많은 회사가 파산에 직면했다. 나머지 회사들은 예비비, 자산 및 자기 자본을 다 써버렸고 살아남기 위해 채권자에게 부담을 전가하기까지 했다.[19]

패전은 다른 손실도 몰고 왔다. 1930년대에 타이완, 한국, 만주 등의 일제 식민지에서 상당량의 투자 자본이 빠져나갔다. 전시에 일본의 회사들은 중국을 포함한 식민지와 점령지에서 더욱 공격적인 운영을 했다. 1951년 샌프란시스코 강화 조약에 의해 일본은 전 세계의 해외 자산—그 중 대부분은 이미 여러 나라에서 압류한 뒤였다—을 몽땅 몰수당했다.[20]

금융 부문은 초토화됐다. 1948년에는 은행 손실이 너무나도 무지막지하게 불어난 나머지 특정 한도 초과 예금을 탕감해주는 것 외에도 모든 자본 수익과 이익 잉여금을 없애고 은행 자본을 90퍼센트 줄이지 않고는 처리할 수 없을 지경에 이르렀다. 주주들은 막대한 손실을 입었을 뿐만 아니라 향후 3년간 새로운 주식 구매를 금지당하기까지 했다. 결과적으로 자본 소득은 사실상 사라졌다. 1948년 상위 소득 1퍼센트의 배당금, 이자 및 임대 소득은 1937년 45.9퍼센트 및 1945년 11.8퍼센트와 비교하면 다 합쳐서 겨우 0.3퍼센트에 불과했다.[21]

노동조합은 중요한 관심사였다. 전쟁 전 노조 가입률은 10퍼센트 미만이었고, 기존 노조는 1940년 해체되어 애국적인 산업 근로자 단체로 바뀌었다. 이런 유형의 노동자 조직은 근로자에게 전쟁 활동을 장려하는 데 활용되었고, 군정 아래서는 기업에 기반을 둔 노조를 출범시키는 바탕을 제공했다. 1945년 가을 미군이 도착한 직후에는 전쟁 이전에 좌절되었던 계획안에 기초해 노동조합법 초안을 작성했다. 이 법안은 그해가 끝나기 직전 통과되어 노동자에게 조직, 파업 및 단체 교섭에 참여할 권리를 부여했다. 가입률은 급증했다. 1946년에는 노동자의 40퍼센트, 1949년에는 약 60퍼센트가 노조에 가입했다. 임금 이외의 복지 혜택이 증가했고, 전시에 생겨난 건강 보험 및 연금 제도가 확대됐다. 노조는 연공서열 임금과 고용 안정에 중점을 둔—아울러 평준화 시각에서 보면 가장 중요한 나이, 필요, 생활 수준, 물가 및 인플레이션에 기초해 급료를 결정하는 새로운 임금 구조에 대한 합의를 촉진함으로써—협력적 노사 관계 구축에서 중요하다는 것이 입증됐다. 신입 근로자를 위해 최저 생활 임금을 정하고, 이는 연령·연공서열·가족 수당과 함께 늘어났다. 인플레이션에 보조를 맞추기 위해 생활 임금을 수시로 조정하고, 애초에 컸던 화이트칼라와 블루칼라 노동자 간 소득 격차는 줄어들었다.[22]

끝으로, 토지 개혁은 군정 당국의 또 하나의 주요 목표였다. 이는 당시 중국을 장악하고 있던 마오주의자들과 드물게 일치한 경우인데, 당국은 지주제를 근절해야 할 큰 해악으로 간주했다. 정부 보고서는 일본군이 빈곤을 벗어나는 유일한 길은 해외 침략뿐이라며 가난한 농민을 설득했음을 지적하면서 일본을 평화적 방향으로 움직이는 데는 토지 재분배가 필수라고 주장했다. 토지 개혁이 없다면 농촌은 군국주의의 온상으로 남을 수도 있었다. 개입의 이면에 담긴 근거가 다시 한 번 전쟁과 밀접하게 연계되었던 것이다. 일본 농업부가 설계해 1945년이 끝나기 직전 통과시킨 토지 개혁 법안은 너무 온건하다는 이유로 미국으로부터 거부를 당했고, 1946년 10월 개정안이 입법화됐다. 부재지주(자신의 토지가 있는 마을에 거주하지 않는 지주를 일컫는 말)가 소유한 모든 토지는 현지에 거주하는 땅주인이 보유한 1헥타르 이상의 모든 소작지와 마찬가지로 강제 몰수 대상이었다. 3헥타르를 초과하는 자경지(自耕地)도 비효율적으로 경작한다고 여겨질 때는 몰수 대상에 포함될 수 있었다. 일단 몰수 대상으로 정해지고 나면, 보상 수준은 걷잡을 수 없는 인플레이션 때문에 급속히 떨어졌다. 임대료 역시 사정은 마찬가지였다. 1945년 말 수준에서 동결된 액수의 현금으로 지불하기로 했던 임대료는 결과적으로는 인플레이션 때문에 점차 없어졌다. 그와 동시에 발생한 실제 땅값의 하락은 거의 드라마나 진배없었다. 요컨대 1939~1949년 논의 실제 가격은 쌀 가격에 비하면 500배, 담배 가격에 비하면 약 절반가량 떨어졌다. 일본 전체 농지 중 3분의 1이 토지 개혁에 포함됐고, 이를 전국 농촌의 절반 가구에 이전시켰다. 전쟁 전 토지의 거의 절반을 차지하던 소작지는 1949년 13퍼센트에서 1955년 9퍼센트로 떨어졌다. 반면 시골 인구 중 자작농의 비율은 31퍼센트에서 70퍼센트로 2배 이상 뛰었고, 무토지 소작농은 거의 사라졌다. 농촌 마을의 소득 지니계수는 전쟁 전 0.5에서 이후에는 0.35로 하락했다. 이러한 개혁은 일본의 전시 정책과 방안에 바탕을 두긴 했지만,

이를 과감한 규모로 실행한 것은 군정의 직접적 결과였다. 맥아더 장군은 특유의 겸손함으로 이 대책을 "역사상 아마도 가장 성공한 개혁 프로그램"이라고 불렀다.[23]

1937년 중국 침공부터 1951년 강화 조약에 이르기까지 총력전과 연이은 군정 기간이 일본에서는 소득과 부의 원천과 분배를 완전히 재구성했다. 상위 소득 점유율의 급격한 하락과 이번 장 초반에서 살펴본 거대 재산 규모의 극적 붕괴는 무엇보다 자본 수익률의 하락으로 인해 촉발됐고, 이는 갑부 이외의 인구에도 영향을 끼쳤다. 9퍼센트대 최대 재산의 구성이 대폭 바뀌었다. 1935년에는 주식, 채권 및 예금이 이 범주에 있는 모든 재산의 거의 절반을 차지한 반면, 1950년 들어서는 그것들의 비중이 6분의 1까지 하락했고 농지는 4분의 1에 가깝던 비중이 8분의 1 이하로 떨어졌다. 이런 변화 대부분은 바로 전쟁 중에 일어났다. 상위 소득 점유율의 모든 하락, 그리고 절대치로 봤을 때 1936~1949년 상위 1퍼센트가 소유한 재산의 거의 모든(약 93퍼센트) 실질 가치 감소는 이미 1945년에 완료된 상태였다.[24]

그럼에도 불구하고 전쟁의 직접적 파생물인 군정 시기는 전시 대책을 항구적으로 만들고, 그러한 대책을 한층 탄탄한 발판 위에 서도록 했다는 점에서 지극히 중요했다. 맥아더 장군이 일본 국민에게 보내는 신년사에서 말했듯 더 이상 미래는 "소수에 의해 해결되지" 않을 터였다. 일본 경제에 대한 미국의 개입은 과세, 기업의 지배 구조 및 노동 조직에 초점을 맞췄다. 이것들은 하나같이 전시(戰時) 지도부가 이미 기존의 부유한 엘리트에게 어마어마한 재정적 고통을 준 분야였다. 그리하여 전쟁과 곧바로 이어진 전후 기간은 경영을 장악하고 높은 배당금을 요구했던 부유하고 막강한 주주 계층으로부터 평생 고용, 연공서열 기반의 임금 및 회사 노조라는 한층 공평한 기업 구조로 이행되는 장기적 변화를 촉발했다. 기업 및 노사 관계의 구조 조정은 물론 토지 개혁과 더불어 누진 세제는 전시의 평준화를 지속시킬 핵심 메커니즘이었다. 1950년대 이후로 공식화한 일본의 조세 제도는 상위 소득에 60~75퍼센트의 한계 세율을 적용하고 최대 재산에 70퍼센트 넘는 재산세를 부과했다. 강력한 세입자 보호가 주택 임대 수입을 줄이고 단체 교섭이 지속적으로 임금 압착을 보장한 것처럼 이는 1990년대까지도 소득 불균형과 부의 축적을 억제하는 데 도움을 주었다.[25]

전쟁과 그 결과는 평준화를 갑작스럽고, 대규모적이고, 지속 가능한 것으로 만들었다. 일본 역사상 가장 피비린내 진동했던 시대, 수백만의 목숨을 앗아가고 국토의 막대한 파괴를 불러온 전쟁은 독특하게도 평준화라는 결과를 가져왔다. 이러한 성과는 인구와 경제의 총동원을 요구하는 새로운 형태의 전쟁으로 가능할 수 있었다. 극단적 폭력은 일본 사회 내부의 극단적 소득과 부의 불균형을 고르게 만들어버렸다. 대중 동원부터 파괴와 군정에 이르는 암울한 발전 속에서 총력전이 완전한 평준화를 이룩한 것이다.

05

대압착

"드라마 같은 30년간의 전쟁": 1914~1945년 불평등의 대대적 평준화

일본의 경험은 얼마만큼 전형적이었을까? 제2차 세계대전, 아니 더 일반적으로 양차 세계대전은 다른 나라들에도 유사한 성과를 가져왔을까? 아주 짧게 대답하면 '그렇다'이다. 비록 각각의 사례는 특정한 상황에 따라 결정되기는 했지만, 샤를 드골(Charles de Gaulle)이 "드라마 같은 30년간의 전쟁"이라고 불렀던 1914~1945년은 모든 선진국에 의미 있고 가끔은 극적인 소득과 부의 분산을 낳았다. 내가 12장과 13장에서 검토할 대안적 혹은 보완적 요인이 있긴 하지만, 근대 대중 동원 전쟁과 그 전쟁의 경제적·정치적·사회적 및 재정적 요소 및 결과가 유례없이 강력한 평준화 수단으로 작용했다는 데는 의심의 여지가 없다.[1]

앞장에서 살펴봤듯 일본의 불평등은 제2차 세계대전 도중 급락했다가 그 이후에는 낮은 상태를 유지했다. 같은 전투에 참전하고 일본에 상응하는 일련의 데이터를 갖고 있는 미국, 프랑스, 캐나다 등 다른 나라들도 눈에 띄게 유사한 패턴을 보인다(그림 5.1).[2]

그림 5.1 4개국 상위 1퍼센트의 소득 비중(퍼센트), 1935~1975년

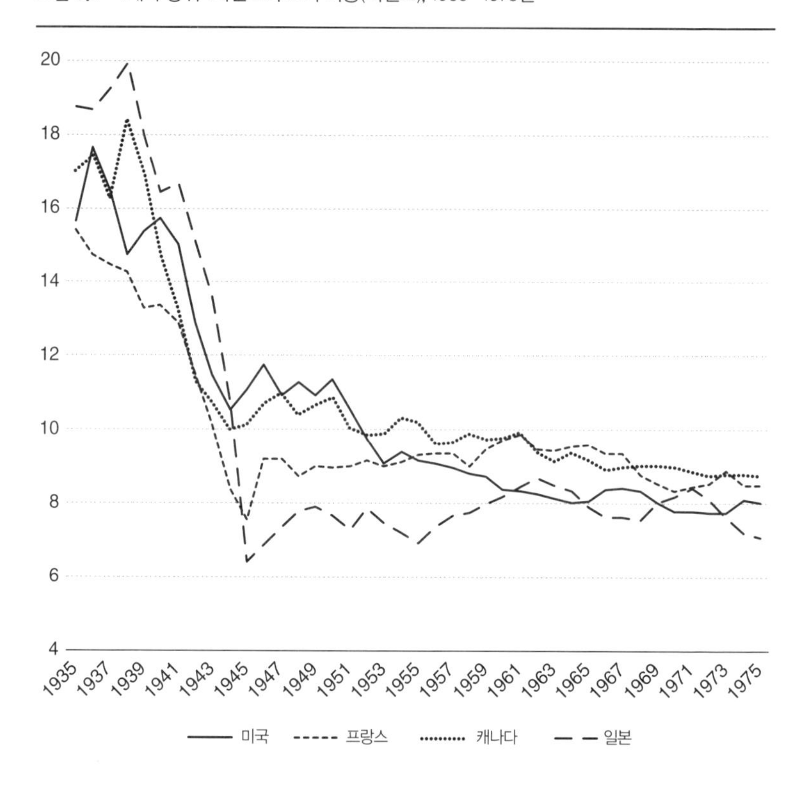

다른 몇몇 주요 교전국의 경우, 상위 소득 비중에 대한 관련 증거는 시간 선명도(time resolution)에서 질이 낮다. 이런 문제점은 전시에 일어난 압착의 갑작스러운 성격을 자칫 흐리게 할 수 있다. 그럼에도 불구하고 독일과 영국의 상위 0.1퍼센트 소득 점유율 사례에 나타나듯 근원적 추세는 똑같다(그림 5.2).

두 가지 관련 쟁점이 관건이다. 요컨대 전쟁이 계속되는 동안 그러한 전쟁이 불평등에 끼친 직접적 영향(그리고 그림 5.2의 독일 사례에서처럼 정확하게 들어맞는 데이터를 구할 수 없을 때는 전쟁의 즉각적 여파 속에 나타나는 영향)과 다

그림 5.2 독일과 영국 상위 0.1퍼센트의 소득 비중(퍼센트)

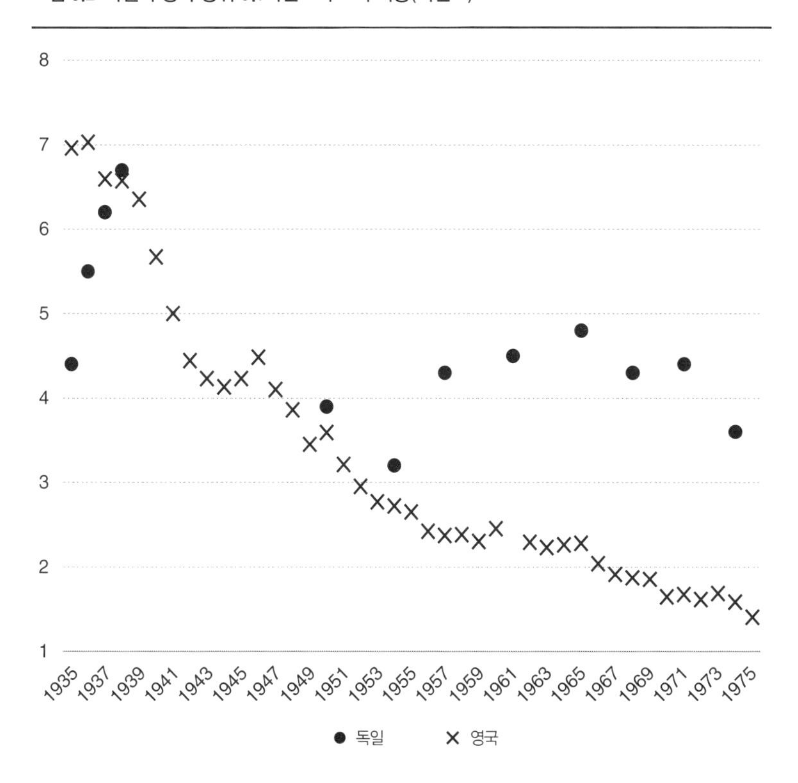

음 몇십 년간 나타난 전쟁의 장기적 영향이 그것이다. 나는 몇 가지 단계로 나누어 논의를 진행하려 한다. 첫째, 관련 증거를 공개한 국가의 상위 소득 점유율이 전시에 어떻게 진화했는지 분석하고, 그것이 이들 나라의 참전 정도에 따라 어떻게 달랐는지에 주목한다. 둘째, 전쟁이 불평등에 미친 직접적 효과의 독특한 본질을 입증할 수 있도록 전시의 평준화 정도와 그 후속 전개 과정을 비교한다. 셋째, 소득과 부 분배의 전시 압착을 설명하는 요인을 (일본의 경우보다는 훨씬 덜 자세하게) 검토한다. 끝으로, 1945년 이후 물질 자원에 대한 좀더 균등한 접근 기회를 지속하고 수시

로 계속 강화했던 책임이 세계대전, 특히 제2차 세계대전에 얼마나 있었는가 하는 문제를 다룬다.

표 5.1은 상위 소득 점유율—소득의 상위 0.1퍼센트나 심지어 0.01퍼센트처럼 해당 등급 내에서 세분화한 층에 초점을 맞춰야만 필요한 시간의 농도나 선명도를 끌어낼 수 있는 몇몇 사례를 제외하고 상위는 보통 1퍼센트를 말한다—의 추이와 관련한 최신 발간 정보를 간추려 보여준다. 때에 따라서는 약간씩 다른 날짜를 사용하고 이 시간대가 개별 국가의 참전 연도와 정확히 일치하지 않을 때도 있지만, 기준점이 되는 시기는 제1차 세계대전의 경우 1913년과 1918년, 제2차 세계대전의 경우 1938년과 1945년이다. 여기서 당부할 것이 있다. 이 모든 수치를 액면 그대로 받아들여서는 안 된다는 것이다. 물론 궁극적으로 이 상위 소득 점유율 통계는 우리가 마음대로 쓸 수 있는 최상의 자료이기는 하다. 이는 표준화한 지니계수보다 훨씬 더 먼 과거로까지 거슬러 올라가고, 소득 분포의 최상층에 얼마나 강력한 변화가 집중되었는지에 대한 느낌을 제대로 잡게끔 해준다. 그렇다 하더라도, 요컨대 이 데이터를 사용하는 나의 방식이 정량적 정확도라는 인상을 준다 하더라도 이 포맷에 호도되어 특정한 세부 사항을 가감 없이 그대로 받아들여서는 안 된다. 이러한 증거는 기껏해야 방향감과 변화의 규모를 전달해주는 게 전부이며, 이것이 우리가 기대할 수 있는 최선이기 때문이다.[3]

이 표는 제2차 세계대전에 관한 데이터로서 질적으로 뛰어나고 이 사건과 연관된 명확한 추세를 보여준다. 최전선에서 활발하게 싸웠던(그리고 때로는 점령기를 겪었던) 참전국의 상위 소득 점유율의 평균 하락폭은 전쟁 이전 수준의 31퍼센트로, 이 표본이 12개 주요 교전국으로 구성되어 있음을 감안하면 확고한 결과다. (약간 주변적인 뉴질랜드의 경우를 제외한다면, 평균

표 5.1 세계대전 중 상위 소득 점유율 추이

	변화(%)			
	제1차 세계대전		제2차 세계대전	
국가	절대적 변화	상대적 변화	절대적 변화	상대적 변화
아르헨티나	–		+2.92	+14[d]
오스트레일리아	–		−1.95	−19[a]
캐나다	–		−8.28	−45[a]
덴마크	+9.63	+59[c]	−1.96	−15[a]
핀란드	–		−5.47	−42[a]
프랑스	−1.05	−6[a]	−6.73	−47[a]
독일	+4.43 (−6.47)	+25 (−36)[a]	−4.7	−29[a]
인도	–		−6.41	−36[b]
아일랜드 (0.1%)	–		−1.39	−23[c]
일본	−0.83	−5[b]	−13.49	−68[a]
모리셔스 (0.1%)	–		−5.46	−55[b]
네덜란드	+0.99	+5[c]	−2.82	−18[a]
뉴질랜드	–		−0.44	−6[a]
노르웨이	–		−3.62	−28[a]
포르투갈 (0.1%)	–		−1.36	−28[c]
남아프리카공화국	−0.93	−4[b]	+3.35	+20[b]
에스파냐 (0.01%)	–		−0.19/−0.41	−15/−27[c]
스웨덴	−4.59	−22[c]	−2.55	−21[c]
스위스	–		−1.29	−11[c]
영국	–		−5.51	−32[a]
영국 (0.1%의 경우)	−2.56	−23[a]	−2.34	−36[a]
미국	−2.08	−12[a]	−3.66	−25[a]

기호 설명: 별도로 명시하지 않은 경우는 상위 1퍼센트 점유율임.
[a] 주요 교전국; [b] 이차적/식민지 교전국; [c] 주변국; [d] 원거리 중립국

은 33퍼센트까지 올라갈 것이다.) 중앙값의 하락폭은 28~29퍼센트이며, 각 사례는 하나같이 순수한 감소세를 보인다. 개발도상국이나 더 멀리 떨어져 있는 식민지 참전국(인도, 모리셔스 및 남아프리카공화국)의 수는 훨씬 적고, 어떤 일관된 경향이 보이지는 않는다. 평균값의 하락폭은 24퍼센트에 달했다. 이웃 중립국(아일랜드, 포르투갈, 스웨덴 및 스위스)의 표본도 작기는 마찬가지지만, 역시 24퍼센트라는 평균값 하락률로 최소한 한결같은 마이너스 추세를 보인다. 전쟁이 거의 끝날 때까지 중립국이었고 주요 전장에서 지리적으로 한참 멀리 떨어져 있던 아르헨티나는 확실히 특이한 수치를 보여준다. 요컨대 이 나라의 '1퍼센트'는 소득 점유율이 전쟁 이전보다 14퍼센트 늘었다.

제1차 세계대전의 증거는 더 부족하면서도 한층 복잡한데, 이런 복잡성은 전쟁이 불평등에 영향을 미친 시기와 관련해 제2차 세계대전과 진정한 차이를 드러낸다. 향후 살펴보겠지만, 이러한 영향은 독일에서 그리고 어느 정도는 프랑스에서도 1918년 이후까지 정치적·재정적 이유로 유예됐다. 따라서 주요 교전국의 전반적 결과는 우리가 독일의 1918년 데이터를 쓰느냐 1925년 데이터를 쓰느냐에 달려 있다. 후자의 경우에만 평균 19퍼센트의 상위 소득 점유율 하락을 관찰할 수 있다. 두 주변 참전국에서는 5퍼센트의 평균 하락폭이 나타나는 반면, 세 이웃 중립국은 14퍼센트의 증가를 경험했지만 일관된 경향은 보이지 않았다. 지금으로서는 제2차 세계대전이 이웃한 비교전국들에까지 뻗쳤던 지극히 강력하고 직접적인 영향을 엘리트의 소득에 끼쳤다고 결론 내려도 좋을 듯하다. 유일하게 당시 불평등 증가를 겪었던 2개국은 교전으로부터 가장 동떨어진 나라였다.

이제 우리는 이런 전시의 변동을 제2차 세계대전이 종식된 이후의 세대쯤에서 일어난 추이와 결부시켜야 한다. 이 기간 동안 전투에 적극 참여한 거의 모든 나라에서는 상위 소득 점유율이 줄곧, 또는 전후의 일시적 회복 후 계속 하락했다. 이런 추세는 일반적으로 수십 년간 계속 이어졌지만, 결국에는 1978~1999년 다양한 시점에 역전되기 시작했는데, 바로 상위 시장 소득 점유율이 다시 한 번 올라가기 시작했던 때다. 표 5.2는 전쟁 중과 전후 및 대공황까지 포함한 몇몇 시기(변동 속도가 빨랐던 모든 시기)에 퍼센티지 포인트로 표시한 상위 소득 점유율(별도로 언급하지 않을 경우 상위 1퍼센트)의 연간 평균 수축률을 비교한 것이다. 해당될 경우 전후 손실률은 두 가지 방식으로 계산한다. (1) 제2차 세계대전의 종식과 그 이후 상위 소득 점유율 최저치를 기록한 연도 사이의 순하락률을 그사이의 변동과 상관없이 계산하는 방식이다. 그리고 (2) 전후 값의 최고부터 최저까지 지속적 하락률을 계산하는 방식으로, 이는 시간의 경과에 따른 차이를 고려한 절차다. 표 5.2의 '전후 하락률 배수'는 위에서 기술한 두 가지 방식으로 정의한 전시의 연간 감소가 전후의 하락 시기보다 몇 배나 더 큰지를 대략적으로 측정한다.

이러한 데이터는 동일한 패턴을 드러낸다. 전후의 비율을 어떻게 계산했는지와 상관없이 전시의 상위 소득 비중의 연간 감소율은 전후 기간에 비해 대여섯 배, 아니 사실은 하나같이 종종 그보다 훨씬 많은 배수만큼 더 높았다. 많은 주요 교전국에서 규모의 차이는 상당하다. 프랑스의 상위 소득 점유율은 전후 38년간 일어난 것보다 전쟁 중 68배 빨리 하락했다. 1938년 이래로 국가의 상위 소득 점유율 전체 감소폭의 92퍼센트는 1945년까지 발생한 것이다. 이 비율은 거의 캐나다만큼 높은데, 이 나라에서는 1938년 이래 전체 압착의 77퍼센트가 전쟁 중에 일어났다. 일본은 선두를 달린다. 이를테면 전시의 평준화가 너무나도 심했던 나머지

표 5.2 시기별 상위 1퍼센트 소득 비중의 감소율 변동

국가	시기	연도	연간 하락률	
			퍼센티지 포인트	전후 하락률 배수(통합)
일본	제2차 세계대전	1938~1945	1.927	해당 없음
	전후	1945~1994	-0.013	
캐나다	제2차 세계대전	1938~1945	1.183	15½
	전후	1945~1978	0.076	
프랑스	제2차 세계대전	1938~1945	0.961	68⅔(순하락률), 7(지속적 하락률)
	전후(순하락률)	1945~1983	0.014	
	전후(지속적 하락률)	1961~1983	0.136	
네덜란드	제2차 세계대전	1941~1946	0.956	6
	전후	1946~1993	0.162	
인도	제2차 세계대전	1938~1945	0.916	4⅔(순하락률), 2½(지속적 하락률)
	전후(순하락률)	1945~1981	0.195	
	전후(지속적 하락률)	1955~1981	0.385	
독일	제1차 세계대전	1914~1918	-0.312	해당 없음
	초인플레이션	1918~1925	1.557	25½
	'제1차 세계대전+'	1914~1925	0.589	9⅔
	제2차 세계대전	1938~1950*	0.392	6½
	전후	1950~1995	0.061	
미국	제1차 세계대전	1916~1918	1.345	11
	대공황	1928~1931	1.443	12
	제2차 세계대전	1940~1945	0.932	8
	전후	1945~1973	0.119	
영국	제2차 세계대전	1937~1949	0.459	3
	전후	1949~1978	0.147	

영국(0.1%의 경우)	제1차 세계대전	1913~1918	0.512	5½
	제2차 세계대전	1939~1945	0.353	4
	전후	1945~1978	0.091	
핀란드	제2차 세계대전	1938~1947	0.781	11(순하락률), 2⅓(지속적 하락률)
	전후(순하락률)	1947~1983	0.07	
	전후(지속적 하락률)	1963~1983	0.334	
오스트레일리아	대공황	1928~1932	0.645	6(순하락률), 4⅓(지속적 하락률)
	제2차 세계대전	1941~1945	0.585	5½(순하락률), 4(지속적 하락률)
	전후(순하락률)	1945~1981	0.106	
	전후(지속적 하락률)	1951~1981	0.149	
덴마크	제2차 세계대전	1940~1945	0.49	4
	전후	1945~1994	0.13	
노르웨이	제2차 세계대전	1938~1948	0.362	3
	전후	1948~1989	0.121	

1945년이 최소의 상위 소득 점유율을 기록한 해가 되었다. 이 최저치 기록은 그 이후 한 번도 깨진 적이 없다. 영국에서 제1차 세계대전 이전과 1970년대 말 사이에 일어난 상위 0.1퍼센트 소득 점유율의 전체 하락폭 중 거의 절반은 엄밀히 말해 양차 세계대전 중에 발생했다. 미국의 연간 하락률은 양차 세계대전 중에 전후 시기보다 한 자릿수만큼 높았고, 제2차 세계대전 중의 핀란드도 마찬가지였다. 전쟁의 극심한 영향이 덜 미쳤던 덴마크, 노르웨이, 오스트레일리아 및 인도 같은 나라에서는 전시의 평균 압착률이 전후의 단 3~5배였다는 게 분명하게 드러난다. (제2차 세계대전 중 영국의 하락률 역시 상대적으로 낮은 수준이지만, 큰 압착은 이미 제1차 세계대전

때 발생한 터였다.)

독일의 증거만은 좀 복잡하다. 1919년 이후 구체적 정보가 있는 첫 연도인 1925년까지 제1차 세계대전의 비율을 측정함으로써 유예된 평준화를 계산에 넣는다면, 독일의 '전시' 압착률은 제2차 세계대전 이후보다 한 자릿수 더 높다. 또 다른 문제가 1938~1950년의 데이터 부족에서 생기는데, 이는 이 기간의 전체 하락 분량 중 얼마만큼이 1938~1945년에 발생한 것인지 알 수 없게 만든다. 특히 산업화한 국가에서 제2차 세계대전은 그 후에 일어난 어떤 것도 너끈히 넘어설 매우 강력한 평준화 효과를 발생시켰다. 전시와 평시의 소득 불평등 추이가 근본적으로 불연속적이라는 것을 강조하는 데 이보다 더 나은 방식은 없다. 그와 대조적으로 제1차 세계대전에 관한 정보는 덜 풍부할뿐더러 해석하기도 만만치 않다. 나는 나중에 설명할 국가별 조사에서 전쟁과 관련한 평준화의 타이밍 차이가 왜 생겨나는지 고찰할 것이다.

상위 소득 점유율에 관한 정보만큼 폭넓게 구할 수는 없지만, 국민 소득 분포에 관한 지니계수 역시 마찬가지로 전시의 급격한 불연속성을 가리킨다. 이렇게 20세기 미국에서 발생한 시장 소득 불균형의 순하락은 전부 1930~1940년대에 일어났다. 한 측정에 따르면, 지니계수는 1931~1939년 약 3포인트만큼 완만하게 하락한 뒤 다음 6년간 10포인트만큼 뚝 떨어졌고, 이후 1980년까지 매우 좁은 범위 내에서 줄곧 안정을 유지했다. 또 다른 측정에 의하면, 1929~1941년 5포인트가량, 그리고 전쟁 당시에는 여기서 7퍼센트가 또 떨어졌다. 영국의 세후 소득 불평등은 1938~1949년 7포인트—그리고 아마도 1913~1949년에는 2배까지—떨어졌고, 이어서 1970년대까지 그 선을 유지했다. 일본의 증거는 빈약하지만, 1930년대 말에서 1950년대 중반까지 최소 15포인트만큼 한층 더 가

그림 5.3 10개국 상위 1퍼센트의 부 점유율(퍼센트), 1740~2011년

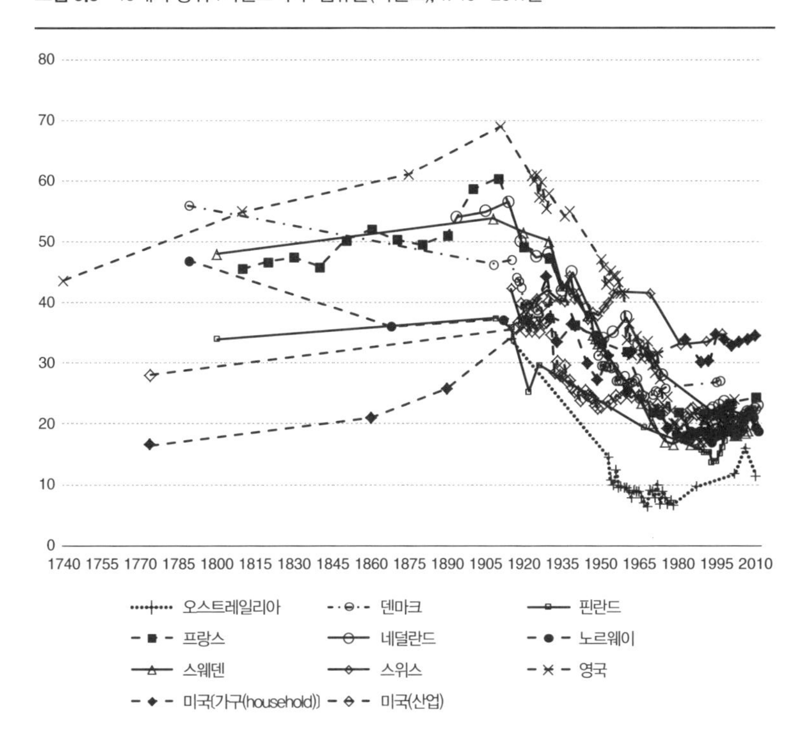

파른 하락세를 보였고, 1980년경 후로는 안정세가 뒤따랐다.[4]

부의 집중에 나타난 변화는 세계대전의 결정적 중요성을 더욱 부각시킨다. 관련 증거를 입수한 10개국 중 8개국에서 부의 집중 정도가 최고치를 기록한 경우는 제1차 세계대전 발발 직전에 발생했다. 1914~1945년 상위 부의 점유율은 심각하게 줄어들었다(그림 5.3).[5]

양차 세계대전 중 적어도 한 전쟁에 참전했던, 쓸 만한 데이터를 가진 7개국에서는 상위 1퍼센트의 부 점유율이 평균 17.1퍼센티지 포인트(기록상 사유화한 국부 전체의 6분의 1과 같다)만큼 떨어졌는데, 이는 제1차 세계대전 이전의 평균 최고치인 48.5퍼센트에서 약 3분의 1만큼 하락한 수치다. 비

교해보면, 가장 먼저 기록된 전쟁 이후의 값과 전체(1960~2000년대까지 다양한 시기)의 최저치로 기록된 값 사이의 평균차는 13.5퍼센티지 포인트다. 이것이 전후 압착을 규모 면에서 전시 압착에 필적해 보이게 할 수 있는데, 우리는 후자가 양차 대전 사이 기간을 비롯해 흔히 1945년 이후의 몇 년간도 포함하고 있음을 유념해야 한다. 이런 점이 유의미한 전년 대비 비교를 가로막는다. 게다가 부의 분산이 전쟁 자체가 끝난 이래 오랫동안 이뤄져온 누진 상속세로 유지되었음을 감안한다면, 이러한 과정을 더 길게 끌었어야 한다 해도 놀랍지 않다. 여기서 중요한 것은 앞으로 살펴볼 것처럼 이런 유형의 과세 제도 자체가 전쟁 활동의 직접적 산물이었다는 점이다. 더욱이 이들 나라 가운데 5개국에서는 전쟁 중과 양차 대전 사이의 감소가 전체 상위 부 점유율의 하락에서 61~70퍼센트를 차지한다. 여섯 번째 경우인 영국에서는 사실상 이 시기의 하락이 너무나 컸다(사유화한 국부의 5분의 1 이상에 해당). 1914년 이전 영국의 부 집중 정도가 너무나도 극단적이었음을 고려하면, 상위 부의 점유율을 단지 새로운 공통 기준인 약 20퍼센트에 수렴하게끔 하기 위해서라도 전후의 하락은 훨씬 더 강력해야만 했다.

최상위에서 부의 압착이 가장 부유한 '1퍼센트' 전체에서보다 훨씬 더 확연할 수 있다는 사실을 언급할 필요가 있겠다. 특히 두드러진 사례를 골라보면, 프랑스에서 가장 큰 0.01퍼센트의 재산 가치는 제1차 세계대전의 시작과 1920년대 중반 사이에 4분의 3 넘게, 제2차 세계대전 중 또한 번 3분의 2만큼 추락했다. 이는 전쟁 기간 중 90퍼센트에 육박하는 전반적 하락이 있었음을 나타내는데, 그런가 하면 상위 백분위수의 부 점유율은 전쟁 전 최고 수치의 절반 미만으로 떨어졌다. 물론 이 모든 것의 핵심은 세계대전이 막 시작되는 시점에서 변곡점의 타이밍이다. 어느 때보

그림 5.4 프랑스, 독일, 영국 및 세계의 사유 재산 대 국민 소득 비율, 1870~2010년

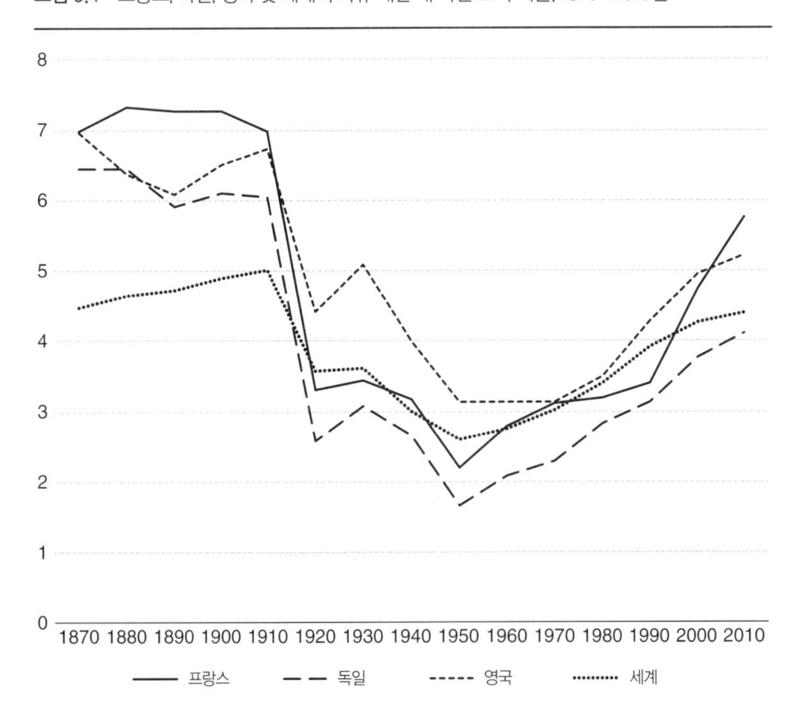

다 큰 부의 불균형을 향해 가던 예전의 만연한 추세는 이 지점에서 저지당한 뒤 강하게 역전됐다. 우리는 급진적 몰수와 재분배가 없는 한 부의 점유율을 소득 점유율만큼이나 신속하게 변경할 메커니즘은 절대 없다는 것 역시 기억해야 한다.[6]

많은 엘리트의 부가 단지 전쟁 중 재분배됐을 뿐만 아니라 실질적으로 소멸되었다는 사실은 세 주요 교전국의 사유 재산 대 국민 소득의 비율 변동을 보면 명확해진다(그림 5.4). 가장 강력한 급락은 제1차 세계대전 때 발생했고, 제2차 세계대전 중과 전후로 또 다른 압착이 뒤따랐다. 이런 변화를 반영하듯 최고 소득 가구의 수입 중 자본 소득의 비율은 곤두박질

그림 5.5 프랑스, 스웨덴 및 미국 소득 상위 1퍼센트의 총수입 중 자본 소득의 비중(퍼센트), 1920~2010년

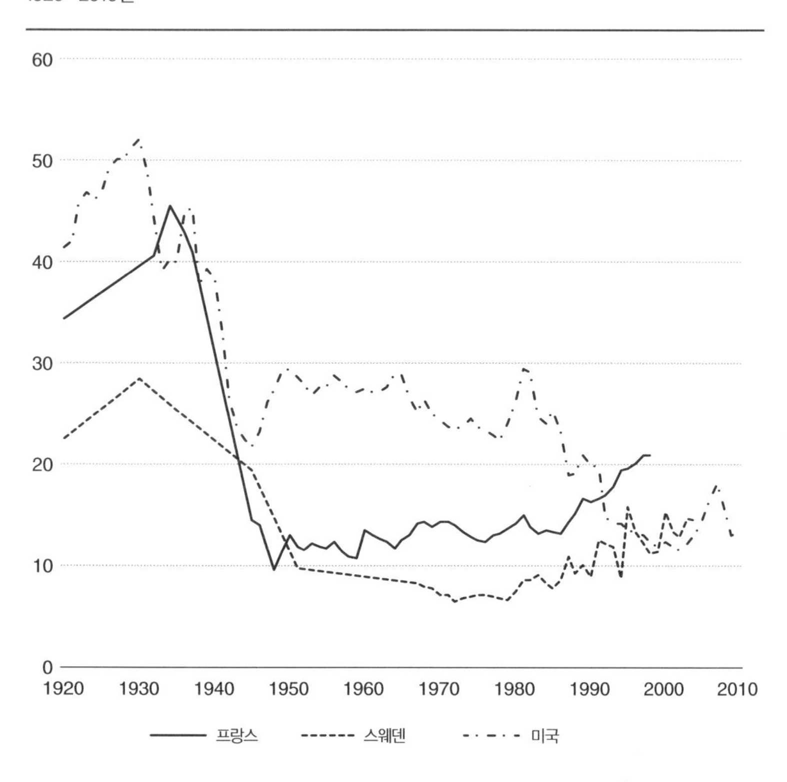

쳤다(그림 5.5). 이를 관찰해보면 엘리트의 손실이 우선은 자본과 자본 소득의 현상이었다는 사실이 부각된다. 왜 이러한 전쟁은 자본가들에게 그토록 손해가 됐을까?[7]

세계대전은 세상이 여태껏 봐왔던 어떤 다른 전쟁과도 달랐다. 인력 및 공업 생산 동원은 과거에는 상상도 할 수 없는 수준으로 급증했다. 거의 7000만 명의 병사가 제1차 세계대전에 동원되었는데, 이는 그동안의 전쟁 연대기에서 전례 없는 수치였다. 그중 900만~1000만 명 정도가 전쟁

그림 5.6 7개국 국민 소득 중 정부 지출의 비중(GDP 중 퍼센트), 1913~1918년

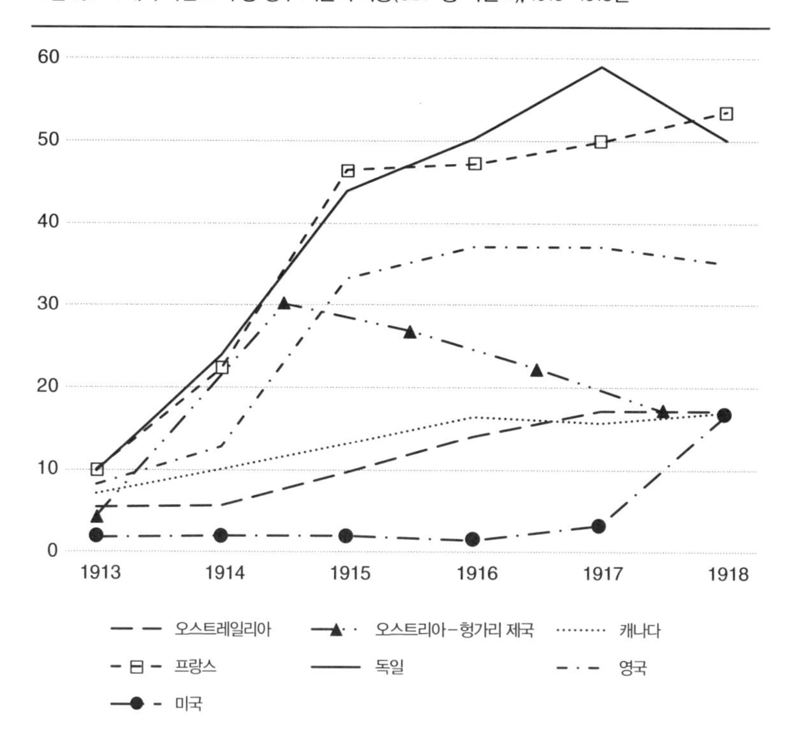

이나 전쟁과 관련한 고통으로 생겨난 700만 명의 민간인 사상자와 더불어 전사했다. 프랑스와 독일은 전체 남성 인구의 약 40퍼센트를 동원했고, 오스트리아-헝가리 제국과 오스만 제국은 30퍼센트, 영국은 25퍼센트, 러시아는 15퍼센트, 그리고 미국은 10퍼센트를 동원했다. 군사 작전의 자금을 대는 데는 막대한 재원이 필요했다. 주요 교전국 가운데 우리가 정보를 입수한 나라들은 국가가 징발한 GDP의 비중이 4~8배로 증가했다(그림 5.6).[8]

프랑스와 독일 양국은 국부의 55퍼센트가량을 잃었고, 영국은 15퍼센트를 날렸다. 그리고 제2차 세계대전은 훨씬 더 심각했다. 1억 명은 족

히 넘는 병사들이 동원됐고, 그중 2000만 명 이상이 약 5000만 명의 민간인과 더불어 사망했다. 주요 교전국은 28만 6000대의 탱크, 55만 7000대의 전투기, 1만 1000척의 군함 및 4000만 자루 이상의 라이플총을 비롯한 기타 여러 무기를 제조했다. 전쟁 비용과 손실(인명 피해 포함)의 합계는 1938년 물가로 4조 달러로 추정된다. 이는 전쟁 발발 시점의 연간 세계 GDP보다 한 자릿수 많은 수치다. 정복은 국가의 지분을 놀라운 수준까지 밀어 올렸다. 1943년 독일은 국가 GNP의 73퍼센트에 상당하는 비용을 확보했는데, 거의 모두 전쟁과 관련한 것이고 일부는 종속된 인구로부터 짜낸 것이었다. 일설에 의하면 그다음 해에 일본은 GDP의 87퍼센트에 달하는 금액을 지출한 것으로 여겨지는데, 이는 마찬가지로 운이 다해가는 제국에서 자원을 뽑아낸 것이었다.[9]

대개는 돈을 차용하고, 화폐를 찍고, 세금을 거둬 이 엄청난 악전고투의 자금을 충당했다. 차용은 다른 말로 하면 공채 이자 지불을 위한 향후의 과세, 혹은 공채를 약화시킬 인플레이션, 아니면 채무 불이행 등 다양한 의미를 갖고 있다. 인플레이션에 성공적으로 대처한 것은 서구의 주요 강대국뿐이었다. 미국과 영국의 물가는 1913~1950년 겨우 3배만 올랐다. 다른 교전국들은 그만큼 운이 좋지 않았다. 같은 기간 프랑스의 물가는 100배, 독일은 300배 올랐다. 일본은 1929~1950년에만 200배 뛰었다. 채권 보유자와 임대 소득자는 거리로 나앉았다.[10]

1914년까지 소득 한계 세율은 가장 잘사는 나라에서도 극히 낮았다. 소득세가 있기나 했다면 말이다. 높은 세금과 급격한 누진세 적용은 전쟁 활동의 산물이었다. 최고 비율은 이후 1920년대에 다시 떨어지기 전까지 제1차 세계대전과 그 즉각적인 여파 속에서 급등했다. 물론 떨어졌다 해도 결코 전쟁 이전 수준까지 내리 하락하지는 않았다. 그 비율은 보통 대

그림 5.7 9개국 최고 한계 세율(퍼센트), 1900~2006년

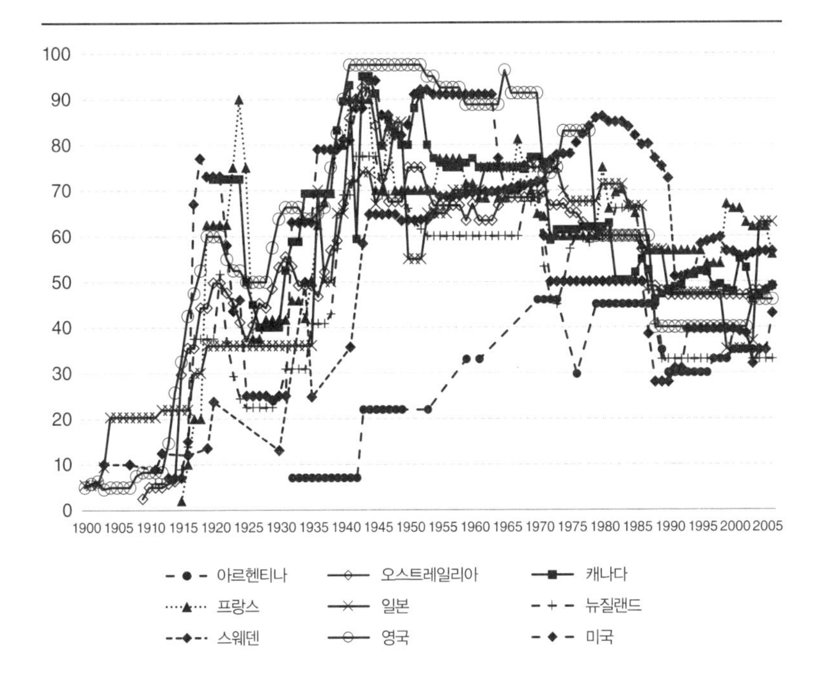

공황 후유증에 대처하기 위해 1930년대에 다시 올라갔고, 제2차 세계대전 때는 새로운 최고치를 경신했는데, 그때부터는 이후 아주 조금씩 미끄러져 내려오고 있다(그림 5.7).[11]

여러 나라에 걸쳐 이러한 추이의 평균을 계산해보면 그 기저에 있는 흐름이 명료해지며, 양차 세계대전이 재정적 동향에서 얼마나 중요한 시점이었는지 드러난다(그림 5.8).[12]

그림 5.8은 전쟁의 결정적 중요성을 깔끔하게 보여준다. 모든 나라 중 유일무이하게 일본만은 1904~1905년 러일 전쟁의 수요에 맞춰 더 높은 최고 소득 세율을 도입했는데, 이는 어떤 면에서 제1차 세계대전을 위한 리허설이었다. 비교전국인 스웨덴은 대체로 제1차 세계대전 중 최고 세

그림 5.8 20개국 평균 최고 소득 세율과 상속 세율(퍼센트), 1800~2013년

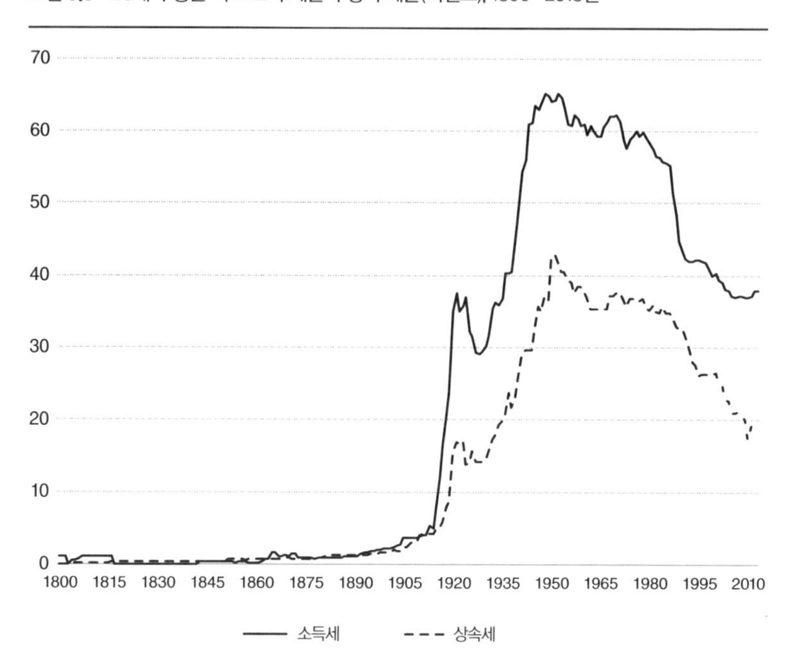

율 과세의 급증 기회를 놓쳤고, 다음 전쟁까지 계속 뒤처졌다. 가장 눈에 띄는 것은 양차 세계대전으로부터 안전지대에 머물러 있던 아르헨티나로서 완전히 다른 패턴을 보인다. 케네스 스케브와 데이비드 스테이새비지는 자신들의 표본 중 교전국들에서는 재정상 강한 전쟁 효과를, 그 밖의 나라에서는 한층 더 약한 반응을 발견한다(그림 5.9).[13]

대중적 군사 동원, 세분화한 구간별 누진 세율, 그리고 소득 외의 엘리트 재산 표적화는 재정상의 평준화를 구성하는 세 가지 주요 요소였다. 스케브와 스테이새비지는 과세 전략의 관점에서 봤을 때 대중 동원 전쟁은 차이가 있다고 주장한다. 단지 비용이 많이 들어서뿐만 아니라, 좀더 구체적으로 사회적 합의의 필요성을 증가시키기 때문이다. 이들이 말하

그림 5.9 제1차 세계대전과 17개국 평균 최고 소득 세율(퍼센트)

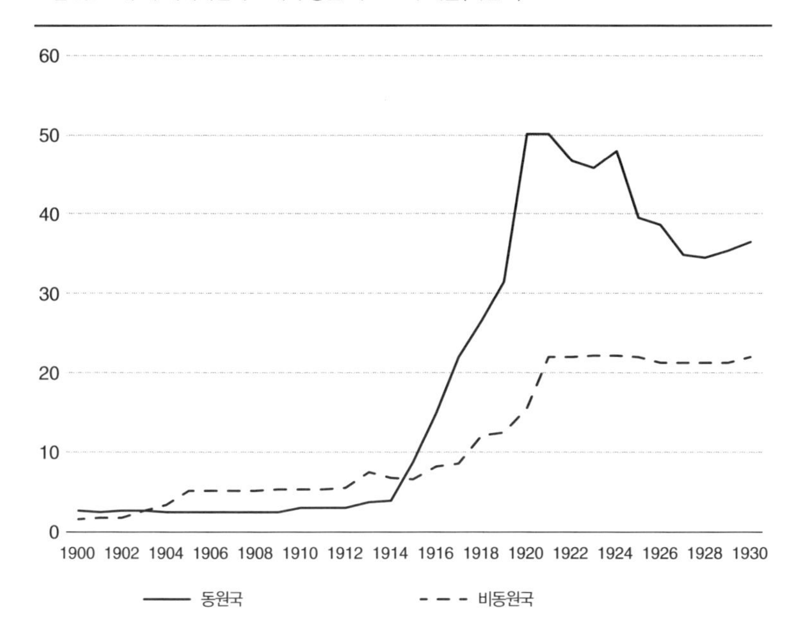

는 사회적 합의는 부자들에게 편중된 과중한 재원 추출의 정치적 압박으로 해석할 수 있다. 부유한 엘리트는 연령이나 특혜 때문에 군에 복무할 가능성이 적었고, 영리를 목적으로 전시 산업에 관여해 이익을 얻었다는 걸 감안하면 대규모 징집 자체는 평준화의 동력이 아니었다. 공정성에 대한 우려는 1918년 영국 노동당 당헌에서 '부의 징집'이라고 불렀던 것을 동반하는 하나의 실물세로서 징병을 필요로 했다. 전시 이익에 대한 과세는 특별히 중시되었다. '초과' 이익으로 여겨지는 것에 매긴 제1차 세계대전의 최고 세율은 영국에서 63퍼센트, 프랑스와 캐나다와 미국에서는 80퍼센트에 달했다. 1940년 루스벨트 대통령은 "소수가 다수의 희생으로 이익을 얻지 못하도록" 비슷한 조치를 촉구했다. 전시의 공정성 집착은 불로소득에 한층 막중한 부담을 지우는 걸 정당화하기도 했다. 비록 누진

소득세가 불평등을 억누르는 잠재적 수단이긴 했지만, 부자들에게 특히 강한 영향을 끼친 것은 바로 상속세였다.[14]

공정성 우려와 관련한 평준화 효과는 정권 유형에 따라 상당히 영향을 받았다. 제1차 세계대전 때 영국, 미국 및 캐나다 등의 민주주의 국가는 '부자들을 우려낼' 준비가 되어 있었던 반면 독일, 오스트리아-헝가리 제국 및 러시아처럼 좀더 독재적인 체제는 자국의 전쟁 활동을 지속하기 위해 돈을 빌리거나 찍어내는 걸 선호했다. 하지만 후자의 국가들은 훗날 초인플레이션과 혁명을 통해 비싼 대가를 치렀고, 이것 역시 불평등을 압박한 충격이었다. 그러므로 대중 동원 전쟁의 자금을 충당하기 위한 보편적 양식이 등장하기 전에는, 특히 제1차 세계대전 중에는 평준화 메커니즘이 국가별로 상당히 달랐다.[15]

프랑스는 두 번의 전쟁으로 가장 심하게 타격을 입은 나라 중 하나로, 제1차 세계대전 내내 고국의 영토에서 벌어진 전투를 감내했을 뿐 아니라 제2차 세계대전 중에는 두 차례의 침공과 점령을 겪었다. 첫 번째 전쟁과 그 즉각적인 여파 속에 프랑스에서는 자본금의 3분의 1이 파괴되고, 국민 가계 소득의 자본 소득 비중은 3분의 1로 떨어졌으며 GDP 또한 동일한 비율로 추락했다. 과세 제도는 더디게 발달했다. 전쟁 초반에 최고 상속 세율은 겨우 5퍼센트에 멈춰 있었다. 1915년 최초로 소득세를 도입하긴 했지만 실질적 최고 세율은 남은 전쟁 기간 동안 낮은 상태에 머물렀고 유독 1919년에만 크게 증가했다. 1916년 신설한 전시 이득세도 마찬가지로 전쟁이 끝나고 나서야 상속세 증세가 그랬듯 큰 수익을 내기 시작했다. 이러한 지체 효과는 걷잡을 수 없는 전후 인플레이션과 함께 상위 소득 점유율의 압착이 실제 전쟁 기간 대신 주로 1920년대에 일어난 현상이었으며, 그에 반해 전시 이득은 잠시 역효과를 가져왔다는 사실을 설명해준다. 1920년대 중반 무렵 최대 0.01퍼센트 재산의 평균 가치는 전쟁 이전 수준에 비해 4분의 3 이상 떨어졌다.[16]

엘리트의 재산 붕괴는 제2차 세계대전 중에 계속되었고, 프랑스는 4년간 약탈적인 독일군의 점령 및 연합군의 폭격과 해방으로부터 심각한 피해를 입었다. 이번에는 자본금의 3분의 2가 소멸했는데, 첫 번째 전쟁 때 수축률의 2배에 달했다. 프랑스 최대 재산의 4분의 1을 차지하던 국외 자산이 증발했다. 상위 소득 점유율은 이 시기에 급격히 떨어졌고, 이어진 전후 인플레이션은 단 몇 년 만에 공채의 가치와 전쟁 채무를 무너뜨렸다. 피케티가 주장했듯 1914~1945년 상위 1퍼센트 소득 점유율의 전반적 감소는 전투, 파산, 임대료 통제, 국유화 및 인플레이션에 자본이 시달리면서 비임금 소득이 사라진 데 기인한 것이었다. 두 번의 전쟁에 걸쳐 누적된 평준화는 어마어마했다. 1만 퍼센트의 인플레이션이 공채 증서 소지인들의 재산을 무용지물로 만들었다. 실질적 임대료는 1913~1950년 90퍼센트 떨어졌고, 1945년의 국유화 프로그램 및 거대 재산에는 20퍼센트까지, 전쟁 도중 불어난 재산에는 100퍼센트까지 자본 보유액에 부과한 일회성 세금은 자본 축적을 거의 제로 상태로 다시 맞추게끔 했다. 상위 0.01퍼센트의 재산 가치는 결과적으로 1914~1945년 90퍼센트 훨씬 넘게 떨어졌다.[17]

영국에서 최고 소득 세율은 제1차 세계대전 중 6퍼센트에서 30퍼센트까지 올랐고, 기업에 신규로 부과한 전시 이득세는—1917년 80퍼센트까지 올랐다—세입의 관점에서 봤을 때 가장 중요하고 유일한 세금이 되었다. 영국은 이때 국부의 14.9퍼센트를 잃고, 제2차 세계대전 때 다시 18.6퍼센트를 잃었다. 소득 상위 0.1퍼센트의 문턱은 제1차 세계대전 때는 평균 소득의 40배에서 20배로, 제2차 세계대전 때는 30배에서 20배로 떨어졌다. 세금 공제 후 상위 소득 점유율(1937년부터만 기록되어 있다)의 하락세는 한층 더 두드러졌다. 요컨대 1937~1949년 상위 1퍼센트는 거의 절반, 상위 0.01퍼센트는 3분의 2가 떨어졌다. 전체 사유 재산 중 가장 큰 1퍼센트의 비중은 70퍼센트에서 50퍼센트—같은 시기에 60퍼센트에서 30퍼센트로 추락한 프랑스보다는 덜 극적이지만 그럼에도 불구하고 매우 큰 비율—로 줄었다.[18]

대서양 건너 미국의 경험은 전쟁으로 유발된 평준화의 상당 부분이 물리적 파괴와 극심한 인플레이션 없이도 발생할 수 있음을 보여준다. 이 나라 상위 1퍼센트의 소득 점유율은 제1차 세계대전 때 거의 4분의 1, 대공황 때 역시 4분의 1, 그리고 제2차 세계대전 때 약 30퍼센트 등 세 차례에 걸쳐 하락했다. 전체적으로 이 상위 계층은 1916~1945년 총소득에서 그들이 차지한 비중의 40퍼센트 정도를 잃었다. 이런 추세는 다른 나라에서처럼 최상위 계층에서 한층 극단적이었다. 상위 0.01퍼센트의 소득 점유율은 이렇게 해서 같은 기간 동안 80퍼센트 하락했다. 소득 점유율의 해체는 이러한 감소 대부분이 자본 수익의 위축에 의해 주도되었음을 보여준다. 상위 부의 점유율은 제2차 세계대전 때보다 대공황 때 더 타격을 받았지만, 공황 이전의 최고치에서 조금씩 누적되어 3분의 1가량 떨어졌다. 미국에서 대공황은 다른 주요 교전국에서보다 소득과 부의 격차를 평준화하는 데 전쟁 자체와 비교해 더 큰 역할을 했다. 나는 12장에서 이 문제를 재차 짚어볼 예정이다.[19]

그렇다 하더라도 전시의 평준화는 상당했고, 전쟁 활동의 자금을 충당하기 위한 급격한 누진세는 이 과정에서 아주 중요했다. 1917년 전시세입법(War Revenue Act)은 누진 소득세 최고 세율을 13퍼센트에서 50퍼센트로 올렸고, 투자 자본의 9퍼센트를 넘는 이익에 대해서는 20퍼센트에서

60퍼센트로 과세를 높였다. 전쟁 비용이 계속 상승하자 종전 직후에야 통과시킨 1918년 세입법은 최대 소득과 초과 수익에 대해 한층 더 높은 세율을 부과했다. 실효 세율은 소득이 5만 달러일 경우 1913~1915년 1.5퍼센트에서 1918년 22퍼센트가 됐고, 10만 달러의 소득은 2.5퍼센트에서 35퍼센트로 올랐다. 1916년 신설한 상속세의 최고 세율은 그다음 해에 10퍼센트에서 25퍼센트로 올랐다. 전쟁은 이런 공격적 개입의 유일한 원인이었다. 요컨대 "제1차 세계대전을 위한 동원이라는 지극히 임시방편적인 정치가 민주주의-국가통제주의적 과세 정권의 탄생을 몰고 왔다". 1921년과 1924년의 개정 세입법은 초과 수익세를 폐지하고 누진 세율을 대폭 낮췄다. 하지만 잔존 최고 세율은 아직도 전쟁 이전 수준을 한참 상회했고, 가장 중요하게도 상속세는 제자리에 머물렀다. 이렇게 해서 우리는 상위 소득이 다시 급증하기 시작한 것과 맞물린 전후 재정 완화(fiscal relaxation), 그리고 정부가 주장하는 소득과 부의 비중이라는 관점에서 톱니 효과(ratchet effect: 일단 어떤 상태에 도달하면 다시 원상태로 되돌리기 어려운 특성을 지칭하는 경제학 용어—옮긴이)를 둘 다 관찰할 수 있다. 하지만 늘어만 가는 탈세 구멍이 누진세 체제를 갉아먹고 있었다.[20]

이후의 평준화는 부분적으로 소득과 상속 재산에 부과한 매우 높은 한계 세율에 의해 주도됐다. 이런 과정은 뉴딜과 함께 시작되어 전쟁 기간 중에 설상가상으로 더해진 압력 속에서 쌓여갔다. 루스벨트의 말처럼 "모든 초과 소득이 전쟁의 승리로 연결되어야 할 이 심각한 국가적 위기의 시점에서" 소득과 상속의 최고 세율은 1944년 94퍼센트, 1941년 77퍼센트로 각각 정점을 찍었다. 아울러 최고 세율의 문턱이 대폭 낮아짐으로써 좀더 폭넓은 고소득층을 끌고 들어갔다. 초과 수익세도 복귀했다. 그와 동시에 행정부와 노조 측이 본질적으로 퇴행적인 연방 판매세(federal sales tax)—당시 심지어 스웨덴에도 이런 세금이 존재했었음을 감안한다 하더라도 이는 놀랄 만한 규제였다—에 반기를 들고 나섰다. 국가전시노동위원회(National War Labor Board)가 관리하는 임금 통제의 결과, 임금 소득은 경제 전반에 걸쳐 더욱 광범위한 압력을 받았다. 1942년 10월의 임금안정법(Wage Stabilization Act)에 따라 모든 임금의 승인을 책임 맡았던 이 조직은 하위층의 임금 인상은 준비했지만 고소득자는 고려하지 않았고, 그에 따라 전체 임금 소득에서 이들의 비중은 하락했다. 최고 임금은 저임금에 비해 가장 많은 손해를 봤다. 1940~1945년 임금 분포에서 상위 90~95퍼센트에 속하는 소득자들은 자신의 점유율 중 6분의 1을 상실했고, 상위 1퍼센트는 4분의 1을, 상위 0.01퍼센트는 40퍼센트를 잃었다. 기업은 임금 인상 대신 수당을 제공하는 것으로 대처했는데, 그 자체가 노동자의 실질 임금 증가를 의미했다. 국가의 개입과 그 연쇄 효과는 전반적 임금 소득 구조를 압박하는 데 기여했는데, 이는 '제2차 세계대전 시기의 특이한 요인' 때문에 이전의 추세와 명백한 단절을 보였다. 다른 요인들은 이런 경향을 증폭시켰다. 대공황 중 실질적으로 저조했던 경영진에 대한 보상은 1940년대 이래 하위직 임금에 비해 내내 떨어졌는데, 이런 과정은 정부의 개입보다 노조의 영향력 증대와 기업의 규모의 이익 하락에 힘입어 이뤄졌다. 이 모든 것이 적절히 전개된 결과, 소득 지니계수는 전쟁 중 7~10포인트가량 급속히 떨어졌고, 비엘리트의 소득과 임금의 분배에 관한 일부 지수도 같은 기간 갑작스러운 하락세를 보였다. 이 시기 후의 50~60년간은 보통 더 이상 변동이 없었다.[21]

캐나다는 조금 다른 경로를 밟았다. 대공황이 상위 소득 점유율에 끼친 효과는 불분명했지만, 제2차 세계대전 중에는 극적인 분산이 일어났다. 최고 소득 세율의 막대한 증가는 1943년 최고 세율이 95퍼센트에 달하고,

그림 5.10 독일 상위 1퍼센트의 소득 비중(퍼센트), 1891~1975년

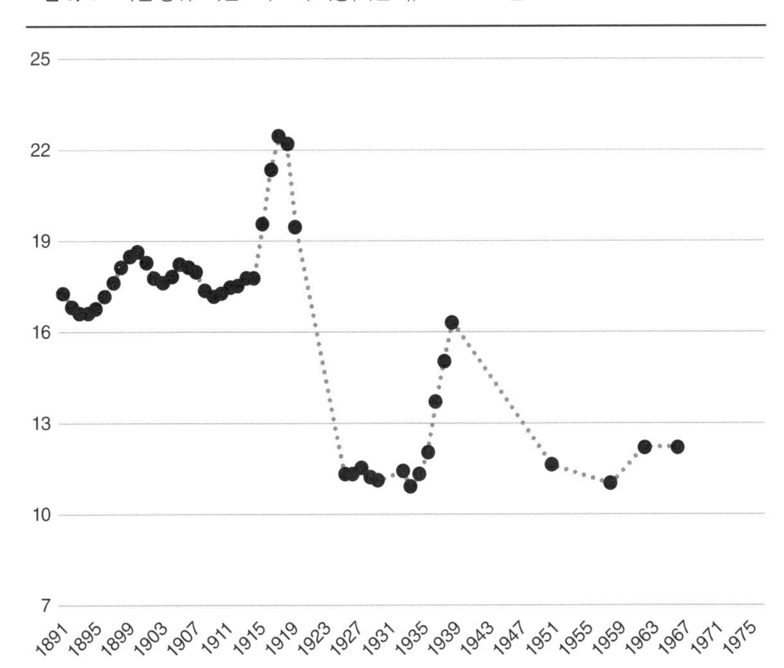

근로자 중 상위 1퍼센트에 대한 실효 세율이 1938년 고작 3퍼센트에서 5년 뒤 48퍼센트로 오르면서 이런 전환에 기여했다.[22]

독일 상위 소득 점유율의 진화는 극단적으로 높은 군사 동원율과 재정 지출의 시기였던 제1차 세계대전 중 기록된 증가라는 점에서 다소 이례적이다(그림 5.10).[23]

전시의 파괴가 없었다는 것으로 이런 현상을 설명하기에는 부족하다. 독재적인 정부가 전시 이익을, 특히 정치·군사 지도층과 긴밀히 손잡은 산업 부문의 부유한 엘리트의 이익을 보호함에 따라 불평등은 일시적으로 치솟았다. 노동 조직은 굴복했고, 자본에 대해 신규 과세를 도입하긴 했지만 규모 면에서는 여전히 미미했다. 이런 측면에서 봤을 때, 독일

의 상황은 부당 이득과 낮은 세금의 조합이 1916~1917년 상위 소득을 끌어올린 프랑스와 흡사했다. 독일 정부는 막대한 누진세에 의지하는 대신, 우선 채권을 발행해 전쟁 비용을 충당했다. 통화 팽창이 지출의 약 15퍼센트를 감당했지만, 엄격한 가격 통제로 인플레이션을 억제했다. 전쟁 중에는 통화 공급이 5배 증가했음에도 불구하고 도매와 식품 물가의 인플레이션은 각각 비교적 감당할 수 있는 43퍼센트와 129퍼센트 상승에 그쳤다. 이는 독일 동맹국들의 결과와는 현격한 대조를 이뤘다. 요컨대 오스트리아-헝가리 제국은 1500퍼센트의 소비자 물가 인플레이션을 경험했고, 같은 기간 이스탄불의 소비자 물가는 2100퍼센트 상승했다.[24]

하지만 전쟁이 초래한 평준화는 지연시킬 수 있어도 피할 수는 없었다. 전쟁 직후의 정치적 혼란과 초인플레이션의 조합은 최고 소득을 대폭 떨어뜨려 상위 1퍼센트에서는 40퍼센트가량 하락했고, 상위 0.01퍼센트에서는 4분의 3이 붕괴했다. 이는 90번째와 99번째 백분위수 사이의 층에서는 공유하지 않았던 엘리트의 경험이었고, 중산층 가구는 소득 점유율이 늘어났다. 화폐 보유고는 처음에는 전쟁 자금을 조달하기 위해, 그다음에는 배상금은 물론 사회 복지 및 고용 계획 비용을 지불하기 위해 확대되었다. 후자는 전쟁 자체가 촉발한 1918년 혁명의 직접적 결과였다. 1919~1920년 물가 통제가 끝나자 이전까지 억제되었던 인플레이션이 폭발하듯 치솟았다. 베를린에 사는 넷 중 한 가구의 소비자물가지수는 1914년 여름과 1920년 1월 사이 1에서 7.7로, 1923년 10월에는 무려 5조(trillion)까지 상승했다. 임대 소득자의 손실이 가장 컸다. 임대 소득자들이 국민 소득에서 차지한 비중은 사업가들이 자신의 몫을 유지할 수 있었던 것과 대조적으로 15퍼센트에서 3퍼센트로 곤두박질쳤다. 전반적으로 부가 위축되던 시기—1923년의 실질 국민 소득은 1913년보다 4분의 1에서

3분의 1이 더 낮았다—에 인플레이션을 거치면서 화폐성 자산이 붕괴함에 따라 평준화를 증폭시켰다. 화폐성 자산을 더욱 불균등하게 분배했기 때문이다. 정책 변화 역시 이런 평준화 과정에 기여했다. 전쟁 직후 저임금 근로자를 위한 임금 조정은 임금 압박을 초래했고, 국민 소득의 공적 이전 지출 비중은 1913~1925년 3배에 달했다. 때마침 최고 상속 세율은 1919년 0퍼센트에서 35퍼센트가 됐다.[25]

나중에 국가사회주의 통치는 소비 및 임금 인상 억제, 급증하는 무기 산업 수익 및 유대인 재산 몰수 덕택에 상위 소득 점유율을 회복시켰다. 독일은 제2차 세계대전 중에는 프랑스, 네덜란드 및 노르웨이 국민 생산의 30~40퍼센트를 뽑아내 자국의 추가 부담 수요를 완화했다. 전시의 불평등 대책은 미진했지만, 사태가 진정될 무렵에는 상위 소득 점유율이 초인플레이션 이후 수준으로까지 다시 떨어졌다. 이는 자본 손실의 성과라기보다 생산량 감소, 재정 개혁 및 인플레이션의 결과였다. 연합군 폭격은 교통 인프라와 민간 주택에 집중됐고 총 산업 자본은 사실 1936~1945년 5분의 1가량 증가했기 때문에 산업 자산의 물리적 파괴는 꽤 제한적이었다. 하지만 순 산업 생산량은 1944~1950년 거의 4분의 3만큼 떨어졌다. 독일은 또한 전후 3년간 심각한 인플레이션에 시달렸고, 1946년 최고 상속 세율은 15퍼센트에서 60퍼센트로 4배나 뛰었다. 전쟁 중 강제 노동력의 손실은 노동력 부족에 이바지하고 노조를 재정립했으며, 점령군 당국은 임금 통제를 시행했다. 흡사 제1차 세계대전의 경우처럼 우리가 살펴본 대부분의 평준화는 전쟁의 즉각적 여파 속에서 발생했던 것 같다.[26]

네덜란드에서 전시 이익은 제1차 세계대전 초기에 상위 소득 점유율을 밀어 올렸는데, 이런 잠깐의 급증은 1920~1923년까지 전후 경기 침체기 내내 지속된 급격한 하락으로 돌변하면서 국민 소득 중 자본의 비중을 75퍼센트에서 45퍼센트까지 떨어뜨리고, 순소득 불균형은 대폭 위축됐다. 대공황 아래서 상위 소득 점유율은 또다시 감소하고, 독일 점령 아래서도 유사한 수준으로 하락했다. 최고 소득자들은 특히 제2차 세계대전 때 심한 타격을 받았는데, 상위 0.01퍼센트의 소득 점유율은 40퍼센트만큼 떨어졌다. 독일 당국은 해방 후에도 유지된 최하위 소득층에 유리한 임금 통제를 도입했다. 임대료는 1929년 수준에서 동결했다. 이전에는 다소 낮게 머물렀던 세율은 전후 피해를 보상하기 위해 치솟았다.[27]

제2차 세계대전에 과도하게 휘말렸던 핀란드는 1938~1947년 상위 1퍼센트 소득 점유율에서 절반 이상의 극적 하락을 경험했고, 같은 기간 과세 대상 소득의 지니계수는 0.46에서 0.3으로 떨어졌다. 덴마크에서는 1939~1945년 소득 점유율이 상위 1퍼센트에서는 6분의 1만큼, 상위 0.1퍼센트에서는 4분의 1만큼 하락했다. 아울러 상위 1퍼센트 부의 점유율은 1930년대 말과 1940년대 말 사이에 4분의 1만큼 떨어졌다. 독일 점령 아래서 덴마크 정부는 상당한 세금 인상과 임금 조정을 시행했다. 이것이 다른 전쟁 관련 효과와 합쳐지면서 제1차 세계대전 때와 정반대의 성과를 낳았다. 당시에는 비록 상위 부 점유율이 이미 수축한 뒤이긴 했지만 재분배 정책이 없어 불평등이 상승했던 것이다. 끝으로, 독일 점령 아래 또 다른 스칸디나비아 국가이던 노르웨이에서도 마찬가지로 상위 소득 점유율은 전후보다 크게 그리고 훨씬 더 빨리 하락했다. 1938~1948년 상위 0.5퍼센트는 전체 소득 중 그들이 차지하던 비중의 거의 3분의 1을 잃었고, 상위 부 점유율 역시 그 시기에 떨어지기 시작했다.[28]

이처럼 빠르게 살펴보고 나니 국가별로 정확한 평준화 수단이 다르긴 했지만 전반적 성과는 비슷했음을 알 수 있다. 낮은 저축률과 하락한 자산 가격, 물리적 파괴와 국외 자산의 소멸, 인플레이션과 누진 세제, 임대료 및 물가 통제 그리고 국유화는 일제히 각기 다른 수준으로 작용했다. 이런 요인을 어떤 특정한 설정으로 배치하느냐에 따라 소득과 부의 불평등을 압착하는 규모와 타이밍이 결정되었다. 이는 모두 똑같은 원천, 즉 총력전의 압박에서 흘러나왔다. 피케티는 자신이 태어난 프랑스의 경험을 다음과 같이 대담하게 일반화한 적이 있다.

> 20세기에 불평등을 줄인 것은 단연코 바로 전쟁이라는 혼돈이었고, 그에 수반된 경제적·정치적 충격이었다. 더 큰 평등을 지향하는 점진적이면서도 합의에 기반을 둔 갈등 없는 발전이란 없었다. 20세기에 과거를 지우고 사회를 새롭게 다시 시작할 수 있게끔 한 것은 바로 전쟁이지, 조화로운 민주주의나 경제적 합리성이 아니었다.[29]

†

이런 포괄적 주장은 이것이 전체에 해당하는 사실이었을까라는 의문을 불러일으킨다. 우리는 그의 결론을 두 가지 방식으로 검토해볼 수 있을 것이다. 교전국 중에서 상이한 결과를 경험한 나라가 있는지 밝히는 것, 아울러 그 경험을 이러한 전쟁에 직접적으로 관여하지 않은 나라들이 겪은 것과 비교하는 것을 통해서다. 그중 첫 번째 검토 방식은 생각보다 수행하기 어렵다. 우리가 앞서 살펴봤듯(표 5.1과 5.2) 세계대전 시기의 격렬한 전이가 매우 중요했다는 명제는 관련 자료를 발간한 모든 교전국의 상위 소득 점유율 증거가 완전히 뒷받침한다. 그러나 유감스럽게도 이 조사에는 중요한 부분이 빠져 있다. 바로 제1차 세계대전 당시의 오스트리아-헝가리 제국과 러시아 그리고 양차 대전 중의 이탈리아다. 이 시기에 '피로 물든 대지'라고 불렀던 곳에 위치한 중유럽과 동유럽의 여러 국가와 제2차 세계대전의 중국은 말할 것도 없고, 두 전쟁으로 크나큰 타격을 입은 벨기에도 마찬가지다. 지금 당장 우리가 말할 수 있는 것은 이 시기에 평준화의 두드러진 부재라는 양상을 띤 상충된 증거는 없다는 사실이다. 전쟁과 관련해 어떠한 주요 변동도 시사하지 않는 소득 지니계수를 가지고 유일하게 재구성한 바에 따르면, 이탈리아만이 현재 가능성 있는 예외다. 이것이 얼마나 많은 무게를 감당할 수 있을지 확신하기는 힘들지만 말이다.[30]

두 번째 검토와 관련해서는 몇몇 중립 국가들이 제1차 세계대전 중에 약간의 불평등 증가를 보였다. 네덜란드의 상위 1퍼센트 소득 점유율은 1918년 22퍼센트로 다시 떨어지기 전까지 1914~1916년 21퍼센트에서 28퍼센트로 3분의 1만큼 급등했다. 전쟁 초반의 높은 독점 수익과 배당금이 원인이었지만 원자재 부족으로 이내 가로막혔다. 전쟁이 한없이 길어짐에 따라 네덜란드는 동원의 필요성과 공공 비용의 상승을 피해갈 수 없었다. 정부 지출은 일정하게 2배 이상 커졌다. 아울러 군대는 20만~45만 명의 병력으로 팽창했고, 식량 생산 및 유통의 관리 계획을 시행해야만 했다. 결국 이런 조치의 자금줄로 새로운 세금이 필요했다. 대단히 누진적인 방위세 그리고 기업뿐 아니라 개인에게도 부과한, 전시 이익 추정치의 30퍼센트인 특별세가 여기에 포함됐다. 이런 조치는 얼마 안 가서 불평등의 초기 증가를 억제하는 데 일조했다. 스웨덴 역시 제1차 세계대전 중 상위 소득 점유율에서 갑작스럽게 증가했고, 그 뒤를 이어 1920년에 급격한 하락을 경험했다. 덴마크 역시 마찬가지였다. 양국에서 상위 1퍼센트의 소득 점유율은 1916년 또는 1917년에 잠깐 이례적인 28퍼센트까지 폭발적으로 상승했다. 덴마크 정부는 물가와 임대료 통제를 시행하는 데 한발 늦었고, 1916년까지 종결되지 못한 단체 교섭 협약은 급박한 경제 성장 시기에 근로자의 실질 임금을 떨어뜨렸다. 조세는 경미하게 증가했을 뿐이다. (이 기간 중 노르웨이의 소득 점유율 데이터는 쓸 만한 것이 없다.)[31]

이와 대조적으로 제2차 세계대전은 그 충돌을 비켜간 소수 유럽 국가 중 일부의 상반된 추세와 일치했다. 아일랜드의 상위 소득 점유율은 1938~1945년 상당히 하락했지만 데이터의 선명도가 형편없다. 전시의 물가 및 임금 통제와 원자재 부족이 이런 과정에 기여했던 것으로 여겨진다. 포르투갈에서는 최고 소득 점유율이 이 기간 중에 훨씬 많이 떨어졌다. 상위 0.1퍼센트는 1941~1946년 그들이 차지했던 비중의 40퍼센트를 잃었지만, 이유는 아직도 밝혀지지 않았다. 에스파냐 역시 1930~1940년대에 적잖은 평준화를 겪었다. 나는 이것을 내전의 영향을 받은 하나의 사례로서 다음 장에서 다룰 것이다.[32]

이후 논의에서 더 자세히 조명할 스위스와 스웨덴을 잠시 제쳐둔다면, 제2차 세계대전 당시의 비교전국에 대한 추가적 증거는 드물다. 비서구 세계 대부분은 여전히 식민 권력의 지배를 받았고 독립국들은 대부분 중남미에 한정되어 있었는데, 이러한 지역의 증거는 흔히 빈약하다. 그럼에도 불구하고 중남미의 데이터는 두 가지 소중한 통찰을 제공한다. 하나는 20세기 초 세계 최고 부국에 속했던 아르헨티나의 소득 불평등이 근본적으로 다르게 전개됐다는 점이다. 제2차 세계대전 중 이 나라의 상위 1퍼센트 소득 점유율은 이전이나 이후보다 높았다. 이런 결과는 제1차 세계대전의 전시 이익으로 엘리트의 소득이 급속히 상승한 몇몇 유럽 중립국의 현상과 흡사하다. 1940년대 초 아르헨티나는 국외 수요가 주도한 경제 성장을 경험했다. 여컨대 이 나라는 영국에서 소비하는 곡물과 육류의 40퍼센트를 제공했다. 아르헨티나의 엘리트가 무역 수익을 불공평하게 차지한 만큼 상위 소득 점유율과 수출량 사이에는 긴밀한 비례 관계가 있었다. 먼 곳에서 일어난 전쟁이 동원 및 그것을 뒷받침하는 재정적 조치를 필요로 한다거나 자본 수익을 침체시키지 않았을뿐더러 충돌의 소용돌이에 휩쓸린 유럽 및 그 밖에 지역에서는 있을 수 없던 방식으로 불평등에 일시적 활력을 불어넣었다. 두 번째 통찰은 관련 정보가 존재하는 모든 중남미 국가에서 체계적인 비교가 가능한 최초의 시기라 할 수 있는 1960년대에 소득 불평등이 매우 높았다는 좀더 일반적인 관찰에서 비롯된다. 이 10년에 대해 15개국의 표준 시장 소득 지니계수를 산출해보니 그 값은 0.40~0.76의 범위에 걸쳐 있고 최고 평균은 0.51, 중앙값은 0.49였다. 질적인 증거 역시 종래의 전쟁 중 불평등 하락이라는 개념과 부합하지 않는다. 제2차 세계대전 중 칠레에서 중요한 압착으로 보인 것은 국내의 특정한 경제적·정치적 요인과 연관 지어 설명되곤 했다. 많은 중남미 국가의 임금 불평등은 제2차 세계대전 이후 유럽, 북미 및 일본과 뚜렷하게 대조를 이루며 증가하기 시작했다.[33]

독립이 진행되던 시기에 과거 영국 식민지들의 상위 소득 점유율을 조사한 결과 역시 제2차 세계대전으로 인해 당시 막 감소하던 서구의 수준과 비교했을 때 상대적으로 높다는 것을 보여준다. 몇 가지 예외는 오히려 전쟁 효과의 중요성을 부각시키는 데 기여할 뿐이다. 인도에서는 상위 1퍼센트의 소득 점유율이 전쟁 기간 중 3분의 1 넘게 줄어들었다. 인도 정부는 퇴행적인 간접세의 세입이 수입 감소와 더불어 줄어들자, 개인과 기업의 소득에 대한 누진적 직접세를 우선순위로 설정했다. 고소득자에 부과한 부가세와 기업의 초과 수익에 매긴 누진세는 모두 66퍼센트에 달했다. 결과적으로 전체 세수 중 소득세 비중은 1938~1939년 23퍼센트에서 1944~1945년 68퍼센트까지 3배나 뛰었다. 겨우 몇 십만 명에 불과한 개인들의 적은 과세 표준을 감안할 때, 이러한 변동은 상류층을 희생시켜 발생한 것이다. 그와 동시에 노조 조합원 수는 거의 2배가 됐고, 보상을 둘러싼 분쟁에서 비롯된 조업 중단은 더욱 빈번해졌다.[34]

1932년 소득세를 도입한 모리셔스에서는 상위 0.1퍼센트의 소득 점유율이 1938~1946년 거의 3분의 2만큼 떨어졌다. 전쟁 중 증세는 이러한 엘리트 집단 내의 총소득 비중과 순소득 비중 사이의 막대한 변동과 동시에 발생했다. 1933년에는 0.1퍼센트의 고소득자들이 총소득의 8.1퍼센트, 순소득의 7.6퍼센트—무시해도 좋을 정도의 차이다—를 차지한 반면, 1947년에 들어서면 그러한 값이 각각 4.4퍼센트와 2.9퍼센트로 떨어진다. 이는 엘리트 소득의 일반적 하락은 물론 재정상의 변경이 가져온 평준화 효과를 입증한다. 약탈적 일본 점령 치하의 말레이시아와 싱가포르의 상위 소득 점유율 역시 1945년 직후에는 모리셔스와 비슷하게 꽤 낮았는데, 이는 결국 같은 시기 영국과 미국의 수준에 상응한다.[35]

이제 양차 세계대전에서 비교전국이었던 스위스와 스웨덴으로 넘어가자. 이들 나라가 특별히 흥미로운 이유는 중립적 방관자이던 국가에서 대중 동원 전쟁의 근접성과 국내의 특수한 정치적·경제적 상황 간의 상호 작용이 불평등의 전개 과정을 어떻게 형성했는지 보여주기 때문이다. 1914년 당시 인구가 400만 명도 안 되는 나라이던 스위스는 22만 명의 병사를 동원했다. 실질적 보상이나 고용 보호책이 없는 가운데 이는 적잖은 파란을 초래했다. 여기에 전시 부당 이득이 가세하면서 노동자를 과격하게 만들었고, 결국에는 1918년 11월의 파업과 국내의 군사 배치로 극에 달했다. 연방 정부와 각 주 그리고 지역 사회의 수입 총계는 전쟁 중 2배로 뛰었다. 이를 지탱해준 것은 소득과 부와 전시 이익에 대한 전쟁세였지만, 모두 매우 적은 비율로 유지되었다. 전후 전쟁 빚에서 벗어나기 위해 단도직입적으로 연방 소득세와 일회성 재산세 추가 과세(최고 세율 60퍼센트)를 제안했지만 둘 다 기각되었다. 그 대신 1920년 전쟁 채무 이자를 지불하기 위해 더욱 누진적인 신규 전쟁세를 도입했다. 1933년 이전의 상위 소득 점유율 정보가 부족한 관계로 우리는 소득 분배가 이런 경험으로부터 어떤 영향을 받았는지 확인할 수 없다. 상위 부 점유율에 대한 자료가 부분적으로나마 이 간극을 메워준다. 최대 재산 0.5퍼센트의 비중은 제1차 세계대전 중 4분의 1가량 떨어졌다.[36]

스위스는 1939년 국내 인구의 무려 10분의 1에 해당하는 43만의 병력을 동원했다. (이 수치는 프랑스 함락 이후 12만 명으로 줄어들었다.) 앞선 전쟁에서 얻은 교훈을 바탕으로 사회적 긴장이 재발하는 것을 미연에 방지하기 위해 군 복무자들에게 보상금을 수령하도록 했다. 이 시기에 국가 수입은 1914년 이후의 증가폭보다 한참 적은 70퍼센트가량 올랐다. 아울러 이런 팽창을 충당하는 데 도움을 줄 만한 일련의 긴급세를 도입했다. 관련 이익의 70퍼센트까지 세율을 적용한 전시 이익세, 개인에게는 3.5~4.5퍼센트 그리고 법인에는 1.5퍼센트를 부과한 부유세, 최종적으로 최고 세율이 9.75퍼센트였던 소득에 매긴 전쟁세, 최대 15퍼센트였던 배당세 등이 그것이다. 이러한 추가 과세는 전시 이익세를 제외하면 당시 몇몇 주요 교전국이 제정한 세금에 비할 때 약하고 특별히 누진적이지 않았음을 알 수 있다. 추가적인 연방 정부 지출 대부분은 빚을 내서 자금을 조달했는데, 전쟁 중 부채는 5배나 증가했다. 제1차 세계대전 중 그랬듯 상위 부 점유율은 감소했다. 이번에는 상위 부의 0.5퍼센트가 그 비중의 18퍼센트를 잃었다. 한편 엘리트 소득 점유율은 전쟁에 크게 영향을 받지 않았다. 상위 1퍼센트의 소득 점유율은 아주 조금(약 1퍼센티지 포인트 혹은 전체의 약 10분의 1) 떨어졌고, 최고 소득 계층(상위 0.01퍼센트)만이 1938~1945년 약 4분의

1만큼 실질적 하락(단지 1930년대 중반 수준으로 되돌아갔을 뿐이다)을 기록했다. 스위스의 상위 소득 점유율은 1933~1973년 일반적으로 거의 꿈쩍도 하지 않았으며, 9.7~11.8퍼센트의 좁은—그리고 낮은—범위 안에서 가볍게 왔다 갔다 했다.[37]

전반적으로 봤을 때 전쟁 동원이 불평등에 미친 효과는 다소 잠잠했다. 세계대전은 (일시적 조치로 매번 도입하긴 했지만) 다른 나라들에서처럼 직접세의 확대를 촉발했다. 이런 증가에 대해 광범위한 저항이 일었던 스위스가 처한 특이한 상황에서 외세의 위협이 없었다면 이와 같은 정책은 실현 가능하지 않았을 것이다. 다른 선진국에서처럼 특히 제2차 세계대전의 동원은 전후 사회 복지 사업에 대한 수요를 조성했고, 이는 복지 국가의 발전을 촉진했다. 이와 같이 스위스 사회는 소득과 부의 격차가 감소하는데 공헌한 전쟁 관련 경험에 노출됐다. 어느 정도까지는 상위 부 점유율의 추이가 이런 기대에 부합했다. 하지만 상대적 시각에서 보면, 전쟁이 초래한 강력한 충격의 부재 그리고 이와 관련한 고도로 누진적인 과세의 회피는 이 시기나 그 이후에 유의미한 소득 압착을 관찰할 수 없다는 사실과도 맞아떨어진다. 이례적으로 분권화한 스위스의 정치적·재정적 체제의 성격과 상위 소득 점유율이 국제 표준으로 봤을 때 이미 낮았다는 사실을 감안하면, 전시 압박의 상대적 약세가 좀더 실질적인 평준화를 유발하지 않았다 해도 놀랍지는 않다.[38]

스웨덴의 불평등은 1910~1940년 다소 상이한 방식으로 전개됐다(그림 5.11). 그러나 당시의 다른 많은 선진국에서처럼 양차 세계대전과 대공황이라는 형태의 외부 충격은 재분배적인 재정 개혁과 최종적으로 복지 국가 확대를 위한 중요한 기폭제로 작용했다.[39]

나는 앞서 제1차 세계대전 때 스웨덴의 상위 소득 점유율이 덴마크와

그림 5.11 스웨덴 상위 1퍼센트의 소득 비중(퍼센트), 1903~1975년

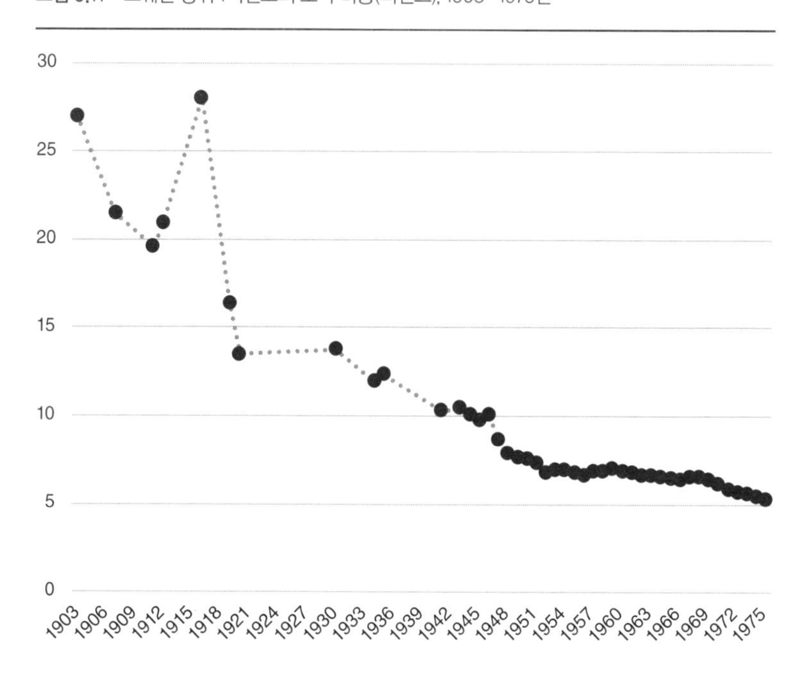

네덜란드에서 발생한 것에 맞먹을 정도로 잠시 정점에 도달했다는 사실을 언급했다. 스웨덴의 엘리트는 삼국 협상(제1차 세계대전 이전 세력을 확장하는 독일에 맞서 영국·프랑스·러시아 3국이 맺은 동맹 관계—옮긴이)의 해상 봉쇄 및 노동 불안에서 비롯된 식량 부족이 국내를 강타하는 동안에도 독일 편에서서 막대한 이익을 긁어모았다. 전쟁이 종국으로 치달을 즈음, 기아 행진(hunger march: 실업자들의 시위운동을 일컫는 말—옮긴이)은 경찰의 물리적 진압을 유발했다. 대중의 불만은 스웨덴 최초의 자유사회민주당 연립 정부의 발판이 되었고, 이 정부는 자국에서 그리 멀리 떨어져 있지 않은 러시아 혁명의 짙어가는 영향 아래 좀더 진보적인 방향으로 머뭇거리며 걸음마를 떼기 시작했다. 전쟁이 끝나자 해외 시장이 붕괴하고 공장의 과잉

그림 5.12 스웨덴의 국가 한계 소득 세율(퍼센트), 1862~2013년

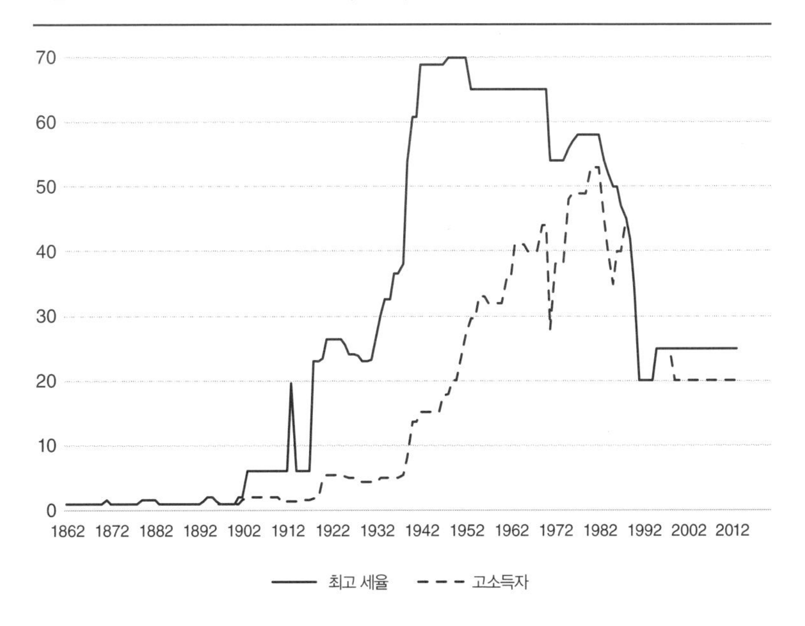

생산은 재정 위기와 실업을 몰고 왔다. 그림 5.11은 이러한 타격이 부자들에게 치우쳐 있고, 당시 상속 재산 대비 국민 소득의 비율이 일시적으로 폭락하면서 엎친 데 덮친 상황이 됐음을 보여준다. 이 기간에는 고소득자의 세율마저 아주 낮은 수준에 머물러 있긴 했지만, 중요한 누진 세제가 처음으로 등장했다(그림 5.12). 이 모든 것은 세계에서 가장 평등주의적인 소득 분배를 향해 스웨덴이 걸어온 궤적의 출발점이 제1차 세계대전과 그에 수반되는 지각 변동의 경험 속에 얼마나 단단하게 뿌리를 뒀는지 명확히 보여준다.[40]

나치라는 전쟁 기계가 기어를 고속으로 바꾸자 전쟁의 영향은 더욱더 존재감을 과시하기에 이르렀다. 1940년 사회민주당의 한 선도적 정치가가 했던 말을 빌리면, 스웨덴 사람들은 곧 자신이 "장전된 기관포의 총구

앞에 살고 있다"는 것을 깨달았다. 이 나라는 독일과 연합군 양측의 압력에 노출됐다. 어느 순간 독일군은 영토 통과를 승인하지 않을 경우 스웨덴의 도시들을 폭격하겠다고 위협했다. 이후 독일은 만에 하나 연합군이 스웨덴을 급습할 경우 이 지역 침공을 위한 비상 대책안을 마련했다. 스웨덴은 위태로운 안보 상황을 고려해 군대를 대폭 확장했다. 군비를 전쟁 도중 8배로 증액했다. 대공황에 대한 재정적 대응은 뜨뜻미지근했던 반면, 1939년의 세제 개혁은 최고 세율을 대폭 올렸으며 고소득자에만 고도로 누진적이고 1940~1942년에 더욱 날카로워진 한시적 방위세를 신설했다. 게다가 법정 법인세는 40퍼센트까지 뛰었다. 군사력 강화라는 게 이러한 모든 조치의 공식적 근거였다. 전쟁의 위협 덕분에 이 개혁은 1920~1930년대의 까다로운 정치에 안녕을 고하며 별다른 토론이나 논쟁 없이 거의 만장일치의 정치적 결정으로 통과됐다.[41]

하지만 우리가 상위 1퍼센트냐 혹은 그 계층 안에서도 더 엘리트인 집단을 고려하느냐와 무관하게 세금 공제 이전의 상위 소득 점유율은 전시 압박에 계속 둔감했고, 스위스보다도 더욱 그러했다. 앞서 1930년대의 하락은 우선은 대공황의 효과로 유발된 것으로 보이며, 동시에 일어난 부의 점유율 추이와 부합할 수 있는 설명이다. 그에 반해 제2차 세계대전 때는 상위 소득 점유율의 추가적 감소나 상위 부 점유율의 장기적 하락의 가속화는 나타나지 않았다. 그러나 초기 연구는 1930년대 말 모든 소득 집단에 걸쳐 상당한 평준화가 일어났음을 알아냈다. 좀더 구체적으로, 가장 강력한 평준화를 낳은 것은 엄밀히 말해서 바로 전쟁 시기였다. 1940~1945년 산업 간 임금 격차 및 도시 대 농촌 임금 비율이 모두 무너졌고, 그리하여 근로자 간 소득 불평등이 좁혀졌다. 상위 소득 점유율에 관한 정보는 이러한 압착을 포착하지 못한다.[42]

더욱이 대중 동원은 재정 영역을 훨씬 벗어나는 사회적 효과를 발생시켰다. 이는 보수 우익 병력이었던 군대를 대규모 소집과 자유 지원에 기초한 국민의 군대로 탈바꿈시켰다. 인구 630만 명 중 무려 40만 명의 남성이 군에 입대했다. 군대와 민간의 복무 공유는 기존의 불신을 극복하고 팀워크와 상호 의존성을 키웠다. 희생은 보통 말하는 군 복무 이상이었다. 상해, 사고 및 혹독한 복무 조건으로 인해 무려 5만 명의 병사가 상이군인으로 제대했다. 배급 제도 역시 계급 격차를 평준화하는 중요한 수단으로 작용했다. 전쟁은 이렇게 균질성과 시민의 참여를 장려했다. 존 길모어(John Gilmour)가 전시의 스웨덴에 관한 자신의 기념비적 연구에서 언급했던 것처럼 말이다.

> (이 나라는) 전시 상황의 결과로 상당한 사회적·정치적·경제적 혼란을 겪었고, 1945년에는 사고방식 및 열망과 관련해 전혀 다른 사회가 되었다. ……전시 징병의 경험은 …… 페르 알빈(Per Albin: 1932~1946년까지 총리를 역임한 스웨덴의 정치가—옮긴이)의 '국민의 집(Folkhem)'이라는 사회적 평등화 이상(理想) 대부분을 실험하는 장으로서 모델이 되었다. ……스웨덴은 교전국이나 피점령국 같은 인명 및 재산의 손실을 겪지 않고 전쟁에서 사회적 수혜를 얻었다.[43]

이런 의미에서 스웨덴은 향후 복지 국가 확대에 공헌한 대중 동원 전쟁의 효과를 제대로 경험한 셈이었다. 더 장기적으로 보면, 전시 경험은 전체적으로 관념적 효과도 미쳤던 것으로 여겨진다. 연립 정부 및 합의로 지켜낸 작은 나라 스웨덴의 비전은 재분배 복지 체제로 유지되는 사회연대주의 국가의 이상을 형성하는 데 기여했다.[44]

전후 정책은 세금 제도의 전시 편성 및 일반 국민의 공유된 전쟁 경험에 뿌리를 두고 있었다. 전쟁이 막바지에 있던 1944년 사회민주당원들은 노동조합연맹과 함께 누진세를 통해 소득과 부를 평준화하려는 의도를 가진 정책 프로그램을 개발했다. 이는 다음의 내용을 보장하려는 사회민주당 공약의 일부였다.

> 다수는 소수의 자본가를 의지하는 데서 벗어나고, 경제적 계급에 기반을 둔 사회 질서는 자유와 평등의 기초 위에서 협력하는 시민의 공동체로 대체한다.[45]

1947~1948년의 예산안은 전쟁 이전 수준으로 복귀한다는 가정 아래 거기에 수반될 수준의 2배 이상의 지출에 대비했다. 그중 일부를 전쟁 채무를 위해 배정하긴 했지만, 그것 역시 복지를 점차 증대할 수 있도록 해주었다. 세율은 전시 최고치에서는 약간 내려왔지만 소득세 감소는 재산과 토지에 부과한 더 높은 세금으로 상쇄했다. 아울러 이는 부자들에게 대부분의 부담을 전가했다. 사회민주당의 재무장관 에른스트 비그포르스(Ernst Wigforss)는 미국과 영국을 모델로 들면서 부동산세로 인해 최고 자산가들이 피해를 볼 것이라는 데 동의했다. 새로운 최고 상속 세율은 47.5퍼센트로 150퍼센트 증가했다. 이 법안은 오로지 재분배 관점에서만 논의되었으며 공방은 치열했다. 전쟁 경험으로 형성된 유권자들의 의지에 힘입은 사회민주당은 승리를 거머쥐었고, 스웨덴은 야심찬 사회적 실험에 착수했다. 1948년에는 전시 개혁을 사실상 지속했고, 아울러 평준화도 재개되었다.[46]

이런 과정은 종전 후 세금과 지출을 계속 높게 잡은 교전국에서처럼 전쟁과 긴밀하게 연결되어 있었다. 재분배 정책과 사회적·경제적 불평등의 평준화는 오래도록 특정 정당과 노조의 지지를 받았다. 대중 동원 전쟁은 이런 이상을 현실로 바꾸는 촉매제로 작용했다. 스웨덴의 사례는 재정적 인프라를 구축하는 것뿐 아니라 진보 정책의 선택이 성공을 거두는 데 필요한 정치적 의지 및 선거의 지지층을 조성하는 데 비교적 제한적인 전쟁 동원 효과만으로도 충분할 수 있음을 보여준다는 점에서 교훈적이다.[47]

"세계 역사에서 획기적 순간은 부분적 개혁이 아닌 혁명의 때입니다": 폭력적 충격부터 평준화의 개혁까지

이것은 하물며 세계대전 참전국들에는 더욱더 해당되는 사실이었다. 다음의 공통된 연쇄적 사건이 불평등을 낮추고 이후에 유지시켰거나, 아니면 많은 경우 전시의 평준화를 좀더 강화하는 데 기여했다. 이를테면 자본의 손실에서부터 파괴, 몰수, 혹은 인플레이션에 이르기까지. 그리고 조세 정책, 임대료, 물가, 임금 및 배당 통제 같은 정책 개입에 의한 자본 수익 하락. 또한 높은 누진 세제 지속에 대한 전후 공약. 평준화는 개별 국가의 특수한 정치적·군사적·경제적 상황에 따라 급작스러울 수도, 좀더 점진적일 수도 있었다. 아울러 전쟁 중에 집중되거나 전후 위기 상황 때문에 연기되거나 혹은 더 장기간에 걸쳐 전개될 수도 있었다. 하지만 결과는 언제나 똑같았다. 승전국이건 패전국이건, 전쟁 중 점령을 당했건 전후에 점령을 당했건, 민주주의 체제이건 독재 정권이건 상관없었다. 대규모 폭력을 위한 대중 동원은 소득과 부의 분배에서는 국가를 초월한 변화의 엔진이었다.

우리는 불평등이 1945년 이후 왜 신속하게 회복되지 않았는가라는 질문에 대한 피케티의 대답에 감사해야 할 것이다. 거기에는 단순함에서 나오는 품격이 있다. 자본 축적은 시간이 걸리는 과정인데, 서구의 대부분 지역이 대단히 평화로웠던 19세기는 그 과정에 유리한 환경을 제공했다. 세계대전 중 자본이 일단 파괴되자, 누진 소득세와 누진 부동산세 같은 전시 대책이 그대로 남아 있는 한 자본을 재구축하기가 훨씬 힘들다는 게 드러났다. 그리고 이러한 대책은 거대하게 팽창한 전쟁 국가가 전후의 사회 복지 국가로 탈바꿈하면서 애초 인구와 산업 자원의 대량 동원을 목적으로 창안했던 재정적 수단을 복지 서비스에 활용함에 따라 그대로 유지되었다.[48]

전쟁 동원은 또한 노조 활성화에도 결정적이었다. 이것이 중요한 이유는 단체 교섭을 받쳐주고 노동자의 권리를 보호하는 노조의 높은 가입률이 흔히 평준화의 동력으로 여겨지기 때문이며, 장기적으로는 사실상 소득 불평등과 반비례 관계에 있기 때문이다. 그럼에도 불구하고 노조의 팽창이 대부분 대중 동원 전쟁의 작용이었던 걸 생각하면 꼭 전자를 소득 압착의 독립적 동인으로 여길 까닭은 없다. 전쟁 동원 효과의 중요성은 영국의 사례에서 확연하게 나타나는데, 이곳에서 노조 가입률은 제1차 세계대전 중과 직후에 거의 4배로 뛰었다. 그로부터 약 15년간은 계속 곤두박질치다 제2차 세계대전 동안에만 이전의 최고치를 되찾긴 했지만 말이다. 미국에서는 잠시 올랐다가 제1차 세계대전 때 떨어졌던 노조 가입률이 두 차례의 충격으로 치솟는 반응을 보였다. 첫 번째 충격은 대공황으로, 뉴딜 및 1935년 7월 노동자들의 노조 조직권과 단체 교섭 참여권을 보장하는 전국노동관계법(National Labor Relations Act)을 촉발시켰다. 몇 년 뒤 초기 급등의 시동이 꺼질 때쯤 전쟁이 또 하나의 강력한 자극제가 되어 노조 가입률은 1945년 사상 최고치에 이르렀고, 이후로는 상당히 꾸준한 하락세가 이어졌다. 이런 패턴의 핵심 요소는 선진국들 전체에 걸쳐 그대로 반복되었다. 요컨대 제1차 세계대전 이전의 매우 저조한 노조 가입률, 전쟁 말기와 직후의 엄청난 증가, 일부 하락과 강한 회복, 그리고 제2차 세계대전 중 새로운 최고치 경신의 순으로 말이다. 유의미한 차이는 전후 시기에 국한되어 있다. 어떤 나라에서는 조합원 수가 금방 감소하기 시작했지만, 아주 최근에 와서야 하락세를 보인 다른 나라에서는 가입률이 한층 장시간 꾸준히 유지됐다. 이 조사 중 특히 덴마크와 스웨덴 같은 극소수 국가만이 제2차 세계대전 수준을 뛰어넘는 실질적이고 지속적인 증가를 경험했을 뿐이다. 그림 5.13의 경제협력개발기구(OECD) 평균은 전반적 추세를 알기 쉽게 잘 보여준다.[49]

노조는 일단 세계대전 중에 대폭 팽창한 뒤 누진 세제 조치 및 기타 유형의 정부 규제와 더불어 불평등이 회복되는 데 브레이크로 작용했다. 12장에서 살펴보겠지만, 민주주의는 노동조합과 달리 불평등과 일관된 상관관계를 갖지 않는다. 그럼에도 불구하고 세계대전은 선거권 확대와 긴밀하게 연관되어 있었음에 주목할 필요가 있다. 막스 베버(Max Weber)는 일찍이 그 기저에 흐르는 역학을 알고 있었다.

> 민주화의 기초는 어느 나라에서든 순수하게 군사적 특성을 갖고 있다. ……군대의 기강은 곧 민주주의의 승리였다. 왜냐하면 공동체가 귀족이 아닌 대중의 협력을 확보하고, 그렇게 함으로써 무기를, 나아가 무기와 더불어 정치권력을 손에 넣기를 바랐고, 그렇게 하지 않을 수 없었기 때문이다.[50]

그때 이후로 현대 학계는 대규모 전쟁과 정치적 권리의 확대를 반복적으로 결부시켜왔다. 대규모 군대 양성에는 사회적 합의가 필요한 만큼 선거권 확대는 강력한 군사 동원의 논리적 귀결로 간주해도 좋을 것이다. 다음 장에서 입증하겠지만 이러한 원칙은 고대 그리스만큼이나 오

그림 5.13 OECD 10개국의 노동조합 밀도(퍼센트), 1880~2008년

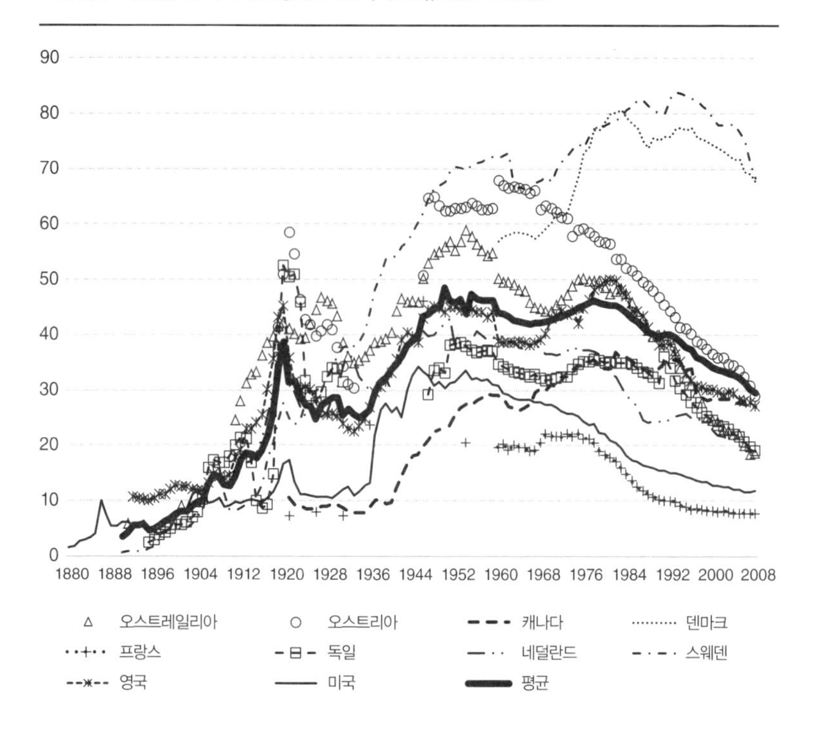

래전에 적용됐다. 좀더 가까운 과거로는 혁명기 프랑스에서 25세 이상 모든 프랑스 남성에게 국회의원 선거권이 주어진 것을 들 수 있다. 남성의 보통선거권은 스위스에서는 그보다 1년 전 자치주들 사이의 내전이 끝난 1848년, 미국에서는 남북 전쟁에 뒤이은 1868년(흑인에게는 1870년), 독일에서는 프랑스와의 전쟁 후인 1871년, 그리고 핀란드에서는 러일 전쟁으로 촉발된 개혁 직후인 1906년에 부여됐다. 19~20세기 초의 제한적 선거권 확대는 사회적 불만과 잠재적 혁명에 대한 우려의 대응책으로 해석해왔다. 그에 반해 초기 사례 중 전쟁이나 폭력의 위협과 연관되지 않은 경우는 드물다. 대체적으로 1815년 이후 유럽의 평온은 정치 개

혁을 지체시켰다. 이것이 세계대전의 전례 없는 막대한 동원과 함께 극적으로 달라진 것이다. 완전한 남성 참정권은 네덜란드에서는 1917년, 벨기에와 이탈리아와 영국에서는 1918년에 도입했다. 보통선거권은 덴마크에서는 1915년, 오스트리아·에스토니아·헝가리·라트비아, 폴란드 및 (엄밀히 따져) 러시아에서는 1918년, 독일·룩셈부르크·네덜란드 및 스웨덴에서는 1919년, 캐나다의 영어권 주(州)와 미국 및 체코슬로바키아에서는 1920년, 그리고 아일랜드와 리투아니아에서는 1921년에 입법화했다. 영국에서는 1918년 30세 이상 모든 여성이 참정권을 얻었고, 10년 후에는 연령 제한을 철폐했다. 제2차 세계대전은 또 한 차례 대대적인 보통선거권의 추진으로 귀결되어 퀘벡은 1940년, 프랑스는 1944년, 이탈리아는 1945년, 일본은 1946년, 중화민국(곧 타이완으로 한정) 및 몰타는 1947년, 그리고 벨기에와 한국에서는 1948년에 도입했다. 이 연대표에서 대규모 전쟁과 보통선거권 사이의 연관성은 단지 내포된 것이 아니라 극명하게 드러났다. 두 가지 예만 들어보자면, 우드로 윌슨(Woodrow Wilson)은 여성 참정권을 '전시 대책으로서' 납득시키려 했다.

> (그것은) 우리가 휘말려 있는 인류의 전쟁을 제대로 고발하는 데 필수적이다. ……이 전쟁에서 여성은 우리의 협력자가 되었다. 우리는 그들을 희생, 고통 및 사상자 통계에서만 동반자로 인정할 것인가? 그들을 혜택과 권리의 동반자로 여겨서는 안 되는가?

1944년 미국에서 백인 전용 예비 선거의 법적 금지는 여론이 '전쟁 중 공동의 희생'을 공유한 소수 집단 배제에 반대하는 쪽으로 전환하면서 촉발되었다고 할 수 있다.[51]

관찰 가능한 패턴은 양차 세계대전 사이의 선거권 개혁이 뜸해진 것과도 잘 들어맞는다. 이 기간 중 1928년 아일랜드와 영국에서 연령 제한을 철폐한 것을 제외하면 터키(1930), 포르투갈(1931~1936 단계적으로) 및 에스파냐(1931)가 보통선거권을 도입했다. 세계대전으로부터 동떨어져 있었고 대중 동원에 대한 대가로 양해나 보상을 제공할 필요가 없던 나라에서는 민주화 속도가 일반적으로 더뎠다는 것 역시 주목받아왔다. 총력전에 대한 노출은 공식적인 민주화에서 유례없이 중요한 추진력을 창출했다.[52]

근대의 대중 동원 전쟁이 안겨준 어마어마하게 격렬한 충격은 다양한 수단으로 불평등을 감소시켰다. 전후의 사고방식은 이런 독특한 충격을 경험한 데서 형성됐다. 도처에서 볼 수 있는 징병제와 배급 제도는 잠재적 변화의 추동력으로 인식되었으며, 타격을 입은 대부분의 나라에서 대피와 폭격 및 민간인을 겨냥한 그 밖의 군사적 활동에 대한 노출은 특히 1940년대 상반기에 전쟁의 사회적 영향력을 더욱더 강화시켰다. 국민 전체에 널리 퍼진 이런 지각 변동으로 계층 구분이 무너지고 공정성, 참여, 포함 및 보편적인 사회적 권리의 인정에 대한 기대가 커졌다. 이는 전쟁 이전 시대를 특징지었던 매우 편중된 물질 자원의 분배와는 근본적으로 상충하는 기대였다. 전시의 국가 계획은 집산주의적 사고에 활력을 불어넣었다. 다수의 학자들은 세계대전의 경험이 근대 복지 국가의 탄생에 필수적 촉매제였다는 데 의견을 같이한다.[53]

전후 개혁과 재분배적 복지 대책에 대한 수요가 특히 사기 진작에 없어서는 안 될 수단으로 환영받음에 따라 제2차 세계대전의 지각 변동 같은 성격은 정치적 성향을 막론하고 사회 정책의 전개에 박차를 가했다. 결코 진보주의를 옹호하지 않은 〈타임스(Times)〉에서 프랑스가 항복하고 윈스턴 처칠(Winston Churchill)이 "영국의 전투가 곧 시작될 것입니다"라는 유명한 예언을 한 바로 며칠 뒤 다음과 같은 사설을 실은 것은 절대 우연의 일치가 아니다.

> 우리가 민주주의에 대해 말할 때, 투표할 권리는 유지하지만 노동할 권리와 살아갈 권리를 망각한 민주주의를 의미하지는 않는다. 우리가 자유에 대해 얘기할 때, 사회 조직과 경제 계획을 배제한 단호한 개인주의를 뜻하는 것은 아니다. 평등이라 함은 사회적·경제적 특혜로 효력을 잃어버린 정치적 평등을 의미하지 않는다. 우리가 말하는 경제 재건이란 최대(비록 이런 작업 역시 필요할 테지만)보다는 공평한 분배를 더 중요시한다.[54]

강력한 누진세, 노동조합 및 민주화가 이 목표에 이르는 가장 중요한 수단에 속했다. 스웨덴 경제학자 예스페르 로이네(Jesper Roine)와 다니엘 발덴슈트룀(Daniel Waldenström)이 지난 세기의 상위 소득 점유율 추이에 관한 권위 있는 조사에서

> 거시적 충격(macroshock)이 하락의 이유를 대부분 설명해주지만, 정책 전환과 아마도 자본과 노동에 대한 수익 간 균형에서 범경제적 변동의 역할도 있을 것이다.[55]

라고 말한 것은 근대적 평준화에 대한 근대 대중 동원 전쟁의 독보적 중요성을 손상시킨다. 정책 전환과 경제 변동은 그 자체가 세계대전의 파생물이었던 만큼, 이것을 별개의 요인으로 다뤄서는 안 된다. 물질적 불균형의 압착으로 귀결된 정책은 바로 전쟁의 위기가 낳은 산물이었다. 이런 성과가 의도적이었는지 우연이었는지는—어디서나 나타났다는 점을 제

외하면—중요하지 않다. 윌리엄 베버리지 경(Sir William Beveridge)은 전쟁 중 대담하게 호소했다.

> 미래를 위한 어떤 제안일지라도 그것이 과거에 거둔 경험을 최대한 사용하려 하는 한 그 경험을 얻는 과정에서 구축한 파당적 이익을 생각하느라 제약을 받아서는 안 될 것입니다. 전쟁이 모든 종류의 획기적 제도를 폐지하고 있는 지금이야말로 아무것도 없는 장(field)에서 그 경험을 활용할 절호의 기회입니다. 세계 역사에서 획기적 순간은 부분적 개혁이 아닌 혁명의 때입니다.

그의 말은 영국에서도, 다른 곳에서도 무시당하지 않았다.[56]

아울러 경제 변동은 틀림없이 복잡한 방식으로 결정되었지만, 마찬가지로 그 대부분은 전 지구적 대중 동원 전쟁의 영향에 깊이 뿌리를 두고 있었다. 피터 린더트와 제프리 윌리엄슨의 주장을 심사숙고하자.

> 근본 요인, 즉 1910년 이후 대(大)평준화 시기 동안 발생한 시장의 변화. 다시 말해 그 시기의 군사적·정치적 충격뿐 아니라, 노동력 공급 증가 속도의 엄청난 저하, 교육의 급속한 발전, 비숙련 노동자에 불리한 기술적 편견의 둔화, 노동 집약적인 미국산 수입의 흐름을 바꾸고 미국의 기술 및 자본 집약적 수출을 억제시킨 한층 더 역무역적인(antitrade) 세계 경제, 그리고 금융 부문의 후퇴가 여기에 속한다.

이런 전개 과정에서 마지막 다섯 가지 중 세 가지는 20세기 상반기의 군사적·정치적 충격과 긴밀하게 연결되어 있었다. 요컨대 엄격한 이민 규제, 세계 경제 통합의 중단 및 금융 부문의 상대 소득 하락은 모두 별개의 의미를 가진 요인이 아니라 이런 충격의 결과이자 징후로 볼 때 더 잘 파악할 수 있다. 나머지 두 요소 중 교육 공급의 지속적 향상은 불평등에 점진적으로 영향을 줄 것으로 기대할 수 있는 반면, 우리가 구한 대부분의 증거는 양차 세계대전이 벌어지고 있던 바로 그 시기에 기술 프리미엄은 잠깐씩 불연속적으로 감소했고 고등 교육은 수익성이 있었음을 가리킨다. 마지막 요소인 미국 경제의 비숙련 노동 집약적 부문의 생산성 증가는 상위 소득 점유율 및 소득과 임금의 분배에서 금융 부문의 상대적 임금 및 교육 수익률에 이르는 다양한 불평등 지표에 걸쳐 급속하고 상당한 압착을 보이는 에피소드를 만들어낼 수 없었다. 게다가 '대압착'은 산업화한 모든 국가와 이따금 그 밖의 지역에서까지 펼쳐진 과정이었다. 거기에 영향을 받은 나라 중 어떤 곳은 이민자의 공급처가 됐고, 다른 어떤 곳은 그들의 도착지가 됐다. 어떤 나라는 금융 부문이 다른 곳들보다 훨씬 더 큰 역할을 했고, 국가별로 시민이 교육에 대한 접근 기회를 누리는 정도도 각기 달랐다. 이 모든 나라들이 가졌던 한 가지 공통점이 있다면 폭력적 충격에 대한 그들의 공유된 경험과 그것이 자본 보유액, 재정·금융·복지 정책 및 국제 교류에 미친 영향이었다. 이런 시각에서 봤을 때 전쟁과 혁명의 폭력은 많은 평준화 동력 중 단지 하나가 아닌, 정치적·사회적·경제적 성과를 규정한 단연 압도적인 힘이었다.[57]

이데올로기 역시 자율적 동인으로 작용하지 않았다. 진보적 정치 조직의 재분배 의제는 전시와 전후의 정책 결정이 기댈 수 있었던 지적·이데올로기적 인프라를 제공하기는 했지만, 정부가 훨씬 더 야심찬 사회 정책의 자금을 끌어오고 그것을 실행한 의지와 역량은 정부가 대응하고자 몸부림쳤던 바로 그 전 지구적 폭력의 분출 덕분이었다.[58] 대평준화는 대규모 폭력—한층 더 막대한 규모로 펼쳐질지 모를 미래의 대규모 폭력에 대한 두려움과 함께—에서 탄생했다. 철의 장막 양편에서 전후에 복지 국가가 확대된 것은 서구와 소련 간 경쟁에서 영향을 받았을 것이다. 더 구체적으로 말하면, 1960~2010년 서구 18개국의 소득 불균형 추이는 냉전으로 인해 제한되었다. 소비에트연방의 상대적 군사력은 최고 한계 세율, 노조의 밀도, 세계화 같은 여타 요인을 제어하면서 상위 국민 소득 점유율과 상당히 두드러진 반비례 관계에 있었다. 소련의 위협은 사회적 결속을 조성하는 불평등에 대한 규율 장치 역할을 했던 듯하다. 이런 제약은 1991년 소련의 몰락 이후 신속히 사라졌다. 마지막 전쟁이 끝나고 거의 반세기가 지난 후 세계대전의 현실적 가능성은 마침내 더 이상 없어졌다.[59]

06

산업화 이전의 전쟁과 내전

"아무것도 이제는 전쟁이 벌어질 기세를 가로막지 못했다": 서구 대중 동원 전쟁의 (재)등장

케네스 스케브와 데이비드 스테이새비지는 과세와 전쟁에 관한 자신들의 최근 연구에서 근대의 대중 동원 전쟁이 얼마만큼 과거와의 단절을 보여주었는지 입증한다. 30년 전쟁(1618~1648년 독일을 무대로 신교와 구교 간에 벌어진 종교 전쟁—옮긴이)이 종식된 이래 13개 주요 강대국의 군사 동원률을 살펴보면, 시간이 흘러 인구가 증가함에 따라 군사력은 증강된 반면 동원률은 전체 인구의 평균 1~1.5퍼센트 정도로 꽤 안정적으로 유지됐음을 알 수 있다. 양차 세계대전은 1900~1950년까지 반세기 동안 일시적으로 평균 비율을 4~4.5퍼센트로 바꿔놓았는데, 이는 과거 250년간 평균의 3배가 넘는 수준이다(그림 6.1). 이것은 근대 대중 동원 전쟁이 강력하면서도 드문 평준화의 동력으로 작용했다는 견해와 딱 들어맞는다. 3장에서 살펴봤듯 물질적 불평등은 전쟁이 없을 때는 극소수의 명확한 예외만을 제외하고는 이전 세기들 전체에 걸쳐 이보다 증가했거나, 아니면 높은 수준

그림 6.1 강대국들의 전시 기간 군대 규모와 동원률, 1650~2000년(매 25년 평균)

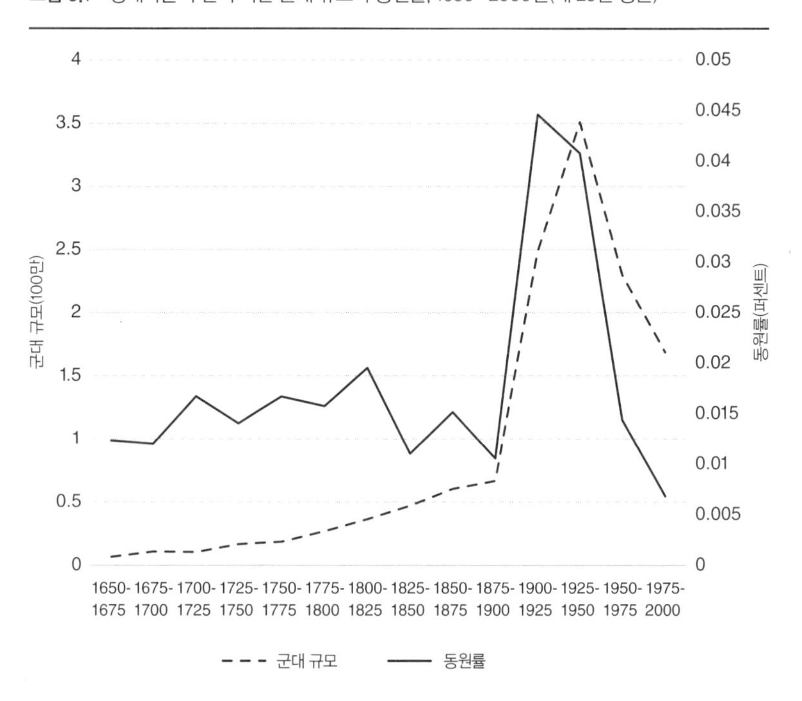

에서 안정권에 머물렀다.[1]

1914년 이전 세대에서는 대중 동원 전쟁—전체 인구 중 상당 비율(예를 들면 스케브와 스테이새비지의 분류 체계에서처럼 최소 2퍼센트)이 군 복무를 했다—이 산발적으로만 나타난다. 지속 기간 역시 중요하다. 매우 짧은 기간에 그친 급증은 민간 자원 분배에 큰 영향을 미쳤을 것이라고 기대할 수 없기 때문이다. 1870~1871년의 프로이센-프랑스 전쟁은 분명 동원 수준이 높았지만, 10개월도 채 가지 못한 데다 사실상 겨우 한 달 반 이후에 승패가 갈리고 말았다. 잠재적 평준화 동력으로 봤을 때는 그보다 10년 앞선 미국 남북 전쟁이 더 유망한 후보였다. 남북 전쟁은 전통적으로 내전으로 정의되긴 하지만 국가 간 대규모 전쟁이라는 특성을 꽤 갖고 있었다. 아울러 양 진영에서 막대한 인력을 동원했다. 1861~1865년 북부 연방군은 인구의 약 10분의 1에 해당하는 200만 남짓한 병력을 동원했고, 남부 연합군은 노예를 제외한 560만 인구 중 100만 명(아마도 비(非)노예 집단의 7분의 1이나 6분의 1, 남부 인구 전체—덜 의미 있는 비율이지만—로 치면 약 9분의 1에 달하는 수치일 것이다) 남짓한 병력을 끌어 모았다. 연령 구조의 차이는 제쳐두더라도 이러한 동원률은 훗날의 세계대전을 기준으로 놓고 봐도 대단한 수치였다. 남군의 활동은 똑같은 기간 동안 치러진 제1차 세계대전 당시 프랑스와 독일의 5분의 1이라는 아주 높은 동원률에도 밀리지 않는다. 아울러 북군의 비율은 제2차 세계대전 당시 8분의 1이던 미국의 비율보다 그다지 낮지 않을뿐더러 겨우 4퍼센트이던 제1차 세계대전 때보다 훨씬 높았다. 따라서 남북 전쟁은 명백히 대규모 동원 전쟁의 특성을 갖추었다고 할 수 있다.[2]

이론상 이러한 충돌의 핵심 특징—징집 확대, 다년간 지속, 막대한 비용 및 대량 살상—은 평준화 결과를 낳은 정책에 도움을 주었을 수 있다. 하지만 그런 일은 없었다. 남북 전쟁이 미국 본토에서 이전의 전쟁보다 조세 제도를 더욱 철저하게 변화시킨 것은 사실이다. 1862년 북군은 소득세를 신설했고, 다음 해에 남군도 그 뒤를 따랐다. 하지만 애초 도입한 북군의 소득세는 매우 낮은 데다 누진 세율도 극히 미미할 뿐이어서 대부분의 과세 대상 소득에는 3퍼센트, 최고 소득에는 5퍼센트 세율이 특징이었다. 1864년 의회는 10퍼센트에 달하는 좀더 높은 세율의 과세 등급을 만들었는데, 이는 드래프트 폭동(남북 전쟁 중 빈곤층에 불리한 연방 징병법에 반대해 뉴욕에서 발생한 대규모 폭동—옮긴이) 및 기초적인 형평성 논쟁에 대응하기 위해 착수한 상향 조정이었다. 그럼에도 불구하고 세금은 많은 수입을 거둬들이지 못했다. 처음에는 전쟁 채무를 갚기 위해 세금을 유지했지만 1872년에 그 시효가 소멸되었다. 본질적으로 퇴행적인 소비세가 주요 세수원으로 유지됐는데, 명목상 수입을 창출했던 유일한 직접세이자 근본적으로 공식화한 징발이나 다름없는 농산물의 십일조 세금도 실상은 퇴행적이긴 매한가지였다. 한편 남군은 주로 화폐 인쇄에 의존했고, 이는 종전 무렵 9000퍼센트 넘는 걷잡을 수 없는 인플레이션을 촉발했다.[3]

전쟁이 불평등에 미친 최종적 영향은 남부와 북부가 엄청나게 달랐다. 북군에서는 부자들이 군대에 대한 공급과 전쟁 채무 보증으로 어마어마한 수익을 올렸다. 1860년대에는 백만장자의 수가 극적으로 증가했다. 존 모건(John P. Morgan), 존 록펠러, 앤드루 카네기(Andrew Carnegie) 같은 유명 재벌은 남북 전쟁에서 폭리를 취하며 출발했다. 아마도 불가피했겠지만 1860~1870년 사실상 비슷한 부의 불평등 수준을 가리키는 인구 조사 표본 연구는 이런 종류의 최상위 집중을 반영하고 있지 않으며, 일반적 자산 소득은 아주 약간 더 집중된 것으로만 나타난다. 그와 대조적으로 이 10년 동안 전반적 소득 격차는 크게 늘어났다. 뉴잉글랜드에서는 소득 지니계수가 6퍼센티지 포인트 넘게 뛰었고, 상위 1퍼센트 소득 점유율은 이전 수준의 절반이 올랐다. 다른 지방들도 보통 더 미미하긴 해도 유사한 변화를 기록했다. 남북 전쟁이 북부에서 불균형을 증가시켰다는 데는 의심의 여지가 없다.[4]

참패한 남부의 상황은 정반대였다. 요컨대 노예제 폐지로 플랜테이션을 소유했던 엘리트의 재산이 엄청나게 사라졌다. 1860년 남부 주들에서는 (믿기지 않겠지만) 노예가 전체 사유 재산 중 무려 48.3퍼센트를 차지했다. 이는 모든 농장과 관련 건물의 가치를 합친 것보다 훨씬 많은 수치다.

표 6.1 1860년 대비 1870년의 남부 백인의 재산(1860=100)

자산 유형	부의 점유율				
	0~55	55~90	90~95	95~99	99~100
부동산	46.4	66.0	68.0	77.3	74.3
개인	72.3	32.1	18.8	18.0	22.8
합계	61.9	48.2	38.4	40.8	46.0

노예 소유는 남부의 불평등 수준을 이 나라의 어떤 지역보다도 높게 끌어올렸다. 가계 소득 지니계수는 1774년 전국의 0.51과 남부의 0.46과 비교했을 때, 1860년 남부 대서양 연안 주들에서는 0.61, 남동부 중앙 지역에서는 0.55, 그리고 남서부 중앙 지역에서는 0.57에 달했다. 남부 가구의 4분의 1이 노예를 소유했던 만큼 노예는 널리 퍼져 있었다. 하지만 전체 노예의 약 4분의 1은 가장 부유한 59퍼센트의 가구에 집중되어 있었다. 보상 없는 대규모 노예 해방은 남부의 몇몇 주에 닥친 전쟁의 격변 및 만연한 물리적 파괴와 더불어 지역의 자산을 대폭 감소시켰다. 손실은 농장주 계급 중에서도 상위층에 편중됐다.[5]

남북 전쟁 동안과 그 즉각적인 여파를 받은 시기의 변화를 추적하게끔 해주는 1860~1870년 인구 조사 데이터의 한 표본에 매우 상세한 증거가 나온다. 이들 자료는 남부 주들에서 벌어진 거대한 규모의 재산 파괴를 문서화하고 있다. 1인당 평균 부는 이 10년 안에 62퍼센트가량 하락했다. 이러한 손실은 부의 등급과 자산 계급 전반에 걸쳐 불균등하게 분포되어 있었다(표 6.1).[6]

가장 부유한 10퍼센트는 그 밖의 인구에 비해 기반을 상실했다. 전체 개인 자산에서 그들의 몫은 부동산 점유율이 68.4퍼센트에서 71.4퍼센트

표 6.2 남부 가계 소득의 불균형

지방	지니계수		상위 1퍼센트 점유율	
	1860년	1870년	1860년	1870년
남부 대서양	0.61	0.53	13.7	8.5
남동부 중앙	0.56	0.49	12.5	8.5
남서부 중앙	0.57	0.48	16.0	7.5

로 약간 올라갔음에도 불구하고 73퍼센트에서 59.4퍼센트로 내려갔고, 이로써 전체 재산에서 그들의 몫은 81퍼센트에서 67.6퍼센트로 떨어졌다. 상위 1퍼센트를 제외하면 개인 자산의 손실 정도는 부와 함께 증가한 반면, 그들보다 덜 풍족한 계층은 부동산 손실에서 더 심한 영향을 받았다. 전자의 추이는 우선 노예제 폐지에서 비롯되었는데, 이로써 남부 사회 상류층의 개인 자산 보유분 대부분이 무너진 반면 노예를 소유하지 않은 이들은 잃을 게 훨씬 적었다. 이런 과정은 상위 1퍼센트 아래에 위치한 부자들이 보유한 부동산의 더욱 강한 평가 절하나 감소로 인한 부분적 상쇄가 없었더라면 남부 사회에 한층 막대한 평준화 효과를 가져왔을 것이다. 이는 1860~1870년 남부 백인의 부의 분배 지니계수에도 잘 나타나 있다. 부동산에 대한 지니계수는 약간의 감소(0.72에서 0.7)만을 기록했지만, 개인 자산 불평등은 0.82에서 0.68까지 극적으로 떨어졌다. 전체 자산 지니계수가 0.79에서 0.72로 떨어진 결과 전체 부의 불균형은 중간을 유지했다. 단기간의 틀임을 고려하더라도 이는 전반적 불평등의 상당한 압착에 해당한다. 1870년 표본에 해방 노예를 포함한다 해도 이런 전체적 추세를 바꾸는 데는 도움을 주지 않는다.

소득 분배의 변동에도 이런 변화가 반영됐다(표 6.2). 남부 전체 인구에 걸쳐 자산 소득의 지니계수는 1860년 0.9에서 1870년에는 0.86으로 떨어졌다. 전체적으로 남부 '1퍼센트'의 비중은 총소득에서 3분의 1 넘게 감소했고, 지방의 소득 지니계수는 7~9포인트로 급격히 줄어들었다.[7]

하지만 남부의 평준화는 엄밀한 의미에서 대중 동원 전쟁의 작용이 아니라, 군사적 패배의 결과였을 뿐이다. 최초의 '근대적' 대중 동원 전쟁 중 하나라는 틀, 산업 자원 활용 및 민간 인프라의 전략적 표적화에도 불구하고 물질적 불평등에 미친 영향이라는 관점에서 보면 남북 전쟁은 승자 진영의 엘리트는 얻고 패자 진영의 엘리트는 잃은—아울러 일반 인구와 비교해 편중되게 얻고 잃은—매우 전통적인 전쟁이었다. 나는 이번 장 후반부에서 역사적으로 널리 확산된 이 성과에 대해 거론할 것이다. 1860년대에 그 방법만큼은 노골적인 약탈 같은 한층 구식적인 전쟁에 공통적으로 적용됐던 것들과 달랐다. 이 특이한 사례의 주요 결실은 부와 권력이 남부의 농장주에서 북부의 자본가에게로 이동한 것이다. 재분배 메커니즘—그 자체가 연방 정부와 더 넓게는 민주주의 체제의 상대적 취약성의 작용—이 부재한 덕에 승자 쪽의 부유한 엘리트는 남부의 자산을 장악해 재산을 불리는 대신 전쟁과 전시 경제의 발전에서 수익을 챙겨 이득을 봤다. 이전 세기에 치른 전쟁이었다면 그들은 남부의 플랜테이션을 점령하거나 노예를 자신의 재산으로 이전시켰을 것이다. 패자 쪽의 부자 엘리트는 자산을 박탈당했다. 하지만 이 경우는 승자에 의한 노골적 장악이 아니라 이전 없는 수용을 통해서였다. 이것이 그들의 손실 규모를 완화시켰는데, 농장주로부터 노동력을 빼앗지 않고 노예를 해방시켰기 때문이다.

한편으로 총력전적인 전쟁의 특징과 그 결과에 의한 인적 자산 손실의 파급성으로 인해 그다지 많지 않은 야심과 역량으로 치러진 좀더 전통적인 전근대 전쟁에서보다 패배에 더 많은 대가가 따랐고, 더 많은 개입이 끼어들었다. 남북 전쟁은 한쪽 발은 근대성(대중적 참여와 전국적 영향력으로 대표되는)에, 다른 쪽 발은 과거(승자 진영의 엘리트에게는 무제한적 부당 이득으로, 오직 패자 진영에서만 엘리트 자산의 극심한 고갈로 대표되는)에 걸쳐 있던, 사회의 진화에서 특별한 시점에 위치한 혼종(hybrid)이었다. 승자와 패자 사이의 불평등 성과에 이렇게 많은 차이가 난 것은 아마도 유사 이래 마지막일 것이다. 그와 반대로 양차 세계대전에서는 상위 소득 점유율의 증거로 미루어볼 때 엘리트가 국가의 승패와 관계없이 일반적으로 손해를 입었다.[8]

그 밖에 대규모 대중 동원 사건의 자격 요건을 갖춘 근대 초기 일련의 전쟁으로는 유일하게 프랑스 혁명기와 나폴레옹 시대의 전쟁이 있다. 1793년 프랑스는 어쩌다 보니 오스트리아, 잉글랜드, 프러시아 및 에스파냐를 포함한 많은 유럽 강대국과의 전쟁에 돌입했고, 그에 따라 전례 없는 긴장 상태에 빠졌다. 그해 8월 23일, 프랑스 국민공회는 18~25세의 신체 건강한 모든 미혼 남성을 징집하도록 하는 '국민개병제(levée en masse)'에 착수했다. 당시의 수사학은—아울러 그 뒤에 나날이 증가한 실행 또한—대규모 동원 전쟁의 그것이었다.

> 이 순간부터 공화국 땅에서 적들을 몰아내는 그날까지 모든 프랑스인을 영구적인 군 복무 징발령에 처합니다. 젊은이들은 싸울 것입니다. 혼인한 남자들은 무기를 연마하고 군수품을 운반할 것입니다. 여자들은 텐트와 옷을 만들고 병원에서 일할 것입니다. 어린이들은 낡은 붕대 천을 리넨으로 바꿀 것입니다. 노인들은 투사들의 용기를 북돋우고 왕에 대한 증오와 공화국의 단결을 설파하기 위해 거리의 광장으로 나갈 것입니다.[9]

역사는 이것이 중대한 발자국이었음을 입증한다. 13세의 어린 나이로 처음 프랑스와 싸운 그해에 자신의 쟁쟁한 군인 경력을 시작한 카를 폰 클라우제비츠(Carl von Clausewitz)는 훗날 《전쟁론(On War)》 마지막 권에서 이러한 혁신에 대해 혀를 내둘렀다.

> 1793년에 상상을 불허하는 힘이 나타났다. 또다시 전쟁은 갑자기 전 국민—스스로를 시민이라 생각했던 3000만 국민 모두—의 일이 됐다. ……국가의 모든 역량이 앞날을 알 수 없는 상태에 빠졌다. 지금 쓸 수 있는 자원과 노력이 통상적인 한계 일체를 뛰어넘었다. 이제 아무것도 전쟁이 벌어질 기세를 가로막지 못했다.[10]

나폴레옹의 지휘 아래 전례 없는 규모의 군대가 유럽 전역에 걸쳐 작전을 벌였다. 1790년대와 1815년 사이에 약 300만 명의 프랑스인, 즉 이 나라 전체 인구의 9분의 1—남북 전쟁과 제2차 세계대전 당시 미국에 필적할 만한 동원 수준—이 군에 복무했다. 8장에서 살펴보겠지만, 프랑스 혁명의 발발과 나폴레옹 이후 시대 사이에는 소득 분배가 어느 정도 공평했던 것으로 여겨진다. 하지만 이런 변화가 프랑스 국외 전쟁의 대가와 결과라기보다 국내 혁명의 몰수와 재분배 덕분인지는 알 수 없다. 대중 동원 전쟁과 혁명은 거듭해서 나란히 찾아왔다. 제1차 세계대전 후 독일과 러시아, 제2차 세계대전 후 중국이 가장 잘 알려진 사례다. 프랑스 사례는 혁명이 대규모 전쟁 뒤를 따른 게 아니라 앞서 찾아왔다는 점에서 특이하다. 이것이 평준화 효과의 구분 작업을 어렵게, 아니 어쩌면 불가능하도록 만드는 한편 혁명을 우선시하도록 하며, 우리로 하여금 전쟁의 영향을 혁명의 결과물로 다루도록 이끈다. 이런 이유로 나는 8장에서 프랑스의 경

험을 고찰하려 한다. 8장은 혁명적 수단에 의한 평준화를 다룬다.[11]

"농사와 전쟁에 복무하는 사람들": 전근대의 대중 동원 전쟁

대중적 군사 동원은 대체로 근대의 현상이었다. 적어도 앞에서 이 개념을 정의한 협의의 의미에서는 그렇다. 대부분의 경우, 최소한 전체 인구의 10분의 1이 군대에서 복무했다. 문턱을 더 낮추면 전체적인 그림을 바꾸지 않고도 나폴레옹 시대 전쟁이나 세계대전에서 더 많은 교전국을 포함시킬 수 있을 것이다. 주어진 시기에 한 나라 인구의 2퍼센트가 군 복무를 해야 한다는 스케브와 스테이새비지의 최소 요건은 좀더 장기화한 전쟁의 경우에는 병사들이 죽거나 그 밖의 이유로 대체되었으므로 전체 비율이 한층 높을 것으로 여겨진다. 전근대 군대의 병력 감소 원인으로 전염성 질병의 두드러진 역할을 감안하면, 장기화한 동원은 이런 한계 수준에서도 자격을 갖춘 신체 건강한 전체 남성 인구 중 대단히 높은 비율의 생명을 점차 앗아갔을 것이다. 그런 이유만으로도—경제적·재정적·조직적 제약은 말할 것도 없고—전통적 농업 사회가 상당 시간 동안 이런 종류의 활동을 버텨낼 개연성은 낮았다.[12]

일부 제국주의적 정치가 매우 큰 군대를 내보낼 역량이 있었다는 것은 단지 그 규모 면에서의 기능이지 대중 동원의 징후는 아니었다. 가령 11세기에 북송(北宋) 왕조는 북쪽에 있는 진나라의 위협을 견제하기 위해 막대한 군사력을 유지했다. 총 125만 명까지 기록된 병력은 급료의 지출 규모를 반영한 것이며(그중 일부는 실제 인원보다 부패한 장교들의 주머니로 들어갔겠지만), 병력이 100만 명이었다 해도 당시 최소 1억 명이었던 인구의 1퍼센트를 넘지는 못하는 수치다. 무굴 제국은 1억 명은 족히 넘는 국민을 통치했으나 그중 1퍼센트도 동원하지 않았다. 전성기의 로마 제국은 6000만~7000만 명의 인구 중 1퍼센트에 못 미치는 40만 명가량의 남자를 항시 무장 상태에 있도록 했다. 오스만 제국의 동원 수준은 한참 더 낮았다.[13]

더욱 유망한 사례를 찾으려면 기원전까지 훨씬 더 과거로 모험을 떠나야 한다. 중국의 춘추 전국 시대는 제일 눈에 띄는 자리에 오를 만하다. 기원전 5~기원전 3세기까지의 춘추 전국 시대는 강력한 군사적 경쟁으로 정신없던 주요 7개 왕국의 대치로 특징지을 수 있다. 결말 없이 계속되던 충돌은 이들 정치 조직체를 어떻게든 인구 및 기타 자원을 최대한 동원하려는 중앙 집권적 영토 국가로 점차 변모시켰다. 행정의 재정비는 엘리트의 권력과 물질적 부의 집중에 영향을 주었을 공산이 크다. 이전에는 지방에 터를 잡은 엘리트 가문이 영토와 인구를 봉토로서 통제해온 반면, 춘추 전국 시대의 지배자들은 그것을 자신의 직접적 통제 아래 두고 세금을 징수하거나 군사적 부역을 수행하도록 하는 현(district, 縣)에 기초한 시스템을 도입했다. 왕들은 세습 귀족의 권력을 타파하기 위해 관리를 좌천시키고, 해고하고, 심지어 처형했다. 통치 가문에서 배출되곤 하던 고위 관료를 그보다 아래 있는 엘리트 사회에서 채용하고, 이때부터 그들은 전적으로 국가에 대한 복무에 그 지위가 달려 있는 급료 수령 인력으로 기능했다. 자료 출처로 알 수 있는 대다수 관리는 잘 알려지지 않은 집안 출신이었다. 결국은 오래된 가문이 쫓겨났다는 얘기다.[14]

행정 개편은 토지의 재정비를 동반했을 것이다. 국가는 기원전 6세기부터 토지를 격자 체제(grid system)로 재정립하고 가구를 5개 단위로 묶었다. 그 과정에서 국가는 사적 토지 소유권을 강화하고, 예전에 해왔던 대로 중앙 정부와 경쟁하며 임대료나 노동력을 뽑아낼지도 모를 엘리트 중재자를 배제시켰다. 이런 개입에는 토지의 재분배도 포함되어 있었다. 진나라(기원전 359~) 상앙(商鞅)과 관련해 알려진 가장 상세한 개혁은 농촌 전역의 토지에 대해 직사각형 격자 체제를 도입했다. 지방에서 발견된 도로와 오솔길이 직선 형태를 취하고 있다는 사실은 이 야심찬 변화를 실제로 시행했음을 보여준다. 개혁자들은 성인 남성의 수에 따라 개별 가구에 할당할 동일한 크기의 토지 블록을 만들려 했다. 이런 일이 실제로 벌어졌다면, 그 결과 시골 백성들의 자산은 평준화했을 것이다. 하지만 군사적 보상이 빈부 격차를 부활시켰다. 춘추 전국 시대 말 진나라에서는 병사가 적군의 목을 베어 머리를 가져오면 한 두당 승급 및 5인 가족의 최저 생계비에 맞먹는 일정한 양의 토지를 주었다. 게다가 실제 관리 구역이라기보다 단순히 소득 단위이긴 했지만 봉지(封地)도 여전히 존재했다. 예를 들어, 진나라에서는 17개 계급 중 상위 9개 계급에 속한 구성원은 이러한 봉지에서 소득을 얻을 권리가 있었다. 봉지는 세습할 수 없었다. 하지만 엘리트들은 매수 혹은 농부를 빚더미에 앉히는 고리대금업을 통해 봉지의 사유화를 추구했다.[15]

이러한 구조 조정의 궁극적 목적은 전쟁 활동을 위해 더 큰 군대와 더 많은 세입을 키워내는 것이었다. 농민 인구는 군대 인력의 저장고로 여겨졌다. 농부와 군사가 똑같다는 생각은 경전지사(耕戰之士), 즉 '농사와 전쟁에 복무하는 사람들'이라는 개념으로 표현되었다. 도시와 시골의 구분 역시 완전히 허물어지면서 모든 인구를 응집된 전체로 융합시켰다. 이는 과거 합법적 폭력—전차를 동반한 예식 전투(ceremonial combat)와 사냥에 초점을 맞춘—의 귀족식 가치화를 (대규모 보병 전쟁을 위해 징병된) 평민에게까지 확장하게끔 했다.[16]

그 시대는 온통 군사적 충돌로 넘쳐났다. 현대의 한 집계에 따르면, 기원전 535~기원전 286년에 358건의 전쟁이 있었다. 연간 1회가 넘는다는 얘기다. 수년에 걸친 전쟁 활동이 나타났고, 작전은 지리적으로 한층 더 넓은 영역에 걸쳐 확산했다. 기록된 수치가 종종 과장돼서 얼마만큼 신뢰해야 할지 확신할 수 없지만 군사 동원 수준은 높았다. 이렇게 해서 제나라, 진나라 및 초나라 등 주요국은 각각 100만 명까지 병사를 모집할 수 있었던 것으로 추정되는데, 아마도 활용 가능한 전체 인력의 개략적 표현일 것이다. 10만 명 이상의 전사를 포함한 전투가 자주 언급되며, 그 수치는 점점 상승세를 보였다. 가장 악명 높은 예는 기원전 260년의 장평대전(長平大戰)으로, 조나라 40만 군대가 진나라 병력에 의해 대패한 것으로 전해진다. 기원전 4~기원전 3세기의 26개 주요 전투에서 패전국 사망자 수는 모두 합쳐 180만 명이다. 또 다른 조사에 따르면 같은 기간 15개 전투에서 진나라 군대에 의해 목숨을 잃은 병사는 150만 명에 육박한다. 이런 수치가 상당 부분 부풀려졌다는 것은 거의 확실하지만, 대중 동원과 심각한 인구 감소의 발생이 만연했다는 데는 의심의 여지가 없다. 특히 하내군(河內郡)의 15세 이상 남성 인구 전체를 인근 장평에서의 전투에 동원했다는 대목은 놀랍다.[17]

이 모든 것이 소득과 부의 평준화를 촉진했는지 여부는 아직 해결하지 못한 문제다. 세습 귀족에 맞선 국가의 분투 그리고 급료를 받는 관리 및 평생의 봉토에 대한 국가의 의존은 사회의 계층 이동을 늘리고, 틀림없이 몇 세대에 걸친 부의 집중을 저지했을 것이다. 아울러 평민에 대한 토지의 블록 단위 배분은 일반 인구 내의 격차를 줄였을 것이다. 하지만 사적 토지 소유권은 양날의 칼이었다. 과거 농민은 예속된 존재였고 실질적 토지 통제의 지니계수는 매우 높았다. 반면 사유지의 양도 가능성은 토지의 재집중을 가능케 했는데, 이는 한나라 초기에 나온 진나라 통치에 대한 비평에서 실제로 거론한 특징이었다. 훗날 평자들은 과세와 예측 불가능한 국가 부역 의무의 부담 때문에 소작농이 땅을 잃었다는 그럴듯한 주장을 폈다. 그런 부담이 소작농으로 하여금 부자들이 뻗쳐온 고리대금을 쓰지 않을 수 없게끔 만들고, 부자들은 처음에는 도산당하지 않게 놔두었다가 결국에 가서는 그들의 땅을 차지해버렸다는 것이다. 계속된 전쟁은 평준화 효과를 가져온 토지 개혁과 사유화에 박차를 가했을 뿐만 아니라, 그 결과 생겨난 소규모 자작 농지 제도의 기반을 약화시키기에 이르렀다. 전체적으로 보면 이 시기는 상업, 통화 제정, 도시화(귀족의 요새에서 더 큰 도시로 변모)의 세 가지 증가로 정의할 수 있다. 이런 모든 추세는 불평등 증가의 예측 변수다. 이것들은 상인과 사업자 같은 자본가들이 농민의 자산을 매수하는 사이 농민이 땅을 잃고 무토지 노동자나 소작인이 되었다는 기록과도 잘 들어맞는다. 이런 맥락에서 국가가 잉여 자원을 악의 원천, 지속적 전쟁으로 흡수해야 할 어떤 것으로 여겼다는 말을 이해할 수 있다.[18]

하지만 증대된 개인 생산량을 전쟁을 수행하는 데 전부 흡수할 수는 없었을 것이다. 고고학이 도출해온 결론은 모호하다. 어떤 연구는 이 시기의 초나라 매장지에서 하층 엘리트와 평민의 혼합을 언급한다. 자신들의 무덤에 특정 사물을 배치할 자격에 기초한 이전의 계층화 표출은 전체적으로 똑같은 종류의 물건이 나타나면서 점차 사라졌다. 이제 빈부 격차는 부장품의 화려함이나 무덤 크기 같은 양적 측면으로 드러났다. 의례적인 계급보다는 부가 지위와 차별화의 핵심 표식으로 부상했다. 이제는 청동 무기를 모든 지위의 무덤에 부장했는데, 이는 대중적 군사화의 징후이기도 하다. 하지만 이를 평등주의가 널리 퍼진 조짐이라고 확신할 수는 없다.[19]

전국시대는 대체로 불평등을 압착할 가능성이 높은 만큼 신장시킬 가능성도 높은, 서로 대항하는 힘들의 각축장이었다. 이러한 힘이 동시에 작동하란 법은 없었다. 기존의 귀족이 쫓겨나자 처음에는 평준화에 득이 됐고, 부유층이 봉건제의 권리보다 시장 거래에 입각한 재집중 전략을 채택하자 농부들에게 재할당했던 토지는 시간이 지나면서 틀림없이 줄어들고 주인도 바뀌었을 것이다. 계속된 군사 작전의 확대는 사유 재산의 성장과 때를 같이했고, 사유 재산의 집중 또한 당연히 수반했을 것이다. 심화하고 있던 대규모 군사 동원에 직면해서는 국가가 민간 자원 장악으로 사유 재산의 불평등 증가를 억제할 개연성은 낮았다. 국가가 매우 무거운 이중 과세—군사 부역과 농업 생산물—를 가장 취약한 농민에게 부과했음을 생각하면, 그 체제는 사실은 꽤 퇴행적이기까지 했을지 모른다. 반면 다른 종류의 재산을 국가의 요구로부터 보호하는 것은 더 쉬웠을 수 있다. 당시 이뤄진 보병전은 무엇보다도 징병, (아마도 훗날처럼 죄수 및 다른 나라 노동자에 의한 강제 노역과 관련이 있을 것으로 추정되는) 무기의 대량 생산, 그리고 농민들 자신이 수확한 식량에 의존할 대로 의존했으므로 비용은 비교적 적게 들었다. 진나라의 농지세는 훗날 한나라 왕조 치하에서보다 훨씬 더 높았다고 알려져 있다. 좀더 정교하고 아마도 기존 제도에 칼을 대는 매우 누진적인 유형의 세제가 요구됐을 군함 같은 값비싼 설비에는 돈을 댈 필요가 없었다. 따라서 우리가 전국시대의 대중 동원과 장기화한 대규모 전쟁을 순 재분배의 성공적 동인으로 반드시 해석해야 할 이유는 없다. 이 시기의 대중 동원 전쟁이 평준화와 연관되었다는 점을 고려해봐도, 재분배 조치는 전쟁 국가에 돌입하는 수단이었지 전쟁의 결과물은 아니었다. 세계대전의 근대적 경험에는 해당하지 않는다는 얘기다.[20]

로마공화국도 거의 마찬가지여서 역시 수세대 동안 높은 군사 동원 수준을 유지했다. 군사 참여율은 정확하게 꼬집어 말하기 어렵다. 우리는 기원전 3세기 말부터 기원전 1세기까지 상당히 믿을 만한 공화국 말기의 정보를 다량으로 확보하긴 했지만, 그 근간을 이루는 로마 시민의 인구 규모는 아직도 주기적으로 작성된 인구 조사 기록의 의미에 초점을 맞추는 논쟁의 쟁점으로 남아 있다. 군사 동원률 추정치는 우리가 이런 일부 집계가 나이 및 성별과 무관하게 모든 로마 시민을 포함시켰다고 생각하느냐, 아니면 성인 남성만 추적했다고 생각하느냐에 따라 달라진다. 증거는 로마 시민의 수를 적게 잡는 쪽을 뒷받침하는 편인데, 이는 곧 군사 참여율이 일반적으로 높았고 가끔씩 매우 극단적 수준까지 올라가기도 했다는 뜻으로 풀이할 수 있다. 따라서 로마는 카르타고(Carthage)에 대적한 제2차 포에니 전쟁 때 17~45세의 모든 남성 중 50~75퍼센트에 해당하는 전체 인구의 8~12퍼센트를 징집했을 것이다. 이후 기원전 80~기원전 40년대의 위기도 아주 단기적이기는 했지만 최고 8~9퍼센트까지의 인구를 군에 복무하도록 하는 원인이었을 것이다. 장기적으로는 기원전 2세기~기원전 1세기 내내 우리의 자료 출처에 나타난 규모로 군사력을 유지하려면 로마의 모든 남성 시민 중 절반쯤은 평균 약 7년간 복무를 해야 했을 것이다. 만일 우리가 실질적인 시민 인구를 더 크게 잡는다 해도 그에 상응해서 참여율은 더 낮아질 수 있겠지만—아마도 절반 정도—그럼에도 불구하고 전근대의 표준으로는 여전히 높을 것이다.[21]

그러나 또다시 이런 형식의 군사 참여가 소득이나 부의 불평등을 제약했다는 데 의심을 품을 만한 합당한 이유가 있다. 국가 운영을 담당하는 과두 정치 체제는 엘리트의 재산 압류를 꺼려했지만, 군 복무에 수반된 징병과 농사일을 쉬어야 하는 기간이 일반 인구에는 악영향을 미쳤다. 카르타고에 맞선 제2차 포에니 전쟁의 강력한 한 가지 에피소드는 극심한 상황에서도 부자를 목표물로 삼기를 주저하는 정부를 보여준다. 한니

발(Hannibal)이 이탈리아를 침공하는 동안 로마는 파산, 어쩌면 몰락 직전까지 갔을지 모른다. 동원률이 역사상 최고치를 기록한 기원전 214년, 원로원은 시민들에게 노예 일부를 해군에서 노 젓는 일을 시키려 하니 국가에 넘기라고 명령했다. 건성인 데다 일관성 없는 누진적 방식이긴 했지만, 인구 조사의 계급에 따라 기부 등급을 매겼다. 로마 인구 조사의 일곱 계층 중 네 번째 계층의 문턱에 해당하는 5만 아스(ass: 당시 로마의 화폐 단위)로 자산 평가를 매겼고, 따라서 중간 계급을 대표하는 사람들은 노예 1명을 바쳐야 했다. 자산 기준선인 10만 아스를 통과한 이들은 3명, 30만 아스 이상을 보유한 이들은 5명, 그리고 100만 아스 이상을 가진 이들은 8명의 노예를 공급해야 했다. 시민 중 가장 부유한 일원들이 정직하게 누진적인 방식은 고사하고 재산 크기에 비례한 세금조차 내지 않았다는 점은 놀랍다. 이 계획은 부자 엘리트 대신 평민 인구의 상층부에 가장 막중한 부담을 전가했다. 앞으로 살펴볼 고대 그리스의 아테네처럼 전쟁 경비를 대기 위해 부자에게 무거운 과세를 매긴 민주적 정치 체제와 판이하게 대조될 정도로 로마의 과두 체제 통치 계급은 다급한 비상사태에서도 최소한의 양보조차 하지 않았다.[22]

로마는 비대해져가는 제국의 세입에 의존하는 걸 선호했다. 기원전 167년, 시민들의 가계 자산에 매긴 유일한 직접세, 곧 전쟁세를 폐지했다. 로마공화국의 마지막 두 세기에 통치 계급은 막대한 재산을 축적했고, 그 전개 과정에 대해서는 이미 2장에서 개괄한 바 있다. 수백만 명의 노예가 이 시기에 이탈리아로 유입됐고, 이는 한참 뒤 미국 남부에서 다시 일어나는 것처럼 부와 소득의 격차를 더욱 벌려놓았다. 전성기의 로마공화국은 한정된 소수 과두 체제를 통해 효율적으로 통치했으며, 제국의 공납(tribute)으로 점차 자금을 충당하면서 불평등이 증대하던 시기에 대규모 군사 동원을 유지할 수 있었다. 이런 과정에서 기껏해야 아주 잠깐 일어났을 법한 예외에 대해서는 이번 장 말미에서 검토할 것이다.

이로써 우리에게는 평등주의 및 광범위한 대중적 군사 참여와 관련한 부와 소득의 불균형 억제에 관한 한 단연 가장 유망한 후보지 한 곳이 남았다. 바로 고대 그리스의 사례다. 기원전 2000년 말, 더욱 커지고 더욱 중앙 집권화한 청동기 시대의 정치 조직이 무너졌는데, 그 과정은 엄청난 규모로 위계 서열과 경제 격차를 평준화시켰다. 그 이후의 그리스는 강력한 정치 분열로 특징지을 수 있다. 이러한 분열로부터 역사상 가장 큰 도시국가 문명의 발전이 등장했다. 이는 궁극적으로 총인구 700만 이상의 1000개 넘는 독립적 폴리스(polis), 즉 도시국가로 이뤄졌다. 도시국가는 대부분 작았다. 기록이 일부 남아 있는 672개 폴리스 중에는 20~40제곱마일의 영토를 가진 것도 흔했다. 가장 크고 강력한 폴리스, 그중에서도 특히 아테네가 역사 기록에서 독보적 명성을 누리긴 하지만 일반적인 사회·정치적 구조는 이 다양한 독립체 전반에 걸쳐 익히 잘 알려져 있다.[23]

이런 다원적 체제의 출현과 강화는 여러 세대 동안 학문적 논쟁의 주제가 되었다. 요컨대 이러한 과정의 초기 형성기와 관련한 증거가 부족해 많은 것이 불확실한 상태다. 가장 일반적인 시각으로 봤을 때, 그 전개 과정은 조사이어 오버의 최신 폴리스 진화 모델에서 개괄한 궤적을 따랐을 듯싶다. 오버의 모델은 세 가지 핵심 질문을 다룬다. 몰락 이후의 통치자들은 왜 좀더 중앙 집권화한 사회 질서를 재현할 수 없었는가? 왜 그토록 많은 소규모 정치 체제가 등장했는가? 무엇 때문에 그토록 널리 권한을 분산시켰는가? 오버는 제국의 합병에 불리한 여러 지리적 조건, 전례 없이 격렬했던 청동기 시대의 붕괴, 그리고 같은 시기에 무기 사용을 민주화하는 데 일조한 철(iron)의 전파 등이 일제히 "국가 형성으로 가는 상대적으로 익숙한 도시국가의 궤도에" 장기적 결과물을 형성한 "강력한 **시민 중심**(citizen-centered)이라는 독특하고 새로운 경로를 개척하는 데 일조했다"고 주장한다. 청동기 시대의 몰락 이후 철기 시대 초기 공동체는 가난하고, 비교적 차별이 없었다. 나중에 인구 및 경제 성장이 재개되자 엘리트들이 그 뒤를 이어 위계를 회복하려 했지만 일부 공동체는 그들이 타 공동체보다 경쟁력을 갖는 데 일조한 평등주의적 규범을 유지했다.

오버는 철제 무기를 광범위하게 사용할 수 있고 단순 보병전 양식이 우세했던 덕분에 "공동체에서 얼마나 많은 남성을 동원할 수 있는지 결정한 것은 경제적 제약이 아니라 바로 사회적 선택이었다"고 주장하며, "이런 조건 아래서 더 높은 동원율과 더욱더 드높은 사기는 시민 중심 체제와는 비례 관계에, 소수 배타적 엘리트 조직의 통치와는 반비례 관계에 있었다"고 추정한다. 다시 말해, 이런 특별한 환경은 포괄적인 유형의 사회·정치적 조직에 유리하게 선택됐다는 것이다. 한편 경쟁력이 떨어지는 폴리스를 흡수함으로써 개별 폴리스가 성장하는 것은 그들의 경쟁력을 향상시킨 바로 그 시민 의식 규범에 의해 억제되었다. 계속되는 경제 팽창과 특히 상업적 발전 및 교역이 평등주의를 약화시키는 위협이 되긴 했지만, 가능한 한 많은 남성을 전쟁에 동원할 수 있는 역량이 여전히 국가의 성공을 결정하는 가장 중요한 요소였다. 이는 원숙한 경지에 올랐을 때 병력에서 상대적 규모가 결정적 효과를 발휘한 팔랑크스(phalanx)라는 직선적 군사 대형(隊形) 모델로 전투 양식이 집중됨에 따라 더욱 중요해졌다. 팔랑크스 대형은 엘리트 조직 바깥의 남성을 동원하는 강한 유인책을 제공했고, 방패와 창 같은 기본 도구만 있으면 사실상 참가 자격이 충분했다.[24]

군사 전략과 사회·정치적 체제의 발전이 정확히 어떻게 연결되어 있었는지에 대해서는 의견이 분분하지만, 기원전 6세기 무렵 그리스 지역의 국가 대부분이 보병전(步兵戰)의 대중적 참여와 연관된 시민 계급 문화를 발달시켜왔다는 것은 분명하다. 폭넓게 공유한 군사적 공헌이 특정 영역 내에서 서로를 동등하게 대하던 확장된 시민 조직의 형성과 동시에 일어났다. 그 결과 나타난 시민권 전통은 통치에 있어 강력한 아마추어 정신이라는 요소로 보강되면서 시민에게 권력자에 맞설 보호책을 제공하고 정부의 힘을 견제했다. 정치 운영 방식은 독재나 과두제부터 민주주의 체제에 이르기까지 너른 스펙트럼을 따라 다양했어도 평등주의라는 원칙은 이 시스템에 각인된 특징이었다.[25]

이들의 문화는 어느 정도까지 물질 자원의 분배를 평준화했을까? 고대 문헌의 흔적을 문자 그대로 해석할 때, 아마도 가장 간단한 사례는 그리스의 모든 폴리스 중 가장 호전적인 스파르타일 것이다. 표준적인 전통에 따르면, 스파르타는 초기 단계에서 리쿠르고스(Lycurgos)란 이름의 (아마도 신화적인) 입법자와 관련 있는 방대한 개혁을 거쳤다. 그 결과 나타난 체제의 가장 유명한 특징 중 하나는 최고 지도부를 포함한 모든 남자가 각 집단 구성원이 만든 다양한 종류의 음식을 똑같은 양만큼 기부함으로써 준비한 식사를 매일같이 소집단별로 함께 먹도록 한 대단히 공격적으로 평등주의를 실천한 공동 군용 식당 체제였다. 입법자는 토지 소유권의 균등화로 명성이 높았다.

> 그는 모든 땅을 공동으로 내놓은 다음 새롭게 재분배하도록 시민을 설득했다. 그렇게 해서 그들 모두가 각자를 뒷받침해줄 똑같은 양의 재산을 갖고 서로 동등한 조건에서 살게 될 터였다.[26]

스파르타의 핵심 지역인 라코니아(Laconia)의 모든 농지는 똑같은 작은 구획의 땅 3만 개로 나뉘었고 그중 9000개는 스파르타의 남성 시민에게 할당해 헬로트(helot)들이 경작하도록 했다. 헬로트는 농노와 같은 조건으로 작업하는, 토지에 딸린 공동 소유 노예를 말한다. 이는 시민들 간의 평등과 비군사적 활동에 참가할 필요성으로부터의 해방을 보장하기 위함이었다. 동산(動産) 자산 역시 재분배의 대상이었고, 값비싼 금속 화폐를 억제했다. 아울러 사치금지법을 통해 개인 주택에 대한 투자를 제한했다. 시민은 강력한 군사 동원을 경험했다. 7~29세까지 사실상 모든 스파르타 남성은 인내와 궁핍에 역점을 둔 공동 군사 교육과 훈련 요법을 거쳤다. 개개인이 명예와 지위를 놓고 벌이는 경쟁에서 서로 맞서 겨루는 지극히 호전적인 성격이었음에도 불구하고 이러한 체제는 거듭 말하지만 대단히 평등주의적이었고—전통 사회로서는 특이하게도—역시나 신체적 기량을 우선시한 소녀들의 공교육까지 동반했다. 여기서 의도한 성과는 스파르타 군사 역량의 극대화에 최적화한 '동등자(homoioi)'로서 시민이었다. 이 개념이 스파르타 세력의 끝없는 팽창을 지속시켰다고 전해진다. 특히 기원전 7세기에는 이웃 나라 메세니아(Messenia)를 정복해 헬로트 지위로 강등시켰다. 이는 시민들에게 더 많은 몫의 토지를 분배하고, 그다음 세기에는 펠로폰네소스에서 스파르타 주도의 동맹 체제 창설로 이어졌다. 고대의 역사 기록은 영원한 대중적 군사 동원 국가라는 인상을 전달한다. 그것은 사회와 일상생활을 과도하다 싶을 정도로 재편했으며, 물질 자원의 접근 기회마저 지배하는 평등주의 규범과 긴밀하게 연결되어 있었다.

전쟁 관련 평준화를 연구하는 현대의 후예들에게는 안타깝게도, 이후 세기에 외부인이 감탄의 시선으로 작성한 양식화한 내러티브에서 많은 부분이 파생된 이런 전통은 두 가지 이유로 문제가 있다. 요컨대 우리는 이상화한 이런 시스템을 실제 현실에서 어느 정도까지 가동했는지 알 수 없고, 기원전 5세기와 특히 기원전 4세기 이래로 자원 불평등의 증대가 줄곧 초미의 관심사였음을 너무나도 잘 알고 있다. 후자가 전자를 배제하지 않는다는 점을 감안하면 이는 2개의 서로 다른 쟁점이다. 재개된 불평등을 주기적으로 조정할 메커니즘이 명백히 부재할 때, 애초 균등했던 부의 분배가 점차 더욱더 불평등한 결과 앞에 무너지는 일은 얼마든지 가능하다. 하지만 그 이후의 상황이 완전히 새로운 것이었는지, 아니면 단지 과거의 경제적 차별의 악화를 드러낸 것이었는지의 문제가 남아 있다. 이 문제와 관련해 가장 철저한 연구는 스파르타의 재산은 언제나 불공평하게 분배되었고 본질적으로 사유였으나 평등주의적 생활 양식을 시행하고자 애쓴 공동의 이데올로기로 인해 제약을 받았다는 결론에 도달했다. 배당받은 토지를 세대 간에 전달할 수 있었다는 데는 의심의 여지가 없다. 요컨대 출발은 평등한 조건이었을지라도 장기적으로는 불평등을 촉진하는 메커니즘이었던 셈이다. 스파르타의 세습 관행과 관련한 세부 내용은 시민 집단 내부에서 토지와 그 밖의 자산이 더욱 집중되는 것을 가능케 했다. 표준화한 필수 군용 기부금을 내기에는 보유 자산이 더 이상 충분치 않은 스파르타인은 온전한 시민 자격을 박탈당했다. 따라서 부의 집중은 시간이 지남에 따라 시민의 수가 감소하는 원인으로 작용했다. 기원전 480년경 8000명 정도였던 시민은 기원전 418년에는 대략 4000명, 그 후 기원전 371년에는 1200명으로 줄어들었다. 아울러 기원전 240년대에는 700명까지 내려갔는데, 그중 100명 정도만 부유했던 것으로 여겨진다. 자산이 군용 기부금의 기준선 밑으로 떨어진 사람은 '하급자(hypomeiones)'로 분류됐다. 다시 말해, 부의 불평등이 시민의 평등주의를 갉아먹고 있었다.[27]

역사적 증거를 둘러싼 불확실성 때문에 스파르타의 대중적 군사 동원의 평준화 효과는 적게 잡을 수밖에 없다. 자료는 우리에게 평등주의적 규범을 간직한 자칭 전사들의 나라를 일별하게끔 해준다. 물론 평등주의적 규범은 실생활에서 결코 완벽하게 실행되지 않았고, 세대 간 부의 전달이 갈수록 불평등한 결과를 낳음으로써 시간이 지나면서 분명 약해지긴 했다. 보통 말하는 대중적 군사 동원은 이런 추세에 크게 영향을 받지 않았다. 낮은 계급의 스파르타인과 라코니아에 예속된 도시의 시민이 팔랑크스에 참가해 싸웠고, 심지어 헬로트까지 군대 지원 기능을 수행했기 때문이다. 일상생활에서 강요된 평등주의와 다수의 종속 노동 인구로부터 빼낸 지대의 결합은 장기간—사실은 수세기 동안—핵심 시민 계급의 대중 동원을 유지했다. 이런 사실만으로도 우리는 대중 동원과 평등(주로 소비와 생활 양식의 평등) 사이의 밀접한 연계를 기정사실로 받아들이지만, 적어도 처음에는 특히 정복한 땅과 노예화한 그곳 주민을 스파르타 시민에게 분배했던 시기에 전반적 자원 평등 역시 상당한 수준이었을 것임을 상정하게 된다. 하지만 어떤 종류의 누진 세제—군용 기부금은 개인의 부와 무관하게 고정된 부담금을 징수했기 때문에 사실상 퇴행적이었다—도 없고, 주기적 토지 재분배도 부재한 상태에서 결국에는 대중 동원과 평등주의적 규범은 늘어만 가는 부와 소득의 불평등을 억제할 수 없었다. 이 문제는 부의 집중이 매우 높은 수준에 도달한 이후인 기원전 3세기에 가서야—아울러 이때는 역사상 평준화 계획이 으레 갖고 있던 전형적 방식, 곧 폭력에 의지해—다뤄지기 시작했다(8장과 12장 참조).

끊임없이 계속된 대중적 군사 동원이 자원 불평등을 감소시키는 데 훨씬 성공을 거둔 곳은 관련 증거가 가장 많은 폴리스, 바로 기원전 5~기원전 4세기의 고대 아테네였던 것으로 보인다. 군사 참여 확대, 시민권 강화 그리고 부유한 엘리트보다 평민에게 유리했던 재분배 조치 사이의 밀접한 관계 및 아마 자체적으로 보강했을 커넥션을 정확히 집어낼 증거는 충분히 많다. 우리는 이런 추이를 거의 3세기 동안 추적할 수 있다. 기원전 600년 즈음, 아테네는 인구 증가와 풍부한 노동력이 불을 지핀 불평등의 증대로 신음했다. 빈민은 부자들에게 빚을 졌고, 체납의 대가로 노예로 전락하는 처지에 빠졌다. 아테네의 이웃한 폴리스이자 주요 경쟁 상대 중 하나인 메가라(Megara)는 한 자료에 따르면 가차 없이 "무분별한 민주주의"—직접민주주의 정부의 가장 초기 사례—라는 꼬리표가 붙은 것을 도입했다. 이 조치는 채권자가 대출 이자를 변제하도록 요구하는 소급적 부채 탕감으로, 요컨대 부자들의 희생으로 빈민을 지원하는 것이었다. 정치 개혁은 메가라의 해군력—그리스의 전함은 노를 저어 전진했으므로 노를 젓는 인력의 수가 해군력의 결정적 요소였다—을 향상시킨 대중적 군사 동원을 촉진했고, 아테네에 대한 승리와 두 나라의 접전지였던 살라미스(Salamis)섬에 대한 통치를 이끌었다. 이런 차질을 겪은 뒤 아테네에서는 모든 일련의 개혁이 신속하게 이뤄졌는데, 여기에는 일종의 부채 탕감과 부채 상환을 대신한 노예 노동 금지 및 그 밖의 시민권 개선 사항이 들어 있었다. 그로부터 얼마 지나지 않아 전쟁의 운명은 바뀌었다. 아테네의 성공은 개선된 합의와 협동에 뿌리내린 것이었다고 해도 과언이 아닐 것이다.

거의 1세기 후인 기원전 508년, 스파르타가 쳐들어와 내부의 지도부 투쟁에 개입하면서 아테네를 일시적으로 점령했다. 대중 동원은 곧 이 침공에 종지부를 찍었고, 대규모 시민 무장 집단—"열일곱 줄이나 되는"—은 스파르타인을 무력으로 몰아냈다. 이러한 충돌은 아테네의 전체 인구와 영토를 일련의 투표 및 징병 구역으로 나누는 근본적 재편성과 정확히 같은 시기에 일어났다. 이는 응집력을 키우고 통일된 시민 군대를 창설하기 위해 고안한 개혁이었다. 주변의 주요 강대국을 상대로 한 전례 없는 군사적 성공이 즉각적 보상으로 따라왔다. 일단 대중적 참여에 의존한 군사적·정치적 체제의 기본 틀이 자리를 잡자, 시간이 흐르면서 군사적 동원과 정치적 동원 사이에서 자체 강화의 순환 고리가 점차 발전했다. 그리스 역사가 헤로도토스(Herodotos)는 이렇게 말했다.

> 그들은 폭군 치하에서 탄압받는 동안에는 전쟁에서 이웃 나라들과 다름없는 성공을 거뒀지만, 한 번 굴레를 벗어나자 세상에서 가장 우수한 전사들임을 입증했다.

실상은 큰 굴레 하나뿐 아니라 작은 굴레들도 많았다. 시간의 경과와 더불어 군사적 의무가 늘어날수록 정치 참여에 대한 여러 가지 제약도 약화했다.[28]

다음 세대에는 중대한 변화가 생겼다. 아테네는 그리스에서 최강이 될 때까지 여러 차례 해군력을 팽창시켰다. 기원전 490년 페르시아의 침공을 8000명의 시민 군대가 격퇴했는데, 이 수치는 싸울 수 있는 연령대의 전체 남성 인구 중 약 40퍼센트에 해당한다. 시민의회는 이제 군대 지휘관과 그 밖의 고위 관리를 직접 선출하고, 인기 없는 정치인을 국민투표를 통해 일시적으로 퇴출시킬('추방시킬') 수 있었다. 기원전 480년 아테네 법령은 또 한 번의 페르시아 공격에 맞서 200척의 군함에 배치할 성인 남성 시민, 즉 도합 2만 명 정도를 외국인 거주민과 함께 총동원하기로 했다. 페르시아의 패배를 기회로 아테네는 신속히 확장된 동맹 체제를 구축하고, 여기서 나온 재정적 기부금으로 해군의 자금을 대면서 점차 스스로를 해군 제국의 중심지로 변모시켰다. 기원전 460년 아테네는 그리스와 레반트 두 곳에서 전례 없는 지리적 영역에 걸친 군사 작전을 펼쳤다. 이러한 군사 활동은 또다시 헌법에 반영되어 엘리트 조직의 권력을 빼앗고, 대표자 협의회인 민회(民會) 및 인민대법원에 기초한 민주주의적 지배 구조를 강화시켰다. 일반 인구의 혜택은 급증했다. 배심원 임무를 위한 정부 수당을 도입했다. 기원전 440년에는 약 2만 명의 아테네인이 공공 참여에 대한 일종의 국가 수당을 받았다. 그리고 수천 명 이상이 정복지의 땅을 할당받았다. 해군력이 대규모 대중 동원(사유화한 노예의 활용으로 증대된)에 결정적으로 의존했음을 고려할 때 해군력과 민주주의는 함께 번창했다.

군사 동원과 인구 감소는 스파르타 및 그 동맹들과의 펠로폰네소스 전쟁이 벌어지는 동안(기원전 431~기원전 404) 새로운 정점에 도달했다. 하지만 아테네 재정이 갈수록 압박을 받았음에도 불구하고 전쟁 말기에 하층 계급에 대한 국가 수당은 사실상 늘어났다. 전쟁 내내 해군력이 핵심이었다. 이를 못마땅하게 여겼던 소수 집권층의 문헌에는 이런 언급이 나온다.

> 거기서 빈민과 평민이 귀족과 부자보다 마땅히 더 갖게 된 이유는 바로 이것 때문이다. 즉 배의 노를 젓고 도시의 힘을 배가시키는 이들은 바로 평민이기 때문이다.

아테네 군사 동원의 전대미문적인 규모는 최종 전사자 수에 반영되어 있다. 6만 명의 성인 남성 시민 중 2만 4000명이 전투에서 전사했다. 이와 더불어 포위 작전 상황에서 악화한 전염병으로 2만 명가량이 추가로 사망했다. 어떤 기준으로 봐도 이는 명백히 전면전의 유형에 해당한다.

하지만 인구 회복을 이룬 후, 아테네인은 신규 해군을 창설함으로써 제국주의 정책을 재개했다. 아테네 해군의 위력은 기원전 357년 283척의 전함에서 절정에 달했다. 대중 동원은 또다시 국가 장려금을 인상시킨 국내의 협상을 동반했다. 민회 참가 수당은 6배에서 9배로 늘어났고, 배심원은 예전보다 출석률이 훨씬 높았다. 국가 축제 참여를 장려하는 특별 기금도 조성했다. 아테네는 최후의 전면전, 즉 기원전 323년 알렉산더 대왕의 사망 이후 마케도니아의 군림에 맞선 전쟁에 40세까지의 남성 시민 전부를 동원하고, 240척의 함대를 내보냈다. 아마도 전체 성인 남성 시민 중 3분의 1이 해외로 파견되거나 해군에서 복무했을 것이다.[29]

이러한 것이 어떻게 소득과 부의 분배에 영향을 주었을까? 제국에서 나오는 수익금으로 아테네의 전쟁 병기에 보조금을 지급했던 기원전 5세기의 대부분과 달리, 기원전 4세기의 군사 작전은 국내에서 부자들이 내는 세금에 전적으로 의존했다. 아울러 군사 동원이 해군에 집중된 덕택에 전쟁을 일으키는 것은 배에서 선원으로 일하고 노를 젓는 가난한 시민에 대한 재분배를 포함했다. 제국이 패한 뒤 아테네의 국고는 통행세와 입항세 같은 간접세, 화폐 주조 수익, 그리고 광산을 포함한 공유지(public land) 임대 소득의 결합에 의지했다. 직접세는 더 줄어들었다. 외국인 거주자에게 매긴 인두세, 특정 군사 경비를 위해 아테네 부자들에게 걷은 재산세, 시민 사회의 가장 부유한 일원에게만 부과한 〔전례(liturgy, 典禮)라고 알려진〕 기부금이 있었다. 이들 전례 중 일부는 공공의 종교 축제와 연극 공연에 사용하긴 했지만, 제일 중요하고 가장 부담스러운 전례는 전함 정비에 공급하는 것이었다. 특정 연도에 선택된 이들은 선박 한 척을 맡아서 선원을 고용(여기에 대해서는 일정한 양의 국가 자금을 보상받았지만 충분했을 리가 없다)하고, 배를 수리하고, 기자재를 마련했다. 심지어 해상에서 사라진 배의 손실을 충당하는 일도 허다했을 것이다. 엘리트 사회에서는 이런 의무와 여기서 비롯된 경쟁적 지출을 통상 밑 빠진 독으로 여겼다. 시간이 지나고 제도는 바뀌었다. 기원전 5세기에는 해군 전례 기부자—자기 배의 선장 노릇도 했던 를 가장 부유한 400명의 시민 중에서 뽑은 반면, 기원전 4세기에는 1200명(나중에는 단 300명에 불과했을지도 모른다)에게 재산을 기부하라고 요구했다. 이렇게 해서 작전의 기간과 계획에 따라 아테네의 1~4퍼센트 가구들이 부담을 졌다. 그들은 '트리에라르코스(triērarchos: 3단 노 갤리선 유지 제도—옮긴이)'라고 부르던 이 전례를 교대로 돌아가며 맡았지만, 이를 연속으로 두 번 감당할 필요는 없었다.[30]

해군 전례의 평균 비용은 아테네 다섯 가구의 최저 생활에 필요한 연간 소득의 대략 8배, 즉 전형적인 엘리트 소득의 상당 부분과 맞먹었다. 부자마저도 필요한 현금을 모으느라 어쩔 수 없이 대출을 하거나 저당을 잡혔다. 기원전 4세기 중반에는 해마다 1200명(최대 규모였을 때)의 전례 계급 구성원 전체가 300척의 함대를 뒷바라지하고 공공 축제의 비용을 대고 재산세를 지불하자면, 평균 세 가구의 연간 최저 생활 소득에 해당하는 비용을 지출해야 했을 것이다. 전례 계급 구성원의 재산 기준에 대해 우리가 아는 바를 기초로 판단할 때, 그 문턱을 막 통과한 재산의 평균 연간 수익은 (특히 생활비를 고려하면) 이런 의무 때문에 완전히 고갈됐을 것이다. 최근의 한 연구는 아테네에서 가장 부유한 400개 가구가 12개 가구의 최저 생계 소득에 해당하는 평균 소득을 누렸을 것으로 추측한다. 이 집단에게 '전례'란 다른 말로 하면 그들의 총소득에서 약 4분의 1을 차지하는 평균 연간 세금 부담이었을 것이다. 심각한 증거 부족에도 불구하고, 고대 아테네가 부유한 엘리트에게 막대한 양의 소득세를 부과했다고 결론내리는 데는 별 무리가 없을 것 같다.[31]

우리가 전례 계급 내의 불균등한 비용 할당에 대해 세부 사항을 놓치고 있지 않다면—그중 가장 부유한 일원은 그냥 비용을 선납하고, 그 후 다른 사람들로부터 이를 회수했을 것으로 예상된다—이 시스템은 일관되게 누진적이지는 않았다. 왜냐하면 주어진 기준선 이상이 되면 실제 소득과 무관하게 고정된 금액을 추출했기 때문이다. 그럼에도 불구하고 다른 시민들은 직접세를 전혀 내지 않았다는 점에서 대단히 누진적이었다. 여기서 두 가지 요점을 짚고 넘어가야겠다. 하나는 이런 관행이 애초 (해군의) 대중 동원이라는 막대한 재정 수요에 기반을 두었다는 점이다. 군대에 정기적으로 복무하고 동시에 정치적 권한도 부여받은 유권자는 최고 부자들이 재정 부담의 큰 몫을 짊어져야 하는 것을 확실히 했다. 나머지 하나는 좀더 구체적으로 평준화와 관련이 있다. 전례는 아테네 엘리트의 부의 축적을 반드시 감소—또는 극단적인 경우 아마도 예방까지—시켰을 것이다.

이는 이 시기에 아테네가 특히 비농업 부문에서 급속한 경제 성장을 겪었기 때문에 중요하다. 따라서 전례는 그것이 없었다면 격차 확대에 기여했을 환경에서 불평등에 제동을 거는 장치로서 역할을 했다. 동시대의 흥미로운 불평을 살펴보자.

> 언제쯤이면 우리는 진을 빼는 전례와 '트리에라르코스'에서 벗어나 휴식을 찾을까?

이는 단순한 과장이 아니었다. 어쨌거나 재정적 개입이 불평등을 억제했다는 생각은 그 당시 고대 아테네의 부의 분배에 관해 우리가 얘기할 수 있는 것과 일맥상통한다. 2개의 독립된 최신 평가는 아테네인의 7.5~

9퍼센트가 토지의 30~40퍼센트를 소유했고, 20~30퍼센트는 아마 전혀 땅이 없었을 것이라면서 토지 분배가 꽤 균등했다고 추정한다. '중무장 보병(hoplite)' 인구—팔랑크스 대형을 완전히 채울 만큼 충분한 자원을 보유한 이들—로 대표되는 중간 집단은 35~45퍼센트의 토지를 차지했을 것이다. 0.38 혹은 0.39로 추산되는 토지 소유 지니계수는 비교역사적 관점에서 보면 낮은 수치지만, 거대한 대토지에 관한 증거가 없는 것과 잘 맞아떨어진다. 물론 이것이 비농업 자산의 더욱 불공평한 분배 가능성을 배제하는 것은 아니지만 말이다.[32]

일부 대담한 역사가들은 선을 한참 넘기도 했다. 이들은 아테네 전체 소득 지니계수 0.38이나 시민만을 대상으로 한 부의 지니계수 0.7과 함께 상위 1퍼센트와 10퍼센트의 대략적인 부 점유율 30퍼센트와 60퍼센트라는 식의 다양한 짐작—그러나 어느 것 하나도 세심하게 통제된 추측 이상을 뛰어넘지 못한다—을 내놓는다. 특정 직업에 대한 아테네의 실질 임금을 평가하는 데 우리는 좀더 확실한 근거를 갖고 있다. 아테네의 실질 임금은 산업혁명 이전의 기준으로는 높았고, 최저 생계비의 2배로서 근대 초기 네덜란드의 수준과 어깨를 나란히 했다. 이러한 관찰은 고도의 토지 집중이나 더 일반적으로는 초거대 재산에 대한 증거가 보이지 않는 것과 합쳐져 아테네 시민 사이에서 물질 자원이 상당히 균등하게 분배되었음을 가리킨다. 끝으로, 기원전 5~기원전 4세기의 아테네 경제 규모와 관련해 우리의 짐작이 많이 빗나가지 않았다면, 기원전 430~기원전 330년대의 공공 지출은 GDP의 약 15퍼센트에 달했을 것이다.[33]

게다가 재정적 팽창은 애초 대규모 전쟁으로 인해 추진하기는 했지만 민간 지출을 위해서도 아주 많은 몫을 포함하기에 이르렀다. 굵직한 전쟁이 없는 시기에는 총 공공 지출의 절반보다 조금 많은 액수를 정치 및 사법 제도, 축제, 복지 시책 및 공공 건설에 대한 참여 수당처럼 하나같이 일반 인구의 실질적 환경에 혜택을 주는 비군사 활동에 투입했다. 이는 세 가지 이유에서 주목할 만하다. 첫째, GDP에서 국가 점유율이 전근대 사회치고는 높았다. 둘째, 총경비 중 민간 지출 비율도 마찬가지로 비교적 높았다. 셋째, 제국의 수입이 고갈된 후에는 아테네 엘리트에 대한 누진적 과세가 공공 지출의 수입원으로서 공납의 탐욕적 관행을 대체했다. 대중적 군사 동원, 민주주의, 누진 세제, GDP의 많은 국가 비중, 적지 않은 민간 지출 및 제한된 불평등이 한데 수렴하면서 특히 기원전 4세기의 아테네에 홍미로우면서도 때 이르게 '근대'가 나타난 듯한 느낌을 준다.

아테네 같은 상황이 성숙한 고대 그리스 도시국가 문명을 이룬 1000개 넘는 다른 폴리스에서도 동일한 수준으로 일어났으리라는 법은 없으며, 이를 찾아낼 확실한 방법도 없다. 아테네와 스파르타는 대중적 군사 동원의 견지에서 볼 때 틀림없이 극단적이었을 테지만, 다른 폴리스들 역시 자국의 인구 자원을 압박했을 가능성이 큰 야전 병력을 믿었을 것으로 여겨진다. 우리는 민주주의적 통치 방식이 시간이 흐르면서 더욱 보편화하고, 전쟁을 일으키는 일도 심해졌음을 발견할 수 있다. 기원전 430~기원전 330년대까지의 1세기는 대규모 육군과 해군을 포함해 거의 끝없는 전쟁의 시대였고, 비록 용병의 중요성이 점차 부상하긴 했으나 시민의 부담은 보통 여전히 가장 중요했다. 고고학은 우리가 입수할 수 있는 것으로는 가장 광범위한 기반을 갖고 있는 물질적 불평등의 대체 자료를 제공한다. 이 시기 가옥—개인 주택—의 크기는 중앙값 주변에 강하게 밀집해 있다. 기원전 300년 75번째 백분위수에 있는 주택은 25번째 백분위수에 속한 집들보다 4분의 1 정도 더 컸다. 기원전 4세기의 공인된 계획도시 올린토스(Olynthos)에서 주택 크기의 지니계수는 고작 0.14밖에 되지

않았다.[34]

이렇게 많은 역사 기록은 마구 뻗어나가던 고대 그리스의 도시국가 문명이 상대적으로 경미한 수준의 부와 소득 불평등을 누리고 있었다는 결론을 뒷받침한다. 전반적인 대중 동원 전쟁 문화가 이를 지탱하고, 강력한 시민 계급 체제 및 점증하는 민주화가 이를 중재했다. 이 같은 문명은 또한 영토의 통합을 지연시킴으로써 자기 폴리스의 테두리를 벗어나는 재산 축적을 가로막았다. 일찍이 기원전 7~기원전 6세기부터 경제 통합과 그 결과로 인한 부의 집중 상승에 대한 정치적·사회적 장벽이 높았으며, 이것이 정치적 분열과 국가 간 적대감이 끊이지 않던 고대의 분위기를 조성했다. 이런 측면에서 제국 아테네는 원칙을 확인시켜준 예외였다. 이후 세기에서 더 큰 제국 조직에 의한 지배와 통합은 그리스의 평등주의를 훼손하고, 부의 집중에 새로운 기회를 제공했다.[35]

"그 적이 내 가운을 벗겨 자기 아내에게 입혔다": 전통적인 전근대 전쟁

역사상 압도적 다수를 차지하는 전쟁은 사회 전반에 걸쳐 대규모로 군사를 동원한 전투가 아니었다. 전쟁은 흔히 찰스 틸리(Charles Tilly)가 "폭력의 전문가"라고 칭했던 이들에 의해 치러졌고, 기본적 요소로만 축소하면 주로 국민, 토지 및 다른 자원의 통제권—아널드 토인비(Arnold Toynbee)의 표현으로는 "왕들의 운동 경기"—을 놓고 지배 엘리트 사이에 벌어진 경쟁이었다. 한쪽 편만 심각한 파멸을 겪은 전쟁에서 약탈이나 정복은 승자들 사이의 불평등을 증대시킬 가능성이 높았고, 유린당하거나 참패한 쪽에서는 불평등을 누그러뜨릴 공산이 컸다. 요컨대 이긴 쪽 지도자들은 이득(일반 인구는 말할 것도 없고 그들의 추종자보다도 훨씬 더 많은 이득)을 기대할 수 있었던 반면, 패한 쪽의 지도자들은 손실이나 몰락의 위험에 처했다. 전쟁의 성격이 '구식'일수록 이런 원칙은 더 강하게 적용되었을 것이다. 패배자의 침탈은 기원전 3000년 수메르의 다음과 같은 비가(悲歌)에서처럼 아주 오래된 문자로 남겨진 기록으로까지 거슬러 올라간다.

> 아! 나의 그날, 내가 파괴당했던 그날!
> 적은 군홧발로 내 침실을 짓밟았다!
> 그 적이 더러운 손을 내게 뻗었다!
> ……그 적이 내 가운을 벗겨 자기 아내에게 입혔다,
> 그 적이 내 보석 끈을 끊어 자기 아이에게 걸었다,
> 나는 그의 집 산책로를 걷게 되겠지.[36]

그러나 많은 이들이 전쟁에서 고통을 받았다 해도 부자는 그야말로 잃을 게 더 많았다—그리고 같은 부자라도 승자 쪽에서는 얻을 게 더 많았다. 메소포타미아에 대해 조금만 더 얘기하기 위해 수메르 문명의 전성기에서 2000년이 지난 후인 신아시리아 제국의 사례를 생각해보자. 아시리아 왕들의 비문에는 도시를 침략하고 그 주민을 학살 또는 추방한 통치자들의 약탈에 대해 지겨우리만치 자주 자랑하는 내용이 나온다. 약탈에 대한 언급이 대개는 포괄적이어서 우리는 엄밀히 말해 누구의 물건을 가져갔는지 알 수 없다. 그러나 내용이 좀더 구체적인 경우에는 어김없이 적국의 엘리트들이 주요 표적이다. 기원전 9세기 나므리(Namri)의 왕 마르두크무다미크(Marduk-mudammiq)를 무찔렀을 때, 아시리아 통치자 살만에세르 3세(Shalmaneser III)는

왕궁을 약탈하고 신들(의 조각상), 왕의 재산, 물품, 궁녀 및 멍에에서 벗어난 셀 수 없이 많은 그의 말을 차지했다.

왕실 재산의 몰수는 그의 다른 비문에서도 거듭 나타난다. 그중 하나에는 심지어 떼어내서 가져간 '황금 문(門)'에 대한 얘기도 나온다. 국외 추방은 경쟁 국가의 통치자와 그들 가족은 물론 더 일반적으로 궁궐의 신하와 궁녀 같은 지위 높은 사람들도 옭아맸다. 그 밖에 아시리아 왕들은 전리품을 엘리트 수혜자에게 나눠줬다고 전해진다. 한 국가의 지배 계급이 잃어버린 것을 또 다른 나라의 지배 계급이 획득한 것이다. 한쪽이 나머지보다 전쟁에서 일관되게 더욱 성공을 거뒀다면, 승리한 정복국 엘리트는 시간의 경과와 더불어 패배한 상대편 귀족을 뒤로한 채 점점 더 많은 자산을 축적했을 것이며, 이런 과정이 소득과 부 분배의 최고 정점에서 꼬리 부분을 늘림으로써 전체적인 지니계수를 상승시켰을 것이다. 처음 두 장에서 입증했듯 조공을 받는 초대형 제국의 성장은 이렇게 해서 물질 자원이 그 지배 계급 중 최상층에 편중되는 것을 가능케 했다.[37]

전통적인 전쟁의 제로섬 게임 특성은 1066년 노르만족의 잉글랜드 정복에서 잘 나타난다. 토지 자산의 관점에서 보면, 기존 잉글랜드 귀족은 극도로 부유한 소수 백작과 수천 명의 고만고만한 지방 호족 및 기타 지주로 분리되어 있었다. 정복자 윌리엄(William the Conqueror)은 처음에는 이 집단을 끌어들이려 했지만, 헤이스팅스(Hastings)에서 첫 승리를 거둔 뒤 수년간 저항에 부딪히자 조직적인 몰수 정책으로 전환했다. 뒤이은 엄청난 이전은 전체 토지 중 왕의 몫을 대폭 늘렸다. 아울러 모든 땅의 절반을 200명 정도의 귀족에게 내어주고, 절반은 새로운 왕의 측근 10명이 갖도록 했다. 후자는 그들의 특권적 지위에도 불구하고 예전 백작만큼 터무니없는 부자가 되지 않은 반면, 그 밖의 남작들은 평균적으로 이전의 지방 호족 대부분보다 훨씬 형편이 나아졌다. 이런 폭력적 재분배는 잉글랜드 엘리트의 지위에 깊숙이 파고들었다. 요컨대 1086년의 둠즈데이 북 토지 조사 시기에 분명하게 잉글랜드인으로 식별할 수 있는 지주는 표면적으로는 단 6퍼센트에 값어치로는 4퍼센트의 토지를 보유했다. 아울러 그들의 실제 점유율이 더 컸을 수는 있지만 노르만 귀족이 대부분을 차지했다는 데는 의심의 여지가 없다. 재산을 몰수당한 많은 지방 호족은 해외의 전사로서 생계를 꾸리기 위해 나라를 떠났다. 시간이 흘러 왕실 소유지는 줄어들었고, 귀족은 그들의 땅 대부분을 자신에게 예속된 기사에게 줬기 때문에 이 초기 집중 과정은 사실상 역전되었고, 그리하여 엘리트는 훨씬 커졌지만 개개인은 덜 풍족한 계층으로 바뀌었다. 하지만 이 단계에서 봉건적 관계는 토지 자산 분배에 관한 관찰을 복잡하게 만든다. 소득 분배의 변동은 훨씬 더 꼬집어 말하기 어렵지만 가장 일반적 시각으로 봤을 때, 노르만 정복은 그 뒤에 점차 원상태로 돌아갔지만 처음에는 실질적으로 더 적은 지배 계급 내에 더 많은 토지 소득이 집중되는 결과를 낳았던 듯하다.[38]

이런 종류의 전통적인 전쟁이나 정복에서 평준화라 함은 아수르(Ashur: 아시리아의 최고 신—옮긴이)의 노여움이나 해럴드(Harold) 왕의 지방 호족에 의해 무너진 근동의 여러 강자처럼 패자 진영의 통치자에게 주로 집중되었을 것이다. 좀더 최근의 사례는 토스카나 지방의 도시 프라토에서 나온다. 프라토의 부의 지니계수—조세 기록으로부터 추산한—는 1487년 0.624에서 전염병이 누그러지고 인근 지역 사회가 일반적으로 불평등 증가세를 기록한 1546년 0.575로 떨어졌다. 프라토는 1512년 수천 명의 목숨을 빼앗고 3주 동안 가차 없이 노략질을 해댔다고 전해지는 에스파냐 병력에 의한 피비린내 나는 약탈로 신음했다. 이런 상황에서 부자는 포상금과 몸값 모두의 원천으로서 주요 표적이 됐다. 11장 마지막 부분에서 나는 30년 전쟁 중 적대 행위와 전염병으로 심한 타격을 받고, 그 결과 꽤 극적인 빈부 격차의 압착을 경험한 독일의 도시 아우크스부르크의 사례를 더 상세히 논의할 것이다. 전염병이 이 과정에서 상당한 역할을 하긴 했지만, 전쟁과 관련해 부자를 내리누른 자산 가치 파괴와 무지막지한 부담금은 불평등을 끌어내리는 데 무엇보다도 중요했다.[39]

전쟁의 연대기에서 이런 이야기를 몇 배 더 끄집어내는 것은 어렵지 않지만 의미가 없을 것이다. 일반적으로 신뢰할 수 있는 수치를 여전히 입수할 수 없긴 하지만, 일반 원칙은 분명하기 때문이다. 전통적인 전쟁에서 평준화의 규모는 추출과 파괴의 양, 승자나 정복자의 목표, 그리고 특히 우리가 분석 단위를 어떻게 정의하느냐 같은 다양한 요인에 달려 있었다. 만일 침략자와 침략당한 자, 약탈자와 약탈당한 자, 승자와 패자를 별개의 독립체로 간주한다면 우리는 평준화가 후자들 사이에서 발생했을 거라고 예상할 수 있다. 만일 전쟁이 철저한 정복으로 끝나 승자 진영의 일원이 새로 얻은 영토에 정착한다면, 한 엘리트가 다른 엘리트를 부분적으로 또는 전면적으로 대체한다고 해서 전반적 불평등에 큰 영향을 미칠 리는 없을 것이다. 반면 기존 엘리트와 그들의 재산을 제국의 구조에 편입시킨다면, 전반적 불평등이 더 넓은 범위에 걸쳐 있는 더 큰 정치 조직을 탄생시킬 것이다. 하지만 이런 류의 거친 분류법은 반드시 훨씬 복잡한 현실을 지나치게 단순화하기 마련이다. 어느 쪽이건 군과 민간의 엘리트는 다른 결과를 경험했을지도 모른다. 분명한 승자도 패자도 없는 전쟁은 특히 문제다. 이와 관련해서는 2개의 사례로 충분할 것 같다. 프랑스와 에스파냐 대 에스파냐 본토의 동맹국들 사이에 벌어진 1807~1814년의 반도 전쟁(Peninsular War)은 광범위한 파괴를 불러왔다. 이는 에스파냐의 실질 임금 변동성이 증가하고 전반적 소득 불균형이 일시적으로 급등한 것과 때를 같이했다. 그에 반해 전쟁 직후 기간에는 실질 임금 인상, 토지 임대료 대비 명목 임금의 증가 및 전체적으로 더 낮은 소득 불균형이 일어났다. 1820~1830년대 베네수엘라의 파괴적인 전쟁 및 장기화한 혼란도 마찬가지로 토지 임대료 대비 임금 비율의 가파른 하락세로 이어졌던 듯하다.[40]

"우리가 얼마나 죽였는지는 더 이상 세지 않고, 우리가 무엇을 얻을 것인지 계산했다": 내전

이로써 우리에게는 마지막 질문이 남았다. 내전은 불평등에 어떤 영향을 주는가? 현대 학계는 일반적으로 그 역의 질문—불평등은 내전의 발발에 기여하는가?—에 초점을 맞춰왔다. 두 번째 질문에는 간단한 답안이 없다. 비록 많은 개발도상국과 관련한 자료의 질이 형편없는 관계로 특정 결과물의 신뢰성에 의구심이 들기는 하지만, 전반적인(혹은 '종적인') 소득 불평등—특정 국가 내 국민 혹은 가구들 사이의—은 내전의 가능성과 비례 관계에 있지 않다. 반면 집단 간 불평등은 내부 갈등을 촉진하는 것으로 볼 수 있다. 몇몇 최신 저작은 상황을 복잡하게 만들어왔다. 자원 불평등의 대체 자료로 사용된 인간의 신장(身長) 불평등에 관한 광범위한 조사는 19세기 초까지 거슬러 올라가는 전 지구적인 일련의 대규모 데이터를 통해 키가 내전과 비례 관계에 있다고 주장한다. 그리고 또 다른 연구에 따르면, 내전의 개연성은 토지 불평등과 나란히 증가한다. 후자가 극단적으로 높지 않다면 말이다. 이 경우 전자는 소수의 엘리트가 저항을 더 잘 진압할수록 떨어진다. 현재 우리가 할 수 있는 말은 이러한 질문이 갖는 상당한 복잡성을 겨우 이해하기 시작했다는 것뿐이다.[41]

그와 대조적으로 내전이 불평등에 끼친 영향은 그다지 주목을 끌지 못했다. 1960~2004년까지 128개국에 관해 조사한 선구적 연구는 내전이 특히 전쟁 직후 처음 5년간 불평등을 증대시켰다는 사실을 발견했다. 평균적으로 소득 지니계수는 내전 중인 국가들에서 1.6퍼센티지 포인트, 다음 10년간 회복기에는 2.1퍼센티지 포인트 올랐다. 아울러 평화가 유지될 경우 소득 지니계수는 종전 이후 약 5년간 절정에 달했다. 이런 추세에는 몇 가지 이유가 있다. 내전이 물적·인적 자본을 감소시키므로 그 가치는 올라가는 반면, 비숙련 노동의 가치는 내려간다. 더 구체적으로, 농업 인구가 많은 개도국에서 농민은 시장으로의 접근성을 상실하고 상업적 거래로부터 배제됨으로써 소득 손실을 겪을 수 있는데, 이러한 손실이 최저생활로 하향 이동하는 동기를 제공한다. 그와 동시에 전쟁으로 부당 이득을 취한 이들은 보안이 허술해지고 국가 권력이 약해지거나 없어지는 것을 이용해 막대한 이익을 거둔다. 부당 이득은 극소수에 혜택을 주는 경향이 있고, 국가의 세금 징수 역량이 약화된 시기에는 자원을 축적하게끔 해준다. 이러한 긴축은 군비 증대와 함께 사회적 지출 또한 감소시키는데, 그 결과 피해는 빈민에게 돌아간다. 재분배 대책, 교육 및 보건은 전쟁을 오래 지속하면 할수록 더 강해지는 부정적 영향과 함께 더욱 엉망이 된다.[42]

이런 문제는 전쟁 자체가 끝난 후에도 집요하게 계속되며, 내전의 즉각적 여파 속에서 관찰할 수 있는 훨씬 더 높은 지니계수의 이유가 된다. 그 시기에 승자는 "개인적이고 세습적인 인맥이 자산 분배와 경제적 이득에 대한 접근 기회를 결정함"에 따라 그들의 승리로부터 불공평한 보상을 거둬들인다. 내전은 이런 특징에 있어 승자 쪽 지도자들이 이익을 고수하고 불평등이 증대되는 전통적인 전근대 전쟁과 공통점을 갖는다. 19세기에도 똑같은 것을 관찰할 수 있다. 요컨대 1830년대에 에스파냐와 포르투갈에서는 내전 중의 토지 몰수로 인해 대토지가 증가하고 불평등이 악화했다.[43]

이와 관련한 관찰은 거의 하나같이 전통적인 국가나 개도국의 것이다. 본격적인 내전은 선진국에서 극도로 드물었다. 더욱이 1917년 이후 러시아나 1930~1940년대 중국에서처럼 내전이 중대한 평준화와 연관됐던 몇몇 사례에서는 엄밀히 말해 내전보다는 혁명적 개혁이 이 과정의 가장 큰 동인이었다. 이 연구의 목적에 비추어볼 때, 미국의 남북 전쟁은 이번 장 앞부분에서 기술한 결과와 더불어 주들 사이의 전쟁에 다름 아닌 것으로 취급해왔다. 이로써 우리에게는 단 하나의 중요한 사례만 남는다. 바로 1936~1939년의 에스파냐 내전이다. 러시아나 중국에서와 달리 승자 진영은 재분배 의제를 밀어붙이지 않았고, 전쟁의 성과는 어떤 의미로 따져봐도 혁명적이지 않았다. 분쟁 중 무정부주의자의 통치 아래 있던 지역의 집산주의는 수명이 짧았다. 1939년 이후에는 프랑코(F. Franco) 정권이 경기 침체의 원인을 제공한 경제 자급 정책을 시행했다. 내전으로 인한 일련의 충격과 뒤이은 경제 관리 부실은 상위 소득 점유율 하락의 이유가 됐다. 이 기간 동안에는 유일하게 최상위 소득 점유율(가장 부유한 0.01퍼센트)만 산출할 수 있는데, 이 집단은 1935~1951년 60퍼센트의 하락을 경험했다. 이러한 추세는 전체 소득 지니계수의 추이와 모순되는데, 지니계수는 내전과 제2차 세계대전 시기에 상당히 안정적이었지만 1947~1958년에는 극심한 변동을 보였다(그림 6.2).[44]

가뜩이나 복잡한 데다 설상가상으로 임금 소득 지니계수는 1935~

그림 6.2 에스파냐의 소득 지니계수와 상위 0.01퍼센트의 소득 점유율, 1929~2014년

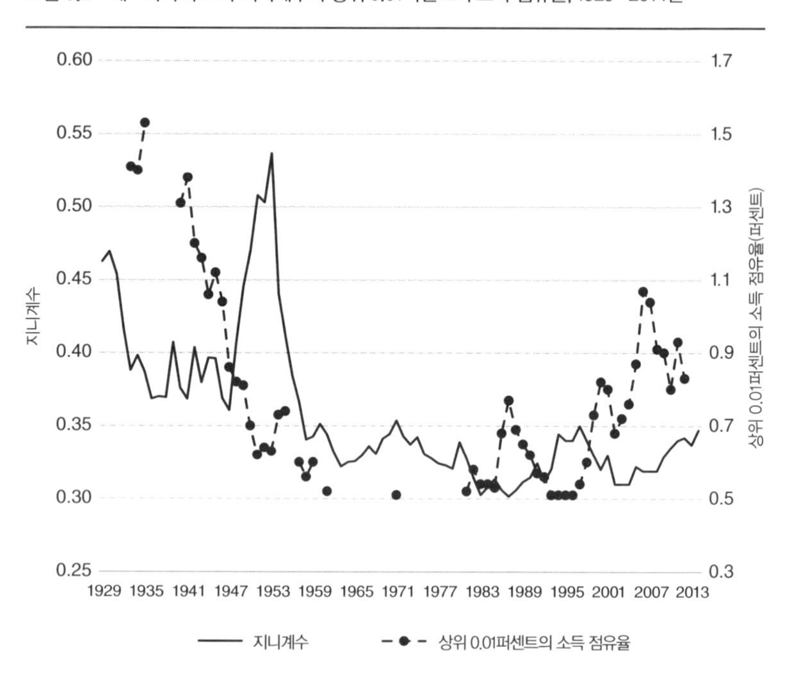

1945년 약 3분의 1만큼 눈에 띄게 떨어졌다. 내가 알고 있는 한 이런 결과에 대한 설득력 있는 설명은 현재 없다. 레안드로 프라도스 데라에스코수라(Leandro Prados de la Escosura)는 자본 수익 감소의 경쟁 효과(상위 소득 점유율을 침체시킨), 프랑코 정권하의 재전원화(reruralization, 再田園化)로부터 생겨난 임금 압착(전반적 임금 격차의 감소와 함께), 그리고 늘어나는 자산 수익, 특히 토지 수익의 상승(소득 불평등의 전체 지니계수를 산출할 때 이러한 효과를 상쇄하는)과 관련한 가설을 제시해왔다. 이 모든 것은 1930~1952년까지 1인당 순 실질 GDP의 제로 성장이라는 맥락에서 일어났고, 대략 같은 기간에 빈곤층 인구 비율은 2배 이상이 됐다. 상위 소득 점유율의 하락과 임금 압착이라는 관점에서 표면적 유사성에도 불구하고 에스파냐의 불평

등은 당시의 다른 유럽 국가들과 사뭇 다르게 전개됐다. 제2차 세계대전의 추축국 및 일부 주변국과 달리 누진세는 전무했고 전반적 소득 불평등은 감소하지 않았다. 나는 "내전이 사회에 분열 효과를 가져온 에스파냐, 그리고 세계대전이 사회적 응집력을 증대시키는 경향이 있던 대부분의 서구 국가들 사이의 차이는 전후 기간에 대한 이해와 관련이 있을 수 있다"는 프라도스 데라에스코수라의 말에 동의한다. 그럼에도 불구하고 두 경우 모두 소득과 부의 분배를 결정한 근본 추동력은 같았다. 바로 정부의 정책을 매개로 한 폭력적 충격이 그것이다.[45]

나는 한 가지 혼합적인 사례를 고찰하기 위해 다시 한 번 한참 전의 과거로 돌아감으로써 이번 연구의 결론을 맺고자 한다. 바로 로마공화국을 붕괴시킨 기원전 80~기원전 30년대의 내전이다. 이러한 내전은 엘리트의 제어 불가능한 경쟁으로 불이 붙긴 했지만, 앞서 말한 대중적 군사 동원 문화의 맥락에서 전개되었다. 따라서 이러한 내전은 국가 간 대중 동원 전쟁의 핵심 특징을 보여주는 로마 사회 내부의 충돌이었다는 점에서 혼합적이다. 로마 역사상 최고의 군사 참여율을 보인 몇몇 내전은 나라 안이 들끓던 이 시기에 이뤄졌다. 엘리트의 내분과 대중 동원이라는 이런 특정적 조합은 소득과 부의 재분배를 위한 새로운 기회를 제공했다.

이러한 내분 중 가장 격렬했던 충돌—기원전 80년대와 기원전 40년대 그리고 기원전 30년대에 일어난—은 로마의 지배 계급을 파괴했다. 정적들에 대해 법률적 보호를 박탈하고—보상금을 노리며 그들을 죽이고 싶어 하는 사람들에게 만천하에 공개됐다—그들의 토지는 승리한 파벌이 몰수했다. 기원전 83~기원전 81년까지 벌어진 내전에서는 약 300명의 원로원 원로 중 105명이 살해당한 것으로 알려졌다. 그리고 기원전 43년에는 (600명 중) 300명의 원로와 로마 엘리트 가운데 그다음으로 높은 계급인

2000명의 기사가 이런 방식으로 목숨을 잃은 것으로 추정된다. 비록 그 중 이름을 댈 수 있는 사람은 120명 정도뿐이지만 말이다. 이 두 가지 일화는 다른 방식으로 불평등에 영향을 미쳤다. 과두 정부의 대응을 제안한 이들이 감행한 1차 몰수는 유리한 위치를 점한 지지자들이 경매를 통해 압수한 자산을 낚아챔으로써 챙기는 수익을 허용했다. 특히 내전 이전에 대규모 소모전이 있고 난 후여서 이는 부의 집중을 한층 증대시켰을 게 틀림없다. 기원전 90~기원전 80년까지 10년간 최소 291명의 원로가 폭력으로 인해 사망한 것으로 알려졌다. 상속자의 결핍은 엘리트 자산의 분산보다는 통합으로 이어졌을 가능성이 높다. 지역 사회로부터 강제 몰수한 토지는 참전 병사들에게 주어졌다. 하지만 궁극적으로는 시장에 매물로 나오기 십상이었고, 이는 역시 집중을 촉진하는 거래로 종지부를 찍었다. 이와 반대로 기원전 43~기원전 42년의 몰수는 보복과 관련한 욕망보다는 이탈리아 바깥의 국내 반대 세력에 맞선 군사 작전 준비 과정의 이례적 재정 수요가 그 동기였다. 이 경우의 수익금은 측근에게 혜택을 줄 가능성이 적었고, 주로 대규모 시민군에 내건 엄청난 보상금 공약을 충족하는 데 사용했다. 파벌 지도자의 최측근은 기원전 30년 분쟁이 종식된 이후 기존 귀족들을 희생시켜 '새로 부상한 자들'의 배를 불린 지급금을 통해 보상을 받았다.[46]

이런 내전의 최후 결승전에서 군대의 보상 수준은 아마도 상당한 재분배 결과를 가져왔을 것이다. 내전이 발발하기 이전 로마 병사들의 보상금은 다소 미미했다. 초기 군벌은 외국의 적에 대항한 군사 작전에서 상여금을 인상했다. 상여금은 매우 낮은 수준에서 기원전 69년 연간 기본급의 7배, 기원전 61년에는 13배에 상응하는 정도까지 올랐다. 기원전 40년대의 내전은 기원전 46년에는 새롭게 인상한 기본급의 22배(즉 이전 봉급의

42배)까지 좀더 많고 한층 극적인 급등을 촉발했다. 이러한 지출은 4년 후 훨씬 늘어난 군인에 대해서도 똑같은 보상을 약조하는 바람에 곧 과도해졌다. 대체로 정기적인 연간 국가 소득의 적어도 10배 또는 당시 로마 제국 연간 GDP의 절반쯤 가치에 해당하는 금액이 기원전 69~기원전 29년에—그리고 기원전 46~기원전 29년에는 그 액수의 거의 전부—내전에서의 충성심을 확보하고 보상하기 위해 군인들에게 이전된 것으로 짐작할 수 있다. 총수령인 수는 40만 명에 육박했고, 그들의 가족까지 합치면 로마 시민 전체의 3분의 1에 달했을 것이다. 물가 인플레이션에 대한 증거는 없지만, 이는 비엘리트의 소득을 실질적으로 높였을 공산이 크다. 이탈리아 심장부인 로마 사회 내의 분배 효과는 더욱 불투명하다. 이러한 돈은 대부분 바다 건너 속주(屬州)들로부터 갈취한 자원을 통해 얻은 것이었다. 그러나 예외도 있었다. 기원전 43년 부동산 소득 1년 치와 2퍼센트의 재산세 징수를 이미 언급한 대규모 몰수와 함께 부유층에 부과했다. 이후의 몇몇 추가 징수분 역시 구체적으로 부자를 겨냥했다. 로마 역사상 오직 이때에만 재정 추출이 실제로 누진적이었고, 그렇게 해서 발생한 세수는 재분배 방식으로 사용되었다.[47]

하지만 이는 일회성 변칙으로 남을 터였다. 속주의 세수에 대한 의존은 일단 평화를 회복하고 기원전 30년 이후 안정적인 독재 정치를 도입하자 다시금 표준화되었다. 가처분 소득의 분배가 일시적이나마 일반 시민에 유리하게 전환된 것은 기원전 40년대 말의 불과 몇 년간 뿐이었다. 우리가 2장에서 살펴보았듯 결국에는 다음 세기의 정치적·경제적 안정이 의심할 바 없이 높은 부의 집중에 기여했다.

“비용이 얼마가 들더라도”: 전쟁과 불평등

이 책 2부는 우리를 수천 년간의 전쟁을 관통하도록 이끌었다. 군사적 충돌은 오랫동안 인류 역사에 만연한 특징이었지만, 오직 특정 유형의 전쟁만이 그만큼 보편적인 또 다른 현상—소득과 부의 불평등한 분배—을 약화시켰다. 승자든 패자든 매한가지로 근대의 대중 동원 전쟁은 평준화의 잠재적 수단이었음이 드러났다. 전쟁과 관련한 시책이 전 사회에 스며들고, 자본 자산이 가치를 상실하고, 부자들로 하여금 공정한 몫을 지불하도록 할 때마다 전쟁은 비단 “인간을 죽이고 사물을 박살내기”만 했던 게 아니라 빈부 격차를 좁혔다. 제2차 세계대전에서는 이런 영향이 전쟁 중은 물론 그 이후에도 전시 정책의 지속으로 유지되면서 제대로 작동했다. 선진국 시민이 한 세대 혹은 그 이상 불평등 하락을 누린 것은 이런 전례 없는 전 지구적 충돌의 폭력성 덕분이었다. 유사한 물질적 격차의 압착은 제1차 세계대전 도중과 그 이후에도 일어났다. 그보다 과거에는 이 특별한 스타일의 전쟁 사례가 드문 데다 보통은 평준화와 연결되지 않는다. 미국 남북 전쟁에서 남부의 재산을 파괴한 것은 엄밀히 말해 동원이 아니라 패배와 점령이었다. 대규모 전쟁의 오래된 선구자격인 전투와 관련한 증거는 중국과 로마공화국에서처럼 모호하거나 부정적인 결론을 낳는다. 고대 스파르타의 전사(戰士) 국가에서는 틀림없이 좀더 평준화됐던 이전 상황으로부터 점진적으로 자원의 불균형이 자라났다. 고전 시대의 아테네는 광범위한 대중적 군사 참여의 평준화 영향에 관한 한 전근대의 최고 사례일 것이다. 20세기 일부 시기에 그랬던 것처럼 아테네 민주주의는 전시 동원의 공통된 경험으로 강화됐고, 그 결과 불평등 상승을 억제하는 정책을 선호했던 듯하다. 전반적 추이에서의 극심한 차이와 고대 증거의 한계를 감안할 때, 우리는 이런 유사점에 지나친 비중을 두는 걸 경계해야 할 것이다. 그럼에도 불구하고 고대 아테네의 경험은 제도적 장치를 적절하게 조합함으로써 철저하게 전근대적인 환경에서조차 대중적 군사 동원 문화가 평준화 메커니즘으로 작용할 수 있음을 시사한다.[48]

범위가 좀더 국한된 전쟁은 역사를 통틀어 보편적 현상이었지만, 일관된 성과를 내놓지는 못했다. 약탈과 정복이라는 전통적인 전쟁은 보통 이긴 쪽 엘리트에게 혜택을 주고 불평등을 신장시켰다. 이는 패배한 정치 조직이 더 큰 조직으로 편입할 때 특히 해당되는 상황이었을 것이다. 이 과정은 위계 서열의 맨 꼭대기에 부유층과 권력층을 추가적으로 올려놓곤 했다. 내전은 평준화의 원천으로 작용한 적이 거의 없었다—설령 있었다 해도 단지 부분적이거나(각기 다른 방식이긴 하지만 1860년대 미국과 1930~1940년대의 에스파냐에서처럼) 매우 짧았을(아마도 고대 로마에서처럼) 뿐이다. 진정으로 소득과 부의 분배를 변화시킨 것은 포괄적 몰수와 재분배를 작정하고 이를 실현하기 위해 필요하다면 얼마나 많은 피를 흘리든 개의치 않았던 급진적 정권의 품에 압승을 안겨준 내전뿐이었다. 우리가 이제 옮아갈 곳이 바로 이 과정, 즉 폭력적 평준화의 두 번째 기사(騎士)다.

3부

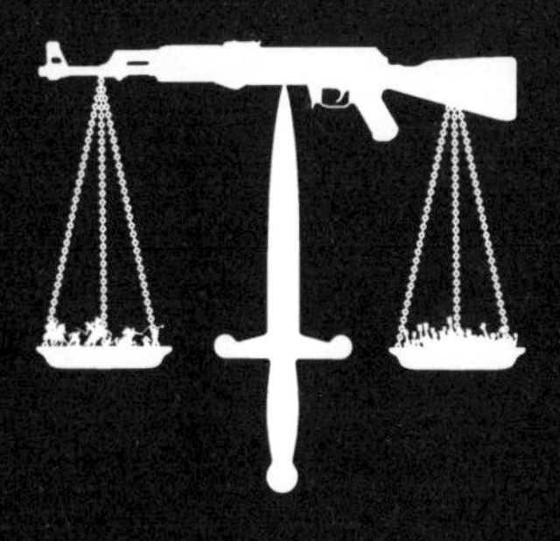

혁명

07

공산주의

"프롤레타리아의 권력을 위하여": 20세기 혁명에 의한 평준화

나라 간 충돌이 불평등을 감소시킬 때가 있다면, 국가 내부의 충돌은 어떤 결과를 가져올까? 우리는 최근 역사에서 내전이 확실한 영향을 끼치지 못했으며, 영향을 끼쳤다 하더라도 기존의 격차를 악화하는 쪽이었음을 이미 알고 있다. 단지 한 파벌이 또 다른 파벌과 맞붙는 것이 아닌, 좀 더 포괄적으로 사회를 재구성하고자 분투했던 국내의 갈등 역시 이와 같을까? 그런 야심찬 시도는 드물었다. 역사상 격렬한 민란의 압도적 다수는 특정 불만에 대한 구제책을 추구했고, 그런 만큼 압도적으로 실패했다. 권력을 쟁취하고 소득과 부의 분배를 고르게 하는 데 성공한 더욱 야심찬 운동은 비교적 가까운 과거에 이르러서야 나타났다. 전쟁의 경우와 마찬가지로 행동의 강도가 결정적 변수였다. 대부분의 전쟁이 평준화 성과를 내지 못한 데 반해, 대중적 군사 동원은 기존 질서를 뒤엎을 수 있었다. 반란 중에서 모든 개별 중소 도시와 개별 마을의 자원을 비슷한 정도로 속속들이 동원한 경우만이 급진적 평준화로 귀결됐다. 맨 처음 비유로 다시 돌아가서, 대중 동원 전쟁과 변혁적 혁명은 깊숙이 자리 잡은 이해 관계를 일소하고 물질 자원에 대한 접근 기회를 재구성함으로써 묵시록에서만큼이나 막강한 기사의 역할을 수행했다. 관건은 바로 폭력의 양 자체였다. 양차 세계대전이 인류 역사상 최악의 유혈 낭자한 전쟁이었듯 세상을 가장 평등하게 만든 혁명 역시 기록으로 남겨진 국내의 격변 중에서 가장 피비린내 나는 사건이었다. 평준화의 수단으로서 대규모 폭력이야말로 핵심 골자라는 것을 반란과 혁명에 관한 나의 비교 연구가 확인해줄 것이다.

나는 앞에서처럼 시간을 거슬러 올라가는 똑같은 접근 방식을 채택하고자 한다. 가장 유의미한 증거는 역시 주요 공산주의 혁명이 (이번 장에서 다룰) 소득과 부의 극적 분산을 초래한 20세기에 일어났다. 다음 장에서 나는 같은 계보에서 선행했을 법한 사건, 즉 가장 유명하게는 프랑스 혁명으로 넘어간 다음 농민 봉기처럼 무력으로 국내 상황을 타개하려 한 전근대적 시도들의 효과에 대해 고찰할 것이다. 전쟁의 경우에 그랬듯 우리는 근대 또는 산업화 시대, 그리고 전근대 혹은 산업화 이전 시대 사이의 구분과 조우할 것이다. 대개는 최근의 혁명만이 대다수 인구의 부와 소득 분배에 영향을 미칠 만큼 충분히 강력했던 것으로 밝혀졌다.

"목숨을 건 부자들과의 전쟁": 러시아 혁명과 소비에트 정권

5장에서 살펴봤듯 대량 학살을 위해 전무후무하게 인력과 자원을 동원한 제1차 세계대전의 참사는 주요 교전국에서 소득과 부의 불평등을 압착했다. 이 효과의 규모와 타이밍은 나라마다 꽤 차이가 있었다. 독일에서는 상위 소득 점유율이 전시에 커졌다가 패전 후 급락했다. 프랑스에서는 전쟁 직후 매우 완만하게 떨어졌을 뿐이다. 영국에서는 1920년대 중반 반짝 회복하기 전까지 전쟁 도중과 직후에 상당히 하락했다. 그리고 미국에서는 전시의 하락 이후 곧바로 강한 회복이 뒤따르기도 했다. 가장 극심한 영향을 받은 몇몇 나라(오스트리아-헝가리 제국, 이탈리아 및 벨기에)에서 이에 상응하는 데이터가 아직 나오지 않은 것은 특히나 유감스럽다. 하나같이 더욱 강력하면서 더욱 확연한 평준화 성과를 양산한 제2차 세계대전과 달리, '위대한 전쟁'에 대한 기록은 이렇게 약간 혼재된 데다 일부는 알려져 있지도 않다.[1]

제1차 세계대전 이후 가장 극적인 불평등 감소가 뒤따른 곳은 바로 러시아였다. 하지만 다른 사례들과 대조적이게도 평준화는 전시의 개입과 전이 혹은 전후의 재정 붕괴가 아닌, 오히려 전쟁의 잔해로부터 탄생한 급진적 혁명의 대격변으로부터 초래됐다. 차르 니콜라이 2세(Czar Nicholai II)의 제국은 이 전쟁을 이끄는 선두 주자 중 하나였다. 무려 1200만 명의 병사를 동원하고, 그중 200만 명에 가까운 이들이 전사했다. 아울러 500만 명 넘게 부상을 입고, 250만 명은 포로로 잡히거나 실종 처리됐다. 더욱이 민간인도 100만 명이 살상당한 것으로 알려졌다. 우리가 말할 수 있는 것은 1914~1917년의 전쟁 기간 동안 어떤 중대한 압착이 일어났을 리 없다는 점이다. 조세는 지극히 퇴행적이어서 간접세에 지나치게 매달렸다. 소득세와 전시 이득세는 종전 때까지 시동도 걸지 못했다. 국채 발행 프로그램의 성과도 대수롭지 않았다. 그리고 국가의 재정 적자 대부분은 화폐 발행으로 때웠다. 인플레이션 가속화는 특히 1917년의 임시 정부 아래서 오직 부자들에게만 피해를 입히지 않았다.[2]

전쟁 자체가 끼친 직접적 영향이 무엇이었든 일단 볼셰비키(Bolsheviki)가 1917년 11월 공격을 개시하자 벌어진 사태에 비하면 아무것도 아니었으며, 동맹국에 맞선 적대 행위는 그다음 달에 멈추었다. 그해의 대대적인 경기 침체는 이미 대토지 장악으로 귀결된 광범위한 농민 봉기를 촉발한 뒤였고, 파업 노동자들은 많은 공장의 통제권을 확립한 터였다. 이러한 반란은 1917년 11월 6일과 7일 볼셰비키에 의한 수도(首都)의 무장 탈취에서 극에 달했다. 상트페테르부르크의 겨울궁전을 기습한 바로 다음 날인 11월 6일, 신설된 인민위원회는 레닌이 손수 작성한 '토지령'을 통과시켰다. 무엇보다 강제 재분배가 최대 의제였다.

이 법령은 극히 포괄적이었다. 당면한 정치적 목표는 추후에 귀족과 국가가 소유한 토지 보유분을 농민이 압수하고 분배하는 것을 합법화함으로써 농민의 지지를 확보하는 것이었다. 이는 그해 여름부터 전개해온 과정이기도 했다. 하지만 공식적으로는 훨씬 더 원대한 목표가 있었으니, 바로 다름 아닌 개인 토지 소유권의 혁파를 추구하는 것이었다.

> 이와 함께 지주들의 토지 재산권은 보상 없이 철폐한다. ……개인의 토지 소유권은 항구히 폐지될 것이다. 토지는 매입하거나, 매각하거나, 임대하거나, 그밖에 양도할 수 없다. ……토지를 사용할 권리는 성별과 무관하게 자신의 손으로 그것을 경작하고자 하는 모든 러시아 시민에게 주어질 것이다. ……고용 노동은 허용되지 않는다. ……토지는 평등화의 원칙에 입각해서, 다시 말해 노동력 혹은 식량의 정상적인 단위를 …… 기초로, 그것을 사용하는 이들에게 분배할 것이다.[3]

이러한 조치는 당장은 엘리트가 보유한 토지—대지주, 황실 가족 그리고 교회의 땅—에 사실상 한정되었다. 평범한 농민〔그리고 코사크 기병(Cossack)〕의 토지는 강제 몰수 대상이 아니었다. 몰수와 분배는 지역위원회가 처리하기로 했다. 뒤이은 법령은 모든 은행을 국유화하고, 공장을 노동자평의회의 통제 아래 두고, 개인의 은행 계좌를 압수했다. 경제적인 용어로 지주 계급—가족을 포함해 대략 50만 명—은 또 다른 12만 5000명가량의 부르주아 최상층이 그랬던 것처럼 전멸했다. 엘리트의 일원을 칭하는 용어가 된 '이전 사람들(former people)' 대다수는 제거됐고, 그보다 훨씬 많은 수가 이민을 떠났다. 극적인 비(非)도시화도 평준화에 기여했다. 왜냐하면 모스크바와 상트페테르부르크—부와 소득이 집중된 과거의 심장부—를 합친 인구가 1917~1920년 절반 이상 줄어들었기 때문이다. 공산당 기관지 〈프라우다(Pravda)〉가 1919년 1월 1일 사설에서 흡족해했듯

> 부자, 유행의 첨단이던 숙녀들, 값비싼 레스토랑과 개인의 대저택, 아름다운 현관 및 거짓말쟁이 신문, 그 모든 썩어빠진 '황금빛 삶'은 어디로 갔는가? 모든 걸 완전히 일소했다.

레닌의 "목숨을 건 부자들과의 전쟁"이 승리를 거둔 것이다.[4]

인구 대다수가 여전히 농지를 경작하던 사회에서는 볼셰비키의 초기 토지령만으로도 평준화에 중요한 추진력이 되었고, 그 밖의 몰수 조치는 더더욱 힘을 실어줬다. 1919년 경작 가능한 토지의 거의 97퍼센트는 농민 소유가 되었다. 그러나 처음부터 새 정권은 이러한 전이로는 충분치 않다고 여겼다. 균등한 분배는 고작 "프티부르주아 농민을 생성해 평등을 보장하지도, 차별을 예방하지도 못할 것"이라고 염려했다. 사실 토지 소유는 물론 사유 재산을 폐지해야만 온전하고 항구적인 평준화의 성취를 기대할 수 있을 터였다. 1918년 2월의 중요한 후속 토지령에서는 벌써부

터 집단화를 촉구한다.

> 토지 사용을 허가하는 양식 및 순서를 결정하는 데 있어 우선권은 개인이 아닌 농업협동조합에 부여하기로 한다.[5]

이러한 야망의 표출은 다가올 공포의 희미한 전조였을 뿐이다. 공산주의자들은 당분간은 내전에서 살아남고 전 국가를 총망라하는 지배를 설파하는 데 주력했다. 1918~1921년은 국가가 비정상적이리만큼 공개적인 강압에 기댔던 '전쟁 공산주의(war communism)' 시기였다. 개인 제조업을 금지하고, 생산은 오직 국가의 할당량에 따라 이뤄졌으며, 민간 무역을 금기시하고, 농민의 잉여 식량을 몰수했다. 돈은 무용지물이 됐다. 식량은 마을을 급습한 무장 조직이 징발해 등급화한 배급제를 통해 도시 인구와 군대에 배분했다. 모든 대기업과 많은 중소기업을 국유화했다. 농촌에서는 국가가 생산자에게 식량을 보상해줄 수 없는 관계로 또다시 평준화의 기치를 내건 채 대놓고 몰수하는 것이 최선의 방법이었다. "가난한 소작농들과 함께 …… 프롤레타리아의 권력을 위하여" 더 못 사는 농민은 형편이 나은 이웃에게 남는 먹을거리를 넘겨달라고 다그쳐야 했다. 처음에는 곡물, 농장 시설 및 가정 보급 물자의 배분을 관리하기 위해 '농촌빈민위원회'를 창설했고, 위원회 위원들은 활동의 대가로 공짜 곡물을 받았다. 중앙 지도부는 더 많이 생산한 농민의 수확물을 압수할 만한 충분한 인센티브가 있다고 생각했다. 그럼에도 불구하고 수시로 외부에서 위원들을 영입해야 했는데, 마을 사람이 계급 전쟁을 열렬히 환영할 것이라는 공산주의자의 기대와 달리 그들은 같은 공동체 구성원에 대한 기습 공격을 꺼려 하는 것으로 밝혀졌다. 니얼 퍼거슨(Niall Ferguson)은 레닌이

1918년 8월 한 지방 인민위원에게 쓴 편지를 인용한다.

> 동지여! ……**적어도** 100명의 알려진 쿨라크(kulak: 러시아어로 '부농'을 가리킴—옮긴이), 부자, 흡혈귀들의 목을 매다시오(인민들이 볼 수 있도록 목을 매달라는 뜻입니다). ……인근 수백 마일 반경의 인민들이 보고, 몸을 떨고, 알고, 소리칠 수 있도록 그리 하시오. 그들은 피를 빨아먹는 쿨라크를 제거하고 있으며, 계속해서 없앨 것입니다……. 레닌 드림. 추신: 더 냉정한 사람들을 찾으시오.

실험은 곧 폐기됐다. 레닌은 "쿨라크에 대한 가차 없는 전쟁을! 그들 모두에게 죽음을!"이라고 외쳤지만, 현실적으로 이 대부분의 '쿨라크'('단단한 주먹'에서처럼 글자 그대로 '주먹'이란 뜻) 또는 **비교적** 형편이 나은 농민은 같은 마을 사람들보다 훨씬 많이 풍족하지 않았다.[6]

필요 이상으로 혹독했던 이런 개입이 평준화는 보장했을지언정 그 경제적 성과는 처참했다. 농민은 징발을 면하기 위해 생산을 억제하고, 가축과 농기구를 없앴으며, 경작 중인 농지의 면적과 생산량 모두 혁명 이전 수준에서 크게 떨어졌다. 정권은 이런 생산성 저하에 대한 대응책으로 자발적 집단화를 장려했지만, 그 조치는 농민들의 저항에 제대로 부딪혔다. 1921년 러시아 인구의 1퍼센트 미만은 집단 농장(kolkhoz)에서 일했다. 철저한 평준화는 비싼 값을 치르고 얻은 것이었다. 1912~1922년 말이 전혀 없거나 한 마리만 있는 시골의 농업 가구 비율은 64퍼센트에서 86퍼센트로 오른 반면, 세 마리 이상을 가진 가구 비율은 14퍼센트에서 3퍼센트까지 떨어졌다. 마을 사람들은 이제 모두가 더욱—그러나 더욱 공평하게—가난해졌다. 걷잡을 수 없는 인플레이션도 한몫했다. 1921년 물가는 1914년보다 거의 1만 7000배 높았다. 갈수록 물물교환이 화폐를

대체하고, 암시장이 번성했다.[7]

극적인 생산량 감소는 내전에서 발생한 수백만 명의 사망자와 함께 1921년 신경제 정책을 지지하는 일시적 반전을 촉발했다. 시장은 다시 가동됐으며, 농민은 현물로 세금을 내고 잉여분을 팔거나 소비할 수 있었다. 소작과 고용 노동도 다시 허용했다. 경작지 면적이 1922~1927년 절반 정도 증가함에 따라 자유화는 경제 회복으로 보상을 받았다. 동시에 이러한 정책은 상업 거래를 위한 잉여 식량 생산자를 선호함으로써 생산자 간의 차등이 재개되는 것을 촉진했다. 이는 쿨라크 인구를 아주 약간 팽창시키는 것으로 이어져, 이들이 농민 인구에서 차지하는 비중이 5퍼센트에서 7퍼센트로 올랐다. 하지만 그들은 부자와는 거리가 멀었다. 평균적으로 두 마리의 말, 두 마리의 소 및 약간의 거래할 만한 식량이 있었을 뿐이다. 전체적으로 보면 앞서 일어난 쿨라크의 자산 손실과 무토지 노동자를 위한 토지 분배가 소득 분포를 고르게 하고, 이것이 '농민 평준화(oserednyachenie)'로 귀결되었다. 산업적 기업가들은 혁명 이전보다 훨씬 수가 적어지고 재산도 한참 줄었다. 민간 자본은 산업에서 사실상 아무런 역할도 하지 않았다. 1926~1927년 산업 투자의 고작 4퍼센트가 민간 부문에서 나온 반면, 농업 부문의 상황은 정반대였다.[8]

농민 간 격차가 재개될 조짐이 보이고, 특히 집단화에 대한 그들의 저항이 만연한 상황은 스탈린의 분노를 부채질했다. 1928년부터 국가는 다시 한 번 산업화—민영화한 농촌에서 사회주의화한 산업 부문으로 자원을 효과적으로 이전하기—를 뒷받침하는 데 필요한 곡물 확보를 위해 강압에 호소했다. 1929년에는 집단 농장 장려 운동과 더 나은 융자 형식으로 눈에 보이는 지원을 투입했음에도 불구하고, 곡물 경작지 중 겨우 3.5퍼센트만을 집단 농장에서 경작했다. 국영 농장 1.5퍼센트 및 개인 소유지 95퍼센트와는 대조적이었다. 쿨라크를 차단하는 데 집착하고 집단 농장의 열악한 성과를 간과한 스탈린은 예상 밖으로 이런 상황을 타개하기 위해 무력을 선택했다.[9]

1930년 1월 30일 '포괄적 집단화 지구들에서 쿨라크 가구의 제거 대책'이라는 결의안은 지방의 노동자 거주지에서 처형, 강제 추방 또는 투옥을 통해 (계급으로서) 쿨라크 제거를 준비했다. 형편이 좀 나은 농민은 몇 배의 세금을 물은 다음 자신들의 땅에서 쫓겨났다. 빈농은 좀더 손쉽게 집단 농장에 가입하도록 유도했다. 당은 반(反)쿨라크 수사학을 강화해 농민으로 하여금 땅을 차지하라고 부추겼다. 충분한 목표물을 찾아내기 위해 '쿨라크'의 정의를 일꾼을 고용하거나 생산 시설(방앗간 같은)을 소유하거나 무역하는 이들을 포함하는 데로까지 확장했다. 체포와 강제 압수는 다반사였다. 그러나 예전에 풍족했던 농민이 차별적 과세로 이미 궁핍해졌음을 감안하면, 결국 표적이 된 이들은 대부분 해묵은 납세 명부 증거와 정부의 쿨라크 제거 할당량을 충족시키는 수요에 근거해 몰수 신세로 전락한 중간 소득층의 농민뿐이었다. 결과적으로 평준화는 공산당의 수사학이 우리를 믿게 만드는 것보다 훨씬 더 사회적 스펙트럼의 하층부를 확대하고 말았다.[10]

강압은 승리했다. 요컨대 1937년 소비에트 농업의 무려 93퍼센트가 강제로 집단화하고, 개인 농장은 완전히 붕괴했으며, 민간 부문은 소규모 정원으로 줄어들었다. 이렇게 변신하기까지 막대한 희생이 뒤따랐다. 전체 자본의 7분의 1이 증발했듯 가축의 값어치가 절반 넘게 사라졌다. 인명의 희생은 한층 더 충격적이었다. 폭력은 폭발하듯 확산했다. 1930년 2월 며칠 만에 '첫 번째 범주'의 쿨라크 6만 명을 체포한 뒤, 그해 말에는 70만 명, 그다음 해 말에는 180만 명을 기록했다. 30만 명으로 추정되는 추방자는 이동 중, 그리고 도착지에서 겪은 끔찍한 상황 때문에 사망했다. 아마도 600만 명의 농민이 굶주려 죽었을 것이다. 쿨라크 가구의 가장들은 집단으로 추방당했다. 특별히 요주의 인물로 간주된 이들이 그들 대신 즉결 처형당했음에도 불구하고 말이다.[11]

농촌의 집단화와 쿨라크 제거를 통한 폭력적 평준화는 '전문직 부르주아', '귀족', 기업가, 상점 주인 및 도시 장인의 박해와 나란히 이뤄졌다. 이런 추세는 스탈린의 내무인민위원회(NKVD)가 150만 명 넘는 시민을 체포하고 그중 절반에 달하는 이들을 제거한 1937~1938년의 '대공포시대(Great Terror)'와 함께 계속됐다. 학식 있는 엘리트는 특히 표적이 됐고, 고등 교육을 받은 이들을 희생자 중에서도 과도하게 부각시켰다. 최소 700만 명이 1934~1941년 굴라크(gulag: 구소련의 강제수용소—옮긴이)에 입소했다. 이 제도는 형편없는 노동 조건이 특징인 변두리 근로자에게 정부가 고임금을 지불할 필요성을 배제함으로써 평준화를 유지하는 데 일조했다. 물론 이러한 비용 절감은 강압과 낮은 생산성의 대가로 일부 상쇄되긴 했지만 과소평가해서는 안 될 것이다. 훗날 달갑지 않은 현지 근로자에게 제공한 고임금이 전체 소비에트의 소득 불균형에 크게 기여했기 때문이다. 집단화는 대부분의 농민 인구를 아우르는 25만 개의 집단 농장을 출현시켰다. 한편 농민이 신음하던 바로 그 순간, 도시 근로자의 상황도 다를 게 없었다. 농업 이외 분야의 실질 임금은 1928~1940년 거의 절반 정도 떨어진 듯하며, 도시건 시골이건 개인 소비가 하락했다.[12]

이러한 정책으로 인해 발생한 인간들의 고통은 상세한 설명을 하기에는 너무나도 잘 알려져 있다. 이 연구의 맥락에서 가장 중요한 것은 엘리트뿐 아니라 훨씬 다수인 중간층 집단이 몰수와 재분배를 겪었음을 감안하면 그 전체적인 결과가 세계사적 관점에서 봤을 때 틀림없이 진실로 전례 없는 규모에 기초한 속성 평준화였다는 사실이다. 하지만 소득 불균형은 대략 1933년부터 극심한 억압이 계속됐음에도 불구하고 경제적 성과가 나아지는가 싶자 즉시 다시 상승하기 시작했다. 1930년대 중반 1인당 생산량과 소비량이 급증함에 따라 근로자에 대한 차등 지급을 확대했다. 이른바 '스타하노프 운동(Stakhanovism)'은 더 큰 생산성을 요구하고, 거기에 대해 보상을 제공했다. 이에 따라 엘리트와 대중의 생활 수준은 더욱 벌어지기 시작했다. 수백만 명이 흘린 피의 바다도 빈부 격차를 영원히 가라앉히기에는 충분치 않았던 것이다.[13]

러시아에 대해서는 특히 소비에트 시대의 자료 질이 고르지 못한 탓에 소득 불균형의 진화를 정밀하게 측정하기 어렵다. 제정 러시아 시대 말엽의 소득 집중이 상당했으나 그 시기의 표준으로 봤을 때는 특별히 높지 않았다. 1904년 또는 1905년경 러시아의 '1퍼센트'는 당시 프랑스와 독일이나 10년 뒤 미국의 18퍼센트나 19퍼센트에 비하면 전체 소득의 약 13.5~15퍼센트를 취득했다. 풍부한 토지는 농촌 노동력의 가치를 받쳐주는 데 일조했다. 이 시기의 시장 소득 지니계수는 0.362로 추산된다. 이 수치가 1917~1941년 얼마만큼 떨어졌는지는 알 수 없다. 소비에트 자료에는 1928년 산업 부문 임금에 대한 P90/P10 비율(상위 10퍼센트의 평균 소득과 하위 10퍼센트의 평균 소득 비율—옮긴이)이 3.5로 낮았다고 기록되어 있다. 일반적으로 소비에트 시대의 지니계수는 차르 시대보다 훨씬 낮았다. 이는 1967년 소련의 비농업 가구에 대한 시장 지니계수 0.229의 추정치에서 확연해지며, 1968~1991년 전국 0.27~0.28에 상응하는 수치와 잘 맞아떨어진다. P90/P10 비율은 1950~1980년대까지 상당 수준의 안정을 보이기도 했다. 1980년대의 P90/P10 비율은 1984년 미국의 5.5와 비교했을 때 대략 3이었다.[14]

전적으로 정치적 개입이 주도한 평준화의 심화는 제2차 세계대전이 끝나고 몇십 년 뒤에 발생했다. 극도로 낮았던 농장 소득은 도시 임금보다 더 빨리 증가했다. 후자는 저임금을 인상하고, 임금 격차를 좁히고, 연금 및 다른 혜택을 증대시킴으로써 상향 조정되었다. 공산주의 이데올로기에 영감을 받은 정책은 특히 육체노동자를 선호했다. 모든 비육체노동자들의 임금 프리미엄은 1945년 98퍼센트에서 1985년에는 6퍼센트로 떨어졌고, 기술공학 인력도 유사한 하락을 겪었다. 사무직 노동자의 임금은 육체노동자 평균보다 한참 아래로 떨어졌다. 실질적 경제 성장 시기에도 독재는 소득 분포를 대폭 고르게 하고 재조정할 수 있었다.[15]

소비에트 체제의 종식은 급속하고 극적인 반전을 불러왔다. 1988년 노동력의 96퍼센트 이상이 국가에 의해 고용됐다. 임금은 전체 소득의 거의 4분의 3을 차지했지만, 자영업은 거기서 10분의 1도 안 됐다—그리고 재산 소득은 없었다. 브랑코 밀라노비치가 말했듯 우리가 알고 있는 소득 분배는 국가 지급 소득, 집단화한 소비, 임금 압착, 그리고 부의 축적 극소화에 중점을 둔 "공산주의라는 이데올로기적 전제의 논리적 확장이었다". 그러한 전제를 더 이상 강제로 옹호하지 않게 된 순간, 이 모든 게 갑자기 무너져내렸다. 시장 소득 지니계수가 거의 1980년대 내내 0.26~0.27 근처를 맴돌았던 러시아 연방에서는 소련이 몰락한 뒤 불평등이 폭등했다. 시장 소득 지니계수는 1990년 0.28에서 5년 뒤 0.51로 거의 2배가 됐고, 그 후로는 0.44~0.52 사이를 오갔다. 1980년대에 러시아와 유사한 지니계수를 보인 우크라이나에서는 비록 이후 0.30에 가깝게 조금씩 떨어지긴 했지만, 1992년 0.25에서 바로 다음 해에는 0.45로 껑충 뛰었다. 1988년/1989년과 1993년/1995년 사이에 모든 구(舊)사회주의 국가의 평균 지니계수 증가분은 9포인트였다. 상위 소득은 전반적 불평등과 함께 증가했다. 극소수의 예외를 제외하면, 구사회주의 국가들은 다른 소득 계층의 희생 아래 상위 20퍼센트로까지 상당한 변동을 겪었다. 러시아의 상위 5분위수 점유율은 이 기간 동안 국민 소득의 34퍼센트에서 54퍼센트로 증가했다. 합리적 관점에서 보면, 미국에서 소득 불균형이 현저하게 성장하던 시기에 상위 5분위수의 점유율은 1980~2013년 44퍼센트에서 51퍼센트로 증가했다. 5배나 긴 기간에 걸쳐 3분의 1가량 증가한 셈이다. 사유 재산도 매섭게 회복했다. 러시아 최고 부자 10퍼센트는 현재 국부의 85퍼센트를 장악하고 있다. 2014년에 이 나라의 억만장자 111명은 전체 국부의 5분의 1을 거머쥐기에 이르렀다.[16]

소련 공산당에 이어 1991년 말 소비에트연방 자체가 해체된 후, 폭발하듯 쏟아진 빈곤은 소득 불균형의 급증을 몰고 왔다. 3년 내에 빈곤 상태에 사는 국민의 비중이 3배로 뛰어 러시아 인구의 3분의 1 이상에 이르렀다. 1998년의 재정 위기 때 그들의 비중은 거의 60퍼센트에 육박했다. 하지만 장기적으로 상승한 불균형은 임금 소득의 감압(decompression, 減壓)으로 증대되었는데, 그중 대부분이 지역별 차이의 증가로 인한 것이었다. 모스크바 및 이 나라에서 석유와 천연가스가 풍부한 지역에 강하게 치우친 소득 증가는 최고 소득 계층에 의한 성공적 지대 장악을 가리킨다. 부의 최상위 집중은 국가의 자산이 민간 소유주에게 전이됨으로써 가능했다.[17]

러시아의 평준화 및 소득과 부의 재집중 역학은 아주 많은 부분 조직적 폭력의 작용이었다. 혁명 이전 시대 말기에 꽤 심했던 불평등은 1917년 볼셰비키의 득세 이후 20년간 극적으로 하락했다. 이런 압착은 국가의 강압과 막대한 규모로 빈민을 동원해 그들보다 좀 덜 가난할 뿐인 이들을 괴롭히게 함으로써 끌어낸 것으로, 이 과정은 수백만 인민의 죽음과 추방의 직접적 원인이 되었다. 인과관계는 더할 나위 없이 명백하다. 요컨대 폭력 없이는 평준화도 없다. 이런 변화 속에서 탄생한 체제가 당 간부와 KGB에 의해 유지되는 한 불평등은 여전히 낮았다. 정치적 제약이 사라지고 가격 설정 시장과 정실 자본주의의 혼합체로 대체되자마자 소득과 부의 격차는 급등했다. 가장 두드러진 곳이 구소련의 심장부이던 러시아와 우크라이나였다.

"가장 끔찍한 계급 전쟁": 마오의 중국

이 이야기는 약 한 세대의 시차를 두고 공산주의 통치하의 중국에서 한층 장대한 규모로 되풀이됐다. 가장 큰 반전은 대부분의 인구가 살고 있는 농촌에서 발생했다. 강제적 평준화는 계급 투쟁의 시각에서 이뤄졌다. 이는 당의 이념이 필요로 하는 만큼 항상 불평등한 것은 아니던 농촌 사회에서는 문제의 소지가 있는 개념이었다. 가장 부유한 10퍼센트가 전체 토지의 70~80퍼센트를 지배했다는 공산주의자들의 주장은 과장이었다. 1920~1930년대의 16개 지방 175만 가구로 이뤄진 표본에 기초한 가장 포괄적인 일련의 데이터는 최상위 10분위수가 모든 농지의 절반가량을 소유했음을 시사한다. 어떤 지역에서는 가장 부유한 10퍼센트 또는 15퍼센트가 토지의 3분의 1에서 절반 이하를 소유했는데, 과도한 집중과는 한참 거리가 있었다. 사실 윌리엄 힌튼(William Hinton)의 1940년대 말 토지 개혁에 관한 고전적 연구로 유명해진 북쪽 마을 장좡촌(张庄村)에서는 중농과 빈농이 공산주의자의 점령 이전에 이미 70퍼센트의 토지를 갖고 있었다.[18]

하지만 중농을 쿨라크로 낙인찍어 처형한 소련과 마찬가지로 중국 공산당 지도부는 이런 불편한 사실이 그들의 과업을 방해하도록 놔두고 싶지 않았다. 공산주의자들이 장악한 '장시성(江西省) 본부 지구'에서는 급진적 평준화가 1930년대 초기 당 정책 중 일부였다. 지주는 몰수와 더불어 강제 노동을 선고받고, 부유한 농민은 나쁜 땅 약간을 보유하는 것만 허락됐다. 당 내부 논쟁에서는 급진적 견해(당시 마오쩌둥이 선호하는 목표이던 평준화)가 더욱 급진적인 선택 사항(부자의 재산을 강제 몰수한 다음 그들을 하급자 신분에 처하는 것)과 치고받았다. 1934~1935년의 '대장정(大長征)'으로 공산주의자들은 소작마저 보편화하지 않았던 가난한 산시성(陝西省) 지역에 당도했다. 하지만 실재하는 불평등이 거의 없었음에도 불구하고 재분배는 신속하게 이뤄졌다.[19]

일본인 침략자들에 대항한 '공동 전선' 정책이 절제를 촉구한 반면, 당은 1945년 이후부터 내내 공개적으로 계급 투쟁을 수용했다. 점령 지역의 부역자들을 최초의 표적으로 삼아 그들의 재산을 압류했다. 다음 해인 1946년에는 한층 보편적인 반(反)지주 운동으로 전환했다. 임대료 및 이자 삭감을 일제 강점기로 소급 적용하고, 여기에 걸려든 사람들이 뱉어내야 할 액수가 그들의 총재산을 초과했기에 결국에는 몰수로 끝이 났다. 만주에서 마오쩌둥의 지령(directive, 指令)은 단순히 반역자, 폭군, 노상강도 및 지주의 땅을 몰수해 빈농에게 넘겨주는 것이었다.[20]

머지않아 불평등에 관한 선입견을 토대로 한 프로그램 목표는 현장의 상황과 충돌했다. 시골의 부자는 이미 중농에게 많은 토지를 팔고 난 뒤였으므로 적절한 계급의 적이 부족해지는 사태가 이어졌고, 중농과 빈농 사이의 격차를 확대하기도 했다. 이는 결국 '부자'의 재산을 완전히 몰수하고 중농도 표적으로 삼아야 한다는 압박감을 간부들 사이에서 조성했다. 정책 지령은 이런 식의 확대를 금지하고 있었는데도 말이다. 대부분의 '지주'가 자신들의 마을에 계속 살았으므로 폭력은 여전히 지속됐다.

그다음 단계는 1947년 10월의 '토지법대강(土地法大纲)'으로, '지주'와 기관의 모든 토지 소유권을 폐지하고 기존의 농촌 부채 전액을 무효화했다. 각 마을의 모든 토지—더 이상 단순히 몰수한 재산만은 아닌—를 모든 사람('지주'도 포함)이 실질적으로 똑같은 몫을 받게 함으로써 인민들에게 고르게 배분하고, 그런 후에는 그들의 사유 재산으로 삼았다. '지주'의 가축, 집 및 도구 역시 몰수해 재분배했다.[21]

전면적 토지 재배치가 현실에서는 불가능했으므로 대신 기존의 토지 보유 패턴을 조정해 평준화를 밀어붙이긴 했지만, 구타와 살인이 이런 조치를 집행하는 수단으로 더욱 빈번해졌다. 공산주의자들이 내전에서 승리한 뒤 1950년의 토지 개혁 프로그램은 경제적 기준으로 규정된 계급인 '지주'에 초점을 맞췄다. 그들의 땅과 관련한 자산을 압수해 재분배하고, 이런 몰수 외에도 추가로 매긴 벌금이 공식적으로는 몰수 면제 대상이던 그들의 상업적 자산을 축냈다. '지주'가 몰수되기 전에 자신들의 재산을 파는 것을 금지했다. 그들의 토지는 땅 없는 노동자와 가난한 농민에게 돌아갈 터였다. 박해에는 신중하게 등급을 매겼다. 요컨대 '부농(landlord)'으로 분류된 이들은 약간의 고통만 받았고, 저소득 집단은 완벽한 보호를 받았다. 폭력은 이 과정에서 필수 요소였다. 각 마을마다 자체적으로 압류를 시행했으므로, 지역 농민은 그들 스스로 사태를 처리할 수 있는지(그리고 그럴 의향이 있는지) 확신을 가져야 했다. '인민재판'이라고 알려진 마을 집회에서 벌어진, 지주에 대한 공개적 고발과 능멸 덕분에 동원은 목표를 달성했다. 구타는 대놓고 권고하지 않았지만 금지한 것도 아니어서 수시로 일어났다. 이런 집회는 종종 '지주'에 대한 몰수와 사형 선고로까지 이어졌다. 매 집회가 끝나면 희생자의 물품을 군중이 나눠 가졌고, 군중은 그에 앞서 누구를 표적으로 삼을지에 관한 투표를 마쳤다. 유죄 선고를 받은 이들은 생매장하거나, 사지를 절단하거나, 총살하거나, 교수형에 처했다. 이는 마오쩌둥이 1950년 6월 당 간부들에게 상기시킨 것처럼 지도부가 원하는 바였다.

> 3억 넘는 인민의 토지 개혁은 지독한 전쟁입니다. ……이것은 농민과 지주 사이의 가장 끔찍한 계급 전쟁입니다. 그건 목숨을 건 전투입니다.[22]

당은 곳에 따라서는 마을 주민의 20퍼센트 또는 30퍼센트가 처형되기에 이르렀음에도 불구하고 농촌 인구의 10퍼센트가 '지주'나 '부농'으로 이뤄져 있다고 **선험적으로** 확정한 터였다. 요컨대 적어도 마을마다 한 사람은 죽어줬으면 하는 기대가 있었다. 50만~100만 명이 살해당하거나 자살로 내몰렸다. 1951년 말에는 1000만 명 넘는 지주의 땅을 몰수하고, 그 토지 중 40퍼센트 이상을 재할당했다. 1947~1952년 무려 150만~200만 명이 숨지고, 추가로 수백만 명이 착취자 및 계급의 적으로 낙인찍혔다. 그에 따라 농촌 경제는 타격을 입었다. 잘사는 것으로 보이는 데 대한 공포가 농민들로 하여금 생존을 위해 요구되는 최소한 이상으로는 일하지 않게끔 만들었기 때문이다. 마을 사람들은 '가난은 영광'이라고 느꼈다—폭력적 평준화에 대처하는 전적으로 현명한 전략이었다.[23]

궁극적으로 전체 토지의 절반에 가까운 이전은 부의 스펙트럼에서 주로 상위와 하위의 인민들에게 영향을 미쳤다. 어떤 때는 더 나은 보호를 받은 '부농'한테 땅을 빼앗긴 '지주'에게 남은 평균 토지가 마을의 평균치보다도 적었다. 그렇다 해도 전체적 평준화 정도는 극적이었다. 새로운 상위 5~7퍼센트—'부농'—는 토지의 7~10퍼센트만을 소유했을 뿐이다. 지방의 성과는 훨씬 더 극단적이었다. 매우 철저하게 개혁을 치른 이 나라

북부의 장좡촌에서는 대부분의 '지주'와 '부농'이 그들의 모든 땅을 빼앗기고, 종종 목숨까지 잃거나 혹은 도주했다. 예전에는 아무런 땅도 없던 모든 노동자가 토지를 받았고, 이로써 한 계급이 송두리째 사라졌다. 결과적으로 마을 인구의 90퍼센트를 차지하게 된 '중농'이 토지의 90.8퍼센트를 소유했다. 더 이상 바랄 게 없는 거의 완벽에 가까운 평등이었다.[24]

중국의 도시들도 이러한 숙청을 모면하지 못했다. 혁명적 개혁의 초기 단계에서 민간 기업은 폭등한 임금과 가혹한 세금에 타격을 입었고, 대부분의 외국 사업가는 나라 밖으로 쫓겨났다. 토지 개혁을 대부분 완료한 1952년 1월, 당은 도시 '부르주아'에 맞선 운동에 착수했다. 시골 마을에서 처음 발전시킨 기법을 차용해 노동자를 관리자와 겨루게 하는 고발 집회를 활용했다. 여기서 관리자는 구두(verbal, 口頭) 및 신체적 학대를 당했다. 노골적 살인은 비교적 드문 편이었지만, 매질과 수면(sleep, 睡眠) 고문이 다반사로 일어났고 수십만 명이 자살로 내몰렸다. 또다시 국가는 할당량을 설정했다. 골수 반동분자인 '부르주아'의 5퍼센트를 표적으로 삼고, 그중 1퍼센트를 처형하기로 한 것이다. 이로써 약 100만 명의 인민이 사망하고, 또 다른 250만 명이 임시 수용소에 갇혔다. 나머지는 한국전쟁에 필요한 자금을 대기 위해 부과한 벌금을 내고 용케 빠져나갔다. 전체 중소기업 중 거의 절반이 조사를 받았고, 소유주와 관리자 중 3분의 1은 사기죄 판결을 받았다. 1953년 말 이미 천정부지의 세금에 시달리던 경영주들은 마침내 자본 일체를 국가에 헌납해야만 했다. 이번에도 많은 이들이 스스로 목숨을 끊는 처지로 내몰렸다.[25]

뒤이은 1955~1956년의 농장 집단화는 경제적 격차를 한층 더 소거해버렸다. 협동조합에 소속된 농촌 가구의 비중은 14퍼센트에서 90퍼센트 이상으로 올랐고, 개인의 밭뙈기는 전체 토지의 5퍼센트로 한정됐다.

1956년에는 대부분의 산업을 국유화했다. 이는 대외적으로는 80만 개 넘는 대기업이나 중소기업 사장들에게 그들의 자산을 '자발적으로' 국가에 넘기도록 설득함으로써 이룩한 것이었다. 1955년부터는 식품, 의류 및 갖가지 생활용품에 대한 광범위한 배급 제도가 폭력적 수단으로 달성한 평등을 유지하는 데 일조했다.[26]

이 모든 끔찍한 개입은 1959~1961년에 실시한 '대약진(大躍進) 운동'에 비하면 새 발의 피였다. 이 기간 동안 정부의 정책 실패가 초래한 대규모 기아 사태로 2000만~4000만 명이 생명을 잃었다. 국가의 직접적인 조치는 그 뒤에도 늦춰지지 않았다. 마오쩌둥 시대 말기에는 600만~1000만 명의 중국인이 국가에 의해 살해당하거나 자살로 내몰렸다. 아울러 약 5000만 명이 라오가이(勞改: '노동개조'의 약자로, 강압적인 노동을 통한 죄인들의 사상 개조를 뜻함—옮긴이) 수용소를 거쳤으며, 그중 2000만 명이 그곳에서 임종을 맞이했다.[27]

토지 개혁에 수반된 잔인함과 도시의 산업 및 상업에 대한 몰수는 이렇듯 공산당 지도부가 불러일으킨 폭력이라는 훨씬 더 큰 물결의 일부였다. 예전에 존재하던 소득과 부의 격차를 상당히 평준화했다는 게 그 보상이었다. 혁명 이전의 중국 전체 시장 소득 지니계수는 실증적으로 알려져 있지 않지만, 1930년대에 0.4를 훨씬 상회했을 리 없다. 공산당 통치 초기의 추이도 여전히 오리무중이지만, 마오쩌둥이 사망한 1976년의 지니계수는 0.31을 나타냈다. 지니계수는 1984년에 0.23으로 떨어졌다. 1980년경 도시 소득 지니계수는 겨우 0.16이었다. 경제 자유화는 이런 추세를 근본적으로 뒤집었다. 중국의 시장 소득 지니계수는 다음 20년 안에 0.23에서 0.51로 2배 넘게 뛰었다. 현재는 0.55 전후로 그보다 약간 더 높을 수 있다. 게다가 가족 순자산 지니계수는 1990~2012년경 0.45에서

0.73으로 상승했다. 이런 감압의 대부분을 주도한 것은 정부 정책에 큰 영향을 받은 도시-농촌 간 편차와 지역별 차이였다. 특히 놀라운 점은 이러한 소득 불균형이 중국과 1인당 GDP가 비슷한 국가에서 전형적으로 나타나는 수준보다 훨씬 높게 이뤄져왔다는 것인데, 이는 집중적 경제 성장이 결국에는 경제 발전의 초기 국면에 커진 불평등을 가라앉힐 것이라는 쿠즈네츠의 낙관적 예상과 배치된다. 오늘날 중국이 세계 인구의 거의 5분의 1을 차지하고 있음을 고려하면, 이는 소득 분배를 형성하는 데 있어 경제 성장 자체가 아닌 다른 요소의 중요성을 부각시키는 중대한 예외임을 보여준다. 지난 80년간 중국에서 소득과 부의 격차가 균등 및 확대된 것은 둘 다 궁극적으로는 정치권력에 의한 것이고, 그중에서도 전반기는 폭력적 무력에 의해 결정됐다.[28]

"신(新)인민": 그 밖의 공산주의 혁명

소비에트 점령하에 세워졌거나 혁명 활동을 통해 수립된 공산주의 정부는 유사한 평준화를 달성했다. 몇 가지 예만으로도 충분할 것이다. 북베트남의 과정은 잔인함은 사뭇 덜했지만 중국의 각본을 그대로 따랐다. 토지 불평등은 상당했다. 1945년 약 3퍼센트가 전체 토지의 4분의 1을 소유했다. 1945~1953년 공산당의 초기 정책은 대부분 비폭력적이었다. 그 방법으로 몰수와 징발보다는 판매를 통한 이전, 임대료 차감 및 지주에 대한 징벌적 누진 세제를 선호했다. 특히 과세는 명목상 30~50퍼센트인 세율에 과징금이 포함되면서 사실상 100퍼센트 가까워짐에 따라 토지 소유를 가로막았다. 이는 많은 지주로 하여금 그들의 임차인에게 땅을 팔거나 양도하도록 유도했다. 그 결과 지주 비율은 4분의 1을 소유한 3퍼센트에서 10~17퍼센트를 소유한 2퍼센트로 하락했다. 그러나 1953년부터 당 지도부는 중국 모델을 더욱 공격적으로 받아들였다. 농민 동원이 유행하고 고발 집회를 마을 단위로 조직했다. 중앙정치국은 각 구역마다 처벌해야 할 '횡포 심한 지주'의 할당량을 정했다. 토지 개혁 법안은 부자 중에서도 가장 '횡포가 심한' 이들에게는 몰수를, 그 밖의 지주에게는 형식적 보상금의 대가로 강제 매각을 요구했다. '부농'은 그냥 놔둘 예정이었지만, 곤란하게도 '지주'의 공급이 부족한 지역에서는 앞의 범주에 드는 구성원도 그들이 만일 '봉건적 방법으로 토지를 착취'(즉 임차를 통해)했을 때는 마찬가지로 표적이 됐고, 이 경우 자신들의 땅을 어쩔 수 없이 팔아야 했다.

1954년 프랑스가 패한 뒤 무려 80만 명의 국민이 북부를 떠나 남부로 이동했는데, 그중에는 부자가 압도적으로 많았다. 이렇게 해서 획득한 땅은 대부분 빈민에게 나누어주었다. 국가의 후원을 받은 폭력은 1953~1956년 단계적으로 점차 증가했다. 중국에서처럼 많은 '지주'—인구의 5퍼센트가 이 계급에 속하는 것으로 설정했다—가 평균 이하의 토지를 가지고 마을의 천덕꾸러기로 살아남았다. 그러나 중국에서와 달리 그중 처형당한 이들은 몇천 명 미만이었다. 재배당은 가구의 최저 생계 수요에 따라 정해졌으며, 그 결과 실질적으로 꽤 균등한 토지 분배가 이루어졌다(더 적게 보유한 '지주'는 제외하고). 이 계획에서 빈민은 가장 많은 혜택을 누렸다. 소련과 중국에서처럼 평준화에 이어 곧바로 집단화 운동이 뒤따랐는데, 그 결과 대규모 협동조합이 경작지의 90퍼센트를 차지했다. 1975년 이후 이런 정책은 남부로도 확산했다. '지주'와 교회는 몰수를 당하고, 민간 기업은 보상 없이 국유화되었다.[29]

북한 정권은 처음부터 아주 공격적이어서 먼저 1946년 토지를 장악한 다음, 1950년대에 거의 모든 농민을 더 큰 협동조합 단위로 조직할 때까지 농업 집단화를 밀어붙였다. 피델 카스트로(Fidel Castro)의 쿠바에서는 토지 몰수를 단계별로 전개했는데, 미국 소유지에서 시작해 67헥타르 이상의 전 토지로 이어졌다. 아울러 1964년에는 전체 농지의 4분의 3을 압수해 (곧이어 국영 농장으로 전환된) 거주민 노동자의 협동조합으로 조직했다. 1960년대 말에는 다른 모든 민간 기업도 국유화했다. 1979년 니카라과에서는 승리한 산디니스타(Sandinista) 반군—강경 공산주의자라기보다는 마르크스주의 사회주의자들—이 모든 농지의 5분의 1을 차지한 소모사(Somoza) 가문의 대토지를 압수하면서 토지 개혁에 착수했다. 몰수는 1980년대 초에 확대되어 다른 대토지를 포함시켰다. 결과적으로 1986년에는 모든 농지의 절반과 농촌 인구의 50퍼센트가 대부분 협동조합을 만들거나 소규모 농지를 차지함으로써 개혁에 동참했다. 그럼에도 불구하고 산디니스타가 1990년 선거에서 패해 물러날 무렵, 니카라과의 시장 소득 지니계수는 여전히 매우 높아서 0.50대 초중반이었다—과테말라나 온두라스와 비슷하거나 엘살바도르보다 높은 수치였는데, 이들 나라는 하나같이 소득과 부의 극심한 편재가 특징이었다. 이런 환경에서 혁명 정부가 폭력적 강요를 자제하고 민주주의적 다원성에 전념한 것이 실질적 평준화를 제약한 결정적 요인이었던 듯하다.[30]

중미 심지어 베트남의 재분배 조치가 레닌과 스탈린 및 마오쩌둥이 설정한 끔찍한 기준으로 봤을 때 상대적으로 비폭력적이었던 반면, 크메르 루즈(Khmer Rouge) 치하 캄보디아의 실정은 정반대였다. 전통적 통계의 부재에도 불구하고 폭력적 정부 개입이 전국적인 대규모 평준화로 이어졌다는 데는 의심의 여지가 없다. 1975년 공산주의자들이 승리한 지 일주일 안에 도시마다 서둘러 대피 사태가 속출하면서 수도 프놈펜의 모든 거주자를 포함한 캄보디아 인구의 무려 절반이 자신의 둥지를 등졌다. 도농 간 소득 차이가 국가 불평등의 중요 요소인 경향이 있음을 감안하면, 이는 틀림없이 상당한 압착 효과를 가져왔을 것이다. 도시 거주자는 계급의 적으로서 (몇 차례나 추방당한) '신인민'으로 여겨졌다. 정권은 그들의 재산을 압류해 '프롤레타리아화'하려 했다. 그들은 처음에는 대피 중에, 그다음에는 도착지에서 농민과 당 간부에게 뜯겨 단계적으로 자산을 잃었다. 국가는 그들이 시골에 정착하고 난 뒤 힘겹게 재배한 수확물에조차 손도 대지 못하게 하려 애썼다.

인명 손실은 말도 못했다—아마도 200만 명, 즉 캄보디아 전체 인구의 4분의 1이 죽었을 것이다. 인구 감소는 도시 거주자에 편중되어 있었다. 프놈펜 주민 무려 40퍼센트가 4년 만에 사망했다. 전직 관리와 고위직 군인은 특히 가혹한 취급을 받았다. 동시에 당 간부들의 끝없이 늘어만 가는 숙청으로 새로운 엘리트의 등장이 위축됐다. 가령 캄푸치아(Kampuchea)의 공산당원은 악명 높은 뚜얼 슬렝(Tuol Sleng) 감옥에서만 1만 6000명이 살해당했는데, 1975년 당원이 많아봤자 1만 4000명이었던 것을 감안하면 매우 경이적인 수치다. 일반 인구의 과도한 사망 원인은 전원화, 처형, 수감 및 기아와 질병으로 꽤 고르게 나뉘었다. 수십만 명이 대중의 시선이 없는 곳에서 남몰래 살해당했다. 철봉, 도끼 손잡이 또는 농기구로 머리를 가격당해 맞아 죽는 일이 가장 흔했다. 살해당한 이들의 시신 일부는 거름으로 사용하기도 했다.[31]

"모든 것을 휩쓸어버렸다": 과격한 평준화 동력으로서 변혁적 혁명

캄보디아가 경험한 초현실적이고 순식간에 자기 파괴를 불러온 그 모든 폭력은 훨씬 더 광범위한 패턴의 극단적 사례일 뿐이다. 1917~1970년대 말까지 약 60년 세월 동안(그리고 에티오피아에서는 1980년대까지도 계속된) 공산주의 혁명 정권은 몰수, 재분배, 집단화 및 고정 물가를 통해 성공적으로 불평등을 제압했다. 이런 조치를 실행하는 데 투입된 실제 폭력의 양은 스펙트럼의 한쪽 끝에 있는 러시아, 중국 및 캄보디아와 반대편 끝에 있는 쿠바와 니카라과처럼 각 사례 사이에 엄청난 차이가 있다. 하지만 폭력을 단순히 강제적 평준화에 부수적인 요소로 생각하는 것은 너무 지나치다. 요컨대 이론상 레닌과 스탈린 그리고 마오쩌둥은 훨씬 더 적은 인명 손실로 자신들의 목표를 달성할 수 있었다. 그럼에도 전면적 몰수는 최소한 어느 정도의 폭력을 적용하고 단계적으로 늘어나는 확실한 위협에 결정적으로 의존했다.

근본적 계획은 언제나 똑같았다. 즉 사유 재산과 시장의 힘을 억압하고 그 과정에서 계급의 격차를 평준화함으로써 사회를 재구성했다. 본질적으로 이런 개입은 정치적이었고, 앞장들에서 논의한 근대의 세계대전이 유발한 것에 비견할 만한 폭력적 충격을 드러냈다. 이런 측면에서 대중 동원 전쟁에 의한 평준화와 변혁적 혁명에 의한 평준화는 공통점이 많다. 요컨대 둘 다 우리가 살펴본 성과를 내기 위해—잠재해 있건 혹은 직접 적용했건—대규모 폭력에 전적으로 의존했다. 이 과정에서 일어난 전반적인 인명 희생은 익히 알려진 대로다. 세계대전이 직간접적으로 무려 1억 명의 목숨을 앗아간 것과 마찬가지로, 공산주의는 대부분 중국과 소련에서 그에 필적할 수많은 사망자를 낸 데 책임이 있다. 변혁적 공산주의 혁명은 그 비극적 잔인성이란 측면에서 대중 동원 전쟁과 같은 반열—묵시록적 평준화의 네 기사 중 두 번째 기사—에 있다.[32]

08

레닌 이전

"부자들의 목을 베기 위해 우리는 전력을 다해야 합니다": 프랑스 혁명

그와 같은 일이 과거에 일어난 적이 있었던가? 이전 시대에도 소득이나 부의 불균형에 실질적 평준화를 초래한 혁명적 행동이 있었을까? 우리는 20세기가 이 문제와 관련해 비정상적인 시대였음을—다시 한 번—알게 될 것이다. 분명 전근대 국가에서도 도시와 농촌의 민중 봉기로 고통을 겪었지만, 그것이 일반적으로 물질 자원의 분배를 바꿔놓은 것 같지는 않다. 대중 동원 전쟁과 아주 흡사한 방식을 가진, 평준화 기제로서 혁명보다 앞서 일어난 사건이 산업 사회 이전에는 거의 없었다.

과거 전통적 권력에 맞선 도전 중에서는 프랑스 혁명이 대중의 상상 속에서 당당하게 최고 자리를 차지할 것이며, 평준화의 잠재력을 가진 충돌 가운데 특히 유망한 후보로 비춰질 것이다. 앙시앵 레짐이 끝나갈 즈음의 프랑스는 부와 소득의 드높은 격차로 특징지을 수 있다. 이 나라의 소득 지니계수는 오차 범위(0.55~0.66)가 크긴 하지만 우리가 보유한 최적의 추정치로는 당대의 잉글랜드 수치에 가까운 0.59 정도였다. 총체적으로 불공평한 조세 제도가 가처분 소득의 분배를 편성하는 데 일조했다. 귀족은 토지의 4분의 1을 소유했지만, 주요 직접세인 타이유(taille: 왕이나 영주의 지배 아래 있는 신하 또는 토지에 부과한 조세—옮긴이)를 면제받았고, 1695년의 인두세와 1749년의 뱅티엠므(vingtième: '20분의 1'이라는 뜻으로 소득 따위에 대한 5퍼센트의 과세를 말함—옮긴이) 같은 신규 세금 납부를 용케도 거부했다. 성직자도 매한가지여서 귀족 소유분을 제외한 토지의 10분의 1을 보유했고, 거기에다 십일조(dime)를 받았다. 십일조는 더 이상 10분의 1이 아니고 가변적이긴 해도 통상 상당한 액수였다. 따라서 사실상 직접세를 거의 온전히 짊어진 것은 도시 부르주아와 농민이었다. 게다가 돈 많은 부르주아는 매관매직을 통해 납세를 탈피할 수 있었으므로, 실제 부담은 대부분 더 취약한 농민과 노동자에게 떨어졌다. 간접세 중에서는 염세(gabelle, 鹽稅)가 제일 과중한 축에 속했는데, 개별 가구마다 소금의 강제 구입을 전가하는 식으로 부과했다. 이 역시 부자보다는 빈민에게 더 심한 타격을 입혔다. 전반적인 세입 추출 시스템은 이렇듯 매우 퇴행적이었다.

거기에다 농민은 코르베(corvée: 무급으로 일하는 강제 노역—옮긴이)와 그 밖에 시간과 돈이 소모되는 의무 같은 봉건적 공납을 귀족과 성직자에게 바치고 있었다. 극소수 농민만이 그럭저럭 먹고살 만한 땅을 가진 반면—그런 생계 방식도 엄밀히 따지면 소작에 포함되었다—농촌 인구 다수는 소작인과 무토지 노동자로서 경작을 했다. 프랑스 혁명의 서곡이 된 수십 년간 상황은 더욱 나빠졌다. 인구 압박에 봉건적 권리의 재도입이 스멀스멀 고개를 쳐들고 있던 탓도 있지만, 가진 것이라곤 고작 몇 마리뿐인 가축을 가까스로 먹여 살리던 빈농은 쏙 빼놓은 채 공유지의 목초지를 축소시킨 것이다. 이는 농촌의 궁핍과 도시 프롤레타리아의 증가로 이어졌다. 토지 임대료는 1730~1780년 2배로 뛰었고, 농산물 가격은 농민의 임금

보다 빠르게 상승했다. 도시 노동자 또한 악영향을 받았다.[1]

1789~1795년 단계적으로 전개된 앙시앵 레짐과 그 체제의 해체는 부자보다 빈민에게 유리한 몇 가지 조치를 수반했다. 1789년 8월 제헌국민의회는 공식적 이행을 이듬해까지 질질 끌긴 했지만 '개인적인' 봉건적 권리를 폐지한다고 선언했다. 임대료는 여전히 유효했지만 소작인은 갈수록 이를 거부했고, 1789년 말과 1790년 초에 폭동이 확산했다. 농민은 영주의 성을 급습해 명부(名簿)에 불을 질렀다. 이런 소요와 함께 (간접) 세금에 항거하는 광범위하고 격렬한 시위가 일어났고, 이는 세금 징수를 지연시키는 원인으로 작용했다. 1790년 6월 개인의 봉건적 공납 (코르베 같은) 일체가 마침내 보상 없이 폐지되었고, 공유지를 지역 주민에게 배분해야 한다는 명이 떨어졌다. 연이어 열린 파리 의회도 악평이 가장 자자한 과세, 그중에서도 제일 부담스러운 십일조를 폐지함으로써 농촌의 소요에 응답했다. 그러나 이를 대체할 세금을 다시 신설하면서 농민의 일반적 부담은 줄지 않았고, 그로 인해 원성은 다시금 높아졌다. 농민이 연간 세율의 20~25배를 보장하는 선에서 지주에게 대금을 치르고 손을 떼지 않는 한 '진짜' 봉건적 권리(연례 공납 같은)는 명목상으로 대거 잔존했다. 하지만 농민은 이런 협상 조치를 거부하면서 지불을 미루거나 반란을 일으켰다. 1792년에는 농민 폭동이 연이어 터졌고, 이는 프랑스 전역에서 이른바 '왕실과의 전쟁'으로 알려진 반봉건 습격 사건들로 귀결됐다.

파리 시민들이 1792년 8월 튀일리(Tuileries) 궁전을 급습했을 때, 제헌국민의회는 농촌의 폭력을 좀더 전면적인 개혁으로 다뤄야 한다고 생각했다. 요컨대 땅 있는 모든 사람은 이제 실제 부동산 권리 증서를 만들 수 없음에도 소유자가 되었다. 관습법상의 권리가 지배하는 처리 방식에서는 권리 증서가 드물었다. 이 마지막 방책마저도 1793년 7월 자코뱅당에 의해 폐지되었다. 적어도 이론상으로 이는 중요한 부의 재분배에 해당했다. 고정 지대를 지불해온 수백만 농민이 사실상은 소자작농으로 작동했다 하더라도 엄밀히 말하면 임차인이었기 때문이다. 이런 계산에 따라 (농민이 이미 보유하고는 있지만 법적으로는 소유하지 못했던) 전체 프랑스 토지의 40퍼센트가 1792년 공식적으로 민영화되었다. 소득의 관점에서 더욱 중요한 것은 이러한 토지에 연결된 모든 봉건적 공납의 폐지였다. 아주 초기부터 1789년의 반봉건 조치, 즉 농촌 개혁은 '아래로부터의 위협'—다시 말해 군중 행동—에 대한 의회의 염려로 인해 주도되었음을 알아채는 것이 중요하다. 갈수록 과격해진 농민의 행동주의와 대도시권의 개혁법안은 "타협이 아닌, 상호 급진화로 이어진 변증법적 과정" 속에 뒤얽혀 있었다.[2]

토지 몰수와 재분배는 한층 강력하게 평준화를 촉진했다. 1789년 11월 국민의회는 국가 용도로, 주로 신규세를 제정할 필요 없이 예산 부족을 해결하기 위해 프랑스 교회의 모든 땅을 몰수했다. 국유 재산으로 알려진 이런 토지는 넓은 지대 단위로 염가 매각되었는데, 이는 도시 부르주아와 여유 있는 농민에게 혜택을 준 조치였다. 그럼에도 불구하고 농민이 획득한 땅은 그중 약 30퍼센트였던 것으로 추정된다. 1792년 8월부터는 다른 곳으로 이주하고 없던 귀족의 땅을 마찬가지로 압수해서 팔았는데, 이번에는 더 적은 구획 단위로 명확하게 빈민한테 혜택을 주려는 의도가 있었다. 입법의회의 좀더 평등주의적인 포부를 반영한 조치였던 것이다. 그 결과 농민도 그 땅 중 40퍼센트가량을 갖게 됐다. 몰수한 토지를 12년 할부 방식으로 구입할 수 있었다는 점은 형편이 어려운 이들에게 도움을 주었지만, 일단 급작스러운 인플레이션이 할부금 이자를 대폭 떨어뜨리자 최종적으로는 모든 구매자한테 유리하게 작용했다. 그러나 전반적 재분배는 규모 면에서 대단히 한정적이었다. 농민이 이런 방식으로 획득한 것은 프랑스 전체 농지의 단 3퍼센트뿐이었고, 귀족과 에미그레(émigré: 프랑스 혁명기의 '망명 귀족'을 일컫는 말—옮긴이)도 비밀리에 중간상을 통해 구매에 참여할 수 있었다. 따라서 토지 몰수의 평준화 효과는 실재하긴 했지만 과대평가는 삼가야 할 것이다.[3]

인플레이션을 부채질한 것은 1790년부터 대량으로 발행한 지폐 아시냐(assignat)였다. 당초 몰수한 교회 자산으로 힘을 받은 아시냐는 너무나 무지막지하게 찍어내는 바람에 5년 뒤에는 가치의 99퍼센트 이상이 소실되었다. 불균형에 미친 영향은 혼재되어 있었다. 인플레이션은 인구에 무차별적 세금을 부과했다. 이는 사실상 퇴행적 조치였는데, 왜냐하면 부자는 다른 사람들에 비해 자신의 재산을 현금으로 덜 갖고 있는 경향이 있었기 때문이다. 한편으로 인플레이션은 몇 가지 측면에서 덜 부유한 이들에게 혜택을 주기도 했다. 이미 언급했듯 할부로 지불하기로 되어 있는 농지와 가축의 실제 가격이 떨어졌기 때문이다. 아울러 점차 소작을 대체한 고정 현금 지대는 임차인에게 유리하게 작용했다. 인플레이션은 또한 농촌의 빚을 일소했으므로 빈민에게 유리했다. 스펙트럼의 다른 쪽 끝에서 앙시앵 레짐의 채권자들은 빚이 완전히 무효화되지 않는 한 평가 절하한 아시냐로 일부를 상환받았다. 관직을 매수한 이들은 가치가 떨어진 화폐로 보상을 받았으므로 손해를 보았는데, 이런 실상은 엘리트에게 상당히 불리했다. 일반적으로 귀족이 사들인 최고 관직은 매관매직 비즈니스에 묶여 증발된 대부분의 자본을 의미했다.[4]

기존의 부자 엘리트는 그들이 기대고 있던 봉건적 의무의 폐지 때문만 아니라, 특히 교회 재산의 국유화와 뒤이은 망명 귀족 및 정치적 숙적의 토지 몰수로 심한 타격을 받았다. 1793년 전쟁을 위한 대규모 동원은 전례 없는 추가 과세를 부추겼다. 파리와 많은 데파르트망(département: 주(州)에 해당하는 프랑스의 행정 구역—옮긴이)에서는 필요한 자금을 마련하기 위해 부자들에게 융자를 강요했다. 지역 혁명위원회는 납부할 적임자 목록을 작성했고, 지불 기한은 1개월 이내였다. 지역별로 신설한 추가세가 부자들의 돈을 우려낼, 불법이지만 효과적인 방법으로 채택되었다. '공포정치' 기간에는 수천 명이 비자금이나 물가 통제 위반 혐의로 감금당했다. 이런 죄들에 대해 파리 혁명재판소에서만 181건의 사형을 언도했다. 유죄 판결을 받은 이들의 자산을 국가가 차지할 수 있다는 점이 부유한 표적을 색출할 강력한 인센티브를 제공했다. 이 단락의 제목에서 인용한 말은 조제프 르봉(Joseph Le Bon: 파드칼레 주지사와 아라스 시장을 역임한 프랑스 혁명기의 정치인—옮긴이) 대표의 연설에서 따온 것인데, 그는 "공화국에 위배되는 범죄로 기소된 자들 가운데 일반적으로 유죄라고 알려진 이름난 부자들의 목을 베기 위해 우리는 전력을 다해야 합니다"라고 강력히 촉구했다.[5]

점점 더 많은 귀족이 프랑스를 등졌다. 마침내 귀족의 10퍼센트가 넘는 1만 6000명이 좀더 안전한 나라를 향해 떠나고 말았다. 1792년에는 가차 없는 박해가 시작됐다. 그다음 해에 정부는 귀족의 특허권과 부동산 권리 증서에 대한 공개 소각령을 내렸다. 비교적 소수의 귀족만 목숨을 잃었다. 특별 법원으로부터 사형 언도를 받은 1만 6594명 중 1퍼센트 미만인 1158명이 귀족 출신이었다. 그러나 사형 선고를 받은 비율은 시간이 갈수록 높아져 '대공포 시대(프랑스 혁명 당시 폭력이 가장 심했던 시기를 말함—옮긴이)'에는 최고치를 찍었다. 파리의 동쪽 관문 밖 과거 수도원의 정원이던 픽퓌스(Picpus) 공원의 두 구덩이에 묻힌 목 없는 시체 1300구 중 3분의 1 이상은 왕자, 공주, 공작, 이런저런 장관, 장군 및 고위 관료의 유해였던 반

면, 나머지는 귀족에게 고용된 평민이었다.[6]

프랑스를 떠나지 않고 살아남은 이들은 신의 은총뿐 아니라 자신들의 손실도 따져봤다. 뒤푸르 드 슈베르니(Dufourt de Cheverny) 백작의 장부에는 이런 대목이 나온다.

> 혁명의 첫 3년 동안 나는 영주의 공납금으로 소득의 2만 3000리브르를 …… 루이 15세가 하사한 왕실 금고에서는 연금과 몇몇 다른 물품을 잃었다. …… 나는 국가 기병대의 갑작스러운 습격, 자코뱅당이 부과한 엄청난 세금, 갖가지 유형의 징발을 참아내야 했고, 애국적 기부라는 명분하에 남아 있던 은식기마저 압수당해야 했다. 4개월간의 감옥살이에 초과 지출이 생겼다. ……내 소유의 최고 좋은 나무들은 해군을 위해서라며 뽑아갔고, 불과 일주일 전에는 징발한 내 곡식을 블루아(Blois)에 있는 군수품 상점으로 가져갔다. ……영지의 부동산 권리 증서가 몽땅 불타버린 것은 …… 말해 무엇 하리…….[7]

혁명이 부자에게 상처를 안기고 빈민에게는 혜택을 준 이상, 어느 정도 평준화가 일어났을 것이라고 기대할 수 있다. 그러나 이 추세의 전반적 방향은 확실하지만 그 규모를 밝혀내기는 어렵다. 소득 분배와 관련해 봉건적 폐단의 폐지가 노동자한테는 긍정적 영향을, 지주에 대해서는 부정적 영향을 미쳤다는 것은 명백하다. 전쟁의 대중 동원 역시 실질 임금을 인상시키는 쪽이었다. 한 조사에 따르면 성인 남성 농촌 노동자의 실질 임금은 1789~1795년 3분의 1가량 올랐다. 프랑스 서부의 한 데파르트망에서는 작물 수확을 돕는 일꾼의 비중이 6분의 1에서 5분의 1로 상승했다. 도시 근로자의 실질 임금 증가를 나타내는 지표도 있다. 1780~1800년대에는 임금이 곡물가보다 빠르게 상승했다.[8]

부의 분배와 관련해서는 토지 소유권 분배의 변동과 마찬가지로 불평등의 감소가 나타난다. 성직자와 귀족이 1788년 토지의 42퍼센트를 차지했던 한 신규 데파르트망에서 그 비중은 1802년 농민의 몫이 30퍼센트에서 42퍼센트로 증가한 바로 그 순간 12퍼센트로 떨어졌다—그러나 이는 중간 집단이 가장 큰 이득을 봤으리라는 것을 시사하기도 한다. 프랑스 남서부의 한 표본 집단에서는 외부의 고용이나 자선에 의지하지 않고서는 입에 풀칠하기에도 모자란 땅을 가진 농민의 몫이 46퍼센트에서 38퍼센트로 하락했고, 그럭저럭 꾸려갈 수 있는 땅을 가진 이들의 비중은 20퍼센트에서 32퍼센트로 증가했다. 장기적으로 보면 이런 전이는 소규모 농장 및 경작지를 강화시켰고, 가난이 장기화한 환경에서도 그들의 생존을 보장해줬다. 개혁은 토지 자산의 급진적 재분배에는 훨씬 못 미쳤다. 많은 데파르트망에서 나폴레옹 치하의 최대 지주는 혁명 이전과 마찬가지로 똑같은 가문 출신이었고, 강제 몰수로 잃은 땅의 5분의 1에서 4분의 1은 결국 가문의 일원이 환매해 되찾았다. 귀족의 전체 토지 중 10분의 1만이 영원히 사라졌다.[9]

프랑스의 소득 분배 변동을 측정하기 위한 크리스티앙 모리송(Christian Morrisson)과 웨인 스나이더(Wayne Snyder)의 다소 용감무쌍한 시도는 소득 분포에서 상위층의 감소와 하위층의 증가를 드러낸다(표 8.1).[10]

한 가지 문제는 이러한 비교가 프랑스 노동력 내부의 소득 분배에 한정되어 있고, 따라서 엘리트 임대 소득자의 점유율은 배제했다는 점이다. 더욱이—그리고 더욱더 중요하게—이런 추정치는 우리로 하여금 혁명 시기(1789~1799)와 뒤이은 나폴레옹 군주제 및 부르봉 왕정복고 시대의 분배적 영향을 구분할 수 없게끔 만든다. 이는 최초의 평준화—1790년대 상반기의 강력한 개혁 활동 시기에 일어난—가 이런 수치들이 시사하는

표 8.1 프랑스의 소득 점유율, 1780~1866년

소득 점유율	1780년	1831년	1866년
상위 10퍼센트	51~53	45	49
하위 40퍼센트	10~11	18	16

것보다 과연 더욱 주목할 만했는지, 또는 어느 정도까지 두드러졌는지 알아내는 것을 불가능하게 한다. 예를 들어, 나폴레옹 추종자는 이들이 아니었다면 빈민에게 돌아갔을지도 모르는 토지를 있는 대로 사들였고, 부르봉 왕조 치하에서는 대부분 귀족인 2만 5000개의 가문이 혁명 시기의 몰수에 대한 배상을 받았다. 1790년대에는 한 세대 뒤보다 소득 분배가 일시적으로 훨씬 압착됐을 가능성이 아주 농후하다.[11]

그렇다 하더라도 프랑스 혁명이 굵직한 20세기 혁명이 초래한 평준화에 아주 조금이라도 상응하는 어떤 결과를 도출했다는 조짐은 없다. 토지 소유권, 부의 집중 및 소득 분배의 변동은 주변부에서 발생했다. 거기에 영향을 받은 이들에게는 결코 사소하지 않은 변동이었다. 요컨대 하위 40퍼센트의 소득 점유율이 상대적으로 70퍼센트 증가한 게 사실이라면, 이는 프랑스 사회에서 제일 가난한 부류에게 상당한 개선이 있었음을 나타내는 것이 틀림없다. 그러나 이 과정은 전체적 변화와는 거리가 멀었다. 이런 발견은 유산 계급을 겨냥한 비교적 온건한 수준의 폭력과 아주 잘 부합한다. 그것이 보수적인 현대의 관찰자를 아무리 많이 분개하게 만들었다 할지라도, 이후의 기준으로 보아 그 수단과 야심을 꽤 억제한 것으로 드러난 혁명은 상대적으로 더 적은 평준화를 가져왔다.

"모든 이가 공동으로 사용하도록 모든 것을 하느님께 바칠 때": 태평천국의 난

이 연구의 맥락에서 봤을 때, 19세기의 한 특이한 혁명 운동은 두 가지 이유에서 특별히 눈여겨볼 만하다. 바로 외면적인 공동체적 열망과 그것이 낳은 어마어마한 폭력이다. 1850~1864년 중국 동부와 남부의 광대한 지역은 '태평천국의 난'에 휩쓸렸다. 이는 그 시점까지 역사상 가장 피비린내 나는 충돌이었고, 무려 2000만 명의 목숨을 앗아간 것으로 여겨진다. 청나라에 대항한 이 반란에 불을 지핀 것은 '천년왕국'에 대한 기대였다. 출세를 지향했으나 과거에 낙방한 홍수전(洪秀全)에 의해 시작된 태평천국의 난은 중국의 민란 전통과 기독교 요소를 결합한 창시자의 비전과 계획을 바탕으로 만주족 통치에 대한 반감부터 국가 관료를 향한 증오 및 민족 갈등에 이르기까지 폭넓은 대중의 불만에 의지했다. 1850~1851년 중국 남서 지방의 농민을 주축으로 숯꾼과 광부까지 포함된 폭동에서 출발한 난은 1852년에는 50만 명, 이듬해에는 무려 200만 명에 이르는 대규모 무장 봉기로 빠르게 눈덩이처럼 불어났다. '거대한 빈민 군대'라고 일컫던 그들은 중국의 경제적 심장부를 통과해 전진했고, 곧 난징(南京)을 장악해 이곳을 지상에 있는 태평천국의 새로운 수도로 정했다. 수천만 국민에 대한 통치권을 수립하면서 태평천국 지도부는 '하느님'을 섬기고 더 현세적으로는 외세의 지배로부터 한족을 해방시킨다는 기치를 드높였다. 이는 사회적 의제와도 결합했다. 즉 오직 신만이 무엇이건 소유할 수 있다고 여겼으므로 적어도 개념상 사유 재산을 거부했다. 보편적 인류애라는 축복이 마치 하나의 가족인 양 모든 이를 규합할 수 있었다. 이 고귀한 정서는 1854년 초 발간한 문서 '태평천국 왕조의 토지 제도'에 가장 순도 높게 표현되어 있다. 이 제도는 다음과 같은 전제에 기초했다.

> 이 땅의 모든 사람은 높은 곳에 계시는 주 하느님의 가족으로서, 이 지상의 사람들이 사적인 용도로는 아무것도 갖지 않고 모든 이가 공동으로 사용하도록 모든 것을 하느님께 바칠 때, 세상의 모든 곳이 똑같은 몫을 갖게 될 것이며, 모든 이가 입고 먹게 될 것입니다. 이것이 주 하느님께서 태평천국에 특별히 주님을 내려보내 세상을 구원하는 이유입니다.[12]

이상적이게도 모든 토지는 모든 성인 남자와 여자한테 동등하게, 아이들에게는 그 절반을 나누어주고, 이를 '공동으로 경작'해야 했다. 요컨대 토지를 생산성에 따라 등급을 매기고 완벽한 평등을 실현할 수 있도록 균등하게 배분해야 했다. 만일 모두가 표준화된 몫을 받을 만큼 충분한 땅이 없다면, 사람들은 그것이 가능한 장소로 이동하면 되었다. 각 가구는 다섯 마리의 닭과 두 마리의 암퇘지를 키울 수 있었다. 25가구마다 최저 생계를 초과하는 잉여를 모으고 이를 저장할 중앙 금고를 설립했다. 엄격한 평등주의라는 이 지상 낙원은 '균전제(均田制)'라는 먼 과거의 개념에 역사적 뿌리를 두고 있었으나, 이상하게도 시간이 지나면서 평등을 유지하기 위한 주기적 재분배를 제공하지 못했다.

하지만 이런 실수는 설령 그랬다 하더라도 거의 중요하지 않았다. 이러한 계획을 한 번이라도 시행했다거나 당시 실제로 널리 알려진 흔적이 전혀 없다는 단순한 이유 때문이다. 비록 태평천국군의 진격 초기 단계에서 일부 부자의 집과 토지를 습격해 몇몇 전리품을 지방의 마을 사람들과 공유하긴 했지만, 그 대부분은 반란군 조직에게 돌아갔다. 이런 활동은 체계적인 토지 개혁이나 현실의 농민 공산주의는커녕 더 광범위한 재분배 계획으로도 결코 발전하지 않았다. 태평천국은 팽팽한 청국의 저항과 마침내는 역습에 직면해 자신들의 운영 자금을 마련하느라 수익의 흐름을 유지하는 데 주로 관심을 두었다. 결과적으로 전통적인 지주-소작인 관계는 대부분 고스란히 남았다. 기껏해야 주변부에서 약간의 변화가 일어났을 뿐이다. 수많은 청나라 땅과 납세 명부가 사라지고 다수의 지주가 도망치든지 아니면 더 이상 지대를 거둬들일 수 없던 장안(長安)에서 새 정권은 잠시 소작인이 국가 대리인에게 직접 세금을 내도록 하는 실험을 했다. 이런 조치는 단명했던 것으로 밝혀졌다. 세금은 예전보다 낮고, 소작인이 높은 지대 요구에 저항하는 게 더 쉬워졌기 때문이다. 태평천국이 부자들에게 청나라식 특권을 주지 않고 보류함에 따라, 총소득 및 순소득 모두의 관점에서 일부 소득 분산이 발생했을 가능성이 높다. 지주들은 팽팽한 소작인의 저항에 직면했다. 아울러 이번만은 그들의 전적인 몫이던 특별 추가 징수세로 그득한 세금 납부의 기대를 받으며 자신들의 소득이 하향 압박에 시달리는 것을 지켜봤다.

그러나 이 모든 것은 결코 실행에 옮겨지지 않은—혹은 그럴 의도마저 없었을지도 모르는—유토피아적 계획으로 구상된 만큼 체계적 평준화와는 거리가 멀었다. 후자는 전통적인 토지 보유 방식을 일반적으로 유지하는 것 말고도 태평천국 지도부가 하렘과 궁궐로 가득한 호화판 라이프스타일을 영위함으로써 위계적 서열화를 열렬히 수용했다는 사실로 추측해 볼 수 있을 것이다. 1860년대에 전투와 기근으로 수백만 명의 목숨을 희생시킨 청나라의 폭력적인 태평천국 제압은 평준화의 실험을 금하지 않았다. 존재하지도 않았기 때문이다. 공동체적 교리도, 농민의 막대한 군사 동원도 상당한 평준화를 이루지 못한 듯하다. 더군다나 실제 그것을 시도했다 할지라도 유지할 수 없었을 것이다. 1917년에 앞서 이데올로기적 목표와 산업화 이전의 현실, 이 둘 사이의 간극은 무력으로 다리를 놓기엔 너무나 컸다.[13]

"시골 사람들이 폭력을 써서 출세해보려고 했다": 시골의 반란

역사상 대부분의 대중 반란은 마찬가지였다. 대다수 역사 기록을 보면 그들은 대체로 농민이었고, 어떤 특정 전근대 사회에서든 부와 소득의 분배란 대개 토지 소유권과 농업 생산물 통제권의 조정으로 결정됐다. 따라서 혁명적 수단에 의한 평준화를 조사하려면 누구나 농민 봉기의 결과에 각별한 관심을 가져야 한다. 이런 사건은 일반적으로 매우 흔했다. 공간과 시간에 따른 명백한 차이는 실제 조건보다는 틀림없이 증거의 성격과 더 관련이 있다. 하지만 농촌의 반란이 빈번했음에도 불구하고 당시 눈에 띌 정도의 평준화를 성취한, 진정으로 혁명적인 운동으로 전환한 경우는 드물다.[14]

가장 유망한 사례는 이번에도 역시 비교적 최근에 일어났다. 1910년의 혁명 뒤에 등장한 멕시코의 토지 개혁이 그중 하나다. 멕시코는 언제나 엄청난 자원 불평등을 겪어왔는데, 이는 아즈텍 시대까지 거슬러 올라간다. 16세기 에스파냐 정복자들은 보조금으로 어마어마한 토지와 강제 노역을 하사받았다. 1810~1821년의 독립 전쟁은 그저 본국에서 온 에스파냐 부자들을 크리오요(Criollo: 신대륙 발견 후 아메리카 대륙에서 태어난 에스파냐인과 프랑스인의 자손을 일컫는 말—옮긴이)와 메스티소(Mestizo: 라틴아메리카의 에스파냐계 백인과 인디오 혼혈 인종—옮긴이) 엘리트로 대체했을 뿐이고, 토지 소유권의 집중은 19세기 후반에도 여전히 상승세를 기록했다. 부자들은 더 많은 땅을 확보하기 위해 정부와 결탁하고 상업화 증대로 이익을 얻었다. 이런 까닭에 혁명 전야의 격차는 꽤 극심했다. 모두 합쳐 1000개의 가문과 기업이 통제하는 6000건의 대토지가 1600만 인구의 나라에 있는 토지 전체의 절반 이상을 차지했다. 게다가 전체 인구의 3분의 2가 농업 부문에서 일했다. 시골 주민 대부분은 땅이 거의 또는 전혀 없었다. 그중 절반은 땅에 대해 불안정한 권리를 가진 소자작농이었고, 나머지 절반은 과중한 임대료와 노역을 바쳐야 하는 대토지의 고용자 신세였다. 빚은 일꾼을 땅에 묶어두었다. 멕시코 중부의 주에서는 고작 0.5퍼센트의 가구주만이 재산을 소유했다. 아울러 856명만이 토지를 보유했으며, 그중 64명의 대농장주인이 전체 사유지의 절반 이상을 갖고 있었다. 경제적 부와 정치적 권력 모두 극소수의 지배 계급에 집중되어 있었다.[15]

경쟁적인 엘리트 파벌 사이의 투쟁으로 시작되어 애당초 특별한 토지개혁 계획은 안중에 없던 혁명은 자기들 나름의 재분배 의제를 추구하던 시골 병력의 동원을 촉발했다. 무장 집단은 대농장을 손에 넣었다. 특히 남쪽에서는 에밀리오 사파타(Emilio Zapata)가 이끄는 농민군이 대토지를 점령하고 땅을 재분배했다. 과격한 농민 반란은 영향력이 시들해진 중앙 당국이 해결했어야 할 영역에 여건을 조성했다. 1917년 새 헌법은 사익보다 공익이 우위에 있음을 인정하면서 강제 몰수를 합법화했다. 이는 농민군을 진정시킬 필요가 생기자 그때 가서야 공식적으로 수용되었다. 하향식 법률 제정이 아닌, 지방의 폭력이 재분배의 핵심 동력이었다. 그럼에도 불구하고 빈민에게 공식적으로 땅을 할당한 것은 1920년대 들어서였다. 그나마도 더디게 진행됐고, 지주들은 몰수 요구의 상한선 같은 양보를 얻어냈다. 1915~1933년 재분배한 것들은 대부분 질 낮은 땅이었다. 1933년까지 해마다 전체 토지의 1퍼센트 이하를 재할당했는데, 그 땅의 4분의 1 미만이 실제로 경작하는 농지였다. 지주는 법원의 금지 처분을 구할 수 있었고, 외세의 개입에 대한 공포는 좀더 전면적인 대토지 몰수를 차단했다.

대공황의 여파—실업과 소득 하락—가 마침내 압력을 높였고, 1938년 석유 산업을 국유화하기도 한 라사로 카르데나스(Lázaro Cárdenas)의 더욱 급진적인 정부 아래서 재분배율이 증가했다. 경작 가능한 땅의 40퍼센트가 1934~1940년 몰수됐고, 이제는 농장 일꾼도 배당 자격을 받았다. 토지는 소작인, 일꾼, 메마른 땅을 가진 빈농에게 넘어갔고, 그들은 협동조합을 조직했으나 땅을 구획 단위로 경작했다. 이번에도 밑바탕에는 농민 동원이 이런 조치에 필요한 추동력을 제공했다. 결과적으로 1940년에는 전체 땅의 절반이 토지 개혁의 대상이 됐고, 시골 빈민의 절반이 그 혜택을 봤다. 10년 후 땅을 가진 국민의 비중은 1910년 3퍼센트에서 인구의 절반 이상까지 증가했고, 1968년에는 모든 농경지의 3분의 2가 이전됐다. 이 지난한 과정은 선거 민주주의에서 대규모 재분배와 평준화를 저해하는 요인, 그리고 재분배 조치에 다시 시동을 걸거나 가속 페달을 밟을 때의 충격—농촌의 폭력과 이후의 대공황도 포함해—의 중요성을 분명하게 입증한다. 멕시코는 공산주의 혁명이나 점령에서 전형적으로 나타나는 급진적 구조 조정 같은 것을 겪지 않았지만, 농민 동원은 재분배가 기득권의 저항에 맞닥뜨렸을 때 거기에 가속을 붙이고 지속시켰다. 카르데나스의 행동과 정부조차 이러한 투입에 상당히 의지했다.[16]

1950년대 볼리비아에서도 유사한 발전을 관찰할 수 있다. 1951~1952년의 혁명은 토착 농민과 에스파냐어 사용자 모두를 혹독하게 억압해온 과두제 독재 권력을 겨냥했다. 원주민 대부분은 대토지에서 농노로 일하거나 자신들의 가장 좋은 경작지를 대토지로 몰수해버린 공동체 안에서 살아갔다. 반란의 와중에 조직된 농민은 대토지를 점령하고 대농장 건물에 불을 질러 부재중인 주인들이 자신의 재산을 당장 포기하도록 했다. 뒤이어 부실하게 관리하던 대토지를 몰수하고 그 밖의 토지 규모를 축소시킨 1953년의 농업 개혁은 이미 제대로 진행되고 있던 과정을 사실상 인정한 것에 다름 아니었다. 소작농과 인근 농민이 전체 농지의 절반 이상을 차지하던 대토지를 장악했고, 그 결과 빈민의 절반 이상이 향상된 토지 접근 기회를 누릴 수 있었다. 그러나 격렬한 저항이 언제나 성공했던 것은 아니다. 1932년 1월 공산당이 이끈 엘살바도르 농민 봉기는 며칠 만에 실패했고, 군대를 도발해 수많은 농민이 학살당했다. 이는 마탄사(matanza) 또는 '대학살'이라고 알려진 사건으로, 뒤이은 임시방편의 개혁은 그래봤자 미미한 상태에 머물렀다. 사실 농민을 기반으로 성공한 혁명은 가까운 과거에도 드물었다. 나는 12장에서 토지 개혁을 독려하는 데 폭력 혹은 폭력의 위협이 수행한 결정적 역할, 그리고 대부분의 평화로운 시도가 실패한 것에 대해 논의하려 한다.[17]

개발도상국의 최신 역사에서 다시 전근대 시기로 돌아가면, 우리는 중국 역사에 농민 봉기가 유난히 많이 기록되었음을 알 수 있다. 덩강(鄧鋼, Kent Gang Deng)은 진나라의 멸망부터 청나라 왕조의 종말에 이르기까지 그 스스로가 2106년간 중국 역사에서 발생한 중요한 농민 반란이라고 규정한 최소 269개의 사례를 연구해왔다. '평등'은 특히 토지 소유권과 관련해서는 거듭해서 추구한 목표였고, 부와 토지의 재분배는 반란 집단이 취한 조치의 특징이었다. 비록 대부분의 모반은 성공을 거두지 못했지만, 세제 개혁이나 토지 재분배를 독려함으로써 변화의 촉매제 역할을 할 수 있었다. 반란 세력이 어떻게든 기존의 정권을 전복하려 했던 사례에서 그것들은 뎅이 "부패한 국가 장치의 종결자"라고 부르는 것과 부의 재분배 동력으로 작용했다. 나는 다음 장에서 국가 몰락과 그것의 평준화 효과라는 맥락 안에서 이 쟁점을 다시 다루고자 한다.[18]

한편 비록 반란 세력이 평준화 의제를 확연하게 제기했다 하더라도 구체적 변화는 아주 적거나 없었을 가능성이 있다는 점은 주목할 만하다. 이자성(李自成)이 주도한 운동은 좋은 사례다. 양치기 출신으로 추정되는 이 반란 지도자는 대부분 농민들로부터 뽑은 대규모 군대를 통솔하기에 이르렀고, 명나라가 무너지는 데 공을 세웠다. 그는 만주인들의 진격으로 괴멸하기 전까지 1644년 잠시 스스로를 황제라 칭하고 베이징을 접수했다. 그는 부를 경시했다고 전해지며 부자의 재산을 압수해 재분배하고 심지어 토지 소유권을 평준화하려는 생각이 있었다지만, 아무런 실적도 내지 못했다. 우리가 살펴봤듯 2세기 뒤에 훨씬 큰 규모로 훨씬 더 장기간 지속된 태평천국의 난도 마찬가지였다.[19]

중국은 농촌 항쟁의 역사 기록이 갖는 독특한 시간의 심도에 있어 독보적이다. 다른 고대 국가들은 증거가 훨씬 더 부족하다. 아마도 우연은 아니겠지만, 노예가 있던 고대 그리스와 로마 사회에서는 농민 봉기보다 노예 반란 및 그와 관련한 사건이 자료에 등장한다. 이론상 대규모 노예 해방은 매우 막강한 평준화 메커니즘으로 작용했을 듯하다. 노예가 풍족한 환경에서 노예란 엘리트가 거액의 자산가라는 사실의 구체적 표징이었고, 그 자산의 갑작스러운 손실은 전반적 부의 분포를 고르게 만들었을 것이다. 6장에서 살펴본 미국 남북 전쟁 직후 옛 남부에서 일어난 평준화는 이런 효과를 보여주는 유력한 증거다. 하지만 이런 일은 잘 일어나지 않았다. 기록에 나오는 기원전 413년 스파르타 침공 이후 2만 명 이상의 아테네 노예 탈출은 결과적으로 필시 부자들에게 적지 않은 손실을 끼쳤겠지만, 국가 간 전쟁의 틈을 타 우발적으로 일어난 반응이었지 좁은 의미에서 반란은 아니었다. 기원전 370년 메세니아(Messenia)의 헬로트—스파르타의 전사·시민 계급에 의해 농노 같은 조건으로 소유한 공동 노예—들이 기원전 370년 외세의 개입으로 풀려났을 때는 틀림없이 약간의 평준화가 발생했을 것이다. 하지만 이것 역시 헬로트의 자발적 행동의 결과는 아니었다. 사실 기원전 462년에 있었던 이전의 헬로트 반란은 좌절로 끝나고 말았다. 고대 로마령 시칠리아(Roman Sicily)에서 일어난 두 차례 대규모 노예 폭동(대략 기원전 136~기원전 132, 기원전 104~기원전 101)은 노예들만의 독립된 '왕국' 건설이라는 시도가 대토지 지주들에게서 땅과 소득을 박탈했을 것이므로 약간의 평준화 가능성이 있었다. 그러나 둘 중 어느 것도 성공하지 못했고, 기원전 73~기원전 71년 이탈리아의 저 유명한 스파르타쿠스(Spartacus)의 반란도 마찬가지였다.

로마 제국 말엽에 특정 집단의 과격한 행동은 가끔 평등의 열망을 가진 시골의 소요나 반란 징후로 읽혀지기도 했다. 그러나 4세기 말과 5세기 초 로마령 북아프리카의 치르쿠므첼리오네〔circumcelliones: 극단적 기독교 분파의 의적(義賊) 폭동—옮긴이〕를 일종의 '자크리(Jacquerie: 농민 폭동—옮긴이)'로 간주하는 현대의 동일시에는 이들에게 사회에 위협적 존재라는 역할을 부여하는 오늘날의 자극적인 수사학—"시골의 반역자들이 지주에 맞서 들고 일어났다"거나 "빚 진 이들에게서 돈 뭉치를 가로채 빚쟁이들에게 돌려줬다"는 식의 주장은 아직도 살아 있는 계급 전쟁의 두 가지 주요 혐의를 대표한다—을 뛰어넘는 실증적 근거가 부족하다. 우리가 확신할 수 있는 것은 이 집단이 성 아우구스티누스(St. Augustinus) 시대에 기독교의 종파 간 분쟁에 휘말렸던 과격한 '떠돌이 추수일꾼(itinerant harvester)'으로 이뤄져 있었다는 게 전부다. 로마령 갈리아(Roman Gaul)의 바가우다이(Bagaudae: 갈리아의 농민 집단—옮긴이)는 아주 약간일 뿐이지만 더 희망적인 사례다. 그들은 3세기 자료에 저항 세력으로 처음 등장했다가 5세기에 재차 출현하는데, 이는 분명 로마 통치의 위기 및 약화와 연계되어 있다. 그들은 단순히 지방 통치를 주장하거나 그러려고 노력함으로써 권력의 공백을 메우려 했을 수도 있다. 이따금 부족한 자료를 그렇게 보는 때가 있긴 하지만, 농민 봉기나 계급 갈등이라는 개념을 받쳐줄 만한 증거는 많

지 않다.[20]

유럽에서는 중세 말 농민 반란에 관한 기록이 양껏 쏟아져 나오기 시작한다. 이는 수많은 도시민들의 봉기로 보완되면서 근대 초까지 줄곧 이어졌다. 한 연구는 중세 말 독일에서만 적어도 60건 정도의 농민 반란과 약 200건의 도시민 봉기가 있었다고 집계했다. 중세의 이탈리아, 플랑드르 및 프랑스에 관한 훨씬 광범위한 조사에서는 더 많은 사례를 수집했다. 1323~1328년의 플랑드르 농민 반란은 1524~1525년 독일 농민 전쟁이 일어나기 전까지 최대의 농민 운동이었고, 초기 성과의 이례적 규모 또한 두드러진다. 처음에 농민 부대는 도시의 지지층과 연합해 귀족과 기사들을 물리쳤다. 그들은 또한 관료와 귀족들을 추방했다. 1323년 분노한 브뤼주(Bruges) 시민들이 플랑드르 통치자 루이 백작(Count Louis)을 5개월간 잡아 가둘 무렵, 반란 세력은 플랑드르의 많은 지역을 장악하고 있었다. 이 운동의 도농 간 요소의 상충하는 이해관계와 프랑스군의 개입 위협은 농민의 자율권을 심각하게 제한하고 벌금과 연체금 납부를 부과한 1326년의 평화 조약으로 이어졌다. 민중 집회에서 선출된 농민 지도자들이 협상에서 배제된 만큼 농민 반란 세력은 즉각 이 합의를 거부하고 1328년 전투에서 프랑스에 패할 때까지 전국 대부분의 지역에서 통치권을 재확립하기 위해 계속 전진했다. 농민들의 통치 아래서 과연 얼마나 많은 평준화가 일어났는지에 관해서는 의견이 분분하다. 그들은 추방자의 땅 일부를 압수해 재분배하고, 조세 제도와 법정을 갖춘 그들 고유의 통치 체제를 수립했다.

> 그리고 평민들은 평의원, 시의회 의원, 영주에 맞서 봉기를 일으켰다. ……그들은 자신의 요새에서 지휘관을 선출하고, 법률에 반(反)해 소함대를 결성했다.

줄지어 돌격한 그들은 모든 평의원과 시의회 의원, 영주와 세금 징수관들을 생포했다. 영주들이 도망치자 그들의 집을 부숴버렸다. ……반란에 가담한 모든 이는 평민과 시골 사람들이었다. ……그들은 귀족의 저택에 일제히 불을 질렀고 …… 서쪽 플랑드르에 있는 그들의 모든 소유물을 약탈했다.[21]

훗날 변상 청구 목록에는 부유한 지주들 소유였던 동산과 농작물의 몰수 내용이 일목요연하게 적혀 있었다. 명확성이 좀 떨어지는 것은 극단주의와 과격성에 대한 혐의가 적의에 찬 선전이었는지, 아니면 사실에 근거한 것이었는지이다. 이따금 부자를 살해하는 상황을 포함한 잔혹 행위 언급 부분은 질적으로 의심스럽다. 그와 대조적으로 카셀(Cassel)에서 패배한 반란 세력에 대한 보복의 야만성은 제대로 기록되어 있는데, 여기서 3000명 넘는 농민이 목숨을 잃었다. 기세등등한 프랑스 기병대는 즉시 민간인 학살에 착수했고, 반란군 지도자들은 체포되어 처형당했다.

승리를 거둔 후 프랑스의 영광스러운 군주는 이런 문제를 탐탁지 않아 했다. 좋다! 왕이란 신이 내린 전지전능함으로 통치하는 것이거늘 …… 그들의 범죄와 반역에 대한 그의 응징을 오래도록 기억에 새기고자 왕은 마을을 불태우고 반역자의 아내와 어린애들을 학살했다.

서둘러 강화 조약이 이뤄졌고, 그와 함께 연체료 및 배상 요구가 쇄도했다. 어떤 의미에서 이 반란은 그 자체의 성공 때문에 실패했다. 잔뜩 겁먹은 엘리트들은 이 사건이 다른 지역의 농민을 홀려서 플랑드르의 전철을 밟을 수도 있을 거란 생각에 일찌감치 이 운동을 산산조각 낼, 교황의 축복을 받는 국제적 운동을 조직했다. 이는 1차 생산자들의 무장 저항으로 인해 동원된 진압군의 빠르면서도 강력한 사례를 보여준다. 이런 상황 아래서 지속 가능한 평준화는 실행할 수 있는 결과물이 아니었다.[22]

1358년 북프랑스에서 일어난 '자크리'의 난도 마찬가지였다. 이것은 단 2주라는 짧은 기간과 표면상 조직 구조의 결핍이라는 측면에서 플랑드르 반란과 판이하게 달랐다. 농민은 멜로(Mello) 전투에서 말 탄 기사들에게 진압될 때까지 성채와 귀족의 대저택을 기습해 파괴했다. 엘리트들의 문헌은 시골 폭도가 자행했다고 전해지는 잔학 행위를 한껏 즐긴다. 그중 최고봉은 한 기사가 어떻게 그의 아내와 아이들이 보는 앞에서 꼬챙이에 끼워진 채 구이가 되었는지에 관한 장 드 벨(Jean de Bel)의 악명 높은 서술이다.

> 그들은 무기와 깃발을 들고 전진하면서 삽시간에 시골에 퍼졌다. 그들은 귀족을 발견하는 족족 무자비하게 살해했다. 자신들의 영주마저도 죽이고, 도살하고, 학살했다. ……그들은 귀족의 집과 요새를 무너뜨렸고 …… 귀족의 숙녀들과 그들의 아이를 자신들이 끔찍한 죽음에 이르게 한 사람들 앞으로 데려갔다.

하지만 우리가 비록 농민이 실제로 어떻게 처신했는지 잘 알 수 없다 하더라도, 지배 계급의 반응에 대해서는 의심의 여지가 없다.

> 기사와 귀족이 힘을 되찾고, 복수심에 활활 불타 힘을 합쳤기 때문이다. 그들은 농촌 여기저기로 삽시간에 흩어져 대부분의 마을에 불을 질렀고, 모든 농민을 비참하게 죽였다. 그들에게 해를 끼쳤을 거라고 생각한 사람뿐 아니라 그들 눈에 보이는 모든 사람을.[23]

실제로 그들이 얼마나 폭력적이었든 이런 유형의 지방 봉기가 불평등을 견고하게 다뤘을 공산은 없다. 부분적인 예외마저도 비교적 희소했다. 가령 1381년 잉글랜드 농민 반란은 표면상 실패였다. 프랑스에서 전쟁 자금을 조달하기 위해 새로 부과한 세금이 도화선 역할을 하긴 했지만, 더 근본적인 차원에서 그것은 흑사병으로 촉발된 노동 비용 상승으로부터 이익—엘리트가 노동 법규와 봉건적 제약의 도움을 받아 억누르고자 애썼던 이익—을 보호하려는 국민의 욕구가 주도한 것이었다. 이 운동은 이내 진압되었으나 반역자들이 런던 타워를 장악하고, 수도의 궁전과 저택을 샅샅이 뒤지고, 국왕 리처드 2세(Richard II)를 직접 알현하고, 켄터베리(Canterbury) 대주교와 대법관을 그 밖의 유명 인사들과 함께 처형하고 난 뒤였다—그리고 대부분 동쪽에서 일어나긴 했지만, 폭동이 나라 전역에서 발생한 뒤였다. 반역자들이 정말로 이랬는지는 모르겠다.

> (그들은) 훨씬 더 급진적이고 무자비한 악행을 계획했다. 그들은 모든 귀족과 왕국의 유력자들이 완벽하게 전멸할 때까지 투항하지 않기로 결심했다.

헨리 나이튼(Henry Knighton)이 어떤 저의를 갖고 단언한 것이 사실이건 아니건 그런 종류의 사건은 전혀 일어나지 않았다. 몇 주 만에 모든 게 끝났다. 반역 지도자들은 잡혀서 처형당했고, 1000명 훨씬 넘는 불평분자가 목숨을 잃었다. 하지만 와트 타일러(Wat Tyler)가 말했다는 "모든 인간은 자유로워야 하고 동일한 조건을 가져야 한다"는 요구가 치명적 무력에 직면하긴 했지만, 그리고 노동 법규를 옹호하고 농노 제도를 폐지하지 않았지만, 그럼에도 불구하고 실제 노동자들의 생활 여건은 계속해서 나아졌다. 이는 혐오스러운 인두세를 중단했다는 사실과 거의 관계가 없다.

폭력적 무장보다 훨씬 더 막강한 폭력적 힘이 평준화를 훨씬 제대로 보장했다. 바로 노동 가치를 격상시킨 반복적인 전염병의 물결이었다. 여기에 대해선 10장과 11장에서 살펴볼 텐데, 박테리아는 인류의 어떤 반란이 꿈꾼 것보다 훨씬 더 효과적으로 불평등과 싸웠다. 농민의 폭력과 엘리트의 보복적 폭력도 대유행병의 치사율 앞에서는 둘 다 왜소할 뿐이다.[24]

아주 드물긴 한데, 폭력이 일시적이나마 즉각적 개선으로 이어지기도 했다. 피렌체 영토에 속한 산악 마을 200개 이상이 1401~1404년 반란을 일으켰을 때, 그들의 결단—파골로 모렐리(Pagolo Morelli)의 《회고록(Ricordi)》에 따르면 "피렌체를 잿더미로 만들러 가는 길에 신나지 않았을 농민은 한 명도 없었다"—은 통치 도시로부터 물적 양보, 특히 세금과 채무의 면제를 끌어내기에 충분했다. 그럼에도 불구하고 이런 방책으로 상당 수준의 평준화가 유지됐을 리는 없다. 마찬가지로 1462~1472년 카탈루냐(Catalonia)에서 일어난 레멘세스(Remences: 카탈루냐의 농노를 일컫는 말—옮긴이) 반란은 수확이 거의 없었다. 이는 흑사병이 초래한 노동력 부족 때문에 영주의 압박이 거세진 데 대한 반발이었다. 그 밖에 1450년, 1484년 및 1485년 에스파냐에서 일어난 봉기도 실패했다. 1514년 헝가리에서는 농민이 권력자들에 의해 반(反)오스만 제국 운동에 동원된 후 들고 일어났다. 그들은 죄르지 도저(György Dózsa)의 지휘 아래 장원을 습격하고 지주들을 살해했다. 하지만 싸움에서 밀린 그들은 흔히 그렇듯 테러의 파장에 노출됐다. 서유럽의 모든 농민 봉기 중 최대이자 독일 남부 대부분 지역을 휩쓸었던 1524~1525년의 독일 농민 전쟁은 전염병의 결과로 얻은 소득 증대를 유지하고 영주의 공유지에 대한 권리 및 침해에 저항하려 했다. 이는 반(反)독재주의 사상의 확산으로 인해 강화된 목표이기도 했다. 농민 병사들은 성을 습격하고 수도원에서 물자를 확보했지만, 그들의 열망은 일반적 평준화에 한참 못 미쳤다. 핵심 요구는 세금 감면과 영주에 대한 의무 및 농노 제도의 제한 또는 폐지에 초점을 맞추었다. 미하엘 가이스마이어(Michael Gaismair)의 모든 신분 차별 폐지와 토지 및 광산의 국유화 요구 같은 급진 유토피아적 비전은 여전히 구석으로 내몰려 있었다. 패배는 만연했고 피비린내가 진동했다. 일련의 전투에서 참패하며 10만 명의 농민이 전쟁과 뒤이은 탄압으로 목숨을 잃었다고 전해진다. 흔히 있었던 일처럼 엘리트의 대응은 농민의 행동 자체보다 엄청나게 더 폭력적이었음이 밝혀졌다.[25]

반란은 계속 일어났다. 1278년 불가리아에서는 '농민 황제'가 잠시 통치한 일이 있는데, 타타르(Tatar)의 침공에 맞서 농민을 동원하고 재위 중인 통치자를 제거한 전직 돼지치기 이바일로(Ivajlo)가 그 주인공이었다. 하지만 그의 봉기를 사회 운동으로 보고 싶어 하는 마르크스주의적 해석과 달리 현대 학계는 "이바일로나 그의 추종자들이 사회의 불의에 맞서 항거했다거나 어떤 사회 개혁을 추구했다는 조짐"은 발견하지 못했다—그리고 어찌 됐건 겨우 1년을 버텼을 뿐이다. 1670~1671년 러시아 남부에서 일어난 대규모 농민 반란의 지도자 스테판 라진(Stepan Razin)은 코사크 기병들을 등에 업고 전복적인 선언을 전파했는데, 그중 하나는 작위 있는 엘리트 처벌, 지위와 특권 폐지 및 코사크 기병의 평등 보장 촉구였다. 이 운동은 유혈이 낭자한 패배로 끝났다. 그 밖의 많은 사례 중 1549년 농민의 생계를 제약한 인클로저를 겨눈 잉글랜드의 케트(Kett) 반란도 마찬가지였다. 1773~1775년에 일어난 러시아 코사크 기병의 봉기는 주로 농노제 강화에 대한 반대가 그 목적이었다. 1790년 작센(Sachsen) 농민 반란은 농지를 훼손한 귀족들의 사냥권에 대한 분노에서 비롯했다. 갈리시아(Galicia)의 1846년 농민 반란은 봉건제적 의무를 겨냥했다. 그리고 1921년 인도의 말라바르(Malabar) 반란 역시 목을 조여오던 지주들의 권리에 저항하면서 출발했다.[26]

혼돈 상태이기 일쑤인 사건에 항상 어느 정도의 질서를 부여하려는 현대의 시도는 대중의 특정 관심사와 반란의 동력을 동일시해왔다. 중세 말의 이탈리아, 프랑스 및 플랑드르에서는 지주와의 직접적 대결이 드물었던 반면 정치적 색채가 가미된 반란이 흔했고, 이는 지나친 과세에 자극을 받은 경우가 많았다. 흑사병이 일으킨 전이는 14세기 하반기에 반란의 폭증을 촉발했다. 16세기의 반란은 농노제 부활에 대응했다. 17세기에 농민은 도시보다 농촌에 더 심한 타격을 준 직접세를 통한 국가 재정 확대에 저항하려 했다. 끝으로 18세기 말의 농촌 반란은 잔존한 노역을 진작에 제거했어야 했다는 의식 확대로 인해 일어난 측면이 컸다. 농민의 봉기는 세금 반란에서 비롯된 경우가 많았는데, 1323~1328년 플랑드르의 농민 반란, 1381년 잉글랜드의 농민 반란, 1382년 루앙(Rouen)의 '아렐(Harelle)' 반란, 1437년 트란실바니아(Transylvania)의 농민 반란, 1514년 뷔템베르크(Wüttemberg)의 '빈민 콘라트(Conrad)' 반란, 1515년 슬로베니아의 농민 반란, 1542~1543년 스웨덴의 다케(Dacke) 전쟁, 1595~1596년의 핀란드 곤봉 전쟁, 1594~1707년 사이 네 건의 프랑스 농민 반란, 1653년 스위스의 농민 반란, 1794~1804년 중국의 백련교도의 난, 1834년 팔레스타인의 농민 반란, 1862년 한국의 임술 농민 봉기, 1906~1907년 루마니아 농민 반란의 초기 국면, 그리고 1920~1921년 소련에 항거한 탐보프(Tambov) 반란 등이 여기에 속한다. 이는 1524~1525년 독일의 농민 전쟁과 1894년 한국의 동학 농민 혁명에서도 하나의 요인이었으며, 17세기의 프랑스·러시아·중국의 주요 봉기에서도 역시 그랬다. 이상은 대표로 내세우기에는 아직 완성되지 않은 리스트다.[27]

중세 말의 선례처럼 근대 초기의 농민 반란은 좀처럼 소득과 부의 분배에 뚜렷한 영향을 미치지 않았다. 독일 농민 전쟁은 독일 남부의 농민에게 속칭 '두 번째 농노제'의 확산을 제한함으로써 궁극적으로는 이로웠던 것으로 판명된 양보—반란에 가담하지 않은 북부와 동부의 농촌 인구와 그들을 분리시키려는 보호책이었다—를 이끌어냈다. 1653년 스위스의 농민 전쟁은 더 즉각적인 감세와 채무 탕감으로 귀결됐다. 이와 같은 사례는 격렬한 저항이 가끔은 어떤 영향을 줄 수 있음을 시사하긴 하지만, 그렇다 하더라도 일반적 그림은 명확하다. 바로 좀더 커다란 평준화는 전근대 농촌 봉기의 범위 밖이었다는 것이다. 이는 열망과 역량의 동시적 작용이었다. 이브마리 베르세(Yves-Marie Bercé)가 관찰했듯 "총체적 권력 장악에 성공한 반란은 거의 없다. 사실 그러려는 생각조차 없었다". 정말 그랬다. 단언컨대 1320년대 플랑드르 농민 운동이 그랬듯 반란이 이런 성과에 좀더 가까워지면 질수록 그러한 반란이 어김없이 불러들인 대항 세력은 더욱 막강해졌다.[28]

"민중 만세, 늑대들을 죽이자": 도시와 도시국가의 반란

농촌 반란에 해당됐던 얘기가 도시의 봉기로 가면 더욱더 잘 들어맞는다. 대부분의 역사적 배경에서 도시란 광활한 농촌 풍경 속에 박혀 있고, 그 인구는 소작농의 수보다 훨씬 떨어졌다. 통치자와 귀족은 반기를 드는 소도시를 굴복시키기 위해 도시를 둘러싼 지역의 병력과 무기와 자원에 의지할 수 있었다. 1871년 피비린내 나는 파리 코뮌 탄압은 단지 비교적 최근의 사례 중 하나일 뿐이다. 만일 도시민의 반란이 성공할 가망이 있다면, 지방 엘리트들이 즉각적 진압을 위해 외부 자원에 기댈 수 없는 자치

도시국가여야 했을 것이다.

6장에서 살펴본 고대 그리스는 대중적 군사 동원과 평등주의가 동시에 발생한 초기 사례로서 역할을 했다. 이는 이런 환경이 전반적 평준화를 목표로 했거나, 심지어 그것을 달성한 혁명적 운동의 모태가 되었는가라는 질문을 제기하게끔 한다. 급진적 시각은 희곡과 유토피아적 저술에 확실히 나타난다. 기원전 392년 아테네에서 상연한 아리스토파네스(Aristophanes)의 희극 《여자들의 의회(Ekklesiazusai)》에서 아테네 여성들은 만민 평등을 선언하며 사유 재산과 가족 제도를 폐지한다. 4년 뒤 같은 작가의 《복을 주는 신(Ploutos)》에서는 부당한 재산을 그 소유자들에게서 빼앗는다. 플라톤(Platon)은 《국가론(Republic)》에서 "하나가 아닌 2개의 국가, 빈민의 국가와 부자의 국가"가 존재한다는 생각에 분개했고, 그 결과 나중에 쓴 《법률(Laws)》에서는 최고 부자 대 최하 빈민의 최대 4대 1이라는 비(非)토지 재산 비율을 상상한다. 더 급진적인 공상주의자들은 거기서 한참 더 나아간다. 기원전 3세기 초의 저술가 유헤메로스(Euhemeros)는 판카이아(Panchaia)라는 가상의 섬을 생각했는데, 이곳의 주민은 집과 정원 말고는 어떤 사유 재산도 소유하지 않고 대부분 같은 양의 물자를 공급받았다. 그리고 같은 세기 말엽 이암불로스(Iamboulos)는 사유 재산이나 가족생활이 전무하고 보편적 평등으로 특징지을 수 있는—따라서 행복한—태양의 섬에 대해 썼다.[29]

그러나 실상 고대 그리스에서는 이런 비슷한 일이 결코 일어나지 않은 듯하다. 역사상 이후 시대에 그랬던 것과 마찬가지로, 상당한 평준화는 상당한 무력을 필요로 했을 것이다. 기록으로 남아 있는 가장 극단적인 사례는 기원전 370년 펠로폰네소스의 주요 폴리스인 아르고스(Argos)에서 일어난 내전일 것이다. 그 기간 동안 1200명의 부유한 시민이 모의재판에서 사형 선고를 받고 방망이에 맞아 죽었다. 그리고 그들의 자산을 몰수해 군중에게 배분했다. 하지만 마오쩌둥 시대 중국보다 더한 냄새가 확 풍기는 이런 피범벅 장면이 일반적이었던 것은 아니다. 12장에서 살펴보겠지만, 기록에는 쿠데타와 연관은 있으되 근대의 혁명 상황에서 관찰할 수 있는 대규모 폭력을 동반하지 않는 토지 개혁이 대다수를 차지한다.[30]

순수하게 급진적인 도시 봉기는 일반적으로 역사에 드물었다. 딱 하나 주목할 만한 사례는 1342~1350년 테살로니카(Thessalonica)의 '과격분자들'과 관련이 있다. 민중파는 도시를 장악해 귀족을 살해하고 약탈했으며, 그 재산을 재분배했다. 그러나 적대적인 자료가 그들을 극단주의자로 묘사하고 있음에도 불구하고, 체계적 몰수나 재분배 프로그램에 대한 증거는 없다. 대체로 독립적인 일단의 도시국가가 있던 중세와 근대 초 이탈리아는 좀더 야심찬 도시민의 운동에 있어 고대 그리스의 폴리스 문명과 더불어 또 하나의 선구적인 후보다. 실제로 도시의 봉기는 종종 이 시기를 배경으로 기록되어 있다. 그러나 역시 농촌의 반란이 지주를 직접 대적하는 일이 드물었던 것처럼 도시 폭동은 어쩌다 경제적 관심사가 동기이긴 했어도 자본가와 고용주를 겨냥하는 일은 좀처럼 없었다. 세금 반란이 그랬듯 부정부패나 직업과 관련한 배제에 대응하는 소요가 훨씬 더 흔했다. 그리고 농촌 봉기와 아주 흡사하게도 비교적 온건한 의제를 가진 도심 봉기마저 실패하기 쉬웠다. 무엇보다 좋은 사례는 1378년 피렌체에서 일어난 저 유명한 치옴피(Ciompi)의 난이다. 이는 노동 시장을 대단히 불공평하게 편성한 조합으로부터 자신들이 제외되어 있음을 깨달은 직물 노동자가 주도한 반란이었다. 도시 점거를 시도하긴 했지만 그들의 요구는 신설한 조합으로의 합병과 재산세처럼 온건했다. 그럼에도 불구하고 이 운동은 반동적 유혈 사태로 진압되었다.[31]

"이렇게 해서 그들은 완전히 섬멸되었다": 성과

이는《초기 4대 발루아 왕조 연보(Chronique des quatre premiers Valois)》가 단명했던 1358년 자크리의 농민 반란에 관해 틀림없이 했을 말이다—그리고 역사를 통틀어 보편적인 테마였음이 판명된 말이기도 하다. 1932년 엘살바도르의 반란 기간 동안 공산주의자 반란 세력은 많아야 30여 명을 죽인 반면, 군부는 뒤이은 진압 중 여성과 아이들을 포함해 수천 명을 학살했다. 추정 수치는 8000~40만 명에 달한다. 이런 결과는 전적으로 예기치 못한 상황은 아니다. 반란이 일어나기 직전 반군 지도자 중 한 명인 알폰소 루나(Alfonso Luna)는 전쟁장관 호아킨 발데(Joaquin Valdé)에게 "농민은 마체테(machete) 칼로 당신들이 부인하는 권리를 쟁취할 것이오"라고 말했다. 여기에 대해 발데는 이렇게 대답했다. "당신들에게 마체테가 있다면 우리에겐 기관총이 있소." 이브마리 베르세가 "총체적 권력"이라고 불렀던 것을 잡지 않는 한 엄밀한 의미에서 소득과 부의 불평등이 실제 목표였다 해도—그랬던 적은 거의 없었다—어떤 반란도 그것을 평준화하리라 기대할 수는 없을 것이다. 20세기의 대격변에 요구되는 폭력적 몰수와 통치 수단이 전근대 국가에서는 쉬운 일이 아니었다. 이 목표를 향한 확고한 이데올로기적 몰입도 없었다. 프랑스 혁명기의 '공포 정치'로 숱한 비난을 받아온 자코뱅주의자들조차 대규모 몰수와 평등화는 주저했다. 그들은 국가적 차원의 진정한 공포가 결국에는 어떤 모습으로 나타날지 몰랐다.[32]

따라서 폭력적 반란을 통한 의도적인 체계적 평준화란 산업화 이전의 수단을 넘어서는 것이었다. 20세기에 와서야 우리는 기관총과 급진적 계획 모두를 휘두른 혁명가들과 조우한다. 마침내《초기 4대 발루아 왕조 연보》의 결론이 다른 진영에도, 즉 영주와 지주들—최초의 1퍼센트—에게도 적용된 것은 바로 20세기에 들어서였다. 그때서야 권력을 충분히 변혁적인 목표에 맞춰 (진정으로 실질적인 평준화가 일어날 수 있을 정도로 충분히 오랜 기간 동안) 충분히 널리 행사할 수 있었다. 전근대 세계는 격렬한 대중의 반대에는 익숙했지만, 사회가 발전하려면 급진적인 평준화 정책을 추구하기 위해 폭력의 역량과 그 적용 범위의 단계적 강화가 필요했다. 피지배자나 지배자나 마찬가지로 어떠한 희생이 따르건 말이다. 그러나 이 이야기에는 마지막 반전이 있다. 가차 없는 혁명 세력이 속속들이 사회에 침투했다 하더라도, 강제된 평등이란 이 정권이 권력을 잡고 버티는 동안에만 지속됐다는 사실이다. 소련과 그 위성 국가 및 캄보디아에서처럼 그들이 몰락하는 순간, 또는 중국이나 베트남에서처럼 그들이 방향을 전환하자마자 소득과 부의 불평등은 순식간에 되돌아왔다. 이런 원칙은 러시아와 중국의 경험이 보여주는 것처럼 극단적으로 다른 상황에서도 적용됐다. 전자는 경제가 붕괴하면서 불평등이 폭발적으로 증대했고, 후자는 대규모 경제 성장이 진행되면서 불평등이 점진적으로 커졌다.[33]

'근대'와 피에 젖은 변혁적 혁명으로 초래된 종류의 평준화는 억압—잠재적으로 혹은 공공연하게 폭력적인 성격을 가진—이 시장의 힘을 억누르는 동안에만 유지될 수 있었다. 이런 억압이 느슨해지거나 사라지는 순간 바로 평준화는 역전됐다. 앞장에서 나는 1980년대 0.26~0.27이던 러시아의 시장 소득 지니계수가 2011년 0.51로 증가했고, 중국은 1984년 0.23에서 2014년 0.55로 올랐다고 언급했다. 베트남의 시장 소득 지니계수는 더 낮은 수치를 인용하기도 하지만 2010년 무렵 분명히 0.45에 도달했고, 캄보디아의 수치도 2009년 0.51로 나타났다. 쿠바의 추이도 같은 패턴을 따랐다. 공산주의 혁명의 해인 1959년에 0.55 혹은 0.57이었던 시장 소득 지니계수는 1986년 0.22까지 하락하고 난 뒤 1999년에는 0.41로,

2004년에는 0.42로 올랐던 듯하다. 이미 1995년에 0.55만큼 높이 잡은 측정도 있긴 하다. 이 대부분의 사례를 보면, 명목상 공산주의 정권이 여전히 권력을 잡고 있긴 해도 경제 자유화가 불평등을 빠르게 끌어올렸다. 중유럽 국가들의 공산화 이후도 마찬가지였다. 1억 명의 목숨을 앗아간 공산주의가 가치 있는 무언가를 얻었는지 여부는 이 연구의 고찰 범위를 넘어선다. 그러나 한 가지는 분명하다. 더 큰 물질적 평등의 관점에서 봤을 때, 그토록 피 흘리며 얻어낸 게 무엇이든 이제는 충분히 그리고 진정으로 안녕을 고했다는 것이다.[34]

4부

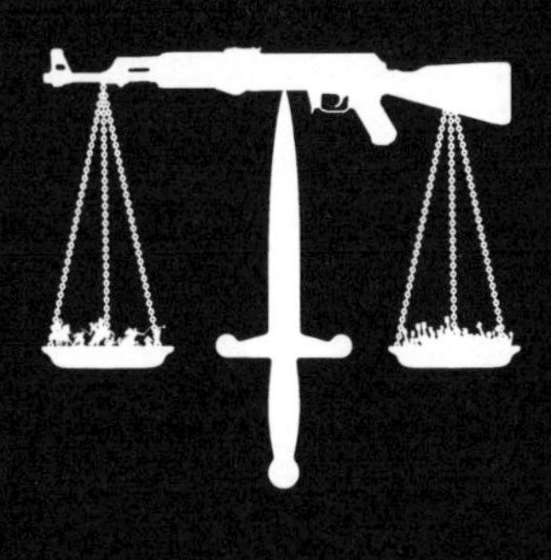

붕괴

09

국가 실패와 체제 붕괴

“그리고 싸늘한 명령이 담긴 냉소”: 평준화 동력으로서 국가 실패와 체제 붕괴

전쟁과 혁명은 더 많은 폭력을 불러일으킬수록, 사회에 더 깊숙이 침투할수록 불평등을 더 많이 낮출 수 있었다. 그러나 만일 이런 전이가 체제 전체와 기존의 사회적·경제적 질서를 파괴한다면 무슨 일이 일어날까? 이제까지 나온 증거를 바탕으로 삼을 경우 여느 때보다 훨씬 더 큰 대격변은 여느 때보다 더 강한 평준화로 귀결된다는 것을 예상할 수 있다. 수천 년간 기록된 역사 전반에 걸쳐 있는 역사적 증거는 이 암울한 예측을 충분히 뒷받침하고도 남는다. 국가 실패와 체제 붕괴는 위계 서열을 뒤집고, 어떤 때는 극적인 규모로 물질적 불평등을 압착하기도 했다. 이런 막대한 사건은 앞서 몇몇 장에서 논의했던, 대개는 최근에 가까운 과정을 보강하면서 대부분이 전근대 시기에 발생했다.

용어 정의부터 시작하겠다. 대규모 사회 구조가 해체되는 데는 강도와 심각성에서 차이가 발생할 수 있다. 스펙트럼의 한쪽 끝에는 주로 정치권력 행사와 관련한 과정, 즉 전통적으로 국가 실패라고 알려진 것이 자리하고 있다. 현대의 시각에서는 국가가 그 구성원에게 공공재를 공급할 수 없을 때 실패했다고 간주한다. 부정부패, 안보 결핍, 공공 서비스와 하부 구조의 와해 및 정통성 상실이 국가 실패의 표지 역할을 한다. 그러나 이런 정의는 더 먼 과거에는 적용됐을 리 없는 기준을 국가에 갖다 붙인다. 국가는 기본적 안보를 넘어 다양한 공공재를 공급해야 하며, 실패나 붕괴는 이런 기대에 부응하는 능력의 부재로부터 유발될 수 있다는 생각은 대부분의 역사에서 시대착오적으로 보인다. 이 전 지구적 연구의 목적을 위해서는 필수적인 국가 기능의 골자를 정의하는 편이 우리에게 더 도움을 준다. 전근대 정치 조직은 우선 나라 안팎의 도전자를 감시하고, 통치자의 핵심 협력자와 동료를 보호하며, 이런 과업을 수행하고 파워 엘리트를 부유하게 하는 데 필요한 세수를 빼내는 데 초점을 맞췄던 만큼 국가 실패는 이런 기본 목표를 성취할 능력마저 상실한 상태로 이해하는 것이 낫다. 피지배자와 영토에 대한 통치권 약화 및 군벌 같은 비정부 활동 세력의 국가 관료 대체가 그 전형적 결과이며, 극단적인 경우에는 정치권력이 지역 사회 차원으로까지 이양되는 경우도 있었다.[1]

스펙트럼의 반대쪽 끝은 좀더 확장된 개념—정치적 통치 기관의 실패를 훨씬 뛰어넘는 현상인 체제 붕괴라는 개념—과 묶여 있다. 체제 붕괴란 훨씬 포괄적이며 때로는 모든 것을 총망라하기도 하는 해체 과정으로서 "기존 사회의 복합성 수준이 상당 부분 순식간에 사라지는 것"으로 정의한다. 이는 경제 분야부터 지적 분야에 이르기까지 인간 활동의 다양한 영역에 걸쳐 확대되면서 전형적으로 계층화, 사회 분화 및 노동 분업의 축소, 정보와 물자의 흐름 경감, 그리고 기념비적 건축·미술·문학 및 문해력(literacy, 文解力: 글을 읽고 이해하는 능력—옮긴이) 같은 문명의 특징에 대한 투자 하락으로 귀결된다. 이러한 전개 과정은 중앙 집권적 통치 기능을 약화시키든지 송두리째 제거하는 정치적 분산을 동반하거나, 그런 분산과 상호 작용한다. 심한 경우 전체 인구는 수축하고, 정착지가 줄어들거나 버려지며, 경제 활동이 좀더 단순한 수준으로 퇴보한다.[2]

국가 또는 문명 전체의 와해는 우리가 소득과 부의 격차를 평준화할 수 있는 동력을 이해하는 데 대단히 중요하다. 내전의 효과에 대한 논의에서 살펴봤듯 국가 실패는 소수에게 새로운 번영의 기회를 창출할 수 있다. 하지만 기존의 엘리트는 고통 받을 공산이 크고, 대국들은 작은 독립체로 쪼개지는 만큼 최상층으로 자원이 집중될 잠재성은 줄어든다. 체제 붕괴는 부와 권력을 쥔 자들에게는 당연히 훨씬 더 해롭기 마련이다. 중앙 집권화한 통치 체제의 해체는 공식적 위계와 엄밀한 의미의 엘리트 계급을 약화하며, 그에 상응하는 규모로 경영하기를 기대하는 정적들이 기존의 엘리트를 즉각적으로 대체하는 상황을 사전에 차단한다. 전근대 국가는 흔히 불충분한 증거 자료만 남겼는데, 붕괴 직후에는 문헌이 가끔 사라지기도 했다. 이런 경우 우리는 탁월한 고고학자이자 체제 붕괴 이론가인 콜린 렌프루(Colin Renfrew)의 표현대로 "전통적이고 사치스러운 매장(埋葬) 중단 …… 호화판 저택의 유기 또는 '무단 점유자'의 분별없는 재사용 …… 값비싼 사치품 사용 중단"을 포함하는 대체 자료에서 엘리트의 몰락을 유추할 수 있다.[3]

국가 실패는 그것이 여러 방식으로 지배 계급의 번영과 충돌했다는 점에서 강력한 평준화 수단이었다. 맨 앞장들에서 살펴봤듯 전근대 국가에서 엘리트의 부는 주로 두 가지 근원—생산적 자산이나 토지, 무역 및 금융 같은 활동의 투자를 통한 자원 축적, 그리고 국가를 위한 복무, 뇌물 수수 및 강탈을 통한 약탈적 축적—으로부터 생겨났다. 소득의 두 가지 젖줄은 모두 결정적으로 체제 안정에 달려 있었다. 전자는 국가 권력이 경제 활동에 보호 조치를 제공했기 때문이고, 후자는 국가 기관이 수익을 창출하고 배당하는 매개체 역할을 하는 단순한 이유 때문에 더욱더 그러했다. 국가 실패는 자본 수익률을 낮추고, 정치권력을 휘두르거나 그 권력을 가까이 함으로써 파생된 이익을 완벽하게 일소할 수 있었던 것이다.

결과적으로 기성 엘리트는 무지막지한 규모로 잃어버릴 처지에 놓였다. 정치적 파란은 그들에게서 번영을 지속시킬 기회만 앗아간 게 아니라 그들이 보유하고 있던 기존의 자산을 곤경에 빠뜨렸다. 엘리트의 소득과 부의 막대한 감소는 불평등을 축소시킬 가능성이 높았다. 국가 실패나 체제 붕괴의 시기에는 누구나 자산과 생계를 위협받았지만, 부자는 그저 빈민보다 잃을 게 엄청나게 많을 뿐이었다. 입에 겨우 풀칠하는 농민 가구는 비교적 소득에서 얼마 안 되는 부분만 잃었으며, 그러고도 그럭저럭 살아갈 수 있었다. 거기서 더 부족해지면 가족의 생존을 위협당할 수 있겠지만 죽거나 도망친 이들은 더 이상 지정된 모집단에 속하지 않았고, 따라서 그 집단의 자원 분배에서 아무런 역할도 하지 않았다. 한편 부자는 소득이나 재산을 대부분 잃고 난 후라도 살아남을 수 있었다. 과거에 부와 권력을 쥐었던 사람 중 고비를 넘긴 이들, 그리고 아무리 남아 있는 지도부의 지위가 약해졌더라도 그 자리를 차지한 이들은 절대적으로뿐 아니라 상대적으로도 약간 덜 부유한 상황에 놓일 공산이 컸다.

국가 실패나 체제 붕괴 뒤에 찾아온 물질적 격차의 압착은 다양한 규모의 빈곤이 작용한 결과였다. 이런 사건이 대부분의, 또는 모든 국민을 이전보다 가난해지게끔 했지만, 부자는 한참 더 추락해야 했다. 더욱이 정치적 해체가 약탈적 잉여 착취에 얼마나 개입했느냐에 따라 평민이 때로는 생활 수준의 향상을 경험했을 가능성도 우리는 고려해야 한다. 그 경우 평준화는 단지 상이한 속도로 이뤄진 바닥으로의 경쟁 결과가 아니라,

노동자의 이득에 의해서도 강화되었을 것이다. 그러나 증거의 성격상 가난한 집단의 동시다발적 개선을 찾아내기보다는 엘리트의 몰락을 기록하는 편이 보통은 더 쉽다—혹은 적어도 지독하게 어려운 게 조금은 덜하다. 이런 이유 때문에 나는 주로 부와 권력을 가진 이들의 재산 변동과 그것이 소득과 부의 분배에 미친 영향에 초점을 맞춘다. 나는 기록이 가장 잘 남아 있는 몇 가지 전근대 사례의 연구에서부터 시작할 것이다. 우리가 가진 지식의 경계까지 탐사하는 덜 명백한 증거로 옮아간 다음, 오늘날의 세계에서도 여전히 부의 평준화를 목격할 수 있는지 살펴보기 위해 국가 실패의 최근 사례인 소말리아로 마무리하려 한다.

"해 질 녘 여우와 토끼들이 건너가는도다. 나라 어르신들이 살았던 이곳에, 하나 지금은": 당나라 엘리트의 파멸

중국 당나라 왕조의 말기는 국가 붕괴가 어떻게 엘리트의 재산 파괴로 이어졌는지 극명하게 보여준다. 618년에 세워진 당나라의 황제들은 과거 한나라와 서진(西晉)의 왕조들이 차지했던 광대한 영토의 정치적 통일을 내세우면서 단명했던 수나라의 성공을 기반으로 삼았다. 당나라 치하에서 자원에 대한 접근 기회의 평등을 꾀했던 최초의 토지 분배 계획은 갈수록 황실 지배 계급의 최상층 내부에 부와 권력이 모두 집중하면서 서서히 좌절됐다. 소수 명문가들이 귀족 정치를 고착화하기에 이르렀고, 각 가문이 몇 세대 이상 최고위직을 고수할 수는 없었지만 하나의 집단으로서 수세기 동안 정치권력을 독점했다. 국가의 고위직 재임에서 파생되는 특혜는 개인의 번영에 자양분 역할을 했다. 이런 과정은 오직 개별 가문의 출세를 견제하거나 역전시키는 가문 간 경쟁과 최종적으로는 격렬한 당쟁에 의해 조절되었는데, 그렇다고 해서 공직에서 가장 수입이 짭짤한 자리에 대한 집단적 장악력을 약화시키지는 못했다. 황실의 먼 친척은 물론 귀족 작위를 받은 모든 집안과 관료 및 관직을 보유한 모든 이들까지 세금과 노역을 면제받았다는 사실이 부의 축적에 지대한 도움을 주었다. 이는 권력을 손에 넣고 인맥이 두터운 이들을 대놓고 편애하는 대단히 퇴행적인 시스템이었다. 동일 집단의 구성원은 공유지를 사적으로 매입하는 데도 관여했는데, 통치자들은 이런 관행을 몇 번이고 금지했지만 성공을 거두지 못했다.

결과적으로 엘리트의 토지 소유는 국가를 희생시키며 팽창했고, 토지 균등화 계획을 실행하려는 시도는 8세기 중반에 정치적 불안정이 시작되면서 멈추었다. 늘어난 대토지는 국가의 과세로부터 농민을 보호해줬고, 지주들로 하여금 농업의 잉여를 사적인 지대로 전환할 수 있게끔 했다. 상업화한 이런 토지는 장거리 교역과 연계되면서 갈수록 부자 엘리트를 받쳐주는 데 일조했다. 방앗간을 운영하기 위해 충분한 자본을 처분한 이들은 농민으로부터 물을 독점했다. 이런 관행은 불만을 촉발했지만 국가 개입은 단속적이기만 했다. 8세기의 한 관찰자는 이렇게 주장했다.

> 귀족, 관료 및 지방의 유지 가문은 땅을 사고 바로 옆 땅을 또 사는 식으로 자신들의 대토지를 구축하며, 법규를 두려워하지 않고 내키는 대로 농민의 땅을 집어삼켰다. ……그들은 불법으로 농민의 균전제 땅을 사들인다. ……이런 식으로 그들은 농민이 살 곳이라고는 한 군데도 남겨두지 않는다.

정형화한 이미지와 과장에 기댔을지 모르지만, 그럼에도 불구하고 이 관찰자는 당면 문제—토지 자산의 지속적 집중—를 정확하게 지적한다.

제일 현격한 격차는 최상위에서 출현했다. 6~7세기로 거슬러 올라가 지방의 기반을 내던지고 수도인 장안과 뤄양(洛陽)으로 본거지를 옮겨 황실에 바짝 들러붙어 있던 가문들에 의해서였다. 수도는 옥좌와의 초근접성 때문에 정치권력과 거기에 수반된 재물에 가장 즉각적으로 접근할 수 있는 기회를 보장받는 곳이었다. 이런 공간적 군집은 그들이 국정의 요직 및 지방 관직에 대한 접근 기회를 확보하는 데 도움을 줬다. 이들 가문은 좀처럼 중앙의 관직에 올라본 적이 없던 지방 상류층과 달리 점차 서로 혼인으로 얽힌 폐쇄적 핵심 엘리트를 형성했다. 이 집단과 그들이 남긴 수많은 묘비명에 관한 가장 상세한 한 연구에 따르면, 9세기 무렵 재상 같은 고위 관직 대부분과 지방 행정을 담당하는 최상위 관료를 포함해 장안에 거주하는 제국 엘리트의 유명한 구성원 중 적어도 5분의 3은 혈연과 혼인의 유대 관계로 연결되어 있었음이 밝혀졌다. "매우 제한적인 결혼과 친족 관계의 네트워크"로 불리는 것이 이런 식으로 적잖이 그 구성원의 사적 이익을 위해 당나라 체제를 좌지우지하기에 이르렀던 것이다.[4]

하지만 대도시 거주에는 대가가 따랐다. 대도시는 질서와 안정의 시대에는 극도로 수익성이 높았지만, 중앙 당국이 더 이상 찬탈자의 도전을 막아낼 수 없게 되자 당나라 엘리트의 최상층을 폭력적 행동에 그대로 노출시켰다. 881년 반군 지도자 황소(黃巢)가 장안을 점령했다. 그로부터 단 며칠 만에 고위 관료들의 저항이 과격한 보복을 부추겨 4명의 현직 또는 전직 재상이 살해당하거나 자살하고, 그 밖에 수백 명이 목숨을 잃었다. 얼마 지나지 않아 황소가 군 통수권을 상실하자 수세기에 걸쳐 쌓인 믿기 어려울 만큼 거대한 엘리트 재산으로 가득 찬 그 도시에서 병사들은 광란의 약탈 파티를 벌였다. 파워 엘리트는 툭하면 표적이 되었다. 한 자료에 따르면, 병사들은 "특히 관료를 증오해 손에 잡히는 이들은 모조리 죽였다". 풍자시 한 편을 쓴 데 대한 대가로 3000명의 지식인이 학살당한 것으로 추정된다. 하지만 이는 시작에 불과했다. 비록 황소의 반란은 실패했지만, 장안은 몇 년 뒤 정적인 군벌들에 의해 수차례 약탈당했는데, 이런 사건으로 도시는 황폐해지고 거주민은 도탄에 빠졌다. 정곡(鄭谷)은 이렇게 썼다.

해 질 녘 여우와 토끼들이 건너가는도다.
나라 어르신들이 살았던 이곳에, 하나 지금은
옥피리 소리 들리나니 이 얼마나 애절한가.
하지만 그 향기롭던 마차들 지나는 건 뵈지 않네.

도시 인근에 있는 부자의 재산 역시 극심한 고초를 겪었다. 최고 자산가 집안의 후손인 위장(韋莊)은 문중 땅의 황량함을 이렇게 묘사한다.

천 그루 뽕나무 바다에 보이는 이 하나 없네.
피리가 들려주는 외로운 가락 하나, 공허함에 내리는 눈물 한 방울.

뽕나무는 부의 상징으로 여겨졌다. 정곡은 그의 사촌 왕빈이 소유한 땅의 운명을 개탄했다.

오래된 들판은 그렇게도 황량하고 적막했다. ……이웃들은 어찌 됐냐고 차례로 물어봐도 (사촌은) 몇 번이고 무덤 쪽만 가리켰다. ……식량 부족이 극심해지고 난 뒤에는 하인들도 뿔뿔이 흩어졌다.[5]

이런 위기가 되풀이되는 사이 목숨을 잃은 귀족은 아마 수천에 달했을 테고, 살아남은 이들은 도시의 저택과 교외의 토지를 빼앗겼다. 숙청은 구(舊)귀족들에게 남은 재산이 거의 바닥날 때까지 계속됐다. 886년 쿠데타가 실패로 돌아간 후 도전자를 후원해온 수백 명의 관리가 처형당했다. 900년에는 궁궐의 환관들이 그들을 제거하려는 음모에 맞서 황제의 측근을 거의 다 처치했고, 이듬해에는 그 보복으로 그들과 그 협력자들이 모조리 제거되었다. 905년의 한 사건에서는 생존자 중 가장 영향력 있는 7명의 재상이 살해당한 뒤 황허강에 던져졌다. 순식간에 자행된 이런 연쇄적인 잔혹 행위는 대도시의 엘리트를 사실상 전멸시켰다.

폭력은 수도를 벗어나 빠르게 번졌다. 뤄양은 885년 약탈당해 파괴되었고, 880~920년대까지 전국 지방의 중심지는 지방 엘리트의 엄청난 인명 손실을 초래한 전투와 숙청에 휩쓸렸다.

> 한 집 다음엔 또 한 집의 귀중품이 털려버렸다.
> 어디서건 정교한 처마가 있는 세련된 대저택은 초토화됐다.[6]

결국에는 목숨을 부지한 사람이 거의 없었다. 중앙의 지배 계급은 빠르게 사라져 10세기 말에 가서는 역사의 기록에서 거의 완벽하게 자취를 감추고 말았다. 881년의 폭력 사태 발생 이후, 수도 지방에서 정교한 매장지를 가질 형편에 있던 사람들과 연관된 묘비명 발굴 건수는 극히 드물다. 지방의 엘리트 일족도 대학살을 면치 못했다. 종종 그들의 애절한 글을 통해 일부 생존자가 알려지기도 했는데, 일반적으로 그들의 재산은 사라지고 없었다. 조상들이 남긴 재산도 없고 인맥도 무너진 상태에서 그들이 엘리트 지위를 되찾을 방도는 없었다. 960년부터 송나라 왕조 아래 출현한 새로운 제국은 흔히 지방에서 환호를 받았고 중앙의 체제를 재건하는 사이에 권력 수단을 장악한 완전히 다른 가문들을 끌어들였다.[7]

당나라 귀족의 끔찍하고 철저한 종말은 국가 실패가 부자들을 파산, 심지어 괴멸시킴으로써 어떻게 사회 피라미드의 맨 꼭대기에 있는 부를 말살하고 자산 분배를 고르게 하는지에 관한 매우 극단적인 사례일지도 모른다. 그럼에도 불구하고 국가의 엘리트를 직접적으로 겨냥하지 않은 폭력은 상당한 수준의 평준화 결과를 낳을 수 있었다. 국가 실패는 그들의 정치적 지위와 인맥은 물론 경제 활동으로 얻은 소득을 박탈했고, 자신들이 통치에 일조했던 국가에서 영토가 사라지고 국내외 도전자들이 엘리트의 몫을 차지하면서 그들의 재산은 줄어들었다. 그 기간에 대해 과연 어떤 의미에서 판단해야 할지 어렵긴 하지만, 이 모든 사례의 전반적 성과는 비슷할 것이다. 바로 소득 분포의 (로렌츠 곡선에서) 맨 끝 꼬리 부분을 잘라냄으로써, 그리고 전체 소득과 부에서 인구의 1퍼센트인 최상위 부문의 비중을 대대적으로 압착함으로써 얻은 불평등의 감소다. 국가 실패가 보편적 궁핍을 초래했건, 아니면 주로 엘리트 집단에 대혼란을 일으켰건 그것과 무관하게 부자가 빈민보다 훨씬 더 잃을 게 많았다는 단순한 이유로 인해 평준화가 일어날 가능성은 높았다.[8]

"그토록 많은 고통과 온갖 고난으로 가득 찬": 서로마 제국의 붕괴

로마 제국 서쪽 절반의 멸망과 그 결과로 나타난 부자 엘리트의 몰락은 피비린내는 덜해도 국가 붕괴를 통한 평준화를 드러내는 사례로는 뒤지지 않는다. 5세기 초, 물질 자원은 정치권력과 긴밀히 연계된 소수 지배계급의 수중에 들어가 있었다. 제국의 심장부인 이탈리아 본토를 비롯해 이베리아, 갈리아(현재의 프랑스) 및 북아프리카 영토로 구성된 지중해 유역의 서로마 문헌에는 초거대 재산이 기록되어 있다. 가장 부유하고 가장 탄탄한 정치적 연줄이 있던 로마인의 오랜 전통에 따라 로마 원로원은 로마시 자체를 근거지로 상호 긴밀하게 연결된 극소수 상류층 가문들이 장악하기에 이르렀다. 이 대규모 부자 귀족들은 "로마 제국 전역에 흩어져 있는 대토지를 거의 소유"했던 것으로 전해진다. 구체적 사례의 하나로 한 부부가 이탈리아, 시칠리아, 북아프리카, 에스파냐 및 영국의 땅을 소유했다는 언급이 나온다. 혼인과 상속은 물론 공직 복무의 결과물인, 지역을 초월한 토지 자산을 유지할 수 있었던 데는 통일된 제국 체제가 안겨준 기본적 안정뿐 아니라 국가가 뒤를 받쳐준 물자의 흐름도 큰 몫을 했는데, 여기에는 대토지 소유자들이 확실한 교역망의 혜택을 누릴 수 있도록 한 국가 재정상의 목적도 있었다. 당나라 시대 중국에서처럼 원로들은 하위 엘리트층을 무겁게 짓누른 부가세와 부역의 의무를 면제받았고, 이것이 그들의 부를 더욱 신장시켰다. 마침내 가장 부유한 가문은 중앙 정부가 모든 속주로부터 그러모으고 싶어 했던 세수액에 버금가는 연 소득을 거둬들였고, 로마시와 그 밖의 지역에 궁궐 같은 주택을 소유했던 것으로 추정된다. 중앙의 엘리트와 견줄 바는 못 되지만 속주의 최고 갑부 역시 황실과의 연줄에서 혜택을 봤다. 가령 갈리아의 어떤 두 지주는 각각 이탈리아와 에스파냐 그리고 발칸반도 남부에 땅을 소유하고 있었다고 전해진다.[9]

지역을 초월한 부를 모아들이고 수익을 유지하는 역량은 고만고만한 유지들보다 단연 출중한, 유산 계급 중에서도 최상위에 있는 이들의 출현에 결정적이었다. 부당 이득과 부패가 통치의 일상적 요소이며 가장 부유하고 가장 많은 특혜를 누리는 관리가 그들의 자산을 국가의 요구로부터 보호할 수 있는 최적의 위치에 있던 (수천만 백성의) 제국에서는 정치 요직에 접근할 수 있는 특권 역시 그만큼 중요했다. 따라서 이들의 우위와 그것이 초래한 극심한 불균형은 제국의 힘이 얼마나 견고하냐에 전적으로 달려 있었다. 5세기에 들어서면서 내부의 갈등과 외부의 도전이 고조됐다. 430~470년대에 로마 정부는 우선 북아프리카에서, 그다음은 갈리아와 에스파냐·시칠리아에서 통치권을 상실했고, 게르만의 왕들이 점령하면서 마침내는 이탈리아 본토마저도 내주고 말았다. 6세기의 2/4분기에 이탈리아를 되찾으려는 동로마 제국의 시도는 큰 혼란을 초래했고, 이는 이내 재개된 게르만의 침공에 의해 실패로 돌아갔다. 지중해 통일의 이 극적인 붕괴는 로마 기반의 최고 엘리트가 소유한 방대한 토지 네트워크를 해체시켰다. 이들은 더 이상 이탈리아 밖에서, 그리고 최종적으로는 이탈리아 자체의 대다수 지역에서 자신들의 땅을 고수할 수 없었다.

정치적 분산의 심화는 서로마 제국 상류 사회의 최상층을 사실상 전멸시켰다. 5세기에 지중해 유역 내륙에서 시작된 이 과정은 6~7세기에 이탈리아반도에까지 도달했다. 로마시에 거주하던 지주들의 토지는 대부분 주변의 라티움(Latium) 지방으로 한정되기에 이르렀고, 교황들마저도 이탈리아 남부와 시칠리아에 있던 교회 토지를 빼앗겼다. 이런 붕괴는 그레고리오 1세 교황이 593년 저술한 《대화(Dialogues)》에 등장하는 레뎀프투스(Redemptus) 주교 같은 로마의 엘리트가 "그토록 많은 고통과 온갖 고난으로 가득 찬" 세상으로부터 사람들이 피난처를 찾아 수도원으로 모여들 때 왜 "모든 육신의 종말이 왔다"고 생각했는지 이해할 수 있게끔 해준다. 귀족층은 한층 더 좁은 범위로 내몰렸고, 예전의 풍족함에서는 더더욱 한참 벗어나 있었다. 몰락은 훼손되거나 버려진 교외의 호화 주택부터 덕망 있는 원로들이 비공식적으로 기록에서 사라진 것을 비롯해

7세기 초가 지나면서는 원로원 가문의 흔적을 조금도 찾을 수 없다는 사실에 이르기까지 다양한 방식으로 나타났다. 그레고리 교황은 어쩌면 과거 부유했던 가문이 얼마나 심각하게 추락했는지 가장 두드러지게 보여주고 있는지도 모른다. 요컨대 이 교회 지도자는 자신이 약간의 자선을 베풀어 도산을 면하도록 도운 곤궁한 귀족들에 대해 반복적으로 언급한다. 이를테면 이탈리아 삼니움(Samnium) 지방의 전 총독에게 금화 4개와 포도주 약간을 줬다. 그리고 몇 세대 전만 해도 구성원들이 최고의 관직을 주름 잡았던 귀족 집안의 과부와 고아들에게도 마찬가지로 약간의 기부를 했다.[10]

로마 대규모 부자의 몰락은 더할 나위 없이 극적이었고, 당나라 귀족 계급 추락의 전조이기도 하다. 가장 큰 차이점은 익히 알려진 대로 살인적인 엔딩이 로마의 경우 훨씬 덜 흔했다는 것이다. 그럼에도 불구하고 폭력은 이 과정의 핵심이었고, 제국의 분할에도 아낌없이 적용됐다. 서로마 사회 최고 '금수저들'의 근절은 불평등을 틀림없이 약화시켰을 것이다. 게다가 (아울러 결정적으로) 과거 서로마 제국 대부분 지역에서 "각 지방 및 하위 행정 구역의 엘리트까지 사라짐"에 따라 권력 이양은 유산 계급의 하위 계층으로까지 한층 확대되었다. 그리고 비록 새로운 군부 엘리트 세력이 이런 대격변을 타고 부상하긴 했지만 대대적인 제국 통일은 없었으므로, 로마 말기 수준과 조금이라도 비슷하게 부가 집중되는 것은 여전히 요원했다. 적어도 몇몇 지역이긴 하지만 농민 자치의 증대가 지방 차원에서 자원을 뽑아내는 것조차 점차 가로막았다.[11]

이 마지막 전개 과정은 평준화가 단지 상위층의 감소뿐 아니라 하위층의 증가에 의해서도 주도된 것은 아닌가라는 질문을 제기하게끔 한다. 물질적 복지의 대체 자료로 여겨질 수 있는 일종의 증거인 인체 유골은 이런 생각과 양립하지만, 확고하게 입증하기에는 지나치게 모호하다. 신장 및 치아와 뼈의 병변 발생 정도 같은 신체상의 복지 지표는 사실 서로마 제국의 몰락과 함께 제법 향상됐다. 이는 일반적으로 사람들의 체형이 제국의 통치 아래서보다 개선됐음을 시사한다. 애석하게도 우리는 이런 변동의 주요 원인을 안심하고 찾아낼 수 없다. 비록 정치 분열에 뒤따라온 인구 손실과 비도시화가 틀림없이 기생충 같은 부담을 줄이고, 실질 임금을 올리고, 식생활을 향상시켰을 테지만 그와 동시에 발생했더라도 인과관계가 전혀 없는 선페스트 대유행병(다음 장에서 논의할 것이다)이 비슷한 효과를 낳았을 공산이 컸다.[12]

가능성으로 보면 이보다는 또 다른 고고학 자료의 범주 쪽이 훨씬 더 높아 보인다. 우리로 하여금 더욱 단도직입적으로 자원 불균형을 측정할 수 있게 해주기 때문이다. 로버트 스테판(Robert Stephan)은 최근 스탠퍼드 대학 박사 논문에서 로마 통치 이전과 도중과 이후로 나눠 로마 권역에 있는 다양한 지역의 주택 크기 변동을 연구했다. 주택 크기는 1인당 경제 복지의 대체 자료를 나타내는 것으로 받아들일 수 있다. 가구의 소득과 거주하는 집의 크기 사이에는 문화권을 망라하고 강한 상관관계가 있으며, 주택은 일반적으로 지위를 표시하는 역할을 한다. 특히 고대와 중세 초 영국의 측정치는 우리의 목적에 유용하다. 관련 데이터는 공간별·시간별로 광범위하게 분포되어 있으며, 현대의 연구 성과도 우수하다. 그리고 이것이 어쩌면 가장 중요할 듯한데, 이 지역에서는 로마 체제의 붕괴가 이례적으로 극심했다. 5세기 초에 로마 통치가 중단되자 수세기 동안 어떤 중앙 집권화한 체제도 영국을 차지하지 못했고 중소 정치 조직이 우위를 점했다. 사회·경제적 복합성은 대단히 떨어졌다. 저택은 버려졌고, 도시 경제가 약화했다. 가장 기초적인 종류를 제외하면 모든 도자기 생산

그림 9.1 철기 시대부터 중세 초까지 영국의 주택 규모 중앙값

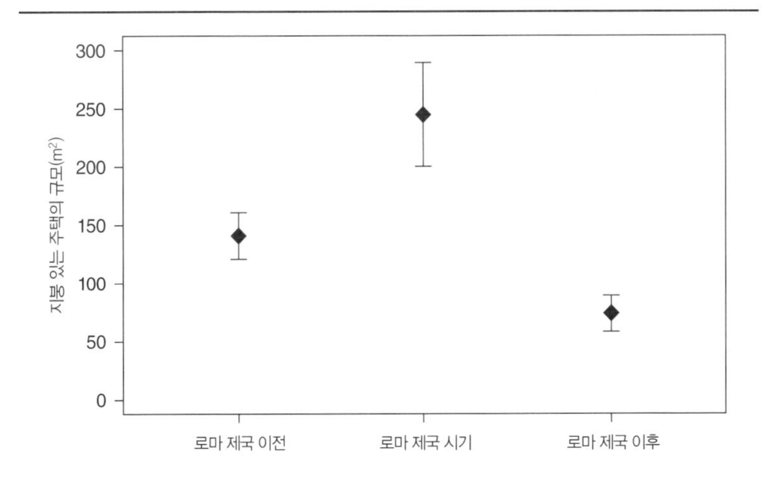

이 중단됐는데, 그것마저도 도공의 돌림판조차 사용하지 않는 수동적 방식이었다. 공간적 차등 혹은 자잘한 유물의 성격으로 볼 때 정착지 유적은 어떠한 실질적 위계의 흔적도 반영하고 있지 않으며, 영국의 거의 모든 지역에서 풍부한 부장품이 있는 매장지에 대한 기록은 거의 없다. 간단히 말해, 지방 엘리트는 그들이 존재했다 치더라도 5세기 말과 6세기의 역사 기록에 많은 발자취를 남기지 못했다. 로마 시대 건축물은 구(舊) 제국의 다른 대부분의 지역보다 더 철저하게 사라졌다. 섬은 단순히 국가 실패가 아닌, 속속들이 체제가 붕괴되는 사건을 겪었다.[13]

이런 과정은 주거 건물 크기의 중위수는 물론 주택 크기의 다양성 정도에도 심히 영향을 미쳤는데, 둘 다 로마 제국 시대와 비교해 극적으로 줄어들었다. 이러한 압착은 1세기 로마의 정복과 관련한 두 항목에서 예전의 증가분을 뒤집었다. 과거에 이것은 경제 생산량과 계층화를 상승시켰다(그림 9.1~9.3).[14]

그림 9.2 철기 시대부터 중세 초까지 영국의 주택 규모 4분위수

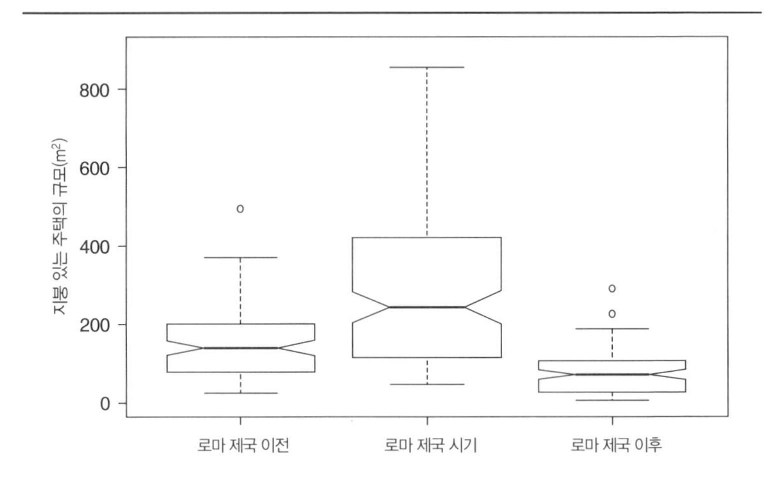

그림 9.3 철기 시대부터 중세 초까지 영국의 주택 규모 지니계수

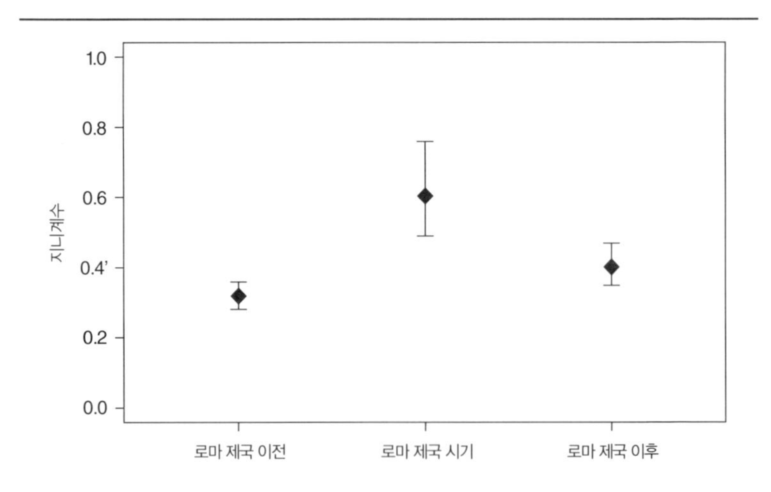

이런 결과물은 동일한 방식으로 연구해온 로마 권역의 타 지역 데이터 표본이 가령 소수의 장소에 대한 의존이나 특정 시기를 대표하는 데이터 부족 같은 다양한 결점에 시달리며, 그에 따라 주거 불평등의 변동에 대한

그 이상의 평가를 적절히 받쳐주지 않는다는 것을 한층 더 애석하게 만든다. 그럼에도 불구하고 고고학은 한편으로는 제국의 지배와 또 한편으로는 경제 성장 및 불평등 사이에 있는 상관관계를 들여다보게끔 해준다.

지리적 한계에도 불구하고 이러한 자료는 제국의 몰락 이후 부의 분산이 최상층에만 좁게 국한되지 않았던 꽤 포괄적인 과정이었음을 보여준다. 로마 이후의 전반적 평준화 정도를 측정할 수는 없지만, 수세기 동안 부자들이 지배해온 환경에 국가 실패가 미친 영향은 실제로 매우 컸을 것임에 틀림없다. 붕괴의 성과는 이전 국가 구조의 규모와 특징을 보존했던 정복의 성과와는 판이하게 달랐다. 노르만족의 잉글랜드 정복은 부의 불평등을 유지했거나 잠시 증가시키기도 했지만, 과거 소수의 핵심 지배 계급에 의해 착취당해온 광대한 영역의 파괴는 완전히 상반된 효과를 가져왔다.[15]

"당대의 많은 소도시는 오늘날의 우리에게 특별히 인상적으로 보이지 않는다": 청동기 시대 말기의 지중해와 콜럼버스 이전 아메리카의 체제 붕괴

기원전 13세기 무렵, 지중해 동부는 외교·전쟁 및 교역으로 상호 연결된 강력한 국가들의 체제로 변모해 있었다. 람세스(Ramses) 시대 이집트와 아나톨리아(Anatolia)의 히타이트(Hittite) 제국은 패권을 놓고 다투었고, 메소포타미아에서는 중세 아시리아 제국이 팽창했으며, 레반트에서는 도시국가들이 번창했고, 에게해는 경제의 생산과 분배를 관리하는 거대한 왕실의 지배를 받았다. 기원전 1200년 이후 수십 년 안에 이런 국가 체제가 급속히 붕괴할 것이라고는 아무도 예측하지 못했을 것이다. 이 지역 전체—그리스, 아나톨리아, 시리아 및 팔레스타인—에 걸쳐 도시는 훼손과 전면적 파괴를 경험했다. 기원전 1200년 바로 직후 히타이트 제국은 약해졌고, 수도 하투샤(Hattuš)는 일부가 파괴된 채 버려졌다. 시리아 해안의 주요 도시 우가리트(Ugarit)는 좀더 내륙에 있던 다른 도시처럼 몇 년 뒤 완전히 무너졌다. 므깃도(Megiddo) 같은〔성경의 '아마겟돈(Armageddon)' 평야에 있는〕 도시들도 그 전철을 밟았다. 그리스에서는 막강하던 왕실들이 차례로 무너졌다. 그중 일부에서 재건이 일어나긴 했지만, 세기말이 가까워지면서 모조리 미완으로 끝났다. 더 남쪽에서 이집트 정부는 팔레스타인의 통치권을 상실했고, 기원전 1100년경부터는 남부 테베(Thebae)의 성직자 엘리트와 나일강 삼각주의 여러 왕들로 분열하면서 와해되기 시작했다. 아시리아도 무사하지는 못했다. 통치와 추출의 시스템은 다양한 차원으로 무너져내렸고, 도시들은 사라지거나 대폭 축소된 채 살아남았다. 아울러 글자의 사용이 서서히 줄어들고, 제국들은 소(小)국가와 도시국가로 쪼개졌다. 생산량과 거래량은 하락했고, 사회적 복합성은 감소했다.[16]

이런 대대적인 와해의 원인이 무엇이었는지에 관해서는 아직 논란의 소지가 많은데, 거기에는 다수의 요인이 관여했을 것 같다. 속설에 따르면, 이른바 '해양 민족'으로 '배 위에서 살고' 이집트, 시리아 및 아나톨리아의 기록에 등장하는 해적 집단이 적어도 일부 책임이 있는 것으로 여겨져왔다. 기원전 1207년의 이집트 공격이 좌절되고 30년이 지난 뒤 그들은 연합 작전을 재개했다. 람세스 3세는 이렇게 말했다.

> 그 싸움에서 갑자기 땅들이 사라지고 뿔뿔이 흩어졌다. 어떤 육지도 그들의 무기 앞에서는 맥을 못 췄다. ……그들은 지구의 둘레만큼이나 멀리 떨어진 땅들을 손에 넣었다.

비록 파라오의 군대가 그들을 간신히 물리치긴 했지만, 다른 나라들은 그만큼 운이 따르지 않았다. 팔레스타인의 블레셋(Philistia) 정착지는 고고학 유적에서 보이는 최소한 부분적 파괴가 그랬듯 이러한 움직임의 결과였을 수 있다. 몇몇 현장 역시 지진 활동, 즉 기원전 13세기 후반과 기원전 12세기 초에 '지진 폭풍'으로 이 지역을 연속으로 강타했을 반복적인 진동과 일치하는 피해를 보여준다. 게다가 기원전 1200년경에는 가뭄이 발생했고, 전반적으로 더 심한 건조 상태로 전환되고 있었다는 증거가 있다. 당시 작동하고 있던 나쁜 기운을 정확히 무엇이라고 설정하건 서로 다른 요인이 어쩌면 우연이 아닌 상호 관련한 방식으로 동시다발적으로 발생했던 것 같다. 최종 결과는 청동기 말의 세계 체제를 산산조각 낸 상승 효과였다.[17]

이러한 붕괴는 특히 에게해에서 극심했다. 기원전 2000년 중반 무렵, 그리스 본토 남부에서 전사 엘리트들이 부를 축적하고 요새화한 중심지를 세우면서 정착지가 늘어났다. 계층화 증가는 기념비적인 무덤과 사회적으로 차등화한 부장품의 등장에서 뚜렷이 나타난다. 그러한 부지에는 얼마 안 있어 복합 궁전 단지가 세워졌다. '선형문자 B체(Linear B script)'라고 일컫는 것과 초기 형태의 그리스어로 쓰여진 점토판에는 왕과 고위 관료들이 군림했던 이런 궁전을 중심으로 한 재분배 경제가 기록되어 있다. 상급자는 그들보다 하위 계급에 속한 이들에게 재화와 부역을 요구했다. 이 체제는 남쪽 크레타섬〔미노스(Minos) 문명으로 알려진〕에서 성장했던 초기 궁전 경제(palace economy)에 힘입은 바 크지만 폭력과 요새화의 징후는 더 많이, 부의 확산은 더 적게 나타난다. 본토의 주요 궁전을 중심으로 주변을 둘러싸고 규모가 제법 큰 왕국들이 세워졌고, 현재 미케네 문명으로 알려진 정치 조직 네트워크가 탄생했다.[18]

우리가 원하는 만큼 통치력과 소득 분배의 성격에 관해 알고 있지는 못하지만, 엘리트에 중점을 둔 재분배 중심지의 존재를 평등주의 개념과 일치시키기는 어려울 듯하다. 우리가 아는 한 미케네의 궁전 국가들은 매우 위계적이었다. '선형문자 B체'로 쓰인 명판에 기록된 부계의 성을 딴 이름들은 소수 엘리트 가문 사이의 내혼을 반영한다. 특정 개인의 이름, 사회적 지위 및 재산은 모두 특혜받은 동일한 가문에 의해 통제되었던 듯하다. 명판에는 완성된 명품들을 노동자 인구에게도 배당했는지에 관한 증거는 거의 없다. 이 시대의 탁월한 두 전문가가 적절하게 표현했듯 "올라간 것은 대부분 높은 곳에서 내려오지 않는다". 금, 은, 상아 및 호박으로 만든 사치품은 대개 오직 엘리트의 무덤에서만 발견된다. 적어도 하나의 사례에서 고고학 자료는 부의 순환이 시간의 흐름에 따라 더욱 제약받게 되었음을 시사한다. 이런 관찰은 소수 지배 계급의 수중에 권력과 자원이 집중되면서 생겨난 불평등의 증대와 일치한다. 순환은 궁전의 엘리트 내부에서 선물 교환의 형태를 취했을 테고, 높은 지위의 표시인 외국 상품을 이들에게 공급할 임무를 띤 수출과 수입이 그것을 보충했다.[19]

미케네 문명의 붕괴는 지난한 과정이었다. 기원전 13세기 중엽 일부 주요 장소에서는 아마도 지진과 연관되었을 파괴의 징후가 처음으로 나타난다. 같은 세기 후반에 추가적 피해가 기록되어 있고, 새로운 요새 구축—군사적 위협을 무심결에 보여주는 확실한 지표—이 그 뒤를 따랐다. 기원전 1200년경 파멸의 사건들이 파도처럼 밀려와 미케네, 티린스(Tiryns: 그리스 펠로폰네소스반도의 고대 도시—옮긴이), 테베 및 오르코메노스(Orchomenos: 그리스 중부 보이오티아 지방의 고대 도시—옮긴이)의 궁전을 초토화시켰고, 얼마 후에는 필로스(Pílos: 그리스 남부 메세니아주 서부의 항구 도시—옮긴이) 전역으로 이어졌다. 그 원인은 다른 곳에서와 마찬가지로 여기서도 추측으로만 남아 있다. 지진 활동, 가뭄 및 전염병이 침공, 반란 그리고 무역 패턴의 전환 및 국민의 저항과 더불어 원인으로 회자된다. 그 최종 결과가 체제 붕괴였다. 이는 재난의 급습에 대응하지 못한 궁전 체제의 무능에 뿌리를 두고 있었다.[20]

미케네 문명은 많은 장소에서 기원전 11세기 초까지 지속됐다. 무너진 궁전들은 결코 재건되지 않았지만, 이따금 정말로 재사용과 신축이 이뤄졌고 어떤 곳에서는 엘리트들이 한동안 번성하기도 했다. 좀더 방어하기 쉬운 도피처가 더 큰 역할을 했다. 그러나 기원전 1100년경 새로운 일련의 파괴적 사건이 남아 있는 대부분을 끝장내버렸다. 궁전이 사라지고 난 뒤에는 마을들만 살아남았다. 필로스처럼 전자가 지나치게 우세한 나머지 몰락 이후 생존한 마을이 거의 없고 버려지는 일이 흔한 지역은 예외였다. 심각한 지장을 덜 받은 대부분의 지방은 "소규모 부족 생활로 되돌아갔다". 수준 높은 건축 양식은 자취를 감췄고, 글쓰기가 완전히 사라졌다. 기원전 10세기는 전반적 발전과 복합성이라는 측면에서 최악의 시대였다. 당시 그리스의 최대 정착지는 1000~2000명의 거처를 제공했을 것이다. 그러나 인구 대부분은 작은 촌락과 더 작은 마을에 거주했고, 유랑 생활 방식을 택한 이들은 더 많았다. 많은 부지가 영원히 버려졌다. 국제 무역의 유대 관계는 단절됐고, 주거는 대개 극히 기초적인 수준이었으며—방 하나짜리 집이 특징을 이뤘다—무덤은 빈약했다. 개인 무덤이 보편화했는데, 이는 혈통을 중시하던 과거 미케네와 뚜렷하게 달라진 점이었다.[21]

궁전 시대의 엘리트는 사라졌다. 그들에게 무슨 일이 일어났는지에 대해서는 아무런 정보도 없다. 어쩌면 그중 일부는 당시 왕성했던 침략자 무리에 들어가려고 동쪽으로 떠났을 것이다—2000년 뒤 노르만 정복으로부터 도망친 잉글랜드 호족과 다를 바 없이 말이다. 처음에는 안전을 위해 멀리 떨어진 섬이나 연안의 장소로 도망쳤을 수 있다. 하지만 이는 여기서 우리의 관심사가 결코 아니다. 중요한 것은 이 집단이 전체적으로 소멸했다는 사실이다. 궁전 체제가 농촌 인구에 부과해왔던 추출의 상부 구조가 끊기고 난 뒤로는 다른 것으로 대체되지 않았다. 기원전 10세기에는 가장 큰—아니, 가장 작지 않다는 표현이 옳다—정착지만 엘리트 계층이라고 인정할 만한 어떤 조직을 유지했을 것이다. 이 시기 부장품의 특징은 극소수 개인만이 수입품을 접할 기회가 있었음을 시사한다. 사실 계층화와 부유한 엘리트라는 조짐이 너무나 희소해진 탓에 현대 고고학자들은 단 하나의 건물, 즉 유비아(Euboea)섬의 레프칸디(Lefkandi)에 있는 기원전 1000년경의 주택에 아낌없이 관심을 쏟아왔다. 150피트(약 45미터—옮긴이) 길이에 30피트(약 9미터—옮긴이) 너비의 진흙 벽돌로 만들고 나무 기둥에 둘러싸인 이 집에는 황금 장신구를 조금 갖춘 2개의 무덤이 있었다. 두 세기 전이었다면 거의 주목할 가치가 없었을 테지만 이 시기의 것으로 발견된 유적 중에서는 최고로 여겨지는 독특한 사례로 남아 있다.[22]

철기 시대 초기 그리스에 큰 건물, 명품 및 그 밖의 부와 지위의 지표가 현저하게 부족한 것은 미케네 시대의 상황과 극적인 대조를 이룬다. 정치 조직이 무너졌을 뿐만 아니라 사회 활동과 경제 활동도 줄어들어 조직은 한층 더 파편화했다. 이런 상황이라면 충분히 강력한 제도가 아직 존재했다 하더라도 잉여의 실질적 추출과 집중은 심각한 도전 과제였을 것이다. 일반 인구가 크나큰 고난을 겪은 것은 말할 필요도 없지만, 부와 권력을 쥔 이들은 훨씬 더 가파른 추락에 직면했다. 이런 규모의 체제 붕괴가 애초의 소득과 부의 격차를 엄청나게 감소시키지 않았을 리 없다.

더군다나 10세기부터 새로운 엘리트가 형성되기 시작하고 8세기에 경제 성장이 막 발돋움하려던 바로 그 순간, 궁전 시대 이후 거의 보편적으로 가난해진 비참한 평준화는 그리스 역사의 다음 몇 세기 동안 회복된 평등주의의 토대를 틀림없이 마련했을 것이다. 내가 6장에서 거론한 불평등에 가해진 보기 드문 제약이다.

미케네의 궁전 체제가 대대적으로 와해되고 2000년이 지난 후, 유카탄반도 남쪽의 고대 마야 문명은 유사하게 극적인 방식으로 몰락했다. 고전시대 말엽(약 600~800)에 개별 도시국가를 뛰어넘는 국가가 형성되기 시작했다. 티칼(Tikal)과 칼라크물(Calakmul) 같은 도시는 다른 도시국가 통치자에 대한 종주권을 장악한 더 큰 정치 조직의 중심지가 되었고 방문, 선물 교환, 공동 예식 및 내혼이라는 제도를 통해 그들을 끌어들였다. 도심에서는 건설 붐이 폭발적으로 일어나 사원과 궁전에 대한 엄청난 투자에 착수했다. 엘리트의 물질문명은 다시금 화려함의 극치에 달했다. 이 시기의 유물에는 수입한 비취와 대리석을 포함한 사치재가 아주 많다. 8세기 말~9세기 초에 군소 정치 조직 사이에서 현지의 권력이 약해지고 강력한 군벌 대항마로 대체되면서 상황은 달라졌다. 이들 사이의 갈등 증폭은 착취 증가 및 사회 계층 간 격차 확대와 긴밀하게 연결되어 있었던 것 같다. 몇몇 도시에서의 궁전 급증, 달라진 매장 관습에 반영된 엘리트의 강화와 혈통의 중요성 증대, 그리고 정치적 경계를 총망라한 엘리트의 문화적 통합은 하나같이 계층화의 고조를 가리키는 것으로 물질적 불평등을 나타낼 가능성이 높다.[23]

9세기가 지나는 동안 몇몇 주요 중심지에서는 신축이 중단됐고, 한꺼번에는 아니지만 전면적 붕괴가 이어졌다. 고고학자들은 유카탄반도 내에서 지리적 위치와 시간에 따른 상당한 차이를 발견했는데, 수세기 동안

상이한 지역에서 과도기적 사건이 퍼져나갔기 때문이다. 마지막에 가서는 사회적 복합성의 상실이 심각하리만큼 만연했다. 최대 도시 중 한 곳인 티칼에서는 830년에 건설 활동이 종료되고, 80년 후에는 아마도 인구의 90퍼센트가 떠나거나 실종된 것으로 여겨진다. 다른 주요 부지들도 마찬가지로 버림받았다. 중소 규모의 정착지는 좀더 연속적이었던 데 반해, 가장 큰 도시들은 치명타를 입었다. 이러한 몰락의 배후에 있는 원인에 대해서는 또다시 이론(異論)이 있다. 현대의 설명은 다수의 요인—가장 두드러지게는 고질적인 전쟁, 인구 압박 및 환경 악화와 가뭄—이 마야 국가들의 기반을 약화시키는 데 상호 작용했으므로 몰락은 중첩적으로 결정된 결과물일 것이라고 주장한다.[24]

정확한 상황 설정이야 어떻든 폭력이 이 과정에서 지대한 역할을 했다는 것은 분명하다. 그 순전한 규모는 기록에도 잘 나와 있다. 미케네 시대 그리스에서 일어난 상황과 유사하게도 궁전을 하사받은 도시의 중심지는 전쟁 중심지로 이전됐고, 결국에는 작은 마을로 전락했다. 남부 내륙 지방에서는 정교한 행정용 및 주거용 건물, 사원 그리고 석비(石碑)를 세우는 풍습이 저술(著述)과 저 유명한 마야 달력 체제가 그랬듯 일제히 자취를 감췄다. 사치품 생산은 중단됐다. 엘리트 체제와 거기에 수반된, 귀족 혈통에게 바치는 석비 숭배 같은 문화 활동도 없어졌다. 현대의 선구적인 어떤 권위자가 간단명료하게 평가한 것처럼 지배 계급 전체가 "바람과 함께 사라졌다".[25]

철기 시대 초기 그리스와의 큰 차이점은 북쪽의 주요 유적지에서 나타나는 엘리트 문화의 생존과 사실상의 번영에 있다. 가장 눈에 띄는 곳은 고전기 마지막인 9~10세기의 치첸이트사(Chichen Itza) 그리고 마야판(Mayapan)과 툴룸(Tulum)이다. 치첸이트사의 엘리트는 11세기에 정치 체제의 비극적 추락을 용케도 헤쳐나갔는데, 이 시기는 오랜 가뭄이 이어졌고 12~13세기의 마야판 국가 시대까지 문화적·제도적 연속성을 줄곧 보장할 만큼 충분히 긴 시간이었다. 그러나 남쪽에서는 철기 시대 초기의 그리스에서처럼 선행된 대대적 해체가 도시 중심지나 지배 계급에만 국한하지 않았고, 오히려 일반 국민을 집어삼켰다. 현대의 학계는 85퍼센트까지 인구가 줄어든 것으로 추측한다. 수백만 국민의 기초 경제가 무너지고 만 것이다.

이는 마야 체제의 붕괴가 자원 분배에 어떤 작용을 했는가라는 질문을 제기한다. 국가의 위계가 전면적으로 제거되고 엘리트 문화가 물질적 궁지에 내몰림으로써 예전 수준의 계층화와 격차를 지탱할 수 없는 환경이 조성됐다. 평민의 삶은 사회 혼란이 증가하면서 피해를 입었더라도 최소한 단기적으로는 국가 엘리트들이 부과한 관례적 부담이 종식되었으므로 혜택을 입었을 게 분명하다. 좀더 구체적으로, 한 연구는 평민의 맥락에서 나타나는 더 큰 연속성과 대조적으로 엘리트 맥락에서는 8세기 중엽 이후 방사성 탄소 연대 측정값이 급격히 감소했음을 발견했는데, 이는 논란의 여지가 있는 쟁점이긴 하지만 특권층에 치우친 인구 감소를 암시하는 것인지도 모른다. 아마도 가장 구체적인 데이터는 유카탄반도 남쪽 저지대에서 출토된 인간 유골에 대한 면밀한 조사가 제공할 것이다. 후(後)고전기에 엘리트와 하층민의 무덤 구분은 체계적인 식생활 특권과 상관관계가 있었다. 즉 지위가 높은 사람일수록 더 잘 먹었다. 이 두 가지 특징이 800년 이후, 그러니까 달력 날짜가 있는 상형문자 문서 같은 엘리트 산물의 출현 빈도가 한참 낮아진 시기 이후에 사라졌다는 것은 신분 차이는 물론 물질적 불균형도 감소했음을 가리킨다.[26]

신세계 초기의 다른 국가들은 해체와 그에 수반된 평준화라는 유사한 과정을 겪었다. 2개의 강력한 사례만 가지고도 충분할 것이다. 첫 밀레니엄의 전반기에 중앙 멕시코의 테오티우아칸(Teotihuacan: 현재 멕시코시티의 북동쪽)은 세계 최대 도시 중 하나였다. 무덤이 신분 계층화의 심화를 보여주던 시대가 지난 뒤인 6세기 또는 7세기 초에 신중하게 목표물을 겨냥한 방화 사건으로 이 도시 한가운데 있던 기념비적 건축물이 파괴됐다. 거대한 돌들을 어렵사리 제거했고, 조각상들은 산산조각 나 그 파편이 바닥에 어지럽게 나뒹굴었다. 북쪽과 남쪽에 있는 궁전들의 바닥과 벽은 불탔고, 온갖 짓을 다해 공공건물을 돌무더기로 만들어버렸다. 매장된 유골조차도 일부는 훼손했는데, 그중 하나에는 엘리트의 지위를 가리키는 화려한 장식품이 있었다. 정치적 의도가 개입됐음이 분명해 보이지만, 권력의 중심인 테오티우아칸을 제거하려 한 가해자들의 존재는 그에 비해 덜 명확하다. 지역의 소요가 외부 침략보다 먼저 발생했을지도 모른다. 엘리트와 정부 자산을 이렇게 겨냥했다는 것은 상당히 직접적인 불평등의 암시다. 지배 권력의 체계적인 물질적 해체가 정치 조직의 통치 및 착취 체제의 해체를 동반하지 않았다고는 상상하기 힘들다. 문서화한 증거가 부족함에도 불구하고, 기존 엘리트들이 겨우 멀쩡하게 살아남았을지도 모른다는 생각은 고고학 데이터와 모순된다. 일부 구성원이 다른 곳으로 이주해 특권적 지위를 유지하는 일은 가능했겠지만 말이다.[27]

안데스 고지대의 티와나쿠(Tiwanaku) 문명의 몰락도 마찬가지인데, 이 경우는 체제 붕괴의 사례로는 훨씬 더 극적이다. 안데스산맥 고지의 티티카카 호수 근처 해발 1만 3000피트(약 4000미터—옮긴이) 정도에 위치한 도시 티와나쿠는 대략 400년부터 팽창해 10세기까지 지속된 제국의 심장부였다. 성숙한 제국의 형태가 갖춰지자 제국의 수도를 의식 집전의 핵심으로서 주도면밀하게 설계했다. 공간을 우주론의 원리에 의거해 정비하고,

접근을 제한하고 수도에 성스러운 섬의 면모를 제공하려는 의도를 가진 거대한 해자가 이를 둘러쌌다. 이렇게 에워싸인 영역은 주요 의식용 건물을 포함했을 뿐만 아니라 통치자 및 관련 엘리트를 위한 많은 주택과 심지어는 무덤 부지까지 수용하고 있었다. 호화롭게 배치하고 장식한 엘리트 거주 지역은 정교한 급수 시설의 혜택을 누렸다. 현지의 매장지에는 부장품이 넘쳐났다. 보통 해자 밖의 거주지는 이보다 덜 호화로웠다. 그럼에도 불구하고 신중하게 계획한 배치, 질 높은 건축 및 다양한 유물의 존재 등 일관성을 갖고 실행한 공간적 지향으로 미루어볼 때 그것이 격리된 엘리트보다는 지위가 낮지만 시골의 평민보다는 훨씬 유복한 사람들이 살았던 곳임을 짐작할 수 있다. 훗날 잉카 문명과의 유사점을 기준으로 판단한다면, 좀더 주변부에 있던 이런 도시 거주자는 지배 가문의 하위 계보에 속하거나 가상의 연대감이라는 담보물을 통해 후자와 연결되어 있었을 것이다. 이렇게 제국 시대의 티와나쿠는 명확하게 정치적·종교적 권력의 초점으로 기능하며 지배 계급과 그 동료들에게 서비스를 제공하는 중심지로서 건설 및 개축되었다. 이런 목적 때문에 더 많은 도시 인구를 손쉽게 지원했을 인구 밀집 지역에서 수도의 규모는 거주자 수만 명으로 제한됐다. 우리가 말할 수 있는 것은 시골 평민들은 도시로부터 배제되었다는 사실이다. 청동기 시대 그리스에서처럼 장인들은 특권층 내에서 유통될 상품을 생산하기 위해 중심지에 붙어 있었던 듯하다. 사회·경제적 계층화는 일반 인구로부터 부유하고 권력 있는 소수를 분리시키는 공간적 차별로 인해 이런 식으로 공고해졌다.[28]

제국 말기에는 통치자와 엘리트의 힘이 더욱 증대되고 사회적 격차가 커졌다는 조짐이 보인다. 일단 시작되자 하락은 빠르고 걷잡을 수 없었다. 극심한 가뭄의 형태로 나타난 기후 변화는 티와나쿠의 복합적 통치 구조를 약화시켰던 것으로 보인다. 그 체제가 무너지면서 통치자, 귀족 및 예식의 구심점도 함께 몰락했다. 수도 자체는 단계적으로 방치되었고, 1000년에는 완전히 비워졌다. 고고학자들은 숨길 수 없는 대규모 폭력의 징후를 발굴해왔다. 수도의 동쪽과 서쪽 궁궐은 모조리 파괴됐다—전자는 사실상 완파됐다. 테오티우아칸에서처럼 의도적으로 기념비적 예식용 건물을 파괴한 증거도 있다. 엘리트 권력의 상징인 조각상들은 외관이 훼손된 채 묻혀 있었는데, 분명히 때에 따라서는 엄청난 수고가 필요했을 일이다. 이런 격변을 초래한 원인이 당파적 갈등이었는지 아니면 다른 폭력이었는지는 여전히 논란거리다. 이에 대해서는 결코 알 수 없을지도 모른다. 분명한 것은 정치적 위계가 이 격변 이후에 살아남지 못했다는 점이다. 거점이 몰락하면서 내륙 지역의 농업 붕괴도 뒤따랐다. 정치적 분열과 국지적 경제 활동이 일상화함에 따라 티티카카 호수 유역에서는 몇 세기 동안 도시들이 사라졌다. 인구가 줄어들고, 사람들은 방어 가능한 지역으로 빠져나갔다. 여기서 나타나는 광범위한 정착지의 요새화는 폭력적이고 불안정한 상황을 대변해준다. 잉여 추출, 특화한 공예품 생산 및 장거리 교역 같은 부의 핵심 공급원이 사라지면서 구엘리트 집단은 그야말로 소멸했다.[29]

다른 경우는 정부의 권력 행사와 그 붕괴가 엘리트의 권력과 부에 어떤 영향을 주었는지에 관해 알려진 게 거의 없다. 인더스(Indus) 계곡의 하라파(Harappa) 문명은 유명한 사례다. 이곳에서는 기원전 세 번째 밀레니엄의 하반기에 많은 도시가 번창했다. 이 대규모 체제는 기원전 1900~기원전 1700년에 무너졌고, 많은 부지가 축소 또는 버려졌다. 또다시 예전에 자리를 잡았던 위계와 차등 시스템이 무엇이건 이런 과정에서 거의 살아남을 수 없었을 것이다.[30]

다음 수세대 동안은 체제 붕괴의 물리적 범위가 가장 뚜렷했다. 2400여 년 전 아테네 역사가 투키디데스(Thucydides)는 호메로스(Homeros)의 서사시에서 찬양했던 도시들이 자기 시대에는 특별히 인상적으로 보이지 않는다고 썼다. 에스파냐에서 온 정복자 에르난 코르테스는 티칼과 팔렝케(Palenque)에 있는 마야 문명의 현장 가까이를 지나면서도 그것들을 알아차리지 못했다. 왜냐하면 이곳들은 밀림으로 둘러싸이고, 대부분 주민이 살고 있지 않았기 때문이다. 동남아시아의 앙코르(Angkor) 제국도 비슷한 운명을 공유한다. 20세기 초에야 주요 유적지에서 거주자들을 내보내기 시작했고, 11~12세기에 일시적으로 크메르(Khmer) 제국 통치자들이 거처로 사용했던 10제곱마일에 걸친 거대 도시 프레아칸콤퐁스베이(Preah Khan Kompong Svay)는 현재 멀리 인적이 드문 곳에 위치해 있다. 2008년 동료 한 명과 함께 헬리콥터를 타고 그곳을 방문했을 때, 고립된 인근 마을에서 온 몇 명의 경비 요원과 기다란 뱀을 제외하면 거기엔 우리밖에 없었다.[31]

총체적인 체제 붕괴는 거의 필연적으로 고고학적 유적 외에 대부분의 역사 기록을 삭제함으로써 소득 및 부의 불평등에 뒤따라온 변동의 측정을 불가능하게끔 만든다. 동시에 이런 개벽적인 사건은 대대적인 규모의 압착을 강력히 시사한다. 붕괴 이후 시기까지 어떤 격차와 착취 형태가 살아남았다 하더라도 극도로 계층화한 제국의 정치 조직에서 실현 가능하고 전형적이기도 했던 것과는 현저히 달랐을 것임에 틀림없다. 게다가 과거 엘리트 사회 자체를 훨씬 넘어 보편적이었던 빈곤은 잉여 추출의 가능성을 감소시켰고, 자원 불균형의 상한선을 낮췄다. 평준화를 가져온 대중 동원 전쟁, 변혁적 혁명 및 치명적 전염병의 예외적 성격을 감안할 때, 오지만디아스(Ozymandias: 람세스 2세의 그리스식 이름—옮긴이)의 몰락은 전 역사에서 가장 강력하고 믿을 만한 유일한 평준화 동력이었다고 해도 과언이 아닐 것이다. 이런 일은 우리가 생각하는 것보다 흔했지만—알려지지 않은 다수의 사례를 추가할 수 있을 것이다—그럼에도 불구하고 이런 극적인 변화를 동반했던 순수한 폭력과 고통의 양을 감안했을 때는 비교적 드물었으며, 아울러 드물어서 다행이었다. 그와 대조적으로 주로 외세가 점령한 결과, 국가 구조가 신속히 재건된 것은 흔한 성과였다. 더 부드럽게 전환될수록 불평등의 유지나 회복도 더욱 순조로웠을 것이다.

"기쁨을 위해 세운 당신들의 궁전에 암울함이 닥칠지어다": 고대 근동의 국가 실패와 엘리트의 몰락

국가는 그것들이 존재하는 한 실패해왔다. 이른바 고왕국(Old Kingdom) 시대의 이집트 통치자들은 기원전 27~기원전 23세기까지 통일 국가를 유지했고, 멤피스(Memphis)에 막강한 왕궁을 건설했다. 기자(Giza)의 저 유명한 대(大)피라미드들은 중앙 집권화한 국가 권력을 시각적으로 가장 잘 보여준다. 기원전 22~기원전 21세기 초에 지역 총독들이 자치권을 얻고 나라의 북쪽과 남쪽의 절반에 두 라이벌 왕실이 등장하면서 분산이 일어났다. 이것이 불균형에 미친 효과는 혼합적이었을 것이다. 지방 통치자와 유지들은 예전이라면 중심지에 쌓였을 자원을 전용하면서 이익을 얻었을 가능성이 높은 반면, 파라오와 그 핵심 세력의 부와 권력은 하락했다. 후자는 국가 통합 말기에 조신들의 무덤이 비교적 형편없다는 데서도 잘 알 수 있다. 좀더 확실한 증거가 없어 추측을 진전시키는 것조차 힘들긴 하지만, 최상층의 약화가 적어도 이론상으로는 소득과 부의 분포에서 꼬리의 가장 바깥쪽 끝이 짧아지도록 만들었을 것이다.[32]

메소포타미아와 시리아에 있던 아카디아 제국의 극적인 몰락은 아마 규모는 더 컸지만 유사한 결과를 가져왔으리라고 짐작할 수 있다. 기원전 24~기원전 22세기까지 가차 없는 군사 작전은 사원, 왕실의 일원 및 엘리트 동료들에게 넘겨진 약탈품에 관여했다. 수메르의 메소포타미아 남부 지방에 걸쳐 있는 땅들은 아카디아의 통치자와 그들의 친척은 물론 왕실 고위 관료의 소유가 되기에 이르렀다. 제국은 각기 다른 지방에서의 자산 축적을 허용함으로써 이전보다 부가 훨씬 더 집중될 수 있도록 힘을 줬고—맨 앞장에서 이미 탐구했던 추세—궁극적으로 국가 실패는 이런 과정을 역전시켰다. 이후 세기에 사람들은 왕실의 탐욕이 불러온 신들의 '저주'를 들먹이면서 아카디아의 몰락을 지나치게 과장된 방식으로 상상했다. (이 단락의 제목에 인용한 문구는 그런 주된 설명에서 따온 것이다.) 현실은 그보다는 평범했다. 아카디아 상류 사회 내부의 권력 투쟁이 외세의 압력 및 가뭄과 결합하면서 제국을 불안정하게 만들자, 수메르 및 기타 지역의 정치 조직은 다시 독립국을 수립했고, 도시의 영토 지배는 극도로 움츠러들었다. 그에 따라 상류층 엘리트의 소득과 부도 줄어들었을 게 분명하다.[33]

이런 수축은 대개 잠깐에 그쳤을 것이다. 왜냐하면 새로운 제국의 정권은 차례차례 분산이나 정복에 의해 무너질 때까지는 정상을 되찾았기 때문이다. 파라오 시대의 이집트에서는 세분화한 '중간기들' 뒤에 예외 없이 재통일이 뒤따랐다. 기원전 22~기원전 6세기까지 메소포타미아는 우르(Ur: 학자들 사이에서는 '우르 III'이라고 알려진), 바빌론〔함무라비와 이후 카시트(Kassite)가 통치하던〕 및 미타니(Mitanni)로 이어지는 연속된 왕국을 비롯해 몇 차례 반복된 아시리아 제국 및 신바빌로니아 제국의 지배를 받기에 이르렀다. 좀더 구체적인 예를 하나 들면, 오늘날 시리아와 이라크 국경 인근의 유프라테스강에 면해 있던 중소국 마리(Mari)가 기원전 1759년 바빌론의 함무라비 왕에 의해 멸망했을 때, 과거 이 나라 제2의 도시 중 하나였던 테르카(Terqa)가 마리의 예전 영역과 실질적으로 동일한 공간을 차지하면서 바빌론에서 독립해 새로운 왕국〔하나(Hana)〕을 세우는 데는 겨우 한 세대밖에 걸리지 않았다.[34]

그와 대조적으로 특히 새 정권이 빠르게 부상해 장악할 수 있었던 지역에서는 앞 단락에서 논의한 종류의 전면적 붕괴가 상대적으로 드물었다. 거대한 제국주의 국가들의 갈라진 틈새가 여러 개의 작은 정치적 단위로 쪼개지면서 최상위에 집중된 소득과 부에 하향 압력을 가했을 것이다. 설사 그것이 좀더 포괄적인 형태의 붕괴와 연관된 전면적 평준화에는 한참 못 미쳤다 하더라도 말이다. 이는 우리에게 골치 아픈 도전 과제를 던진다. 우리로 하여금 바로 그 결과에서 비롯된 경제적 격차의 감소를 확고하게 문서화하거나 측정하도록 해줄 충분한 증거를 전근대 국가들은 일반적으로 남겨놓지 않았기 때문이다. 하지만 우리는 이를 포기하고 외면할 여유가 없다—이들 초기 국가는 문서화가 훨씬 잘되어 있는 최근 혹은 근대 국가보다 국가 실패를 간헐적으로 겪었을 가능성이 훨씬 많다는 단순한 이유 때문이다. 우리는 국가 실패에 내재된 평준화의 잠재력을 간과함으로써 막강한 평준화 동력을 등한시할 위험을 감수해야 한다. 이런 상황에서 우리가 할 수 있는 최선은 아무리 가능성이 미미하더라도 이런 방향의 변화가 있었다는 신호를 보여줄 대체 자료를 찾는 것이다.

나는 이런 접근법의 복잡함과 한계를 한눈에 보여주는 것으로 여겨지는 한 가지 예에만 집중하고자 한다. 이미 기술한 청동기 시대 말의 위기가 끝난 기원전 약 1069년 이후, 이집트는 테베의 신 아멘(Amen)의 제사장들이 통치하는 남쪽의 상(上)이집트와 타니스(Tanis)를 중심으로 한 북쪽의 하(下)이집트로 사실상 분리되기에 이르렀다. 리비아 군벌의 유입은 북쪽의 분권화를 한층 가속화했다. 몇몇 자치 구역의 세력 기반은 기원전 10세기의 일부 시기와 그다음 특히 기원전 9세기 말(통상적으로 제21~23왕조와 연관이 있는 시대)부터 통치권을 놓고 다퉜다. 이런 권력 이양 과정은 지역 엘리트의 구매력을 압박했을 수 있다. 후자는 국가 세수에 대한 접근 기회, 국가 복무와 연계된 기타 수입의 흐름, 그리고 개인 자산이나 국가의 보전에 민감한 경제 활동에서 나오는 소득에 의존했기 때문이다. 옛 수도인 멤피스의 가장 큰 매장지 사카라(Saqqara) 무덤의 은닉처는 이런 맥락에서 볼 때 틀림없이 엘리트의 상대적 빈곤을 반영한다. 이것은 기원전 13세기 이집트 제국의 영광이 최고조에 달했던 제19왕조의 저 유명한 파라오 람세스 2세의 이복형제인 티아(Tia)의 무덤 속 보조 수갱(shaft: 도굴을 막기 위해 팠다고 알려진 피라미드 내부의 깊은 수직형 갱도—옮긴이)에서 발견됐다. 이 측면 수갱은 티아의 비서 이우루데프(Iurudef)의 것이었다. 오랜 시간이 지나 기원전 10세기쯤 이 수갱과 거기에 연결된 묘실은 여러 관(棺)과 부장품으로 채워졌다. 어떤 이들은 관에 들어간 채, 다른 이들은 거적에 싸인 채, 또 다른 이들은 아직 관에 넣지 않은 채 이런 방식으로 총 74명이 안장됐다. 관의 질이 대체로 나쁘다는 게 눈길을 끈다. 현장에는 예전에 묘지 도굴꾼들이 잠시 다녀갔다는 징후가 있긴 하지만, 아마도 이런 조합의 호감 가지 않는 외관에 실망한 탓인지 재빨리 도굴을 포기했던 것 같다. 같은 기간 이집트 남쪽 지역에서 출토된 관들에 비하면 솜씨가 현저히 떨어진다. 작은 나뭇조각을 잇대고 장식은 관의 핵심 부위에만 있다. 글자는 그중 일부에서만 보이는데, 그나마도 대부분 의미 없는 유사 상형문자인 데다 변질되었거나 판독이 불가능하다.[35]

아울러 이것은 여기서만 발견되는 유물이 아니다. 유사 문자 및 흔적만 남은 미라가 있는, 대충 만든 비슷한 관들이 있는 무덤은 이집트 중부의 몇몇 다른 유적에서도 발굴되었다. (이것들은 잠정적으로 같은 연대인 것으로 추정된다.) 하지만 아무리 형편없이 처리했다 해도 당시 세계에서는 오직 특권층만이 나무 관에 들어갈 권한을 가졌을 것이므로, 이들 무덤은 그 조야한 상태에도 불구하고 엘리트의 관습을 반영한다. 이는 상류층의 지출 능력 및 좀더 안정적인 남쪽 지방과 비교했을 때 멤피스 지역의 수요 하락에 대한 정황적 증거로 해석할 수 있다. 당시 북쪽의 최대 중심지이던 타니스의 왕릉들조차 제기 세트, 보석 및 석관을 포함해 쓰던 물품의 재사용이 만연했음을 보여준다.[36]

그 무렵 테베의 남쪽 엘리트 사이에서도 관의 재사용이 흔했던 게 사실이다. 그러나 그 경우 근본적 이유는 엘리트의 신상품 구매 능력 부족이 아닌, 북쪽으로부터의 분리로 인해 생긴 원자재 부족, 그리고 무엇보다 당시 횡행하던 도굴에 대한 보안상의 우려에서 찾아야 할 것이다. 후자는 금박처럼 벗겨질 수 있는 값비싼 관 재료에서 벗어나려는 움직임, 더욱 정교한 방부 처리를 통한 시신 준비 과정의 중요성 증대, 그리고 약탈자로 인한 위험을 감수할 필요 없는 투자를 촉발했다. 동시에 눈에 띄는 묘실을 탈피해 비밀스러운 집단 무덤으로 전환한 것도 역시 이 이론적 근거와 들어맞는다. 아멘 신의 사제들이 이끈 이 집단이 이집트 대다수 지역을 다스렸을 뿐 아니라 이전의 왕릉들에 내장된 재물을 빼내는 데 전력을 다했고, 따라서 소득이 부족한 이들이 아니었음을 감안하면, 우리가 언뜻 보기에 테베의 엘리트가 가난해졌다고 확신할 만한 증거를 발견할 수 없는 것도 놀랄 일은 아니다. 이런 측면에서, 더욱 강력한 분열과 전이가 엘리트의 소득과 소비를 억제하고, 한편으로는 엘리트의 지출 능력에 전적으로 의지한 특화된 공예 기술을 약화시킨 북쪽의 같은 지위 집단과 그들은 달랐다.[37]

내가 이 사례를 채택한 이유는 좀더 제한적인 국가 실패 상황에서 평준화의 징후를 발견하는 것이 얼마나 어려운지 보여주기 위해서다. 일반적으로 총체적 체제 붕괴는 부와 소득의 격차 악화와 관련해 거의 의심의 여지없는 고고학적 증거를 양산한다. 반대로 전이가 그보다 덜 극적인 경우, (우리가 써먹을 수 있는 것이 오로지 대체 데이터뿐일 때는) 흔히 산발적이고 모호하게 마련인 이 대체 자료에 위와 비슷하게 확실한 발자취가 남아 있을 것이라고 기대해서는 안 된다. 이런 상황에서는 일반적 불균형의 감소는 고사하고 엘리트 재산의 잠깐의 하락을 감지하려는 모든 시도에도 반드시 엄청난 불확실성이 따르며, 대부분은 추측 수준을 벗어나지 못할 것이다. 해석상의 심각한 문제가 이 난제에 추가되는데, 가장 두드러진 것은 매장 관행이나 기타 보관 양식의 변동을 사회·경제적 조건과 결부시키려는 숱하게 논의된 위험 그리고 특정 유물을 갖고 일반화하는 것이 정당한지라는 명확한 질문이다. 이집트의 제3중간기 무덤 같은 자료의 고찰은 우리가 불평등 연구를 최대한 어디까지 밀어붙일 수 있는지의 경계—그리고 어쩌면 그것을 뛰어넘는 지점—에 다다르게 한다. 정치 분열이 주도한 대부분의 평준화는 지나간 전근대에 발생했고, 널리 퍼졌을 가능성이 있는 이 대부분의 현상은 현대의 관찰자에게는 언제까지나 불투명한 채로 남을 것이다. 이는 불평등의 역사에서 거의 확실히 존재하기는 하지만 콕 집어내기는 어려운 일종의 '암흑 물질'이다.

"나라가 정말로 끝장났다": 소말리아의 현대 국가 실패

대부분의 역사적 증거의 한계가 아무리 심각하다 해도, 그것은 약탈적인 전근대 국가들의 폭력적 해체가 기존의 엘리트에게서 부와 권력을 빼앗음으로써 불평등을 축소시켰다는 논지에 신빙성을 더해준다. 여기서 우리는 이런 종류의 평준화를 최근의 역사에서 여전히, 아니 오늘날의 세계에서도 실제로 관찰할 수 있느냐는 질문을 제기할 수 있다. 언뜻 보기에 대답은 부정적으로 보일 수 있다. 우리가 6장 끝부분에서 살펴봤듯 개발도상국의 내전은 불평등을 낮추기보다 높일 가능성이 훨씬 크다. 게다가 이런 갈등이 국가 체제를 약화시킬 소지는 있지만, 그렇다고 통치 방식의 붕괴나 방금 논의한 것처럼 좀더 극적인 몇몇 전근대 사례에서 목격한 규모로 사회·경제적 복합성이 전체적으로 감소하는 일은 웬만해서는 수반되지 않는다.

하지만 현대의 일부 사례가 적어도 비슷할 수는 있다. 소말리아라는 동아프리카 국가는 일반적으로 가까운 과거에 있었던 가장 심각한 국가 붕괴의 사례로 여겨진다. 1991년 모하메드 시아드 바레(Mohamed Siad Barre) 정권이 전복된 직후, 이 나라는 라이벌들의 파벌 싸움으로 영토가 분열되었고, 그때부터 지배적인 정부 체제를 갖지 못했다. 소말리란드(Somaliland)와 푼틀란드(Puntland) 같은 유사 국가들이 이 나라의 절반인 북쪽에 등장하는 사이, 국토의 나머지는 군벌과 민병대—지하디스트(jihadist)인 알샤바브(al-Shabaab) 포함—그리고 간헐적으로 이웃 국가들의 외국인 군대 등이 다양하게 다스려왔다. 최근 들어서야 몇 년간 명목상의 연방 정부가 모가디슈(Mogadishu)를 비롯한 그 밖의 지역에서 지배력을 행사하기 시작했다. 1991년부터 에티오피아가 개입한 2006년 동안 소말리아는 사실상 실패한 국가였다.

국민 복지의 수준은 일반적으로 매우 낮다. 유아 사망률, 영양, 학교 교육 및 기본 서비스에 대한 접근성 같은 요인에 근거해 아랍 국가들(넓게 정의한)의 빈곤을 측정한 한 연구는 소말리아를 최하위의 자리에 놓았다. 가장 최근에 발표한 인간개발지수(Human Development Index)는 자료가 너무 나 부족한 나머지 이 나라를 글로벌 순위에 포함시키지는 않았으나, 모든 개발도상국의 다차원 빈곤지수에서 소말리아에 여섯 번째 최악의 점수를 줬다. 이 나라는 또한 극빈 상태에서 살아가는 국민의 비율이 세계에서 여섯 번째로 높은 것으로 알려졌다. 가장 유명한 소말리아 전문가로서 작가이자 운동가인 아얀 히르시 알리(Ayaan Hirsi Ali)가 언젠가 한 인터뷰에서 말했듯 여러 측면에서 소말리아가 "정말로 끝장났다"는 데는 의심의 여지가 없다.[38]

여기서 우리의 관심사는 좀더 구체적인 질문이다. 중앙 정부의 몰락과 그 뒤의 국가 분열이 소득과 부의 불균형에 어떤 영향을 어떻게 주었는가? 증거 부족 때문에 이 질문에 대한 어떤 대답도 필연적으로 불확실하며, 단순히 가감해서 수용하는 것 이상이 필요하다. 그렇긴 하지만 더 광범위한 지역적 맥락에서 볼 때, 나라 없는 소말리아가 경제 발전의 관점에서뿐만 아니라 불평등의 관점에서도 상당히 잘해오고 있다는 다양한 조짐이 있다.

직관에 위배되는 것처럼 보이는 이런 결론을 내린 이유는 1991년까지의 상황이 이 나라 거주자 대부분에게 지극히 불리했다는 사실에 있다. 1969~1991년 시아드 바레 통치 아래서 정부의 유일무이하고 가장 중요한 목표는 독재자와 그 동료들의 이익을 위한 자원 추출이었다. 애초의 무파벌 공약에도 불구하고 바레는 자신의 씨족과 그를 지지하는 다른 씨족들을 편애하기에 이르렀다. 반면 그 밖의 씨족들은 잔인하게 다루고 몰수의 표적으로 삼았다. 갈수록 규모 큰 폭력이 반대 집단에 가해졌다. 토지 개혁은 정치인과 인맥이 탄탄한 도시 사업가에게 혜택을 줬다. 정부 관료와 그 패거리는 국영사업을 탈탈 털어 자기들의 자산으로 만들고 공공 지출의 대부분을 빨대로 빨듯 흡수했는데, 그중 90퍼센트는 결국 행정부와 군부로 돌아갔다. 냉전의 경쟁 구도와 난민 수치 조작 덕에 끌어들인 해외 원조는 정권에 의해 유용됐다.

부패는 그 지역의 가히 바람직하지 못한 기준으로 봤을 때도 심각했다. 고위 관료와 바레 집안은 가장 큰 은행들의 보유금을 빼앗고, 결국 그들을 파산으로 몰아넣었다. 유일한 국영 은행은 정치적 연고가 있는 엘리트와 한통속이었고, 소말리아 화폐의 의도적 과대평가는 육류 같은 빈민의 수출 품목을 희생시켜 부유한 수입품 소비자에게 이익을 안겨줬다. 바레 정권은 '게이트키퍼 국가(gatekeeper state: 외부의 정보를 차단함으로써 국내 정치를 통제하는 국가—옮긴이)'를 운영하면서 나라 안팎의 부의 흐름을 통제했다. 전체적으로 이 범죄적 개입은 모가디슈 안에서는 물론 수도와 나머지 지역 사이에도 불평등을 창출했다. 사회적 서비스에 대한 지출은 최소였다. 따라서 중앙 집권화한 정부가 제자리에 있긴 했지만, 공공재는 대부분 씨족 관계 같은 비공식 부문과 지역 단체나 집단이 공급했다. 노동 인구의 대다수인 목축민은 최상의 경우 무시당했고, 최악의 경우 정권에 의해 착취당했다. 그들은 거의 어떤 공적 자금도 받지 못했다.[39]

이런 상황 아래서 국가 구조 상실은 공공재 공급에 아무런 큰 영향도 미치지 못했다. 분열은 심지어 폭력을 감소시켰다. 특히 1995년 해외 군대 철수와 2006년 에티오피아 침공 사이의 기간에는 더욱 그랬다. 격렬한 충돌은 1990~1995년 국가가 실질적으로 붕괴한 기간과 국가를 재건하려는 노력에 처음 가속도가 붙은 2006~2009년의 기간에 집중됐다. 군벌과 민병대가 민간인에게서 지대를 빼내긴 했지만, 규모와 경쟁의 제약으로 인해 과거 독재 정권 때보다 그 정도는 더 약했고, 과세 및 교역과 장사에 대한 장벽도 예전보다 훨씬 더 낮았다. 결과적으로 소말리아는 생활 수준에 대한 다양한 측정에서 서아프리카 나라들과 비교될 뿐만 아니라 바로 이웃한 국가들보다 더 낫거나 동일했다. 대부분의 발전 지표는 국가 붕괴 이후 향상했고, 예외적으로 유일한 주요 항목인 학교 등록률과 성인 문맹률은 국가 서비스 변화가 아니라 해외 원조의 하락에 더 영향을 받았다. 소말리아와 그 밖에 사하라 사막 이남 41개국 간 13개 분야의 발달을 측정한 비교에 따르면, 소말리아는 국가 지위를 유지한 마지막 몇 년간 모든 지표의 기록에서 바닥에 랭크되긴 했지만, 그 이후로는 절대치는 물론 (더욱 주목할 만하게도) 다른 많은 국가에 비해서도 진보를 이뤄왔음을 알 수 있다. 이는 소말리아와 대략 똑같은 시기에 전쟁을 겪은 나라뿐만 아니라 평화로웠던 나라들과 비교해서도 마찬가지다.[40]

두 가지 요인이 국가 붕괴 이후 소말리아의 불평등을 저하시켰을 것이라고 예상할 수 있다. (1) 상대적으로 통일된 국부 및 지대 추출로 큰 혜택을 얻던 파워 엘리트의 실종. (2) 도시의 기업체와 국가 관료의 편에 서서 대부분의 시골을 조직적으로 차별한 정책의 중단. 그 진위야 어떻든 얼마 안 되는 실증적 정보를 살펴보면, 이런 예측과 맞아떨어진다. 1997년 0.4였던 소말리아의 소득 지니계수는 당시 이웃 국가들(0.47) 및 서아프리카(0.45)보다 낮았다. 세계 소득 불평등 표준 데이터베이스(The Standardized World Income Inequality Database, SWIID)는 비록 불확실할 여지가 꽤 있지만 2000년대 초 소말리아의 소득 불균형이 하락했다고 기록했다. 최근에는 1997년의 소말리아 때보다 중앙 통치를 약간 덜 상실한 소말리란드에 대해 소득 지니계수를 측정했는데, 이 역시 그때보다 높은 0.43~0.46이 나왔다. 이런 관측에 얼마나 많은 무게를 둬야 할지는 알기 힘들다. 증거의 성격을 감안할 때, 다른 복지 지표에서의 향상을 약탈적이고 잔혹한 국가의 종말과 결부시키는 쪽이 근거가 더 확실하다. 바레의 소말리아에서 정부란 사실상 문제 해결사가 아니라 문제 자체였다. 국가 붕괴를 통한 평준화는 더더욱 규정하기 힘든 쟁점으로 남는다. 그럼에도 불구하고 소말리아의 사례는 적어도 이번 장에서 진행한 전반적 논거를 어느 정도 뒷받침해준다.[41]

약탈 국가는 하나같이 똑같다. 붕괴마다 고유의 평준화 방식이 있다……

바레 통치하의 소말리아 같은 한 나라의 경험은 개발도상국 세계의 약탈 국가나 '흡혈귀' 국가가 근대 서구 국가와 비슷하기보다 높은 수준의 엘리트 약탈과 낮은 수준의 공공재 공급을 결합시킨 전근대의 국가 통치 전통과 더 많은 공통점을 지녔다는 단순한 이유 때문에 한층 흥미롭다. 물론 여기엔 여러 가지 주의 사항이 있다. 국민에게 입힐 수 있는 손해의 양을 제한한 소말리아의 '과학적 사회주의'의 침투가 전근대 국가에는 존재하지 않았다. 약탈 국가에 관한 나의 톨스토이식 정의 또한 충족시킬 필요가 있다. 왜냐하면 전근대 국가는 각 나라가 만들어낸 공공재의 양 및 질과 관련해 실제로 많은 차이가 있었다고 알려져 있기 때문이다. 모든 상황에 들어맞는 판형은 없다. 그럼에도 불구하고 어떻게 더욱 탐욕스러운 유형의 국가가 종말을 맞이한 것이 일반적으로 그리고 특히 불평등과 관련해 국민 복지의 향상을 가져왔는지는 알기 쉽다—과연 그곳의 거주자 중 몇 명이 그 끔찍한 통치를 다른 어떤 것보다 선호했느냐와 무관하게 말이다. 한 가지 경제 모델은 걷잡을 수 없는 약탈 국가가 무정부 상태보다 복지에 더 해악을 끼칠 수 있음을 시사한다.[42]

어떤 경우에는 붕괴가 모든 사람의 형편을 더욱더 나빠지게—그러나 부자는 훨씬 더 나빠지게—만듦으로써 불평등에 영향을 주었다. 철기 시대 초의 그리스, 고전기 말의 유카탄반도, 혹은 티와나쿠 이후의 티티카카 유역에서처럼 전반적 복합성의 상당한 감소가 이런 결과를 낳았을 가능성이 제일 높다. 가장 최근의 소말리아처럼 붕괴가 더 좁은 정치 영역에 한정된 그 밖의 상황에서, 평준화는 광범위한 생활 여건 악화에 반드시 관여한 것은 아니지만 대부분 상위 계층 일원들에게 영향을 끼침으로써 이뤄질 수 있었을 것이다. 안전한 환경이 중요한 변수였음에 틀림없다. 국가 실패의 분배적 영향은 그것이 일반 인구를 외부인에 의한 침략적 약탈에 노출시키느냐—가령 농민 공동체를 희생시킨 스텝(steppe) 지대에서 온 침입자—여부에 따라 매우 다를 수 있고, 또는 일반 인구에 심각한 영향을 덜 끼칠 수도 있다. 하지만 그에 따라 평준화의 정도가 다양했다 할지라도, 전체적 결과는 똑같았을 공산이 크다. 국가의 위계와 추출 제도의 폭력적 종말이 초래한 소득과 부의 격차 감소가 바로 그것이다. 국가와 문명의 붕괴는 평준화의 세계사에서 가장 오래되었고 가장 많은 곳을 여행한 묵시록의 세 번째 기사에 해당한다. 요컨대 도처에서 생명을 파괴한 것만큼이나 불평등을 짓밟은 기사다.

5부

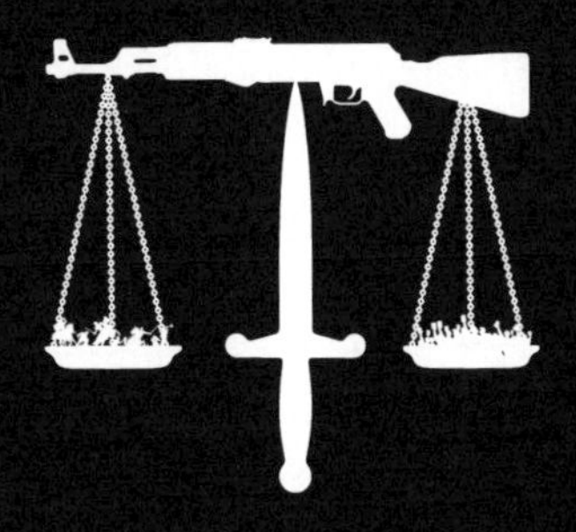

전염병

10

흑사병

네 번째 기사: 미생물, 맬서스 그리고 시장

이제까지 우리는 인간 대 인간의 폭력과 그것이 불평등에 미친 영향에 초점을 맞춰왔다. 대중에게 유리한 협상을 장려하고 부자의 돈을 빨아들인 대중 동원 전쟁. 순수한 '1퍼센트'를 비롯해 '지주'와 '쿨라크'와 '부르주아'를 나란히 말살했던 피에 젖은 혁명. 최대한 많은 잉여를 뽑아내고 빼돌려온 부자 엘리트를 제거한 국가 전체의 붕괴. 우리는 이제 또 하나의 평준화 동력—네 번째 기사인 유행성 질병—을 고찰해야 한다. 그것은 다른 생물종을 포함한다는 점에서 나머지 세 기사와 다르지만, 폭력적 관점에서는 다르지 않다. 오히려 몇몇 박테리아와 바이러스가 인간 사회에 감행한 공격은 인간 스스로 초래한 거의 모든 재난보다도 훨씬 더 치명적이었다.

전염병은 어떻게 불평등을 감소시키는가? 토머스 맬서스(Thomas Malthus) 목사가 1798년 《인구론(An Essay on the Principle of Population)》에서 "적극적 억제(positive checks)"라고 부른 역할을 함으로써 그렇게 한다. 최소한 간추리면, 맬서스의 사고는 인구가 결국에는 자원보다 더 빠르게 성장하는 경향이 있다는 전제에 뿌리를 두고 있다. 이는 결과적으로 더 이상 인구가 성장하지 않도록 하는 억제를 촉발한다. 요컨대 '도덕적 자제'를 통해 생식력을 낮추는 '예방적 억제(preventive checks)'—다시 말해, 결혼 및 번식의 지연—와 사망률을 증대시키는 '적극적 억제'가 그것이다. 이 후자의 억제는 맬서스 자신의 말에 따르면,

> 어느 정도이건 인간 수명의 자연스러운 지속을 단축시키는 데 기여하는 …… 모든 이유를 포함한다. ……건강에 안 좋은 모든 직업, 극심한 노동과 계절에 대한 노출, 극도의 빈곤, 형편없는 육아, 대도시, 모든 종류의 과도함, 흔한 질병과 유행병의 연속, 전쟁, 역병, 흑사병, 기근 등등.[1]

포괄적으로 표현한 이 '적극적 억제'의 목록은 인구 압박의 직접적 영향과 함께 인구학적 조건에 의해서는 유발되거나 심지어 악화할 리 없는, 사실상 외인성일 수 있는 전염병 같은 사건을 융합시킨다. 현대의 연구는 생산성을 증대하고 그것을 통해 맬서스적 위기를 막도록 해주는 인구 성장과 자원 압박에 대한 대응의 중요성을 강조해왔다. 따라서 가장 정교한 신(新)맬서스 모델에서는 인구 및 생산이 결핍의 압박과 기술적 혹은 제도적 진보 간 균형을 통해 발전하는 톱니 효과(ratchet effect: 일단 어떤 상태에 도달하고 나면, 다시 원상태로 되돌리기 어려운 특성을 지칭하는 말—옮긴이)를 내다본다. 게다가 지난 150년간 인구 변천은 실질 소득 증가에도 불구하고 나타나는 생식력 감소와 갖가지 런웨이 혁신(runway innovation)의 결합을 통해 맬서스식 제약을 완화해왔다고 여겨진다. 이는 역사상 과거 어떤 시대에도 관찰할 수 없던 새로운 근대성의 특징이다. 이런 이유 때문에 맬서

스 메커니즘은 전근대 사회에 대한 우리의 이해와 중요한 관련성을 갖는데, 그것이 이번 장의 주제이기도 하다. 중세 말과 잉글랜드 근대 초기에 관해 구할 수 있는 최상의 증거는 치명적 질병이 극단적 유행병의 형태로 발현된 현상은 아마도 그 영향을 증폭시켰을 자원 압박의 시기와 일치하긴 했지만 지배적 생활 여건과는 무관하게 인구 증가를 억제했던, 적어도 대부분—반드시 이런 성격의 원인만 있었던 것은 아니지만—은 외부에서 유입된 원인에 의해서였음을 강력하게 시사한다.[2]

전근대 농업 사회에서 전염병은 토지 대비 노동의 비율을 변화시켜 전자의 가치를 낮추고(문서화한 땅값과 지대 및 농산물 가격에서처럼) 후자의 가치를 올림으로써(실질 임금 상승과 소작인 임차료 인하의 형태로) 평준화를 가져왔다. 이는 예전보다 지주와 고용주를 덜 부유하게, 노동자를 더 잘살게 만드는 작용을 했고 소득과 부의 격차를 낮췄다. 동시에 물가와 소득의 변화를 실제로 결정하는 데 있어 인구 변동은 제도와 상호 작용했다. 노동자들이 가진 고용주와의 협상 역량에 따라 유행병은 다른 성과를 도출했다. 토지와 특히 노동에 대한 가격 설정 시장의 존재는 평준화가 성공을 거두기 위한 핵심 전제 조건이었다. 미생물과 시장은 불균형을 억누르기 위해 협력하며 작동해야 했다.

앞으로 살펴보겠지만, 결국 여태껏 발생한 모든 평준화는 오래가지 않는 경향이 있었고, 드문 경우를 제외하고는 최종적으로 인구 압박의 재개로 귀결되는 인구 회복으로 인해 미완성으로 끝났다.

"모두가 세상의 종말이 왔다고 믿었다": 중세 말의 대유행병

1320년대 말 어느 때인가 고비사막에서 페스트가 발병해 구세계 전역으로 퍼지기 시작했다. 페스트는 벼룩의 소화관에 사는 예르시니아 페스티스(*Yersinia pestis*)라는 세균에 의해 발생한다. 사람들이 가장 많이 아는 숙주는 쥐벼룩이지만, 수십 종의 설치류가 페스트에 감염된 벼룩을 운반하는 것으로 알려져 있다. 이 벼룩들은 보통 때는 설치류에 착 달라붙어 있는 걸 좋아하는데, 원래의 숙주가 죽을 때에만 새로운 희생자를 찾는다. 바로 이것이 인간들 사이에 페스트가 발병한 원인이다. 페스트는 세 가지 종류로 발병하는데, 그중 선(腺)페스트가 제일 흔하다. 선페스트는 사타구니, 겨드랑이 또는 목—보통 벼룩이 무는 부위—에 있는 림프절이 눈에 띄게 커지는 증상으로 가장 유명하며, 피하 출혈로 생긴 혈액이 가득 찬 서혜선종(bubo, 鼠蹊腺腫)에서 비롯된 이름이다. 세포 괴사와 신경계 중독이 그 결과이고, 며칠 내에 감염자의 약 50퍼센트 또는 60퍼센트가 사망에 이른다. 두 번째이자 더욱 치명적 버전인 폐페스트는 감염된 폐에서 유출되는 작은 공기 방울을 통해 사람들 사이에 직접 전염된다. 치사율은 100퍼센트에 육박한다. 아주 드물게 병원균은 곤충을 통해 이동하기도 하는데, 이는 패혈성 페스트라고 알려진 것을 유발한다. 패혈성 페스트는 급속도로 진행되고 예외 없이 죽음을 초래한다.[3]

14세기의 2/4분기에 중국 동부, 인도 남부, 중동 서부, 지중해 및 유럽의 설치류는 감염된 벼룩을 보유하고 있었다. 중앙아시아의 대상(隊商) 경로가 그 보급 통로 역할을 했다. 전염병은 1345년 크림반도에 도착했는데, 그것이 이탈리아 상선에 옮겨져 지중해로 유입되었다. 현대의 문헌은 이 과정을 크림반도에 있는 카파(Caffa)의 제노바인(Genoese) 정착촌 침공으로까지 거슬러 올라간다. 당시 도시를 포위하고 있던 타타르족(Tartar) 사이에 페스트가 발병하자 지도자인 자니베크(Janibeg)는 페스트에 희생된 시체들을 성벽 너머로 내던지라고 명령했고, 그렇게 해서 성안의 제노바 사람들을 감염시킨 것으로 추정된다. 하지만 선페스트는 설치류가 원인이고 폐페스트는 실제 살아 있는 인간 숙주가 옮기는 것인 만큼 이런 행동은 거의 필요하지 않았고 실제로 효과도 없었을 것이다. 기존의 상업망으로도 필수 요건인 설치류와 벼룩의 이동을 보장하기에 충분했다.[4]

페스트는 1347년 말에 콘스탄티노플을 강타했는데, 우리가 그 증상에 대한 지극히 정확한 설명을 알 수 있는 것은 퇴위한 비잔틴 황제 칸타쿠제네(Cantacuzene) 왕조의 요하네스 6세(Johannes VI) 덕분이다.

> 어떤 의사의 기술도 충분치 않았다. 그 병은 모든 사람한테 똑같이 진행되지 않았다. 어떤 사람은 저항 한 번 못해보고 그날로 숨졌고, 소수는 몇 시간 만에 죽었다. 2~3일간 버틴 이들은 처음에는 엄청난 고열에 시달렸는데, 이런 경우 병은 머리를 공격했다. ……다른 이들의 경우 그 악마는 머리가 아닌 폐를 습격했고, 즉각 가슴속에 아주 날카로운 통증을 유발하는 염증이 생겼다. 피가 흥건한 가래와 역겹고 냄새나는 숨이 뿜어져나왔다. 고열로 바짝 마른 목구멍과 혀는 검은색이었고, 울혈이 있었다. ……종기가 위팔과 아래팔에 생겨났고, 극히 일부에게는 턱에도, 그 밖의 사람들한테는 다른 신체 부위에도 생겼다. ……검은 물집이 나타났다. 어떤 사람은 몸 전체에 검은 반점이 생겼다. 몇몇 사람은 반점의 수가 적긴 해도 눈에 확 띄었다. 다른 이들은 반점이 희미하고 촘촘했다. 다리나 팔에 큰 종기가 생기고, 잘라보면 거기서 고약한 냄새의 고름이 줄줄 흘러나왔다. ……사람들이 병마에 쓰러질 때마다 회복될 것이라는 가망이 없었다. 대신 그들은 절망에 매달리다가 탈진까지 겹친 상태에서 극심하게 병이 악화되어 갑자기 죽었다.[5]

죽음의 화물선이 보스포루스해협과 다르다넬스해협을 통과한 1348년,

페스트는 알렉산드리아, 카이로, 튀니스 등 아랍의 대도시를 강타했다. 이듬해에는 전 이슬람 세계가 대유행병의 먹이가 됐고, 특히 도심에서는 막대한 인명 손실이 생겼다.

더 서쪽으로, 크림반도를 떠난 제노바의 배들이 1347년 가을 시칠리아에 페스트를 들여놓았다. 다음 몇 달 안에 페스트는 대부분의 남부 유럽에 퍼졌다. 피사, 제노바, 시에나, 피렌체, 베네치아의 인구들이 많은 중소 도시의 주민과 함께 떼죽음을 당했다. 1348년 전염병은 마르세유에 도달했고, 순식간에 남프랑스와 에스파냐를 쑥대밭으로 만들었다. 페스트는 거침없이 북쪽으로 나아갔다. 1348년 봄에 파리를 덮치고, 이어서 플랑드르와 저지대 국가들을 덮쳤다. 1349년에는 스칸디나비아를 거쳐 아이슬란드와 그린란드의 외딴 벽지로까지 번졌다. 1348년 가을에는 남부의 항구를 통해 잉글랜드로 들어갔고, 그다음 해에는 아일랜드에 상륙했다. 다른 많은 유럽 지역보다 덜 심하긴 했지만 독일 역시 영향을 받았다.[6]

동시대의 관찰자들은 통증, 고통 및 죽음에 관한—장례 풍습의 무시 및 보편화한 무질서와 절망에 대한—비통한 얘기를 들려준다. 대도시가 겪은 일은 도시 작가들의 눈을 사로잡은 가장 중요한 소재였다. 아그놀로 디 투라(Agnolo di Tura)는 시에나의 페스트에 관해 빼어난 글을 남겼다. 그 자신의 시련으로 인해 한층 더 고통스럽게 느껴지는 글이다.

> 시에나에서의 죽음은 5월에 시작되었다. 잔인하고 몸서리쳐지는 사건이었다. 그 잔인함과 무자비한 방식에 대해 어디서부터 말을 시작해야 할지 모르겠다. 거의 모든 이가 고통을 지켜보느라 얼이 빠진 것 같았다. 사람의 혀로 그 무시무시한 사실을 얘기하기란 불가능하다. 정말이지 그런 끔찍한 광경을 목도하지 않은 이는 축복을 받았다고 할 수 있다. 희생자들은 거의 즉시 죽었다. 겨

드랑이 밑과 사타구니가 부풀어 올랐고, 말하는 도중에 나동그라졌다. 아비는 아이를, 아내는 남편을, 형제는 다른 형제를 버렸다. 이 병이 호흡과 시선을 통해 발생하는 것처럼 보였기 때문이다. 머지않아 그들은 죽었다. 돈이나 우정으로 고인을 매장하는 사람은 찾아볼 수 없었다. 가족은 죽은 식구를 있는 힘을 다해 도랑으로 끌고 갔다. 사제도 없고 기도문도 없었다. 임종을 알리는 종소리도 들리지 않았다. 시에나 곳곳에는 큰 구덩이가 생겨났고, 엄청나게 많은 시신이 그 안에서 산처럼 쌓여갔다. 밤이고 낮이고 수백 명씩 숨졌고, 모두가 구덩이에 던져져 흙으로 덮였다. 구덩이들이 다 차는 순간 더 많은 구덩이가 생겨났다. 그리고 나, 아그놀로 디 투라는 …… 내 손으로 내 다섯 아이를 묻었다. ……너무나 많은 사람이 죽었으므로 모두가 세상의 종말이 왔다고 믿었다.[7]

아그놀로가 언급한 대규모 무덤은 다른 많은 이야기에서도 반복적으로 나타나 사망자 규모가 얼마나 어마어마했는지 보여준다. 피렌체의 페스트에 관한 지오반니 보카치오(Giovanni Boccaccio)의 고전적 서술을 보자.

시체가 너무 많았으므로 …… 그들이 묻힐 축성받은 땅이 충분치 않았다. ……그래서 모든 무덤이 다 차면 교회 부지에 거대한 도랑을 팠는데, 새로 도착한 수백 구의 시체가 그 안에 자리를 잡았다. 시체는 선박 화물처럼 층층이 쌓여갔고, 도랑의 맨 위가 찰 때까지 한 층을 쌓고 얇은 흙을 한 층 덮었다.

이런 서술은 훗날 유럽의 다른 지역에서 공동묘지를 발견하면서 입증됐다. 공동묘지는 가끔 페스트의 DNA 증거를 포함하고 있기도 했다.[8]

중세 인구 대다수가 살았던 농촌의 파괴에는 관심이 덜 쏠렸다. 보카치오는 독자들에게 이렇게 상기시켜야만 했다.

> 본토의 흩어진 마을과 시골에 사는 가난하고 불운한 농민과 그 가족은 도와줄 의사도 하인도 누구도 없고, 길가에서 들판에서 그리고 오두막에서 밤낮으로 수시로 쓰러져 인간이라기보다는 짐승처럼 죽어갔다.[9]

페스트는 1350년 지중해에서 자연스럽게 사라졌고, 그 이듬해에는 유럽 전역에서—당분간이긴 했지만—누그러졌다. 셀 수 없는 것을 세느라 안간힘을 쓰고 툭하면 두루뭉술하거나 정형화한 수치에 매달리던 중세의 관찰자들이 제시한 사상자 수를 다시 끄집어낸다 해도 얻는 건 거의 없을 것이다. 그럼에도 불구하고 1351년 교황 클레멘스 6세(Clemens VI) 때 산출한 2384만 명이라는 페스트 사망자가 얼토당토하지 않은 수치일 리는 없다. 전체 인명 손실에 관한 현대의 추산은 25~45퍼센트의 범위에 있다. 파올로 말라니마(Paolo Malanima)에 의한 가장 최근의 재구성에 따르면, 유럽의 인구는 1300년 9400만 명에서 1400년 6800만 명으로 떨어졌다. 4분의 1이 넘는 하락이다. 인구 감소는 잉글랜드와 웨일스에서 가장 심했는데, 전염병 이전에 600만 명에 육박했던 인구의 거의 절반이 사라졌을 수 있으며, 18세기 초까지 예전 수준에 도달하지 못했다. 그리고 이탈리아에서는 국민의 최소 3분의 1이 사라졌다. 중동에 관해서는 믿을 만한 추정치를 얻기 힘들지만, 이집트나 시리아의 사망자는 특히 15세기 초까지의 총손실을 고려하면 통상 비슷한 수준인 것으로 인용된다.[10]

세부 사항은 제쳐두더라도 흑사병의 어마어마한 효과에는 의심의 여지가 없다. 이븐 할둔(Ibn Khaldun)이 그의 방대한 역사서에서 썼듯 말이다.

동서양 두 곳의 문명은 나라를 황폐하게 하고 인구의 소멸을 초래한 파괴적인 페스트의 습격을 받았다. ……인간이 발붙인 세상 모두가 달라졌다.

정말 그랬다. 대유행병이 일어난 시기와 바로 직후에 인간의 활동은 주춤했다. 좀더 장기적으로는 그것이 초래한 질병과 전이가 광범위한 사고 방식과 제도에 발자취를 남겼다. 즉 교회의 권위는 약해졌고, 쾌락주의와 금욕주의가 나란히 유행했으며, 공포와 상속자를 남기지 않은 죽음 모두가 작용해 자선이 급증했다. 예술 양식마저도 영향을 받았고, 현역 의사들은 오랫동안 간직해온 이론을 재고할 수밖에 없었다.[11]

가장 근본적 변화는 경제 영역에서, 특히 노동 시장에서 발생했다. 흑사병은 300년에 걸쳐 인구가 엄청나게 증가한—두 가지 또는 세 가지 요인에 의해—때 유럽에 번졌다. 약 1000년부터는 기술 혁신, 농업 방식과 수확의 개선 및 정치적 불안의 약화가 정착지, 생산성 및 인구의 팽창을 불러왔다. 도시는 크기도 수도 증가했다. 하지만 13세기 말에 들어서면 이 장기적인 개화(開花)는 자연스레 스러졌다. 중세 기후의 최적기가 막을 내려 생산성이 하락하고 수요가 공급을 앞지르면서 지천의 굶주린 입들이 식품 물가를 급속도로 끌어올렸다. 나날이 빈약해지던 식단에서 기초 곡물이 여느 때보다 우세한 주식이던 바로 그 시기에 경작지 발전의 시동이 꺼지고 목초지가 줄어들면서 단백질 공급을 격감시켰다. 인구 압박은 노동의 가치를 떨어뜨렸고, 그로 인해 실질 임금도 줄어들었다. 아무리 낙관하려 해도 생활 여건이 침체했다. 14세기 초에는 불안정한 날씨 조건이 결국 파멸적 기근으로 이어진 수확량 감소를 초래했다. 인구 수준은 그 세기의 1/4분기 중에 하락했으나 최저 생계의 위기는 한 세대 더 지속됐고, 동물 유행병은 가축의 수를 대폭 감소시켰다.[12]

유럽의 많은 지역이 일종의 수정된 맬서스식 함정에 빠진 듯하다. 이전의 인구 증가로 비롯된 불리한 토지/노동 비율 같은 내생적 문제 그리고 생산량을 낮춘 기후 변화 형식의 외생적 충격이 노동자 대중의 삶을 불안정하게 만들고, 생산 수단—무엇보다도 토지—을 통제하는 엘리트에게는 유리하게 작용했다. 흑사병은 물리적 인프라는 고스란히 내버려둔 채 인구수의 극적 하락을 불러왔다. 생산성 향상 덕분에 생산량은 인구가 줄어든 것보다는 덜 하락했고, 1인당 평균 생산량과 수입이 증가하는 원인이 됐다. 이따금 제기되는 것처럼 전염병이 실제로 어리거나 나이 든 인구보다 노동 연령 인구를 더 많이 죽였는지와 무관하게 토지가 노동력에 비해 한층 풍부해졌다. 지대 및 이자율은 절대적으로도, 임금과 비교했을 때도 모두 떨어졌다. 지주는 계속해서 손해를, 노동자는 이익을 볼 것이라 예상할 수 있었다. 하지만 현실의 삶에서 이 과정이 어떻게 마무리되느냐는 중세 노동자의 실질적 협상 능력을 조정한 제도 및 권력 구조에 대부분 달려 있었다.

동시대 서유럽의 관찰자들은 대량 사망이 임금 수요에 불어넣은 활력을 재빨리 간파했다. 카르멜회(Carmel) 수사 장 드 베네트(Jean de Venette)는 전염병 이후인 1360년경의 연보에 이렇게 보고했다.

> 모든 게 풍족했음에도 불구하고 하나같이 2배씩 비쌌다. 가정용품과 식료품은 물론이고 상품, 고용 일꾼, 농장 노동자와 하인 등등이 모두 그랬다. 단 한 가지 예외는 부동산과 주택이었는데, 요즘도 그것들은 남아돈다.

윌리엄 딘(William Dene)이 쓴 것으로 알려진 로체스터(Rochester) 수도원 연보에 따르면,

이러한 노동자 부족은 서민이 직장을 향해 콧방귀를 뀌고, 3배의 임금을 준다고 해도 거물들의 시중을 들겠다고 넘어가는 일이 드물어지는 사태를 초래했다.[13]

고용주들은 지체하지 않고 노동 비용 상승을 억제하기 위해 당국에 압력을 가했다. 잉글랜드에 흑사병이 번지고 1년이 채 안 된 1349년 6월, 국왕은 노동자 조례(Ordinance of Laborers)를 통과시켰다.

인구의 상당수, 특히 지금 근로자와 고용인('하인')들이 이 역병으로 사망한 이래, 많은 국민은 주인의 수요와 일손 부족을 목격하고는 과도한 급여를 준다고 하지 않으면 일하기를 거부하고 있다. ……신체 건강한 60세 미만으로, 직업이나 특별한 기술이 있지 아니하고, 자신의 개인적 토지를 경작할 방도를 갖고 있지 않으며, 다른 사람을 위해 일하고 있지 않은 잉글랜드 영토 내의 모든 남자나 여자는 자유민이건 아니건 자기 지위에 맞는 일자리를 제공받을 경우 제의받은 그 일자리를 수락할 의무가 있으며, 내가 재위한 지 20년째 되는 해(1346년: 에드워드 3세의 즉위 20주년이 되는 해 — 옮긴이) 혹은 5~6년 전 이 나라의 지방에서 통용되던 요금, 간접비, 지불금 또는 급여를 받아야 함을 명한다. ……어느 누구도 자신이 지불한 금액 혹은 그것으로 해를 입었다고 느낀 누군가에게 약속한 금액의 2배를 지불하는 정신적 고통을 받지 말아야 하며, 위에서 규정한 것보다 훨씬 많은 임금, 간접비, 지불금 또는 급여를 지불하거나 약속하지 말아야 할 것이다. ……장인과 노동자는 그들의 노동과 기술에 대해 앞서 언급한 20년째 해 혹은 다른 적절한 해에 일하고 있던 직장에서 받기로 한 금액 이상을 받지 말아야 한다. 그리고 만일 누구든 그 이상을 가져간다면 감옥에 잡아 가두도록 하라.[14]

이 조례의 실제 효과는 그저 그랬던 듯하다. 바로 2년 후인 1351년에 제정한 노동자 법령(Statute of Labourers)은 다음과 같이 불평했다.

> 앞서 언급한 고용인들은 앞서 말한 조례를 고려하지 않고, 오히려 그들 자신의 편의와 전례 없는 탐욕에 따라, 앞서 언급한 20년째 해와 예전에 익히 받아왔던 금액의 2배나 3배의 간접비와 임금을 받지 않을 경우 중요한 인물과 그 밖의 사람들을 위해 일하는 것을 거부함으로써 중요한 인물에게 큰 피해를 주고 평민 전체를 곤궁하게 만들고 있다.

그리하여 한층 더 상세한 규제와 처벌로 이러한 낭패를 바로잡으려고 애썼다. 그러나 이런 조치는 한 세대 만에 실패하고 말았다. 1930년대 초 레스터(Leicester)의 아우구스티누스회 회원 헨리 나이튼은 자신의 연보에 이렇게 기록했다.

> 노동자들은 너무나도 분수를 모르고 심술 맞아서 왕의 명령을 흘려들었다. 그들을 고용하고 싶다면 누구든 그 요구에 굴복해야 했다. 왜냐하면 과실과 채 수확하지도 않은 농작물을 그냥 버리느냐, 아니면 노동자들의 교만과 탐욕에 영합하느냐 둘 중 하나였기 때문이다.[15]

이를 편견을 뺀 시각으로 바꿔 말하면, 고용주, 특히 지주 개인의 이익이 노동자들에게 연합 전선을 펴면서 집단 이익을 강제로 추구해서는 안 된다는 비장의 패를 내밀었을 때, 정부의 명령과 강압을 통한 임금 성장 억제 시도에 대해 시장의 힘이 위력을 발휘하기 시작했다고 할 수 있다. 다른 곳들도 잉글랜드와 마찬가지였다. 1349년 프랑스 역시 흑사병 이전 수준으로 임금을 제한하려 했으나, 훨씬 더 빨리 패배를 인정했다. 1351년 개정법은 이미 3분의 1까지 임금 인상을 허용했다. 머지않아 고용주들은 노동자를 고용하고 싶을 때는 언제나 현행 비율로 임금을 지불해야 했다.[16]

경제사학자 로버트 앨런(Robert Allen)과 공동 연구자들의 노력 덕분에 우리는 도시 숙련 노동자와 비숙련 노동자의 폭넓은 시계열의 수많은 실질 임금에 접근할 수 있다. 현재 이러한 시계열은 이따금 중세 시대까지 거슬러 올라가기도 하며, 시공을 초월해 체계적 비교가 가능하도록 표준화되어 있다. 유럽 및 레반트의 11개 도시에 관해 문서화한 비숙련 임금의 장기적 추세는 명확한 상황을 보여준다. 페스트 이전의 임금 자료를 구할 수 있는 몇몇 경우—런던, 암스테르담, 빈 및 이스탄불—를 보면 임금은 전염병의 최초 발병 이전에는 낮았고, 이후에는 급격하게 올라갔다. 실질 임금은 15세기 초나 중반 절정에 올랐는데, 이 시기에 해당하는 다른 도시의 자료도 비슷하게 높은 수준을 보인다. 1500년경부터는 이러한 도시 대부분에서 실질 임금이 미끄러져 내려가는 추세였고, 1600년경에 이르면 예전 수준으로 되돌아가며, 그 이후 두 세기 동안에는 침체되거나 한참 더 떨어졌다. 런던, 암스테르담 및 안트베르펜(Antwerpen)은 근대 초기를 통틀어 좀더 후한 수준을 유지했던 유일한 예외다. 비록 뒤의 두 도시에서는 실질 임금이 다시 회복하기 전인 15세기 말에 일시적으로 급격히 떨어지긴 했지만 말이다. 페스트와 관련한 증가와 뒤이은 하락은 둘 다 전반적으로 상당히 컸다—각각 순서대로 100퍼센트와 50퍼센트(그림 10.1).[17]

14개 도시의 숙련 임금에 대해서도 아주 똑같은 그림이 등장한다. 자료를 구할 수 있는 곳은 어디건 페스트 직전 시기와 15세기 중반 사이에 대

그림 10.1 유럽과 레반트의 도시 비숙련 노동자 실질 임금, 1300~1800년

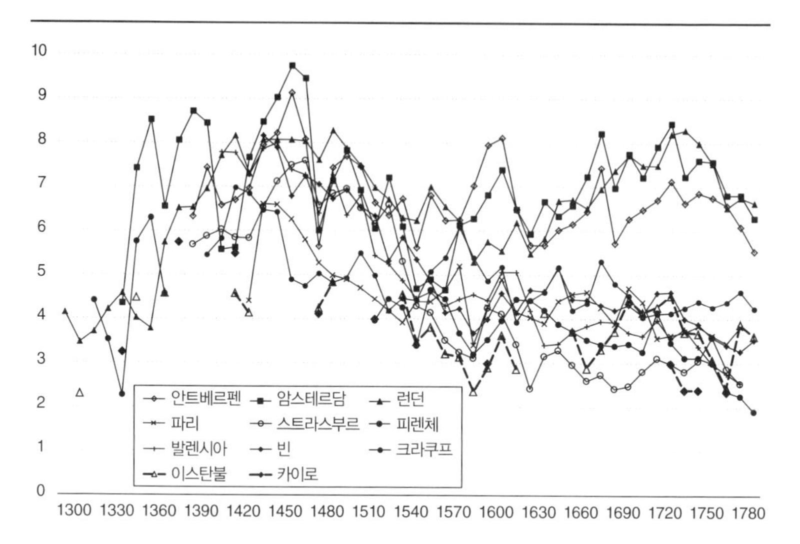

략 2배가 늘었고, 1500~1600년에는 폭넓게 하락했다. 아울러 다른 일련의 데이터에서와 마찬가지로 북서부 유럽 3개국이라는 예외가 있긴 하지만, 1800년까지는 침체하거나 더욱 하락했다(그림 10.2).[18]

인구 변동과 실질 임금 간 관련성은 두드러진다. 검토한 모든 도시에서 인구수가 최저치로 내려간 직후 실질 임금이 최고치에 도달했다. 인구 회복은 임금 증가를 역전시켰고, 많은 곳에서 인구가 연이어 팽창하면서 1600년 이후에는 실질 임금이 계속 하락했다. 농촌 임금에 대한 기록은 덜 남아 있지만, 잉글랜드의 자료를 보면 페스트로 유발된 강력한 증가세가 나타난다(그림 10.3).[19]

지중해 동부에서도 유사한 결과물을 관찰할 수 있다. 유럽보다 짧은 기간 동안뿐이긴 했지만 인건비가 흑사병 직후 급격히 증가했다. 역사학자 알마크리지(al-Maqrizi)는 이렇게 언급했다.

그림 10.2 유럽과 레반트의 도시 숙련 노동자 실질 임금, 1300~1800년

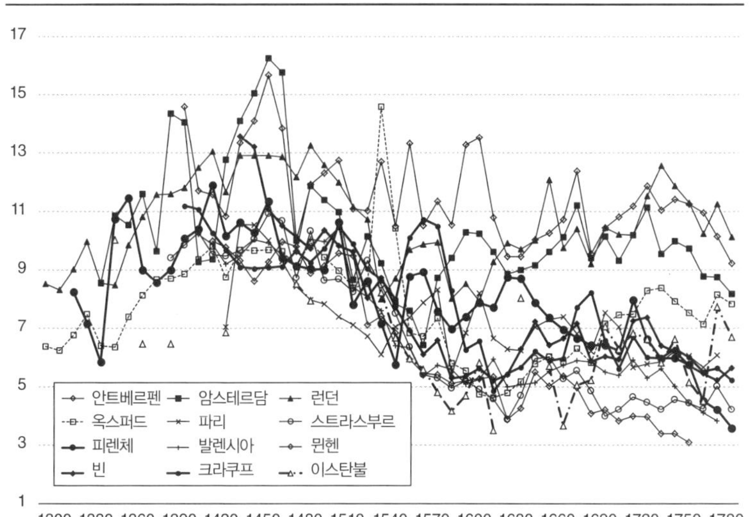

그림 10.3 곡물로 환산해서 측정한 잉글랜드의 농촌 실질 임금, 1200~1869년

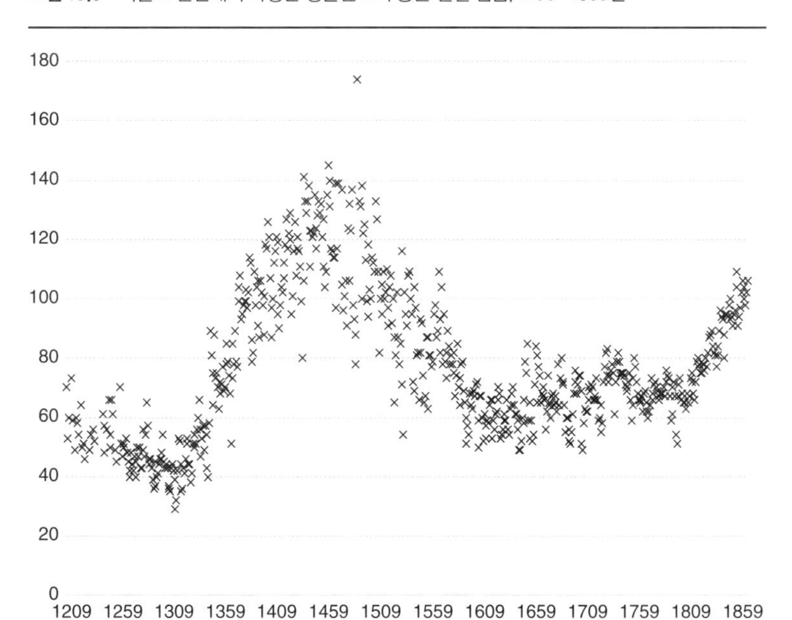

장인, 임금 노동자, 짐꾼, 하인, 마부, 방직공, 인부 같은 부류의 임금은 몇 배고 계속 늘어났다. 그러나 그들 대부분이 죽고 살아남은 이들은 많지 않다. 이런 종류의 노동자는 아주 애써 뒤져보지 않는 한 찾아보기 힘들다.

종교적, 교육적 및 자선적 기부가 페스트 희생자의 유산과 재산을 상속받은 생존자들의 선심에 힘입어 확대됐다. 이는 노동력 부족 사태 속에서 건설 공사의 붐을 불러왔고, 장인들은 비숙련 도시 노동력과 함께 번영을 구가했다. 생활 수준의 일시적 증가가 육류 수요를 신장시켰다. 소득과 물가에 관한 한 명세서에 따르면, 14세기 초 카이로의 시민은 평균 45.6그램의 단백질과 20그램의 지방을 포함해 보통 1일 1154칼로리를 소비하는 데 불과했지만, 15세기 중반에는 단백질 82그램과 지방 45그램을 포함한 1930칼로리를 소비했다.[20]

비잔틴과 오스만은 자료의 질이 고르지 못하긴 해도 대충 유럽 대부분 지역에 상응하는 그림을 뒷받침한다. 1400년 비잔틴의 도시 실질 임금은 페스트 이전 수준 이상으로 훨씬 뛰었는데, 이런 증가세는 2배로 늘어난 노예 매매가에 잘 반영되어 있다. 오스만의 기록은 이스탄불 건설 노동자의 실질 임금이 16세기 중반까지 높게 유지됐으며 19세기 말까지는 일관되게 이를 넘어서지 않았음을 보여주는데, 이는 분명 페스트와 관련한 상승의 독특한 특징을 나타낸다.[21]

흑사병의 초기 파장만으로는 그게 아무리 혹독했다 할지라도 도시의 실질 임금이 2배로 뛰고 몇 세대 동안 이런 상승이 유지되도록 하기에는 충분하지 않았을 것이다. 전염병의 거듭된 재발이 급속한 인구 회복을 막았다. 중세 말의 문헌에는 연속해서 찾아온 일련의 페스트 습격이 모두 기록으로 남아 있다. 페스트는 1361년 봄부터 이듬해 봄까지 다시 출현했다. 다수의 아동 인구가 목숨을 잃었기 때문에 '어린이 페스트(*pestis puerorum*)'로 알려진 그것은 특히 최초 발병 당시에는 아직 태어나지도 않았던 이들을 표적으로 삼은 듯했다. 이는 애초의 흑사병이 초래한 것에 버금가는 막대한 사망자 수로 이어졌다. 현대의 추측은 유럽 인구의 10~20퍼센트, 잉글랜드에서는 무려 인구의 5분의 1의 죽었다고 상정한다. 상대적으로 파급력이 덜했던 세 번째 페스트는 1369년에 발생했다. 이는 다음 세기 혹은 그 이상 기간 동안의 분위기를 조성했다. 잉글랜드에서는 전국적인 전염병이 1375년, 1390년, 1399~1400년, 1405~1406년, 1411~1412년, 1420년, 1423년, 1428~1429년, 1433~1435년, 1438~1439년, 1463~1465년, 1467년, 1471년 그리고 1479~1480년에 발생했다. 특히 이 시기의 마지막 몇십 년간은 대규모 인구 감소가 발생해 1479~1480년의 전염병 때는 절정에 달했다. 이는 1361년 이래 최악의 사태였던 것으로 전해진다. 체계적인 집계가 가능한 시기에는 다른 나라들도 항상 상황이 똑같이 나빴던 것을 알 수 있다. 우리는 네덜란드에서 1360~1494년 15회의 전염병이 일어났고, 에스파냐에서는 1391~1457년 14회 발생했다는 것을 알고 있다. 유럽 전체에 걸쳐 페스트는 각 세대를 두세 차례 강타하며 인구수를 계속 억눌렀다. 결과적으로 1430년대의 유럽 인구는 13세기 말 수준의 절반 또는 그 미만이었을 것이다. 지방별로 각기 달랐지만 인구 회복은 1450년대, 1480년대 혹은 16세기 들어서야 마침내 재개됐다. 위에서 살펴본 노동 인구의 생활 수준 향상은 수세대 동안 수천만 명의 고통과 때 이른 죽음에 뿌리를 둔 것이었다.[22]

전염병이 불평등에 미친 효과 중에서 우리가 아는 것은 무엇일까? 기저를 이루는 논리는 명백하다. 토지 및 식량 가격의 감소와 노동 가치의 상승은 부자보다 빈민에게 유리하게 마련이었고, 따라서 부의 불균형과 소득 불균형 모두를 약화시킬 공산이 컸다. 오랫동안 역사가들은 이런 기조의 변동을 암시하는 대체 자료에 의존해왔다. 밀 수요는 떨어졌지만 육류, 치즈 및 보리(보리는 맥주 양조에 쓰였다)의 가격은 올라갔다. 이는 유복한 이들의 전유물이던 식품에 접근할 기회를 노동자들에게 제공한 식생활 개선을 가리킨다. 사치재 수요는 좀더 보편적으로 증가했다. 잉글랜드 노동자들은 인상된 임금과 더불어 그 보상의 일부로 고기 파이와 맥주를 얻을 수 있었다. 노퍽(Norfolk)에 있는 추수 일꾼들의 경우, 13세기 말 식비의 절반 가까이를 차지했던 빵의 비중이 14세기 말과 15세기 초에는 15~20퍼센트로 하락한 반면, 육류의 비중은 같은 기간 4퍼센트에서 25~30퍼센트까지 올랐다.

잉글랜드에서 제정한 두 가지 사치규제법은 강한 평준화의 신호다. 1337년 의회는 최소 1000파운드의 두둑한 연간 소득이 있는 귀족과 성직자만 지위의 표식으로 여겨지는 모피를 착용할 자격이 있다는 법령을 내렸다. 그러나 흑사병이 도래하고 15년 만에 제정한 1363년의 새로운 법은 미천한 육체노동자를 제외한 모든 사람에게 모피 착용을 허용했다. 당국은 다만 사회 최하층의 토끼털과 고양이털부터 상위층의 흰족제비털에 이르기까지 어떤 사회 집단의 구성원이 어떤 동물의 외피를 입을 수 있는지만 규정하려 했다. 한층 온건해진 이런 규제마저도 무시당한 것은 바로 대중이 더욱 풍족해지고 신분의 장벽이 약해졌다는 신호다.[23]

아울러 이제는 보통 사람들이 엘리트의 특권이었던 상품을 구매할 형편이 된 반면, 귀족은 그들의 대토지에서 나온 농산물의 값어치가 하락하고 그걸 생산한 이들의 임금이 올라감에 따라 위기에 직면했다. 지주들은 임차인이 전염병에 걸려 사망하자 경작할 임금 노동자를 더 많이 좀더 많은 보수를 주고 고용해야 했다. 그때까지 계약을 유지하던 소작인은 더 길어진 계약 기간과 더 낮은 임대료를 누렸다. 사회는 지주 계급을 더 강하고 더 부유하게, 대부분의 국민을 더 가난하게 만들어온 과거의 추세가 전면적으로 뒤집히는 것을 경험했다. 약 1세기 반 동안 엘리트는 한층 적은 잉여를 차지하고 나머지 사람들은 돈을 더 벌어 이제 반대 상황이 된 것이다. 잉글랜드 임대료 수입자의 토지 소득은 15세기 초반에만 20~30퍼센트 떨어졌다. 신사 계급 구성원들은 계급의 하향 이동을 겪었고, 대영주들은 줄어든 소득으로 자신의 지위를 고수하느라 애를 먹었다. 페스트는 귀족 계급의 극적인 축소에 기여했다. 두 세대 동안 귀족 가문의 4분의 3이 상속자를 잃는 상황이 벌어졌다. 이로써 유서 깊은 가문이 사라지고, 바로 그 순간 새로운 가문이 등장했다. 엘리트의 지위는 규모 및 재산의 측면에서 낮아졌다. 칼을 찬 기사들의 수는 13세기에 무려 3000명으로 3배 불었지만, 비슷한 실질 임금을 기준으로 했을 때 1400년에는 2400명으로, 1500년에는 1300명으로 줄었다. 상류층에서는 귀족의 수가 종종 하향 이동과 가문의 재산 감소분을 보충하기 위해 고안한 합가(merger, 合家) 탓에 1300년 200명에서 1500년 60명으로 줄어들었다. 최고 액수로 기록된 귀족 소득도 1300년에서 15세기 사이에 뚝 떨어졌다.[24]

이와 같은 일반적 추이는 평준화의 정도를 강력하게 시사한다. 그러나 마침내 이를 뒷받침할 만한 탄탄한 정량적 증거가 등장한 것은 마지막 몇 년에 가서였다. 귀도 알파니는 이탈리아 북부 피에몬테의 도시기록보관소 자료를 앞장서서 선구적으로 수집하고 분석했다. 현지의 재산 등기부에는 자산 분배에 관한 정보가 보존되어 있었다. 그중 다수에는 부동산만 기록되어 있고 몇몇 경우에만 자본, 신용 및 동산 같은 다른 종류의 자산을 포함하고 있었다. 1427년 피렌체에서 카타스토, 곧 인구 조사를 상세하게 다룬 유명한 기록에 필적하는 수준이었다. 이런 한계 때문에 우리가 체계적인 비교 분석을 하는 데 용이한 변수로는 유일하게 토지 소유의 불평등만 남는다. 알파니의 조사는 피에몬테의 13개 지역 사회에서 얻은 자료를 토대로 하고 있다. 가장 오래된 일련의 데이터는 1366년까지 거슬러 올라가지만, 대부분의 경우는 15세기 말부터 우리가 사용할 수 있는 기록이 나타나기 시작한다. 우리는 이 시기 내내 불평등 증가세가 끊임없이 지속되는 것을 확인할 수 있다. 대부분의 경우 모든 마을의 18세기 등재 내용은 중세 말의 해당 기록보다 높은 지니계수를 나타낸다. 이는 농촌 지역 사회뿐 아니라 도시에도 해당한다—그리고 불평등을 지니계수로 측정했건 제일 부유한 10분위수의 부 점유율로 측정했건 상관없이 결과는 동일했다. 그림 10.4는 이 두 가지를 모두 사용한 것이다. 이런 재산 집중의 일반적 경향은 3장에서 살펴봤듯 근대 초기의 경제적 팽창으로 인해 생겨난 '슈퍼 곡선(super-curve)'의 상승 국면을 상징한다.[25]

가장 눈에 띄는 결과는 페스트 이전 시기 및 그것이 창궐했던 기간과 관련이 있다. 그 시기의 자료를 간직하고 있는 세 도시(그림 10.4에서 1450년 이전 도시의 데이터를 공동으로 보여주는), 곧 키에리(Chieri), 케라스코(Cherasco), 몬칼리에리(Moncalieri)에서는 페스트가 파도처럼 계속 밀려온 14세기와 15세기 초에 불평등이 하락했다. 피에몬테와 토스카나의 몇몇 지역에서는 현지 가계 자산 중앙값의 적어도 10배를 소유한 가구의 비중이 같은 시기에 하락했다. 이런 평준화 효과는 이미 살펴본 실질 임금 데이터와 완벽하게 일치한다. 피렌체 일대에서는 비숙련 노동자의 실질 임금이 같은 시기에 대략 2배로 뛰었다(그림 10.1 참조). 더욱 높아진 가처분 소득은 페스트 관련 충격이 엘리트 사이에서 권력 이양을 유발한 바로 그 시기에 노동자의 재산 획득을 더 용이하게 만들었다. 불평등의 하락에서 상승으

그림 10.4 피에몬테 도시들에서 상위 5퍼센트 부의 비중과 부의 분배 지니계수, 1300~1800년

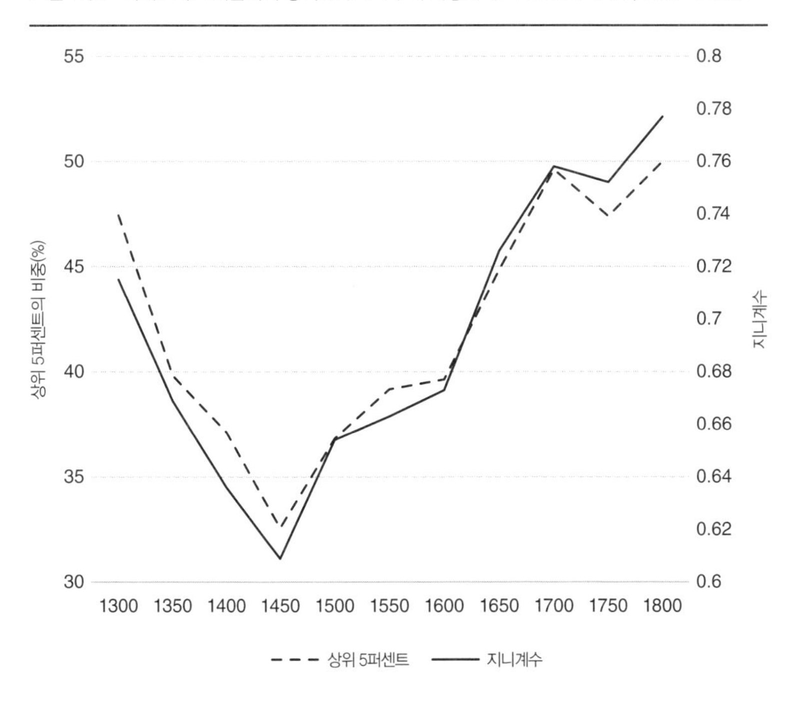

로 전환하는 시점이 인구의 변곡점과 일치한다는 점을 감안하면 분포의 형태 역시 중요한데, 이 시기에 인구수는 바닥을 치고 점진적 회복을 시작했다.[26]

대부분의 실질 임금 수열 사례가 그렇듯 이런 불평등의 압착은 지속되지 않을 터였다. 토지 소유의 집중이 15세기 중엽에 강화되고 일반적으로 그때부터 줄곧 상승했을 뿐 아니라, 더욱 주목할 만하게도 흑사병 자체 이후로 최악의 지역 사망률을 기록하고 북이탈리아 인구의 3분의 1을 소멸시켰다고 여겨지는 1630년대의 페스트 재발은 불평등에 그에 상응하는 어떤 영향도 끼치지 못했다. 1650년이나 1700년의 지니계수와 상위

그림 10.5 포기본시 부의 지니계수, 1338~1779년

부 점유율은 지난 150년간 회복기가 있은 뒤였음에도 불구하고 1600년보다 일관되게 더 높았다. 이는 경제적 후폭풍에 대처할 준비가 되어 있지 않은 지주들을 강타했던 흑사병 및 그 질병의 즉각적 재발이라는 최초의 충격이 발생한 후 결국에는 유산 계급이 인구 충격의 시대에 자신의 재산을 보호할 전략을 개발했음을 시사한다. (적합한 상속자가 없을 때에도 가족 내의 재산 보유를 허용한) 신탁유증(fideicommissum)의 사용 같은 제도적 대응이 엘리트의 재산을 무사히 지키는 데 중요한 역할을 했을 것이다. 가장 지독한 전염병조차도 문화적 학습으로 길들일 수 있었고, 이것이 맬서스식 완화의 평준화 효과를 둔화시켰던 것으로 보인다.[27]

토스카나 여러 지역의 부유세에 관한 공문서 데이터에서도 아주 비슷한 그림을 이끌어낼 수 있다. 특히 두드러진 사례를 제시하는 것은

그림 10.6 토스카나 상위 5퍼센트 부의 비중, 1283~1792년

1338~1779년까지 시골 소도시 부의 분배를 제대로 문서화한 포기본시(Poggibonsi)의 데이터로, 흑사병에 뒤따르는 평준화와 그 이후의 지속적 집중을 보여준다(그림 10.5). 피렌체 영토에 있는 10개의 다른 시골 공동체는 물론 아레초, 프라토, 산지미냐노의 도시에서 나온 그에 상응하는 증거도(항상 비슷하게 명쾌한 결과를 생산하는 것은 아니지만) 대부분 동일한 전체적 추세를 드러내는 것으로 수렴된다(그림 10.6). 유일하게 상당한 하락을 보인 시기는 페스트와 연관이 있다. 일반적으로 농촌 지역에서는 대략 1450년부터 불평등이 증가했다. 1600년경 이후로 관찰된 지니계수는 거의 언제나 이전 세기보다 높았고, 18세기에는 예외 없이 최고조에 도달했다. 게다가

그림 10.7 루카 상위 5퍼센트 부의 비중과 부의 분배 지니계수, 1331~1561년

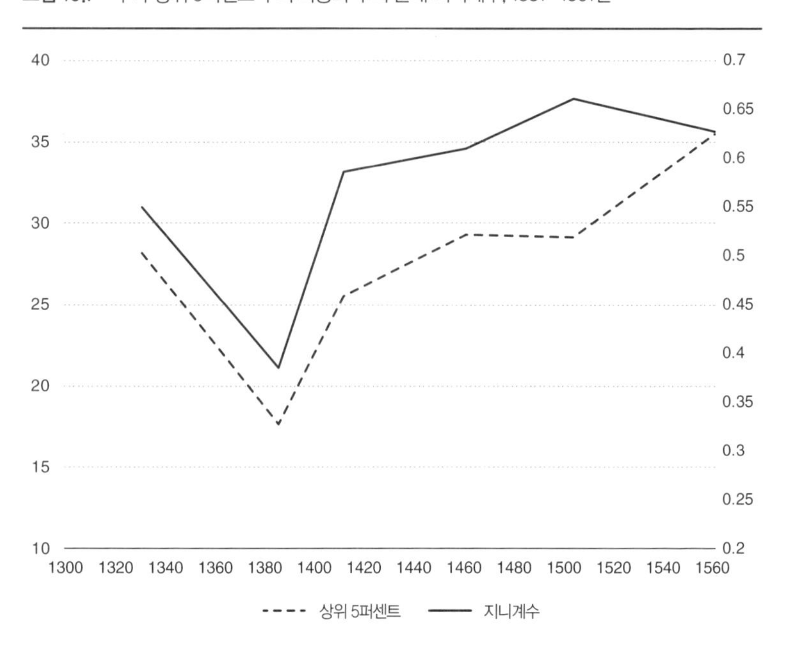

몇몇 지역에서는 로렌츠 곡선이 흑사병 직후 완만해졌는데, 이는 평준화가 주로 부자의 손실에 의해 주도됐음을 시사한다.[28]

이런 역학을 더욱더 확인시켜주는 것은 루카(Lucca)의 영토인데, 이곳에서 불평등은 페스트 발병 동안과 그 이후에 급격한 하락과 재빠른 회복 모두를 겪었다(그림 10.7). 오늘날 1500년경부터 1600년까지 롬바르디(Lombardy)와 베네토(Veneto)에서 부의 집중이 증가했다는 증거도 있지만, 아직까지는 페스트 이전의 자료가 부족하다.[29]

17세기 이탈리아의 경험은 엄밀한 의미의 인구 변동 외에도 다른 요인의 중요성을 부각시킨다. 페스트 이전 수준으로 임금을 안정시키려던 시도가 무산된 일은 이미 언급한 적이 있다. 엘리트는 흑사병과 그 질병

의 재발이 가져온 평준화 효과를 억제하는 막강한 인센티브를 갖고 있었다. 이런 조치의 성공은 국가별로 각기 다른 권력 구조와 심지어 그 생태에 따라 대단히 달랐다. 서유럽에서는 노동력 부족으로 얻은 이득이 흔히 노동자에게 전달된 만큼 노동자가 혜택을 봤다. 임금과 계층 이동에 대한 규제가 실패로 돌아갔을 뿐만 아니라 전염병의 인구학적 충격이 예전의 농노제라는 중세식 제도를 대부분 제거하기도 했다. 소작농은 자신들의 이동성을 주장했고, 더 나은 작업 조건을 제시받으면 다른 영지로 옮겨갔다. 이는 임대료를 끌어내리고, 장원 경제의 표준 사양이던 부역의 대체 지불과 궁극적 제거로 이어졌다. 임차인은 마침내 임대료만 지불하게 되었고, 꾸려갈 수 있을 만큼의 충분한 토지를 경작할 기회를 얻었다. 이는 상향 계층 이동의 분위기를 조성하고, 부유한 소작농으로 구성된 소지주(yeoman) 계급의 탄생으로 이어졌다. 한 가지 사례를 들면 잉글랜드 레드그레이브(Redgrave) 장원의 경우 평균 보유 토지가 1300년 12에이커, 1400년 20에이커에서 1450년에는 30에이커 넘게 넓어졌다. 서유럽 전역에서 비슷한 조정이 일어났다. 1500년에는 이른바 '등본 소유권(copyhold)'이 서부, 남부, 중부 유럽에서 임대차의 지배적인 제도적 장치가 되었다. 계약서는 임차인-농부가 협상을 통해 따낼 수 있는 최선의 가격에 기초한 고정 연간 임대료 납부액을 명시했다.[30]

노동자는 종종 자신들에게 새로이 생긴 이익을 인정하지 않으려는 엘리트의 시도에 저항하면서 폭력에 호소했다. 8장에서 살펴봤듯 프랑스 자크리의 난(1358)과 잉글랜드의 농민 반란(1381) 같은 소작인 봉기 형태를 띤 민중 반란이 그 결과였다. 후자는 줄어든 국가 세수를 상쇄하기 위해 고안한 인두세 부과가 계기였지만, 사실은 특권적인 경제적 지위를 유지하고 싶어 하는 영주에 맞서 노동자가 자신들에게 생긴 더 높은 소득에서 비롯한 이익을 보존하려는 욕구로 촉발된 것이었다. 저항 세력의 한 가지 요구는 임금 노동 계약서를 자유롭게 협상할 권리였다. 단기적으로 봉기는 무력으로 제압되었다. 하지만 새로운 규제 법령이 통과되고 리처드 2세가 소작농에게 "너희들은 여전히 노예 상태에 있게 될 것이다. 예전만큼이 아니라, 비교도 안 될 정도로 더욱 비참하게"라는 저 유명한 장담을 했음에도 불구하고, 농민의 운동은 정말로 양보를 끌어냈다. 요컨대 인두세는 폐지되고, 농민 협상은 시간이 흐르면서 확대됐다. 그 시대의 보수적 시인들은 "노역과 노동을 세상이 필요로 한다는 것을 알아챈 …… 그리고 수가 너무 적다는 이유로 교만해진 …… 떠돌이 노동자들" 또는 "그들은 하는 일은 너무 적은데 최고의 급료를 요구한다"라고 개탄했다. 대체로 노동자는 노동력 부족에서 혜택을 얻어내려 했다. 적어도 노동력 부족이 지속되는 동안에는 그랬다.[31]

하지만 다른 지방에서는 지주들이 노동자 협상을 진압하는 데 더욱 성공을 거뒀다. 동유럽 국가(폴란드, 프러시아, 헝가리)에서 농노제는 흑사병 이후에 도입됐다. 이 과정에 대한 고전적 기술은 1957년 제롬 블럼(Jerome Blum)으로 거슬러 올라가는데, 그는 그 시기에 중유럽과 동유럽이 인구 감소, 버려진 땅 그리고 토지와 곡물 가격 하락이라는 저 멀리 서쪽에서 겪었던 것과 똑같은 문제에 직면했음을 주시했다. 많은 토지를 소유한 귀족은 임금과 도시 물가에 상한선을 부과함으로써 수입 위축을 저지할 법적 조치에 호소했다. 서유럽에서와 달리 권력자는 특히 노역 의무, 현금 지불 및 이동의 자유 제한 같은 노동자의 의무를 줄이기는커녕 증대시키려고 엄청나게 안간힘을 썼다. 프러시아·실레지아(Silesia)·보헤미아·모라비아·러시아·리투아니아·폴란드·리보니아(Livonia) 같은 다양한 나라에서 임차인은 허가 없이 혹은 많은 수수료나 연체료 일체를 내지 않을 경우, 아니면 특정 시기를 제외하고는 이동할 수 없었고, 어떤 경우에는 이동 자체를 일체 금지했다. 노동자들의 밀렵은 법으로 혹은 영주의 동의 아래 금지됐다. 도시에는 이주자를 받아들이지 말라는 명령을 내릴 수 있었고, 통치자는 자국으로의 귀환에 관한 조약을 맺었다. 임차인의 빚은 강력한 유지 수단이었다. 의무와 규제는 16세기에 계속 확대됐다. 많은 요인이 노동자의 제약을 위해 결탁했는데, 아마도 가장 중요한 것으로는 상업화와 도시화라는 불리한 발전과 함께 자신들의 장원에서 소작농에 대한 관할권을 점점 더 장악한 귀족의 정치력 증대를 들 수 있을 것이다. 귀족은 정부를 희생시키며 자신들의 권력을 확대했고 도시는 평형추 역할을 제공하지 못했으므로 노동자는 갈수록 더욱 강제적인 제도의 덫에 걸려들었다. 이 쟁점과 관련해 수정주의 학자들은 이런 고전적 재구성에 의구심을 제기하는 데 많은 진전을 보였지만, 노동자의 성과가 서유럽의 그것과 많이 달랐다는 사실에는 변함이 없다.[32]

맘루크 이집트에서는 이와 다른 일련의 제약을 적용했다. 이미 언급했듯 이 나라는 흑사병에 의해 큰 타격을 입었고, 도시의 실질 임금과 소비 수준은 실제로 다른 곳에서 그랬던 것처럼 적어도 처음에는 상승했다. 그러나 정치 및 경제 권력의 특이한 배치가 엘리트 계층이 노동자의 요구에 저항할 수 있게끔 했다. 외국에서 온 정복 계급인 맘루크인은 토지를 통제하며 중앙 집권적이고 집산주의적인 방식으로 그 밖의 자원을 장악했다. 맘루크 지배 계급의 구성원은 토지와 기타 자원으로부터 나오는 세수(稅收)의 배당분인 개별 이크타(iqta)에서 소득을 얻었다. 노동력 부족과 농업 혼란의 결과 수익이 하락하자 정부가 고안한 채무 불이행에 대한 대응책은 수가 줄고 있는 납세자를 더욱 쥐어짬으로써 받을 액수를 올리는 것이었다. 도시라는 환경에서 이는 세금 인상뿐 아니라 강제 몰수, 매입 강요 및 독점 확립으로 이어졌다. 강압적인 이런 대응은 중세 말 카이로의 기록처럼 임금 소득이 왜 길게 가지 못했는지를 설명해준다.[33]

억압은 시골에서 한층 더 심했다. 맘루크인은 그들의 대토지와 동떨어져 사는 부재자 임대인으로, 변화하는 상황에 대처하기 위해 협상할 준비가 된 책임 있는 지주로서 행동할 수도 없고 그럴 의지도 없었다. 지대의 흐름을 유지하는 것은 맘루크와 농민 생산자를 가르는 중간층 중앙 관료 집단의 몫이었다. 이 관리자들은 즉각 소작농에게 압박을 가했고, 필요할 경우 폭력에 호소했다. 소작농은 도시로 이주하고 심지어 반란을 일으키는 것으로 응답했다. 베두인족(Bedouin)은 버려진 땅에 침투했는데, 이는 수입 기반이 더욱 줄어드는 과정이었다. 게다가 이집트 환경의 특이성 때문에 전염병과 도주가 초래한 인력 손실은 지속적 관리에 기댔던 정교한 관개 시스템에 당연히 지장을 줄 수밖에 없었다. 이는 유럽에서보다 농업 자산을 더욱 취약하게 만들었다. 만일 경작할 수 있는 땅의 양이 빠른 속도로 감소했다면, 토지/노동 비율의 변동이 유럽만큼 크지 않았을 수도 있다. 이런 특징의 조합—집산주의 착취에 의존하고 국가를 통제한 맘루크인의 압도적 집단 협상 능력, 중개 관리에 의한 맘루크인의 토지로부터의 분리, 노동을 자본으로 대체할 기술 향상의 결핍, 생산자가 제기한 요구의 회피, 아울러 그 결과 발생한 전반적 자원 기반의 저하—은 농촌 지역의 생산과 소득을 침체시켰다. 노동자에게 더 높은 실질 임금과 상당한 평준화 효과를 모두 안겨준 서유럽에서의 계약주의의 발흥과 대조적이라는 것은 더 말할 필요도 없다.[34]

흑사병의 상이한 복지 성과, 그리고 17세기 이탈리아의 페스트 재발 기간 중 불평등 지속은 가장 처참한 전염병조차도 그것만으로는 부나 소득의 분배를 고르게 할 힘이 없음을 보여준다. 제도적 장치는 인구학적 충격의 위력을 무디게 하고 노동 시장을 강제적 수단으로 조종할 수 있었다. 한 가지 형태의 폭력을 또 다른 폭력에 의해 상쇄할 수 있었다. 미생물의 공격이 협상을 억제할 인류의 충분한 무력과 직면했을 때, 엘리트는 높은 수준의 불평등을 유지하거나 신속히 회복시킬 수 있었다. 이는 전염병의 평준화 효과가 두 가지 방식으로 억제되었음을 의미한다. 요컨대 인구수가 회복함에 따라 거의 예외 없이 점진적으로 변질된 만큼 시간의 경과에 의해서, 아울러 그것이 전개된 사회적이고 정치적인 환경에 의해서 억제되었다. 따라서 전염성 질병이 실제적으로 불평등을 감소시킨 것은 바로 일부 사례에서 잠시 동안뿐이었다.

11

대유행병, 기근 그리고 전쟁

"우리는 죽기 위해 태어났다": 신세계의 대유행병

14세기 중반의 흑사병은 유럽에서는 17세기까지, 중동에서는 19세기까지 내내 지속된 주기적인 재발과 더불어 역사상 큰 대유행병 중에서 가장 많이 알려졌을지는 몰라도 결코 유일하지는 않았다. 그것이 유럽에서 약화하기 시작할 무렵, 에스파냐의 대서양 횡단은 신세계에서 그에 못지않게 대규모이자 틀림없이 훨씬 더 비극적인 일련의 대유행병을 불러일으켰다.

해수면 상승이 마지막 빙하기 말기에 알래스카와 시베리아 사이 베링 육교(Beringia)의 연결을 끊은 이래 구세계와 신세계의 인구와 질병 환경은 독자적으로 발전했다. 아프로유라시아(Afroeurasia) 주민은 아메리카 원주민보다 더욱 다양한 병원체 감염 동물과 상호 작용하면서 점점 더 천연두, 홍역, 인플루엔자, 페스트, 말라리아, 황열병 및 발진티푸스 같은 대부분 치명적 전염병에 노출되어왔다. 중세 시대가 끝날 무렵 상업적이고 궁극적으로는 군사적 접촉에 뒤이어 구세계의 지역별 질병군이 점진적으로 합류하면서 전파 범위가 최대한 넓어졌고, 이런 치명적 질병 다수가 풍토병이 되는 사태를 초래했다. 그와 대조적으로 아메리카 원주민은 질병과 관련해 덜 심한 환경을 누렸고, 사전에 이런 구세계의 재앙에 노출된 적이 한 번도 없었다. 탐험과 정복은 앨프리드 크로스비(Alfred Crosby)가 "콜럼버스의 교환"이라고 불렀던, 아메리카 대륙에 치명적인 감염균을 과잉 도입한 대서양 횡단 접촉의 포문을 열었다. 그리고 비록 신세계가 매독균을 반대 경로로 내보냄으로써 그 '은혜'를 되갚긴 했지만, 유럽의 병원체가 아메리카 대륙에 미친 영향은 훨씬 더 다양하고 엄청나게 더 파멸적인 비극을 몰고 왔다.[1]

천연두와 홍역은 유럽인에 의해 도입된 질병 중 가장 파괴적이었다. 구세계의 유아기 질병으로 오랜 풍토병이던 이것들은 전염병으로 아메리카 대륙을 강타했다. 대부분의 선원은 어린 시절 이런 병에 노출되고 성인기에는 보호를 누렸겠지만, 이따금 활발한 보균자들이 대서양을 횡단하는 탐험대에 합류하기도 했다. 세 번째 큰 살인 병기인 인플루엔자는 성인 면역성을 전혀 제공하지 않았다. 이 세 가지는 작은 물방울이나 신체 접촉에 의해 이런 식으로 도입되고 전파된 새로운 전염병 중에서도 가장 전염성이 높았다. 말라리아, 발진티푸스, 페스트 같은 다른 질병은 적절한 매개체—각각 모기, 이, 벼룩—의 도입이 필요했다. 물론 이것들이 들어오는 것 역시 단지 시간문제였지만 말이다.

크리스토퍼 콜럼버스의 첫 번째 항해가 이뤄지고 1년 만에 감염은 유럽인의 최초 거점인 히스파니올라(Hispaniola)섬을 유린하기 시작했다. 이곳의 토착민 인구는 1508년 6만 명에서 최대 수십만 명에 달했는데, 1510년에는 3만 3000명으로, 1519년에는 1만 8000명으로, 그리고 1542년에는 2000명 밑으로 줄어들었다. 다수의 전염병이 카리브해 지역을 휩쓸고 곧 대륙의 본토에 도착했다. 1518년 최초의 천연두 대유행병이 강타해 섬들을 쑥대밭으로 만들고, 1519년에는 중남미의 아즈텍과 마야에서 어마어마한 사망자를 초래했다. 그 영향은 너무나도 강렬해 아즈텍 생존자들은 훗날 그것이 나타난 날로부터 날짜를 계산하곤 했으며, 이를 새로운 공포 시대의 포문을 연 중대한 사건으로 인식했다. 전염병은 접촉으로 전파되고 치료약이 없는 탓에 무적의 위세로 무구한 인구를 덮쳤다. 아즈텍의 한 관찰자는 이렇게 말했다.

> 붉은 발진이 우리의 얼굴과 가슴과 배에 돋았다. 우리는 머리부터 발끝까지 고통스러운 발진으로 뒤덮였다. 통증은 너무나 끔찍해서 아무도 걷거나 움직일 수 없었다. 환자들은 완전히 무력해진 나머지 사지나 심지어 머리조차도 움직일 수 없어 시체처럼 침대에 누워 있을 수밖에 없었다. 그들은 땅 쪽을 보고 엎드릴 수도, 몸을 좌우로 뒤집을 수도 없었다. 만일 진짜로 몸을 움직이기라도 했다가는 고통으로 비명을 질렀다.

전염병은 제어할 수 없는 맹렬한 기세로 에스파냐에 정복을 위한 길을 터줬다. 베르나르디노 데 사아군(Bernardino de Sahagún)이 웅장한 아즈텍의 수도 테노치티틀란 함락에 관해 썼듯이,

> 거리는 온통 죽은 이들과 아픈 이들로 가득 차서 우리 부하들은 걸을 때마다 시신을 밟을 수밖에 없었다.[2]

1520년대에는 몇 년 안에 천연두가 안데스의 잉카 제국에 도달해 막대한 수의 사람들을 죽였는데, 아마 통치자인 우아이나 카팍(Huayna Capac)

도 거기에 포함되었을 것이다. 1532년에는 두 번째 큰 대유행병인 홍역이 시작됐다. 이번에도 역시 인명 손실은 엄청났고, 멕시코에서 안데스까지 번져나갔다. 아마 특히 심했을 발진티푸스는 1545~1548년 중남미를 초토화시켰다. 이후의 사건들에는 1550년대 말과 1560년대 초에 그랬던 것처럼 여러 질병이 나란히 나타났는데, 이때 인플루엔자가 가장 큰 역할을 한 듯하다. 이후에도 점점 더 많은 재앙이 발생해 1576~1591년 복합적인 대유행병이 극에 달했다. 처음에는 발진티푸스가, 그 뒤(1585~1591)에는 천연두와 홍역이 한꺼번에 발병해 기습 공격을 하는 통에 그때까지 살아남은 인구를 대거 죽음으로 몰고 갔다. 이는 오늘날까지도 가장 끔찍한 사건 중 하나로 알려졌다. 전염병은 17세기 상반기 내내 지속됐고, 위력이 줄고 많은 지역적 변이가 생겼을 가능성은 있지만 그럼에도 불구하고 대단히 파괴적이었다. 대량 살상과 그에 수반되는 전이가 에스파냐의 진군을 돕긴 했지만, 새 통치자들은 곧 전염병의 확산을 끊기 위해 노력했다. 16세기 말에는 자신들이 착취할 수 있는 원주민 노동력이 보존되길 바라며 더 많은 의사를 배치해 검역을 시행했다. 그래봤자 이런 조치의 효과는 미미했을 것이다. 전염병은 한 세대에 한 번꼴로 파도처럼 밀려왔고, 처음 약 150년 동안만 사망자 수가 약간 하락했을 뿐이다. 게다가 정복 세력 자체가 저지른 폭력은 토착민에게 가한 몇 갑절의 경제적·사회적·정치적 충격을 통해 거의 틀림없이 전반적인 죽음의 위기를 악화시켰을 것이다.

누적된 인구학적 영향은 확실히 치명적이었다. 단 한 가지 진짜 문제는 인명 손실의 규모에 관한 것이다. 이 문제는 몇 세대의 학자들이 파헤쳐왔지만 접촉 이전의 인구 수준에 관한 뚜렷한 정보가 없는 관계로 다루기 어렵다. 멕시코 한 곳에서만은 대략 20퍼센트에서 무려 90퍼센트 범위의 누적 인구 감소가 문헌에 나타나 있다. 대부분의 추정은 전체 손실을 절반 이상으로 상정했다. 흑사병과 관련한 사망자 수준은 신세계에서 많이봤자 그냥 최저치로 간주해야 한다고 결론 내려도 무방할 듯하다. 멕시코에서는 최소한 전체적으로 절반만큼의 손실이 생겼을 가능성이 높은데, 적어도 극히 일부 지역에서는 한층 더 높은 수준의 손실이 있었을 것이다.[3]

이런 극적인 인구 수축이 자원 불평등을 압착했는지 여부는 오랫동안 해결하지 못한 문제다. 아즈텍과 잉카라는 계층화한 제국들이 유사하게 계급화한 에스파냐의 지배로 대체된 이상, 부의 추이는 국가 권력의 이동에 의해 중재되었을 것이다. 인구 변동이 노동 시장에서 어떻게 펼쳐졌는지를 결정하는 데는 확실한 데이터가 필요하다. 중남미 불평등의 '증거 없는 역사'를 개괄하려는 대담한 시도를 통해 제프리 윌리엄슨이 관찰한 것은 맬서스의 표준 논리가 16세기에 발생한 엄청난 인구 손실에 대한 반응으로 실질 임금의 인상을 예측했지만 이러한 추측을 뒷받침할 증거는 없다는 게 고작이었다. 2014년에는 마침내 1530년대부터 3세기 동안 중남미의 소득에 관한 한 선구적인 연구가 이 상황을 변화시켰다. 그림 11.1은 멕시코시티 지역 노동자의 실질 임금 상승과 하락을 보여준다.[4]

이 역 U자 곡선은 인구의 감소와 뒤이은 회복에 대응하는 임금 변동이라는 맬서스식 해석을 불러일으키지만, 전염병 사망률이 특히나 심했던 16세기에 진전이 덜 된 것에 대해서는 설명이 필요하다. 해답은 어쩌면 인구 수축에 직면해 노동력을 확보하려는 에스파냐의 강압에 대한 의존, 즉 콜럼버스 이전 시대 정권의 강제 노동에 뿌리를 둔 관습에 달려 있을지도 모른다. 정부의 개입은 결과적으로 긴 시기 동안 임금 협상을 억압했을 수 있다. 이런 해석은 에스파냐의 멕시코 통치 초기 단계에 가장

그림 11.1 기본 소비 바스켓의 배수로 환산한 멕시코 중부의 실질 임금(10년 이동 평균), 1520~1820년

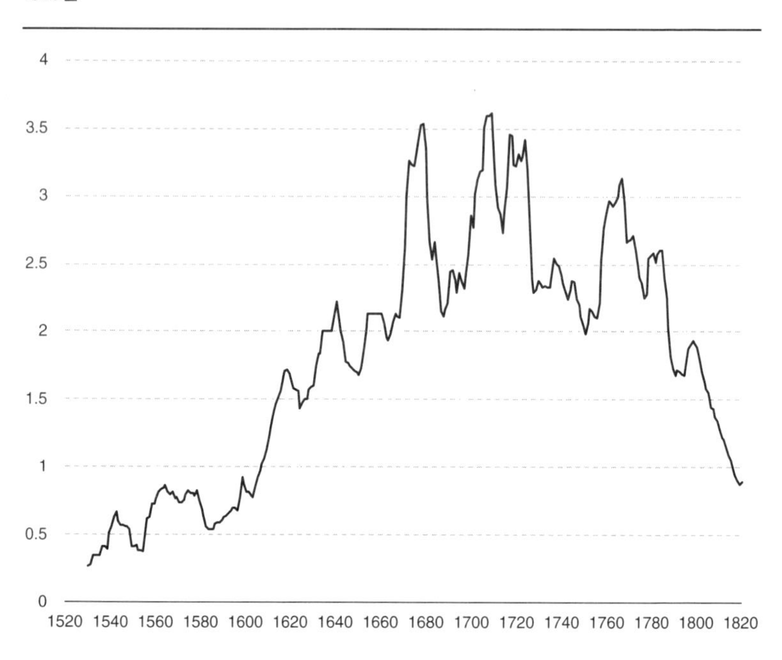

강압이 극심했다는 사실과도 잘 맞물린다. 이렇게 해서 '엔코미엔다'—원주민으로부터 노동력과 공물을 끌어낼 수 있도록 개별 수혜자에게 할당한 왕실의 하사 토지—는 정복 이후 1세대 엘리트에게 주는 사례금의 표준 형태가 됐다. 이 제도적 장치는 광산을 제외하고는 1601년에 폐지됐다. 물론 사실상 1630년대까지도 끈질기게 이어지긴 했지만 말이다. 그렇다 하더라도 엔코미엔다의 수는 이미 1550년 537개에서 1560년 126개로 떨어졌다.

처음에는 임금도 시간이 지남에 따라 완화되긴 했지만 심각한 제약을 받았다. 16세기 멕시코에서는 총독이 임금을 정했고, 강압은 어디서나 흔한 일이었다. 17세기 초부터 노동 시장의 자유화는 실질 임금 상승을 허

용했다. 그 결과는 주목할 만했다. 1590년 노동자들은 아직 최저 생계 수준의 보수를 받았던 반면, 1700년 들어서는 실질 임금이 당시 세계 최고로 여겨졌던 북서유럽 수준보다 많이 뒤지지 않았다. 그림에서 볼 수 있는 16세기의 지체가 국가 개입으로 인해 발생한 것이었다면, 이후의 자유화는 노동의 희소성이 실제 보상 수준에 반영되도록 했다. 보통 거의 효과를 미치지 않았던 흑사병 발병 당시 서유럽의 노동법과 달리, 멕시코의 좀더 깊숙이 자리 잡은 강제 노동 양식은 정권에 더욱 큰 개입 권한을 부여했다. 그리고 노동자들의 이익은 그다지 오래가지 않았다. 실질 임금은 1770년대부터 줄곧 떨어졌고, 1810년에야 겨우 입에 풀칠할 수준으로 돌아왔다.[5]

멕시코의 실질 임금 증가에서 단연 뚜렷한 특징은 그 엄청난 규모다. 흑사병 이후 서유럽 도시에서 '단순히' 2배 늘어난 것과 달리 여기서는 4배나 뛰었다. 멕시코의 급상승은 인명 손실이 훨씬 더 컸던 것과 논리적으로 일치하고, 따라서 이런 점을 충분히 암시하기도 한다. 이후 실질 소득의 감소는 근대 초기 유럽의 대부분 지역에서 나타난 유사한 추이—다시 한 번 후자의 경우보다는 좀더 크고, 사실 인구 회복만으로 예측하기에는 그보다 더 강하긴 하지만—를 연상시킨다. 이러한 변화의 규모에 대해 알려진 것이 기록의 신뢰성에 의구심을 불러일으킬 수는 있지만 전반적 상황은 명확하다. 시장 체제가 보상 수준을 더 이상 조정하지 못하게 방지할 수 없을 만큼 노동력이 극심하게 부족해진 이후에는 수세대 동안 노동자가 이익을 얻었다. 이 단계가 지나가자 인구는 증가했고, 근로자의 협상력이 떨어짐에 따라 불행한 과거의 상태로 복귀했다.

일반적 생활 수준과 인간의 위상 같은 복지 관련 대체 자료는 관찰 가능한 실질 임금 상승과 대체적으로 일치한다. 그러나 전근대 역사에서 흔히 그렇듯 엄밀히 말해 이런 발전이 소득 불평등에 미친 영향을 확인하는 데 필요한 자료는 부족하다. 가장 일반적 시각에서 근로자의 실질 소득이 4배로 뛴 것이 전반적으로 어느 정도 평준화 효과를 거두지 못했을 거라고는 상상하기 힘들지만, 지금으로서는 이 기본적 직관 이상으로 나아갈 수 없다. 순환 논리에 빠질 위험이 있긴 하지만, 부상하는 신세계의 데이터가 그 모든 한계에도 불구하고 페스트가 주도한 평준화라는 논리, 그리고 몇 세기 전 유럽에서 생겨난 페스트 이후의 실증적 자료 모두와 일치한다고 말해도 타당할 듯하다. 비록 에스파냐의 정복 엘리트가 아즈텍의 지배 계급이 예전에 차지했던 자리를 장악했다 하더라도, 그리하여 사회의 최상위에 자산이 집중되는 것을 유지시켰다 하더라도, 최소한 일부 노동자의 실질 임금이 강력하게 증가했다는 사실은 아무리 일시적이라는 게 판명 났다 해도 전반적으로 어느 정도 불평등을 약화시켰을 게 틀림없다. 17세기 멕시코는 이러한 특성을 15세기 서유럽과 공유했을 가능성이 높다.[6]

"죽은 사람 수가 산 사람보다 많았다": 유스티니아누스 시대의 전염병

대유행병으로 유발된 평준화의 사례를 더 뒤지다보면 우리는 시간을 훨씬 거슬러 올라가게 된다. 14세기의 흑사병은 구세계 최초의 대유행병이 아니었다. 그보다 800년 앞서 이미 유스티니아누스 페스트(Justinianic Plague)로 알려진 대유행병 시기에 똑같은 병이 완전히 똑같은 방식으로 유럽과 중동을 강타해 침탈한 적이 있다. 이는 541년부터 약 750년까지 지속됐다. 당시 페스트는 541년 7월 이집트와 팔레스타인 사이 연안의 펠루시움(Pelusium)에 처음 나타나 8월에는 가자(Gaza) 근처까지, 9월에는 이집트의 대도시 알렉산드리아(Alexandria) 인근까지 퍼졌다. 이듬해 3월 1일, 동로마 제국 황제 유스티니아누스는 "사망 사건이 전 지역을 걸쳐 발생했다"고 했다. 제국의 수도 콘스탄티노플은 정작 1개월 뒤에야 습격을 받아 끔찍한 고초를 겪었지만 말이다.

> 현재 비잔티움의 질병은 4개월이 경과했고, 그 최악의 병독성은 약 3개월간 지속됐다. 아울러 처음에는 사망자가 정상치보다 약간 더 많았는데, 그 후 치사율이 훨씬 높이 올라갔다. 나중에는 죽은 자들이 5000명에 달했다는 얘기가 매일같이 들려왔고, 다시 1만 명으로, 그리고 그보다 훨씬 더 많은 사망자가 발생하기에 이르렀다. 초반에는 모두가 자신들의 가족묘에 죽은 자들을 묻었는데, 이제는 적발을 피해 혹은 폭력을 사용하면서 남의 무덤에까지 시체를 던져 버렸다. 이후에는 모든 곳에서 혼란과 무질서가 극에 달했다. ……그리고 기왕에 있던 모든 무덤이 시체로 가득 차자 사람들은 도시의 모든 곳에 줄줄이 구덩이를 판 뒤, 거기에 각자 최대한 많은 시체를 두고 떠났다. 하지만 이런 도랑을 파는 사람들이 죽어나가는 이들의 수를 더 이상 따라잡을 수 없게 되자, 시케(Sycae) 요새의 탑 위로 올라가 지붕을 떼어내고 완전히 무질서한 상태로 시신을 그 안에 던져 넣었다. 모든 이가 이런 식으로 떨어뜨리다 보니 시체들이 쌓여갔다. 모든 탑이 사실상 주검으로 꽉 차자 사람들은 다시 지붕으로 시체 무더기를 덮었다.

8세기 이후에 그랬던 것처럼 전염병은 아무도 막을 수 없는 것으로 밝혀졌다. 시리아는 542년 여름에, 북아프리카는 같은 해 말에, 이탈리아·에스파냐·프랑스 남부 및 발칸반도는 543년에 타격을 입었다. 전염병의 파도가 수없이 밀려왔다. 현대의 한 집계는 541~750년 무렵 18회의 재발이 일어났음을 밝혀냈다. 이를테면 동쪽으로는 이란과 메소포타미아, 서쪽으로는 이베리아반도, 북쪽으로는 영국·아일랜드 및 스칸디나비아, 남쪽으로는 예멘, 아울러 그 사이에 있는 모든 지역에서 발병했다.[7]

역사적 설명은 예르시니아 페스티스와 일치한다. 비잔틴의 문헌은 거듭해서 선페스트의 대표적 증상인 사타구니의 부종을 강조한다. 부기는 다른 곳—겨드랑이나 귀 뒤 또는 허벅지—에서도 나타났다고 쓰여 있다. 임박한 죽음의 조짐으로 여겨졌던 검은 종기 그리고 혼수상태, 헛소리, 각혈 및 고열도 마찬가지다. 나아가 오늘날의 분자생물학은 당시에 번졌던 예르시니아 페스티스의 존재를 확인했다. 바이에른(Bayern)의 아슈하임(Aschheim)에 있는 로마 후기 묘지의 12개 유골 중 10개는 예르시니아 페스티스 DNA의 요소를 보여주며, 그중 2개는 세균의 전체 DNA 염기서열을 재구성할 수 있을 만큼 양도 충분하다. 이 유골 중 하나에서 발견한 구슬의 연대는 대략 6세기의 2/4분기, 즉 유스티니아누스 페스트의 초기 발병 시기로 추정된다.[8]

기록된 사망자 수치는 매우 높은 편이지만, 일반적으로 신뢰할 수는 없을 듯하다. 관찰자들은 콘스탄티노플의 최초 발병이 매일같이 수천 명(심지어 1만 명까지도)을 죽음으로 몰아가고, 도시의 인구를 절반 이상 감소시켰다고 믿었다. 똑같은 장소와 그 밖의 다른 곳에서 발생한 이후의 발병에 대해서도 이따금 이와 비슷한 극단적 주장이 나왔다. 의심할 바 없는 것은 대량 사망에 대한 압도적 인상(impression)인데, 거기에 관찰자들은 정형화한 수치를 부여했다. 질병이 중세 말기 때와 동일하고 그에 상응하는 기간 동안 활동했음을 고려할 때, 우리는 전반적 인구 감소도 어쩌면 유라시아 서쪽과 북아프리카 인구의 4분의 1 또는 3분의 1 정도와 비슷하지 않았을까 하는 의혹을 가져볼 수 있다. 이런 정도의 대규모 사망률이라면 당연히 노동력 공급에 막강한 영향을 미쳤을 것이다. 콘스탄티노플의 교회 고위 관계자이던 에페소의 요아네스(Joannes of Epheso)는 다소 둔감하게 전염병 희생자의 시신을 처리하는 이들이 취한 수익과 세탁비 인상에 대해 불평했다. 전염병이 처음 등장한 이후 겨우 3년이 지났을 때, 유스티니아누스 황제는 근로자들의 요구가 커지는 것을 규탄하고 정부의 명령으로 이를 금지시키려 했다.

> 우리 주 하느님께서 내리신 형벌에도 불구하고, 무역과 문필에 종사하는 사람들은 물론 다양한 종류의 장인과 농업인 및 선원들은 보다 올바른 삶을 영위해야만 할 때 이익 획득에 골몰해왔고 고대의 관행을 위반해 2~3배의 임금과 급료를 요구하는 것을 우리는 목도하고 있다. 이런 이유로 이 칙령에 따라 모든 사람이 혐오스러운 탐욕의 열정에 굴복하는 것을 금하는 것이야말로 우리에게 바람직한 것으로 여겨진다. 어떤 기술이나 교역의 달인도, 어떤 종류의 상인 또는 농업 활동에 종사하는 이라도 이 시간 이후로 옛 관행이 지시하는 것 이상의 급료나 임금을 요구하지 않도록 하기 위함이다. 우리는 또한 건물, 경작 가능한 토지 및 기타 부동산 측정에는 그들이 일한 것에 합당한 비용 이상을 청구하지 말아야 하며, 이런 면에서 확립된 관행을 준수할 것을 명한다. 우리는 노동을 통제하는 이들은 물론 재료를 구매하는 이들도 이런 규칙을 준수해야 함을 명한다. 우리는 그들이 일반 관습으로 공인된 것 이상을 지불하는 것을 허용하지 않노라. 이로써 이보다 더 많이 요구하는 사람, 혹은 처음 합의한 것 이상을 받았거나 준 것으로 유죄 판결을 받은 이들은 누구든 그 금액의 3배를 국고에 지불해야 할 것임을 통지한다.[9]

이상은 전염병에 직면해 협상력을 억누르려 했던 최초의 시도로 알려져 있으며, 중세 잉글랜드와 프랑스 그리고 에스파냐 치하의 멕시코에서 있었던 유사한 조치의 원조 격이다. 그러나 전염병이 장기화하고 노동 수요가 증가하면서 임금에 미친 이 칙령의 영향은 있었다 해도 크지 않았을 것이다. 실증적 증거가 중동(특히 문서적 증거가 타의 추종을 불허할 만큼 많이 남아 있는 이집트)에 국한되어 있긴 하지만, 경제학자들이 추측해왔듯 실질 임금 성장이 널리 확산했다고 간주해도 무방하다. 이집트의 실질 임금 관련 기록은 기원전 3세기로 거슬러 올라간다. 그러나 이 증거는 불연속적이다. 처음 1000년간의 문서는 농촌 비숙련 임금을 나타내고, 중세의 것들은 도시 비숙련 임금을 명시한다. 따라서 이들 자료를 똑같은 기초 위에 놓을 수는 없지만, 그럼에도 불구하고 정말 같은 추세를 반영하며 포괄적이고 단일한 설명으로 통합 가능하다. 농촌 임금의 경우, 우리는 전근대 사회에서 전형적인 대부분 3.5~5리터의 밀에 상응하는 일당을 접할 수 있는데, 이 수치는 생리적 최저치에 가까운 생활 수준과 연관된 3.5~6.5리터의 핵심 범위 안에 잘 들어맞는다. 대조적으로 6~8세기에는 10리터를 초과하는 훨씬 높은 밀 임금을 확인할 수 있다(그림 11.2).[10]

이러한 실질 임금 폭등의 증거는 유스티니아누스 페스트의 후유증에 시달리던 시기 농촌 비숙련 노동자의 보상에 관한 파피루스 문헌에 등장한다. 페스트의 인구학적 영향이 정점에 올랐음이 분명한 6세기 말과 7세기의 몇몇 기록에는 관개 농업 노동자들이 하루 13.1~13.4리터의 밀에 상응하는 현금 급료나 예전보다 약 3배 많은 임금을 받았던 것으로 보고되어 있다. 같은 시기의 여타 사례를 보면 하루에 밀 7.7~10.9리터를 초과하는 값어치 또는 예전의 대략 2배에 해당하는 현금 임금과 식량 수당을 합산해서 받은 경우도 있다. 이는 일당이 최고 25리터에 달했던 숙련 노동자의 훨씬 더 높은 임금에 대한 증거가 뒷받침한다. 6세기 초반부터

그림 11.2 이집트 농촌과 도시 비숙련 노동자의 밀 일당(밀의 킬로그램 단위), 기원전 3세기~기원후 15세기

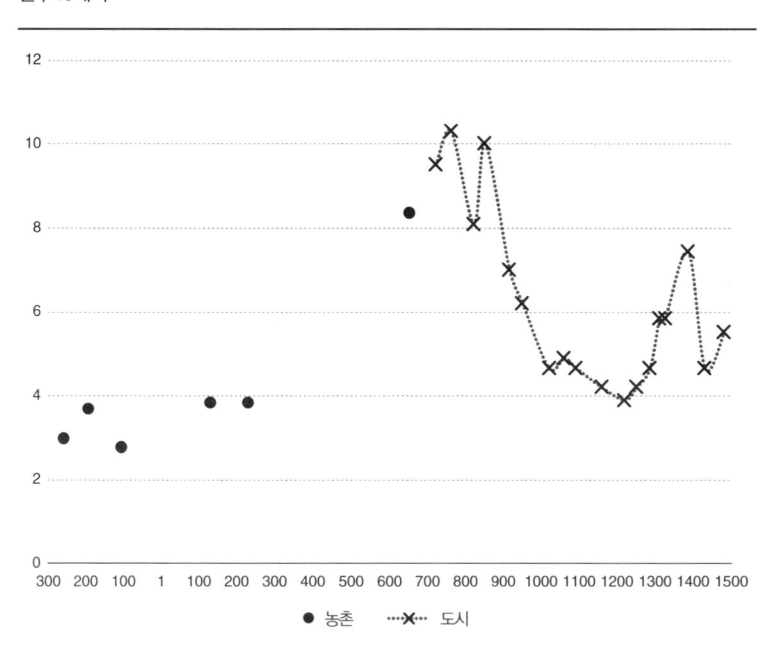

하반기—즉 페스트의 첫 발병 직전부터 직후—까지 존속 기간이 무한한 토지 임대차의 잔존율은 약 17퍼센트에서 39퍼센트로 오른 반면, 존속 기간 1년짜리의 비율은 전체의 29퍼센트에서 9퍼센트로 떨어졌다는 관찰도 추가적인 확증을 제공한다. 이는 곧 임차인들이 더 유리한 조건을 주도할 수 있었음을 시사한다. 이를 비롯한 특히 실질 임금의 보기 드문 급증은 인구의 대규모 감소에 대응해 직업을 불문하고 숙련과 비숙련 양측 노동자의 협상력이 엄청나게 증가한 맥락에서만 설명 가능하다.[11]

카이로 도시 비숙련 노동자의 밀 임금은 이야기의 두 번째 부분을 제공한다. 그림 11.2에서 볼 수 있는 것처럼 이 데이터는 8세기 초 전염병 시기에서는 마지막 단계에서만 구할 수 있으나 중세 말까지 계속 이어진

다. 이집트에서 740년대에 전염병으로 인한 마지막 인구 감소가 발생하고 1세기가 지난 후인 대략 850년까지 실질 임금은 하루에 밀 등가물로 약 10리터, 4인 가족으로 치면 기본 최저 생계치의 3배에 육박하는 역사상 높은 수준으로 대부분 인상됐다. 다음 350년간 인구가 다시 증가함에 따라, 카이로의 밀 임금은 14세기 말 흑사병 직후 일시적으로 회복할 때까지는 절반 이상에서부터 생리적인 최저 생계 수준까지 하락했다. 질이 약간 떨어지는 바그다드의 데이터 역시 규모가 더 작긴 해도 8~13세기 실질 임금의 장기적 하락을 보여준다. 유사한 그림은 카이로 도시 비숙련 노동자의 명목상 임금을 기본 범위의 소비재 물가와 관련짓는 소비 바스켓의 재구성에서도 등장한다. 이 작업도 역시 전염병의 발병과 그 직후의 더 높은 실질 임금을 가리키는데, 뒤이어 하락이 이어진 다음 흑사병 기간에 또 한 차례 회복이 뒤따랐다. 변화의 크기는 밀 임금만 놓고 볼 때보다 다소 작지만, 전반적 패턴은 똑같다.[12]

중세 말기에 그랬던 것처럼 유스티니아누스 페스트의 연이은 재발은 장기간 동안 인구수를 침체시켰다. 이집트에서는 541~744년의 32년에 걸쳐, 혹은 매 6년마다 한 차례씩 10회의 발병이 일어났다. 메소포타미아 남부는 558~843년의 38년간 계속된 또는 매 7년 6개월마다 한 차례꼴로 14회의 발병을 겪었다. 소득에 관한 데이터가 부족한 시리아와 팔레스타인 지역에는 훨씬 더 많은 증거가 있다. 세브케트 파무크과 마야 샤츠밀러(Maya Shatzmiller)는 흔히 '이슬람의 황금시대'로 여겨지는 8~11세기에 전염병이 창출한 고임금 환경을 추적한다. 그들이 보기에 이는 몇몇 측면에서 흑사병이 중세 말 유럽 일부 지역의 취향과 소비에 미친 영향과 닮았다. 두드러진 징후는 축산업 확장에 기초한 중산층 샐러리맨의 광범위한 육류 및 유제품 소비에 대한 참고적인 정보의 형태로 나타난다. 그 밖의 요인은 도시화 그리고 이와 동시에 발생하는 노동 분화의 증가 및 제품 수요 확대는 물론 극소수 엘리트 이외 계층의 수입 식품과 수입 의류의 수요 증대 등이다.[13]

그러나 거듭 말하지만, 이런 과정이 소득이나 부의 불평등에 미친 영향은 단지 추측만 할 수 있을 뿐이다. 직접적인 문헌이 부족하므로 우리는 폭발적으로 인상된 시골 노동자의 실질 임금을 소득 불평등의 수축과 엘리트 부의 유출에 관한 믿을 만한 대체 자료로 받아들여도 될 것이다. 비숙련 실질 임금이 거의 낮을 대로 낮았고 문서화한 자산 불평등 수준이 매우 높았던 환경 속에서 한층 보편화한 평준화 효과는 매우 타당해 보인다. 중세 유럽의 흑사병과 아주 흡사하게 유스티니아누스 페스트는 자원 불평등이 극심하고 안정된 시기에 찾아왔다. 이집트의 토지 및 납세 명부는 3~6세기 토지 소유권의 불균형을 설명하는 데 어느 정도 도움을 준다. 이들 기록의 공통점은 지역을 초월한 재산과 무토지 인구 모두를 누락시킴으로써 전반적 토지 불평등을—잠재적으로 대단히—실제보다 축소시킨다는 것이다. 따라서 이런 데이터는 실제 자산 집중보다 낮은 한계치를 산출할 수밖에 없는데, 그럼에도 불구하고 불평등은 높게 나타난다. 도시 지주들의 표본에서 산출한 토지 지니계수는 0.623~0.815, 시골 지주들은 0.431~0.532에 걸쳐 있다. 주요 행정 구역인 한 노모스(nomos: 고대 이집트의 행정 구역 단위—옮긴이) 전체의 토지 소유 구조를 재구성하면 적어도 이론상으로 전체 인구의 약 3분의 1 이상을 차지할 리 만무했을 지주들만 놓고 봤을 때 0.56의 지니계수가 나온다. 노모스 주민의 절반만이 무토지 노동자이거나 소작농이었다고 좀더 너그럽게 가정한다면(혹은 무토지 인구가 좀더 소수이고, 일부 엘리트 구성원이 다른 노모스에 추가적인 토지를 소유했다고 가정한다면), 전체 토지의 지니계수는 0.75에 가까웠을 것이다. 만일

이게 사실이라면, 이런 집중 수준은 토지 개혁 직전인 1950년 이집트의 0.611(모든 토지 소유자에 대한)과 0.752(전체 인구에 대한)라는 높은 토지 지니계수와 비슷하다. 그러므로 전염병이 주도한 자산 불평등의 평준화 잠재력은 꽤 컸다.[14]

고대 말과 중세 초 이집트의 소득 불균형은 전혀 알려져 있지 않으며, 영원히 알 수 없을 것이다. 그럼에도 불구하고 이 모든 추이는 노동자의 이익, 그리고 토지에서 노동으로의 전환을 고려할 때 전통적인 부자 엘리트의 손실과 논리적으로 일맥상통한다. 한편으로는 경제적 분화와 도시화가 불평등을 일으키는 새로운 메커니즘을 출현시켰을 테지만 말이다. 가장 중요한 것은 집단 농장의 잦은 결근이 노동자 협상을 억제했던 맘루크 시대와 달리, 개인의 토지 소유가 지배적이고 상당히 자유로운 노동 시장은 자산 평가와 임금을 토지/노동 비율의 변동에 민감하게 만드는 환경을 조성했다. 이런 상황 아래서 토지 가치의 하락이 부의 불평등을 감소시킬 가능성이 높았던 것처럼 대폭 축소된 노동력 공급은 거의 틀림없이 전반적 소득 불균형을 약화시켰을 것이다. 눈에 띄게 상승한 비숙련 노동자의 실질 임금은 이런 재구성(우리가 기대할 수 있는 소득 압착에 관한 최상의 대체 자료)에서 가장 강력한 요인을 형성한다. 이는 흑사병 이후 서유럽에서 그랬듯 임금 상승을 억제하려는 국가의 시도가 순전히 수포로 돌아갔음을 보여준다. 그에 못지않게 중요한 것이 인구 회복에 대응한 임금 상승의 점진적 약화다. 우리가 '최초의 흑사병'이라 부를 만한 것이 일으킨 격렬한 충격은 커다란 복지 혜택처럼 보이는 결과를 내놓을 수 있었지만 인구학적 충격 그 자체와 함께 차츰 사라졌다. 이런 측면에서 2개의 페스트 대유행병은 공통점이 많았다.

"폐허와 숲 말고는 아무것도 남지 않았다": 안토니우스 전염병

훨씬 더 과거로 거슬러 올라가면 대유행병의 평준화 효과에 관한 정보가 예상대로 줄어든다. 가장 유망한 사례는 안토니우스 전염병(Antonine Plague)으로 알려진 초창기 사건이다. 이 역병과 최초로 조우한 것은 165년 메소포타미아 군사 작전에 나선 로마 군대였고, 이듬해 로마시에 번져 168년 들어서는 제국의 대부분 지역으로 확산한 듯하다—로마 후기의 역사가 아미아누스(Ammianus)의 말에 의하면 "페르시아 국경에서부터 라인강을 거쳐 갈리아까지". 그 의학적 원인은 여전히 불확실하지만, 많은 이들은 대두창(*Variola major*, 大痘瘡: 천연두의 일종—옮긴이) 쪽에 찬성표를 던진다. 대기 중에 떠다니는 대두창 바이러스의 흡입으로 사람들 간에 전파되는 이 질병은 고열과 함께 피부 고름으로 진행되는 발진을 유발한다. 더 심한 출혈성 버전도 알려져 있다. 만일 안토니우스 전염병이 사실상 무노출 인구(virgin population)를 공격한 천연두였다면, 전체 인구의 60~80퍼센트에 달하는 감염율과 함께 감염자 중 20~50퍼센트가 사망했을 수 있다. 이 사건의 유일한 맞춤형 역학 모델은 25퍼센트가량의 총손실을 예측하는데, 이는 우리가 지금까지 얻어낸 예상치와 다르지 않다.[15]

관련 파피루스 문서가 보존된 덕분에 이집트는 유일하게 이 대유행병의 범위와 영향에 대한 상세한 정보를 제공한다. 이 기록에 따르면, 카라니스(Karanis)의 파이윰(Fayyum) 마을에서는 납세자 수가 140~170년대 초까지 3분의 1에서 절반 사이로 떨어졌다. 나일강 삼각주의 몇몇 작은 마을에서는 손실이 한층 더 커서 160~170년에 70~90퍼센트 이상에 달했다. 비록 사망보다는 도주가 이 압착의 부분적 원인이긴 했지만, 전자가 종종 후자를 촉발한다는 걸 감안하면 도주 그 자체를 전염병 발병으로부터 말끔하게 분리할 수는 없다. 더욱이 구체적 사망자 데이터를 살펴보면 대량 사망에 대한 인상(impression)이 강력해진다. 예컨대 소크노파이오우네소스(Soknopaiou Nesos) 마을에서는 등록된 244명의 남성 중 78명이 179년 1월과 2월, 겨우 두 달 만에 사망했다.[16]

이집트 중부의 몇몇 지역에서는 현물로 지불한 토지 임대료를 확인할 수 있다. 문서화한 모든 지역에서 전염병 이전 시기와 자료가 남아 있는 발병 이후 기간 사이에 연간 임대료는 크게 떨어졌다. 파이윰 오아시스에서는 평균 및 중위수 토지 임대료가 100~165년(34개 사례)에 그랬던 것보다 211~268년(19개 사례)의 기간 동안 각각 62퍼센트와 53퍼센트 더 낮았다. 옥시링쿠스〔Oxyrhynchus: 1897년 파피루스를 발견한, 이집트 중부 나일강 서안(西岸)의 유적 도시—옮긴이〕의 영토에서는 평균 및 중위수가 103~165년까지의 기간(12개 사례)과 205~262년의 기간(15개 사례) 사이에 각각 29퍼센트와 25퍼센트만큼 하락했다. 덜 탄탄하기는 하지만 헤르모폴리스(Hermopolis: 나일강 서안에 있던 고대 이집트 도시—옮긴이)에서 나온 일련의 데이터에서도 유사한 감소를 식별할 수 있다.[17]

현금으로 액수를 매긴 물가와 임금의 변동은 추적하기가 더 어렵다. 왜냐하면 전반적 물가 수준이 전염병 발병 이후 한 세대 만에—동시에 발생했으며 상당한 관련이 있을 법한 재정 긴급 사태로 촉발된 동전의 가치 폭락을 포함해, 말할 것도 없이 정확히 전염병 발병으로 유발된 전이의 결과—대략 2배로 뛰었기 때문이다. 이는 전염병 이전과 이후에 나온 자료를 직접 비교할 수 있도록 그에 맞춰 조절할 필요가 있음을 의미한다. 이런 작업은 2세기 초부터 160년대, 그리고 190~260년대까지의 양 시기 사이에 토지 자산에서 노동으로 가치의 일관된 전환이 있었음을 시사하는 전반적 그림을 산출한다. 중간의 공백은 실제 전염병 기간의 기록이 결핍되어 있음을 반영하는데, 그 자체가 이 재앙의 참혹함을 잘 말해

그림 11.3 100~160년대와 190~260년대 사이 로마령 이집트의 실질 물가와 지대 변동

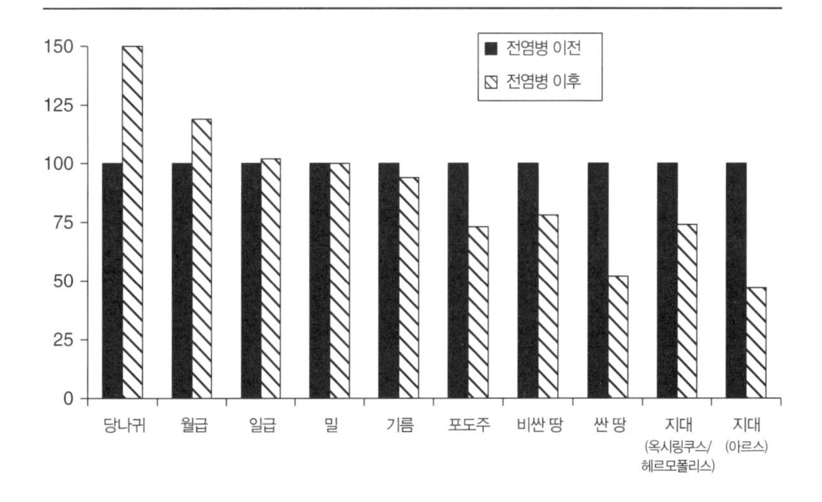

준다. 이 조사에서 모든 수치는 100을 표준으로 했을 때 두 기간 동안 명목상으로 약 125퍼센트 상승한 밀 가격과 비교해 표현할 수 있다. 따라서 명목상 그보다 적게 상승한 수치는 전염병 이후 시기에 100을 밑돌고 그 반대의 경우도 마찬가지다(그림 11.3).[18]

계약서에 기재되어 있는 농촌 노동의 가치는 고용 지속 기간에 따라 약간에서부터 50퍼센트 가까이까지 인상된 반면, (마찬가지로 노동을 대표하고 특별히 잘 기록되어 있는) 당나귀의 실질 물가는 절반가량 올랐다. 그에 반해 기름과 특히 포도주 같은 비필수 식품의 가격은 밀의 가격에 비해 떨어졌는데, 이는 노동자들이 고위층이 선호하는 재화를 더 많이 구매할 수 있게끔 만들었다. 기름과 포도주의 관점에서 표현하면, 실질 임금은 밀 임금의 상승분보다 눈에 띄게 올랐다. 토지의 가치는 시간이 흐를수록 비교하기 어렵다. 왜냐하면 토지의 품질을 일정하게 유지할 수는 없기 때문이다. 그럼에도 불구하고 대략적 조사는 훨씬 더 안전하게 입증된 실제 토

지 임대료의 하락과 매우 유사한 결과를 낳는다. 여기서 가장 중요한 것은 다양한 일련의 데이터 품질이 고르지 않음에도 불구하고, 모든 변수가 인구 감소에 뒤이어 맬서스식 제약의 완화 모델과 일치하는 방향으로 움직인다는 점이다. 노동이 이득을 보자 토지는 손해를 봤다. 더욱이—비교할 수 있는 해외 수요가 없는 현지의 포도주 및 기름 가격과 달리—밀의 가격은 로마 정부가 시행한 대규모 수출에 의해 분명 지원을 받았을 것이다. 그것이 없었다면(만일 현지의 수요만이 단일 결정 요인이었을 경우) 밀 가격은 임금이나 그 밖의 주요 상품과 비교해 훨씬 더 하락했을 것이다. 이는 상황을 복잡하게 하고, 토지 가격의 증거에 따르면 훨씬 더 상당했을 듯한 실질 물가 변동의 실제 규모를 모호하게 만든다.[19]

전염병 이후 경작 패턴이 어떻게 달라졌는지에 관한 짤막한 설명이 하나 있다. 질병이 발발하기 몇 년 전인 158~159년 파이윰의 테아델피아(Theadelphia) 마을에서는 약 4000~4300에이커에 이르는 땅에 곡식을 뿌리고, 약 350에이커의 땅에 포도나무와 과일나무를 심었다. 216년에 수목 재배 면적은 1000에이커, 즉 이전에 심은 면적의 3배 이상으로 확대된 반면, 경작지는 2500에이커, 즉 이전 총계의 약 60퍼센트로 줄어들었다. 따라서 전체적으로는 전염병 이전보다 더 적은 땅을 사용했지만, 그중 훨씬 더 많은 땅을 고부가가치 작물에 할애했다. 이는 흑사병의 파장이 남아 있던 시기에 나타난 패턴과 흡사하다. 지중해에서 사탕수수가 그랬듯 당시 기후에 맞고 과일나무를 심을 수 있는 곳이면 어디서건 포도주를 생산했던 것이다. 인구 수준이 하락하고 한계 경작지(marginal land)의 포기로 수확량을 높임에 따라 주요 기초 작물에 대한 수요는 하락했다. 더 많은 토지가 고급 작물을 제공했고, 이것이 더 많은 소득을 가능케 했다. 이는 대중의 생활 수준이 더 높아졌다는 강력한 신호로 간주해도 될 것이다.[20]

이집트에서 동일한 증거가 부족하다는 점을 고려하면, (이 과정을 더욱 체계적으로 문서화할 수는 없지만) 이는 농산물 가격의 상대적 움직임과 잘 들어맞는다. 좀더 일반적으로, 학자들은 임차인-농부와 마을 사람들의 계층 이동성 증가, 농민의 시골 탈출, 도시로의 이주 및 전반적 도시화 수준 증가의 조짐을 발견해왔는데, 이 모든 것은 흑사병 이후에 그랬던 것과 똑같이 노동자의 기회 증대와 도시의 번영이라는 전염병 이후의 시나리오와 일치한다. 다시 한 번 말하지만, 전염병이 불평등에 미친 영향에 대해 직접적인 정량화가 가능한 정보는 없다. 앞서 논의한 중세 말기와 근대 초기의 이탈리아 명부 같은 드문 예외가 있지만, 어떤 전근대 대유행병에 대해서도 이런 정보가 보편적으로 부족하다는 점을 감안하면 거의 놀랄 일은 아니다. 대체로 전염병 사망의 평준화 효과는 실질 임금 상승과 소비 방식 개선으로부터 유추할 필요가 있는데, 둘 다 이 사례에 기록되어 있다. 2세기 중엽의 이집트가 상당한 인구 압박에 처해 있었을 가능성은 꽤 높다. 인구는 1870년경의 상황에 필적할 700만 명에 달하고, 도시화 비율은 (혹자는 3분의 1 이상이라고까지 주장하지만) 적어도 4분의 1에 달했을 것이다. 로마 권역의 다른 지역에서는 2세기 동안의 평화에 힘입은 장기화한 인구 증가 역시 농업 경제의 한계를 시험했을지 모른다. 이런 환경 속에서 평준화의 잠재력은 컸다. 결정적으로 로마령 이집트의 노동과 관련한 제도적 장치는 시장 체제에 의해 통제되었고, 지주는 흑사병 당시의 서유럽 상황과 유사하지만 중세 말의 이집트 맘루크 시대와 달리 자신들의 부동산에 인접해 주거하는 경향이 있었다. 노동력 부족과 토지 가치 하락이 소득과 부의 더욱 공정한 분배로 표출되는 것을 막을 만한 강력한 제도적 제약은 없었다.[21]

“뭔가 도움이 되기에는 간에 기별도 안 갈 정도였다”: 평준화 동력으로서 기근?

전염병을 평준화의 동력으로 보는 우리의 검토를 끝내기 전에 또 하나의, 그러나 전적으로 다르지는 않은 대량 사망의 동인으로 작용한 것을 생각해볼 필요가 있다. 바로 기근이다. 어마어마하게 많은 사람이 식량 부족으로 죽었다면 이는 전염병이 그랬듯 생존자의 물질 자원 분배를 변화시킬 수 있었을까? 대답은 그다지 확실하지 않지만, 긍정적일 것 같지 않다. 우선, 기근은 보통 주요 전염병만큼 치명적이지 않았다. 우리가 아는 한 2년 연속으로—적게 잡은 ‘기근’의 하한선—기본 사망자 수가 최소 2배에 달한 식량 부족은 역사상 흔치 않았고, 훨씬 더 심각한 사건도 극도로 드물게 일어났다. 이런 이유 하나만으로도 기근은 일반적으로 인구의 규모를 규제하는 데 꽤 미미한 역할을 해왔다. 기근 사망자로 보고된 수가 증거의 질과 반비례하는 경향이 있다는 점 또한 이를 효과적으로 보여준다. 즉 기록에 대한 신뢰가 덜하면 할수록 인구 감소가 한층 심했다고 여겨진다. 게다가 사망률 추정은 이민의 효과와 분리하기가 불가능하지는 않아도 어렵다. 주민들이 피해 지역을, 그러니까 관행적으로 기근을 동반한 전염병에 피해를 입은 지역을 버리고 떠났기 때문이다. 1877~1878년 중국 북부를 황폐화시키고 900만~1300만 명의 목숨을 앗아간 기근처럼 이례적인 대재앙조차도 거기에 영향을 받은 인구 1억 800만 명 중에서 사망자 기준치가 3배를 넘지 않았다. 우리는 이런 참사가 불평등에 영향을 줬는지 여부는 알 수 없다. 아울러 1770년과 1943년 전시(戰時) 압착의 시기에 발생한 벵골(Bengal)의 기근에 대해서도 마찬가지다.[22]

이러한 관찰은 또 다른 자격 요건을 제기한다. 이때까지 기록된 가장 극적인 몇몇 기근은 정말로 대(大)평준화 시기에 발생하긴 했지만, 이것만이 그 과정의 원인은 아니었다. 물질적 격차를 억제한 것은 1932~1933년의 우크라이나 기근이 아니라 바로 그 당시 시행한 강제 집산화 프로그램이었다. 1959~1961년의 대약진 정책으로 촉발된 중국의 끔찍한 기근은 1950년대 중반 정점에 달한 재분배와 연이은 집산화가 이미 대규모 평준화를 확보한 이후에 발생했다.[23]

두 건의 역사적 기근은 그 규모 그리고 소득과 부의 분배 재형성에 대한 잠재력 때문에 한층 더 면밀한 관심을 가질 만하다. 하나는 1315~1318년의 '대기근(Great Famine)'으로, 흑사병보다 한 세대가량 앞서 일어났다. 그 시기에 북서유럽의 이례적으로 춥고 축축한 날씨는 널리 흉작을 유발했고, 가축을 대량 살상시킨 동물 유행병이 동시에 일어났다. 가축에 이어 나타난 대규모 사망자는 전례 없는 규모였다. 그러나 이 재앙이 페스트 때와 유사한 물가와 노동의 변동을 촉발했을까? 그렇지 않았다. 노동자의 임금은 조금 올라갔지만, 소비자 물가는 중소 도시와 시골 할 것 없이 훨씬 더 빠르게 상승했다. 지주들은 줄어든 생산량이 상승한 물가를 상쇄함에 따라 압박을 받았지만, 가장 기초적인 생존과 씨름하던 평민보다는 훨씬 수월하게 고비를 넘겼다.[24]

데이터는 부족하지만, 정보를 거의 구할 수 없다는 게 상당한 평준화를 가리키는 것은 아니다. 내가 이미 사용한 이탈리아 부의 분배에 관한 기록은 14세기 초반의 변화를 드러내기에는 조금 너무 늦게 시작되었거나 선명도가 너무 낮다. 도시의 숙련 및 비숙련 임금을 물가와 연관시킨 런던과 피렌체의 복지 비율은 1300년이나 1320~1340년 사이의 기간에 아무런 향상을 보여주지 않는다. 1300~1349년 다소 안정적으로 유지되고 흑사병 직후에야 장기적 상승을 경험한 잉글랜드의 농촌 실질 임금도 마찬가지다. 이런 측면에서 두 재난의 결과 차이는 두드러진다. 기근이 유발한 평준화가 보이지 않는 것은 이해하기 어렵지 않다. 대규모 사망은 몇 년간에 국한됐고, 페스트가 최초로 급증한 기간보다 훨씬 더 경미했던 것으로 보인다. 인구 감소는 기존의 불완전 고용 상태에 의해 완화되었고, 연쇄적 전염병의 경제적 효과를 기대하기에는 오래가지도 심각하지도 않았다.[25]

1845~1848년의 아일랜드 감자 기근은 두 번째 후보다. (식물) 유행병이자 식량 위기였던 이것은 1846~1848년 아일랜드 식단에 없어서는 안 되는 감자 수확의 전멸을 초래한 감자역병균(*phytophthora infestans*)이라는 수생 균류의 전파로 촉발됐다. 100만 명에 달하는 아일랜드인이 목숨을 잃었다. 이 사건은 이민 및 출생률 하락과 더불어 인구를 1841년 820만 명에서 10년 뒤 680만 명으로 감소시켰다. 농업 노동자 수는 1845년 120만 명에서 1851년 90만 명으로 훨씬 더 급속하게 줄어들었다. 언뜻 보면 이러한 인구 수축은 1347~1350년 흑사병이 최초로 급증하면서 초래한 상황과 많이 닮았다. 아울러 이러한 급증이 단독으로 지속적 변동을 몰고 올 만큼 충분히 파괴적이지 않았을 가능성이 있는 것처럼, 아일랜드의 기근 사망자 수는 현대의 한 영국인 관찰자가 악명 높게 말했듯 전반적 생활 여건의 향상이라는 관점에서 "뭔가 도움이 되기에는 간에 기별도 안 갈 정도였다". 중세 말기에 연속적인 전염병 재발이 가져온 인구학적 영향과 어느 정도 유사했던 것은 아일랜드 인구의 회복을 막을 뿐만 아니라 계속 수축시킨 끝없는 이민의 영향이었다. 1850~1914년 400만 명이 섬을 떠났고, 1840년대 초반 이민이 정점에 올랐을 때는 결국 인구가 거의 반 토막 났다. 그러나 전염병과 달리 새로운 출발은 연령에 민감해서 주로 10대 후반이나 20대 초반에 집중되었다. 게다가 그리고 이번에도 다시 한 번 전염병과 달리, 감자마름병은 수확량을 감소시킴으로써 자본 보유고에 타격을 입혔다. 이것이 실용적인 유사점의 가치를 제한한다.[26]

어떤 면에서는 기근과 뒤이은 이민은 물론이고 번식력의 하락을 통한 막대한 인구 손실이 주요 대유행병의 그것에 필적할 만한 경제적 혜택을 가져왔다. 초반의 추세에서 벗어나면서부터 실질 임금과 생활 수준은 기근 이후 꾸준히 상승했다. 저임금 지역에서는 전출률이 더 높았고, 이는 지역 간 격차를 분명히 감소시켰을 것이다. 한편 극빈층은 여행 경비를 즉시 감당할 수 있던 이들보다는 떠날 확률이 적었다. 전체적인 생활 수준 향상에 훨씬 더 균등해진 자산 혹은 소득의 분배도 동반됐는지는 역시 불확실하다. 방치와 축출 때문에 기근이 있던 해에는 1에이커도 안 되는 극소규모 토지 수가 대폭 줄었다—이 과정에서 토지에 대한 접근 기회의 불평등이 확대됐다. 그다음 60년간 분배의 변동은 계속 경미한 상태에 머물렀다. 그나마 그러한 변동 대부분도 작은 땅뙈기의 비율이 다시금 점차 상승하며 최하위에서 일어난 것이었다. 1~15에이커까지의 땅은 더 큰 토지들이 증가하는 바로 그 순간 입지를 잃었다—전반적으로 퇴행적인 추세였다. 감자 기근과 거기에서 비롯된 끊임없는 유출만큼 강력한 인구학적 충격조차도 결과적으로는 흑사병에서 나타난 규모의 평준화를 이끌어냈던 것 같지 않다. 불평등 완화에 관한 한 전염병이 최고의 자리에 등극했다.[27]

"사람 사는 곳이 온통 달라졌다": 평준화 동력으로서 대유행병과 지식의 한계

불균형의 평준화에 있어 우리가 현재 대유행병의 역할에 관해 갖고 있는 지식 대부분은 꽤 새로운 것이다. 흑사병의 사회·경제적 영향은 오랫동안 제대로 다뤄져왔지만, 반면 그 밖의 인구학적 재난이 소득과 부에 미친 영향은 최근 들어서야 탐구 대상이 되었다. 따라서 이집트의 안토니우스 및 유스티니아누스 전염병과 연관된 물가 변동의 증거는 21세기에야 분석하기 시작했고, 근대 초기 멕시코의 실질 임금과 이탈리아 북부의 부의 불평등 변화에 관한 최초의 연구는 2010년대에 등장했다. 이런 계속된 확장은 수집과 해석을 기다리는 더 많은 자료가 존재할 것이라는 기대를 불러일으킨다. 흑사병과 그 여파에 시달리던 시기의 기록보관소들이 가장 유망한 후보인 듯하다. 아울러 안토니우스 전염병과 흑사병이 발생한 두 시기에 전염병 사건이 있었다는 사실이 입증된 중국의 주요 전염병 관련 평준화 효과도 연구할 필요가 있다.

하지만 그 밖의 경우는 실질 임금과 불평등에 대한 해결의 실마리를 던져주기에는 결코 남아 있는 정보가 충분하지 않을 수 있다. 그 좋은 사례가 키프로스 전염병(Plague of Cyprian)으로 알려진, 250~260년대에 로마제국을 휩쓴 대유행병이다. 이것이 인구에 미친 후유증은 드라마나 다름없었던 듯하다. 동시대의 관찰자인 알렉산드리아—제국에서 두 번째로 큰 도시—의 디오니시오스(Dionysios) 주교는 14~80세의 주민이 전염병 창궐 이전 40~70세의 인구보다 적어질 정도로 알렉산드리아 인구를 확 줄여버린 "이 계속되는 역병 …… 이 변화무쌍하고 어마어마한 인류 파괴"에 관해 적었다. 이러한 계산은 공적인 옥수수 분배 명부에서 비롯된 것이므로 전적으로 허구가 아니며, 이것이 시사하는 사망자 규모는 충격 그 자체다. 생명표(life table: 출생, 사망 등의 생명을 현상을 수집한 표—옮긴이) 표본에 따르면, 기록된 변동은 대도시 인구의 60퍼센트 이상이 손실된 것에 해당한다. 소득과 부의 불평등은 고사하고 동시대 실질 임금에 대한 자료도 구할 수 없다. 그럼에도 불구하고 250년대 이집트의 2개 주에 있는 농민 노동자의 명목상 임금이 갑자기 현격하게 달라진 것은 어쩌면 이 전염병으로 촉발된 노동력 부족을 반영하는 것인지도 모른다.[28]

기원전으로 시선을 옮기면, 조명은 한층 더 희미해진다. 아마도 인구 손실로 유발된 실질 임금 상승에 대한 현존하는 최초의 증거로 생각할 수 있는 것은 기원전 6세기 바빌로니아의 자료일 것이다. 기원전 570년대 네부카드네자르(Nebuchadnezzar) 왕 치하의 바빌로니아 남부에서는 바빌론에 왕궁을 건설 중이었다. 당시 노동자들은 매달 보리 450~540리터 혹은 은화 약 5세켈(shekel)을 받았는데, 이는 각각 밀 일당 12~14.4리터와 11.3~12리터에 해당하는 액수다. 비교적 높은 밀 임금은 기원전 540년대 나보니두스(Nabonidus) 치하의 바빌로니아 남부에서도 확인할 수 있다. 당시 일당은 9.6~14.4리터이고 그 중간값은 12리터였다. 이 모든 수치는 전근대의 표준이었던 것으로 보이는 일당 3.5~6.5리터의 중간값을 한참 상회하며, 한 세대 뒤인 기원전 505년경 다리우스 1세(Darius I) 치하에서 기록된 밀 임금보다 높은데, 당시 노동자들은 고작 7.3리터 이하에 해당하는 임금을 받았다. 그 이후 바빌론의 실질 임금은 훨씬 더 낮아졌다—기원전 1세기 초에는 약 4.8리터였다.[29]

현재로서는 신바빌로니아 시대의 이러한 일시적 급등을 설명하지 못하고 있다. 낙관적 관찰자라면 시장 중심 농업의 생산성 증대, 높은 노동 분화 및 화폐 주조 증가에 의해 주도된 일시적 풍요로움을 상상하고픈 유혹에 빠질 것이다. 위에서 언급한 모든 것은 이 시기에 입증되었다. 하지만 기원전 7세기가 끝나갈 무렵 아시리아 제국이 피비린내 나는 몰락을 겪는 동안 촉발된 인구 손실로 수익이 줄었을 거라는 점이 또 다른 선택지다. 후자는 바빌로니아의 먼 남쪽에서 발생한 전염병 때 규모 있는 인구 손실을 유발했을 수 있는데, 바빌로니아는 이 파멸적 사건이 일어난 주요 국가였다. 그러나 이는 분명 추측에 지나지 않고, 기원전 6세기 말의 급격해 보이는 실질 임금 악화는 순수하게 인구 회복의 관점에서만 설명하기 어려울 듯싶다.

하지만 이렇게 우리가 가진 지식의 지속적인 공백에도 불구하고, 한때는 주로 혹은 유일하게 흑사병하고만 연관 지었던 전염병으로 유발된 평준화 과정이 이제는 세계사적으로 거듭된 현상이었음을 입증할 수 있게 되었다. 이번 장에서 제시한 모든 조사 결과는 평준화가 인구에 의해 강요되고 제도적 틀에 의해 중재되는 맬서스식 시나리오를 뒷받침하는 쪽으로 수렴한다. 이러한 평준화 에피소드가 지닌 또 하나의 공통점은 각각의 주요 사례마다 수천만 명에 달했던 놀라운 인명 손실이다. 인구 회복이 거의 매번 이러한 이익을 흡수했으므로 평준화의 성과가 일시적이었다는 점도 또 다른 공통된 특징이다. 범세계적 유행병은 이렇게 극도로 악랄한 한편 궁극적으로는 지속될 수 없었던, 소득과 부의 불평등을 압착하는 메커니즘으로 작용했다. 두 가지 측면 모두에서 이는 지금까지 검토한 효과적인 여타 평준화 과정, 즉 대중 동원 전쟁의 희생, 변혁적 혁명의 참극, 그리고 전면적 국가 붕괴의 파괴력과 잘 어울린다. 이 모든 사건은 인류에게 막대한 출혈과 고통을 안기면서 물질적 불평등을 완화시켰다. 이제 우리의 네 기사단이 완벽하게 갖춰졌다.

"신은 높은 자리에 있던 것들을 겸허하게 만드셨다": 30년 전쟁의 아우크스부르크

나는 2~5부까지 네 기사에 4개의 부를 할애했다. 역사에서 가장 중요한 평준화 동력을 깔끔하게 분리한 것은 논의를 구조화하는 데 일조하지만, 정말로 과거의 현실에 존재했던 좀 지저분하게 얽힌 상황을 공정하게 대하지는 못한다. 대개는 여러 개의 평준화 메커니즘이 작동하며 나란히 상호 작용했기 때문에 둘이나 그 이상의 기사가 힘을 모으곤 했다. 17세기 독일 남부의 아우크스부르크라는 도시의 경험은 다양한 요인—이 경우 전쟁과 전염병—의 복합적 영향을 훌륭하게 보여준다.[30]

아우크스부르크는 근대 초기 남부 독일 경제의 핵심 중 한 곳이자 중세 말 흑사병 회복에서 엔진 같은 곳이었다. 1500년 2만 명에서 1600년 4만 8000명으로 주민이 늘어나면서 이곳은 당시 독일에서 두 번째로 큰 도시로 성장했다. 부의 팽창과 동시에 갈수록 분배가 고르지 않게 되면서 경제 발전과 도시화는 자원 불평등을 빠르게 끌어올렸다. 모든 도시 가구의 주기적인 자산 평가에 기초한 상세한 부유세 납세 명부는 실제 자산과 그 분배에 관한 꽤 정확한 대체 자료 역할을 한다. 몇몇 혼재 변수는 고려할 필요가 있다. 만일 과세 대상 자산이 없는 것으로 등록된 주민도 포함시켰다면, 이들에게도 불평등 측정치를 어느 정도 줄일지 모를 약간의 개인 소유물이 있었을 것이다. 동시에 가구당 처음으로 현금 500휠던(gulden)에 대한 일반 면제—과세율을 0.5퍼센트라고 했을 때 납세액 2.5휠던과 같은 금액, 또는 누구보다도 1618년 소득 분포 상위 5분의 1 이하가 지불한 액수—를 적용했다. 보석과 은식기류도 마찬가지로 면세됐다. 이 모든 예외 조항은 부자에게 유리했고, 세금을 안 내는 빈곤층의 빈약한 소유물 누락분을 보충하고도 남았을 것이다. 따라서 전체적으로 관찰된 추세는 제법 대표성을 띠는 듯하다. 데이터는 시간이 흐르면서 주목할 만한 수준의 변화를 기록한다. 자본의 축적과 집중 덕분에 부유세의 불평등 지니계수는 1498년 0.66에서 1604년 0.89로 올랐다(그림 11.4).[31]

1618년의 경제적 계층화는 극심했다. 가장 부유한 10퍼센트의 가구가 부유세의 91.9퍼센트를 납부했는데, 지니계수로는 0.933이었다. 이 특권층마저도 계층화가 심했다. 귀족 및 돈이 제일 많은 상인으로 구성된 상

그림 11.4 아우크스부르크 부의 불평등: 납세자 수, 평균 세금 납부 및 세금 납부의 지니계수, 1498~1702년

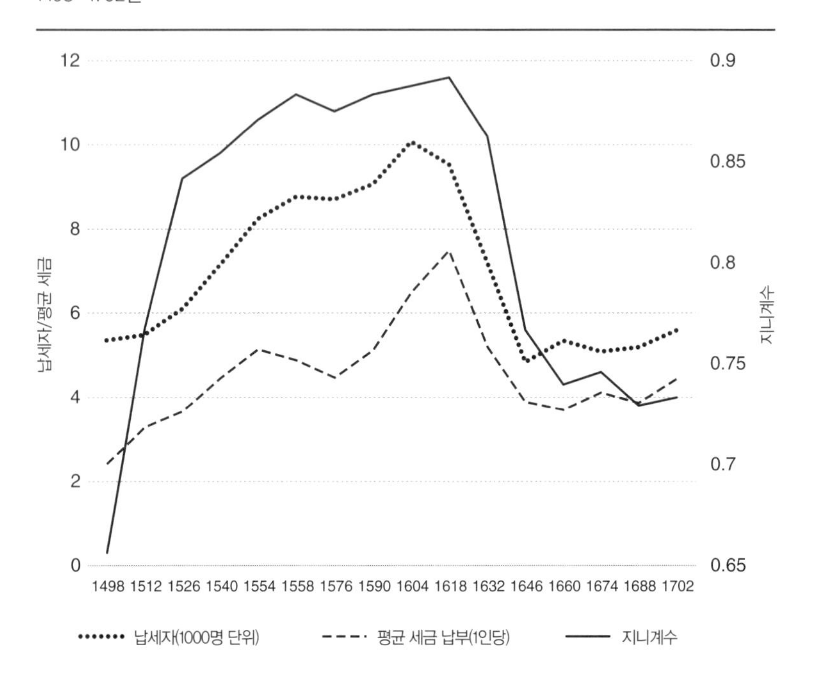

위 1퍼센트는 모든 부유세 수입의 거의 절반을 담당했다. 등록된 방직공과 건설 노무자의 3분의 2는 세금을 낼 의무가 없었고, 전체 일용 근로자의 무려 89퍼센트도 마찬가지였다. 아우크스부르크 사회의 맨 밑바닥에서 우리는 약 1000명의 떠돌이 거지와 거의 구호품으로만 살아가는 1700명 그리고 부분적으로 구호품에 의지하는 또 다른 3500명을 포함한 6000명가량의 빈곤층 주민과 조우하게 된다. 인구의 2퍼센트만이 부자이거나 잘살고, 3분의 1이 중간이며, 3분의 2가 가난한(그리고 그들 중 최소 절반은 최저 생활의 경계에서 간신히 입에 풀칠을 하는) 상황에서 경제 성장으로 지속된 중산층이 부상할 징후는 안 보인다. 대신 우리는 앞장에서 조사한 많

은 다른 도시 인구의 경우처럼 실질 임금의 하락을 목격한다.[32]

이것이 30년 전쟁이 막 발발할 무렵의 상황이었다. 이 전쟁은 독일 역사에서 전례 없는 처참한 대화재(大火災)를 유발한 복잡하고 지지부진한 일련의 군사 작전이었다. 적대 행위는 주택과 자본의 광범위한 파괴 및 막대한 인명 손실을 초래했으며 페스트의 재발 , 그리고 사망률을 한층 더 치솟게 한 비교적 새로운 질병인 발진티푸스의 전파와 동시에 일어났다. (한편으로는 상당한 정도까지 이러한 것들을 촉발하기도 했다.) 전쟁 초기 국면에서 아우크스부르크는 전쟁의 직접적 타깃이 아니었고, 단지 간접적으로(가장 주목할 만한 것으로는) 통화 가치 하락에서만 영향을 받았다. 전쟁에 따른 주화(coin)의 가치 저하는 1620~1630년대에 물가 인플레이션을 몰고 왔다(처음에는 한 자릿수가량). 하층민이 가장 큰 고초를 겪었을 듯한데, 반면 도탄에 빠진 중소 규모 토지 소유자에게서 주로 부동산을 사들인 부자 상인들의 순수익이 쌓여갔다. 1625년과 1618년의 세금 기여도를 비교해보면 더 많은 상인이 예전보다 훨씬 더 많은 세금을 냈다. 그들의 총분담금도 4분의 3가량 늘어났다는 것이 밝혀졌는데, 이는 상인 집단에서 가장 성공한 사람들에게 부가 급속하게 집중됐다는 징후다. '옛 재력가'의 대표 격인 귀족 사이에서는 승자와 패자가 반반이었다. 민첩한 상업 자본 소유자들은 전쟁과 연관된 통화의 불안정성을 이용하는 데 제일 유리한 위치에 있었다. 빈민층은 더 가난해진 반면, 중간층의 부유한 주민들은 더 많은 수익을 기록했다. 금세공인(goldsmith)과 여관 주인도 승자에 속했는데, 귀금속 및 음식 같은 부족한 재화에 대한 직접적 접근 기회 덕분이었다.[33]

그러나 역병과 전쟁이 아우크스부르크를 강타하자 이런 수익은 일제히 빠르게 증발했다. 페스트가 최초의 대대적인 일격을 가했는데, 이는 암스테르담에서 독일을 거쳐 이탈리아까지 휩쓴 더 큰 물결의 일부였다. 전쟁은 1627년 10월 민가에 주둔한 병사들을 통해 페스트가 도시로 전파되는 데 일조했다. 역병은 그해 남은 기간과 1628년에 도시를 초토화하기에 이르렀고, 4만~5만 명의 주민 중 약 9000명의 목숨을 거둬갔다. 복지 지출의 공간적 분포와 1625~1635년 아우크스부르크 인구 축소의 공간적 분포는 정확히 일치하는데, 이는 페스트 희생자가 빈민층에 편중되어 있었음을 시사한다. 1632~1633년의 두 번째 발병도 똑같은 효과를 불러왔다. 이런 불균형은 전반적으로 도시가 체감한 평준화 효과에 기여했다. 그 결과 발생한 전이 역시 유동성을 감소시켰다. 1629년 시 당국은 예전에 빌려준 대출금에 대한 고액 이자 지급을 삭감하는 이른바 '헤어컷(haircut)' 정책을 채권자들에게 시행했다. 소송을 제기한 채권자들은 판결을 기다리는 동안 모든 이자나 원금 지급이 정지되자 이내 단념했다.[34]

1632년 4월 스웨덴 군대가 도착했다. 평화적 인수였음에도 불구하고, 이는 주민 중에서 구교도 가구들이 부담해야 하는 높은 점령 비용을 유발했다. 약 2000명의 병력이 도시의 민간인 숙소에 진을 쳤고, 막대한 방어시설에 대한 공사 대금을 지불해야 했다. 약간 누진적인 인두세와 더불어 특별세를 도입했다. 도시가 파산에 직면하자 시의 이자 지급은 완전히 중단되었다. 자본 소유자들이 최대 희생자였다. 점령 기간 중 사상자 수가 다시 급등했는데, 구교도 세력의 봉쇄가 초래한 기아와 더불어 1632년 페스트가 재발했기 때문이다.[35]

1634년 9월 뇌르틀링겐(Nördlingen) 전투에서 스웨덴이 패배한 후, 상황은 훨씬 더 나빠졌다. 포위된 아우크스부르크에는 지체 없이 황제군이 주둔했다. 포위는 1635년까지 거의 반년간 이어졌고, 무지막지한 환난이 발생했다. 가난한 이들이 가장 큰 고통을 받았다. 연대기 편집자 야코프 바그너(Jacob Wagner)는 동물 가죽, 고양이, 개 및 인간의 시체를 먹는 신세로 전락한 사람들의 얘기를 들려준다. 이는 한낱 상투적인 문구가 아니었다. 묘지기들은 무덤에서 가슴과 기타 신체 부위의 살이 없어진 것을 보고했고, 거리에서는 일부 시민이 늘어져 있는 죽은 말의 뼈를 물어뜯는 광경도 볼 수 있었다. 죽은 자와 죽어가는 자들의 악취가 도시 전역을 떠나지 않았다. 그러는 사이 스웨덴 수비대는 지방통치위원회에 가차 없는 압력을 가했고, 거액의 특별 기부금을 모으지 않을 수 없었다. 최초의 추가 부담금만 1년간의 납세액과 맞먹었다. 부자들만이 그런 요구에 부응할 수 있었을 것이다.[36]

1635년 3월, 수비대는 그들이 비밀리에 떠나는 것을 허용하면서도 도시에 황제군을 주둔시키고 배상금을 지불하도록 하는 항복 조건을 수락했다. 구교도 가구들이 앞서 추가 징수금의 공격을 집중적으로 받고 나자, 이제는 유산 계급 신교도가 자신들에게 남은 대부분의 자산을 내줄 차례였다. 같은 해에 시행된 인구 조사는 그 상황에 대해 어느 정도 실마리를 던져준다. 부동산 보유분의 분포는 거의 변하지 않았으나, 주택은 그 가치를 대부분 상실했다. 임대료는 하락하고, 매물로 내놓은 집들의 상태는 형편없었다. 잠재적인 투자자들이 유동 자금 부족으로 저평가된 자산을 취득할 수 없었기 때문이다. 야코프 바그너는 4년 후 주택 가격이 점령 이전 수준의 3분의 1로 떨어졌고, 장인들의 공방은 절반이 비었다고 주장했다. 도시의 엘리트는 자기들이 진 부담에 대해 불평했다. 1636년 뉘른베르크의 합스부르크 황제에게 파견된 대표단은 아우크스부르크에 남아 있는 1600명의 신교도 가족이 군인들의 숙소 및 기타 경비에 엄청난 돈을 지출해야 했기 때문에 극도로 가난해졌다고 호소했다. 수비대 철수 후 1년이 지난 1840년 또 다른 공사관(legation, 公使館)은 지난 5년간 아우크스부르크의 신교도가 8배의 세금을 내야 했고 100만 휠던 이상을 잃었다고 주장했는데, 그게 사실이라면 시의 연간 수입의 몇 배에 해당하는 액수였다.[37]

1646년까지 페스트와 전쟁의 누적된 영향에 대한 대차대조표는 암울한 해석 쪽으로 기운다. 아우크스부르크의 인구는 1616~1646년 약 50~60퍼센트 줄었다. 뮌헨, 뉘른베르크 및 마인츠처럼 피해를 입은 다른 도시에서 일어난 상황과 유사하다. 하지만 아우크스부르크의 사회·경제적 구조는 스펙트럼의 양쪽 끝에서 한층 더 극단적으로 달라졌다(표 11.1). 가난한 주민의 수는 집중적으로 하락했다. 방직공 가구는 5분의 4가 사라졌다. 사망이나 이민 때문이기도 하지만, 다수가 직업을 포기해야 했기 때문이다. 그들 대부분이 가난했으므로, 이런 손실은 애초 도시민의 상당 비중을 차지했던 극빈자의 극단적 감소와 더불어 빈곤 속에 살고 있는 인구의 비중을 대폭 감소시킴으로써 평준화를 유발했다.[38]

도시 사회의 상류층에도 많은 변화가 있었다. 예전의 대규모 부자 가구들은 이제 그냥 잘사는 정도였고, 반면 그냥 잘사는 이들의 수는 6분의 5가량 줄었다. 풍족하거나 약간 잘사는 이들의 수는 절반이 됐지만, (많이 줄어든) 전체 인구의 비중으로는 대략 변함이 없었다. 최저 생계 바로 위의 소득층 비중은 극빈자 비율이 하락한 바로 그 시점에 부풀어 올랐다. 전체적으로 평준화 효과는 엄청났다.

이런 변동에는 인구 규모의 하락보다 훨씬 더 심각한 과세 대상 자산의 하락—3분의 1 대 4분의 3—이 따라왔다. 부의 10분위수에 의한 세입 명세서를 하나 살펴보면 이런 급격한 하락이 거의 전적으로 가장 부유한 10퍼센트의 손실로 인해 발생했음이 드러난다. 1618년에는 최고 10분위수가 재산세의 91.9퍼센트를 납부한 반면, 1646년에는 그 비중이 84.55퍼

표 11.1 아우크스부르크 과세 구간별 과세 대상 가구의 수와 비중, 1618년과 1646년

납세액	비중(%)과 가구 수		변동율(%)	
구간	1618년	1646년	비중의 변동	가구 수의 변동
면세	48.5(4,240)	37.2(1,570)	-23.3	-63
1~15 kr.	13.2(1,152)	4.2(176)	-68.2	-84.7
16~30 kr.	7.0(614)	22.0(928)	+214.3	+51.1
31~60 kr.	6.7(587)	12.4(522)	+85.1	-11.1
1~10 fl.	16.5(1,440)	18.0(761)	+9.1	-47.2
10~100 fl.	6.6(577)	5.7(241)	-13.6	-58.2
100~500 fl.	1.35(118)	0.5(20)	-63.0	-83.1
500+ fl.	0.01(10)	0(0)	-100	-100
합계	100(8,738)	100(4,218)	-51.7	

Kr.: 크로이처(Kreutzer: 옛 독일과 오스트리아에서 사용한 동전—옮긴이), fl.: 휠던

센트였다. 절대적 관점에서 봤을 때 이 집단의 납부액은 5만 2732휠던에서 1만 1650 휠던으로 떨어졌는데, 이는 전체 부유세 수입 감소분의 94퍼센트 이상을 나타낸다. 귀족 가문으로 대표되던 '옛 재력가들'이 가장 큰 타격을 입었다. 요컨대 그들의 평균 납세액은 거의 5분의 4로 떨어졌다.[39]

그런데 아직은 끝이 아니었다. 1646년에는 실패로 돌아갔음에도 불구하고 연간 사망률을 2배로 뛰게 했던 프랑스와 스웨덴 군대에 의한 두 번째 점령이 있었다. 그해 지역 상인들이 제작한 추모비에는 폭행, 약탈 및 신규 또는 더 높은 관세로 인한 상업의 쇠퇴를 개탄하는 내용이 있는데, 이 모든 것이 봉쇄와 군인들의 민간 주둔이 그랬듯 전쟁으로 인해 초래된 것이었다. 이런 요인이 모두 합쳐지면서 투자와 신용의 가능성을 위축시켰고, 자본가들의 이익에 피해를 줬다고 전해진다. 전쟁 마지막 해인

1648년은 또 다른 점령 위기를 불러왔고, 평화 교섭이 마침내 성사되기 전까지 2400명의 병사가 도시에 주둔했다.[40]

살아남은 도시에서는 옛 모습을 찾아볼 수 없었다. 인구가 전쟁 이전의 절반으로 줄어든 도시에서 페스트와 기아는 제일 가난한 수천 명의 주민을 사라지게 했고, 그러는 사이 자본가 엘리트들에게는 돈이 말라버렸다. 거대 재산가는 없어지고, 그보다 적은 재산가들도 대폭 줄었다. 부동산의 가치가 증발하고, 대출금은 아무 의미가 없었다. 안전한 투자 기회 또한 점점 줄어들다 없어지고 말았다. 한마디로 자본이 크게 무너진 것이다. 결국 극심한 인구 손실은 생존자들 사이에서 노동력 수요를 증가시켰고, 대부분의 노동자 계급이 과거 겪었던 극빈 상태를 탈피할 수 있도록 상황이 호전되었다. 전쟁이 끝날 무렵 과세 자산(대체 자료)의 지니계수는 0.9 이상에서 여전히 높은—아울러 사실상 흑사병 이후에 그랬던 것보다 한참 더 높은—약 0.75로 떨어졌지만, 예전보다는 훨씬 덜 심했다. 값비싼 대가를 고통스럽게 치르고 얻은 이 평준화 효과는 남은 17세기 동안 지속되었다.[41]

†

흑사병 이래 어느 것보다도 악랄했던 역병의 시대에 서유럽에서 그때까지 치른 가장 끔찍한 전쟁을 통해 아우크스부르크가 겪은 일은 특이해 보일 수 있다. 하지만 우리가 관찰한 소득과 부의 불평등 완화 뒤에 숨은 동인은 조금도 특이하지 않았다. 부자들의 자산을 몰수하고 남은 생존자들이 눈에 띄리만큼 잘살게 될 정도로 노동 인구가 줄어들기까지는 대규모 폭력과 인류의 고통이 필요했다. 사회 스펙트럼의 상위는 물론 하위에서 일어난 상이한 형태의 인구 감소는 소득과 부의 분배가 압착되는 것으로 수렴했다. 이 책의 5부와 앞의 세 부에서 살펴본 것처럼 청동기 시대 그리스에서 제2차 세계대전의 일본까지, 흑사병 시기 잉글랜드에서 대서양 교역의 진통에 신음하던 멕시코부터 마오쩌둥의 인민공화국에 이르기까지 매우 다른 환경에서 아주 다양한 이유로 유사한 과정이 작동했던 것이다. 기록으로 남은 대부분의 인류 역사와 전 대륙을 불문하고 이 모든 사례가 갖는 공통점은 자원 불평등의 실질적 감소가 폭력적 재난에 달려 있었다는 사실이다. 이는 거부할 수 없는 2개의 의문을 제기한다. 불평등을 평준화하는 다른 방법은 없었던 것일까? 그리고 오늘날에는 그것이 존재하는가? 이제는 피비린내가 덜 나는 우리의 네 기사에 대한 대안을 탐구할 차례다.

6부

대안

12

개혁, 불황 그리고 대의권

"만물의 아버지이자 만물의 왕?": 평화로운 평준화를 찾아서

지금까지 읽은 장들은 상당히 암울한 방향으로 흘러왔다. 우리는 몇 번씩 되풀이해서 빈부 격차의 실질적 축소가 값비싼—인류의 고통이라는 측면에서—대가를 치르고 얻은 것이었음을 살펴봤다. 하지만 모든 폭력이 이 목표에 부합하는 것은 아니다. 대부분의 전쟁은 어느 쪽 편이냐에 따라 불평등을 낮추는 것만큼이나 높일 가능성이 컸다. 내전 역시 마찬가지로 모순된 결과를 낳았지만, 대개는 불평등을 좁히기보다 확대하는 쪽이었다. 대중적 군사 동원은 이례적 폭력이 이례적 결과물을 양산함에 따라 가장 유망한 메커니즘임이 판명됐다. 그러나 이는 인류 역사상 최악의 전쟁—두 세계대전—에는 일반적으로 적용되지만, 이런 현상과 그에 따른 평준화 효과는 과거 시대에 드물었다. 유일하게 고대 그리스가 선구적일 수는 있다. 아울러 만일 소득과 부의 격차를 압착할 가능성이 가장 막강한 부류의 전쟁에서 제일 높다고 한다면, 가장 강력한 혁명은 그 가능성을 훨씬 더 높였다. 20세기 공산주의 혁명은 마침내 어마어마한 규모로 평준화를 달성했다. 그와 반대로 야심이 덜한 프랑스 혁명 같은 모험은 효과가 좀더 약했고, 따라서 역사상 가장 대중적이었던 소요는 평준화 달성에 실패하고 말았다.

국가 붕괴는 더욱 신뢰할 만한 평준화 수단으로 작용했고, 부와 권력의 위계를 일소하면서 빈부 격차를 무너뜨렸다. 대중 동원 전쟁과 변혁적 혁명에서처럼 평준화는 이번에도 인류의 막대한 고통과 파괴를 동반했는데, 이는 가장 파멸적인 전염병의 경우도 마찬가지였다. 범세계적인 최대 유행병이 가공할 위력으로 평준화를 이룩하긴 했지만, 질병보다 한층 더 악랄했던 불평등 치료약이 있었는지는 떠올리기 어렵다. 평준화의 규모는 대부분 폭력의 규모가 좌지우지했다. 무력을 더욱 많이 투입할수록 평준화는 더 많이 발생했다. 이것이 철칙은 아니라 하더라도—예를 들어 공산주의 혁명이 죄다 특별히 폭력적이었던 것은 아니고, 대규모 전쟁이 모조리 평준화를 끌어냈던 것도 아니다—우리가 바라는 일반적 전제에는 가까울지도 모른다. 의심할 바 없이 대단히 암울한 결론이다. 그러나 이것만이 유일한 방법이었을까? 폭력은 데모크리토스(Democritos)가 말한 대로 전쟁이 "만물의 아버지이자 만물의 왕"인 그런 방식으로 언제나 평준화의 원천이었을까? 비슷한 성과를 배출한 적이 있는 평화로운 대안은 있었는가? 이번 장과 다음 장에서는 광범위한 잠재적 후보를 점검하고자 한다. 특히 토지 개혁, 경제 위기, 민주화 및 경제 발전을 다룰 것이다. 나는 조건법적 대안을 생각해보는 것으로 결론지으려 한다. 가령 이런 것이다. 대규모 폭력적 충격이 없었다면, 과연 20세기에 불평등은 어떻게 전개됐을까?[1]

"그것이 모든 걸 뿌리째 뽑는 폭풍이 될 때까지?": 토지 개혁

인류 대부분이 과거에 대체로 땅을 파서 먹고살았고, 일반적으로 농경지가 사유 재산의 대부분을 차지했다는 단순한 이유에서 토지 개혁은 마땅히 최고 자리에 등극할 만하다. 300년 전 프랑스에서는 토지가 전체 자본의 3분의 2를 차지했다. 영국에서는 약 60퍼센트에 해당했다. 이는 전 세계 역사에서 수천 년은 아닐지라도 수백 년간 전형적이었을 것이다. 따라서 토지 분배는 불평등의 핵심을 이루는 결정 요인이었다. 기록된 역사를 통틀어 토지 소유 방식을 가난한 이들에게 유리하도록 바꿔보려는 시도가 있었다. 토지 개혁은 본질적으로 폭력과 연관되지 않는다. 이론상 빈민에게 혜택을 주기 위해 사회가 토지 소유권을 평화롭게 조정하는 것을 가로막는 것은 없다. 그러나 실상은 보통 다르게 돌아갔다. 앞으로 살펴보겠지만, 성공적인 토지 개혁은 거의 예외 없이 폭력 행사나 위협에 의존했다.[2]

가장 두드러진 사례는 이미 7장에서 논의한 바 있다. 몇몇 경우—가령 쿠바의 혁명—에는 폭력이 널리 표출됐다기보다 잠복해 있었지만, 소련과 중국의 혁명에 대해서는 폭력적 성격도 평준화의 위력도 의심할 여지가 없다. 이런 계보로 이어지는 급진적 토지 개혁은 냉전의 종식과 함께 서서히 사라졌다. 1970~1980년대의 캄보디아, 에티오피아 및 니카라과가 공식적으로 알려진 가장 최근의 사례에 속한다. 그 이후 강압적 토지 재분배의 주요 사례로는 짐바브웨가 유일했다. 이 나라에서 토지 개혁은 1980년대와 대부분의 1990년대에 차분한 속도로 이뤄졌으며, 농지의 약 10분의 1이 백인 농부로부터 대개는 가난한 7만 명의 흑인 가정에 이전되었다. 급진화는 해방 전쟁의 참전 용사들이 백인 대지주가 소유한 땅을 점유하면서 '토지 침공'을 일으킨 1997년에 시작됐다. 여기에 대한 대웅으로 농지의 8분의 1이 다시 강제 수용 대상으로 결정됐다. 이제 과거 1980년 6000명의 백인 농민이 지배했던 토지의 무려 90퍼센트가 25만 가구에 주어졌다. 전체 토지 중에서 백인이 소유한 대농장의 비율은 39퍼센트에서 0.4퍼센트로 내려앉았다. 이는 소수 엘리트로부터 빈민 가구들로 거대한 순자산의 이동이 일어났음을 의미한다. 1997년부터 계속된 더욱 공격적인 2단계 토지 개혁은 많은 부분 참전 용사들의 격렬한 선동이 원인이었다. 무가베(Mugabe) 정부가 복지 및 재정 지원의 공약을 지키지 않자 참전 용사와 그들이 동원하는 데 일조했던 국민은 백인 정착민뿐 아니라 당국에 이의를 제기했고, 무가베를 압박해 백인이 소유한 상업적 농장의 강제 압류에 동의하도록 했다. 무가베는 애초 이런 운동의 고삐를 죄려 하다가 2000년 이러한 농장들을 목표로 삼고 점거자를 보호하는 조치를 내림으로써 거기에 가담했다. 우리는 이 시점에서 지방의 대토지 점거가 마찬가지로 정부의 조치를 이끌어냈던 20세기 초 멕시코 혁명의 재현을 목격한다. 지역 사회의 폭력은 토지 재분배, 따라서 부의 평준화를 확장하는 중요한 수단이었던 것이다.[3]

역사상 많은 토지 개혁은 전쟁의 결과였다. 4장에서 나는 매우 극단적인 사례를 검토한 바 있다. 바로 미군 점령하 일본의 토지 개혁이다. 이 개혁은 실질적으로 무상 강제 몰수와 전국을 무대로 한 토지 소유권의 전면적 구조 조정을 수반했다. 이는 제2차 세계대전 이후 시대의 새로운 현상이었다. 그때까지 외국 점령군이 재분배 의제를 촉진한 적은 한 번도 없었다. 소련의 중유럽 지배는 정복 세력의 후원을 받은 평준화의 중요한 발로였다. 역사적으로 전쟁은 다른 방식을 통해 토지 개혁의 추진력을 제공해왔다. 그중 확실히 자리 잡은 한 가지 메커니즘은 전쟁 위협에 대한 대책으로, 한 나라의 군사력 강화 수단으로 차용된 개혁이었다.

일부의 견해에 따르면 645년 이후 일본의 다이카 개신(大化改新)은 그런 과정의 초기 사례로 해석할 수 있다. 이웃한 중국에서 수나라 및 당나라 통치자들이 실시한 균전제를 모델로 농지 조사를 실시하고, 동일한 규모의 땅이라는 격자 체제로 토지를 재편성하고, 생산 참여 인원수를 바탕으로 개별 가구에 논을 할당하고, 정기적인 재배당으로 가변적 상황에 대처하는 계획이었다. 할당된 땅은 엄밀히 따지면 공공의 소유로서 양도가 불가능했다. 종종 그렇지만 우리는 이 야심찬 계획을 실제로 얼마만큼 널리 혹은 충실하게 시행했는지 확인할 도리가 없다. 여기서 중요한 것은 이를 대내외적 전쟁의 위협 아래 지속된 개혁이라는 맥락에서 착수했다는 점이다. 660년대에 일본은 한반도에 개입했다가 당나라와 대치했고, 이는 이웃한 초강대국의 군사 침공에 대한 우려를 불러일으켰다. 이에 군국주의가 뒤따랐고, 672~673년에는 왕위 계승을 둘러싼 '진신의 난(壬申の乱)'이 일어났다. 689년에는 역대 최초로 인구 조사를 실시했고, 모든 성인 남성을 대상으로 한 국민개병제를 도입했다. 전쟁 위협은 지방의 엘리트를 진압하고 군사 동원에 대비해야만 하는 일반 인구의 결속을 도모하기 위해 고안한 국내 개혁의 자극제가 되었던 듯하다.[4]

제정 러시아의 경우, 우리가 확보한 근거는 좀더 탄탄하다. 알렉산드르 2세는 1853~1856년의 크림 전쟁에서 패한 뒤 한 달이 되기 전에 "만인에게 똑같이 정의로운 법"을 약속했다. 개혁에는 5년 이내의 농노 해방도 포함되었는데, 국민개병제가 뒷받침하는 더 큰 군대를 창설하려는 속셈이 담긴 조치였다. 농민은 이제 그들이 경작하는 땅을 소유할 수 있었다. 그러나 농민이 토지 가치의 75~80퍼센트에 맞먹는 상환금을 지불해야 한다는 의무 조항이 평준화를 막아섰다. 정부는 국채로 자금을 조달해 농민에게 49년에 걸쳐 6퍼센트의 이자로 이를 되갚도록 했다. 하지만 예전에 경작했던 것보다도 적은 배당이 떨어지는 경우가 부지기수여서 시간만 질질 끌다 결국 농민의 자산을 고갈시키고 말았다. 게다가 일부는 땅을 받고 다른 이들은 그렇지 않는 바람에 차별이 커졌다. 가난한 농민은 프롤레타리아화했으며, 좀더 부유한 가구와 나머지 가구의 격차는 점점 더 벌어졌다. 1905년 일본에 맞선 전쟁에서 패배한 직후의 소요는 또 한 차례 토지 개혁을 촉발했다. 당시 농민은 여전히 전체 토지의 3.5퍼센트만을 쥐고 있었다. 더 이상의 상환금 지불을 거부한 채 농민은 동맹 파업에 돌입했고, 대토지를 공격하며 1000채가 넘는 영주의 저택을 약탈했다. 이런 폭력에 대한 대응책으로 미지급 상환금 지불이 일체 취소됐고, 농민에게는 그들이 가진 땅의 세습 재산권이 주어졌다. 결과적으로 제1차 세계대전 무렵에는 전체 토지의 절반 이상이 농민의 재산이 되었다. 그럼에도 불구하고 소수의 대지주와 대다수 소농 간에 집요하게 지속된 빈부 격차는 전반적 토지 불평등을 상승시켰고, 죽어라고 일해도 예전보다 더욱 불균등한 몫을 받기에 이르렀다.[5]

이런 사례가 러시아에만 있었던 것은 아니다. 불평등을 결과적으로는 악화시키는 셈이 된 전쟁에 의해 촉발된 토지 개혁에는 긴 족보가 있다. 나폴레옹 전쟁은 장기적으로 많은 나라에서 못마땅한 성과를 냈던 토지 개혁의 불을 지폈다. 프러시아에서는 1806년 패배의 충격이 이듬해 농노제도의 폐지를 촉발했고, 소작인이 귀족과 왕실로부터 토지를 구매하는 걸 허용했다. 그러나 가격이 높고, 대토지 소유자—융커(Junker)—는 공산주의자들이 1945년 무상으로 모든 대규모 토지를 강제 수용할 때까지 더욱더 강하게 땅을 움켜쥐고 우월한 지위를 고수했다. 나폴레옹 전쟁은 에스파냐에서도 자유화를 부추겼다. 1812년 한사상속 제한이 폐지되고 공유지를 경매에 붙였다. 하지만 잇따른 내전이 어느 때보다 심한 토지 소유 집중을 가져왔다(포르투갈도 마찬가지였다). 오스트리아에서 정부를 설득해 농노가 봉건적 의무로부터 해방될 수 있도록 한 것은 바로 1848년의 혁명이었다. 이를 목표로 한 법은 명목상으로는 1780년대에 도입했지만, 그때까지 제대로 집행되지 않고 있었다. 양도된 토지의 상환 가격을 연간 수입의 20배로 정하고, 농민과 국가와 지주 간에 균등하게 분배했다. (이렇게 해서 지주는 토지 자산의 3분의 1을 박탈당했다.) 이는 대중적 소요에 응답해 평화를 유지한 한 가지 사례다.[6]

전쟁이 동기로 작용한 그 밖의 개혁 시도는 좀더 급진적이었지만 수명이 짧았던 것으로 드러났다. 1901년 창립한 불가리아 전국농업조합은 항복으로 끝난 제2차 세계대전 패배라는 엄청난 충격, 정치적 혼란 및 영토 상실로 인해 1920년 자신들이 권력을 잡을 때까지 농촌 대중에게 다가가는 데 성공하지 못했다. 그들의 토지 개혁 프로그램은 야심찼다. 소유 상한선을 30헥타르로 정하고, 초과 보유분은 차등제(보상 수준은 크기에 따라 줄어들었다)에 의거해 강제 매매 대상이 되어 무토지자와 소토지 주인에게 넘어갔다. 또한 투기와 전시 이득으로 획득한 교회 토지와 재산을 강제 몰수했다. 이는 곧 기득권층의 강력한 반발을 불러일으켰고, 정부 타도로 귀결됐다. 과테말라에서는 제2차 세계대전 동안과 이후에 좀더 간접적인 방식으로 전쟁 효과가 작동했다. 전시에는 독일 커피 시장의 실종과 미국의 압력 아래 단행된 많은 독일 소유 커피 농장의 국유화로 인해 대지주의 포악한 지배가 무너졌다. 이것이 1952년 민주적으로 선출된 정부에 의한 농지 개혁의 초석을 닦았다. 대토지를 재분배했고, 소유자들은 통상 자신이 제출한 시세보다 훨씬 저평가된 세금 신고액에 맞춰 값을 매긴 국채로 보상을 받았다. 1954년에는 평화롭고 질서 있는 과정 속에서 농촌 인구의 40퍼센트가 토지를 배당받았다. 하지만 그해의 쿠데타는 토지 개혁을 무효화하고 탄압을 재개한 군사 정권을 들어앉혔다. 그 뒤의 오랜 내전에서 무려 15만 명이 목숨을 잃었다. 1990년대 들어서는 3퍼센트의 소유자가 전체 토지의 3분의 2를 차지했고, 농촌 인구의 90퍼센트는 거의 혹은 완전히 땅이 없었다. 폭력은 이 과정에 여러 가지 방식으로 나타났다. 처음에는 아주 약간의 변화를 가능케 함으로써, 그다음에는 폭력적인 개입 및 억압과는 상대가 되지 않는다는 것을 입증한 평화로운 정부 아래 폭력의 부재를 통해서.[7]

그 밖의 경우, 대내외적으로 잠재된 폭력에 대한 우려가 토지 개혁을 촉발했다. 반공산주의 사상은 특히 잠재적 동기 부여의 요인이었다. 제2차 세계대전 말에 한국의 토지 불균형은 심각했다. 농촌 가구의 3퍼센트 미만이 전체 토지의 3분의 2를 소유한 반면, 58퍼센트는 아무것도 없었다. 이후 토지 개혁을 밀어붙인 것은 북한 공산주의자들이 한국의 지방 소작인을 동원할지도 모른다는 공포감이었다. 북한은 일찍이 1946년에 한반도 내의 자기 지역에서 토지 몰수를 완료한 터였다. 미국의 지원 그리고 1948년 최초로 치른 선거에서 경합을 벌인 모든 정당의 토지 개혁 공약은 결과적으로 대대적인 규모의 몰수와 재분배를 초래했다. 우선 일제 식민 정부의 토지를 압수했다. 1950년대 초 사유 재산의 상한선을 3헥타르의 양질의 농지로 제한하고, 초과 토지는 최소한의 보상(연간 임대료의 1.5배)을 대가로 압류 또는 매매를 통해 농민에게 이전했다. 다른 사람의 땅을 계속해서 경작하는 이들에게는 낮은 수준에서 지대를 동결했다. 전체 토지의 절반이 조금 넘는 땅은 주인이 바뀌었다. 재분배 효과는 지대했다. 지주는 소득의 80퍼센트를 잃은 반면, 농촌 가구의 하위 80퍼센트는 20~30퍼센트를 얻었다. 1956년 가장 부유한 6퍼센트의 지주는 겨우 전체 토지의 18퍼센트만을 갖고 있었고, 소작인 비율은 49퍼센트에서

7퍼센트로 떨어졌다. 1945년 0.72 또는 0.73으로 높았던 토지 소유 지니 계수는 1960년대에 0.30대까지 하락했다. 토지 개혁의 평준화 효과는 한국전쟁의 영향으로 증폭됐다. 대부분의 산업 및 상업 자산이 파괴되고, 초인플레이션은 보상을 무의미하게 만들었다. 따라서 많은 토지를 소유한 엘리트가 완전히 소멸하고, 훗날 교육에 대한 폭넓은 접근 기회로 지속된 고도의 평등한 국가가 탄생했다. 이런 경우 전쟁이나 혁명에 대한 우려는 5장에서 마주했던 것과 흡사한 평준화 결과를 낳은 진짜 대중 동원 전쟁과 조우했다.[8]

혁명과 실제 전쟁에 대한 불안은 남베트남에서도 마찬가지로 집중되었고, 1970년에는 미국의 재촉으로 토지 개혁을 단행했다. 모든 소작 농지는 경작자에게 넘어갔고, 이들은 일정량을 무상으로 받을 수 있었다. 지주는 보상을 받았다. 개혁은 3년 내에 이뤄졌고, 그에 따라 소작 비율은 극적으로—예를 들어 메콩강 삼각주에서는 60퍼센트에서 15퍼센트로—떨어졌다. 그와 대조적으로 타이완에서는 전쟁 자체보다 전쟁에 대한 일반적 우려가 평준화의 주요 동인으로 작용했다. 승리한 공산주의자들에 의해 본토에서 쫓겨난 국민당 정부는 1949년 현지인들의 지지를 강화하기 위한 수단으로 토지 개혁에 착수했다. 그들의 미국인 후원자 역시 공산주의에 대항하기 위한 재분배를 촉구했다. 동기는 강했고, 제도적 장벽은 약했다. 지도부는 지방 지주들에게 아무런 의무가 없었고, 많은 사람이 전쟁의 패배를 본토에서의 토지 개혁 실패 탓으로 돌렸다. 한국에서와 마찬가지로 개인 토지 자산에 상한선을 두고 임대료를 삭감했다. 소작인에게 공유지가 넘어간 이후인 1953년 지주들은 시세를 한참 밑도는 보상금을 받고 토지의 초과분을 팔지 않을 수 없었다. 결과적으로 농가 소득은 상승했고, 소작인 비율은 1950년 38퍼센트에서 10년 후 15퍼센트로 떨어졌다. 아울러 토지 소유 지니계수도 약 0.6에서 같은 기간 동안 0.39~0.46으로 하락했다. 전체 소득 지니계수는 1953년 0.57에서 1964년에는 0.33으로 급락했다.[9]

1921년 루마니아의 토지 개혁은 이런 견제 전략의 초기 사례였을 듯하다. 토지 개혁은 가난한 소작농 및 몰수된 토지를 받은 소토지 보유자에게 혜택을 줬다. 이는 이웃한 소련으로부터 혁명이 전파될지도 모른다는 공포가 동기로 작용했다고 여겨지기도 한다. 공산주의 선동에 대한 공포는 중남미 나라들에서도 개혁의 원동력이 됐다. 카스트로의 쿠바 장악에 대한 대응책으로 1960년 미국이 설립한 '평화 연합(Alliance for Peace)'은 토지 개혁을 장려했고, 이런 목적을 위해 자문 및 재정적 지원을 제공했다. 칠레가 하나의 후보지였다. 초반에는 몇 차례 주저하는 단계가 있었지만, 1964년 선거 패배에 대한 우려로 결성한 우익과 중도파 연합이 외국의 지지를 받으며 한층 광범위한 토지 개혁을 받아들이기에 이르렀다. 1970년에는 많은 대토지를 몰수했지만, 지급금은 별로 많지 않았다. 아옌데(S. Allende)의 좌파 정부는 1973년 쿠데타로 실각할 때까지 더 많은 진보를 이뤘다. 비록 쿠데타가 이 과정을 중단시키기는 했지만, 불과 10년 전만 해도 10분의 1이었던 것과 비교할 때 그 무렵에는 토지의 3분의 1이 소자작농 소유가 되기에 이르렀다.[10]

1960년대 내내 끊이지 않았던 페루의 높은 불평등과 농촌 폭동 환경에 대응하기 위해 1968년 군사 쿠데타 지도자들은 이 나라의 전통적 과두정치에 반기를 들고 미국의 반독점 원칙을 교훈 삼아 전면적 내전을 막기 위한 수단으로 토지 개혁을 선택했다. 몇 년 만에 대부분의 대토지를 몰수해 전체 농지의 3분의 1을 새 주인에게 양도했으며, 농장 노동자의 5분의 1이 그 혜택을 봤다. 대지주의 권력을 무너뜨린 것은 빈민보다 주로 군부와 중간층 소작인에게 이득을 줬다. 유사한 동기로 촉발된 조치가 에콰도르, 콜롬비아 및 도미니카공화국에서도 이뤄졌다. 엘살바도르에서는 게릴라전이 발발하고 1년이 지난 뒤인 1980년 군사 정권이 미국의 독려와 재정적 지원 속에서 토지 개혁에 착수했다.[11]

10년 전 혁명에 대한 공포는 이집트에서도 토지 개혁을 이끌어내는 데 일조했다. 토지는 다소(완전히 극단적인 것은 아니지만) 불균등하게 분배되어 지주의 상위 1퍼센트가 5분의 1을 통제하고 가장 부유한 7퍼센트가 3분의 2를 소유한 상황이었다. 임차율은 높고 소작농의 지위는 형편없어 노동자 신세나 다름없었다. 1952년 나세르(G. A. Nasser)의 군사 쿠데타가 있기까지 10년간 이 나라는 불안정으로 인해 분열됐고, 빈번하게 바뀐 17개의 정부, 계엄령, 파업 및 폭동으로 얼룩졌다. 아울러 지배 계급 구성원들은 암살의 표적이 되었다. 새 정권은 권력을 잡은 그해에 토지 개혁에 착수했다. 같은 시기 동아시아에서처럼 미국은 공산주의의 영향력을 저지하기 위해 그들을 지지하고 지원을 제공했다. 농업장관 사예드 마레이(Sayed Marei)는 개혁을 정당화하면서 그런 두려움을 들먹였다.

> 우리는 1952년 7월 혁명 이전의 날들을 기억합니다. 우리는 어떻게 이집트 마을이 위험한 선동으로 인해 들썩였는지 기억합니다. 우리는 유혈 사태와 재산 파괴로 이어진 사건들을 기억합니다. ……대지주들이 이런 소요를 타고 불어오는 바람에 무방비로 남겨지는 것을 더 좋아했겠습니까? 그것이 모든 걸 뿌리째 뽑는 폭풍이 될 때까지 결핍과 가난을 악용하면서……?

개인 토지 소유에 상한선을 설정했지만 소유자들은 보상을 받았고, 토지 수령인은 1861년 이후 제정 러시아에서 고안한 것과 다르지 않은 계획 속에서 수십 년 동안 국가에 빚을 상환하라는 요구를 받았다. 이 지급액이 예전 지대보다 훨씬 낮았기 때문에 이러한 제도는 소작농한테 유리하게 작용했다. 토지의 약 10분의 1은 주인이 바뀌었고, 부의 분배는 소득의 분배보다 영향을 덜 받았다. 이라크에서는 쿠데타와 바티스트(Baathist: 단일한 아랍 사회주의 국가 건설을 목표로 하는 바트당 추종자—옮긴이)의 통치가 더 큰 영향을 미쳤고, 집산화가 1960~1970년대에 토지 소유의 불평등을 대폭 감소시켰다. 수천 명의 목숨이 희생당한 1971년 스리랑카의 실패한 공산주의 봉기는 바로 그다음 해에 토지 개혁을 부추겼고, 주어진 상한선을 초과한 개인 그리고 나중에는 기업의 토지를 강제 몰수했다. 또다시 폭력으로 촉발된 이러한 개입은 독립 이래 토지 불평등과 씨름한 과거 모든 정부의 실패로부터 근본적으로 벗어났음을 의미했다.[12]

이 모든 사례는 실행에 옮겨졌건 잠재적이었건 폭력이 의미 있는 토지 개혁을 유발하는 데 다른 무엇보다 중요했음을 일관되게 가리킨다. 하지만 그 결실은 아주 다양했다. 사실상 토지 개혁의 불평등 완화 실적은 부진하다. 20세기 하반기에 벌어진 27개 개혁에 관한 조사는 대다수(21개, 즉 78퍼센트) 사례에서 토지 불평등이 대부분 변함없이 남아 있었거나 시간이 흐르면서 훨씬 증대했음을 보여준다. 정실 인사는 평화적 토지 개혁을 약화시킬 수 있다. 1960년대 베네수엘라에서는 민주적으로 선출된 정부가 전국 농지의 10분의 1—절반은 강제 몰수한 토지로, 절반은 국유지로—을 무토지 빈곤층 4분의 1에게 재분배했다. 당시 이 나라는 주로 농업 위주인 경제에서 석유 수출을 기반으로 한 도시 경제로 이행 중이었고, 이것이 정부로 하여금 석유 수익으로부터 나온 후한 보상금—사실상 지나치게 후한 나머지 지주들이 몰수 자격을 얻어 시장 수준을 초과하는 보상금을 받기 위해 자기 일꾼들로 하여금 파업과 토지 요구를 하도록 부추겼다—을 지급할 수 있게끔 했다. 이런 식의 개혁은 물질적 불균형을 경감하는 데 하등의 도움도 되지 않았을 것이다.[13]

이따금 보상금은 뒷구멍으로 들어갔다. 고대 로마공화국은 이탈리아 반도 전역으로 팽창하는 과정에서 패배한 적들로부터 막대한 양의 농지를 압수했고, 이를 정착민에게 나눠주거나 임대로 내놓을 공유지로 전환했다. 후자는 드넓은 땅을 경작하고 거기에 투자할 여유가 있던 이들에게 혜택을 줬고, 공공 경작지는 부자들의 수중에 집중하기에 이르렀다. 이런 유형의 토지 접근권에 법적 한도를 두려는 초기의 노력 끝에 과두 체제 지배 계급 출신인 포퓰리스트 개혁자 티베리우스 그라쿠스(Tiberius Gracchus)는 기원전 133년 소유자 1인당 300에이커 조금 넘는 공유지로 제한하는 재분배 계획을 통과시켰다. 그런데 이때 사태가 급박해졌다. 초과 보유분은 사전 투자자로부터 무상 몰수해 가난한 시민에게 배분할 예정이었다. 아울러 할당된 농지는 부유한 권력자가 새롭게 탄생한 소토지 소유자를 매수하거나 쫓아내는 것을 방지하기 위해 양도할 수 없도록 했다. 이런 개혁에 대한 엘리트의 반발은 단계별로 이뤄졌다. 그라쿠스는 정착민에게 초기 자금을 제공해 이 프로그램을 향상시키려던 중 격분한 과두 체제 집권층의 손에 목숨을 잃었다. 재분배 계획은 그것을 이끈 장본인보다 겨우 4년 더 명맥을 유지했고, 기원전 110년대에는 지대를 폐지하고 공유지를 소유한 모든 사람—허용된 최대치를 소유한 이들을 포함해—이 그것을 매매 가능한 사유 재산으로서 향유하기 시작했다. 이 프로그램은 이렇게 상당수 신규 소토지 보유자—시민 인구의 일부에 해당하는—를 탄생시켰을지 몰라도, 그것이 토지 자산의 분배에 미친 장기적 영향은 그래봤자 사소했을 공산이 크다.[14]

현대의 필리핀에서는 확실한 전쟁이나 혁명의 위협이 없었으므로 엘리트 지주들이 꾸물댈 수 있었다. 토지 개혁은 여러 해 동안 계속 선거 구호에 등장했음에도 불구하고 변한 게 없었다. 1988년 이후 더 진지한 시도가 이뤄질 때조차 인도, 파키스탄 및 인도네시아에서 그랬듯 결과는 뜨뜻미지근했다. 1970년대 이란에서는 비록 대부분의 소작인이 지주들의 초과 소유분에 대한 강제 매매를 통해 일부 땅을 획득했지만, 그 과정이 사실상 소토지 보유자들의 불평등을 증대시켰다. 보상 요건과 관련한 판매자 편의주의 및 국가의 지원 부족 때문이었는데, 이 모든 게 잘사는 농민한테 유리했다. 1848년 하와이의 '지역분할법령(Great Mahele)'은 불공평한 성과를 창출한 평화적 토지 개혁의 아주 극단적 사례다. 당시 하와이는 집단적으로 경작하던 토지를 왕, 족장, 일반 국민에게 배분했다. 이때 소유권을 확실히 하자면—많은 평민 가구들이 실행하지 못한—공식적인 신청이 필요했고, 곧이어 외국인토지소유법(the Alien Landownership Act)을 통해 외부인의 토지 매입을 허용했기 때문에 시간이 흐르면서 왕이 통제하지 않는 대부분의 땅은 하와이 출신이 아닌 자들의 상업적 소유물이 되어버렸다.[15]

비폭력적 토지 개혁은 오직 아주 드문 상황에서만 완전한 성공을 거뒀다. 18세기 말 에스파냐의 공유지 분배는 아무리 잘 봐줘도 불완전한 사례다. 이는 1766년 카를로스 3세를 마드리드에서 도망치게끔 한 폭동으로—그에 따라 폭력적 추동력이 없지는 않았던—촉발되었고, 현지의 여건에 따라 결정되는 상당히 다양한 결과를 낳았다. 보통은 농장 시설을 구비할 형편이 있는 이들만 혜택을 봤다. 일부 지방에서는 농촌 노동자의 자금 부족과 엘리트의 조작적 개입 때문에 개혁이 실패했다. 개혁은 상류층이 토지 소유—말라가(Malaga)에서처럼 상업 엘리트의 지배를 받는—에 특별히 투자하지 않거나, 과달라하라(Guadalajara)에서처럼 풍부한 토

지에 비해 농촌 노동자가 상대적으로 부족해 지주들의 협상력을 제한할 때에만 성공했다.[16]

19세기 세르비아에서 평등을 지향한 토지 개혁은 오스만 제국의 통치로부터 점차 독립하면서 가능해졌다. 오스만은 연줄이 두둑한 무슬림 수혜자들에게 토지를 할당하는 봉건적 정권을 내세워왔다. 게다가 강력한 터키인들이 세르비아 농민을 잠식함으로써 불법적으로 유사 사유 재산권을 확립했다. 지방의 시골 사람들은 하는 수 없이 높은 지대를 내거나 자신의 노동력을 제공했다. 1804년에 시작된 반란이 1815~1830년까지 이어진 과도기적 이중 통치―오스만 종주권하의 세르비아 자치―시대를 열고 난 뒤로 불법적 재산권은 철회되고 봉건 지주와 지대는 압박을 받았다. 1830년대 초 합의에 따라 대부분의 터키인은 땅을 현지인에게 팔고 몇 년 안에 세르비아를 떠나라는 명을 받았다. 봉건 제도는 폐지됐고, 세르비아인은 땅에 대한 개인 소유권을 획득했다. 떠나는 터키인에게서 양도받은 일부 토지는 소자작농에게 분배했다. 잔존한 대지주들에게는 경작자의 주택과 일정 양의 농지를 그들의 대토지에서 일한 농민에게 팔라는 명령이 떨어졌다. 결과적으로 대지주는 거의 완전히 자취를 감췄고, 토지 소유가 지극히 보편화되었다. 1900년까지 91.6퍼센트의 세르비아 가정이 집과 그 밖의 부동산을 소유했다. 이 경우 불평등은 전통적인 특권적 지위로부터 내쫓긴 '외국' 엘리트의 희생으로 줄어들었다. 옛 식민 세력 혹은 엘리트가 차지한 그 밖의 땅을 겨냥한 토지 개혁은 다른 국가에서도 연이어 비슷하게 일어났다.[17]

순수하게 평화로운 개혁은 흔히 현지 엘리트들의 권력을 견제하는 어떤 형태의 외세 통제를 필요로 했던 것 같다. 1940년대 말 푸에르토리코에서 벌어진 상황이 바로 그랬다―토지 개혁은 이곳에서도 대공황과 제

2차 세계대전으로 유발된 미국식 평준화 개혁의 파생물이었고, 미군정 아래 일본의 하향식 토지 개혁과 동시에 일어났다. 식민 통치는 아일랜드의 토지 개혁에서도 아주 중요했다. 1870년대 말, 공정한 임차료와 퇴거로부터 소작인을 보호하기 위한 시위였던 이른바 '토지 전쟁'은 파업과 휴업의 형태를 띠었지만 정작 실제 폭력은 거의 없던 매우 조직적인 저항이었다. 영국 의회는 임대료를 규제하고 토지를 넘길 의사가 있는 집주인들로부터 매입하기를 희망하는 세입자를 위해 고정 이자로 대출해주는 등 일련의 조치로 이러한 불만 사항을 해결했다. 1903년 마침내 윈덤법(Wyndham Act)이 정부가 임차인이 제공한 보상금과 지주가 요구하는 가격 사이에 12퍼센트의 프리미엄을 국고에서 충당하고 그렇게 함으로써 소토지의 사유화를 보조하기로 합의함에 따라 평화가 찾아왔다. 이로써 1920년대 초 독립할 무렵에는 모든 아일랜드 경작지의 절반 이상을 소자작농이 차지하게 됐다.[18]

평화로우면서도 동시에 효과적인 토지 개혁 추구가 특별히 성공을 거둔 적은 없었다. 재분배에 가장 효과적이었던 개입은 혁명기의 프랑스, 멕시코, 러시아, 중국, 베트남, 볼리비아, 쿠바, 캄보디아, 니카라과 및 에티오피아에서와 같은—흔히 폭력적이었던—혁명과 내전을 비롯해 짐바브웨에서와 같은 다른 유형의 폭력적 소요에 의해 가능했다. 다른 사례를 보면, 평준화에 성공한 토지 개혁은 외세의 점령을 초래한 전쟁(일본, 중유럽 그리고 어떤 점에서는 제2차 세계대전 후의 한국과 북한)이나 전쟁의 위협(중세 초의 일본, 프러시아 및 타이완), 다른 전쟁과 연관된 폐해(과테말라)나 혁명에 대한 우려(칠레, 페루, 이집트 및 스리랑카) 그리고 이런 우려와 실제 전쟁의 조합(한국과 남베트남)의 결과였다. 가장 최근의 조사에 따르면, 1900~2010년 중남미 이외 지역에서 감행된 모든 굵직한 토지 개혁의 최소 87퍼센트는 세

계대전, 탈식민지화, 공산화나 공산주의 선동 위협 직후에 일어났다.[19]

평화로운 개혁은 하와이와 베네수엘라에서처럼 부자에게 혜택을 주거나, 아일랜드와 푸에르토리코에서처럼 공정하게 시행될 수 있었다. 평화롭게 전개되고 의미 있는 평준화로 귀결된 자율적 토지 개혁에 대한 증거는 거의 찾아보기 힘들다. 이러한 결론은 놀랍지 않다. 토지 개혁의 필요성을 절실하게 체감한 발전 수준에 도달한 나라에서는 폭력적 충격이나 폭력의 위협이 좀더 실질적인 양보를 끌어내지 못할 경우 엘리트의 저항이 재분배 정책을 방해하거나 희석시킬 공산이 컸다. 이것은 높은 '바닥'(새로운 소토지의 규모)과 낮은 '천장'(지주의 부동산에 부과한 상한선)으로 특징지어지는 비폭력 토지 개혁이 눈에 띄게 부족한 이유를 설명하는 데 도움을 준다.[20]

더 먼 과거로 한참 거슬러 올라가도 이런 그림은 달라지지 않는다. 명목상 야심찬 토지 재분배 계획은 중국의 전국 시대 및 수나라와 당나라 왕조에서처럼 건국기의 특징이었으며, 한나라에서처럼 엘리트의 부를 끌어내리려 고심했던 통치자들의 상황에서 비롯된 것임이 거듭 입증됐다. 앞서 나는 이에 대해 언급한 바 있다. 고대 그리스에서 특히 채무 구제처럼 토지 개혁과 유사한 조치는 통상 폭력적 쿠데타와 연계되어 있었다. 고대부터 헬레니즘 시대까지 여러 나라에 걸쳐 기록이 이어진다. 기원전 7세기 코린토스(Korinthos)의 최초 독재자 키프셀로스(Kypselos)는 정적 무리의 일원을 죽이거나 쫓아내면서 재분배를 위해 그들의 땅을 압수했을 것이다. 비슷한 시기 또는 약간 이후 메가라에 이웃한 테아게네스(Theagenes) 폴리스는 빈민의 밭에 있는 목초지에 풀어놓은 부자의 가축을 도살했다. 그 뒤 급진적 민주주의 정권이 잠깐 들어섰을 때 부자를 추방하고 그들의 자산을 몰수했다. 빈민은 공짜 음식을 우려내고 폭행에 가담하기 위해 부자들의 집에 침입했다고 한다. 부채 소멸의 명백한 징조는 없지만, 채권자들은 부채 이자를 상환하라는 명령을 받았다. 기원전 280년에는 아폴로도로스(Apollodoros)가 노예와 제조업 노동자의 도움으로 카산드레이아(Kassandreia)에서 권력을 장악했다. 그는 "부자들의 재산"을 강제 몰수해 "가난한 이들에게 재분배하고 병사들의 급료를 올려줬다"고 전해지는데, 이런 상황은 단지 4년간만 지속됐다. 비슷한 맥락에서 클레아르코스(Klearchos)는 기원전 364년 토지 재분배와 채무 탕감 계획의 장점을 내세워 헤라클레아폰티카(Heraclea Pontica)의 독재자가 됐다.[21]

평화로운 토지 개혁은 스파르타에서도 그다지 많은 진전을 보지 못했다. 6장에서 살펴봤듯 토지 자산은 갈수록 불공평하게 분배되기에 이르렀고, 어느 때보다도 두터워진 시민 계급을 궁지로 몰아넣었다. 기원전 4세기 중반이 되자 온전한 시민의 수는 700명으로 떨어졌는데(한 세기 반 전만 해도 이 수치의 10배 이상이었다) 그중 약 100명은 부자로, 나머지는 그들의 채무자로 분류됐다. 또 다른 2000명 정도의 스파르타 남성은 소득이 필요한 기준선 밑으로 떨어지는 바람에 부분적으로 2류 시민의 범주로 들어갔다. 스파르타 사회의 다른 예속민은 말할 것도 없고 시민 사회 내부의 극단적 불평등은 개혁 시도의 초석을 다졌다.

기원전 240년대에 국왕 아기스 4세(Agis IV)가 유혈 충돌 없이 달성하고자 했던 1차 개입은 부채 탕감을 비롯해 4500개의 동일한 구획의 땅을 시민권자뿐만 아니라 종속된 폴리스의 적절한 구성원에게도 재분배하는 것을 목표로 삼았다. 아기스가 군사 작전으로 자리를 비운 사이 이런 노력이 무산되면서 그는 추방을 당하고 개혁은 고배를 마셨다. 2차 개입은 약간 더 폭력적이었다. 기원전 227년 용병들의 도움으로 쿠데타를 일으킨 클레오메네스 3세(Cleomenes III)는 스파르타의 치안 판사〔민선 장관(ephor)〕

5명 중 4명과 또 다른 10명을 살해하고 80명을 추가로 쫓아냈다. 그의 계획은 아기스와 비슷했고, 이번엔 실제로 시행되어 군사 및 외교적 성공으로 신속하게 보상받은 군대의 개혁을 수반했다. 기원전 222년 결국 군사적 패배로 실각한 클레오메네스는 고국에서 달아났다. 그의 재분배에 다른 이들이 손을 댔다는 징후는 없다. 그러나 이 패전으로 인한 대량의 인명 손실로 지주들의 수가 매우 줄어들었다. 나아가 기원전 207년의 군사적 재앙은 나비스(Nabis)가 이끄는 세 번째이자 가장 급진적인 3차 개혁을 촉발했다. 그는 아마도 헬로트인 듯한 수천 명의 '노예'를 풀어주고 선거권을 부여했다. 아울러 부유한 스파르타인을 죽이거나 고문 또는 추방했고, 그들의 땅을 빈민에게 나눠준 것으로 추정된다. 기원전 188년 외세의 개입으로 나비스가 물러나자, 최근 선거권을 부여받은 헬로트에 대한 추방 혹은 매매를 강제하는 반동적 합의가 이뤄졌다. 이는 토지 개혁의 성공적 시행에는 어느 정도 폭력이 필요하게 마련이라는 것을 입증하는 또 하나의 실례로서, 이것이 어떻게 한층 더 강력한 보복성 폭력을 불러올 수 있는지 보여주기도 한다.[22]

"판 깨부수기": 채무 면제와 해방

우리가 아는 한 어떻게든 폭력과 연관되지 않은 토지 개혁은 없었고, 있었다고 쳐도 그것이 소득과 부의 불평등을 방지하는 잠재적 수단이 된 적은 거의 없었다. 채무 면제에 관해서도 똑같은 말을 적용할 수 있을 것이다. 빚은 분명 농부가 자신들의 땅을 내놓고 가처분 소득을 축내도록 몰고 가는 불평등의 동인이었다. 적어도 이론상으로는 채무의 축소나 철회는 부유한 채권자를 희생시키고 가난한 채무자의 지위를 향상시키는 데 도움을 줬을 것이다. 실제로 이런 조치가 진짜로 영향을 줬다는 쓸 만한 증거는 없다. 채무 탕감 계획은 기록으로 남아 있는 최초의 식자층으로부터 입증됐다. 마이클 허드슨(Michael Hudson)은 기원전 2400~기원전 1600년 메소포타미아에서 이자나 빚 자체를 철회하고 빚 보증인을 해방시켰던 20건 넘는 참고 자료를 수집해왔다. 이는 구약성서 레위기에 명시된 50년 주기 상환을 반영한 고대 근동의 전통이었다. 수메르, 바빌로니아 및 아시리아 왕실이 내린 면제는 잉여 그리고 내가 1장에서 거론했던 과세 및 모병의 통제를 둘러싼 국가 통치자와 부자 엘리트 간 끊임없는 갈등의 한 요소로 이해할 수 있다. 만일 면제가 효과적이면서 반복적으로 이뤄졌다면, 우리는 그것이 대출 기간(문서화한 높은 이자율을 설명할 수 있는)에 맞춰 적용되었을 거라고 예측할 수 있다. 만일 그것이 효과적이지만 드물거나, 아니면 자주 했어도 효과가 없었다면 불평등에 거의 영향을 미치지 못했을 것이다. 어느 쪽이건 채무 면제를 평준화의 잠재적 도구로 해석하기는 힘들어 보인다.[23]

노예제 폐지는 유망한 평준화 동력처럼 보일 수 있다. 대부분의 엘리트 자본이 노예와 얽혀 있던—상대적으로 소수의—국가에서 노예 해방이란 자산 불평등을 수축시킬 잠재성을 갖고 있었다. 그러나 현실적으로 대대적인 폐지 과정은 폭력적 소요와 뒤섞이기 일쑤였다. 영국 의회는 1792년의 시도가 실패로 돌아간 뒤 1806년 노예 무역 금지안을 통과시켰다. 이는 애초 영국을 제외한 식민지를 겨냥하고 영국의 국가적 이익, 좀 더 구체적으로는 나폴레옹 전쟁 중의 프랑스와 비교해 군사적 이익의 창출을 꾀한 조치였다. 본격적인 폐지는 1823년 데메라라(Demerara) 그리고 특히 1831~1832년 자메이카(Jamaica)의 대규모 노예 폭동으로 촉발됐다. 1833년에는 풀려난 노예가 몇 년간 예전 주인을 위해 무급으로 일하도록 강제하고 노예주에게는 보상금을 제공하도록 하는 해방법(Emancipation Act)을 즉각 발효했다. 2000만 파운드라는 소요 경비는 영국 연간 공공 지출의 40퍼센트, 오늘날로 치면 23억 달러의 가치(혹은 그 당시와 지금의 영국 경제에서 차지하는 비중으로 나타내면, 1000억 달러 이상의 가치)에 달하는 막대한 액수였다. 이는 해방된 노예의 시장 가치(당시 추정치를 열거하자면 1500만, 2400만 그리고 무려 7000만 파운드에 이르기까지)와 4~6년의 무급 도제 기간을 합친 것보다 적었지만, 일괄 보상금의 총합계가 부족한 액수로 끝날 리는 없었다. 지급금의 절반 이상이 부재지주와 채권자에게 돌아갔는데, 그들은 대부분 런던을 기반으로 한 상인과 임대 소득자였다. 대규모 임대업자 중 보상금을 사양한 사람은 없었던 것으로 알려져 있다. 이런 상황에서 평준화는 기껏해야 매우 제한적이게 마련이었다. 게다가 영국의 국가 수입이 관세와 소비세 같은 간접세에 심하게 의존했던 당시 이 계획의 자금을 대느라 막대한 빚을 떠안아야 할 필요성 때문에 실질적으로는 다수의 인구한테서 얻은 소득을 훨씬 부유한 노예주와 공채 구매자에게 재분배한 격이었다.[24]

다른 해방 사례는 훨씬 직접적으로 폭력적 충돌과 관련이 있었다. 프랑스는 혁명이 한창이던 1794년 생도맹그(Saint Domingue: 현재의 아이티)의 노예 반란 세력을 자기편에 서게 하고 적들로부터 멀어지게 만들기 위해 생각해낸 하나의 전술적 조치로서 노예제를 폐지했다. 이러한 조치는 뒤이어 나폴레옹에 의해 뒤집어졌다. 아이티가 독립을 선언한 1804년 옛 노예주들은 쫓겨났고 잔류한 이들은 그해 백인 대학살 당시 사망했다. 나머지 프랑스령 식민지에서 노예제를 종식시키기 위해서는 또 한 차례 격렬한 충격이 필요했다. 요컨대 유럽 전역에 파도처럼 출렁거리던 소요의 일부였던 1848년 혁명은 또다시 프랑스 왕정을 무너뜨리고 즉각적 해방을 가져왔다. 노예주는 비록 영국보다 덜 관대한 조건이긴 했지만 현금과 신용으로 약간의 보상금을 받았다. 전쟁은 중남미 대부분의 에스파냐 식민지에서 아주 중요했다. 1808년 나폴레옹의 에스파냐 침공으로 촉발된 현지의 반란에 식민 통치가 굴복하자 신흥 국가들은 곧이어 노예해방법을 통과시켰다. 6장에서 나는 미국 남북 전쟁에서 노예제가 폭력적으로 무너지는 과정을 거론했는데, 여기서 노예주들의 무상 몰수는 부분적으로 평준화의 전반적 수준을 감소시킨 비(非)엘리트 집단에 대한 부수적 피해로 상쇄됐다. 그러는 사이 영국의 대서양 노예 무역 억압이 중남미 노예제의 쇠퇴에 기여했다. 이는 본질적으로 국가의 폭력 행위였다. 브라질과 쿠바는 주요 협조 거부국이었다. 쿠바(와 푸에르토리코)의 경우, 정책 변화를 촉발한 것은 바로 폭력적 충돌이었다. 1868년의 쿠바 혁명은 10년간 지속된 전쟁 도중 섬의 일부 지역에서 해방을 이끌어냈다. 개혁은 1870년부터 1886년 노예제가 완전히 폐지될 때까지 서서히 이뤄졌다. 반대로 브라질이 외교 공약에 위배되는 아프리카 노예 수입을 포기하지 않자 영국 해군은 1850년 브라질의 하구들을 공격해 노예선을 격침시켰고, 이에 브라질은 어쩔 수 없이 노예 무역을 금지하기에 이르렀다. 그 과정에서 폭력이 주를 이루지 않은 것은 오직 마지막 단계뿐이었다. 노예제는 1871년부터 점차 해체됐고, 1888년의 마지막 폐지는 소유주 보상을 동반하지 않았다.[25]

대체적으로 전쟁이나 혁명을 통해 더 많은 폭력이 개입할수록 더 실질적인 평준화가 이뤄질 가능성이 높았다(아이티, 중남미의 많은 나라 및 미국에서처럼). 반면 그 과정이 평화로울수록 더 많은 보상금이 기대되었고, 노예주들은 이러한 이행 과정에서 좀더 제대로 된 협상을 할 수 있었다(영국과 프랑스의 식민지에서처럼). 브라질만은 부분적인 예외다. 부의 불균형을 감소시킨 해방은 이처럼 이 책 앞부분에서 다룬 폭력적 평준화 동력과 일반적으로 연관되어 있었다. 반대로 평화로우면서 동시에 상당한 평준화를 불러온(물질적 관점에서) 해방은 드물었고, 어쩌면 존재하지조차 않았을 것이다. 전체적으로 봤을 때 소유자들은 으레 토지에 대한 통제권을 간직했고 남북 전쟁 이후 미국 남부의 소작제 같은 대안적 노동 착취 대책을 통해 이득을 얻을 수 있었음을 감안하면, 노예 폐지 사건이 소득 불평등에 끼친 영향은 훨씬 더 약했다.

"튼튼하고 풍성한 기반 위에": 경제 위기

우리가 살펴본 것처럼 경제 위축은 불평등을 줄일 수 있었다. 9장에서 다뤘던 체제 붕괴로 초래된 심각한 경기 침체는 우리가 고고학적 증거로부터 포착할 수 있는 평준화 효과를 가져왔다. 변혁적 혁명에 이어진 심각한 경제적 전이는 규모 면에서는 덜 극적이지만 유사한 결과물을 생성할 수 있었다. 그러나 '평화로운' 거시경제적 위기, 폭력적 충격에 뿌리를 두지 않은 경기 침체의 역할은 무엇이었을까? 대부분의 인류 역사에서 불평등의 전개 과정에 있었던 이런 위기의 영향을 탐색하기란 불가능하다. 초기의 한 사례는 에스파냐의 지속적 불황으로, 그 기간 동안 모직 수출, 무역, 도시 활동이 줄어듦에 따라 17세기 상반기 내내 1인당 실질 생산량이 급락했다. 불평등의 성과는 우리가 어떤 대체 자료를 선택하느냐에 따라 달랐다. 토지 임대료 대비 임금 비율은 이 기간 동안 떨어졌다. 이는 토지 수익률보다 노동 수익률이 높고, 이로 인해 소득 불평등이 더 낮아졌음을 시사한다. 반면 1인당 명목 생산량 대비 명목 임금 비율은 상당히 안정적으로 유지됐다. 이는 소득 분배에 큰 변화가 없었음을 암시한다.

부분적으로 이용 가능한 데이터의 한계 때문에 생겼을 이런 모순은 전근대 국가의 경제적 동력으로 인해 유발된 평준화를 탐구하는 일이 만만치 않다는 것을 부각시킨다.[26]

효과적인 증거는 오직 좀더 가까운 과거에서만 구할 수 있다. 주요 경제 위기는 불평등에 체계적이고 부정적인 효과를 미치지 않았다. 오늘날까지 가장 포괄적인 한 연구는 1911~2010년까지 72건의 제도적 금융 위기는 물론이고 절정기에서 적어도 10퍼센트는 떨어진 100건의 소비 하락과 1911~2006년 역시 똑같은 비율만큼 떨어진 101건의 GDP 하락을 검토한다. 이런 다양한 종류의 사건은 아주 조금만 겹쳐졌다. 요컨대 가령, 금융 위기 중 18건만 불황과 동시에 일어났다. 25개국 72건의 제도적 금융 위기 중 37건은 유용한 정보를 제공한다. 성과는 불균형을 증대시키는 방향으로 쏠려 있었다. 소득 불평등은 단 3건에서만 떨어진 반면 7건에서는 올랐는데, 경제 위기 이전의 데이터를 전혀 구할 수 없는 경우를 포함한다면 그 수는 13건이 될 것이다. 소비 하락은 다양한 성과를 낳을 가능성이 더 높았다. 불평등은 36건의 활용 가능한 사례 중 7건에서는 떨어지고 2건에서만 올랐다. 뚜렷한 GDP 수축의 경향은 없다. 두 가지 유형의 거시경제적 위기 중에서 대다수 사례는 불평등에서 그다지 변화를 보이지 않았다. 67건의 개발도상국 GDP 붕괴에 관한 개별 연구는 이런 사건이 불평등 상승의 원인이 된 10건의 사례를 찾아냈는데, 이는 가난한 나라일수록 이런 유형의 충격에 더 취약할 수 있음을 보여준다. 우리는 거시경제적 위기가 평준화의 중요한 수단으로 작용하지 않으며, 금융 위기는 역효과를 미치는 경향까지 있다고 결론지어야 한다.[27]

1880~2000년의 16개국에 관한 조사는 이런 최종 결과물을 확인시켜주면서도, 시간의 차원을 하나 더 추가한다. 재정 위기는 상위층에서보

다 하위층 수준의 소득을 더욱 급속히 침체시킴으로써 제1차 세계대전 이전과 제2차 세계대전 이후에 불평등을 악화하는 경향이 있었다. 중요한 예외는 대공황으로서, 자본 소득에 극심하게 매달리던 최고 부자들의 소득이 감소했음에도 불구하고 실질 임금은 인상됐다. 대공황은 미국의 경제적 불균형에 강력한 영향을 미친 유일한 거시경제적 위기였다. 미국인 중 가장 부유한 1퍼센트의 부 점유율은 상위 1퍼센트의 소득 점유율이 1928년 19.6에서 3년 뒤 15.3퍼센트로 떨어졌듯—그리고 자본 이득을 포함한다면 같은 기간 23.9퍼센트에서 15.5퍼센트로—1928~1932년 51.4퍼센트에서 47퍼센트로 하락했다. 상위 0.01퍼센트의 손실은 특히 확연했다. 자본 이득을 포함한 그들의 소득 점유율은 1928~1932년 5퍼센트에서 2퍼센트로 하락했다. 부자들의 지위도 그에 따라 떨어졌다. 전국제조업자협의회(National Association of Manufacturers) 회원은 1920년대 초부터 1933년까지 3분의 2 이상 줄었고, 은행의 수는 1929~1933년 약 2만 5000개에서 1만 4000개로 감소했다.[28]

대공황이 전 세계적으로 불평등에 미친 영향은 일반적으로 더 약했다. 오스트레일리아에서 상위 1퍼센트의 소득 점유율은 1928년 11.9퍼센트에서 1932년 9.3퍼센트로 떨어졌지만, 1936~1939년까지는 위기 이전의 수준보다 한참 밑돌지 않는 평균 10.6퍼센트였다. 프랑스에서는 1928년 17.3퍼센트에서 약간 회복하기 전인 1931년 14.6퍼센트로 하락했고 네덜란드에서는 1928~1932년 18.6퍼센트에서 14.4퍼센트로 떨어졌는데, 마찬가지로 이후에 부분적 만회가 뒤따랐다. 그에 상응하는 하락이 일본에서는 약하고 짧았으며, 뉴질랜드에서는 그보다 훨씬 더 약했다. 이 기간 동안 독일, 핀란드 및 남아프리카공화국의 상위 소득 점유율은 안정적으로 유지됐고, 캐나다와 덴마크에서는 사실상 증가했다. 따라서 대공황의 평준화 영향은 대부분 미국에 국한했던 듯하다. 하지만 미국에서조차 성과는 혼재되어 있었다. 몇 년간의 평준화 이후 전쟁이 시작되기 전까지 소득의 집중은 꾸준했던 반면, 부의 불평등의 다른 측정치는 상충하는 추세를 보인다.[29]

허버트 후버(Herbert Hoover) 대통령은 1929년 10월 29일 주식 시장 붕괴가 일어나기 사흘 전에 한 연설에서 "소비재의 생산과 분배라는 이 나라의 근본적 비즈니스는 튼튼하고 풍성한 기반 위에 서 있습니다"라고 주장하는 유명한 실수를 범했다. 그러나 미국 불평등의 기반은 곧 사람들이 과거를 돌아보며 생각하게 될 수준보다 더 튼튼했을 수 있다. 1930년대 말 엘리트의 소득과 부가 반등한 조짐을 보건대 새로이 발발한 세계대전으로 완전히 끝장나지 않았다면 이런 추세가 얼마나 오래갔을지 궁금하지 않을 수 없다. 그러고 보면 상위 소득 점유율의 탄력성과 만회는 더 가까운 과거에도 전형적이었다. 1987년 주식 시장 붕괴는 당시 상위 소득의 꾸준한 증가를 저지하지 못했다. 아울러 2000년 인터넷 벤처 거품이 폭발했을 때의 평준화 효과는 미미했고, 이듬해 9·11 테러의 혼란은 2004년에 가서야 완전히 사라졌다. 2008년의 대침체도 마찬가지였는데, 그것이 상위 소득 점유율에 미친 부정적 영향 역시 4년 뒤에는 완전히 원상태로 돌아갔다. 이는 우리가 미국 소득의 상위 1퍼센트를 고려하건, 0.1퍼센트 아니면 0.01퍼센트를 고려하건 그것과 무관하게 해당한다. 다른 선진국의 평준화 효과는 제각각이지만 경미한 것은 매한가지였다. 경제 위기는 심각한 충격일 수 있지만, 일반적으로 폭력적 압력 없이는 혼자 힘으로 불평등을 줄이지 못한다.[30]

"그러나 둘 다 가질 수는 없습니다": 민주주의

언뜻 보면 민주주의 제도의 팽창은 평화적인 평준화 수단으로서 그럴싸한 후보처럼 보일 수 있다. 그러나 우리가 5장과 6장에서 살펴봤듯 형식상의 민주화를 선뜻 폭력 행위와 무관한 자율적 전개 과정으로 취급해서는 안 된다. 고대 아테네식 민주주의의 진화가 대중 동원 전쟁과 얽혀 있던 것과 마찬가지로 많은 서구 국가들이 20세기 상반기의 특정 시점에 선거권을 확대한 것은 매우 중요하게도 양차 세계대전의 충격과 연결되어 있었다. 이런 이유만으로 민주화가 그런 국가에서 물질 자원 분배에 평준화 효과를 가져온 것으로 비춰질 수 있겠지만, 이것이 어떤 과정이든 적어도 부분적으로는 전쟁의 압력에 의해 촉발됐을 것이다.[31]

게다가 민주주의와 불평등 사이의 관계에 대한 학문 연구는 오랫동안 모순된 결과를 양산해왔다. 이러한 성과의 모호성은 오늘날 이 문제에 대한 가장 야심차고 종합적인 연구에 의해 확증되었다. 독립 또는 1960년(어느 쪽이 나중이건)부터 2010년까지 184개국 538건의 관찰에 근거해 대런 에이스모글루(Daron Acemoglu)와 동료들은 민주주의가 시장이나 가처분 소득 불균형에 미친 일관된 효과가 없다는 사실을 발견했다. 가처분 소득 분배의 지니계수에 끼친 눈에 보이는 부정적 효과는 통계적 유의성에 도달하지 않는다. 근본적 불평등 측정치 다수가 갖는 정확성 부족 때문에 의심의 여지가 있는 것은 사실이다. 하지만 유의미한 관련성의 결핍은 민주주의가 GDP에서 세수입이 차지하는 비중에 분명히 강한 영향을 미치기 때문에 오히려 더 확실해진다. 이는 자원의 순분배를 형성하는 데 민주주의의 역할은 복합적이고 이질적이라는 것, 그리고 흔히 민주주의와 평준화를 위한 재분배 정책 사이에 존재한다고 여겨지는 연관성이 그리 간단치 않다는 것을 시사한다. 여기에 대해서는 두 가지 원인이 눈에 띈다. 요컨대 강력한 지지층이 민주주의를 '장악'할 경우 평준화가 지연될 수 있으며, 민주화는 그 자체로 소득 불균형을 증대시킬 수 있는 경제적 발전의 기회를 제공한다는 것이다.[32]

케네스 스케브와 데이비드 스테이새비지의 좀더 구체적인 연구는 서구의 민주화가 물질적 불평등을 제약했다는 관념을 무너뜨린다. 그들에 따르면 당파성—좌파 정당이 정부를 장악했건 아니건—은 1916~2000년 13개국의 전반적 소득 불평등에 아무런 영향도 미치지 않았으며, 상위 1퍼센트의 소득 점유율을 조금 둔화시키는 효과만 있었다. 전국 차원의 중앙 집중식 임금 협상도 마찬가지로 별다른 영향을 주지 않았다. 두 사람은 한편으로는 선거권 확대와 당파성, 그리고 다른 한편으로는 선거권 확대와 최고 소득 세율 사이의 관계를 탐구하기도 한다. 최고 세율은 불평등과 반비례 관계를 보이는 경향이 있고, 보통은 엄밀히 말해 불평등보다 잘 문서화해 있기 때문에 신뢰할 만한 불평등 측정이 가능하기 이전의 시대를 위한 대략적인 대체 자료 역할을 할 수 있다. 스케브와 스테이새비지는 남성의 보통선거권 도입이 최고 소득 세율에 강한 영향을 미치지 않았음을 발견했다. 15개국에서 남성 보통선거권으로 귀결된 5년간의 평균 최고 세율은 그다음 10년보다 아주 약간 낮았을 뿐이다. 1832년 개혁법(Reform Act)과 1918년 남성 보통선거권을 도입한 영국에서처럼 선거권 확장 역시 최고 세율을 상승시키지 않았다. 이러한 비율은 제1차 세계대전에 의해 끌어올려졌고, 선거법 개정은 이런 순식간의 급등에 앞장서기보다는 이를 뒤좇았다. 결국 좌파 정부로의 이행 이전과 이후의 평균 최고 소득 세율을 비교해보면 이런 사건 이전과 이후에 5년 간격으로 3퍼센티지 포인트(48~51퍼센트)의 작은 평균 증가만을 보여준다.[33]

이와 대조적으로 노동조합의 위력은 사실 불평등과 반비례 관계에 있다. 하지만 5장에서 내가 밝힌 바와 같이 노조 가입률은 양차 세계대전의 충격에 대단히 민감했고, 따라서 그 자체로는 민주주의의 직접적 기능이나 발현으로 간주할 수 없다. 미국의 대법관 루이스 브랜다이스(Louis Brandeis)는 언젠가 이런 의견을 피력했다. "우리는 이 나라에서 민주주의를 채택할 수도 있고, 소수의 손에 막대한 부가 집중되게 할 수도 있지만, 둘 다 가질 수는 없습니다." 알고 보면 우리는 사실상 둘 다 가질 수 있다. 적어도 이 저명한 학자가 분명히 의도했을 포괄적이고 실질적인 의미가 아니라 형식적인 의미로 민주주의를 정의한다면 말이다. 그와 반대로, 사회주의 국가가 아니더라도 강력한 민주주의 정부의 부재는 결코 경제적 평등과 양립할 수 없었다. 예를 들어, 한국과 타이완은 1980년대 말 민주화에 가속도가 붙기 한참 전에 일찍이 폭력적인 충격이 양산한 평준화의 혜택을 보존한 훌륭한 전적이 있으며, 싱가포르 역시 마찬가지였다.[34]

13

경제 발전과 교육

"장기적 파동": 경제 성장, 기술 그리고 불평등

지금까지 내가 검토해온 과정은 평화적인 평준화의 실재하는 증거를 거의 제시하지 않았다. 무폭력 토지 개혁, 경제 불황 및 민주화는 가끔씩 작용하기는 하나 불평등에 체계적으로 부정적 영향을 미치지는 않는다. 상당히 균등했던 토지 개혁 혹은 노예 해방은 보통은 폭력적 행동과 관련이 있었다. 이 책의 핵심 주제를 더욱더 뒷받침하는 연관성이다. 저소득층의 대량 이민에는 모집단 내부의 불균형을 감소시킬 잠재력이 있다. 가령 제1차 세계대전의 서곡이 된 수백만 이탈리아인의 신세계 이주는 불평등이 심화하던 산업화 시기에 이탈리아의 소득 지니계수와 상위 소득 점유율을 안정시키거나 어쩌면 훨씬 더 낮추는 데 일조했을 것이라는 가설이 제기되어왔다. 이런 종류의 이동은 10장과 11장에서 논의한 대유행병과 흡사한—하지만 그보다는 더 유순한—인구의 평준화 메커니즘으로 작용한다. 그러나 이민이 아무리 평화적이면서 동시에 효과적인 평준화 장치로 작용할 수 있다 해도, 그것이 감지할 수 있는 영향을 미치기 위해서는—

적어도 극소수 인구를 제외한 모두에게—대규모로 발생할 필요가 있으며, 따라서 매우 구체적이고 역사적으로 드문 조건에 달려 있다. 가장 대표적인 것이 19세기 중엽과 제1차 세계대전 사이, 그리고 정도는 더 약했지만 1980년대 이후 일어난 이민자의 엄청난 미국 유입이다. 실제 성과는 인구 출처와 비교한 이민자 집단의 구성 및 본국 송금액의 역할에 따라 꽤 복합적이다. 요구되는 자산과 많은 이민 수용 국가의 정책 때문에 오늘날 이민자들은 사회에서 더 유복하거나 교육 수준이 높은 계층에서 생기는 일이 빈번하다. 게다가 이민이 불평등에 끼친 영향의 평가는 이민자를 받아들인 인구에 미치는 불평등화 효과를 고려하지 않는다면 불완전할 것이다.[1]

이로써 우리한테는 때때로 가장 강력한 압착의 동인으로 여겨지는 것이 남았다. 바로 경제 발전이다. 언뜻 보아 국부가 커질수록 소득 격차가 줄어든다는 생각은 그럴듯해 보일 수 있다. 요컨대 오늘날 세계 최고 부국들은 대체로 대여섯 세대 이전보다 더 낮은 수준의 불평등을 누리고 있으며, 많은 개발도상국과 비교해도 실적이 좋은 편이다. 그러나 상황은 결코 그리 간단치 않다. 우리가 페르시아만 국가들 같은 석유 부호국에 관해 더 믿을 만한 자료를 구할 수 있다면, (특히 외국인 거주자가 포함될 경우) 더 높은 수준의 불평등과 조우할 게 거의 확실하다. 따라서 높은 1인당 GDP와 낮은 불평등 사이의 연관성을 얻어내려면 전적으로 소비재 수출에만 의존하는 경제 발전 사례를 제외시킬 필요가 있을 것이다. 그러나 이 복잡한 문제는 상대적으로 불평등 수준이 낮은 서구의 부자 나라뿐 아니라 일본, 한국 및 타이완의 경제 발전이 일반적으로 20세기 상반기의 엄청나게 격렬한 충격과 그것이 양산하도록 일조한 정책 및 경제적 결과로 형성되었기 때문에 파생되는 문제에 비하면 하찮아 보인다. 간단히 말해, 이들 나라가 잘살기도 하고 일반적으로 특별히 불평등한 것은 아니지만, 후자의 문제가 전자로부터 발생했을 리는 없다는 뜻이다. 이런 변혁적인 충격의 혹독함과 그것이 전반적인 사회적·정치적·경제적 발전에 미친 효과의 다면적 성격을 감안한다면, 차후의 불평등 수준이 얼마만큼 경제 성장 및 흔히 말하는 1인당 생산량에 의해 결정되느냐는 문제는 다소 무의미해 보일 것이다.[2]

다음에서 나는 두 가지 방식으로 경제 발전이 소득 불균형에 공헌한 바를 탐구하려 한다. 요컨대 1인당 GDP 자체가 불평등 대책과 체계적 상관관계에 있다는 주장을 고려할 것이며, 1914~1945년까지—혹은 아시아의 공산주의 혁명을 포함하면 1970년대까지—폭력적 전이와 연관되지 않았던, 혹은 좀더 정확히 말해 서구에서 가장 부유한 나라 및 아시아 대다수 지역과 달리 거기에 직접적으로 관여하지 않았던 지구상의 지역, 즉 아프리카, 중동 그리고 무엇보다 중남미에 초점을 맞출 것이다.

소득 불평등은 경제 발전과 관련이 있으며 그것에 의해 주도된다는 고전적인 도식적 사고는 노벨 경제학상 수상자 사이먼 쿠즈네츠에게서 비롯되었다. 지난 1950년대에 미국 소득 격차 연구의 선구자였던 쿠즈네츠는 의도적으로 단순한 모델을 제시했다. 전통적 농업 양식을 뛰어넘는 경제 발전은 시골보다 도시에서 평균 소득이 더 높다고 할 때—아울러 여기에다 만일 더욱 불균등하게 분배되었을 때—초기에 불평등을 상승시킨다. 그리고 도시화는 인구의 도시 점유율 및 국가 경제에서 도시 부문이 차지하는 비중을 높이고, 그럼으로써 소득 차별과 전반적 불평등을 증대시킨다. 일단 대다수 인구가 비농업 부문으로 전환하고 나면 이 격차는 줄어드는데, 이 과정은 더욱 안정된 여건과 도시 노동자의 정치력 증가에 대응해 도시 부문의 임금 인상을 강화한다. 결국 이 마지막 요인은 조세,

인플레이션, 자본 수익률 통제 같은 재정 정책을 통해 임금을 축소함으로써 부자의 높은 저축률이 갖는 불평등 효과를 상쇄한다. 쿠즈네츠의 말로 표현하면 결과적으로,

> 우리는 따라서 오랜 시간 동안 소득 구조를 특징짓는 불평등의 장기적 파동을 가정할 수 있다. 이를테면 산업화 이전부터 산업 문명으로의 이행이 가장 빠르게 진행됐던 경제 성장 초기 단계의 팽창, 잠깐 동안의 안정, 그러고 난 후 나타나는 후기 단계의 완화가 그것이다.

쿠즈네츠가 특히 세금과 이전 후의 순소득 불평등과 관련해 정치적 요인에 상당한 비중을 뒀다는 점은 주목할 만하다. 재정적 조치와 복지 혜택은,

> 소득 불평등을 완화하는 데 …… 장기적 파동의 하강 국면을 더욱 두드러지게 했음이 틀림없으며, 소득 불평등의 장기적 확장 및 축소 추세가 역전되는 데 기여했을 것이다.

하지만 그의 모델에서는 이런 요인조차도 경제 변화가 선행한 뒤 나타났고 논리적으로 경제 변화에 입각해 있었다. 이런 이유로 인해,

> 소득 불평등의 장기적 파동은 더욱 확대된 경제 성장 과정의 일부로 보아야 한다.

쿠즈네츠 본인은 전면에 내세우지 않았지만 자신의 공을 이렇게 특징

지었다.

> 아마도 5퍼센트는 실증적인 정보이고 95퍼센트는 사색일 것이다. 그중 일부는 희망적 관측으로 오점을 남겼을 가능성이 있다. ……더 많은 탐구를 요하는 직감의 집적이라 하겠다.

이 모델은 결국 엄청나게 유명해졌다. 이것이 인기를 얻은 것은 피케티가 다소 신랄하게 관찰한 것처럼 단지 낙관적이고 자본주의 국가에 "냉전의 한가운데서 희소식"을 제공했기 때문만은 아니다. 쿠즈네츠 자신도 아직 입수하지 못한, 점점 늘어나고 있는 세계 각국의 실증적 데이터와 잘 들어맞는 것으로 보였기 때문이다.[3]

상이한 지역들의 1인당 GDP를 불평등 척도와 연결시키는 전국적 데이터 집계, 즉 일반적으로 소득 분포의 지니계수는 표면상 쿠즈네츠의 예측을 극명하게 시각적으로 나타낸다. 이런 절차를 전 지구적인 일련의 데이터에 적용해 차트에 표시하면 보통 역 U자 곡선이 나온다. 저소득 국가는 중간 소득 국가보다 소득 불평등이 낮은 편이고, 반면 선진국에서는 역시 불평등이 훨씬 낮다(그림 13.1).

여러 나라에 걸쳐 나타나는 이런 중심적 경향은 소득 불평등이 초기에는 상승하다가 강력한 경제 성장과 함께 하락한다는 생각을 뒷받침하면서 시간의 경과에 따른 변동의 대체 자료로 채택되어왔다. 따라서 경제 발전이 진행되고 있는 이상적이고 전형적인 국가라면 경제가 성장함에 따라 불평등이 이 뒤집힌 U자 곡선을 따라갈 것이라고 예상할 수 있다.[4]

하지만 이러한 접근법은 매우 심각한 다수의 문제점에 시달린다. 요컨대 데이터의 질이 관건이다. 세계의 각기 다른 지역에서 나온 막대한 양

그림 13.1 여러 나라의 국민 총소득과 지니계수, 2010년

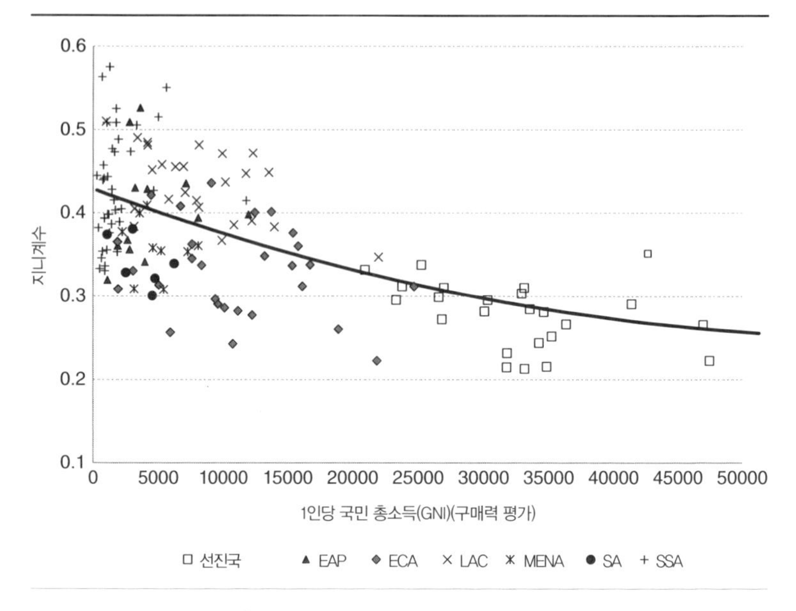

EAP: 동아시아와 태평양 지역(East Asia and Pacific), ECA: 동유럽과 중앙아시아(Eastern Europe and Central Asia), LAC: 중남미와 카리브해 지역(Latin American and Carribean); MENA: 중동과 북아프리카(Middle East and North Africa), SA: 남아시아(South Asia), SSA: 사하라 이남 아프리카(Sub-Saharan Africa).

의 관찰에 의지하는 연구는 그것들의 미심쩍은 정확성과 신뢰도를 수용할 때에라야 실행할 수 있다. 탄탄한 발견물은 데이터가 여러 국가를 망라해 완전히 들어맞을 것을 요구하는데, 실상 매번 그렇지는 않다. 더욱이 그리고 훨씬 더 치명적이게도, 범세계적 조사는 엄청나게 큰 대지역권(macroregional)의 특이성으로 인해 실질적으로는 갈수록 확연하게 틀린 것으로 입증되어왔다. 따라서 이런 조사에서 등장하는 역 U자 곡선은 대부분 지구상 2개의 다른 지역, 즉 중남미와 남아프리카에 있는 중간 소득 국가의 유난히 높은 불평등 수준이 작용한 결과다. 2005년 또는 2005년을 전후로 한 135개국의 소득 지니계수 조사에 따르면, 중남미 국가는 불

평등 스펙트럼에서 상층에 극심하게 집중되어 있다. 그 시기에 가장 부유한 10퍼센트의 소득 점유율은 그 밖에 다른 나라의 평균값인 29.5퍼센트와 비교할 때 중남미에서는 평균 41.8퍼센트였다. 중남미와 아프리카 남부의 매우 불평등한 몇몇 나라(남아프리카공화국, 나미비아, 보츠와나)를 제외하거나 지역의 임시 변수로 대체한다면, 뒤집어진 U자 모양은 전 세계 차트에서 바로 사라진다. 이는 불평등을 측정하기 위해 지니계수를 사용하건 상위 소득 10분위수를 사용하건 무관하게 적용된다. 사하라 이남 아프리카와 남아시아 저소득 국가에서 아시아와 동유럽의 중간 소득 국가 그리고 고소득 선진국에 이르기까지 세계 대부분 지역에서 지극히 다양한 1인당 소득을 가진 나라들은 현재 약 0.35~0.45의 소득 지니계수에 대부분 몰려 있다. 소득에 따라 달라지는 체계적 불평등 곡선은 없다. 1인당 GDP와 비교했을 때의 불평등 성과는 일반적으로 특히 최상위에서 매우 균질하지 않은데, 이는 불평등이 높은 미국과 불평등이 낮은 일본 및 일부 유럽도 마찬가지다.[5]

따라서 개별 국가 분석이 1인당 소득이 증가하는 동안의 변화를 기록하는 데는 유일하게 믿을 만한 방식이다. 종적 자료(longitudinal date: 장기적 변화 과정을 다룬 자료—옮긴이)에 대한 1998년의 한 선구적 연구는 쿠즈네츠의 논지를 뒷받침할 만한 것을 전혀 찾을 수 없었다. 검토한 49개국 중 40개국에서 이들 나라가 발전하는 동안 1인당 GDP와 불평등 사이에 유의미한 역 U자 관계가 나타나지 않았다. 나머지 9개의 사례 중 4개국에서는 데이터가 이 모델을 완전히 뒤엎는 듯한 U자 분포라는 상반된 시나리오를 뒷받침했다. 49개국 중 5개국만이 유의미한 역 U자 패턴을 보였다. 그나마 그중 두 나라는 이 결과물을 의심케 하는 데이터 변칙(anomaly, 變則)을 겪었지만 말이다. 이로써 경제 발전과 불평등 사이에 상당한 쿠즈네츠식 상관관계를 갖고 있는 3개국이 남았다—그중 트리니다드토바고(Trinidad and Tobago)는 꽤 작은 나라다. (다른 두 나라는 멕시코와 필리핀이다.) 이 연구의 시간적 프레임이 좀더 탄탄한 관찰을 끌어내기에는 지나치게 짧을 수 있다는 점을 염두에 둬야겠지만, 이러한 결과는 쿠즈네츠의 논지에 신뢰감을 불어넣지 못한다.[6]

그때 이래로 장기적인 개별 국가 조사 역시 마찬가지로 가설상의 상관관계를 확실히 뒷받침할 만한 증거를 거의 도출하지 못했다. 현재 우리가 갖고 있는 최고의 사례는 에스파냐일 듯하다. 1850~2000년 에스파냐의 소득 지니계수는 처음에는 올라갔다가 그 후에 떨어졌다. 만일 우리가 에스파냐 내전과 6장에서 논의한 프랑코 정권 수립에 뒤이은 1940~1950년대의 급격한 단기 변동을 무시할 준비가 되어 있다면, 1인당 GDP가 약 1200달러(1990년 국제 달러로 표시)였던 1860년대에 약 0.3이던 지니계수 값으로부터 1인당 GDP가 약 2000달러였던 1910년대 말의 최고치인 0.5대 전반에 이르기까지, 그리고 뒤이어 1인당 GDP가 3000달러에 도달했을 때인 1960년에 0.3대 중반으로 전체적으로 하락하기까지 소득 불평등의 장기적 증가를 관찰할 수 있다—이 모든 것은 틀림없이 농업에서 산업으로의 점진적 이행의 결과일 것이다. 정반대로, 앞으로 살펴보겠지만 중남미 국가의 장기간의 시계열은 보통 경제 발전과 연관된 전체적인 역 U자 곡선 패턴을 보이지 않는다. 더욱 중요한 것은 초기 산업화 국가들 역시 1인당 GDP 2000달러와 연관된 불평등 추세의 변곡점에 도달하지 않았다는 점이다. 영국은 1800년경 그 수준에 이르렀고 미국은 1850년경에, 프랑스와 독일은 그로부터 20년 뒤에 도달했는데, 그중 어느 나라에서도 소득(또는 부) 불평등은 하락하지 않았다—아울러 이들 국가가 1인당 GDP 3000달러에 도달했을 무렵에는 1865~1907년에 그랬던 것처럼 더 낮은

수준으로 눈에 띄게 하락하지도 않았다.[7]

좀더 최근의 또 다른 연구는 쿠즈네츠의 최초 이등분적 모델을 검증하기 위해 농업 인구의 상대적 비중과 불평등 사이의 관계에 초점을 맞췄다. 이번에도 이 증거로 예측된 상관관계를 입증하지는 못했다. 요컨대 상관관계는 나라들 사이에 나타나지 않았으며, 개별 국가 내부에서도 유의미하지 않았다. 끝으로 비모수적 회귀(nonparametric regression: 모집단의 분포 특성에 상관없이 데이터에서 파생된 정보에 따라 구성하는 회귀 분석의 범주—옮긴이)를 통해 국가 내부의 수열을 여러 개 비교해보면, 경제적 생산량과 불평등 사이에 규칙적인 관련성을 뒷받침하는 것이 거의 등장하지 않는다. 이러한 접근법은 1인당 GDP가 비슷한 수준인 나라들조차도 아주 상이하게 발전할 수 있음을 보여준다. 요컨대 경제 발전과 비교했을 때 불평등 추세의 타이밍과 방향에서 선진국과 개발도상국 모두는 상당한 차이점을 드러낸다. 대체로 역 U자 패턴을 찾아내려는 지속적 노력과 그것을 지지하는 약간의 사례가 있었음에도 불구하고, 증거의 수적 우세는 60년 전 쿠즈네츠가 처음 구상했던 경제 성장과 소득 불평등 사이의 체계적 연관성이라는 개념을 뒷받침하지 않는다.[8]

경제 발전과 불평등 사이에는 예측 가능한 연결 고리가 있을까? 대답은 우리의 준거 기준에 달려 있다. 우리는 복수의 쿠즈네츠 사이클, 또는 애초 단일한 곡선을 찾기 위해 고안한 실험을 방해하는 파동이 적어도 존재할 거라는 가능성을 고려해야 한다. 가장 폭넓은 관점에서 경제적 과도기—농경에서 산업 체제로뿐 아니라 그보다 앞서 수렵·채집으로부터 농경 양식으로의 전환, 그리고 현재 진행형인 산업화에서 후기 산업화 서비스 경제로의 이행—가 불평등을 부추긴다는 데는 거의 의심할 여지가 없다. 그러나 평준화는 어떨까? 내가 뒤의 부록에서 논의할 것처럼 실질적 불평등—특정 사회에서 이론적으로 가능한 최대 수준의 소득 집중과 비교했을 때—은 나라가 더 부유해졌다고 해서 언제나 하락하라는 법은 없다. 전통적인 명목상 불평등의 측정은 특정 발전 단계에서 경제적 진보가 불평등의 약화를 예견한다는 생각에 그다지 도움을 주지 못한다. 오랜 역사를 통틀어 주요 대안—폭력적 충격이 없을 때는 과도기의 불평등 증대가 역전될 가능성은 낮다—이 증거와 훨씬 더 많이 일치한다.

또 다른 대중적 시각은 '교육과 기술 간 경쟁'으로 알려진 것에 중점을 둔다. 과학기술적 변화는 특별한 기술에 대한 수요를 형성한다. 만일 공급이 수요를 못 따라가면 소득 차등 또는 '기술 프리미엄'이 증가한다. 만일 공급이 수요를 따라잡거나 넘친다면 프리미엄은 줄어든다. 하지만 여기엔 중요한 단서가 적용된다. 즉 이런 관계는 주로 근로 소득에 적절하지 자본 소득에 영향을 미칠 가능성은 더 낮다는 것이다. 높은 수준의 자산 소득 불평등이 존재하는 사회에서 이는 특정 유형의 노동에 대한 수요와 공급 사이의 상호 작용이 전반적 불평등에 미치는 영향을 반드시 약화시키게끔 되어 있다. 게다가 이전 시대에는 기술보다 근로 소득에 대한 제약이 중요한 역할을 할 수 있었다. 노예제 및 기타 유형의 강제 노동이나 반(半)의존 노동이 소득 격차를 왜곡시켰을지도 모른다.[9]

이와 같은 요인은 왜 전근대 사회에서 기술 프리미엄과 불평등 사이에 체계적 관련이 없었는지 설명하는 데 도움을 줄 수 있다. 유럽 일부 지역의 시대적 추세는 14세기로 거슬러 올라간다. 기술 프리미엄은 흑사병에 대응해 비숙련 노동자의 실질 임금이 올라가면서 무너졌는데, 이 과정에 대해서는 10장에서 논의한 바 있다. 중유럽과 남유럽에서는 일단 인구가 회복하고 나자 기술 프리미엄이 다시 올라간 반면, 서유럽에서는 19세기 말까지 낮은 수준에서 꽤 안정적으로 유지됐다. 후자의 성과는 특이한데,

일부는 숙련 노동력의 유연한 공급으로 인해, 또 일부는 비숙련 노동력을 지탱하는 데 도움을 준 농업 부문의 생산성 증가로 인해 가능했던 듯하며 둘 다 노동 시장 통합의 개선으로 혜택을 봤다. 그러나 중세 말기의 기술 프리미엄 하락은 소득 불평등의 일반적 평준화와 병행되긴 했지만, 이후로는 이 두 변인 사이의 관계가 훨씬 더 복잡해졌다. 1400~1900년까지 서유럽의 기술 프리미엄 안정이 곧 불평등의 안정을 의미하는 것은 아니었다.[10]

한 나라 경제가 더욱 발전할수록, 그 노동 시장이 더 잘 돌아갈수록 기술 프리미엄이 전반적 소득 불평등에 더 많이 기여하리라는 것을 예상할 수 있다. 우리는 기술, 다른 무엇보다 교육의 공급을 조절하는 메커니즘 자체가 얼마만큼 근본적 요인에 의해 형성되었는지 질문해야 한다. 집단 교육은 서구 근대 국가 형성의 산물로서 이는 경제 성장과 관계있을 뿐 아니라 국가 간 경쟁으로 촉발된 과정이기도 했다. 좀더 구체적으로 말하면, 교육의 수요와 공급 간 상호 작용은 한때 폭력적 충격이었던 것들에 민감했다. 이는 19세기 말 이후 미국의 기술 프리미엄 추이에 명확하게 나타난다. 육체노동업계의 기술 비율은 1907년보다 1929년에 훨씬 더 낮았다. 하지만 이런 하락은 대부분 1910년대 말에 집중되어 있었다. 이 22년 동안 우리가 데이터를 확보한 5개 직업 중 4개 직업에서 순감소는 전부 1916~1920년에 발생했다. 그 당시 제1차 세계대전은 상대적으로 비숙련 노동자의 수요를 증가시켰고, 육체노동자들의 임금 분배를 재조정했다. 국가 간 충돌로 촉발된 전시 인플레이션 및 이민자의 유동성 경감도 이 급작스럽고 막강한 평준화의 변화에 기여했다. 화이트칼라 대 블루칼라의 소득 비율은 똑같은 패턴을 따랐다. 1890~1940년의 순하락 전체는 이번에도 1915~1920년대 초반 단 몇 년 간의 과정에서 발생했다.[11]

임금 분산의 두 번째 압착은 1940년대로 기록되어 있다. 제2차 세계대전은 비숙련 노동에 대한 강력한 수요 재개, 인플레이션 그리고 국가의 노동 시장 개입 증가를 창출했다. 이는 전체 남성 근로자 임금에서 상위와 하위가 차지하는 비중의 비율을 좁히고, 고졸과 대졸 노동자 간 소득 격차를 줄였다. 1939~1949년 고졸 노동자 대비 9년간 학교 교육을 받은 노동자 그리고 중졸 노동자 대비 고졸 노동자 양측의 교육 수익은 극적 하락을 경험했다. 뒤이어 전쟁과 관련한 제대군인원호법(GI Bill)이 이런 평준화 압력에 기여하긴 했지만, 대학에 대한 접근성 증가조차도 1950년대에 이미 진행 중이던 부분적 회복을 막을 수는 없었다. 1910년대 말과 1940년대의 급격한 감소는 이 정도 규모의 변화로는 기록상 유일한 것이다. 교육 기회의 지속적 공급 증대는 1980년대에 그 격차가 마침내 급등할 때까지는 이렇게 기술을 기반으로 한 임금 격차를 제약하는 데 결정적이었지만, 실제로 평준화는 나라가 전쟁으로 유발된 폭력적 충격을 겪고 있던 비교적 짧은 시기에 거의 전적으로 몰려 있었다.[12]

"만일 지적이고 직업적인 역량과 사회적 양심을 결합시킨다면 여러분은 세상을 바꿀 수 있습니다": 충격 없는 평준화?

이제 나는 두 번째 전략으로 넘어간다. 1914~1945년의 폭력적 충격과 그 다음 세대 동안의 파장을 직접적으로 겪지 않고 혁명이 일으킨 변화도 모면할 수 있었던 나라들의 불평등 감소 사례를 탐색함으로써 평준화를 끌어내는 경제적 동인을 찾아내는 전략이다. 세계 대부분 지역에서 이 접근법은 평화적 수단을 통한 평준화의 확실한 증거를 거의 생산하지 않는다. 1980년대 이래 일반적으로 서구 국가는 소득 불평등에서 지극히 일시적인 것 이상의 하락을 기록한 적이 없었다. 1990년대에 포르투갈과 스위스의 시장 소득 지니계수 하락은 상위 소득 점유율과 관련한 정보와 상충된다. 구소련 국가들은 1989년 이후 또는 1991년 이후 빈곤의 엄청난 증가로 초래된 불평등의 폭증에서 부분적으로 회복했다. 중국과 인도 같은 초(超)대국들은 파키스탄과 베트남처럼 인구가 많은 다른 나라가 그래왔듯 불평등의 상승을 목도해왔다. 이 4개국만 해도 세계 인구의 약 40퍼센트를 차지한다. 세계의 일부 지역에서는 태국에서와 같은 상쇄가 극히 드물었다. 중동에서는 이집트가 1980~2000년대에 다시 불평등 하락을 경험했다는 기록이 있지만, 가장 최근의 연구는 자료 부족을 강조한다. 1950~1960년대의 개혁이 주도한 불평등 감소 이래로 미적지근한 변동(12장의 토지 개혁 부분에서 논의한)이 있었다는 게 이 나라에 대해서는 가장 그럴듯한 시나리오일 것 같다. 그 밖의 사례에는 1990년대와 특히 2000년대의 이란을 비롯해 2000년대의 터키가 포함된다. 이스라엘에서는 시장 소득 불균형이 꽤 안정적으로 유지되었음에도 불구하고 가처분 소득 불균형이 증가해왔는데, 이는 퇴행적 재분배를 시사하는 당황스러운 패턴이다.[13]

사하라 이남의 아프리카는 금세기의 첫 10년 동안 평화적 소득 평준화의 수혜자였다고 여겨지기도 한다. 하지만 이런 인상은 불안한 기반 위에 서 있다. 그 기간 동안 표준화한 소득 지니계수를 구할 수 있는 28개국 중 한 나라를 제외한 모든 국가는 기초적인 데이터는 부족하고 통상 불확실성의 여지는 매우 높다. 양질의 정보를 생산해온 유일한 사례인 남아프리카공화국에서는 불평등이—매우 높은 수준에서—꽤 고르게 유지됐다. 27개국 중 13개국에서는 어떤 유의미한 추세도 관찰할 수 없었고, 나머지 5개국에서는 불평등이 사실상 증가했다. 28개국 중 10개국에서만 하락했는데, 그들은 전체 표본 인구의 5분의 1을 차지할 뿐이다. 게다가 관련 지니계수의 신뢰 구간은 매우 넓은 편이다. 그것들은 95퍼센트 신뢰 수준에서 평균 약 12퍼센티지 포인트로 주로 9~13포인트 사이에 모여 있다. (중간값은 불평등이 하락하는 나라에서, 그리고 그 밖의 모든 나라에서도 거의 똑같다.) 대부분 이런 차이는 암시된 불평등 변동의 크기를 초과한다. 이런 상황에서 전반적 추세를 파악하기란 불가능하지는 않다 하더라도 쉽지 않다. 하지만 우리가 이런 결과를 액면 그대로 수용할 준비가 되었다 해도, 그것들이 불평등 약화의 일관된 과정을 가리키지는 않을 것이다. 그 지역의 일부 국가들이 최근 몇 년간 평화적 평준화 수단을 누렸던 것은 틀림없지만, 단지 이런 추이의 성격과 정도 및 지속 가능성에 관해 좀더 보편적인 결론을 끌어낼 근거로서 신뢰할 만한 증거가 충분하지는 않기 때문이다.[14]

이로써 가장 크고 가장 잘 문서화되어 있는, 바로 중남미의 사례가 남는다. 우리가 데이터를 갖고 있는 이 지역 대부분의 나라는 금세기가 시작된 이래 상당한 소득 격차 감소를 보여왔다. 중남미의 추이를 더 상세히 고찰하는 데는 그럴 만한 이유가 있다. 이전 장들에서 논의한 폭력적 평준화 동력의 관점에서 봤을 때, 이 지역 전체가 우리가 지구상에서 찾을 수 있는 곳으로는 구세계와 북미에 가장 가까운—비록 많은 측면이 특별히 가깝지는 않지만—반사실적 사례를 제공한다. 대중 동원 전쟁과 변혁적 혁명 같은 극심한 폭력적 충격의 손이 닿지 않은, 예외가 있다 해도 가장 드문 유일한 곳인 중남미는 우리가 좀더 안전한 환경에서 불평등의 진화를 탐구할 수 있게끔 해준다.[15]

몇몇 일련의 대체 자료와 현대의 창의적 복원은 수세기를 거슬러 올라간다. 보통 신뢰할 만한 소득 지니계수는 1970년대에야 구할 수 있는데,

이 시기에 좀더 많은 국가가 조사를 수행하기 시작해 1990년대 이래로는 질적으로 대단히 향상되었다. 따라서 이전 시대의 발견물은 가감해서 받아들일 필요가 있다. 그럼에도 불구하고 중남미 소득 불평등의 장기적 진화를 추적하는 것은 적어도 개괄적으로는 가능하다. 세계화의 첫 시대는 1870~1920년대 수출 주도 경제 성장을 지속시켰고, 이를 움직인 것은 산업화가 진행되던 서구 세계에 대한 유기농 상품 및 광물 원자재의 수출이었다. 이런 과정이 엘리트에게 편파적으로 혜택을 주고 불평등을 증대시킨 것으로 밝혀졌다.[16]

수출 주도 발전은 유럽의 수요를 약화시킨 제1차 세계대전 직후 처음으로 주춤했는데, 1929년 대공황이 미국을 강타했을 때는 서서히 중단되었다. 제2차 세계대전은 적어도 어떤 형태의 교역을 더욱더 축소시켰다. 1914~1945년은 과도기와 성장 둔화의 시대로 특징지어졌다. 기록상으로 이 기간 동안 6개국의 인구 가중치 소득 불평등은 1913년의 0.377에서 1938년에는 0.428까지 계속 증가했다. 중남미는 비록 전쟁의 직접적 참여는 피해갔지만, 그럼에도 불구하고 지역 외부에서 발생한 폭력적이고 거시경제적인 충격의 파장에 상당히 많이 노출되었다. 무역 개입과 달라진 사고방식의 유입이 그중 가장 중대한 영향에 속했다. 이런 충격은 세계화의 첫 번째 단계에 종말을 몰고 왔다. 경제적 자유주의는 몰락하고, 국가는 개입을 늘리는 것으로 방향을 틀었다.[17]

다음 몇십 년간 중남미 정부들은 주로 내수 시장을 겨냥해 더 있는 힘껏 산업적 역량을 촉진함으로써, 그리고 이러한 발전을 가능토록 하기 위한 보호주의 조치에 기대면서 세계적 추세와 발을 맞췄다. 이는 결국 경제 성장을 되살리고, 소득 분배에 흔적을 남겼다. 성과는 지역별로 매우 달랐다. 선진 경제에서는 성장이 중산층, 도시 부문 그리고 임금 노동력에서 화이트칼라 노동자의 비중을 신장시켰다. 이러한 변화는 이따금 더욱 복지 지향적이고 재분배적인 정책을 동반했고, 또한 그런 정책에 의해 스스로 강화되기도 했다. 외부 영향도 중요한 역할을 했다. 즉 사회 보험에 관한 영국의 1942년 베버리지 보고서(Beveridge Report) 및 기타 서구의 전후 프로그램은 남미 남쪽 국가들의 사회 보장 제도에 영감을 주었다. 불평등은 다양한 방식으로 영향을 받았다. 아르헨티나에서처럼 그리고 어쩌면 칠레에서도 마찬가지로, 소득 격차가 약화할 때가 있었다. 이따금 소득 격차가 증가하기도 했는데, 가장 두드러진 곳이 브라질이었다. 그리고 멕시코, 페루, 콜롬비아 및 베네수엘라에서처럼 어떤 나라에서는 처음에는 증가했다가 나중에 하락했다. 비숙련 잉여 노동력이 많이 축적된 데다 숙련 노동자의 수요가 높아 이런 압력이 1960~1970년대에 진정될 때까지 불평등을 부추겼던 곳들이다.[18]

문헌들은 일반적으로 광범위한 지역에서 약간 더 큰 소득 불평등 쪽으로 이동하고 있다고 언급하지만, 인구수를 가중치로 선정한 지니계수는 (특히 더욱 긴 기간 동안의 순산출량에 초점을 맞춘다면) 공통점이 거의 없다. 우리가 1938년까지 거슬러 올라가는 데이터를 확보하고 있는 6개국 중에서 1938~1970년 단 한 곳을 제외한 모든 나라에서 불평등이 증가했고, 전반적 인구 가중치 소득 지니계수는 그에 따라 0.464에서 0.548로 바뀌었다. 더 큰 15개국 표본에서는 1950~1970년 13개국의 소득 불평등이 상승했다. 전체적으로는 0.506부터 0.535까지 좀더 경미하게 올랐다. 국제 표준으로는 매우 높은 수준이다. 특히 불평등의 순감소를 경험한 3개국 중 두 곳에서 이런 발전은 사실상 1950년대로 국한되어 있었다. 이는 아르헨티나에서 후안 페론(Juan Perón) 정부의 적극적 국가통제주의 및 재분배 정책과 같은 시기에 일어났고, 과테말라에서는 피비린내 나는 내전 시기와

그림 13.2 중남미의 소득 지니계수 추정치(4개국, 6개국 및 16개국의 인구 가중치 평균), 1870~1990년

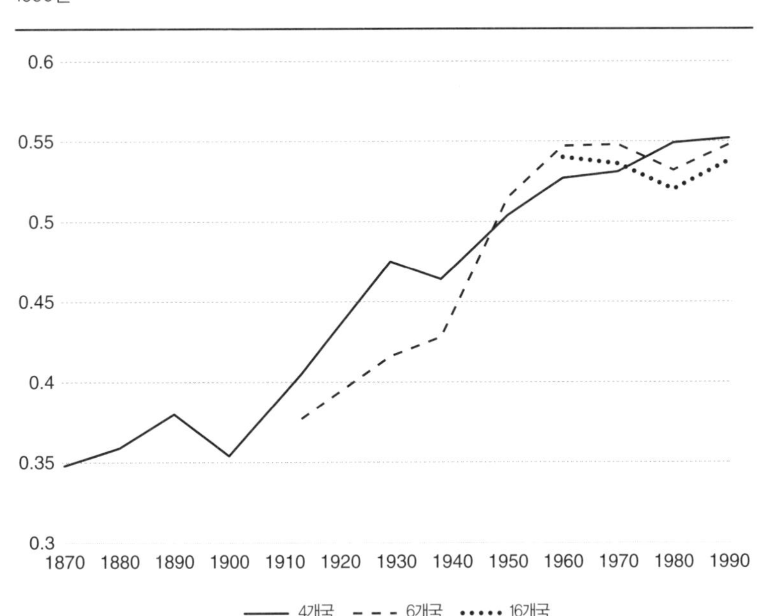

그 이후에 발생했다. 이렇게 해서 베네수엘라는 경제 발전을 통한 평화적 평준화의 주요 후보국이 되었다. 우리가 1930~1970년 경제적 변화와 (평화적인) 정치적 변화로 촉발된 평준화를 시사하는 일단의 대안적 불평등 측정치를 수용한다면, 칠레도 거기에 합류할 가능성이 있다.[19]

보호 무역 정책과 국유화 산업을 유지하기 위한 1970년대의 공공 차관은 1980년대에 외채 위기의 기폭제가 되었는데, 경제 성장의 시동이 꺼지고 빈곤이 확대되는 '잃어버린 10년'으로 알려진 시기다. 이는 결과적으로 이 지역 국가들을 개방시키고 글로벌 시장으로의 통합으로 등을 떠민 경제적 자유화에 박차를 가했다. 불평등 성과는 국가별로 상당히 달랐던 반면, 1980~1990년대 그 지역을 하나로 봤을 때 인구 가중치 소득 지

니계수는 10년당 2포인트보다 약간 적게 증가했고, 2002년경에는 최고치에 도달했다.[20]

이 모든 것은 중남미의 소득 불평등이 매우 다양한 경제적 조건 아래서 증가했음을 보여준다. 이를테면 수출 주도 성장, 국가 주도 산업화와 보호주의, 불경기 및 자유화를 들 수 있다. 최장의 시계열을 가진 4개국에서는 인구 가중치 소득 지니계수가 1870년의 0.348에서 1990년에는 0.552까지 사정없이 올라갔다. 6개국에서는 1913년 0.377에서 1990년 0.548로, 그리고 15개국에서는 1950년 0.506에서 1990년 0.537까지 상승했다. 이것은 지역 편차를 감추고 일시적 파동을 편평하게 만들긴 하지만, 그리고 정확한 값을 알 수 없는 경우가 다반사지만, 장기적 추세는 이보다 더 정확할 수 없다. 진전을 발견할 수 있는 것은 20세기 하반기의 불평등 증가세에서 단지 속도가 둔화했을 때뿐이다. 그림 13.2에서 볼 수 있듯 간헐적 평준화는 수명이 짧았고, 처음에는 영국에서, 그다음에는 1900~1930년대 미국에서 일어난 외부의 거시경제적 위기와 마지막으로 1980년대 국내외 요인으로 발생한 심각한 불황 등으로 촉발된 경제 침체 시기에 국한되어 있었다.[21]

중남미의 소득 불평등 진화에서 가장 최근의 단계는 2000년 이후에 곧바로 시작됐다. 지역 전체에 걸쳐 유사 이래 아마도 최초로 불평등이 하락했을 것이다. 일련의 관련 데이터를 양산해온 17개국 중 14개국의 2010년 소득 지니계수는 2000년보다 더 낮았다. 코스타리카, 온두라스 그리고 아마도 과테말라가 기록상 유일한 예외일 것이다. 그 밖에 14개국에서 시장 소득 평균 지니계수는 0.51에서 0.457로, 가처분 소득 평균 지니계수는 0.49에서 0.439로 떨어졌다. 어느 쪽의 측정치건 5포인트 이상 하락했다. 이런 압착은 규모와 지리적 범위 양면에서 분명히 인상적이지만,

올바른 시각에서 바라볼 필요가 있다. 시장 소득 불평등이 매우 불공평한 인도의 전형적 수준에서 미국에 가까운 수준으로 낮춰지긴 했지만, 반면 순불평등의 하락으로 중남미가 도달한 지니계수는 중국과 인도만큼 높은 수치에서 서구 국가 중 이론의 여지없이 불평등의 챔피언인 미국보다도 여전히 7포인트 높은 수치였다. 따라서 이례적으로 편중된 중남미의 소득 분배에 끼친 이런 변화의 효과를 과대평가해서는 안 될 것이다.[22]

설상가상으로 2010년부터 이런 하향 추세는 우리가 데이터를 확보한 곳(아르헨티나, 볼리비아, 도미니카공화국, 에콰도르, 엘살바도르, 우루과이 및 베네수엘라) 중 최소한 절반의 나라에서 지속되어왔다. 그 시기에 브라질, 칠레, 과테말라, 파나마 및 페루에서는 불평등이 꽤 안정적으로 유지되었고, 멕시코와 파라과이에서는 다시 올라가기 시작했다. 증거가 빈약하긴 하지만 온두라스에서도 아마 올라갔을 것이다. 코스타리카는 1980년대 이래로 계속 부드럽게 상승한 이 지역의 불평등 추세를 항상 따르지는 않았다. 이 모든 것은 금세기 처음 10년간 발생한 평준화의 원인과 지속 가능성에 관해 심각한 의문을 던진다. 이는 혹시 반짝하고 나서 자연히 도태된 진전은 아니었을까?

일단 그 지역 국가들이 소득을 더 균등하게 분배할 정도로 충분히 부유해졌던 일종의 발전의 변곡점을 지난 뒤이므로, 이런 평준화를 불평등에 가해진 쿠즈네츠식 하향 압력의 결과로 설명하는 것은 불가능하다. 2000년에 불평등이 하락한 14개국의 1인당 GDP는 최고 부국과 최고 빈국(각각 아르헨티나와 볼리비아) 사이에 7.6배 정도의 차이가 있었다. 이렇게 넓은 범위에 걸친 분산은 하단 끝 쪽으로 쏠려 있긴 해도 꽤 일정했다. 5개국의 연평균 1인당 GDP는 1000~2000달러로, 또 다른 5개국에서는 2000~4000달러로, 그리고 다른 4개국에서는 5000~8000달러로 떨어졌다.

이것만으로도 그다음 10년간 나타난 동시 다발적인 평준화가 경제 발전의 수준 자체와 연결되었을 가능성을 배제할 수 있다. 형식 검사(formal testing)는 그 시기의 강력한 경제 성장에도 불구하고 쿠즈네츠 모델이 우리가 관찰한 대부분의 하락을 설명할 수 없다는 것을 분명하게 보여준다.[23]

최신 연구는 이런 과정에 대한 여러 가지 이유를 찾아냈다. 부문 간 소득 격차를 줄임으로써 시장 소득 불평등을 압착했던 기술 프리미엄 하락과 해외 수요 강화, 불평등을 심화하고 빈곤을 악화시켜온 예전의 거시경제적 위기로부터의 회복, 좀더 급속한 경제 성장이 몰고 온 강력한 노동 시장, 그리고 정부의 특정한 이전(移轉)이 가처분 소득 불평등에 미친 재분배 효과 등이 그것이다. 적어도 이론상으로 이 중 맨 첫 번째 요인은 장기적 평준화의 평화적 잠재 동인으로서 특히 가망성이 있다. 1990년대의 시장 개혁은 교육 제도의 확대를 동반하는 경향이 있었다. 이런 확대가 이후 숙련 노동자의 공급을 지속하고 증가시킨 것인데, 결과적으로는 고등 교육 및 기술 프리미엄 수익을, 그리고 나아가서 전반적 노동 소득 불평등을 완화시켰다. 기술 프리미엄의 하락 원인이 공급 증대와 수요 감소 중 어느 쪽에 더 많이 있었느냐는 질문에 대해서는 단일한 답이 없다. 어떤 나라에서는 아르헨티나처럼 프리미엄이 수요 약화에 반응해 수축하고, 이는 경제 발전에 대한 미래의 전망을 의심하게 만든다. 엘살바도르와 니카라과에서는 중등 교육이나 고등 전문 교육을 받은 노동자의 실질 소득(그냥 상대적 소득이 아니라)이 수요 약화에 직면해 줄었기 때문에 불평등이 하락했다. 엘살바도르는 특히 걱정스러운 경우다. 모든 학력 수준에서 실질 임금이 떨어졌지만, 교육 수준이 높은 노동자의 경우 더욱 그랬다. 이는 평준화 성과가 언제나 바람직한 경제 발전에서 유발되는 것은 아님을 상기시켜준다.[24]

일부 사례에서는 비싼 대가를 치르고 기술 프리미엄 하락의 분배적 혜택을 봤던 것 같다. 한 놀라운 결과물에 따르면, 현재 볼리비아에서는 교육의 가치가 거의 없어져 고등 전문 교육을 받은 노동자의 임금 프리미엄이 초등 교육만 마친 이들과 비교했을 때 제로다. 이는 줄어든 기술 프리미엄의 대안적 혹은 적어도 보충적 원인이 있음을 가리킨다. 교육의 질은 기초 학력 수준 이상의 학업에 대한 접근성이 늘어나면서 악화했을 수 있으며, 학교 교육과 노동 시장 수요가 서로 잘 안 맞았을 수도 있다. 페루와 칠레에서 교육의 질 저하 때문에 마이너스가 된 고등 교육 수익, 그리고 아르헨티나와 브라질 및 칠레에서 중등 교육과 고용주의 요구 간 불일치 결과 등의 증거는 이런 비관적 시각을 조금은 뒷받침해준다.[25]

그 밖의 경제적 요인은 좀더 일시적이었다. 해외의 강한 소비재 수요는 시골 노동자와 도시 노동자의 임금 격차를 좁히는 데 일조했지만, 그 뒤로는 줄어들었다. 2002년 이래 평준화의 일부는 과거 경제 위기로 촉발됐던 불평등의 일시적 급등이 회복한 것에 지나지 않았다. 가장 잘 알려진 사례는 아르헨티나로, 1998~2002년 엄청난 경제 대폭락 사태가 인구 대부분을 빈민으로 전락시킨 바 있다. 그때 이후 꾸준한 경제 회복은 숙련 노동 수요를 줄이고 기술 프리미엄을 떨어뜨리는 저기술 노동 집약적 부문으로의 전환과 결합하면서 인구 중 가난한 절반에게 치우친 혜택을 제공해왔다. 한층 강해진 노조와 늘어난 정부 이전 역시 그런 역할을 했다. 콜롬비아, 에콰도르, 우루과이 및 베네수엘라도 마찬가지로 유사한 회복 덕에 불평등이 약간 희석되는 시기를 겪었다. 어느 추정에 따르면 우리가 만일 위기로부터의 회복에서 비롯된 평준화 효과를 배제할 경우, 2000년대 상반기 소득 불평등의 평균 하락분은 대략 지니계수 1포인트 정도로 꽤 미미할 것이다. 전체적으로 봤을 때 1990년대의 자유화가 끼친 부정적인 단기적 영향이 약화하면서 불평등을 완화시키는 영향력을 행사했다. 실질적으로 연간 평균 4퍼센트 혹은 과거 수십 년간 비율의 2배에 달하는 강력한 경제 성장은 고용을 촉진하기는 했지만, 우리가 관찰한 불평등의 변화에서는 극히 작은 일부분만을 차지하는 것으로 추정된다. 게다가 이 지역의 연간 GDP 성장이 2010년 6퍼센트에서 2015년 0.9퍼센트까지 2010년 이래 연속 5년간 하락함에 따라 이런 우호적 조건은 더 이상 적용되지 않는다. 이 책을 집필할 당시 이 지역에서 단연 최고의 경제 대국인 브라질이 대공황 이래 최악의 불황을 겪고 있다는 말이 들려왔다. 이 모든 것은 더 이상의 평준화에 대한 전망에 의혹을 던진다.[26]

끝으로 정부의 이전 확대는 가처분 소득 불균형을 방지하는 수단으로서 상당한 유명세를 타왔다. 예를 들어 정부 이전 지출액의 규모, 범위 및 분배의 변동이 금세기 첫 10년간 불평등 하락의 대략 절반을 차지한 브라질에서는 '보우사 파밀리아(Bolsa Familia: 저소득층 생계 지원 계획—옮긴이)' 프로그램이 1100만 명의 가난한 가족에게 손을 내밀어왔다. 그럼에도 불구하고 선진국에서 찾아낸 프로그램과 비교했을 때 중남미의 재분배성 이전의 실제 규모는 매우 낮았다. 수많은 빈민 가구의 존재는 비교적 미미한 이전(GDP의 1퍼센티지 포인트의 대략 10분의 3 이하)조차도 많은 사람의 삶에 영향을 미치고 평준화 효과를 낳게 할 가능성이 있는 게 사실이다. 하지만 서유럽에서는 총소득이 가처분 소득과 매우 다른 편인 데 반해, 중남미에서는 전혀 그렇지 않다. 여러 가지 이유가 거론되어왔다. GDP와 관련한 세금 징수 규모가 국제적 표준으로 봤을 때 작고, 소득세는 특히 낮다. 동시에 탈세가 만연해 있다. 부분적으로는 정부에 대한 불신 때문이고, 부분적으로는 비공식 부문의 규모가 크기 때문이다. 평균 소득세 면제 수준은 지역 전체 평균 1인당 GDP의 약 2배이며, 몇몇 나라에서는 누진 세율이 최고 소득 수준에만 적용된다. 따라서 국가 수입의 부족은 정부 이전을 위한 잠재력을 심각하게 제한한다. 엎친 데 덮친 격으로 일부 복지 계획은 순 불평등에 이바지한다. 연금과 실업 보험은 소득 분포의 상위 5분위수에 있는 이들, 주로 공식적인 고용 계약을 한 도시 노동자에게 치우친 혜택을 주고, 농촌 인구와 비공식 부문의 노동자를 차별한다. 오직 직접적인 현금 이전만이 소득 분포 중 낮은 절반에 속하는 국민을 지원한다는 점에서 다르다—그러나 이는 세입의 제약으로 방해받지 않고 더욱 퇴행적인 유형의 복지로 상쇄될 때에만 그렇게 할 수 있다.[27]

중남미의 국가 재정 재분배는 왜 이토록 취약한 것일까? 이 질문은 우리를 이 책의 중심 주제인 폭력적 충격의 변혁적 힘으로 되돌아가게 한다. 우리가 살펴봤듯 서구의 진보적 재정 시스템은 공산주의 정권하의 재분배가 다른 유형의 대격변에 뿌리를 두었던 것처럼 양차 세계대전에 굳건하게 뿌리를 내리고 있다. 이와 상반되게 경제 발전은 엄밀히 말해 재정의 재분배 수준을 나타내는 유용한 지표가 아니다. 서구 국가와 일본이 부자에게 세금을 걷고 야심찬 복지 제도를 구축하느라 바빴던 1950년에 1인당 GDP(1990년 국제 달러로)는 독일, 프랑스, 네덜란드, 스웨덴 및 영국에서 4000~7000달러 범위에 있었다. 그리고 캐나다는 일본의 2000달러에 가까웠고, 미국조차도 서유럽보다 극적으로 높지는 않았다. 이런 수치는 당시 아르헨티나와 베네수엘라 같은 선두적인 중남미 국가와 오늘날 더 넓은 범위의 중남미 국가와도 폭넓게 일치한다. 그에 상응하는 이 지역에서 실질적으로 가장 잘사는 8개국의 평균 1인당 GDP는 2010년에 7800달러였고, 훨씬 더 큰 표본에서는 평균 6800달러였다. 이 측정치로 볼 때 평균적인 아르헨티나, 칠레 및 우루과이 사람들은 1950년의 평균적인 미국인보다 현재 더 잘살고 있다.[28]

이것은 중남미 국가의 재정상 제약이 경제 실적으로 결정된 것이 아니었음을 보여준다. 전 세계적으로 폭력적 충격은 단지 20세기 상반기뿐 아니라 수백 년, 그리고 심지어 수천 년 동안 재정 시스템의 확장을 위한 필수 전제 조건이었다. 피비린내 나는 국가 간 전쟁과 변혁적 혁명은 중남미 역사에서 지난 2세기 동안 매우 보잘것없는 역할을 했을 뿐이다. 이는 어떻게 높은 불평등 수준이 그 지역 대부분에 걸쳐 집요하게 계속되어왔는지를 이해할 수 있게끔 해준다. 그 지역 특유의 다양한 특성이 이런 현상을 설명하기 위해 거론되어왔다. 가장 두드러지게는 인종차별주의 및 강제 노동과 노예 제도라는 식민지 제도의 치명적 영향, 그리고 클리엔텔리즘과 과두 정치 권력의 지속이 있다. 하지만 드러나지 **않은** 것이 그에 못지않게 중요할 수도 있다. 아니, 우리가 중남미와 그 밖의 세계 대부분 지역 사이에 존재하는 불평등의 순전한 규모에서 나타나는 그 변함없는 차이를 이해하려 할 때는 거의 틀림없이 훨씬 더 중요할 수 있다. 이런 배경을 놓고 봤을 때, 소득 평준화의 주요한 돌파구가 그럴듯한 것은 고사하고 실현 가능한 것인지조차 대단히 미심쩍다.[29]

교육에 대한 공공 지출, 외국의 투자·세수·이전과 관련한 정책 결정은 금세기 초반 이래 중남미에서 발생한 평준화의 많은 부분을 설명해준다. 좀더 순수하게는 경제적 요인이 유리한 국제적 여건 및 과거 위기로부터의 회복이라는 형태로 기여했지만, 이는 수명이 좀더 짧았던 것으로 판명되었다. 회복기는 자연히 사라지고 외부의 수요는 줄어들었다. 따라서 그 이상의 평준화를 달성하려면 교육 향상을 위해 더욱 공격적으로 국가 재정을 구조 조정하고(기술 프리미엄 하락이 수요 감소나 형편없는 교육적 성과에서 생겨난 혼재된 축복이라는 점을 고려하면), 재분배적 이전을 확대해야 할 필요가 있을 것이다. 10년 이전에 시작된 평준화 과정이 지속될 것인지—혹은 차라리 많은 나라에서 재개될 것인지—여부를 언급하기엔 너무 때 이르다. 지금부터 5년 또는 10년이 지나야 우리는 이런 추세의 지속 가능성을 더 제대로 감지할 수 있을 것이다.[30]

나는 중남미의 경험이 평화적 불평등 약화에 매우 한정적인 증거만을 제공하며, 적어도 폭력적 충격이 없는 지금으로서는 지속적이고 실질적인 평준화에 대해 아무 증거도 제공하지 않는다고 결론 내린다. 지난 150년간 불평등 증가의 단계는 서구의 거시경제적 위기 같은 외부 요인 또는 몇몇 경우 공격적이거나 폭력적인 정책과 연결된 단편적 사건의 반전들로 얼룩져왔다. 볼리비아 에보 모랄레스(Evo Morales) 대통령의 "만일 지적이고 직업적인 역량과 사회적 양심을 결합시킨다면, 여러분은 세상을 바꿀 수 있습니다"라는 명언에 동의하기는 어렵지 않지만, 중남미 역사는 폭력적 수단에 의한 평준화의 중요성에 이의를 제기하기엔 거의 도움이 되지 않는다.[31]

더욱이 이번 장과 앞장들에서 논의한 힘 중 어느 것도 물질적 불평등을 지속적으로 약화시키는 효과를 미쳐온 것 같지 않다. 평화적 토지 개혁과 채무 개혁, 경제 위기, 민주주의 및 경제 성장 역시 마찬가지다. 이 모든 것의 공통점은 그것들이 불평등을 완화할 때도 있고 아닐 때도 있다는 것이다. 간단히 말해, 성과에는 아주 조금이라도 획일적 추세가 없다. 근대의 경제 발전으로 인해 인적 자본의 중요성이 물적 자본의 중요성에 비해 증가해왔고, 인적 자본의 분배 불균형은 주로 교육 공급의 작용이기 때문에 후자에 관한 평준화 정책이 특별히 유망해 보일 수 있다는 것은 옳다. 그럼에도 불구하고 교육에 대한 투자가 임금 차등에 미치는 영향을 통해 사실상 비폭력 평준화의 실행 가능한 메커니즘으로 작용할 수 있다 하더라도, 역사적으로 이는 덜 평화적인 과정에 휘말려왔다. 20세기 미국에서 입증된 기술 프리미엄 파동은 또다시 사회 정책과 경제적 수익을 형성하는 데 전쟁의 중요성을 강조한다. 5장에서 살펴봤듯 이는 노동조합에도 똑같이 해당한다. 재분배를 위한 재정 및 복지 정책은 진정으로 가처분 소득 불균형을 감소시키지만, 그런 정책의 규모와 구조는 역시 폭력적 충격과 그 장기적 영향이라는 유산에 구속되는 경향이 있다. 한쪽에는 서구와 동아시아의 불평등 그리고 다른 한쪽에는 중남미의 여건이 있고, 그 둘을 대조하는 것은 우리에게 이 근본적인 연관성을 상기시킨다. 불평등의 압착을 초래하는 대안적 원인을 검토하고 난 뒤에도 실제적이건 잠재적이건 폭력이 오랫동안 평준화를 일으키는 정책적 조치의 결정적 촉매제였다는 사실에서 벗어나기는 힘들다.

14

만일 이랬다면? 역사로부터 반사실로

"태양 아래 새로운 것은 없다?": 역사의 교훈

역사는 불평등의 역학에 대해 우리에게 얼마만큼 가르쳐줄 수 있을까? 나의 대답은 '많다'이다. 그러나 우리가 알아야 할 모든 것은 아니다. 전자에서 시작해보자. 물질 자원 분배의 불균형 증가는 집중적 경제 성장으로 가능하지만, (언제나) 거기에서 직접적으로 초래되는 것은 아니다. 비록 실질적 불평등이 매우 낙후한 나라에서조차 극단적 수준에 도달할 수 있다 해도, 그리고 우리가 아는 한 정말로 그렇게 되는 일이 다반사였다 해도 명목상 불평등은 궁극적으로 최저 생계 수준을 넘어선 생산량 규모의 작용이었다. 즉 국가의 생산성이 높으면 높을수록 소수의 수중에 더 많은 자원이 집중되는 것을 뒷받침할 수 있다—실제로 반드시 그렇지는 않지만 적어도 이론상으로는 그렇다. (그 조건에 대해서는 부록에서 다뤘다.) 성장과 불평등 사이의 이러한 기본적 연관성은 수렵·채집에서 사육 및 재배로 넘어가던 인류의 대전환기에 가장 순수한 형태로 나타났다. 이런 전환은 자원의 불균등한 분배를 우선 그것이 일반적으로 가능해지도록 만듦으로써 대폭 강화시켰다. 이러한 과도기에는 쿠즈네츠식 차원이 결여되었음에 주목할 필요가 있다. 즉 일부는 수렵·채집인으로, 또 일부는 농부로 구성된 사회를 기꺼이 상상하지 않는다면, 우리는 일시적 불평등 증가의 이등분적 모델을 적용할 수 없다. 훨씬 더 중요하게, 사육 및 재배를 향한 움직임은 차후의 평준화에 대한 전망을 조금도 담고 있지 않다는 점이다. 정착 생활, 경작 및 세습적 물질 자산의 팽창은 폭력적 충격이 일어나지 않는 한 그것을 감소시킬 어떠한 메커니즘도 제공하지 않은 채 그저 잠재적·실제적 불평등 모두를 치솟게 했을 뿐이다.[1]

일단 사육 및 재배 그리고 농업 경제, 혹은 유기 연료 경제가 자리 잡고 나자 수천 년간 추가적인 과도기적 변화는 비교적 미미한 상태였고 당장은 식량 생산에서 도시 부문으로의 노동력 이동에 한정되었는데, 이는 불평등을 향한 기존의 압력을 배가시키는 경향이 있었다. 비농업 부문은 일정 수준 이상으로 절대 성장할 수 없었던 만큼 이번에도 균형을 잡아주는 메커니즘이 없었는데, 이로 인해 어떤 종류의 쿠즈네츠식 이행도 실현될 수 없었다. 하지만 경제 변동은 불평등의 진화를 주도하는 유일한 요인이었다. 사육과 재배는 강제력을 증대시켰고, 이전에는 생각도 할 수 없는 규모로 포식(predation, 捕食)을 부추겼다. 특히 상위층의 소득과 재산은 국가의 형성 그리고 정치적 권력 관계의 범위, 심도 및 편파성 확대로부터 막대한 에너지를 수혈했다. 이런 상황 아래서 격렬한 재난이 위계 서열, 착취 및 토지 소유권의 견고한 구조를 일시적으로 뒤흔든 경우가 아니라면 실질적 평준화가 일어날 가능성은 기껏해야 낮았다—그리고 대개는 사실상 불가능했다. 대중 동원 전쟁이나 혁명에서 비롯된 재분배 정책은 전근대 역사에서는 매우 드물었으므로, 이러한 충격은 주로 국가 실패나 대유행병의 형태를 띠었다. 이런 것들이 없었다면 국가 건설,

국가 간 경쟁 및 통치자와 엘리트 간 힘의 균형 같은 예측 불허의 변동이 어떤 특정 수준의 경제 발전을 위해 중재하는 가운데 불평등은 높은 수준으로 줄곧 유지됐을 것이다.

장기적인 조사 결과, 역사 기록은 불평등의 변동과 방금 개괄한 매우 기초적인 연관 관계를 넘어선 경제적 성과 사이에서 체계적 연결 고리를 찾는 일이 부질없는 일임을 시사한다. 전근대 국가들의 주요 평준화 동력 두 가지는 두 방향으로 갈린 경제적 추세와 나란히 가는 경향이 있었다. 따라서 국가 실패나 체제 붕괴는 일반적으로 1인당 평균 생산량을 둔화시켜 평준화가 더 극심한 가난과 함께 일어나도록 만들었지만, 주요 전염병은 그와 상반된 효과를 미쳐 맬서스식 제약이 완화함에 따라 1인당 생산성과 비엘리트 계층의 소비를 상승시킴으로써 평준화를 일으켰다. 우리는 또한 흑사병 이후 수세기 동안에도 불평등과 경제 성장 간의 직접적 관계에 유사한 결핍이 있었음을 관찰할 수 있다. 이 시기에 유럽의 역동적인 나라와 침체했던 나라 양쪽에서 불평등이 모두 증가했는가 하면, 근대 초기의 에스파냐와 포르투갈처럼 구조적으로 흡사한 국가마저 상이한 불평등 성과를 경험하기도 했다. 매우 개략적으로 얘기하자면, 전근대의 불평등 진화에서는 경제 발전의 더욱 세세한 요소보다는 정치적 권력 관계 및 인구 변동이 훨씬 더 큰 역할을 했다.[2]

농업에서 산업 경제로, 그리고 유기 연료 경제에서 화석 연료 경제로 이행한 이후의 대전환은 소득과 부의 불평등에 미친 효과가 다양했다. 많은 게 특정 사회의 불평등이 이러한 변동이 있기 이전에 이미 얼마만큼 증가했느냐에 달려 있긴 했지만, 산업혁명은 보통 물질적 격차를 유지하거나 훨씬 더 강화하기까지 했다. 19~20세기 초에 산업화하고 있었을 뿐 아니라 소비재를 생산하던 국가에서 발견할 수 있는 이런 상황은 대중 동원 전쟁과 변혁적 혁명에서 비롯된 유사 이래 가장 폭력적인 충격으로 종료됐다.

수천 년의 역사는 결국 단순한 사실로 요약할 수 있다. 바로 문명의 새벽이 시작된 이래 계속 이어져온 경제적 역량과 국가 건설에서의 진전은 불평등의 증대를 선호하지만 그것을 제어하는 데는 거의 하등의 도움도 주지 못했다는 점이다. 1914~1950년의 대압착에 이르기까지(그리고 대압착 시기도 포함해) 어찌 됐건 폭력적 충격과 관련 없다는 게 십분 입증되었으면서도 사소하지 않은 물질적 불평등의 감소 사례를 찾기란 몹시 힘들다. 앞서 살펴보았듯 전근대의 사례는 16~18세기의 포르투갈 일부 지역과 아마도 17~19세기 중반까지 고립된 시기였던 일본에 국한된 듯하다. 근대 세계에서 스웨덴, 노르웨이 그리고 아마도 제1차 세계대전이 발발하기 바로 몇 년 전 독일의 급작스러운 불평등 약화는 좀더 장기적으로 봤을 때 어떤 추세로 판가름 났을지 말하기 어렵게 만든다. 이탈리아의 전개 과정은 이 표본에 많은 기여를 하기에는 여전히 지나치게 불확실하다. 내가 몇몇 사례를 간과했다 하더라도, 혹은 새로운 증거가 밝혀진다 하더라도 평화로운 평준화가 대단히 드문 현상이었다는 데는 의심의 여지가 없다. 그리고 많은 나라에서 격렬했던 1940년대를 벗어나고 한 세대 정도는 소득의 평준화와 특히 부의 평준화가 지속되었고 수많은 개발도상국에서도 서서히 약간의 진전을 보이기 시작한 것이 사실이다. 하지만 이런 과정을 그것이 얽혀 있는 놀랄 만한 폭력의 뿌리들로부터 풀어내는 것은 불가능하지는 않더라도 일반적으로 어렵다. 불과 몇 년 전만 해도 가장 촉망받는 평화적 평준화의 후보지로 보였을 중남미마저 실망을 안겨줄지 모른다.[3]

(가처분) 소득 분배의 불평등이 영원히 상승할 수는 없다. 어떤 특정한

발전 수준에서도 가처분 소득의 분배는 1인당 평균 생산량에 민감하고, 그러면서도 장기적으로는 꽤 엄격하기도 한 상한선에 의해 제약을 받는다. 나는 이 책 말미의 부록에서 이에 대한 근본적인 역학을 다룰 것이다. 역사는 폭력적 평준화 사건이 없을 때 불평등이 보통 그 이론적 극대치에 비해 매우 높았고 장시간 높게 유지될 수 있었음을 보여준다. 소득과 부의 집중에서 주목할 만한 증가는 폭력적 충격으로부터 회복하는 단계에서 발생했다. 고중세 시대, 유럽의 1500~1900년, 아메리카 대륙의 더 짧은 시기, 그리고 틀림없이 세계 대다수 지역의 지난 몇십 년간이 그랬다. 이런 반복적 추세는 매우 다양한 발전 단계—농업 사회, 산업 사회, 후기 산업화 사회 그리고 증가세는 물론 정체기에 있는 경제—에 걸쳐 적용되어온 일반적 표준을 가리킨다. 이런 수렴은 더욱 야심찬 비교문화적 연구와 이론화의 필요성을 부각시킨다. 내가 서두에서 언급했듯 간헐적 평준화 직후에 불평등을 거듭해서 끌어올린 다양한 힘에 관해 적절한 설명을 하자면 비슷한 분량의, 아니 훨씬 더 긴 또 한 권의 책이 필요할 것이다.

"주요 원인은 막대한 재산 불평등이었다": 불평등에서 폭력까지?

두 가지 중요한 질문이 여전히 남는다. 만일 폭력적 충격이 불평등을 줄이고 역전시키는 데 결정적이었다면, 이러한 충격은 반드시 일어날 수밖에 없었는가? 일어나지 않았다면, 폭력적 충격의 부재 속에서 불평등은 어떻게 버텼을까? 첫 번째 질문은 더 전통적인 것으로 역사적 인과관계와 관련이 있는 반면, 후자는 우리를 반사실적 추론의 결과를 고찰하는 쪽으로 안내한다. 나는 첫 번째 문제로 출발하겠다.

전근대 사회가 내부에 실질적으로 평화적 평준화의 씨앗을 품고 있었음을 시사하는 증거는 없다. 그러나 기존의 권력 위계, 소득 및 부를 뒤엎는 폭력적 전이가 외부의 원인으로 생겨난 무작위 사건이었는지, 아니면 상당 부분 높은 불평등에서 비롯된 긴장에 의해 발생한 것인지 우리는 어떻게 알 수 있을까? 초기 사회 대부분을 그토록 불평등하게 만들었던 바로 그 엘리트주의적 정책과 권력 격차 또한 그 사회의 궁극적 와해를 촉발했을 수 있다. 이는 외부 도전자에 맞서는 것은 물론, 잉여를 흡수하고 사유화하는 데 열중함으로써 통치자로부터 이질적 영역의 결속 수단을 빼앗는 국내 엘리트의 탐욕을 견제해야 했던 대제국 형성기에는 특히 그랬을 것이다. 2장에서 나는 중국과 로마 역사의 이런 경향에 대해 언급한 바 있다. 그러나 브랑코 밀라노비치의 말대로 다음에 나오는 항상성의 상호 작용을 구상하는 것으로는 충분치 않다.

> 불평등의 증가는 사실 흔히 파멸적 성격을 가진 힘에 시동을 건다. 그것은 최종적으로 불평등의 감소로 이어지지만, 그 과정에서 수백만의 인명과 막대한 양의 부를 포함한 많은 다른 것을 파괴한다. 매우 높은 불평등은 궁극적으로 지속될 수 없지만 저절로 하락하지는 않는다. 그것은 오히려 전쟁, 사회적 갈등 및 혁명 같은 과정을 발생시키고, 이것들이 불평등을 낮춘다.[4]

무심코 사용하는 '궁극적으로'는 이러한 관점의 심각한 약점을 부각시킨다. 만일 높은 불평등이 인류 문명의 기본 조건이라면, 이 조건과 지금껏 발생한 거의 모든 폭력적 충격 사이의 연관성을 상상하는 것은 너무나 쉽다—아울러 물질화하지 못한 비슷하게 그럴싸한 충격의 부재를 설명하는 것은 오히려 더욱 어려워진다.

국가 실패와 그러한 실패의 평준화 결과를 이론화하고 내생화하려는 가장 야심찬 시도는 인구생태학자에서 역사가로 전환한 피터 터친이 수행한 연구다. 그의 장기적 주기(cycle)에 관한 종합 이론은 대략 예측 가능한 시간의 틀 안에서 거시사회적(macrosocial) 구조를 약화 및 회복시키는 이상적이고 전형적인 전개 과정의 순서를 기술한다. 인구 증가는 수용력에 압박을 가하며 토지 대비 노동의 가치를 낮춘다. 이는 엘리트의 농축 및 불평등 증가에 기여하는 과정으로서 결국 엘리트 내부의 경쟁을 심화하고 최종적으로는 국가 붕괴로 이어진다. 이 위기는 인구 압박을 줄임으로써 인구 변동의 역학에 피드백을 주며, 기존의 엘리트를 더 큰 위험에 노출시키고, 국가 체제를 재건하는 신흥 전사 엘리트의 등장을 뒷받침한다. 이런 예측을 검증하기 위한 역사적 사례 연구는 인구학적·재정적 요인보다 엘리트의 행위와 경쟁의 중요성을 으뜸으로 강조한다.[5]

이런 종류의 내생적 접근법은 전염병처럼 그 효과가 불평등을 포함하는 사회적 조건에 의해 중재되긴 하지만, 결코 그것에 의해 초래되지 않은 부분적인 혹은 완전히 외생적인 힘의 중요성을 경시할 위험이 있다. 하지만 폭력적 충격은 마땅히 내부에서 생겨나 소득과 부의 집중에 발생하는 파동에 관한 좀더 항상성 있는 모델을 생산할 수 있으므로 이는 이 책의 핵심 논지에 영향을 주지 않는다. 그 근본 원인과 상관없이 필수적인 충격의 성격은 예외 없이 폭력적이었다. 문제는 단지 그러한 충격이 물질적 불평등으로 발현된 정치적·사회적·경제적 불균형에 얼마나 깊이 뿌리를 내리고 있느냐는 것이다. 더 많이 뿌리를 내렸을수록—아울러 변혁적 혁명과 국가 실패의 사례는 이 과제를 검사하는 데 단연 풍부한 토대를 제공한다—우리는 국가 형성 그리고 엘리트의 행동과 인구 변동이 주도한 구조적 불평등이라는 일관된 분석적 내러티브에 더욱 제대로 폭력적 평준화를 통합시킬 수 있을 것이다. 이 문제에 관한 진지한 관심은 별도의 저술을 필요로 할 것 같다. 지금으로서는 그저 경고를 발하고 싶을 뿐이다. 장기적 주기 이론이나 그에 상응하는 자립적 모델을 뒷받침하는 적절한 사례를 선별하는 것이 상대적으로 쉬울 수 있겠지만, 최종적으로는 기록된 역사 전체를 통틀어 얼마나 제대로 작동하느냐의 관점에서 이런 시각을 평가할 필요가 있다.

1800년경의 프랑스, 잉글랜드, 네덜란드, 에스파냐 및 아메리카 대륙의 에스파냐 식민지의 경우를 생각해보자. 우리가 말할 수 있는 한 불평등은 이 모든 곳에서 한동안 높았든가 또는 높아지는 중이었다. 프랑스 혁명은 인구 변동의 압박, 엘리트의 탐욕 및 고통스러운 불평등의 한 주기가 폭력으로 종료된 교과서적 사례로 즉각 받아들여질 것이다. 오랫동안 부의 불평등 수준이 증가해온 것으로 특징지어지는 네덜란드에서는 반(反)왕정파가 프랑스의 무장 개입에 의존하면서 바타비아공화국(Batavian Republic)을 공표했는데, 이는 내부의 여건과 외생적 요소 모두와 관련지어 설명할 수 있는 장기간 들끓고 있던 국내 갈등의 결과였다. 에스파냐의 불평등 또한 마찬가지로 수세기 동안 상승해왔지만, 어떤 주요 위기로도 치닫지 않았다. 측정할 수 있는 방식으로 소득 분배에 변동이 생기려면 여러 차례의 외세 침공, 즉 대체로 외생적인 연속적 사건이 필요했다. 이것이 에스파냐 통치에 맞선 중남미의 반란을 차례차례 촉발했는데, 이 과정 역시 원인은 국가 내부의 긴장과 반도 전쟁(Peninsular War)이라는 외생적 계기 모두로 추적해볼 수 있다. 끝으로, 이 모든 다른 나라와 유사한 물질 자원 분배 수준을 보유하고 있던 잉글랜드는 어떤 굵직한 내부의 격변도 전혀 겪지 않았다. 상이한 성과를 정치 체제의 다양성 혹은 전쟁에서의 실적의 결과로 보고 싶은 마음이 굴뚝같지만, 더 많은 혼란 변수를 논의 선상에 올려놓을수록 광범위한 실제 사례에 일관성 있는

외생성 이론을 적용하기가 더 어려워진다. 아직 해야 할 작업이 많다.[6]

"우리 시대의 평화": 대안적 성과

이것은 나의 두 번째 질문에도 똑같이 적용된다. 역사는 한계가 있다. 불평등에 관한 모든 역사적 해석은 반드시 (우리가 생각하기에) 실제로 일어난 일에 초점을 맞추고 그것이 왜 일어났는지 설명하려 한다. 일어나지 않은 일은 이야기에서 제외한다. 역사학자로 활동하면서 나는 이와 관련해 현실에 안주하기 쉽다는 것을 알고 있다. 우리가 만일 많이 인용되는, 레오폴트 랑케(Leopold Ranke)가 1824년에 한 말처럼 "wie es eigentlich gewesen"—즉 실제로 일어난 것—의 탐구를 역사가의 임무로 여긴다면, 내가 할 일은 끝났다. 역사 기록은 고대부터 20세기에 이르기까지 폭력적 충격이 가장 강력한 평준화의 동력이었음을, 그리고 비폭력적 메커니즘은 일반적으로 그에 맞먹는 성과를 끌어내지 못했음을 보여준다. 그러나 좀더 사회과학적 성향이 있는 이들이라면 동의하지 않을 것이다. 반사실에 대한 명시적 고찰은 우리로 하여금 관찰된 결과를 초래한 근본 요인을 더욱 자신 있게 발견하도록 해준다는 이유 하나만으로도 아마 역사에 좀더 기여할 것이다. 그러므로 우리는 또 하나의 질문을 던져야 한다. 평준화를 이룬 폭력적 충격은 그것이 없었을 경우 평화로운 바로잡기(correction)에 관한 다른 스토리로 전개됐을 역사를 단지 망쳐놓았던 것은 아닐까?

대부분의 인류 역사에서 이런 계통의 질문이 막다른 골목으로 보이는 것은 사실이다. 로마 제국이 멸망하지 않았다면, 귀족은 그들의 엄청난 부를 억압받는 대중과 나누었을까? 흑사병이 강타하지 않았다면, 잉글랜드 노동자는 고용주를 설득해 자신들의 임금을 2~3배로 올렸을까? 이런 질문이나 이와 비슷한 모든 질문에 대한 답은 부정적일 게 틀림없다. 동일한 변화를 발생시켰을 아주 약간이라도 그럴 법한 대안적이고 평화로운 메커니즘은 없었다. 게다가 아주 장기적으로 보면 이는 의미 있는 질문도 아니다. 제국은 영원히 지속되지 않는 게 일반적이고, 전염병은 어느 시점이건 한때 발병하게 마련이었다. 끝없는 로마 제국이나 전염병 없는 세상은 현실적인 반사실이 아니다. 실제 충격이 일어나지 않았다면, 결국에는 다른 충격이 그 자리를 대신했을 것이다. 이런 의미에서는 아주 최근까지도 주기적인 폭력적 평준화에 대한 그럴듯한 대안은 없었다.

그러나 근대성이 어느 정도 게임의 규칙을 바꿨다면 어떻게 될까? 이 질문은 좀더 진지하다. 왜냐하면 대량 교육, 선거권 확대, 노동조합 및 그 밖에 수많은 산업 시대의 새로운 특징같이 평화적인 평준화를 가능케 했을 후보를 제시하는 것은 아주 쉽기 때문이다. 이 책의 메시지가 집요하게 암울했다고 한다면 맞는 말이다. 좀더 낙관적인 관찰자—가령 일종의 현대판 쿠즈네츠 곡선을 따라 산책하는 경제학자와 서구식 민주주의 및 여타 계몽된 체제의 수유를 받은 정치과학자—에게는 근대의 30년 전쟁과 그 기나긴 여파의 아수라장이 그저 근대성의 온갖 축복으로 초래된 내생적 평준화를 평화롭고 질서정연하고 적절하게 선취한 것이었을 수 있다. 역사가 아쉽게도 이런 이야기를 그 필수 요건인 순수한 방식으로 제공하지 않았다는 게 엄밀히 말해 그 사건이 일어나지 않았을 수도 있다는 말은 아니다.

물론 우리가 결코 확실히 알 수는 없겠지만, 그럼에도 불구하고 이 특별한 반사실을 좀더 심층적으로 밀고 나갈 필요는 있다. **만일** 세계대전과 공산주의 혁명이 **없었다면 어땠을까?** 완벽하게 평화로운 20세기란 얼토

당토않게 있을 법하지 않은 반사실적 가정처럼 보일 수 있다. 권력의 균형 및 유럽 주요 국가와 당시 그 지역 지배 계급의 특성을 고려할 때 어떤 유형의 산업 규모 전쟁은 필시 불가피했을 것이다. 그러나 전쟁의 타이밍이나 지속 기간과 격렬함—혹은 무엇보다 제1차 세계대전이 이미 마무리되고 난 뒤의 전쟁 재개—까지 반드시 필연적이었던 것은 아니다. 볼셰비키 사상이나 마오쩌둥주의의 승리 역시 이미 결정된 결론은 아니었다.[7]

이상적으로라면 우리가 2개의 서구 세계, 즉 총력전과 경기 침체로 만신창이가 된 하나의 세계와 손상되지 않은 채 존재하는 또 하나의 세계를 연구할 수 있다면 좋을 것이다. 이렇게 했을 때에만 우리는 생태계와 체제는 그대로 두고 경제적·사회적·정치적 추이의 상호 작용과 그것이 불평등에 미친 영향에 초점을 맞출 수 있을 것이다. 물론 이런 자연스러운 실험은 절대 가능하지 않다. 우리에게는 불편하고 관련국에는 비극적이게도, 세계대전이 '세계'라는 꼬리표를 달게 된 것은 그 전무후무한 지리적 범위 탓이다. 결과적으로 현실에서 반사실적 전개의 근사치는 비록 완전히 없지는 않지만 드물다. 미국과 일본 두 나라는 비교적 주변적인 방식으로 제1차 세계대전에 참가했다. 미국의 공식적인 참전은 19개월이었고(작전 기간은 이보다 훨씬 짧았다), 징병율은 유럽보다 훨씬 낮았다. 일본의 참여는 매우 미미했다—다른 참전국과 비교해서뿐 아니라 10년 전 이 나라가 러시아와 큰 이권을 놓고 다툰 전투를 기준으로 해도. 유럽의 주요 교전국과 달리 두 나라에서 상위 소득 점유율의 하락은 반짝하고 말았음이 밝혀졌고, 불평등의 재도약에 의해 재빠르게 원상태로 돌아갔다.

제1차 세계대전 때보다 전 지구적으로 판이 훨씬 확대된 제2차 세계대전은 그나마 더 적은 대안을 제공한다. 내가 5장에서 밝혔듯 실질적으로 전쟁과 결부되지 않았거나 영향을 받지 않은 선진국을 탐구하는 것은 다소 가망이 없어 보인다. 스위스가 우리에게는 최상의 선택지일 수 있겠다. 양차 세계대전 동안 상위 부의 비중이 아주 낮았고 일시적으로만 하락했으며, 1933년 신고제를 시행한 이래 상위 1퍼센트의 소득 점유율도 꽤 안정적이었다. 이로써 우리에게는 중남미의 가장 잘사는 나라들—서구와 상당히 다른 체제적·생태적 특성을 감안하면 의심스러운 비교 대상임에도 불구하고 우리가 기대할 수 있는 최상의 사례—이 남는다. 그중 (남아프리카공화국처럼) 아르헨티나는 제2차 세계대전 중 소득 불평등의 증가를 경험했고, 평준화 및 재정적 확장 양쪽의 관점에서 봤을 때 선진국보다 뒤처졌다는 점이 매우 두드러진다. 이 나라의 평준화와 재정적 확장은 1945년 이후에야 발생했고 국외의 영향이 없지 않았다. 따라서 아무리 적더라도 우리가 확보한 모든 증거는 주요 평준화가 대중 동원 전쟁과 혁명의 부재 속에서 일어나지 않았을 것이라는 생각과 일치한다.[8]

말할 필요도 없이 이런 추측은 절대 최종 결론이 아니며, 혹자는 산업 국가에서 평화적인 평준화가 진행되려면 단지 더 많은 시간이 필요했을 것이라고 매우 합리적인 주장을 펼 수 있다. 만일 그런 추가적 시간이 주어졌더라면, 그리고 만일 우리가 20세기 전반에 걸쳐 주요한 폭력적 충격이 없는 세상—혹은 다소 덜 그럴싸해 보이기는 하지만 진짜 일어난 이런 전쟁이 신속히 마무리되고 새롭게 지속적인 권력의 균형 상태로 이어진 세상—을 그리기에 충분한 불신감을 접어둘 수 있다면, 전 지구적 (특히 서구의) 불평등은 어떻게 진화했을까? 우리가 유일하게 확신할 수 있는 것은 일어나지 **않았을** 일들이다. 자본의 파괴와 가치 하락, 재정의 공격적 재분배, 경제 영역에서 국가의 갖가지 개입이 없었을 테니 소득과 부의 불평등은 1914~1940년대 말에 일어난 수준만큼 그렇게까지 많이 떨어지

그림 14.1 반사실적 가정으로 본 20세기의 불평등 추세

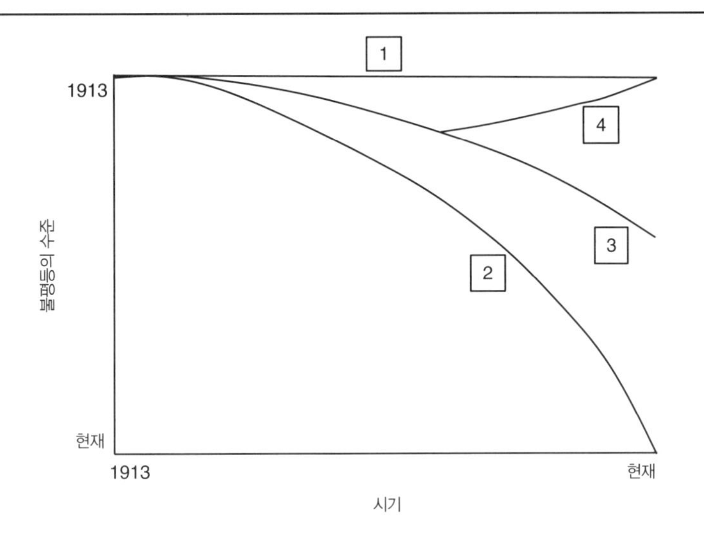

지는 않았을 것이다. 우리가 관찰한 평준화 규모가 너무나 극적이므로 아주 조금이라도 그럴 법한 반사실적 메커니즘을 가정한다 한들 단 한 세대만에 유사한 변화를 일으키지는 못했을 것이다. 그렇다면 대신 무슨 일이 일어날 수 있었을까?

20세기 전 기간에 걸쳐 이상적이고 전형적인 네 가지 결과를 고찰해보자(그림 14.1의 1~4). 그중 우리가 '비관적' 시나리오라고 부를 수 있는 첫 번째 시나리오는 이미 19세기를 특징지었던, 그리고 유럽에서는 중세 말엽의 흑사병 쇠퇴기, 미국에서는 적어도 독립까지 거슬러 올라가는 패턴의 지속—소득과 부의 집중이 증가하고 안정을 찾는 지속적 단계의 연속—이다. 이런 세계에서 서구(그리고 일본)의 불평등은 높지만 비교적 안정적이었을 것이며, 단단히 입지를 굳힌 금권 정치가들이 지배하는 도금시대(Gilded Age, 鍍金時代: 남북 전쟁 이후 미국 경제가 급속도로 성장한 시대. 일반적

으로는 경제 성장과 금권 정치 시대를 가리킴—옮긴이)가 끝없이 지속됐을 것이다. 몇몇 서구 국가는 물론 중남미 전체에 걸쳐 불평등은 훨씬 더 상승했을 테고, 불평등이 이미 높을 대로 높았던 다른 곳들—특히 영국—에서는 평준화되었을 것이다.

이런 결과는 전근대 역사의 장기화한 안정기에는 더할 나위 없이 현실적이지만, 20세기에 관한 한 턱없이 낮잡은 것처럼 보일 것이다. 서구의 많은 국가는 이미 1914년 이전에 수십 년간 사회보장법 및 소득세 또는 상속세를 도입하고, 선거권을 확대하고, 노동조합을 허용하기 시작했으니 말이다. 이런 노력은 이후 세대의 기준으로 봤을 때는 별것 아니더라도, 재분배 제도의 대대적 확장 및 그다음 두 세대가량 전개됐던 복지 국가를 위한 제도적·개념적 토대를 다졌다. 추정컨대 우리의 평화로운 반사실적 세계에서도 이런 정책은 속도는 조금 더뎠을지언정 계속 진행됐을 것이다. 결국은 이것이 불평등을 축소시켰을지도 모른다.

그렇다면 이런 식으로 우리는 어디까지 갈 수 있을까? 나의 두 번째 시나리오는 가장 '낙관적인' 반사실이다. 이러한 버전에서, 사회 정책과 대량 교육은 느리지만 확실하게 소득과 부의 점진적 분산을 초래했을 것이다. 이 자연스러운 과정이 실제 현실에서는 수십 년 전, 대개는 1970년대 또는 1980년대 들어 대부분 혹은 완전히 사라진 평준화를 지금쯤 거의 따라잡았을 정도로 말이다. 그러나 격렬한 대압착이 일어나지 않아도 결국 단지 시간만 지나면 유사한 규모로 불평등이 약화했을 것이라는 가정에는 심각한 문제점이 즐비하다. 가장 중요하게는 자본과 자본 소득을 처리해야 한다. 부상하는 사회민주주의가 상속세를 조정하고 시장 경제에 개입함으로써 틀림없이 자본 소득의 차액을 조금씩 갉아먹었겠지만, 과연 자본이 어떻게 폭력적 충격이 없는 가운데 그에 상응하는 규모로 파괴 및 가치 절하될 수 있었는지 알기 어렵다. 20세기의 평준화는 자본과 관련한 현상이었던 만큼 파괴가 덜한 환경은 얼마나 많은 시간이 소요되느냐와 상관없이 전반적 불평등에서 동일한 하락이 발생하는 걸 훨씬 더 힘들게 만들었을 것이다.

그 밖에 현실적으로 존재하는 조치, 즉 90퍼센트를 초과한 한계 소득세율, 몰수나 다름없는 상속세, 임금과 임대료와 배당의 통제 같은 기업 활동, 자본 수익에 대한 국가의 대규모 개입 등 다수의 조치 역시 우리의 평화로운 반사실적 세계에서는 시행됐을 가능성이 낮다. 몇몇 나라에서 임대 소득자를 전멸시킨 한 차례의 파멸적 인플레이션도 없었을 것이다. 또한 1917년 이후의 러시아, 1945년 이후의 중유럽, 1950년 이후의 동아시아와 동남아시아에서 그 직접적 발현을 통해서뿐만 아니라, 서구와 동아시아의 자본주의자들에게 일종의 절제 장치(disciplining device)로 작용한 간접적 영향을 통해 평준화를 가져온 공산주의의 효과도 삭제할 필요가 있다. 끝으로, 평화로운 반사실의 세계는 무역과 자본의 흐름을 억제하고 거기에 관세와 할당량을 비롯한 온갖 통제를 포함하는 다양한 장벽을 부추긴 1914년 이후 세계화의 공백 같은 것을 겪지 않았을 것이다. 현실 세계에서 그 결과는 제2차 세계대전 이후에야 산업화한 시장 경제에 의해 점진적으로 극복되었고, 개발도상국에는 한층 더 크고 오래가는 영향을 미쳤다. 어떤 면에서 세계화는 1970년대까지 완전히 회복하지 않았다. 폭력적 충격의 부재 속에서 우리는 현재 방해받지 않고 지속된, 진정으로 글로벌한 경제 통합의 150년을 되돌아보고 있는지도 모른다. 이러한 경제 통합은 뒤늦었거나 어쩌면 여전히 마무리되지 않은 탈식민지화, 그리고 중심과 주변부 모두의 엘리트를 위한 뜻밖의 부수적인 소득과 결부되어 있다.[9]

이 모든 강력한 평준화 동력이 부재하는 반사실을 가정해보면, 가장 그럴 법한 성과는 실제 역사에서 관찰한 것보다 (훨씬? 얼마나 훨씬 더?) 작은 규모의 평화로운 평준화일 것 같다. 그러나 나의 세 번째 '중간' 시나리오인 이것마저도 어쩌면 지나치게 낙관적일지 모른다. 우리가 반사실 세계의 기술적 발전이 현실 세계의 기술적 발전을 반영한다고 가정한다면(이런 가정은 긴 안목으로 보면 타당해 보인다), 오늘날 동시대의 관찰자를 내리누르며 불평등을 부추기는 많은 압력—부문별 소득 격차의 부활에서부터 기술적 진보와 정보화로 가능해진 세계화의 심화에 이르기까지—이 우리 자신이 살아가는 세계에서 도달한 수준 전후 어딘가로 불평등이 거의 하락하기 전까지 그 위력을 주변에 발휘하고 있지 않을까? 아울러 세계대전의 폭력적 충격으로 다져진 적이 없던 국가들은 그런 압력을 견뎌낼 역량이 더 떨어지지 않을까?

네 번째이자 마지막인 이 시나리오에서 불평등은 사회민주주의와 대량 교육이 엘리트 사회의 부의 축적을 감소시킴에 따라 20세기의 2/4분기와 3/4분기 동안 사실상 어느 정도까지 떨어졌을 테지만, 그 이후부터는 실제 세계에서 그랬던 것과 똑같이 특히 앵글로색슨 국가들에서 다시 반등했을 것이다. 나의 네 가지 반사실 중 가장 그럴듯한 이 시나리오의 경우, 불평등은 틀림없이 1세기 전에 만연했던 수준으로 되돌아갈 것이며, 우리 자신이 현재 처해 있는 상황보다 더 나쁜 지점으로 우리를 데려다놓을 것이다(그림 14.1).

이러한 이상적이고 전형적인 반사실의 상대적 장점을 좀더 상세히 하나하나 따져보는 것이 아무리 소득 없는 일일지라도, 실질적 평준화가 폭력적 충격이 부재한 가운데 발생했다면 과연 얼마나 많이 달라질 수 있을지 이해하는 데 도움을 준다. 무엇보다 첫째, 이 개념을 뒷받침할 실증적 증거가 우리에게 거의 없기는 하지만, 근대성의 조건 아래서 점진적인 평화적 평준화의 실행 가능성을 감안해야만 한다. 둘째, 우리는 비교적 평화로운 여건을 가진 한 세기를 추가로 상정해야 한다. 반사실에서 비슷하게 격렬한 모든 충격은 그 타이밍 및 세부 내용과 무관하게 우리를 실제 세계에 가까운 근사치로 다시 데려갈 것이며, 단순히 폭력적 평준화의 우위를 강화할 것이다. 셋째, 우리는 20세기 초에 존재했던 자본 집중이 대규모의 폭력적 전이에 의지하지 않고도 원상태로 돌아갈 수 있을 것이라고 어느 정도 가정할 필요가 있다. 그러자면 상상의 나래를 더욱 활짝 펼칠 수밖에 없다. 그리고 넷째, 우리는 그런 모든 평준화가 우리가 지난 세대 동안 관찰했던 불평등화의 동력으로 인해 역전되지 않을 것이라고 믿어야 한다. 앞의 세 조건은 어떤 유의미한 비폭력 평준화가 일어나려 할 때는 무조건 적용될 테고, 네 가지 조건 전부 우리가 오늘날 살아가는 세상에 존재하는 불평등 수준에 접근하자면 필요할 것이다. 이는 지나치게 무리한 요구이며, 주요한 폭력적 충격이 없다면 선진국은 오늘날 실제로 경험하는 소득과 부의 불평등보다 훨씬 더 높은 수준을 경험할 것임을 강력하게 시사한다. 진짜로 남은 질문은 그게 얼마나 더 높은가 하는 것뿐이다.

어떤 이들은 이러한 관찰을 적절치 않은 것으로 일축하고픈 마음이 들지도 모른다. 단지 입증이 불가능해서가 아니라, 무엇보다도 우리가 실제로 살아가는 세계가 아니기 때문이다. 그러나 이는 오판일 것이다. 근대성의 조건 아래서 평화적 평준화의 반사실을 추론하는 작업은 매우 구체적인 이유 때문에 중요하다. 불평등이 대압착이라는 전 지구적 폭력의 부재 속에서 감소했을지 여부를, 혹은 얼마나 많이 감소했을지 여부를 알 수 없다면 우리가 어떻게 현재나 미래의 평준화 전망을 판단할 수 있겠는가? 경쟁적으로 우리의 주의를 잡아끄는 지역적 위기에도 불구하고, 사실 오늘날 대부분의 인류가 살아가는 세상은 내가 반사실적 가정에서 개괄한 상대적 평화와 안정 및 통합된 경제의 세계다. 이런 조건은 어떻게 현재의 불평등을 형성해왔는가? 아울러 평준화의 미래에 대해 무엇을 암시하는가?

7부

돌아온 불평등과 평준화의 미래

15

우리의 시대

불평등의 부활

대압착의 세월을 보낸 마지막 세대는 급속도로 사라지고 있다. 제2차 세계대전에 복무했던 미국인 중 95퍼센트가 세상을 떠났고, 생존자는 대부분 90대다. 사람들만큼이나 평준화도 그랬다. 선진국에서 1914년에 시작된 대대적인 불평등의 하락은 오랫동안 서서히 희미해졌다. 10년 정도 차이가 나겠지만 대략 한 세대 동안 우리가 믿을 만한 자료를 입수한 모든 나라에서는 소득 격차가 증가해왔다(표 15.1과 그림 15.1).[1]

26개국의 표본에서 상위 소득 점유율은 1980~2010년 절반가량 증가한 반면, 시장 소득 불평등은 지니계수 6.5포인트—거의 보편적인 재분배 이전의 확대로만 부분적으로 흡수할 수 있었던 증가—가량 상승했다. 통계학상 1983년은 중요한 전환점이었다. 핀란드, 프랑스, 독일, 이탈리아, 일본 및 스위스에서뿐 아니라 전체 표본의 최빈값에서도 불평등의 하향 추세는 역전됐다. 앵글로색슨 국가들은 대부분 1970년대에 유리하게 출발했다. 불평등은 영국에서는 1973년에, 미국에서는 1973년 또는 1976년에, 아일랜드에서는 1977년에, 캐나다에서는 1978년에, 그리고 오스트레일리아에서는 1981년에 증가하기 시작했다. 미국의 임금 분산은 이미 1970년을 전후로 도약했다. 다른 지표들이 이런 상황을 확인시켜준다. 그에 상응하는 가계 가처분 소득 지니계수와 상위 대 하위의 소득 비중 비율은 보통 1970년대 또는 1980년대부터 증가했다. 1980년대 이래로 많은 OECD 국가의 중간 소득 인구 비율은 더 높거나 낮은 소득층에 비해 뒷걸음질 쳐왔다.[2]

더 면밀히 살펴보면, 이런 추세에는 거의 완벽하게 부분적인 예외마저 존재하지 않는다. 상위 소득 점유율에 대한 데이터의 범위가 고르지 않으므로 나는 표 15.1에서 단일한 기준 연도를 사용했다. 이런 절차는 불평등이 마치 에스파냐와 뉴질랜드에서는 약간 떨어지고, 프랑스에서는 변함없이 유지되는 것처럼 보이게끔 만든다. 만일 그 대신 5년 간격 이동평균을 적용한다면, 1990년경 이래 이 집단에서 상위 소득 점유율이 최소한으로라도 오르지 않은 나라는 하나도 없다는 게 명확해진다. 지니계수를 추적하기 위해 똑같은 방법을 따른다면, 가처분 소득 불평등이 오스트리아, 아일랜드 및 스위스를 제외하면 어디서나 증가했음을—아울러 시장 불평등은 결코 예외 없이 증가했음을—알 수 있다. 그리고 대부분의 경우 소득 집중은 훨씬 더 부각되어왔다. 상위 소득 점유율을 발표한 21개국 중 11개국에서 '1퍼센트'가 획득한 소득 전체의 비율은 1980~2010년 50~100퍼센트 넘게 상승했다.[3]

2012년 미국의 불평등은 많은 기록을 세우기까지 했다. 그해에 상위 1퍼센트의 소득 점유율(자본 이익을 포함할 경우와 제외할 경우 모두)과 가장 부유한 0.01퍼센트 가구가 소유한 개인 자산의 비중이 최초로 1929년의 최고 수위를 넘어섰다. 게다가 발표된 소득 분배 지니계수는 가장 부유

표 15.1 선별 국가들의 상위 소득 비중과 소득 불평등 동향, 1980~2010년

국가	지표	1980년	1990년	2010년	최저(연도)
오스트레일리아	상위 1퍼센트	4.8	6.3	9.2	4.6(1981)
	Gini(m)	35.5	38.1	43.3	
	Gini(d)	26.9	30.3	33.3	
오스트리아	Gini(m)	38.3(1983)	44.0	42.3	
	Gini(d)	26.6(1983)	28.4	27.4	
벨기에	Gini(m)	33.0	30.7	33.1	
	Gini(d)	22.6	23.0	25.2	
캐나다	상위 1퍼센트	8.1	9.4	12.2	7.6(1978)
	Gini(m)	34.9	37.6	42.2	
	Gini(d)	28.2	23.0	25.2	
덴마크	상위 1퍼센트	5.6	5.2	6.4	5.0(1994)
	Gini(m)	43.1	43.6	46.7	
	Gini(d)	25.5	25.8	25.3	
핀란드	상위 1퍼센트	4.3	4.6	7.5(2009)	3.5(1983)
	Gini(m)	37.5	38.2	45.1	
	Gini(d)	21.7	21.0	25.6	
프랑스	상위 1퍼센트	7.6	8.0	8.1	7.0(1983)
	Gini(m)	36.4	42.6	46.1	
	Gini(d)	29.1	29.1	30.0	
독일	상위 1퍼센트	10.4	10.5(1989)	13.4(2008)	9.1(1983)
	Gini(m)	34.4	42.2	48.2	
	Gini(d)	25.1	26.3	28.6	
그리스	Gini(m)	41.3(1981)	38.6	43.2	
	Gini(d)	33.0(1981)	32.7	33.3	
아일랜드	상위 1퍼센트	6.7	7.3	10.5(2009)	5.6(1977)
	Gini(m)	41.3	42.6	45.2	

	Gini(d)	31.1	33.1	29.4	
이탈리아	상위 1퍼센트	6.9	7.8	9.4(2009)	6.3(1983)
	Gini(m)	37.0	39.7	47.2	
	Gini(d)	29.1	30.1	32.7	
일본	상위 1퍼센트	7.2	8.1	9.5	6.9(1983)[a]
	Gini (m)	28.3	31.3	36.3	
	Gini (d)	24.4	25.9	29.4	
한국	상위 1퍼센트	7.5	–	11.8	[6.9 (1995)]
룩셈부르크	Gini (m)	–	31.3	43.5	
	Gini (d)	–	24.0	26.9	
네덜란드	상위 1퍼센트	5.9	5.6	6.5	5.3(1998)
	Gini(m)	33.8	38.0	39.3	
	Gini(d)	24.8	26.6	27.0	
뉴질랜드	상위 1퍼센트	5.7	8.2	7.4[b]	5.4(1988)
	Gini(m)	29.7	36.0	35.5	
	Gini(d)	28.1	22.9	23.1	
노르웨이	상위 1퍼센트	4.6	4.3	7.8	4.1(1989)
	Gini(m)	33.8	36.8	36.9	
	Gini(d)	23.5	22.9	23.1	
포르투갈	상위 1퍼센트	4.3	7.2	9.8(2005)	4.0(1981)
	Gini(m)	33.9	45.1	50.5	
	Gini(d)	22.4	30.8	33.3	
싱가포르	Gini(m)	(41.3)	(43.7)	46.9	
	Gini(d)	(38.3)	(40.8)	43.3	
남아프리카공화국	상위 1퍼센트	10.9	9.9	16.8	8.8(1987)
에스파냐	상위 1퍼센트	7.5(1981)	8.4	8.1[b]	7.5(1981)[c]
	Gini(m)	35.4	35.9	40.9	
	Gini(d)	31.8	30.2	33.3	

스웨덴	상위 1퍼센트	4.1	4.4	6.9	4.0(1981)
	Gini(m)	39.3	41.9	48.5	
	Gini(d)	20.0	21.4	25.8	
스위스	상위 1퍼센트	8.4	8.6–9.2	10.6	8.4(1983)
	Gini(m)	46.3	39.7	40.7	
	Gini(d)	30.3	32.2	29.8	
타이완	상위 1퍼센트	6.0	7.8	11.2	5.9(1981)
	Gini(m)	27.8	29.2	32.4	
	Gini(d)	26.3	27.2	29.6	
영국	상위 1퍼센트	5.9–6.7[d]	9.8	12.6	5.7(1973)
	Gini(m)	37.0	44.4	47.4	
	Gini(d)	26.7	32.8	35.7	
미국	상위 1퍼센트	8.2	13.0	17.5	7.7(1973)
	상위 1퍼센트(cg)	10.0	14.3	19.9	8.9(1976)
	Gini(m)	38.6	43.3	46.9	
	Gini(d)	30.4	34.2	37.3	
평균	상위 1퍼센트[e]	6.7	7.8	10.0	6.1(1983[f])
	Gini(m)	36.2	38.7	42.7	
	Gini(d)	28.0	28.1	29.8	
	이전	8.2	10.6	12.9	

m=시장 소득, d=가처분 소득, cg=자본 수익 포함.
a 1945년에는 6.4.
b 주 3 참조.
c 1980년 이전 데이터 없음.
d 1979년과 1981년.
e 남아프리카공화국 제외. 남아프리카공화국 포함 시: 6.9(1980), 7.9(1990), 10.3(2010), 6.2(최저, 1983). 괄호 안에 있는 수치는 불확실한 데이터에 기초한 결과임.
f 중위수와 최빈값.

그림 15.1 OECD 20개국 상위 1퍼센트의 소득 비중, 1980~2013년

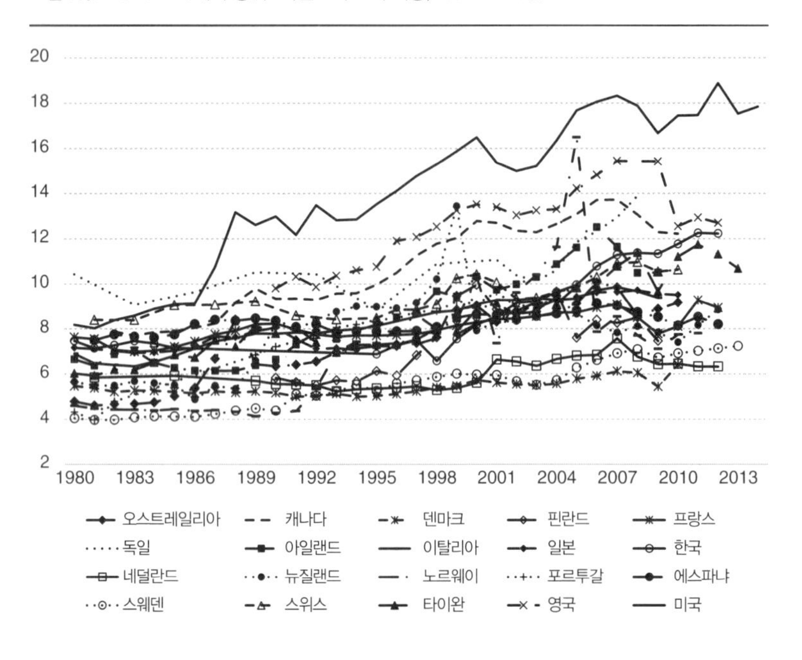

한 가구의 정보를 파악하는 데 고전했던 조사로부터 끌어낸 것이기에 실제 불평등 수준이 축소되어 나타났을 가능성이 매우 높다. 미국의 경우 다양한 조정이 훨씬 더 높은 지니계수 값을 시사하며, 시간이 지날수록 점점 더 그러한 양상이 나타난다. 따라서 1970~2000년 시장 소득 분배의 공식적 지니계수는 약 0.4에서 0.48로 올랐지만, 실제로는 1971년 0.41 정도에서 0.45로 올랐을 것이고 2010년 들어서는 0.52에서 0.58만큼 도달했을 수 있다. 가장 낮춰 잡은 수정치조차도 이런 불평등 측정을 1970년 0.41에서 2010년 0.52로 4분의 1 넘게 급등한 것으로 본다. 재분배는 이 추세를 아주 약간 감소시켰을 뿐이다. 1979~2011년 상위 1퍼센트의 연간 소득 증가분은 하위 5분위수에서 세금과 이전을 계산하기 전

평균 0.46퍼센트, 계산한 후 1.23퍼센트였던 것에 비해 각각 3.82퍼센트와 4.05퍼센트였다.[4]

이런 추세는 결코 표 15.1에 조사한 나라에만 국한되지 않았다. 7장에서 더 상세히 살펴봤듯 공식적인 혹은 실질적인 탈공산주의 국가는 물질적 불평등의 엄청난 증가를 목도했다. 이런 추이는 특히 중국에서 극적이었는데, 시장 소득 지니계수는 1984년 0.23에서 2014년 0.55 전후로 2배 넘게 뛰었고, 그에 상응하는 부의 집중 측정값은 1995년 0.45에서 2010년대 초 0.7대까지 올랐다. 그리고 2008년 이래 시장 소득 지니계수가 0.5를 웃돌았던 러시아에서도 마찬가지로 소련이 와해된 1991년 0.37 이상으로 높아졌다. (1980년대 초에는 훨씬 더 낮은 0.27이었다.) 일부 주요 개발도상국도 유사한 변동을 겪어왔다. 인도의 시장 소득 지니계수는 1970년대 중반 0.44~0.45에서 2000년대 말 0.5~0.51로 뛰었고, 상위 1퍼센트의 소득 점유율은 1980년대 말~1999년 2배가 됐다. 파키스탄의 시장 소득 지니계수는 1970년경 0.30대 초반이었던 것이 2010년에는 0.55로 폭등했다. 하지만 대부분의 개발도상국에서는 일관된 장기적 추세를 발견하기 어렵다. 가령 인도네시아에서는 1990년대에 쏠렸던 소득 집중의 엄청난 급증에서 회복세로 접어들긴 했지만, 지니계수와 상위 소득 점유율은 대략 1980년보다 여전히 더 높다. 나는 13장에서 아프리카와 중남미 불평등의 복합성에 대해 언급한 바 있다. 1980년대 말~2000년경 소득은 저소득 국가를 제외하면 (중하와 중상 및 고소득 국가는 물론 전 세계적으로) 모든 유형의 국가에서 더욱 불균등하게 분배되어왔다. 세계의 모든 지역에서 상위 20퍼센트의 소득 비중은 1990~2000년대 초 팽창했다.[5]

상이한 발전 수준을 가진 다양한 나라가 이런 불평등화 과정을 공유했다는 사실은 놀랍다. 두 가지 사례만 든다면, 러시아와 중국은 비록 둘

중 하나는 경제 붕괴를 겪고 다른 하나는 전무후무한 강력한 성장세를 누렸지만, 둘 다 소득과 부의 극심한 집중을 겪어왔다. 결과적으로 1990~2010년 1인당 GDP와 지니계수가 나란히 오름에 따라, 추출률—이론적으로 가능하면서 실제로도 도달한 불평등 수준의 최대치 비율—은 중국에서는 대부분 편평하게 유지됐지만 소비에트 수준의 생산량을 넘어서지 못한 러시아에서는 2배가 됐다. 전체적으로 중유럽과 동유럽 및 중앙아시아에서는 중앙 계획 경제에서 시장 경제로 이행한 결과 소득 불평등이 증가했지만, 동아시아에서는 강력한 경제 성장에 의해, 중남미에서는 2002년경까지 거시경제적 위기와 구조 변형에 의해 소득 불평등이 초래됐다. 이러한 조합과 더불어 광범위한 원인이 서구 선진국의 유사한 변화에 기여한 것으로 여겨져왔다.[6]

중남미를 제외하면 이 모든 국가의 공통점은 1910~1940년대의 대압착은 물론이고 그보다 약하긴 하지만 대압착의 평준화 분위기의 여파에 동참했다는 것이다. 직접적으로 세계대전에 관여했던 나라는 현재 세계의 명목상 GDP의 4분의 3 이상을 차지하며, 유럽의 방관자 국가들과 상당한 영향을 받은 구식민지를 포함하면 이 비율은 5분의 4까지 늘어난다. 따라서 최근 널리 퍼진 불평등 증가세는 일반적으로, 그리고 어쩌면 지속할 수 없을 정도로 낮은 수준까지 그것을 끌어내렸던 과거의 폭력적 충격의 평준화 영향이 완화된 쪽으로 이해하는 편이 가장 좋을 것이다.

시장과 권력

나는 인류의 여명기부터 20세기에 이르기까지 소득과 부의 불평등이 어떻게 진화했는지 개괄하는 것으로 이 책을 시작했다. 수천 년에 걸친 역사 기록을 표본으로 소수의 수중에 자원이 집중된 두 가지 주요 요인을 추적할 수 있었다. 요컨대 경제 발전과 소수의 활동이 경쟁적인 시장을 통해 벌어들이는 초과분(경제학자들이 '초과 이윤'이라고 부르는 것)에서 부를 전용할 만큼 충분히 권력을 가진 자들에 의한 포식적 행동(경제학자들이 '지대'라고 부르는 것)이 그것이다. 이러한 메커니즘은 오늘날까지도 건재하다. 불평등의 원인에 대한 현재의 논쟁은 본질적 요소로 축소했을 때 하나의 근본적 문제—한편으로는 공급과 수요를 통해 작동하는 시장의 힘, 그리고 다른 한편으로는 제도와 권력 관계의 상대적 중요성—를 중심으로 돌아가는 경향이 있다. 진지한 관찰자라면 이 모든 것이 선진국의 소득 격차가 증가하는 데 대단히 기여했음을 거의 부정하지 않을 테지만, 세부 사항에는 매우 많은 이론이 있다. 공급과 수요를 지지하는 자들이 과학기술, 전문성 및 효율적인 시장의 중심적 역할을 강조하는 여느 때보다 정교한 모델을 강구해온 터라 최근 몇 년간은 제도와 권력에 기초한 설명이 강세를 보여왔다.[7]

많은 관찰자, 특히 미국의 학자들은 소득 불평등이 증가한 원인을 고학력의 수익성에서 찾아왔다. 1981~2005년 고등학교 졸업자와 대학교까지 학업을 지속한 이들 사이의 평균 소득 격차는 48퍼센트에서 97퍼센트로 2배가 됐다. 이런 추이는 단순한 수익 불균형을 한참 넘어선다. 1980년대부터 2012년까지 남성 대졸자의 실질 수입은 학사 이상 학위를 가진 이들에게 최대 혜택이 생기면서 20~56퍼센트만큼 올랐지만, 고졸자는 11퍼센트, 고교 중퇴자는 22퍼센트 떨어졌다. 1980년경부터 2000년대 초까지 임금 분산의 증거 중 대략 3분의 2는 대졸 노동자가 이끄는 프리미엄 확대 때문인 것으로 여겨져왔다. 1960~1970년대의 전체 근로 시간에서 대졸자의 비중이 급속하게 늘어난 이후, 이러한 증가는 1982년경부터 둔화했고, 프리미엄은 숙련 노동의 수요가 공급을 앞지르면서 상승했다. 전체적으로 봤을 때 과학기술적 변동뿐만 아니라 세계화가 인간의 단순 반복 노동을 자동화로 대체하고, 제조업을 해외 생산지로 전환하고, 공식 교육과 기술 전문 지식 및 인지 능력에 대한 수요를 신장시키는 데 중요한 역할을 했을 수 있다. 중간 수준의 일자리가 대체되고 소득 분포에서 중산층이 사라짐에 따라 저임금의 노동 집약적 직업과 고임금의 추상 집약적(abstract-intensive) 직업 사이의 양극화를 몰고 왔다. 개발도상국에서는 과학기술의 변화가 불평등의 심화에 훨씬 더 강력한 영향을 주었을 것이다.[8]

교육 투자의 확대가 하나의 해결책으로 대두된다. 2004~2012년 미국의 대졸 노동자 공급의 재증가는 프리미엄의 평준화—비록 높은 수준에서이기는 하지만—와 동시에 일어났다. 기술 프리미엄은 영국을 제외하면 대부분의 유럽과 몇몇 동아시아 국가에서 꽤 편평하게 유지되거나 하락하기까지 했다. 국가별 차이는 고학력 노동자의 공급 수준과 연관이 있다. 사실상 교육 수익은 나라별로 굉장히 다양하다. 이를테면 스웨덴보다 미국에서 2배 높을 수 있다. 더 높은 학력 프리미엄은 더 낮은 세대 간 소득 이동성과 연관이 있기 때문에 특히 중요하다.[9]

그럼에도 불구하고 평자들은 이런 접근법의 많은 한계를 지적해왔다. 고임금과 저임금 직업군 사이의 양극화 현상을 증거로는 제대로 밝혀내지 못할 수 있고, 과학기술 변화와 자동화는 1990년대 이후의 임금 추이를 제대로 설명하지 못한다. 오히려 직업 간 차이보다는 직업 내부의 소득 차이가 불평등의 결정적 동인인 것처럼 보인다. 게다가 상위 소득의 막강한 상승은 교육과 관련지어 설명하기 특히 어려운데, 나는 이후에 다시 이 문제로 되돌아갈 것이다. 또 하나의 반전은 미국에서 학력과 고용

사이의 불일치 증가를 관찰할 수 있다는 사실이다. 노동자가 자신들이 하는 일에 비해 갈수록 필요 이상의 스펙을 갖추고 있다는 얘기인데, 이 또한 임금 분산 증가에 기여해온 과정이다.[10]

세계화는 보통 불평등화의 잠재적 동력으로 여겨진다. 세계화의 호전과 악화는 오랫동안 불평등의 파동과 관련지어져왔다. 19세기 하반기와 20세기 초에 최초의 세계화 물결은 불평등의 증가나 안정과(아울러 그것의 높은 수준과) 일치한 반면—서구에서뿐 아니라 중남미와 일본에서도—불평등은 전쟁과 대공황으로 유발된 1914~1940년대의 시기에는 하락했다. 1970~2005년까지 무려 80개국의 동향을 다룬 조사는 국제 무역 자유화 및 그와 함께 일어난 규제 완화가 불평등을 상당히 증대시켰음을 발견한다. 일반적으로 세계화는 경제 성장에 유리하지만, 엘리트들은 선진국과 개도국 양쪽에서 불균등하게 혜택을 보는 경향이 있다. 이런 불균형에는 몇 가지 이유가 있다. 한 추정에 따르면, 자본이 같은 비율만큼 증가하지 못하고 글로벌 인력에서 숙련 노동의 비율이 감소했음에도 불구하고, 중국의 자본주의 수용과 인도의 시장 개혁 및 소비에트 블록의 몰락은 실질적으로 세계 경제에서 노동자 수를 2배로 만들었고, 이로써 부자 나라의 불평등을 확대시켰다. 금융의 세계화는 외국인 직접 투자의 형태로 기술 프리미엄에, 어쩌면 자본 수익에까지도 점점 더 높은 압력을 가하며 고소득층 내부의 불평등을 상승시킨다. 그와 대조적으로 완제품 무역을 통한 저임금 국가와의 경쟁은 미국의 불평등에 미미한 영향만을 끼쳐왔던 것으로 보인다. 무역 세계화의 평준화 영향이 불평등을 촉발하는 자본 유동성과 겨루면서 세계 경제 통합 내에서 일어난 상쇄가 전반적 효과를 감소시킨 것이다.[11]

세계화는 정책 입안에도 영향을 줄 수 있다. 경쟁 심화, 금융 자유화 및 자본 유동성의 장벽 제거는 금융 개혁과 경제 규제 완화에 힘을 실어줄 수 있다. 결과적으로 세계화는 기업세 및 개인세에서 소비세로 과세를 변화시키는데, 이는 더욱 불균등한 세후 소득 분배와 연관되기 쉽다. 그럼에도 불구하고 최소한 현재 시점까지는 이론상으로 국제 경제의 통합과 경쟁이 특정한 유형의 재분배 정책만을 제약할 것으로 예측되고, 실제로 대부분 복지 지출을 약화시키지 않았다.[12]

선진국에서는 인구 변동 요인이 다른 방식으로 소득 분배를 침해해왔다. 이민은 미국의 불평등에 적은 영향만을 끼쳐왔고, 일부 유럽 국가에서는 평준화 결과를 발생시키기까지 했다. 역으로, 동류혼(assortative mating, 同類婚)—좀더 구체적으로 말하면, 결혼할 배우자들의 경제적 유사성 증대—이 가구들 사이의 격차를 확대해왔으며, 비록 이 효과가 1980년대에 크게 집중됐을 수 있지만 1967~2005년 미국 소득 불평등의 전체 증가분 중 약 25~30퍼센트를 유발한 원인으로 여겨져왔다.[13]

제도적 변화는 또 하나의 유력한 주범이다. 노조 가입률 하락과 최저 임금 붕괴는 소득 격차 증가에 기여해왔다. 정부의 분배는 노조의 밀도 및 임금 집단 협상과 비례 관계에 있다고 알려졌다. 노동자 조직과 고용 보호가 더 강할수록 기술 수익을 낮춘다. 좀더 일반적으로 노조 가입은 형평성의 규범을 제도화함으로써 임금 불평등을 압박하는 경향이 있다. 정반대 상황—탈노조화와 실질적 최저 임금의 하향 압박—은 결과적으로 소득 분배를 왜곡해왔다. 미국에서 1973~2007년 남성의 경우 34퍼센트에서 8퍼센트, 여성의 경우 16퍼센트에서 6퍼센트로 민간 노조 가입률이 하락한 것은 시급 불평등이 40퍼센트 이상 증가한 것과 때를 같이했고, 이 시기의 전반적 불평등화에서 기술 프리미엄 증가와 유사한 규모로 꽤 커다란 비중을 차지했다. 그에 비해 이 과정에서 최저 임금의 역할은 훨씬 더 작았다. 한편 더욱 공평한 유럽 대륙의 노동 시장 제도는 불평등의 증가를 제한하는 데 한층 효과적이었다.[14]

노동 시장의 제도가 노동에 대한 보상의 할당 방식 형성에 일조하는 것처럼 재정 관련 제도는 가처분 소득 분배를 결정하는 데 필수적 역할을 한다. 제2차 세계대전 와중에 그리고 이후에 많은 선진국의 한계 소득 세율은 사상 최고치까지 급상승했다. 이런 추세는 소득 불평등이 회복하기 시작하는 거의 같은 시기에 역전됐다. OECD 18개국에 관한 한 조사는 그중 2개국을 제외한 나라에서 1970년대 또는 1980년대 이래로 최고 한계 세율이 하락해왔음을 밝혀냈다. 상위 소득 점유율과 과세 부담은 특히 강한 상관관계를 가지고 있었다. 큰 폭의 감세가 있던 나라는 그 밖의 나라와 달리 상위 소득에서 상당한 증가를 경험했다. 부유세 규모의 추세도 똑같은 방향으로 흘러갔다. 막대한 상속세가 전후 시대에 거대 재산의 재구축을 방해한 반면, 차후의 세금 감면은 축적이 재개되는 것을 가능케 했다. 미국에서 자본 소득에 부과하는 세금의 감소는 세후 소득 전체의 비율을 증가시켰고, 자본 수익과 배당금의 상대적 비중이 대폭 상승한 데는 2000년대의 세금 감면을 동반했다. 1980~2013년 상위 0.1퍼센트 가구의 평균 소득 세율은 54퍼센트에서 40퍼센트로 떨어졌다. 미국 부의 분산에서 최근 증가분의 약 절반은 줄어든 누진 과세가 차지하는데, 그에 반해 소득 불균형의 증가는 대부분 임금 격차에서 비롯됐다. 최근 몇십 년간 대부분의 OECD 국가에서 재분배 규모가 커졌지만, 세금과 이전은 시장 소득 불균형의 증가세를 따라가지 못했고 1990년대 중반부터는 효과가 덜한 평준화 수단이 되고 말았다.[15]

세금, 기업 규제, 이민법 및 다양한 노동 시장 제도가 정책 입안자 손에서 결정되기 때문에 앞서 언급한 여러 가지 불평등의 근원은 정치적 영역에 단단히 고착되어 있다. 나는 이미 경쟁적인 세계화의 압력이 국가 차원에서 입법 결과에 영향을 미칠 수 있음을 언급했다. 그러나 정치와 경제적 불평등은 여러 가지 방식으로 상호 작용한다. 미국의 양대 정당은 모두 자유주의 시장 경제를 지향하는 쪽으로 전환해왔다. 지명 투표 분석은 1970년대 이래 공화당이 민주당의 좌편향 정도보다 훨씬 우편향으로 움직여왔음을 보여주긴 하지만, 후자는 1990년대의 재정 규제 완화 시행에 결정적 역할을 했고, 갈수록 전통적인 사회 복지 정책보다는 사회적 성별, 인종, 성정체성 같은 문화적 이슈에 초점을 맞췄다. 1940년대에 바닥을 쳤던 의회의 정치적 양극화는 1980년대 이래 급속하게 심화되었다. 1913~2008년 상위 소득 점유율의 추이는 양극화 수준을 바짝 따라붙었지만, 대략 10년의 간극만큼 뒤처진 채였다. 후자의 변동은 전자의 변화보다 앞섰지만, 움직이는 방향—처음에는 아래로, 그다음은 위로—은 일반적으로 같았다. 미국 경제에서 그 밖의 모든 부문과 비교했을 때 재정 부문의 임금 및 교육 수준도 마찬가지여서, 이 지표 역시 시차를 두고 정당 간 양극화를 뒤쫓았다. 따라서 엘리트의 일반적 소득과 특히 재정 부문의 소득은 입법부의 화합 정도에 대단히 민감했으며, 정체 상태가 악화하면 혜택을 봐왔다.

게다가 유권자 참여도는 부자 가구에 강하게 편중되어 있다. 1970년대 이래 전통적으로 낮았던 가난한 유권자의 투표율은 저소득 비시민권자 노동자의 대량 이민으로 증폭되었다. 2008년과 2010년 선거에서 유권자 참여율은 소득과 밀접한 연관이 있었고, 저소득에서 고소득 가구까지 직선형 증가로 특징지어졌다. 2010년 극빈층 가구는 겨우 4분의 1이, 그에 반해 15만 달러 이상의 소득 계층은 절반 이상이 투표를 했다. 미국의 '1퍼센트'는 정치적으로 더 활발하면서도 전체 인구에 비해 과세, 규제,

사회 복지에 관해 좀더 보수적이며, 이런 편향은 이 소득층의 최상위에서 훨씬 더 강하다. 끝으로, 명세서의 기부자 수가 엄청나게 늘었음에도 불구하고 선거 기부금 액수는 시간이 지나면서 더욱 집중되었다. 최고 소득을 벌어들이는 0.01퍼센트는 1980년대에 전체 선거 자금 기부액의 10~15퍼센트를 기여하곤 했지만, 2012년에는 전체의 40퍼센트 이상을 차지했다. 그 결과 후보자와 정당은 갈수록 갑부 기부자에게 의존하게 됐는데, 이런 추세는 흔히 목격할 수 있는 고소득 유권자의 입맛에 유리한 입법자의 편향을 더욱 강화시켰다.[16]

이 모든 것은 권력 관계의 이동이 과학기술적 변화 및 세계의 경제 통합으로부터 발생하는 불평등화의 압력을 보완하고 악화시키는 데 결정적이었다는 결론을 충분히 뒷받침한다. 요즘은 소득과 부의 분포에서 최상층의 변동이 특히 제도적이고 정치적인 요인에 민감했으며 때로는 극적인 결과를 산출했다는 데 갈수록 의견이 모이고 있다. 미국에서는 1979~2007년 시장 소득 증가의 60퍼센트가 '1퍼센트'에 의해 흡수된 반면, 전체 증가분의 9퍼센트만이 하위 90퍼센트에 돌아갔다. 같은 엘리트 집단은 하위 80퍼센트의 31퍼센트와 비교했을 때 전체 세후 수입 증가분의 38퍼센트를 자기 호주머니에 챙겼다. 미국 가구 중 최고 수익을 올린 0.01퍼센트의 비중은 1990년대 초~2010년대 초 2배 이상이 됐다. 분산은 일관되게 더 높은 소득 계층에 집중되었다. 미국에서 90번째 백분위수의 소득 비율은 50번째 백분위수에 비해 1970년대 이래 끊임없이 커졌음에도 불구하고, 50번째 백분위수(즉 중간과 하위 수준 사이)의 소득 비율은 10번째 백분위수에 비해 1990년대 이래 오히려 편평해졌다. 바꿔 말하면, 보수를 많이 받는 사람은 나머지 모든 이들로부터 점점 멀어지고 있다. 이런 추세가 보통 앵글로색슨 국가에서는 전형적이지만, 대부분의 다른 OECD

국가에서는 훨씬 더 약하거나 심지어 없기까지 하다. 그렇다 해도 결국 전반적 소득 불평등은 보편적으로 상위 소득 점유율에 민감했다. 많은 나라에서 1920년대부터 현재까지 상위 '1퍼센트' 가구 바로 아래 9퍼센트의 비중(약 20~25퍼센트)은 안정적이었던 반면, 상위의 비중은 훨씬 더 변덕스러웠다. 비슷한 경향을 상위의 부 점유율에서도 관찰할 수 있다. 이상의 모든 것은 최고 소득의 상대적 크기가 전체 불평등의 주요 결정 요인이며, 따라서 특별한 주의를 기울일 필요가 있음을 입증한다.[17]

왜 최고 소득자들은 다른 모든 이를 앞질러 왔을까? 경제학자와 사회학자들은 여러 가지 다른 설명을 내세워왔다. 어떤 이들은 회사 중역에 대한 보상과 기업 가치 증대 사이의 관계, 특정 관리 기술에 대한 수요 증가, 기업 이사회 조종에 능숙한 관리자에 의한 지대 추출, 그리고 자본 소득의 중요도 증대 같은 경제적 요인에 초점을 맞춘다. 정당 이익과 보수적 정책에 편향된 정치적 영향력 같은 정치적 이유, 금융 부문 규제 완화 및 세율 하락을 부각시키는 이들이 있는가 하면, 벤치마킹과 최고 보수 결정을 위해 소득이 높은 쪽으로 편향되었거나 소득 증가를 지향하는 표본을 사용하는 등의 사회적 과정의 역할 그리고 전반적 사회 규범과 공평성 개념의 변화를 강조하는 이들도 있다. 제도적인 이유의 비중이 커졌음에도 불구하고, 공급과 수요를 특히 중시하는 설명에 저력이 있다는 게 판명되었다. 시가 총액으로 표현된 팽창적인 기업 규모는 관리 역량의 미세한 차이조차 매우 특별한 것으로 둔갑시킬 수 있다. 따라서 미국에서 1980~2003년 6배 증가한 대기업의 증권 시장 가치는 같은 시기에 CEO 연봉이 6배 인상된 현상을 충분히 설명할 수 있다는 주장이 대두했다. 승자 독식 모델이라는 전제 아래 시장 규모의 증가는 저절로 최상위층의 보상을 신장시키리라는 것을 예상할 수 있다.

그러나 기업 규모와 임원 급료 사이의 상관관계는 더 장기적으로 봤을 때 지속적이지 않으며, 최근 몇십 년간만 해도 상위 소득에 편중된 증가는 회사 중역과 다른 '슈퍼스타'를 훨씬 뛰어넘어 확대되었다. 요컨대 미국에서는 기업의 중역과 엘리트 연예인과 운동선수들이 상위 소득자의 약 4분의 1을 차지할 뿐이다. 비교적 소수인 CEO 집단하고만 관계있는 관리 역량을 강조하는 설명으로는 다른 직위의 유사한, 혹은 훨씬 큰 상대적 급료 인상을 해명하기 어렵다. 과학기술, 특히 정보통신 기술의 변화가 불러온 종합적 효과와 나날이 커지는 특정 기업의 세계적 규모는 최고 관리자의 상대적 생산성을 상승시킬 수 있으며, 이는 그들의 소득 점유율이 비대해지고 있는 것과도 긴밀한 관련이 있다.[18]

하지만 평자들은 "부는 경제적 생산성과 거의, 아니 아무런 연관성이 없는 요인에 강하게 영향을 받는다"고 역설한다. 금융 부문에서 보상 수준은 규제 완화와 밀접한 관련이 있지만, 이는 눈에 보이는 요인만으로 설명할 수 있는 수준보다 훨씬 높다. 미국의 금융업계 근무자들은 1990년대까지 타 부문 근로자와 똑같이 학력에 따라 조정된 임금을 받았지만, 2006년에는 50퍼센트 프리미엄을 누렸다. 관리직의 경우는 무려 250~300퍼센트가량 상승했다. 이런 분산의 상당 부분은 여전히 설명되지 않고 있다. 기업 간부는 물론 금융 전문가에 편중된 이런 수익은 경쟁적인 시장에서 서비스를 확보하는 데 필요한 것을 초과하는 소득이라고 정의되는 지대의 추구(rent-taking)를 가리킨다. 1978~2012년 미국 CEO의 보상은 2012년 고정 달러로 876퍼센트 상승해 스탠더드 앤드 푸어스와 다우존스 주식 시장 지수의 344퍼센트와 389퍼센트 증가를 극적으로 앞질렀다. 아울러 1990년대에도 여타 상위 소득이나 임금에 비해 꽤 극적으로 증가했다.

교육의 수요 대비 공급은 이런 추이와 무관하며, 동일 학력 집단 내의 소득 분산을 설명하지 못한다. 사실 가장 수익성 높은 일부 일자리와 기업의 활동 영역에서는 사회적 기술이 교육보다 더 중요하며, 최고 경영진의 가치는 대부분 고객, 협력 업체 그리고 기업이 접근하고 통제할 필요 있는 관리자 등 양도할 수 없는 인맥에서 그들이 차지하는 지위로 매겨진다. 연쇄 효과 역시 주목할 필요가 있다. 치솟는 경영진 보상과 경제의 '금융화'는 최근 상위 소득 증가의 부분적인 직접적 원인이 되기는 하지만, 법과 의료 같은 여타 부문에 그것이 미치는 영향은 불평등화 효과를 증폭시켜왔다. 게다가 OECD 국가 전반에 걸쳐 상위 소득 점유율이 최고 한계 세율 감소로 혜택을 보면서 좋은 지위에 있는 근무자의 우대 조치는 민간 기업을 넘어 공공 영역으로도 확대되고 있다. 거대한 재산의 탄생은 많은 부분 정치적 영향력과 포식적 행동 덕분인 경우가 흔하지만, 비서구 국가에서는 권력 관계가 훨씬 더 중요하다. 중화인민공화국에서 정치적 배경을 갖고 있거나 정치 쪽에 막강한 연줄을 쥔 CEO는 대부분 그런 이유 때문에 다른 사람보다 많은 보상을 받는다.[19]

결국은 자본이다. 자본은 으레 부자 가구에 소득보다 더욱 불균등하게 분배되고 더 강하게 집중되기 마련이기 때문에, 자본 소득의 상대적 중요성이나 부의 집중이 조금이라도 높아지면 소득 불평등을 밀어 올릴 가능성이 높다. 자본의 부활은 피케티의 최근 저서의 중심 주제다. 이런 추세는 대압착 기간에 급락했던 국민 소득 대비 국부의 비율이 회복한 데서 가장 극명하게 나타난다. 대압착 이래 자본의 상대적 규모는 많은 선진국에서 상당히 커졌고, 전 세계적으로도 마찬가지다. 유사한 경향이 국민 소득 대비 개인 자산의 비율과 가처분 소득 대비 개인 자본을 상승시켜왔다. 이런 추이가 불평등에 미친 전반적 영향에 대해서는 아직 의견이 분분하다. 평자들은 이런 증가 대부분은 민간 부문 주택의 가치 상승을 반영하며, 자본금 대비 주택의 기여도 계산 방식을 조정하면 1970년대 이래 몇몇 주요 국가의 자본/소득 비율은 증가보다 안정세를 가리킨다고 주장해왔다. 아울러 이 기간 동안 많은 OECD 국가에서 국민 소득 중 자본 소득의 점유율은 상승세를 달려왔지만, 최고 소득층의 자본 소득과 임금 소득의 상대적 비중은 1970년대에서 2000년대 초까지 초지일관 변함이 없었다.[20]

부의 불평등이 걸어온 경로는 몇 갈래로 나눌 수 있다. 1970년대 이후 가장 부유한 1퍼센트 가구의 개인 자산 비율은 프랑스, 노르웨이, 스웨덴 및 영국에서는 거의 달라지지 않았다. 네덜란드에서는 하락했고, 핀란드에서는 약간 증가했다—그리고 오스트레일리아와 미국에서는 더 강하게 증가했다. 미국의 부는 소득보다 훨씬 더 급속하게 집중되었다. 이 과정은 특히 매우 부유한 층에서 두드러졌다. 1970년대 말~2012년 '1퍼센트'가 보유한 개인 자산 전체의 점유율은 2배가 약간 넘게 늘어났지만 부유한 0.1퍼센트에서는 3배, 전체 가구의 상위 0.01퍼센트에서는 자그마치 5배가 됐다. 이는 자본 소득 분배에 극적인 파급 효과를 가져왔다. 같은 기간 과세 대상 자본 소득 전체에서 '1퍼센트'가 차지한 비중은 국내 총계의 3분의 1에서 3분의 2로 대략 2배가 됐다. 2012년 이 집단은 모든 배당금과 과세 대상 이자의 4분의 3을 차지했다. 유일하게 가장 극적인 증가는 전체 이자 중 이 범주에 속하는 상위 0.01퍼센트 가구가 벌어들인 몫과 관련이 있는데, 1977년의 2.1퍼센트에서 2012년에는 27.3퍼센트로 13배나 커졌다.[21]

이러한 변화는 미국 사회 전반에 걸쳐 부의 불평등을 끌어올리는 데 일조했다. 2001~2010년 순자산 분배의 지니계수는 0.81에서 0.85로, 금융 자산의 지니계수는 0.85에서 0.87로 올랐다. 근로 소득과 자본 소득의 분배는 좀더 긴밀한 연관이 있지만, '1퍼센트'에서 임금 소득의 상대적 비중은 약간 감소하는 추세다. 1990년대 이래로는 투자 소득이 상위 소득자에게 더 중요해졌고, 낮아진 세금이 세후 소득에서 투자 소득의 기여도를 갈수록 증대시켜왔으며, 현재 대다수 엘리트는 투자 소득에 전적으로 기대고 있다. 1991~2006년 자본 이득과 배당금의 변동은 세후 소득의 불평등 증가에 결정적으로 중요한 역할을 했다.[22]

미국이 단연 도드라지기는 하지만, 부의 집중이 증대하는 것은 대체로 전 지구적 현상이다. 1987~2013년 대규모 갑부—지구상에서 2000만 명당 1명 또는 1억 명당 1명꼴의 최고 부자로 정의할 수 있는 희소 집단—의 부는 세계 성인 평균 2퍼센트와 비교해 평균 6퍼센트의 연간 성장을 누렸다. 게다가 현재 세계 가계 금융 자산의 8퍼센트가 해외 조세 피난처에 보관되어 있고, 그중 대부분은 미신고된 것으로 추정한다. 부자들은 이런 관행에 압도적으로 많이 연루되어 있고, 미국 자본의 일부 추정치(4퍼센트)가 유럽 추정치(10퍼센트)보다 훨씬 더 낮다는 것을 감안하면, 관념적으로 더욱 평등해 보이는 유럽 국가에서 실제로 부의 집중 정도는 어쩌면 납세 명부가 보여주는 것보다 훨씬 높을 수 있다. 개도국의 엘리트는 자신들의 재산에서 훨씬 더 큰 몫—러시아의 경우는 아마도 국가 자산의 절반만큼—을 해외에 챙겨둔다.[23]

†

지난 몇십 년간 소득과 부의 불평등의 광범위한 재등장은 앞장들에서 개괄한 설명이 계속 유용함을 보여준다. 이번 단락에서 검토한 많은 변수는 국제 관계와 긴밀하게 묶여 있다. 무역과 금융의 세계화라는 불평등 증가의 강력한 동인은 19세기에 최초로 세계 경제 통합이 닻을 올렸을 때 대영제국이 보장했고, 그로부터 바통을 이어받은 미국의 실질적 주도권 아래 재정립됐으며, 그 뒤로는 냉전 종식으로 더욱 강화된 유형의 비교적 평화롭고 안정된 국제 질서에 입각해 있다. 노동조합 결성, 민간 부문의 임금 결정에 대한 공적 개입, 그리고 대단히 누진적인 소득세와 재산세 같은 평준화의 핵심 메커니즘은 제2차 세계대전 도중과 이후에 완전 고용이 그랬듯 전부 다 세계대전의 맥락 속에서 최초로 두각을 나타냈다. 미국에서 정치적 양극화라는 불평등화 현상은 대공황 직후와 제2차 세계대전 중에 급속히 약화했다. 그리고 지속적인 과학기술적 변화가 기정사실이기는 하지만, 거기에 균형을 잡아주는 교육의 제공은 공공 정책의 중요한 역할이다. 결국 지난 몇십 년간 불평등을 심화시킨 변화의 배후에 있는 추진 동력은 대압착 이후의 국가 간 관계 및 세계 안보의 진화를 반영한다. 요컨대 폭력적 충격이 글로벌 무역망을 무너뜨리고 사회적 결속과 정치적 화합을 북돋우고 공격적인 재정 정책을 지속시킨 반면, 폭력적 충격의 완화는 소득 분산과 부의 집중에 대한 이런 견제를 약화시키기 시작했다.[24]

16

우리의 미래는?

미래의 압력

이 질문을 다루기에 앞서, 전 세계에 걸쳐 경제적 불평등은 우리가 단순히 표준 지표에 의존할 때 볼 수 있는 것보다 훨씬 크다는 사실을 재차 요약할 필요가 있겠다. 우선, 가장 널리 사용하는 소득 불평등 측정 수단인 지니계수는 최고 소득의 기여도를 포착하는 데 한계가 있다. 이 결함을 조정하면 전체적으로 훨씬 더 높은 실제 불평등 수준이 드러난다. 둘째, 만일 해외 미신고 자금을 개인 가계 자산 통계에 합칠 수 있다면, 불평등은 그 범주에서도 역시 더 높다는 사실이 밝혀질 것이다. 셋째, 소득과 부의 분배에 관한 상대적 지수에 초점을 맞출 때 나는 일반적 관행을 따라왔다. 그러나 절대적 불평등—고소득과 저소득 간 격차의 폭—의 관점에서 일부 서유럽 국가에서 관찰할 수 있는 꽤 변함없는 지니계수 또는 약하게만 증가하는 지니계수 및 상위 소득 점유율은 경제 성장을 셈에 넣을 경우 실제 소득(유로 혹은 다른 국가의 통화로)의 불균형 증가를 뜻한다.

갈수록 더욱 편중되는 자원 분배와 더욱 높은 증가율을 경험해온 미국 같은 나라에서는 이 효과가 훨씬 더 위력을 발휘했다. 1980년대 이래 소득 분배의 지니계수가 2배 이상 뛰고 1인당 평균 실질 생산량이 4배로 커진 중국에서는 절대적 불평등이 급등해왔다. 최근 강력한 경제 성장과 상대적 소득 불평등의 감소가 동시에 발생한 중남미에서까지도 절대적 소득 격차는 계속 증가했다. 전 세계적으로 절대적 소득 불평등은 최고치를 경신해왔다. 1988~2008년 세계 상위 1퍼센트의 실질 임금은 세계의 다섯 번째, 여섯 번째, 일곱 번째 10분위수에 있는 이들과 비슷한 비율의 상승을 기록했지만, 1인당의 관점에서 보면 무려 40배가량 증가했다. 끝으로 부록에서 더 자세히 논의하겠지만, 특정 사회에서 이론적으로 실현 가능한 소득 불평등의 최대치 정도는 1인당 GDP에 따라 다르다. 선진국이 그들의 농경인 선조보다 극단적인 자원 편재에 제도적으로 관대하지 못하다는 사실을 염두에 두면, 오늘날의 미국이 100년 혹은 150년 전보다 **실질적으로** 더 평등한지는 결코 장담할 수 없다.[1]

마지막 경고는 오직 비교적 높은 명목상의 불평등 수준에 이른 현대의 국가에만 적용되는 것이 사실이다. 고도의 경제 발전이 더욱 공평한 가처분 소득 분배를 동반하는 유럽 대륙의 많은 지역에서는 현재 실질적 불평등—실현 가능한 불평등 중 실제로 성취되고 있는 비율로 정의할 수 있는—이 양차 세계대전 이전보다 훨씬 더 낮다는 데 의심의 여지가 없다. 그렇지만 이들 나라의 상위 소득 점유율이 미국보다 적은 편이라고는 해도, 가계 가처분 소득의 불균형이 비교적 경미한 것은 일반적으로 높은 시장 소득 불균형 수준을 상쇄시키는 대규모 재분배 결과가 크게 작용했기 때문이다. 재분배로 유명한 5개국(덴마크, 핀란드, 프랑스, 독일, 스웨덴)의 2011년 시장 소득 지니계수—세금과 이전(移轉)을 계산하기 이전의—는 평균 0.474로서 미국(0.465) 및 영국(0.472)과 사실상 별반 다르지 않다. 영국(0.355)과 미국(0.372)보다 훨씬 더 낮은 지수는 바로 가처분 소득에 대한 평균 지니계수(0.274)뿐이었다.

몇몇 유럽 국가는 여기서 언급한 다섯 나라보다 낮은 시장 소득 불평등을 자랑하긴 하지만, 극소수 예외를 제외하면 재분배 규모가 미국보다 높다. (아울러 훨씬 더 높은 경우가 다반사다.) 이는 유로존과 스칸디나비아 지역에서 전형적인 좀더 균형 잡힌 최종 소득 분배가 강력한 평준화를 추구하는 비대한 고비용의 국가 개입 제도를 유지하는 데 전적으로 의존하고 있음을 보여준다. 이런 제도적 장치는 유럽 평준화의 미래를 생각할 때는 좋은 징조가 아니다. 사회 복지 및 재분배 관련 공공 지출 수준은 이미 유럽의 대다수 지역에서 매우 높다. 유럽 11개국은 2014년 GDP의 4분의 1에서 3분의 1 사이를 사회 복지에 쏟아부었고, 각국 정부는 50.9퍼센트라는 중앙값을 위해 GDP의 44.1~57.6퍼센트를 흡수했다. 정부의 크기가 경제 성장에 끼치는 부정적 효과를 생각하면 이 비중이 한참 더 늘어날 수 있을 것 같지는 않다. 국민 생산량에서 사회 복지 부문은 1990년대 초부터 2000년대 말까지 유럽연합, 미국 및 전체 OECD 국가를 통틀어 꽤 일정한 수준에 머물러 있었다. 이는 이들 나라가 일종의 정체기에 들어갔음을 시사한다. 사회 복지는 2009년 경제 실적이 주춤한 것과 관련해, 그리고 글로벌 금융 위기로 초래된 수요 증가에 반응해 다시 한 번 상승했지만, 그 이후로는 새로 올라간 수준에서 제자리걸음을 해왔다.[2]

고도의 평형 상태에 있는 복지 제도가 과연 떠오르는 두 가지 인구학적 도전 과제를 얼마나 잘 견뎌낼지는 아직 미지수다. 유럽 인구의 노령화가 그중 하나다. 출생률은 오랫동안 인구 대체 수준을 한참 밑돌았고, 가까운 미래에도 계속 그럴 것이다. 유럽 인구의 중간값 연령은 2050년 39~49세로 오를 것으로 전망되는 반면, 노동 연령 인구의 수는 이미 정점을 찍었고 지금부터 2050년 사이에 약 20퍼센트 떨어질지도 모른다. 현재부터 2050년이나 2060년 사이에 부양비(dependency ratio)—15~64세 연령의 인구 대비 65세 이상 인구의 비율—는 0.28에서 0.5 혹은 그 이상까지 폭등할 테고, 80세 이상 인구의 비중은 2005년 4.1퍼센트에서 2050년에는 11.4퍼센트로 대폭 오를 것이다. 그에 따라 연금, 의료 서비스 및 장기 요양에 대한 수요는 GDP의 4.5퍼센트까지 증가할 것이다. 이런 근본적인 연령 분포의 재편은 과거 몇십 년보다 낮은 경제 성장률을 동반할 것이다. 이를테면 2031~2050년에는 평균 1.2퍼센트, 2020~2060년에는 연간 1.4퍼센트 또는 1.5퍼센트—그리고 유럽연합 핵심 회원국의 경우 사실상 훨씬 더 적은 수치—등 다양한 전망이 나오고 있다.[3]

최근 몇십 년간 다소 경미했던 노화율은 불평등에 지대한 영향을 미치지 못했지만 상황이 달라질 가능성이 높다. 이론상 근로자 대 은퇴자의 비율 감소는 그와 함께 발생할 1인 가구 비율의 증대가 그렇듯 불평등을 상승시킬 것으로 예상된다. 비중이 확대될 전망이 높은 개인연금은 불평등을 유지하거나 상승시키는 쪽에 속한다. 한 연구는 인구 노령화의 결과, 2060년 독일의 불평등이 훨씬 더 심화할 것이라고 내다본다. 유럽연합이나 미국보다 외국 태생 거주자 비율이 한참 더 낮고 부양비가 벌써 0.4에 도달한 일본에서는 인구 노령화가 소득 불평등 증가 원인 중 일순위로 꼽혀왔다. 매우 엄격한 일본의 이민 정책—한국과 타이완처럼—이 예전에는 비교적 평등주의적인 가처분 소득 분배를 유지하는 데 도움을 줬던 것을 감안할 때, 이는 정신이 번쩍 들게 만드는 발견이다.[4]

이 모든 전망은 상당한 이민이 계속 진행되는 것을 가정한다. 이런 인구 변동의 기여가 없다면 유럽의 부양비는 2050년 0.6까지 오를 수 있다. 수백만 이민자의 정착은 따라서 오랜 노령화 과정의 장기적 효과를 단지 완화시킬 뿐이다. 동시에 이민은 전례 없는 방식으로 재분배 정책을 시험할지도 모른다. 저명한 인구학자 데이비드 콜먼(David Coleman)은 자신이 "세 번째 인구 변천"이라고 이름 붙인 것에 관한 선구적 연구에서 이민율과 이민자의 번식력을 적게 잡아 가정한다 해도 2050년이면 그가 검토한 7개국(오스트리아, 잉글랜드, 웨일스, 독일, 네덜란드, 노르웨이, 스웨덴) 중 6개국에서 전체 인구 가운데 외국 태생(이에 대한 정의는 나라마다 다양하다)의 비율이 4분의 1과 3분의 1 사이에 도달할 것이라고 내다본다. 이들 나라는 서유럽 인구의 약 절반을 차지하며, 다른 많은 나라도 유사한 변화를 겪을 것이다. 게다가 이 범주에 속하는 개인은 취학 연령 아동과 젊은 노동자층에서 훨씬 더 증가할 것이다—국내 총계의 절반에 달하는 경우도 있을 것이다. 비서구권 출신 이민자는 독일과 네덜란드 인구의 6분의 1까지 차지할 것으로 전망된다. 이런 추세가 금세기 중반까지 약화할 것이라고 가정할 만한 설득력 있는 이유가 없는 만큼 네덜란드와 스웨덴은 2100년이면 대다수 인구가 외국 태생인 나라로 바뀔지도 모른다.[5]

이런 규모의 인구 대체는 지구상 이 지역의 역사에서 농경이 등장한 이래 전례가 없을 뿐 아니라, 예측 불가능한 방식으로 불평등에 영향을 줄 수 있다. 경제적 관점에서 보면 성공적인 이민자 통합에 전적으로 많은 것이 달려 있다. 그들의 교육적 성과는 유럽 시민보다 훨씬 저조하며 계속 그러할 것이다. 아울러 그들의 취업률은 특히 여성의 경우 많은 나라에서 저조하다. 이런 문제의 지속 또는 악화는 문제 된 국가들의 불평등화를 양산할 수 있다. 게다가 1세대 이민자 및 최근 외국인 출신 가정 환경을 가진 공동체의 증가는 사회 복지 및 재분배 지출과 관련한 사고방식과 정책에 영향을 줄 가능성이 높다. 알베르토 알레시나(Alberto Alesina)와 에드워드 글레이저(Edward Glaeser)는 복지 정책이 민족적 동질성과 상관관계가 있다고 주장해왔는데, 이는 미국이 유럽의 국가보다 왜 좀더 강력한 복지 국가로 발달하지 못했는지를 설명하는 데 도움을 준다. 그들은 이민 증가가 유럽 복지 국가의 관용을 위태롭게 할 것이며, 반(反)이민 정서는 재분배 정책을 해체하고 "결국은 대륙의 행보가 미국의 재분배 수준을 지향하도록 몰아붙이는" 데 활용될 수 있다고 예측한다. 적어도 현재 시점까지는 이런 예측이 실제 추이를 통해 증명되지 않았다. 최근의 한 종합적 연구는 이민이 사회 정책에 대한 대중적 지지를 약화시킨다는 생각을 뒷받침하는 예를 찾지 못했다.[6]

그러나 좀더 구체적인 관찰은 그러한 우려에 이유가 있음을 보여준다. 이질성이 확대되고 이민이 늘어난다는 것은 사실 폭넓은 사회 정책 공급이 줄어드는 것은 물론, 빈곤 및 불평등의 수준이 높아지는 것과도 관련 있다. 유럽 OECD 국가에서 민족적 다양성이 공공 사회 복지 지출 정도와 단지 약한 반비례 관계에 있을지 몰라도, 실업률로 매개되는 태도에는 한층 강한 역효과를 불러일으킨다. 부유한 유럽인—대부분의 재정적 부담을 안고 있는—은 그들 사회의 저소득층 다수가 소수 민족 집단에 속한다면 재분배에 대한 지지 표명에서 한 걸음 물러난다. 영국의 조사에 따르면, 민족적 다양성으로 인해 빈곤층에 대한 인식이 달라질 경우 조세의 맥락에서 재분배 선호가 약화한다. 이질성의 근원과 차원이 대단히 중요하다. 이민과 종교적 이질성이 인종적·민족적 소수 집단의 존재보다 복지 국가 공급에 훨씬 강력한 역효과를 미친다. 그중 처음 두 가지 요인은 이미 유럽의 경험을 결정짓는 특성이 되어버렸고, 중동과 아프리카에서 밀려오는 끈질긴 이민 압력의 가능성은 그런 연관성이 지속되고 틀림없이 증가하도록 만들 것이다. 이런 모든 상황 속에서 인구 대체를 밑도는 번식력과 이민에 대응해 국가의 인구적 구성을 탈바꿈시킬 유럽의

'3차 인구 변천'은 아직 초기 단계에 있다는 것을 깨닫는 게 중요하다. 다음 세대에 이는 예측 불가능한 방식으로 기존의 재분배와 불평등 패턴을 바꿔버릴지도 모른다. 현 제도의 고비용, 노령화, 이민 및 이질성 증가가 끼치는 불평등화 압력을 감안할 때, 이런 변화는 불평등을 견제하기보다 증대시킬 가능성이 훨씬 높다.[7]

모든 인구 변동 요인이 장차 불평등 진화에 중요한 영향을 미칠 가능성이 동일하게 높은 것은 아니다. 최근 몇 년간 가구들 간 소득과 부의 격차를 확대시킬 수 있는 동류혼의 빈도가 미국에서 높아졌다는 것을 입증할 유용한 증거는 없다. 마찬가지로, 비록 결론을 내릴 만한 결과물이 나오려면 더 장기적인 시간 프레임이 필요하겠지만, 소득의 관점에서 세대 간 이동성이 둔화된 것 같지도 않다. 반대로, 미국에서 상승세를 타고 있는 소득에 따른 주거지 분리의 증가는 장기적으로 불평등에 더 강한 영향을 끼칠 수 있다. 이웃의 소득이 자기의 사회·경제적 성과에 간접적 영향을 미치고 특정 소득 집단의 공간적 집중이 지역 단위로 자금을 지원받는 공공재의 분배를 편중시키는 한 인구의 물리적 분포에서 경제적 불균형 증대는 미래 세대의 불평등을 영속화—그리고 사실상 강화—하리라는 것을 예상할 수 있다.[8]

자본 투자 수익률이 경제 성장률을 넘어섬에 따라, 아울러 그럼으로써 불평등에 상향 압력을 가함에 따라, 계속되는 누적 자본은 국민 소득에서 자본 투자 수익률이 차지하는 비중과 국민 소득 대비 그것의 전반적 중요성 모두를 증대시킬 것이라는 피케티의 주장은 거센 비판을 불러일으켰고, 주요 지지자 한 명으로 하여금 이러한 예측과 관련한 불확실성을 강조하게끔 했다. 하지만 소득과 부의 분배에서 기존의 격차를 악화시킬 수 있는 그 밖의 경제적·과학기술적 동력은 넘쳐난다. 특히 선진국에서 불평등화 효과에 일조한 것으로 인정받아온 세계화는 가까운 미래에 약화할 조짐이 도무지 보이지 않는다. 이런 과정이 국가 정책의 제약으로부터 자유롭고, 전형적으로 비난 세례를 받는 '다보스맨(Davos Man: 스위스에서 해마다 열리는 다보스 포럼에 참가해 세계화를 주창하는 사람들을 일컫는 용어—옮긴이)'의 이미지로 언급되고, 대중 매체를 장식하는 어떤 부류의 글로벌 슈퍼엘리트를 창출할지는 두고 볼 일이다. 자동화와 정보화는 더더욱 한계가 없는 과정으로서 본질적으로 노동 수익 분배에 틀림없이 영향을 미칠 것이다. 한 조사에 따르면, 미국 노동 시장을 통틀어 702개의 직업에 종사하는 전체 고용인의 거의 절반이 정보화의 위협을 받고 있다. 자동화가 고소득과 저소득으로 노동 시장을 양극화하는 데 언제까지고 기여하지는 않을 거라는 예측에도 불구하고, 기계가 일반적 지능의 관점에서 인간을 따라잡거나 능가하도록 만들 인공 지능과 관련한 미래의 돌파구는 장기적 성과를 예측하려는 모든 시도를 부질없게 만든다.[9]

인간의 신체 개조는 불평등 진화의 새로운 영토를 개척할 것이다. 사이보그와 유전공학의 등장은 개별 인간과 그들이 지휘하는 타고난 자질과 신체 외적인 자원을 훨씬 뛰어넘는 후손에까지 격차를 확대할 잠재력을 갖고 있다. 아울러 미래의 소득과 부의 분배에 영향을 주는 방식으로도 그렇게 할 수 있다. 나노 기술의 발전이 인공 이식의 사용과 유용성을 엄청나게 확장함에 따라, 이에 대한 적용은 점차 기능의 복구에서 기능의 향상으로 이행해갈 것이다. 지난 몇 년간 유전자 편집(gene editing)의 발전은 페트리 접시(Petri dish)와 살아 있는 생명체 양쪽의 특정 DNA 조각을 전례 없이 손쉽게 삭제하고 삽입하는 작업을 가능케 해왔다. 이런 개입의 결과가 개별 유기체에 한정될 수도 있지만 정자, 난자 및 작은 배아의 유전자 구성을 조작함으로써 세습되는 경지에까지 이를 수도 있다. (생존 불가능한) 인간 배아의 게놈(genome)을 변경하는 최초의 실험 결과가 2015년에 발표되었다. 최근 이 분야의 발전은 상당히 앞당겨졌으며, 우리를 계속해서 먼 미지의 대륙으로 데려갈 것이다. 비용과 유용성에 따라 부자들은 이런 일부 생체공학과 유전학적 발전에 대한 특권적 접근 기회를 향유하게 될지도 모른다.

이런 가능성을 억제하는 데는 정치적 제약으로 충분할 것이라는 생각에 의문을 갖는 이유가 있다. 공공보건과 달리, 발전은 일종의 업그레이드이며 따라서 불평등한 보급을 더 흔쾌히 받아들인다. 벌써부터 서구 민주주의 국가에서 제안하고 있는 법적 제약은 이를 제공하는 나라—아시아의 일부 지역일 가능성이 가장 높다—에서 개인적 치료를 받을 형편이 되는 이들에게 이점을 제공함으로써 훨씬 더 불평등한 성과를 촉발할 수 있을 것이다. 결국에 가서는 돈 많고 연줄 든든한 이들을 위한 디자이너 베이비(designer baby: 희귀 질환을 치료하는 데 이용할 줄기세포를 얻기 위해 유전공학적으로 생산한 맞춤형 아기—옮긴이)의 탄생이 유전학이나 사이보그를 소유한 자들과 그렇지 못한 자들 사이의 계층 이동성을 축소시킬지도 모르며, 궁극적으로 (적어도 이론상으로는) 인류가 별개의 두 종—프린스턴 대학의 유전공학자 리 실버(Lee Silver)가 상상했던 '젠리치(GenRich)'라는 유전자 엘리트와 '자연인(Naturals)', 즉 나머지 전부처럼—으로 분화하는 결과로까지 이어질 수 있다.[10]

교육은 오랫동안 과학기술 변화에 대한 기본 대응책이었다. 이는 계속되는 세계화 속에서도, 그리고—아마도 어느 지점까지겠지만—정보화가 그 이상의 돌파구를 찾을 경우에도 여전히 마찬가지일 것이다. 그러나 이런 패러다임은 인간이 유전공학이나 '신체-기계(body-machine)' 이종교배—아니, 둘 다일 가능성이 가장 높다—덕분에 더욱 불평등해지고 난 뒤 한계점에 다다를 것이다. 교육은 과연 온전히 새로운 인공신체적 개선 및 정신적 향상의 수준에 대항할 수 있을까? 그러나 너무 앞서가지는 말아야 한다. 슈퍼인류(superhuman)가 시키는 대로 하는 슈퍼로봇(super-robot)을 걱정할 시대가 도래하기 한참 이전에 세계가 직면한 것은 소득과 부의 불평등이라는 기존의 훨씬 재미없는 도전 과제이니 말이다. 나는 이제 마지막으로 한 번 더 이 책의 중심 주제로 되돌아가고자 한다. 바로 불평등의 감소다. 그렇다면 평준화의 전망은 어떨까?

여러 가지 방안

오늘날 불평등을 줄이는 방법에 관한 제안은 넘쳐난다. 노벨 경제학상 수상자들은 자신처럼 훈장을 받은, 그러나 어떤 때는 그들보다 더 잘 팔리기까지 하는 동료 및 온갖 언론인과 손잡고 소득과 부의 분배 균형을 재조정하기 위해 고안한 조치의 긴 목록을 발행하는 고수익 사업에 동참해왔다. 세제 개혁이 일순위를 차지한다. (별도로 언급하지 않는 한 이후의 내용은 미국의 상황과 관련이 있다.) 소득세는 좀더 누진적이어야 한다. 자본 수익(capital gain: 금융 자산을 보유하고 있을 때 가격 상승으로 발생한 이익—옮긴이)에는 경상 소득처럼 세금을 매겨야 하고, 일반적으로 자본 소득(capital income)에는 더 높은 세율을 부과해야 한다. 퇴행적인 급여세(payroll tax: 급료·임금 등에 과세하는 세금—옮긴이)는 없애야 한다. 자산에는 직접적으로, 그리고 세대 간 전달을 줄이기 위해 고안한 방식으로 과세해야 한다. 무역 관세 같은 제재와 글로벌 자산등록부(wealth register) 신설은 해외의 세금 회피를 방지하는 데 도움을 줄 것이다. 기업은 글로벌 수익에 대해 세금을 내야 하며, 은밀한 보조금은 중단해야 한다. 프랑스 경제학자들은 연간 글로벌 부유세의 원천 공제까지 제안한다. 덧붙여 자본에 대한 일회성 부과액이 커지면 공공 부채가 줄어들고, 민간 자산 대비 공공 자본 비율이 균형을 되찾는 데 일조할 것이다. 앞서 참조한 바 있는 기술에 대한 수요·공급식 접근법은 교육의 역할에 주의를 기울이게끔 했다. 공공 정책은 학교 교육에 대한 접근성과 학교 교육의 질을 평준화함으로써 세대 간 계층 이동 신장을 목표로 삼아야 한다. 학교 예산을 지방세로부터 분리하는 것이 그러한 방향의 첫걸음일 것이다. 유치원의 보편적 공급이 유용할 것이며, 3차 교육(tertiary education: 중등학교에 이은 대학 및 직업 교육 과정의 총칭—옮긴이)에는 가격 통제를 가할 수도 있다. 전체적으로 교육 향상은 경쟁적인 글로벌 환경에서 노동력의 '숙련도 향상'을 이끌어낼 것이다.

지출의 측면으로 넘어가서, 공공 정책은 주택의 가치부터 국민 의료를 위한 노동조합에 이르기까지 외부에서 비롯된 충격으로부터 저소득 집단의 자산 가치를 보호하는 일종의 보험을 제공해야 한다. 보편적 의료 서비스는 이러한 충격에 완충제 역할을 할 것이다. 가난한 국민이 사업 활동을 하는 데 필요한 융자금 확보가 더 쉬워지고, 도산법은 채무자한테 좀더 관대해야 한다. 채권자에게는 인센티브를 제공해야 하며, 그렇지 않을 경우는 담보 대출을 재편하게끔 해야 한다. 더욱 야심찬 계획으로는 기초 최저 소득, 개인 저축을 위한 보조금의 기준선 정하기, 주식 및 채권과 관련해 각각의 아동에게 최소한의 기부금 제공하기 등이 포함된다. 기업 규제는 의제에 오른 또 하나의 항목이다. 시장의 소득 분배는 특허권 및 독점 금지 그리고 계약과 관련한 법을 바꿈으로써, 독과점을 억제함으로써, 그리고 더욱 엄격하게 금융 부문을 규제함으로써 조정할 수 있을 것이다. 법인세는 CEO 보상 대비 노동자의 소득 중간값 비율과 연결시킬 수 있다. 경영진의 지대 추구 행위는 기업 관리 개혁을 통해 다뤄야 할 것이다. 주주와 직원의 지위는 후자의 대의권과 의결권을 확보함으로써, 그리고 회사로 하여금 근로자와 이윤을 공유하도록 강제함으로써 강화해야 한다. 제도적 개혁으로 노조의 힘을 되살리고, 최저 임금을 인상하고, 소수 집단의 고용 접근성을 향상시키고, 연방 취업 프로그램을 창설해야 한다. 이민 정책은 기술 프리미엄을 낮추기 위해 숙련 노동력 수입을 선호해야 한다. 세계화의 불평등화 영향은 국제적 근로 기준 조정 및 생산지와 무관하게 국외 소득과 기업 수익에 과세함으로써 완화할 수 있을 것이다. 국제 자본의 유동성은 규제해야 한다—아울러 유난히 대담한 제안에 따르면, 미국은 무역 동반자들이 각각 국가 평균 임금의 절반과 동일한 최저 임금을 도입하도록 요구하고 싶을지도 모른다. 정치 영역에서 미국은 정치자금법 수정안을 통과시킴으로써 불평등을 방지하고 투표율을 올리는 조치를 취해야 한다. 언론의 개입은 보도를 민주화할 수 있다.[11]

최근의 논의는 정책 방안의 내용에 주로(심지어 여기에만) 초점을 맞춰왔다. 그 비용과 혜택의 그럴듯한 규모 및 실제 정치적 실현 가능성에는 충분한 관심을 쏟지 않고 말이다. 몇 가지 예만으로도 충분할 것이다. 프랑수아 부르기뇽은 미국의 '1퍼센트'에 대한 효과적 세율은 가처분 가계 소득에서 그들이 차지하는 비중을 1979년 수준으로 줄이기 위해—"정치적 관점에서 봤을 때 전적으로 실현 불가능해 보이는" 목표—35퍼센트에서 67.5퍼센트로 거의 2배 올려야 할 것이라고 추산한다. 피케티는 경제적 대가 대비 평등화 혜택의 관점에서 '최적'인 80퍼센트의 최고 소득 세율을 생각하지만, "이런 정책이 곧 차용될 가능성은 상당히 낮아 보인다"고 곧바로 인정한다. 성공을 거두자면 실질적으로 글로벌 정책 공조를 우선해야 한다는 제안은 현기증 날 정도로 기대치를 높이 끌어올린다. 라비 칸부르(Ravi Kanbur)는 "이런 기관의 정치적 실행 가능성 또는 운영상의 실용성은 제쳐두고" 근로 기준—세계화 압력에 대항한 싸움에서 기적의 무기와도 같은—을 조정하는 국제단체의 창설을 주창한다. 피케티는 자신이 발의한 이 "글로벌 자본세가 유토피아적 몽상"이라고 노골적으로 말하면서도 유럽 전체의 부유세를 현실화하지 못할 "아무런 **기술적** 이유도 없다"고 본다. 그러나 이런 류의 고상한 생각은 도움도 되지 않을뿐더러 좀 더 실행 가능한 방도로부터 관심을 딴 데로 돌릴 우려가 있는 잠재적 역효과를 낳는다는 비판을 받아왔다. 이 모든 것과 관련해 이런 주장 중에서 어느 하나를 실행에 옮기고자 정치적 다수를 동원하는 데 필요한 수단에 대한 진지한 고민은 그것의 부재로 인해 두드러진다.[12]

지금까지 제기된 것 중에서 가장 상세하고 정확한 평준화 계획인 앤서니 앳킨슨(Anthony Atkinson)의 영국 불평등을 감소시키는 방법에 대한 최근의 청사진은 이런 정책 지향적 접근법의 한계를 분명하게 보여준다. 많기도 하고 종종 야심차기도 한 방도는 결국 종합적 개혁 패키지가 된다. 공공 부문은 "노동자의 취업 역량을 증대시키는 혁신에 힘을 실음"으로써 과학기술의 변동에 영향을 주어야 하고, 입법자들은 "소비자 시장에서 시장 지배력을 감소"시키려 애써야 하며 노조 가입 노동자의 협상력을 부활시켜야 한다. 기업은 "윤리 규범을 반영"하는 방식으로 노동자와 이윤을 공유해야 하고, 그렇지 않을 경우 공공 단체의 공급을 금지시켜야 한다. 최고 소득 세율은 65퍼센트까지 인상해야 하고, 근로 소득보다 자본 소득에 더욱 적극적으로 과세해야 하며, 상속과 증여에 대한 세금은 생전에(inter vivos) 엄격해져야 하고, 재산세는 최근의 자산에 근거해 설정해야 한다. 국민 저축 채권은 개인 상한선까지 "확실한(가능한 한 보조금을 지급해) 실질 저축 이자율"을 보장해야 한다. 법정 최저 임금은 "생활 임금 선에서 결정"해야 하고, 모든 시민은 성년이 되자마자 혹은 이후에 자본 기부금을 받아야 한다. 그리고 "정부는 일자리를 찾는 모든 국민에게 생활 임금선에서 고용 보장을 제공해야 한다". (여기에 대해서는 앳킨슨 자신도 "기이해 보일 수 있겠다"고 수긍한다.) 추가할 수 있는 항목으로는 연간 부유세와 "총자산을 근거로 하는 개인 납세자를 위한 글로벌 과세 체계"가 포함된다. 아울러 유럽연합을 설득해 "아동을 위한 보편적 기초 소득"을 평균 국민 소득과 연동한 과세 가능 보조금으로 도입하도록 해야 한다.

앳킨슨은 이것을 실제 달성할 수 있을지에 관한 자신의 기나긴 논의에서 경제적 부담(이는 여전히 불명확하다), 길항하는 세계화 압력(그는 유럽 또는 글로벌 정책 공조를 통해 이에 맞서기를 희망한다), 그리고 재정 감당 능력에 초점을 맞춘다. 그는 평준화 개혁 방안의 다른 지지자들과 달리 이 패키지의 실현 가능한 효과의 추정치를 조심스럽게 제시하기도 한다. 만일 주요 4대 정책—더 높고 많은 누진 소득세, 저소득층의 근로 소득세 할인, 모든 아동에게 지급되는 실질적인 과세 가능 보조금, 그리고 모든 시민을 위한 최저 소득—을 이행한다면, 그에 상응해 가처분 소득 지니계수는 5.5퍼센티지 포인트만큼 떨어질 테고, 이렇게 함으로써 현재 영국과 스웨덴 간 불평등 격차를 절반보다 조금 많이 좁힐 수 있을 것이다. 좀더 제한적인 변동은 상대적으로 좀더 적은 약 3~4퍼센티지 포인트의 개선이 있을 것임을 뜻한다. 앳킨슨 자신의 설명에 따라 이상의 것들을 고려하면 1970년대 말~2013년 영국의 동일 부문 지니계수는 7퍼센티지 포인트만큼 올라간다. 따라서 꽤 급진적이고 역사적으로 전례 없는 정부의 여러 가지 개입을 조합한다 해도 되살아난 불평등 효과의 고작 일부만 역전시킬 수 있을 뿐이다. 아울러 온건한 정책은 훨씬 적은 혜택을 가져올 것이다.[13]

기사들 없는 세상?

"이 모든 것은 유토피아적인가?(Tout cela est-il utopique?)"[14] 노골적으로 유토피아적이지 않은 경우라도 이런 추천 정책 대다수는 역사 인식 결핍증을 앓고 있다. 주변부의 개혁으로는 오늘날 시장 소득과 부의 분배 추세에 유의미한 영향을 미칠 가능성은 희박하다. 앳킨슨의 논의는 야심찬 패키지 방안의 비용과 그것이 가처분 소득 불평등에 미칠 만한 효과 모두를 고려한다는 점에서 독보적 장점이 있기는 하다. 하지만 현실의 정책 설정에 미친 효과는 비교적 미미하다. 전체적으로는 놀랍게도 이런 제안을 어떻게 현실화할 것인지, 아니 심지어 그것들이 과연 크게 영향을 줄 수 있는지조차 거의 관심이 없는 듯하다. 그럼에도 불구하고 역사는 우리에게 평준화에 관한 두 가지 중요한 사실을 가르쳐준다. 하나는 위기 시에 급진적인 정책적 개입이 발생한다는 것이다. 갖가지 공산주의 혁명은 말할 것도 없고 세계대전과 대공황의 충격은 많은 부분을 이런 특정한 맥락에 빚진, 다른 상황 아래서라면 실현 가능하지 않았을—똑같은 규모는 아닐지라도 최소한 그러했을—평준화 정책 방안을 만들어냈다. 두 번째 교훈은 한층 간단하다. 요컨대 정책 입안에는 한계가 있다는 점이다. 거듭해서 국가 내 물질적 불균형의 압착을 이끌어낸 것은 인간의 통제 영역 밖에 있거나 당대에 실행 가능한 모든 정치적 의제의 범위를 한참 벗어나 있는 폭력적 힘이었다. 평준화의 가장 효과적인 메커니즘 중 어느 것도 오늘날의 세계에서는 작동하지 않는다. 네 기사는 그들의 말에서 내린 지 오래다. 그리고 정신이 온전하게 박힌 사람이라면 누구도 그들의 재기를 바라지 않을 것이다.

대중 동원 전쟁은 자연스레 도태했다. 언제나 군사적 충돌의 형식을 결정지어온 것은 과학기술이었다. 이는 고대의 전차나 중세 기사 같은 고가치 자산의 투자를 선호한 때가 있는가 하면, 저비용 보병대를 집결시키는 데 날(edge)을 세운 때도 있었다. 서구에서는 근대 초에 재정-군사 국가가 충분히 무르익었을 무렵, 국가의 대규모 군대가 용병을 대체했다. 대중적 군사 동원은 프랑스 혁명으로 새로운 경지에 올랐고, 양차 세계대전에서 싸우도록 훈련받은 수백만 명의 군대로 절정에 달했다. 그때부터 추세는 다시 한 번 정반대 방향으로—양에서 질로—이동했다. 실제로 관습적 대규모 전쟁은 판돈이 낮은 싸움과 핵 능력이 결여된 세력 사이에서 또는 그들이 포함된 전투에서 살아남긴 했지만, 이론상으로는 벌써 1940년대 초에 핵무기의 등장으로 폐기 처분됐을 수 있다. 징병은 자연스럽게 자취를 감췄고, 차츰 좀더 정교한 장비 조작 능력을 구비한 전문가의 자원입대로 대체됐다.

여전히 군사 작전에 관여하고 있는 비교적 소수의 선진국에서는 군 복무가 주류 사회에서 동떨어져 있기 일쑤고, 평준화를 부추기는 '동원 효과'는 사라져버렸다. 미국에서 1950년은 전쟁 채무를 갚기 위한 세금 인상안이 심각한 논쟁 없이도 통과된 마지막 시기였다. 심지어 여전히 징집이 이뤄지고 있던 때에도 1964년의 세입법은 베트남에 대한 군사 개입이 확대된 1981년 이전까지 미국 역사상 최대의 세금 인하를 가져왔다. 1980년대 및 2000년대의 아프가니스탄과 이라크 침공 중 일어난 미국의 군사 지출 급등은 세금 인하뿐 아니라 소득과 부의 불평등 증가 모두를 수반했다. 세계대전 때 일어났던 상황과는 정반대였다. 1982년 포클랜드 전쟁 전후의 영국도 마찬가지였다.

비록 최근의 충돌은 비교적 규모 면에서 약하거나—냉전의 경우에는—실제로 공개적 적대 행위로까지 결코 진전되지 않았지만, 더 큰 전쟁이 만일 일어난다 해도 다가올 몇십 년 안에 이런 궤적을 바꿀 공산은 적은 것 같다. 핵무기 격돌이 빠진, 상상할 수 있는 최대 전쟁인 미국과 중국 간 전통적 총력전이 어떻게 어마어마한 군대를 생산적으로 끌어들일 수 있을지는 알기 힘들다. 70년 남짓한 과거만 해도 이미 태평양 전쟁은 결집된 보병대보다 값비싼 함선과 공군력에 특권을 주었고, 향후 이 지역의 모든 전투는 주로 공군력과 해군력, 미사일, 위성 및 모든 방식의 사이버 전쟁을 포함할 것이다. 그중 어느 것도 대중 동원을 흔쾌히 받아들이지 않는다. 극한의 상태에서 핵전쟁이 벌어진다 해도 마찬가지다. 러시아는 현재 자원병을 선호해 징집병을 없애고 있는 중이며, 대다수 유럽연합 국가는 이미 한꺼번에 징병제를 폐지했다. 대규모 전쟁의 또 다른 두 잠재적 당사자인 인도와 파키스탄도 자원병에 의존하기는 매한가지다. 군사 역량에 있어 점점 더 불안정해지는 이웃 나라를 초라하게 만드는 이스라엘조차도 최종적으로는 이런 종류의 전환을 구상하고 있다.

궁극적으로 21세기의 전장에서 거대한 보병 부대가 무엇을 달성할 수 있을지 확실치 않기만 하다. 미래 전쟁의 성격에 관한 현재의 예측은 "잠재적으로 무지막지한 사이버 전쟁의 영향과 함께 로봇공학, 스마트 무기, 유비쿼터스 센싱(ubiquitous sensing: 만능 정보통신 감지—옮긴이) 및 극강의 네트워크"에 초점을 맞춘다. 외골격, 주입 및 최종적으로는 아마도 유전자 개선을 통해 신체적으로도 인지적으로도 강화되고 한층 높은 수행 능력을 가진 소수의 인간 전투원이 존재할 것이다. 그들은 벌레만큼 작고, 탈것(vehicle)만큼 큰 모든 형태와 크기의 로봇과 전장을 함께 누빌 것이며, 야전은 물론 레이저와 극초단파 광선 같은 지향성 에너지 무기〔directed energy weapon: 질량 있는 물체를 표적에 맞추는 방식이 아닌 고출력 에너지를 직접 표적에 조사(照射)해 파괴하거나 무력화시키는 병기—옮긴이〕를 다룰지도 모른다. 무기의 소형화는 특정 개인을 표적으로 삼는 차원의 정밀함을 가능케 하면서 군대의 무차별적 발사를 대체할 것이며, 고속 및 고고도(高高度) 슈퍼드론(super-drone)은 인간 조종사를 무용지물로 만들지도 모른다. 이런 시나리오는 산업화한 전쟁의 초기 형태와 극도로 멀리 떨어져 있으며, 민간 영역으로부터 군사 영역의 분리를 더욱더 강화할 것이다. 이런 충돌의 평준화 효과는 반드시 금융 시장에 집중될 가능성이 높고, 몇 년 뒤 반등할 때까지 엘리트 자산을 일시적으로 침체시킬 뿐인 최근의 세계 금융 위기 때와 흡사한 전이를 촉발할 것이다.[15]

소규모 원자폭탄의 제한적인 전략적 사용을 포함한 전쟁도 역시 마찬가지일 것이다. 오로지 전면적인 핵전쟁만이 기존의 자원 분배를 근본적으로 재설정할 수 있다. 만일 전쟁이 확대되는 가운데 공공기관이 여전히 작동하고 충분한 양의 핵심 인프라가 손상되지 않은 채 남아 있다면 정부와 군 당국은 임금, 물가 및 임대료를 동결시킬 것이다. 꼭 필요치 않은 은행 인출은 차단하고, 종합 식량 배급제를 도입할 것이며, 필요 물자는 징발할 것이다. 전쟁 활동, 정부 작전 및 살아남는 데 필수적인 생존 물자 생산에 유리하도록 부족한 자원을 중앙 정부에서 배당하는 것을 포함하는 식의 중앙 계획을 채택할 것이다. 주택을 배정하고, 어쩌면 강제 노동에 호소하기도 할 것이다. '그날 이후(Day After)'를 위한 미국의 계획을 보면 경제 전반에 걸친 전쟁 손실을 공유하는 것이 오랫동안 중요한 정책 목표였다. 강대국 사이의 전략적 차원의 핵탄두 교환은 방대한 규모로 물적 자본을 쓸어버리고 금융 시장을 파괴할 것이다. 가장 그럴듯한 결과는 GDP의 극적 하락은 물론, 평준화 효과를 일으킬 가용 자원의 균형 재조정 및 자본에서 노동으로의 전환일 것이다.

무제한 핵전쟁이라는 지구 최후의 날 시나리오는 틀림없이 평준화를 이런 예측된 결과의 범위 이상으로 데려갈 것이다. 이는 9장에서 거론한 초기 문명의 극적인 몰락마저도 훌쩍 뛰어넘는 극단적 버전의 체제 붕괴로 나타날 것이다. 재난 이후의 세상에 관한 현대의 공상과학 이야기는 흔히 부족한 필수 자원을 통제하는 자들과 박탈당한 다수 간 고도의 불평등을 상상하곤 하지만, 전근대 역사의 철저하게 가난하고 느슨해진 계층화 붕괴 이후 공동체들의 경험이 미래의 '핵겨울' 상황에 대한 더 나은 안내서일지도 모른다. 그러나 이런 사태가 발생할 가능성은 낮다. 비록 핵 확산이 일부 지역 무대에서 게임의 규칙을 바꿀 수는 있겠지만, 1950년대 이래 강대국 사이에서 핵전쟁을 막아온 똑같은 실존적 위험 요인이 계속 적용되고 있다. 게다가 핵무기 비축의 존재는 그 자체만으로도 미국이나 중국 같은 핵심 국가들이 전통적인 전쟁에 대규모로 관여할 가능성마저도 더 낮추며, 충돌을 지구상의 주변부로 대체하는 데 기여한다. 이는 결과적으로 세상의 많은 나라에 심각한 해를 끼칠 확률을 낮춰준다.[16]

무기 기술은 이야기의 일부일 뿐이다. 우리는 또한 시간이 흐르면서 인류가 더 평화로워질 가능성도 고려해야 한다. 석기 시대까지 거슬러 올라가는 다양한 증거의 가닥은 한 개인이 폭력적 원인으로 인해 사망할 평균 확률이 장기간의 역사에서 하락해왔음을—아울러 이러한 추세가 계속되고 있음을—강력하게 시사한다. 이런 장기적 이행은 국가 권력 증대 및 그에 수반된 문화적 적응에 의해 유발된 듯하지만, 이미 언급한 바 있는 좀더 구체적인 하나의 요인이 우리 인간종의 평화를 막 강화하고 있다. 다른 모든 상황이 동일하다면, 이미 서구에서 시작됐고 결국에는 세계 어디서건 벌어질 인구의 고령화가 폭력적 충돌의 전반적 가능성을 축소할 것으로 예상할 수 있다. 이는 특히 미국과 중국 간, 그리고 동아시아 국가 간 향후 관계에 대한 평가와 관련이 있는데, 그중 많은 나라가 젊은 집단에서 노인 집단으로의 극적인 인구 변동에 직면해 있다. 이 모든 것은 "100년 전과 매우 유사한 상황에 맞닥뜨린 인류는 세계 전쟁이라는 대재앙이 불평등이라는 병의 치료제가 되도록 허락하지 않을 것"이라는 밀라노비치의 희망에 신빙성을 더해준다.[17]

묵시록적 평준화의 그다음 두 기사는 많은 주의를 필요로 하지 않는다. 변혁적 혁명은 대중 동원 전쟁보다도 훨씬 더 철저하게 한물 간 구닥다리가 됐다. 8장에서 살펴봤듯 단순한 반란은 좀처럼 성공하지 않았고, 보통은 실질적 평준화를 거두지 못했다. 오직 공산주의 혁명만이 소득과 부의 불균형을 대폭 평준화할 수 있었다. 하지만 1917~1950년 공산주의 통치의 대규모 팽창은 세계대전에 뿌리를 두고 있었으며, 다시는 반복되지 않았다. 소련의 지원을 받은 후속 공산주의 운동—쿠바, 에티오피아, 남예멘, 그리고 특히 1975년까지는 동남아시아에서—은 흐지부지되기 전까지 고작 이따금 승리를 쟁취했을 뿐이다. 1970년대 말에는 아프가니스탄, 니카라과, 그레나다에서 최후의 경미한 장악이 있었는데, 수명이 짧든가 정치적으로도 온건한 것으로 드러났다. 페루의 실질적인 공산주의 반란은 1990년대에 대부분 진압됐고, 네팔의 마오주의자는 2006년 내전을 포기하고 선거 정치에 합류했다. 시장 개혁은 모든 잔존하는 인민공화국의 사회주의 기반을 효과적으로 침식해왔다. 쿠바와 북한조차 이러한 세계적 추세를 피해갈 수 없다. 현재 시점에서 수면 위로 떠오른 좌파 혁명은 더 이상 존재하지 않으며, 거기에 필적할 폭력적 평준화의 잠재성을 가진 대안적 움직임 역시 무대에 오르지 않았다.[18]

9장에서 다룬 규모의 국가 실패와 체제 붕괴 또한 지극히 드물었다. 최근의 국가 실패 사례는 중앙아프리카와 동아프리카 및 중동의 주변부로 국한되는 경향이 있다. 2014년 체계적인 평화 센터(Center for Systemic Peace, CSP)의 국가취약성지수(State Fragility Index)는 중앙아프리카공화국,

남수단, 콩고민주공화국, 수단, 아프가니스탄, 예멘, 에티오피아, 소말리아에 세계 최하점을 부과했다. 그다음으로 제일 취약한 17개국도 미얀마 한 곳을 제외하면 역시 아프리카나 중동에 위치해 있다. 1990년대 초 소비에트연방과 유고슬라비아의 소멸은 물론 우크라이나에서 계속된 사건은 산업화한 중간 소득 국가조차 결코 붕괴성(disintegrative) 압력에 면역되지 않았음을 입증하지만, 현대의 선진국—그리고 사실상 많은 개도국—이 똑같은 경로를 밟을 가능성은 대단히 낮다. 고소득 국가의 국가 체제는 근대의 경제 성장과 재정 팽창 덕분에 정부 구조의 대규모 붕괴 및 그에 따른 평준화가 일어나기엔 일반적으로 너무나 막강해지고 사회 깊숙이 자리를 잡았다. 그리고 가장 가난한 나라에서조차도 국가 실패는 내전과 연결되어 있는 경우가 흔하다. 이런 유형의 폭력적 충격은 일반적으로 평준화 성과를 내지 않는다.[19]

이로써 우리에게는 네 번째이자 최후의 기사가 남았다. 바로 끔찍한 전염병이다. 잠재적으로 치명적인 새로운 발병 위험은 절대 홀대할 수 없다. 열대 지방 국가들의 인구 증가와 삼림 벌채 덕분에 동물 숙주에서 인간에게로 갑자기 옮아가는 인수(人獸) 공통 감염이 증가세에 있다. 야생동물 고기의 소비 역시 이런 전염 사슬을 유지시키며, 농축 산업은 미생물의 새로운 환경 적응을 더 용이하게 만든다. 병원균의 무기화와 생물학 테러에 대한 우려도 증가하고 있다. 그렇다 해도 새로운 감염성 질병의 출현과 전파에 도움을 주는 바로 그 요인—경제 발전과 글로벌한 상호 연계성—이 우리가 이런 위협을 모니터링하고 거기에 대응하는 데 일조하기도 한다. 신속한 DNA 염기서열 결정법, 현장 활용을 위한 실험실 장비의 소형화, 통제 센터를 세우고 디지털 자원을 최대한 활용함으로써 발병을 추적하는 능력은 우리의 병기고에 있는 강력 무기다.

이러한 연구의 목적을 위해서는 두 가지 요점이 아주 중요하다. 첫째, 10장과 11장에서 논의한 전근대의 주요 대유행병의 상대적 규모에 근접하는 전염병은 오늘날 지구상에서 수억 명의 죽음을 초래할 것이며, 이는 가장 비관적인 시나리오를 훌쩍 뛰어넘는다. 더욱이 장차 어떤 대유행병이든 아마 대부분 개도국에 국한될 것이다. 기존의 치료법이 거의 혹은 전혀 먹히지 않았던 한 세기 전만 해도 1918~1920년 전 지구적 인플루엔자 유행병의 사망자 수는 1인당 소득 수준에 강력한 영향을 받았다. 오늘날 의료 개입은 그 못지않게 심각한 유형의 발병이 미치는 전체적 영향을 축소시킬 것이며, 사망자 수는 고소득 국가에 유리한 쪽으로 훨씬 더 강하게 편향될 것이다. 2004년 '에스파냐 독감' 당시 사망률 보고서로 추정하면, 전 세계적으로 5000만~8000만 명으로 예상되는 치사율의 96퍼센트가 개도국에서 일어날지 모른다. 정교한 무기화가 무적의 슈퍼박테리아를 생산할지 모르지만, 이런 동인을 풀어놓는 것은 국가 차원에서 어떤 행위자에게도 거의 이익을 주지 못할 것이다. 다른 한편으로 생물학 테러의 성공 가능성은 틀림없이 최소한에 불과할 것이며, 전국 또는 그보다 더 넓은 지역에서 진짜 대량 살상으로 귀결될 가능성은 훨씬 더 낮다.

두 번째 요점은 향후 전염병이 미칠 분배 차원의 경제적 영향과 관계가 있다. 감염성 질병으로 초래된 갑작스러운 재앙적 사망률이 농경 시대에 그랬던 것처럼 소득이나 부의 불평등을 평준화시킬 것인지는 전혀 확실하지 않다. 우리는 5000만~1억 명, 당시 세계 인구의 약 3~5퍼센트를 사망에 이르게 한 1918~1920년의 범지구적 인플루엔자 유행병이 물질 자원 분배에 제1차 세계대전의 평준화 여파가 그랬던 것처럼 과연 중요한 영향을 미쳤는지조차도 알 수 없다. 오늘날 인플루엔자 같은 포괄적 감염은 빈곤층에 더 심각한 영향을 주긴 하지만, 경제 전반을 대부분 고스란히 유지하면서도 저숙련 노동의 가치를 끌어올릴 특정 계층에 편향된 사망 위기를 추측하고 있을 수만은 없다. 현대의 전염병이 진정 파멸적이어서 전 세계적으로 수억 명의 목숨을 앗아가려면, 적어도 단기적으로는 억제 불가능할 게 틀림없을 것이며, 반드시 국경을 넘고 사회·경제적 스펙트럼 전체에 걸쳐 사람들을 죽음으로 내몰 것이다. 그 경우 복잡하고 상호 연관된 현대 국가와 그들 국가의 매우 차등화한 노동 시장에 미치는 파괴적 영향은 틀림없이 노동력 공급 및 주식 자본의 가치와 관련한 어떤 평준화 효과보다도 클 것이다. 전염병은 훨씬 덜 통합된 농경 사회에서도 무차별적으로 사람들을 해치는 단기적 전이를 촉발했다. 결국 분배적 성과는 노동을 자본으로 대체하는 새로운 방식으로 형성될 것이다. 궁극적으로는 전염병으로 황폐해진 국가에서 다수의 노동자가 빠져나간 자리를 로봇이 차지할지도 모른다.[20]

문명의 여명기 이래 역사를 간간이 붙잡아 세웠던 폭력적 충격이 다가올 미래에는 없을 것이라고 장담할 수 없다. 큰 전쟁이나 새로운 흑사병이 기존 질서를 흔들고 소득과 부의 분배를 개편할 가능성은 아무리 적을지언정 언제나 존재한다. 우리가 할 수 있는 최선은 바로 다음과 같은 가장 실속 있는 예측을 찾아내는 것이다. 바로 전통적인 네 가지 평준화 동력은 현재 사라졌고, 머지않은 미래에 돌아올 가능성도 낮다는 점이다. 이는 미래의 평준화 실현 가능성에 심각한 의심을 품게 한다. 역사적 성과에는 많은 요인이 기여하며, 평준화의 역사도 예외는 아니다. 제도적 장치는 압착하는 충격의 분배적 영향을 결정짓는 데 대단히 중요했다. 통치자와 자본가의 강압적 권력 차이로 인해 전염병이 실질 임금을 인상하게끔 한 나라가 있었는가 하면, 그렇지 않은 나라도 있었다. 세계대전으로 시장의 분배가 편평해진 나라가 있었는가 하면, 야심적인 재분배 계획이 힘을 받은 나라도 있었다. 마오쩌둥의 혁명은 '지주'를 싹쓸이했지만, 도시와 농촌 간 불평등을 촉진했다.

그러나 모든 실질적 평준화의 유명한 일화 뒤에는 언제나 한 가지 큰 이유가 있었다. 왜 한두 세대 뒤에 존 록펠러는 그의 최고 부자 동료들보다 실질적으로 완전히 한 자릿수만큼 더 부유해졌는지, 왜 텔레비전 드라마 〈다운튼 애비(Downton Abbey)〉 속 영국이 보편적 무료 의료 서비스와 막강한 노동조합으로 유명한 나라로 바뀌었는지, 왜 전 세계의 산업화 국가에서 빈부 격차가 애초보다 20세기의 3/4분기에 훨씬 더 줄어들었는지, 그리고 도대체 왜 수백 세대 이전에 고대 스파르타와 아테네 사람들이 평등의 이상을 받아들이고 이를 실천에 옮기려 노력했는지에는 한 가지 큰 이유가 있었다. 왜 1950년대에 장쾅촌이라는 중국의 마을이 완벽하게 균등한 농지 분배를 자랑하게 됐는지에도 한 가지 큰 이유가 있었다. 왜 3000년 전 하이집트(Lower Egypt)의 고위 권력층은 죽은 자에게 값싼 옷을 입히거나 그들을 조야하게 제조한 관에 넣어 매장해야 했는지, 왜 로마 귀족의 잔류 세력은 교황으로부터 지원금을 받으려고 줄을 섰는지, 그리고 왜 마야 족장의 계승자들이 일반 대중(hoi polloi)과 똑같은 식단으로 근근이 살았는지에도 한 가지 큰 이유가 있었다. 또한 비잔틴 및 이슬람 이집트 초기의 초라한 농장 일꾼과 중세 말 잉글랜드의 목수 그리고 근대 초기 멕시코의 고용 일꾼이 이전이나 이후의 동료보다 더 많이 벌고 더 잘살았는지에도 한 가지 큰 이유가 있었다. 그 큰 이유가 모두 똑같은 것은 아니지만, 한 가지 공통된 뿌리를 공유하고 있다. 기존 질서의 대대적이고 폭력적인 파괴가 그것이다. 역사 기록 전반에 걸쳐 대중 동원 전쟁, 변혁적 혁명, 국가 실패 및 대유행병으로 초래된 불평등의 주기적 압착은 전적으로 평화적 수단에 의한 평준화로 알려진 모든 사례를 언제나 초라하게 만들어왔다.

역사는 미래를 결정하지 않는다. 아마도 근대성은 참으로 다를 것이다. 아주 오랜 시간이 지나면 그렇다는 게 밝혀질지도 모른다. 미래는 우리를 특이점을 향한 궤도, 모든 인간이 세계적으로 상호 연결된 '하이브리드 신체-기계(hybrid body-machine) 또는 슈퍼-유기체(super-organism)'로 통합되어 더 이상 불평등을 걱정할 필요가 없는 그런 지점에 올려놓을지도 모른다. 아니면 그 대신 과학기술의 발전이 생체공학적으로, 유전학적으로 향상된 엘리트와 평범한 중생을 분리시킴으로써 후자가 어느 때보다도 우월한 지배자의 능력에 의해 영원히 접근 금지를 당하는 불평등의 새로운 극단으로 몰고 갈 수도 있다. 혹은 그중 어느 것도 아닐 가능성이 높다—우리는 우리가 아직은 상상할 수도 없는 결과를 향해 가고 있는지도 모른다. 그러나 공상과학 소설로 가볼 수 있는 정도에는 한계가 있다. 우리는 당분간은 우리가 소유한 정신과 신체 그리고 그것들이 창조해온 제도에 갇혀 있는 신세다. 이는 향후 평준화에 대한 전망이 빈약하다는 뜻이다. 유럽 대륙의 사회민주주의 국가들이 높은 과세와 확대된 재분배의 정교한 제도를 유지하고 조정하거나, 아시아의 가장 부유한 민주주의 국가들이 불평등의 상승세 흐름을 막고자 유난히 공평한 세전 소득 분배를 유지하는 일은 만만치 않은 과제일 것이다. 불평등은 지속적인 세계화와 전무후무한 인구 변천이 그 압력에 더해짐에 따라 더 강해지기만 할 뿐이다. 그것들이 그럭저럭 현 상태를 유지할지는 의문이다. 불평등은 어디서든 조금씩 커져왔고, 이런 추세는 부인할 수 없이 현 상태 유지에 불리하게 작용한다. 그리고 만일 기존의 소득과 부의 분배 안정화가 갈수록 달성하기 어렵다면, 이를 더욱 공평하게 하려는 모든 시도 또한 틀림없이 더 큰 암초에 부딪힐 것이다.

수천 년 동안 역사는 불평등이 증가하거나 높은 때와 안정됐을 때를 번갈아 오갔고, 그 사이사이에 폭력적 압착이 끼어 있었다. 1914년부터 1970년대와 1980년대까지 60~70년간 세계의 부유한 국가와 공산주의 정권에 무너진 나라는 모두 유사 이래 가장 강렬한 평준화의 일부를 경험했다. 그때부터 세계는 대부분 그다음 장기간—끊임없는 자본 축적과 소득 집중으로의 귀환—의 주기일 수도 있는 시간대로 진입했다. 만일 역사가 길잡이로 삼을 수 있는 어떤 것이라면, 평화적인 정책 개혁은 눈앞의 산재된 도전 과제를 풀기에 역부족이라는 것을 밝혀낼 수 있을 것이다. 그렇다면 대안은 무엇일까? 더 커다란 경제적 평등을 소중히 여기는 우리 모두는 극소수의 예외를 제외하면 그것이 항상 비명과 울음 속에서 탄생했음을 기억하는 게 좋을 것이다. 소원을 빌 때는 조심하시길.

부록

불평등의 한계

불평등은 도대체 어디까지 상승할 수 있을까? 한 가지 중요한 측면에서 소득 불평등 측정은 부의 불평등 측정과 다르다. 부를 특정 인구 안에서 얼마나 불균등하게 분배할 수 있는지에는 한계가 없다. 이론상 한 개인은 가질 수 있는 것이라면 뭐든지 가질 수 있고, 나머지 사람들은 노동이나 이전으로부터 얻는 소득으로 목숨을 부지하는 것 말고는 아무것도 소유하지 않을 수 있다. 이런 분배는 지니계수 ~1이나 상위 부 점유율 100퍼센트를 창출할 것이다. 순수하게 수학적 관점에서 소득 지니계수 역시 완벽한 평등에 해당하는 0에서부터 완전한 불평등을 의미하는 ~1까지 나올 수 있다. 그러나 실제로는 누구든 단순히 살아 있기 위해서라도 최소량의 소득은 필요하기 때문에 ~1에는 절대 도달할 수 없다. 이 기초적 요구를 설명하기 위해 브랑코 밀라노비치, 피터 린더트, 제프리 윌리엄슨은 '불평등 가능 곡선(Inequality Possibility Frontier, IPF)'이라는 개념을 개발했다. 이는 주어진 1인당 평균 생산량 수준에서 이론적으로 가능한 최고 수준의 불평등을 설정하는 측정이다. 1인당 GDP가 낮으면 낮을수록 최저 생존 이상의 1인당 잉여는 더욱 작고 불평등 가능 곡선은 더욱 제한된다.

1인당 평균 GDP가 최저 생존과 동일한 사회를 상상해보자. 이 경우 소득 지니계수는 틀림없이 0일 것이다. 약간의 소득 격차만 있어도 이 집단의 일부 구성원을 생존에 필요한 수준 이하로 밀어낼 것이기 때문이다. 이는 분명 가능한 일이기는 하지만—다른 사람들이 굶는 동안 일부는 더 부자가 될 것이다—결국에는 인구가 점차 줄어 없어질 테니 지속 가능하지 않을 것이다. 만일 1인당 평균 GDP가 생존 수준보다 아주 약간 위에 있다면—가령 100명의 인구라면 1.05배—한 사람이 나머지 모든 이가 정확하게 최저 소득 수준에서 살아가는 동안 최저 생계 소득의 6배를 차지할 수 있을 것이다. 아울러 지니계수는 0.047, 상위 1퍼센트의 소득 점유율은 5.7퍼센트가 될 것이다. 한 사람이 가능한 잉여 전체를 독식하고 평균 GDP가 최저 생존의 2배일 때—가난한 실생활 경제에 관한 한층 현실성 있는 시나리오—이 단 한 명의 최고 소득자는 전체 소득의 50.5퍼센트를 차지할 것이며, 지니계수는 0.495에 이를 것이다. 이에 따라 IPF는 1인당 GDP 증가와 함께 상승한다. 1인당 평균 생산량이 최저 생계의 5배일 때 가능한 지니계수의 최대치는 0.8에 근접할 것이다(그림 A.1).[1]

그림 A.1은 IPF의 가장 큰 변동이 1인당 GDP가 매우 낮은 구간에서 발생한다는 것을 보여준다. 일단 후자가 현대 선진국에서 흔히 그렇듯 최저 생계의 몇 배만큼 증가하고 나면, IPF는 높은 0.9대까지 올라갈수록 공식 상한선인 ~1과 구분할 수 없게 된다. 이런 이유로 이 기본 IPF는 주로 전근대 국가와 현대 저소득 국가의 불평등을 이해하는 것과 관련이 있다. 만일 최저 생계를 1990년 국제 달러를 기준으로 했을 때 연소득 300달러—좀더 높은 수준이 타당할 듯하지만 이것이 전통적 기준점이다—로 정의한다면, 1인당 연간 GDP를 1500달러 생산하는 국가는 IPF를 근거로 한 불평등 가능성 조정에 가장 큰 영향을 받는다. 모든, 아니 사실상 모든 전근대 국가가 이런 범주의 지시문에 들어가며, 이는 그

그림 A.1 불평등 가능 곡선

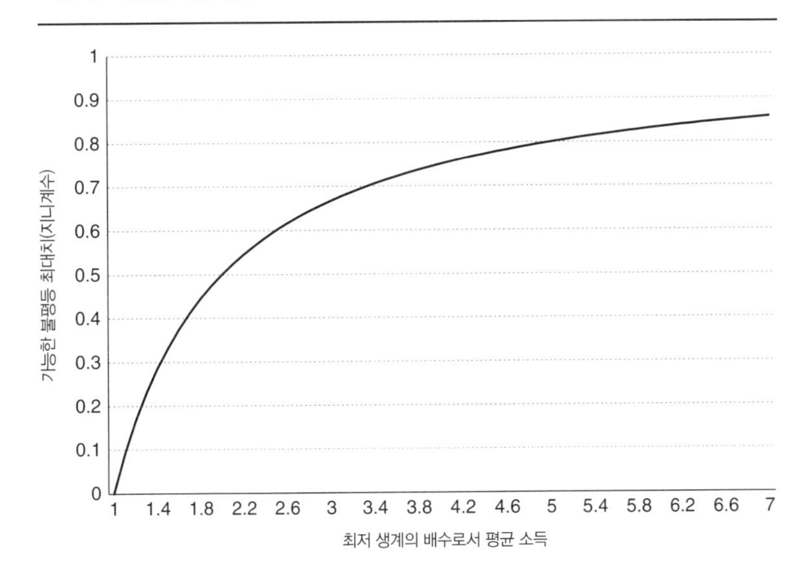

림 A.1에 나타난 범위에 인류 역사 대부분이 포함됨을 의미한다. 국가 차원에서 최저 생계 수준 소득 300달러의 5배라는 문턱에 처음으로 도달한 시기는 네덜란드에서는 16세기 초, 잉글랜드에서는 1700년경, 미국은 1830년대, 프랑스와 독일은 19세기 중반, 일본은 1910년대, 중국 전역은 1985년—인도는 그로부터 10년 뒤—이 되어서였다.[2]

관찰한 소득 지니계수를 가능한 최대치 값(IPF)으로 나누면 '추출률'이 나온다. 여기서 추출률은 이론적으로 가능한 불평등에서 실제로 최저 생계 이상의 소득자에 의해 추출된 비율을 측정하는 것을 말한다. 추출률의 범위는 완벽하게 평등한 조건 아래서의 0부터 한 사람이 1인당 최저 생계 총합을 초과하는 생산량 일체를 흡수할 때의 100퍼센트까지다. 관찰된 지니계수와 IPF 사이의 차이가 적으면 적을수록 추출률은 100퍼

그림 A.2 산업화 이전 국가의 소득 지니계수 추정치와 불평등 가능 곡선

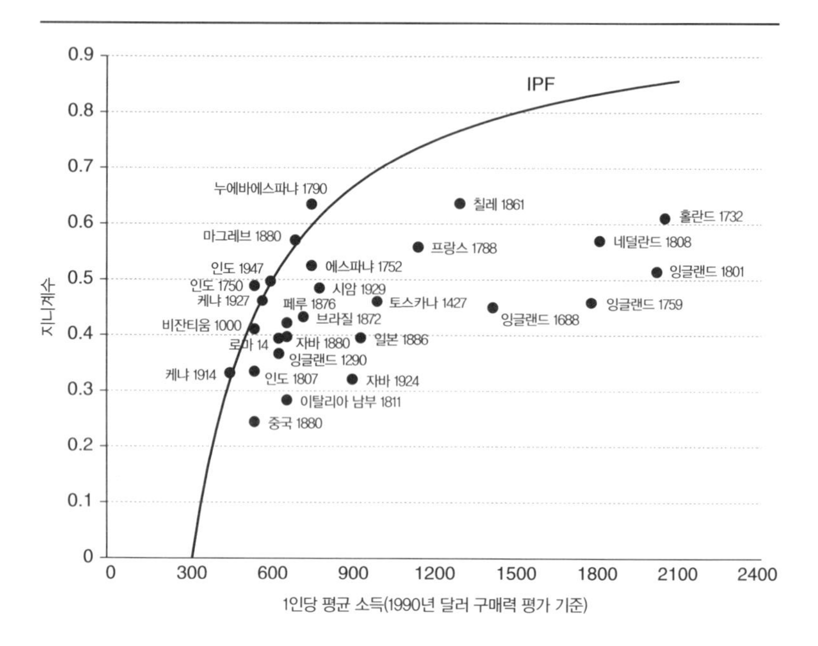

센트에 더 가까워진다. 밀라노비치와 린더트 그리고 윌리엄슨은 소득 분배의 원가 지표를 제공하는 사회적 목록의 조합—1688년 잉글랜드의 귀족부터 극빈층을 31개 계급으로 분류한 그레고리 킹(Gregory King)의 유명한 사회적 목록까지 거슬러 올라가는 포맷이다—에 의거해 로마 제국에서 영국령 인도까지 28개 전근대 국가의 추출률을 산출한다(그림 A.2).[3]

이 28개국 전체의 소득 지니계수 평균은 대략 0.45이고, 추출률은 평균 77퍼센트이다. 가난한 나라들이 잘사는 나라보다 IPF에 더 가까운 경향이 있다. 표본 중 1인당 평균 GDP가 1990년 국제 달러 기준 1000달러 미만인 21개국의 평균 추출률은 76퍼센트이다. 1인당 평균 GDP가

1000~2000달러인 7개국의 평균 78퍼센트와 사실상 같다. 이는 일단 경제 실적이 1인당 최저 생계의 4~5배 수준으로 향상하고 나면 하락한다. 1732~1808년 잉글랜드와 홀란드 또는 네덜란드의 추출률은 평균 61퍼센트였다. 표본에서 97~113퍼센트의 범위에 있는 5개국의 최고 비율은 불충분한 데이터에서 나온 산물인 듯하다. 특히 지니계수 추정치가 암묵적인 IPF를 한참 벗어나는 경우 그렇다. 현실에서는 단 한 명의 지배자나 극소수 엘리트가 최저 생존 수준으로 전락한 나머지 인구를 통제하는 국가를 상상하기가 어려운 만큼 실제 불평등 수준은 IPF에 절대 도달하지 않거나 거의 도달하지 못할 것이다. 그렇지만 이 5개국이 식민 권력이나 외국의 정복 엘리트에 의해 통치됐다는 점에는 주목할 만하다. 약탈적 추출을 이례적으로 높은 수준까지 상승시켰을 조건이기 때문이다.[4]

IPF와 추출률 계산은 두 가지 주요한 통찰을 제공한다. 그것은 초기 국가들이 가능한 한 거의 최고 수준만큼 불평등한 편이었음을 드러낸다. 부자 '1퍼센트'와 병사, 행정가 및 상인 중개인으로 구성된 그보다 약간 높은 비율의 인구가 빈곤한 농업 인구에 덧붙여진 국가에서만 IPF에 가까운 추출률을 생산할 수 있었을 것이다. 그런데 이는 흔한 패턴이었던 것으로 보인다. 우리는 그림 A.2에 무리지어 있는 추정치의 내적 일관성에서 약간의 위안을 얻을 수 있을지 모른다. 이 모든 일련의 데이터가 우리로 하여금 똑같은 방향으로 판단을 그르치게 하고, 그러는 사이 과거의 불평등 수준에 대한 심각하게 오도된 인상을 창출할 가능성은 낮아 보인다. 두 번째로 관찰할 수 있는 중요한 사실은 강력한 경제 성장이 결국에는 추출률을 감소시켰다는 것이다. 그런 현상의 규모는 표본 28개국과 2000년경 동일한 나라 혹은 부분적으로 같은 공간을 공유하는 16개국 사이의 비교에서 잘 나타나 있다(그림 A.3).[5]

그림 A.3 산업화 이전 국가(속이 찬 동그라미)와 대응 관계에 있는 현대 국가(속이 빈 동그라미)의 추출률

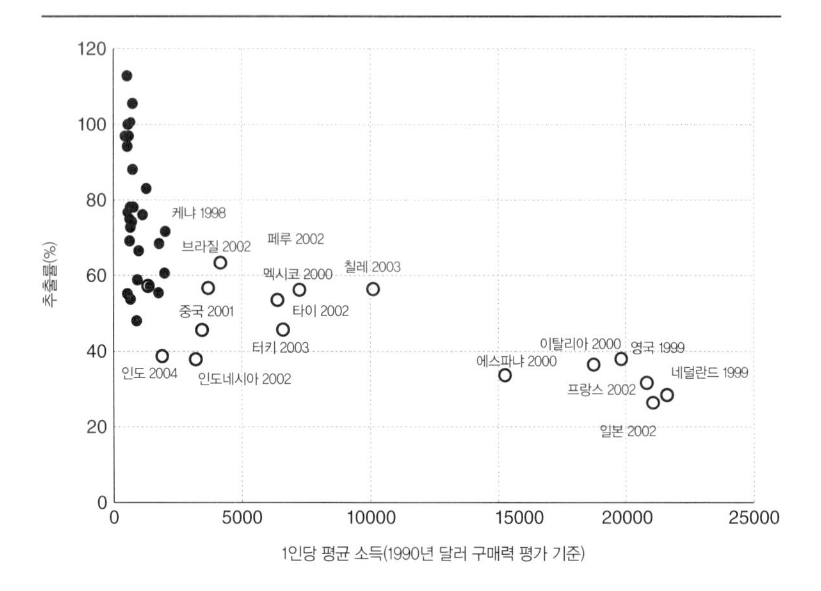

여기서 관찰할 수 있는 추출률의 불연속성은 매우 다른 수준의 1인당 평균 GDP의 소득 지니계수 비교가 얼마만큼 우리를 오도할 수 있는지 보여준다. 전근대와 근현대 표본의 지니계수 평균값은 0.45와 0.41로 꽤 비슷하다. 이를 액면 그대로 받아들이면, 근대화 과정에서 불평등은 단지 약간 감소했음을 뜻할 것이다. 그러나 현대의 표본에서는 1인당 평균 GDP가 과거보다 11배 크기 때문에 평균 추출률—76퍼센트와 비교해 44퍼센트—이 훨씬 낮다. 이 측정에 따르면 위의 국가들은 2000년 먼 옛날보다 훨씬 덜 불평등해졌다. 조정하지 않은 상위 소득 점유율 비교는 훨씬 더 많은 문제점을 양산할 수 있다. 최저 생계의 1.05배에 해당하는 1인당 평균 GDP와 5.7퍼센트라는 상위 1퍼센트 소득 점유율을 가

진 가상 국가의 부자 1명과 가난한 99명 사례를 다시 한 번 떠올려보자. 2000년 덴마크에서 정확하게 이 상위 1퍼센트의 소득 점유율이 나타나는데, 당시 이 나라의 1인당 평균 GDP는 내 사고실험에서보다 최소 73배는 더 컸다. 극적으로 상이한 경제 발전 수준은 다른 말로 옮기면 표면적으로 유사한 불평등 수준이다. 여기서의 교훈은 분명하다. 조정하지 않은 역사상의 소득 분배 추정치는 내가 '실질적 불평등'—이론적으로 실행 가능한 불평등 수준과 관련해 정의한—이라고 부르는 게 시간이 흐르면서 어떻게 달라졌는지에 대한 우리의 이해를 흐리게 할 여지가 있다는 것이다. 이런 수치의 신뢰도 문제를 접어둔다면, 잉글랜드의 소득 지니계수는 1290년경 0.37, 1688년 0.45, 1759년 0.46, 그리고 1801년 0.52로 불평등이 점차 증가했음을 암시하는 반면, 추출률은 경제 생산량이 증가함에 따라—0.69에서 0.57로, 그리고 0.61로 회복하기 전까지는 0.55로—대부분 기간 동안 하락했다. 홀란드 혹은 네덜란드에서는 추출률이 76퍼센트에서 72퍼센트 그리고 69퍼센트로 계속 떨어졌음에도 불구하고, 소득 지니계수는 1561년 0.56에서 1732년 0.61로 올랐고, 그리고 난 뒤인 1808년에는 0.57로 떨어졌다. 이런 수치를 둘러싼 상당한 정도의 불확실성을 고려하면, 이 특정한 관찰에 지나치게 많은 비중을 두는 것은 현명하지 못할 것이다. 중요한 것은 바로 원칙이다. 추출률은 지니계수 하나만 있을 때보다 우리로 하여금 실질적 불평등에 대한 감을 더 잘 잡게끔 해준다.

이것은 종래의 불평등 측정이 더 먼 옛날이나 오늘날 가장 가난한 개도국에서 발견되는 것들에 비해 현대 국가의 실질적 소득 불평등 수준을 과장한다는 것—그리고 따라서 경제 발전은 결국 실질적으로 평화로운 평준화를 유지해왔다는 것—을 의미할까? 이 질문에 대한 정답은 전적으로 우리가 실질적 불평등을 어떻게 정의하는가에 달려 있다. 표준 불평등 측정을 상황에 맞게 조정하는 것은 쓸데없이 복잡한 문제를 초래한다. 실제 소득 하한선은 단지 생리학적 최저 생존뿐 아니라 강력한 사회적·경제적 요인으로도 결정된다. IPF와 추출률 개념을 소개하고 얼마 안 되어 밀라노비치는 국가별 최저 생존 수준을 고찰함으로써 이 접근법을 보강했다. 1990년 국제 달러로 연간 최저 소득 300달러라는 액수는 사실상 물리적 생존에 충분할뿐더러 소득이 극히 낮은 국가에서도 실행 가능한 표준일 수 있다. 하지만 최저 생계선은 경제가 나아지고 사회 규범이 달라짐에 따라 상대적 관점에서 인상할 필요가 있다. 오늘날 공식적 빈곤선은 오직 최극빈 국가에서만 종래의 최저 생존 수준과 일치한다. 다른 나라들의 더 관대한 허용치는 1인당 GDP가 더 높기 때문에 가능하다. 무엇이 사회적으로 수용할 수 있는 최저 생존을 결정하는가에 대한 주관적 평가 역시 전반적 생활 수준에 어느 정도 민감함을 보인다. 애덤 스미스(Adam Smith)가 내렸던 당대의 최소 필요 요건에 대한 정의는 유명한 사례다. 그의 견해에 따르면 "삶을 지탱하기 위해 반드시 없어서는 안 될 소비재뿐 아니라, 최하위층 출신까지도 포함하는 도덕적으로 훌륭한 국민이 나라의 관습에 비추어 그런 것이 없는 채로 살아가는 걸 적절하지 못하게 만드는 것이라면 무엇이건" 이 최소 필요 요건에 속한다. 가령 (잉글랜드에서는) 리넨 셔츠와 가죽 신발 같은 것이다. 그러나 빈곤선은 GDP와 동일한 비율로 변하지는 않으며, 오히려 그것을 따라가지 못한다. 평균 소득에 비해 빈곤선은 탄력성에 한계가 있다. 밀라노비치는 0.5라는 탄력성을 무시할 수 없는 수치로 여기면서 국가별 최저 생계선에 맞게 조정할 경우 주어진 1인당 평균 GDP 수준에서 IPF는 생리적 최저 생존의 필수 요건만으로 설정한 IPF보다 현저히 낮다는 것을 입증한다. 요컨대 1인당 평균 GDP가 1500달러인 인구에서는 0.8에서 0.55로, 3000달러일 경우는 0.9에서

그림 A.4 국가별로 상이한 최저 생계선에 따른 불평등 가능 곡선

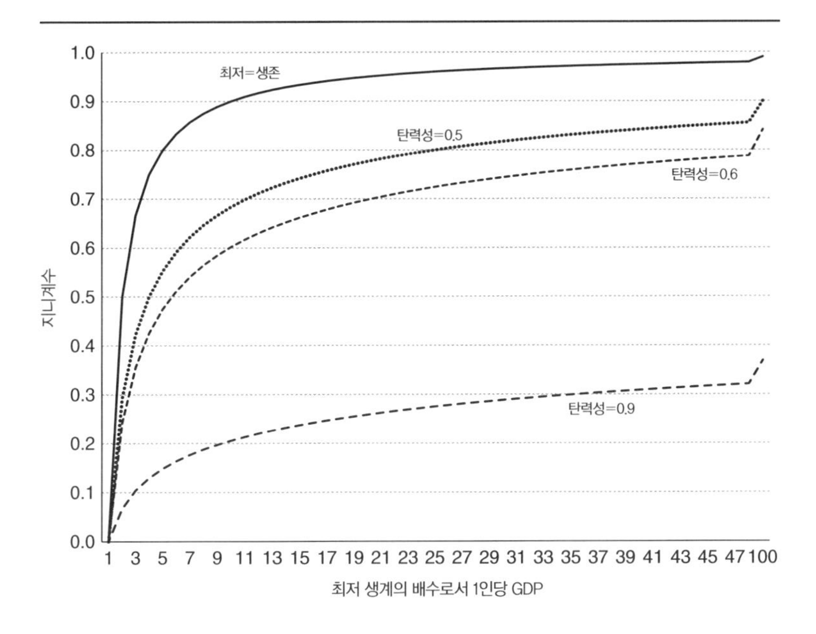

0.68로 떨어진다(그림 A.4).[6]

국가 최저 생계선 변동의 이유를 설명하든 하지 않든 추출률은 잉글랜드에서는 1688~1867년, 미국에서는 1774~1860년에 변함없이 유지됐다. 그러나 만일 GDP의 성장에 비해 탄력성이 0.5인 국가의 최저 생계선을 IPF 계산에 포함한다면, 이 두 기간 동안의 추출률 추정치는 대략 80퍼센트다—관찰한 바와 같이 생리학적 최저 생존과 관련한 불평등에서 산출한 약 60퍼센트보다 훨씬 더 높다. 그와 반대로 어느 쪽으로 규정하건 추출률은 제2차 세계대전 이래 훨씬 더 낮아졌다. 엘리트가 경제 생산량이 늘어나는 동안에도 상당히 꾸준한 양의 가용 잉여를 지속적으로 장악함에 따라 실질적 불평등은 20세기 이전까지 계속 높은 수준에 머물렀다. 이것은 실질적 불평등—국가 차원에서 결정되는 최저 생계선의 제약을

받는—이 격렬한 압착의 시기를 제외하면 전근대 역사 전반에 걸쳐서는 물론이고 산업화 초기 단계에도 일반적으로 높았음을 시사한다. 따라서 지니계수나 상위 소득 점유율, 또는 국가별 최저 생계선으로 조정된 실질적 불평등 등으로 나타난 명목상 불평등 측정값은 대압착 이전에 대규모 소득 격차가 있었다는 인상을 뒷받침하는 쪽으로 수렴한다.[7]

그렇다면 현재는 어떤가? 21세기의 첫 10년이 끝나갈 무렵, 국가 최저 생계선에 따른 조정이 있었건 없었건 미국과 영국의 추출률은 약 40퍼센트에 머물렀다. 사실상 과거 1860년대의 절반밖에 안 된다. 이는 최근 불평등이 부활했음에도 불구하고 현재 이 두 나라가 실질적 관점에서 과거보다 훨씬 더 평등하다는 것을 의미할까? 반드시 그렇진 않다. 핵심 질문은 바로 이것이다. 특정한 1인당 GDP 수준을 상정할 때, 화석 연료의 추출이 아닌 식량 생산, 제조업 및 서비스업의 조합에 주로 의존하는 국가에서 경제적으로 실행 가능한 최대 소득 불평등 수준이란 무엇일까? 이론적으로 가능한 미국의 최대 가처분 소득 지니계수는 한 사람이 생리학적 최저 생존 이상의 잉여 전체를 독식하는 시나리오에서 0.99이며, 만일 그 한 사람이 단지 국가에서 결정한 최저 소득 이상의 잉여 전체를 차지한다면 대략 0.9다. 논의를 위해 이런 나라가 어찌 됐건 정치적으로 실현 가능하다고 가정하면—3억 2000만 동료 시민의 치안 유지를 위해 로봇 부대를 고용하는 독점 재벌을 필요로 할지도 모르지만—우리는 그 나라가 연간 1인당 평균 5만 3000달러의 GDP를 생산하는 경제를 유지할 수 있는지 질문해야 한다. 대답은 분명 부정적일 게 틀림없다. 이와 같이 터무니없이 불평등한 국가는 인적 자본을 생산 및 재생산하며, 이런 수준의 생산량에 도달하는 데 필요한 국내 소비량(미국 GDP의 거의 70퍼센트를 차지한다)을 뒷받침할 수 없을 것이다. '실질적' IPF는 따라서 더더욱 낮을 것임

에 틀림없다.[8]

그렇다면 얼마나 더 낮을까? 미국의 가처분 소득 지니계수는 현재 0.38에 가깝다. 여기서 한 번 더, 단지 논의를 위해 평균 1인당 GDP를 기존의 수준 미만으로 떨어뜨리지 않은 상태에서 2010년 나미비아의 수치인 0.6만큼 높다고 가정해보자. 이는 63퍼센트의 실질적 추출률을 뜻할 것이다. 전혀 다른 맥락에서 밀라노비치는 실행 가능한 노동 소득과 자본 소득의 불평등에 관해 꽤 극단적 가정을 한다 해도 미국 전체 소득 분배의 지니계수는 0.6 이상 증가할 수 없을 거라고 주장해왔다. 그러나 0.6조차도 미국식 경제에는 지나치게 높을지 모른다. 나미비아의 1인당 GDP는 사실상 미국 수치의 약 7분의 1에 지나지 않으며, 그곳의 경제는 광물 수출에 전적으로 의존하고 있다. 만일 진짜 문턱이 0.5라면, 현재 미국의 실질적 추출률은 76퍼센트일 것이다. 이는 앞서 언급한 28개 전근대 국가에서 산출한 평균과 맞먹으며, 1860년 미국의 추출률인 84퍼센트에 가깝다. 1929년 이 나라의 가처분 소득 지니계수는 0.5보다 많이 적지 않았고, 0.8에 가까운 국가 최저 생계선으로 조정한 IPF는 약 60퍼센트의 추출률을 시사한다. 그러나 실질적인 1인당 GDP가 오늘날의 4분의 1 미만이었던 1929년에도 경제적으로 실행 가능한 지니계수 최고치는 현재보다 좀 더 높긴 해도 0.8보다 분명 작았을 것이다. 현 시점에서 다른 수치를 동원해 실험한다고 해도 얻을 것은 거의 없다. 만일 불평등이 경제 성장에 미치는 부정적 효과를 측정하는 일이 가능하다면, 현재 수준의 생산량을 더 이상 획득할 수 없을 때의 불평등 수준 측정도 가능할 것이다. 나는 경제학자들이 이 문제를 다뤄줬으면 한다.[9]

역사 전체에 걸쳐 소득 불평등의 가능 한도는 일련의 다른 요인들로 결정되어왔다. 불평등은 경제 실적의 수준이 매우 낮을 때는 무엇보다 생리학적 최저 생존 확보에 필요한 것 이상의 생산량에 제약을 받는다. 0.4의 지니계수—현대의 기준으로는 중간—는 1인당 평균 GDP가 겨우 최저 생계의 2배인 나라에서는 실질적 불평등이 극단적으로 높다는 것을 의미하며, 불평등의 가능 한도는 0.5 정도의 소득 지니계수로 설정된다. 중간 수준의 발전 단계에서는 국가의 최저 생계선이 주요 제약이 된다. 가령 미국의 1인당 평균 GDP가 최저 생계의 7배에 달했던 1860년 국가 최저 생계선에 의해 암시된 실행 가능한 최고 지니계수나 IPF는 최저 생존만으로 결정한 수치보다 훨씬 더 낮았고(0.86 대 0.63), 실질적 추출률은 그에 상응해 더욱 높아서 62퍼센트가 아닌 84퍼센트였다. 당시 국가 최저 생계선에 따라 뽑아낸 IPF는 보통 말하는 경제적 복합성에 의해 부과된 기준선보다 거의 확실히 낮았다. 인구의 절반 이상이 아직 농업에 종사하던 시대에 소득 불평등의 이론적 가능성은 꽤 높았을 것이다. 현대의 경제 발전과 관련한 IPF는 감소했음에도 불구하고, 국가 최저 생계선에 기초한 IPF 지니계수가 0.7대와 0.8대로 상승함에 따라 상황은 달라졌다. 두 곡선은 어느 시점에선가 교차하고, 후자를 잠재적 불평등의 가장 강력한 구속 요인으로 변모시켰다(그림 A.5).[10]

나의 표본은 IPF가 전체 역사의 소득 분배 스펙트럼에 걸쳐 꽤 안정적으로 유지되었음을 시사한다. 최저 생계의 2~3배에 해당하는 1인당 평균 GDP를 가진 국가의 0.5대와 0.6대에 있는 실행 가능한 지니계수 최대치는 최저 생계의 5~10배에 해당하는 1인당 평균 GDP를 가진 좀더 발전한 농경 국가와 초기 산업화 국가의 수치와 아주 흡사하며, 결과적으로는 1인당 최저 생계의 100배에 해당하는 것을 생산하는 오늘날 고소득 국가의 수치와도 많이 다르지 않다. 진짜 달라지는 것은 최저 생계부터 국가 최저 생계선 그리고 경제적 복합성에 이르기까지 핵심 제약의 성격이다.

그림 A.5 여러 유형의 불평등 가능 곡선

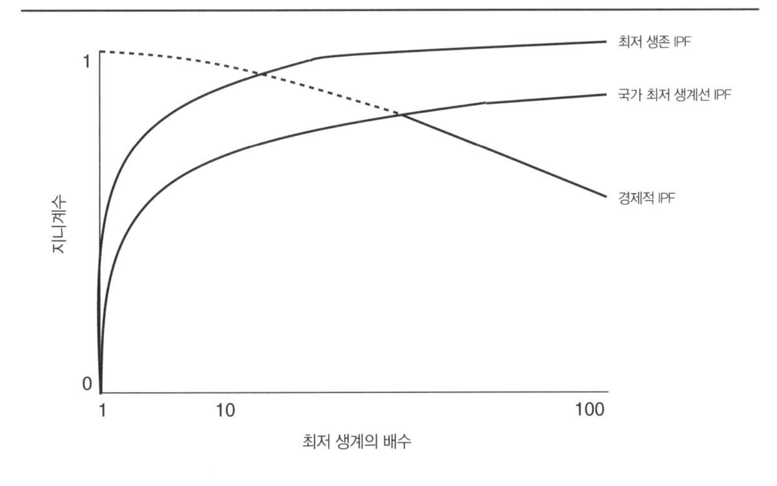

나는 우리의 직관과 상반되는 IPF의 경제 성과에 대한 민감성 결핍을 '불평등 발전의 역설(development paradox of inequality)'이라고 부른다("세상이 많이 변할수록 그대로인 것도 많다(plus ça change, plus c'est la même chose)"라는 주제의 또 다른 변형). 이런 장기적 안정은 장구한 역사 속에서 소득 불평등을 비교·평가하는 데 아주 요긴하다. 만일 IPF가 여러 경제 발전 단계마다 크게 다르지 않다면, 고대부터 현재까지 지니계수를 직접적으로 비교하는 것도 가능할 법하다.[11]

오늘날 미국이나 영국의 실질적 불평등 추출률이 150년 전만큼 높은지는 여전히 미결 과제이지만, 국가 최저 생계선만을 기초로 한 계산이 시사하는 것처럼 그때와 현재 사이에 절반으로 줄었다거나 아주 조금이라도 상응할 수준까지 떨어지지 않았다는 데는 의심의 여지가 없다. 현재 미국의 실제 추출률은 1929년보다 확실히 더 낮긴 하지만, 불평등은 실질적 관점에서 눈에 띄게 지속되어왔다—아니, 되살아났다. 하지만 어느 나라나 그런 것은 아니다. 오늘날 스칸디나비아 국가에서 나타나는 것과 같은 0.20대 중반의 가처분 소득 지니계수는 우리가 IPF를 어떻게 정의하느냐와 무관하게 먼 옛날보다 틀림없이 훨씬 더 낮을 것이다. 나는 잠재적 불평등에 대한 제약이 어떻게 국제 비교에 영향을 주는지에 관한 간략한 예증으로 이 기술적인 여담을 마무리하고자 한다. 스웨덴보다 미국에서 가처분 소득은 얼마나 더 불평등하게 분배될까? 지니계수가 약 0.23과 0.38이라고 한다면, 미국의 불평등은 3분의 2 정도 더 높다고 할 수 있다. 이 비율은 우리가 개념상 극대치를 결정하는 IPF를 부과한다 해도 변함이 없다. 양국의 GDP 관련 IPF를 0.6이라고 가정하면, 미국의 63퍼센트 추출률은 스웨덴의 38퍼센트보다 3분의 2 높다. 그러나 소득 불평등 가능성은 단지 최고치 선에서 정해지는 것은 아니다. 시장 경제에서 가처분 소득 불평등은 높은 1인당 생산량 수준을 유지하기 위해 0보다 훨씬 높아야 한다. 이전의 상한선인 0.6에 추가로 가령 0.1이라는 실행 가능한 지니계수 최저치를 삽입한다면, 50퍼센티지 포인트의 불평등 가능 공간(Inequality Possibility Space, IPS)이라고 부를 만한 게 만들어질 것이다. 관찰된 스웨덴의 불평등은 절반을 약간 넘게 차지하는 미국의 그것과 대조적으로 이 공간의 약 4분의 1을 차지한다. 이런 조정은 미국의 가처분 소득 분배를 스웨덴보다 실질적으로 최소 2배는 불평등하게 만들 것이다.

주

서문: 불평등이라는 도전 과제

1. Hardoon, Ayele, and Fuentes-Nieva 2016: 2; Fuentes-Nieva and Galasso 2014: 2.
2. 지구상 개인 순자산: Credit Suisse 2015: 11. WWID에 따른 미국 상위 소득 점유율: 상위 0.01퍼센트, 0.1퍼센트, 1퍼센트의 비중은 자본 수익을 포함해 1975년 각각 0.85퍼센트, 2.56퍼센트, 8.87퍼센트에서 2014년에는 각각 4.89퍼센트, 10.26퍼센트, 21.24퍼센트로 올랐는데, 이는 각각 475퍼센트, 301퍼센트, 139퍼센트 증가하고 상위 0.1퍼센트와 1퍼센트 사이에서는 74퍼센트 증가했음을 나타낸다.
3. 2016년 2월 빌 게이츠의 재산 754억 달러는 미국 평균 가계 소득의 약 100만 배와 중위수의 140만 배에 해당하는 반면, 1982년 발행된 〈포브스〉의 400대 부자 순위 1위 대니얼 루드윅(Daniel Ludwig)의 재산 20억 달러는 당시 평균 가계 소득의 약 5만 배와 중위수의 8만 5000배와 같았다. 중국의 억만장자에 대해서는 다음을 참조. www.economist.com/news/china/21676814-crackdown-corruption-has-spread-anxiety-among-chinas-business-elite-robber-barons-beware.
4. "Remarks by the President on Economic Mobility," December 4, 2013, https://www.whitehouse.gov/the-press-office/2013/12/04/remarks-president-economic-mobility. Buffett 2011. 베스트셀러: Piketty 2014. 중국: State Council 2013. 그림 I.1: WWID(자본 수익 포함). https://books.google.com/ngrams. 이러한 비유전적 문화 요소의 중요성은 최신 유행에 맞춰 *Widening income inequality*(Seidel 2016)라는 제목을 붙인 시집을 발간하면서 더욱 부각되었다.
5. 미국: WWID, 이 책 15장. 영국: Roine and Waldenström 2015: 579 표 7. A4. 로

마에 관해서는 이 책 2장 참조, Scheidel and Friesen 2009: 73-74, 86-87(GDP와 소득 지니계수). 전반적 불평등 수준에 대해서는 이 책의 부록 참조. 흑사병에 대해서는 이 책 10장 참조.

6. 묵시록 6: 4, 8.
7. Milanovic 2005; 2012; Lakner and Milanovic 2013; 그리고 가장 최근의 것으로는 Milanovic 2016: 10-45, 118-176이 국제 소득 불평등에 관한 가장 중요한 연구 중 하나다. Anand and Segal 2015는 이 분야의 학문을 탐구한다. Ponthieux and Meurs 2015는 성별 경제 불평등에 관한 방대한 개론 작업을 제공한다. 경제사상의 소득 분배에 관해서는 Sandmo 2015 또한 참조.
8. 이 쟁점에 대해 더 알고 싶으면 이 책 14장 참조.
9. 흔히 얘기하는 것과 달리 지니계수의 G는 절대 1에 도달할 수 없다. 왜냐하면 n이 인구의 크기일 때 $G=1-1/n$이기 때문이다. 각기 다른 유형의 소득 관련 지표에 관한 간결하지만 함축적인 요약으로는 이전 소득에 덧붙여 공공 서비스의 가치를 관리할 필요성에서 생겨난 복합성 및 누적 손실과 실현 손실 사이의 차이를 언급한 Atkinson 2015: 29-33 참조. 이 광범위한 조사의 목적을 위해서는 이런 구분을 제쳐놓아도 무방하다. 소득 비중의 비율에 대해서는 가장 최근의 Palma 2011(상위 10퍼센트/하위 40퍼센트)과 Cobham and Sumner 2014 참조. 불평등 측정의 방법론에 관해서는 Jenkins and Van Kerm 2009와 좀더 기술적인 방식을 다룬 Cowell and Flachaire 2015 참조.
10. Atkinson and Brandolini 2004, 특히 19의 그림 4와 Ravaillon 2014: 835, 그리고 이 책 16장 참조. Milanovic 2016: 27-29는 상대적 불평등 측정을 옹호한다.
11. 이 책의 부록 참조.
12. 지니계수와 상위 소득 점유율 간 관계에 관해서는 Leigh 2007; Alvaredo 2011; Morelli, Smeeding, and Thompson 2015: 683-687; Roine and Waldenström 2015: 503-606, 특히 504의 그림 7.7 참조. 지니계수 조정에 관해서는 특히 Morelli, Smeeding, and Thompson 2015: 679, 681-683과 이 책 15장 참조. Palma 2011: 105, Piketty 2014: 266-267과 Roine and Waldenström 2015: 506은 상위 소득 점유율이라는 증거의 입증된 가치를 강조한다. 지니계수 비교에 대해서는 가령 Bergh and Nilsson 2010: 492-493과 Ostry, Berg, and Tsangarides 2014: 12 참조. 둘 다 세계 소득 불평등 표준 데이터베이스(SWIID)에 보고된 지니

계수값을 선호하는데, 다른 학자들의 참고문헌을 인용할 때를 제외하고는 나 역시 이 책 전반에서 이것을 사용한다. 신뢰 구간은 SWIID의 웹사이트 http://fsolt.org/swiid/에 잘 나타나 있다. 이 책 13장 참조. 부의 은폐에 관해서는 Zucman 2015 참조. Kopczuk 2015는 미국의 부 점유율을 측정하는 데 따른 난관을 언급한다. 상위 소득 자료의 성격과 신뢰도에 관해서는 특히 Roine and Waldenström 2015: 479-491과 Atkinson and Piketty 2007a 및 2010에 실린 다수 기고문의 매우 폭넓은 기술적 토론 참조. WWID는 http://www.wid.world/로 접속할 수 있다.

13. 이 모든 것과 추가 사례에 대해서는 이 책 1부 전체와 9~10장에서 논의한다.

14. 나는 또다시 이 책의 대부분, 특히 1부와 5부에서 이러한 접근 방식을 차용한다. 중세로 거슬러 올라가는 실질 임금의 증거는 국제사회사연구소(International Institute of Social History, http://www.iisg.nl/hpw/data.php)가 관리하는 '역사상 물가와 임금의 데이터 파일 목록'에서 수집했다. Scheidel 2010은 가장 초기의 증거를 다룬다. 역사적 GDP 자료, 측정 및 추측에 관해서는 'Maddison project,' http://www.ggdc.net/maddison/maddison-project/home.htm 참조.

15. Frankfurt 2015: 3. 역사학자로 활동하면서, 어떤 역사라도 탐구할 가치가 있고 그것에 대한 지식 자체가 보상임을 기정사실로 받아들일 수 있어 기쁘다. 한편으론 우리가 살아가는 세계에 관한 한 어떤 질문은 다른 질문보다 더 평등할지도 모른다.

16. 어려움에 대해서는 Bourguignon 2015: 139-140과 특히 갈등의 결과를 요약한 Voitchovsky 2009: 569(562 표 22.11) 참조. 부정적 효과를 보고하는 연구로는 Easterly 2007; Cingano 2014와 Ostry, Berg, and Tsangarides 2014〔특히 16, 19(더 크고 장기적인 성장)〕가 있다. 상위 5분위수의 소득 점유율 변화는 그다음 5년간 성장률에 영향을 미친다. Dabla-Norris et al. 2015. 1985~2005년의 소득 불평등 상승이 1990~2010년 동안 OECD 국가 평균 누적 성장을 4.7퍼센트 떨어뜨렸다. OECD 2015: 59-100, 특히 67. 104개국에 대한 조사는 1970~2010년 저소득 국가의 더 높은 소득 불균형이 1인당 GDP〔인적 자본(human capital)은 물론〕를 상승시키는 경향이 있었으나, 중간 소득 국가나 고소득 국가에서는 상반된 효과를 가져왔음을 시사한다. Brueckner and Lederman 2015. 이는 선진국 이외의 지역에서는 성장의 부정적 효과를 보여주지 못한 초기 연구와 일치한다. Malinen 2012. 만일 우리가 억만장자 재산의 상대적 크기를 통해 표시한 불평등으로 다소 좁게 국한시킨다면, 부정적 효과는 정치적 연관성과 관련한 부의 불평등에 한정

될 수 있다. Bagchi and Svejnar 2015. Van Treeck 2014는 금융 위기에서 불평등의 역할에 대한 논쟁을 살펴본다. 부의 불평등과 신용에 대한 접근 기회: Bowles 2012a: 34-72; Bourguignon 2015: 131-132.

17. Björklund and Jäntti 2009와 Jäntti and Jenkins 2015는 가장 최근의 연구다. 불평등과 이동성 사이의 연관성에 대해서는 Corak 2013: 82 그림 1과 Jäntti and Jenkins 2015: 889-890 중 특히 890 그림 10.13 참조. OECD 국가들 내에서도 큰 차이가 존재한다. 미국과 영국은 높은 불평등과 낮은 이동성 모두를 보고하는 반면, 북유럽 국가들은 그 반대다. OECD 2010: 181-198. Björklund and Jäntti 2009: 502-504는 북유럽보다 미국에서 가정 환경이 경제적 지위에 더 강한 영향을 미친다는 점을 찾아냈다. 좀더 폭넓은 국가 비교 연구들이 이따금 약한 효과만을 제시하는 것과는 대조적이다. 1970년대에 더 불평등했던 사회에서 성장한 사람들은 1990년대 말에 사회적 계층 이동을 경험했을 가능성이 더 낮았다. Andrews and Leigh 2009; Bowles and Gintis 2002(지표); Autor 2014: 848(자기 영구화, 교육). Reardon and Bischoff 2011a and b는 거주지 분리를 거론한다. Kozol 2005는 그것이 학교 교육에 미친 영향에 초점을 맞춘다. 이 쟁점에 대한 보수적 시각에 대해서는 Murray 2012 또한 참조. Clark 2014의 결과물은 경제적 불평등의 변화는 제쳐두고 더욱 일반적으로 볼 때 사회적 이동성은 광범위한 다른 국가들에 걸쳐 그리고 장기적으로 미미한 경향이 있다고 주장한다.

18. 불평등과 내전에 대해서는 이 책 6장을 참조하고, Bourguignon 2015: 133-134와 간단히 비교해볼 것. 정치: Gilens 2012. 행복: van Praag and Ferrer-i-Carbonell 2009: 374. 주관적 행복감과 태도에 미치는 불평등의 영향에 대해서는 Clark and D'Ambrosio 2015 참조. 건강: Leigh, Jencks, and Smeeding 2009; O'Donnell, Van Doorslaer, and Van Ourti 2015 또한 참조. 그러나 다양한 사회·경제적 집단 사이의 수명 격차가 미국과 몇몇 서유럽 국가에서 증가해왔다. Bosworth, Burtless, and Zhang 2016: 62-69.

19. Atkinson 2015: 11-14는 왜 불평등이 문제인지에 대해 도구적 이유와 내재적 이유를 구분한다. Frankfurt 2015 또한 참조. 공정성에 있어서는 Bourguignon 2015: 163에서 저자 스스로가 신중하게 "'정상적인' 불평등 수준"이라는 개념에 인용 부호를 쓰지만, 그럼에도 불구하고 이러한 표현에서 "지난 20~30년 이전"의 상황을 분명히 밝힌다.

1부 불평등의 역사

01 불평등의 탄생

1. Boehm 1999: 16-42가 대표적인 설명이다. 이 세 가지 종 전체의 사회적 관계를 왜 (다소) '독재적'이라고 정의할 수 있는지에 관해서는 특히 130-137 참조. 비인류 영장류 사이에서조차 대량 사망의 형태를 띤 격렬한 충격은 위계 서열을 약화하고 지위에 기초한 괴롭힘을 감소시킬 수 있다는 것에 주목할 것. Sapolsky and Share 2004.
2. 이런 종 분화의 시기에 관해서는 이 책을 집필할 당시 나와 있던 가장 최근의 종합적 연구인 Pozzi et al. 2014: 177 그림 2 참조. 차후의 연구는 틀림없이 이러한 추산을 수정할 것이다. 불과 3년 전 Tinh et al. 2011: 4는 상당히 나중 시기를 보고했다. 공통 조상의 특성: Boehm 1999: 154.
3. 통설: Klein 2009: 197. Plavcan 2012: 49-50은 현대 인류의 수준에 맞먹는 더 낮은 이형이라는 생각에 반기를 든다. 이미 Reno, McCollum, Meindl, and Lovejoy 2010; Reno and Lovejoy 2015에서 오스트랄로피테쿠스 아파렌시스를 제시했다. 또한 Shultziner et al. 2010: 330-331과도 비교해볼 것. 인간과 다른 유인원의 이형 비교에 관해서는 Plavcan 2012: 47 그림 1, 아울러 그것의 가능성 높은 이유에 대한 논의는 50-58 참조. Labuda et al. 2010과 Poznik et al. 2013: 565는 현대 인류에서는 미미한 일부다처제의 유전적 증거를 제시한다. Bowles 2006은 인류의 이타주의와 관련한 진화에서 번식 평준화의 역할에 찬성론을 편다.
4. 어깨: Roach, Venkadesan, Rainbow, and Lieberman 2013. 불: Marean 2015: 543, 547. 발사 무기의 뾰족 돌: Henshilwood et al. 2001; Brown et al. 2012. Boehm 1999: 174-181은 상당한 평준화 효과를 이런 발전의 덕택으로 보는데, 가장 최근의 Turchin 2016b: 95-111은 이러한 견해를 따른다. Shultziner et al. 2010: 329 또한 참조. 언어: Marean 2015: 542. Boehm 1999: 181-183, 187-191은 언어와 도덕성의 평준화 잠재성을 강조한다. 타이밍: Boehm 1999: 195-196, 198은 비교적 최근의 갑작스러운 변화를 선호하는 반면, Dubreuil 2010: 55-90 and Shultziner et al. 2010: 329-331은 초기 변화에 더 큰 비중을 둔다. 가장 오래된 것으로 알려진 호모 사피엔스의 화석 유골은 약 19만 5000년 전의 것이다. McDougall, Brown, and Fleagle 2005. 이는 아마도 20만 년보다 약간 더 전의 종 분화를 가리키는 Elhaik et

al. 2014의 현대 DNA 분석과 일치할 것이다.

5. 이러한 관점은 관례상 약 30만 년 전부터 농업을 시작하기까지의 기간을 가리킨다. 이런 시각의 한계에 관해서는 이 책 1장의 추후 논의 참조.

6. 물질적 제약: 예를 들어 Shultziner et al. 2010: 327. 평준화는 자연스러운 위계와 싸울 필요가 있었다. Boehm 1999: 37, 39. 강화: Boehm 1999: 43-89; 또한 더 간단하게는 Shultziner et al. 2010: 325-327; Kelly 2013: 243-244; Boix 2015: 46-51; Morris 2015: 33-43.

7. Marlowe 2010: 225-254, 특히 232-234, 237-238, 240-241, 248, 251-254. ('중간 수렵·채집인'으로서 하드자족에 관한) 전형적 성격: 255-283. 부시먼족(bushman)은 잘 알려지고 많이 인용되는 또 다른 사례다. Lee 1979; 1984.

8. 성장과 잉여: 불균등한 성과에 관해 지적한 Boix 2015: 54-55. 낮은 불평등: Smith et al. 2010b와 이 책 1장의 이후 논의 참조.

9. 외부 접촉: Sassaman 2004: 229, 236-238. '살아 있는 화석'이 아니다: Marlowe 2010: 285-286. 그리고 복잡하지만 유용한 유사점을 가진 선사 시대 대체 자료로서 수렵·채집인에 관해서는 Kelly 2013: 269-275.

10. Trinkaus, Buzhilova, Mednikova, and Dobrovolskaya 2014는 현재 숭기르 발견물에 대한 권위 있는 저작이다. 특히 장소, 시기 및 장례 행위에 관해서는 3-33, 부상과 무질서에 관해서는 272-274, 282-283, 287-288 참조. 구슬 크기: Formicola 2007: 446. 세습된 지위: Anghelinu 2012: 38.

11. Vanhaeren and d'Errico 2005; Pettitt, Richards, Maggi, and Formicola 2003; d'Errico and Vanhaeren 2016: 54-55

12. 특히 Shultziner et al. 2010: 333-334; Anghelinu 2012: 37-38; Wengrow and Graeber 2015 참조. Marean 2014는 연안 적응의 역사와 중요성에 대해 찬성론을 편다.

13. 일반적인 서부 해안에 대해서는 간략하게 Boix 2015: 98-101; Morris 2015: 37 참조. 실제로 인과관계는 좀더 복잡할 수 있다. 예를 들면 Sassaman 2004: 240-243, 264-265. Kelly 2013: 252-266, 특히 251 그림 9.3은 일반적 모델을 제공한다. 수산물 수렵·채집인: Johnson and Earle 2000: 204-217, 특히 211-216.

14. Prentiss et al. 2007; Speller, Yang, and Hayden 2005: 1387(키틀리만); Prentiss et al. 2012, 특히 321(브리지강).

15. Flannery and Marcus 2012: 67-71(추마시족). 복잡성: Kelly 2013: 241-268, 특히 242 표 9.

16. 가축 사육의 연대기: Price and Bar-Yosef 2011: S171 표 1. 농경의 기원 문제에 관해서는 특히 Barker 2006, 그리고 *Current Anthropology* 52 특별판의 기고문, S4(2011), S161-S512 참조. Diamond 1997은 가축 사육의 범위 및 속도의 범지구적 다양성에 관해 가장 접근하기 쉬운 저작이다. 비연속성: Finlayson and Warren 2010.

17. 나투프: Barker 2006: 126; Price and Bar-Yosef 2010: 149-152; Pringle 2014: 823; 또한 Bowles and Choi 2013: 8833-8834; Bowles 2015: 3-5와 비교해볼 것.

18. 신드리아스기의 영향: Mithen 2003: 50; Shultziner et al. 2010: 335. 선토기 신석기 시대: Price and Bar-Yosef 2010: 152-158.

19. Rivaya-Martínez 2012: 49(코만치족); Haas 1993, 특히 308-309 표 1-2(북아메리카 사회).

20. Borgerhoff Mulder et al. 2009: 683 그림 1(표본), 684 표 1(이들 사회의 43개 부 유형 측정), S34 표 S4(다른 종류의 부 유형에 대한 불평등), 685 표 2, S35 표 S5(지니계수). 도미니카의 일부 공간에 한정된 원예인의 높은 토지 불평등은 수렵·채집인과 비교했을 때 이 생계 양식의 물질적 불평등 평균을 끌어올리는데, 이는 두 집단이 여기서 작은 표본이 제시하는 것보다 더 많은 공통점을 가질 수 있음을 뜻한다. 원예인의 데이터에 관해서는 Gurven et al. 2010 참조.

21. Borgerhoff Mulder et al. 2009: 686, S37 표 S7과 함께; Smith et al. 2010a: 89 그림 3.

22. 모델: Borgerhoff Mulder et al. 2009: 682. 상관관계: Smith et al. 2010a: 91 그림 5. Shennan 2011은 또한 무형의 자산으로부터 물질적 재산으로의 이행 및 불평등 생성과 관련한 그것의 잠재력에 큰 무게를 둔다.

23. Smith et al. 2010a: 92(방어 가능성); Boix 2015: 38 표 1.1.B(전 지구적 조사); Bowles and Choi 2013(재산권). 후자는 기후 향상이 농경을 더욱 생산적이고 예측 가능하게 만들며 농경과 사유 재산권의 확대로 이어진다는 공식 모델을 발전시킨다(8834 그림 2).

24. Wright 2014.

25. 메소포타미아: Flannery and Marcus 2012: 261-282, 특히 264-266, 268, 272,

274, 281. 또한 수시아나(Susiana: 오늘날 이란 남서부의 후제스탄)에 있는 구리와 고급 채문토기가 풍부하게 출토된 무덤부터 요리솥이 나온 가난한 무덤에 이르기까지 1000개 넘는 무덤이 있는 공동묘지에 관해서는 451 참조. 그리고 유프라테스강가의 텔할룰라(Tell Halula)에 있는 100개 넘는 무덤에서 나타난 불평등에 관해서는 Price and Bar-Yosef 2010: 159 참조.

26. Biehl and Marciniak 2000, 특히 186, 189-191; Higham et al. 2007, 특히 639-641, 643-647, 649; Windler, Thiele, and Müuller 2013, 특히 207 표 2(그 지역의 또 다른 유적에 대해서도 다룬다).

27. Johnson and Earle 2000은 사회적 진화에 대한 탁월한 조사를 제공한다. 전형적인 집단 크기에 관해서는 246 표 8 참조.

28. 범지구적 표본: Boix 2015: 38 표 1.1.C. 북미: Haas 1993: 310 표 3. SCCS: Boix 2015: 103 표 3.1.D.

29. 곡물: Mayshar, Moav, Neeman, and Pascali 2015, 특히 43-45, 47. 농경과 국가 형성: Boix 2015: 119-121, 특히 120 그림 3.3. 재배와 사육에 영향을 미친 지리적이고 기후적인 특성으로 촉발된 국가 형성 시기의 차이에 대해서는 Petersen and Skaaning 2010 참조. 이는 Diamond 1997을 뒷받침하므로 비교해볼 것. 국가 형성의 후기 국면에서 곡물 저장이 담당한 역할에 대해서는 Haber 2012 또한 참조.

30. 인용: Haas 1993: 312. Scheidel 2013: 5-9는 국가에 관한 다양한 정의를 소개하고 논의하는데, 그중 몇 가지는 본문에 제시한 요약에 도움을 주었다. 전근대 국가의 성격에 관해서는 이 책 1장의 이후 논의 참조. Maisels 1990: 199-220, Sanderson 1999: 53-95와 Scheidel 2013: 9-14는 국가 형성의 현대적 이론에 관한 연구를 제공한다.

31. 한계 이론: Carneiro 1970; 1988. 전쟁으로 촉발된 국가 형성의 시뮬레이션 모델에 관해서는 Turchin and Gavrilets 2009; Turchin, Currie, Turner, and Gavrilets 2013 참조. Boix 2015: 127-170, 252-253 또한 전쟁의 역할을 강조한다.

32. 분권화한 정치 조직: 예를 들어 Ehrenreich, Crumley, and Levy 1995; Blanton 1998. 인용: Cohen 1978: 70. 만연했던 위계화에 관해서는 Trigger 2003: 668-670도 참조. 가치: Morris 2015: 71-92, 특히 73-75, 92.

33. 추정: Scheidel 2013, McEvedy and Jones 1978과 Cohen 1995: 400에서 추론. 초기 국가의 성격에 관해서는 이 책 참조. 제국의 구조와 세계사에 대해서는 특히

Doyle 1986; Eisenstadt 1993; Motyl 2001; Burbank and Cooper 2010; Leitner 2011; Bang, Bayly and Scheidel의 출간 예정 도서와 Scheidel 2013: 27-30의 요약 참조. 도시국가에 대해서는 특히 Hansen 2000과 매우 간단하게 Scheidel 2013: 30-32 또한 참조.

34. 초원 제국의 진화(주로 관련 데이터의 부족 때문에 이번 연구에서는 빠져 있지만)에 대해서는 Barfield 1989; Cioffi-Revilla, Rogers, Wilcox, and Alterman 2011; http://nomadicempires.modhist.ox.ac.uk/ 참조. 또한 대규모 국가의 형성과 관련한 초원 제국의 역할에 대해서는 Turchin 2009과 비교해볼 것. 증가하는 규모: Taagepera 1978: 120.

35. 그림 1.1: Gellner 1983: 9 그림 1. 나는 이 그림을 Morris 2015: 66 그림 3.6에서 가져왔다.

36. 일반적인 전근대 국가의 성격에 관해서는 특히 Claessen and Skalní 1978b; Gellner 1983: 8-18; Tilly 1985; Giddens 1987: 35-80; Kautsky 1982, 특히 341-348; Haldon 1993; Sanderson 1999: 99-133; Crone 2003: 35-80(인용: 51); North, Wallis, and Weingast 2009: 30-109 참조. 그리고 여러 학문 분야에 걸친 메타 조사는 Scheidel 2013: 16-26 참조.

37. 만드는 자(maker)와 차지하는 자(taker): Balch 2014. 바빌로니아: Jursa 2015와 개인적 의견 교환. 지참금의 중위수 및 평균 실질 가치는 각각 약 70퍼센트와 130퍼센트 더 높고, 두 기간의 지니계수는 0.43(n=82)과 0.55(n=84), 또는 가장 높은 이상점을 일련의 각 데이터에서 제외시키면 0.41과 0.49이다. 신바빌로니아의 경제적 역동성에 대해서는 Jursa 2010 참조.

38. 독재 정권의 퇴행적 분배에 대해서는 예를 들어 Trigger 2003: 389와 Boix 2015: 259 참조. Winters 2011은 종종 부의 방어(특히 20-26)에 초점을 맞추면서 세계사 전반에 걸쳐 과두 정치 권력을 추적한다. 상호주의 개념은 주로 관념적 영역에서만 존속했다. Claessen and Skalník 1978a: 640에서 기품 있게 정의했듯 "초기 국가는 최소한 두 가지 기본 계층 또는 신흥 사회 계층—즉 통치자와 피통치자—으로 구분된 복잡하고 계층화한 사회에서 사회적 관계의 규제를 위해 중앙 집권화한 사회·정치적 조직이다. 그것들의 관계는 전자의 정치적 우위와 후자의 종속적 의무로 특징지어지며, 어떤 상호주의가 기본 원칙이냐 하는 보편적 이데올로기로 정당화된다".

39. 맘루크 이집트에 대해서는 이 책 2장 참조, 로마공화국에 대해서는 이 책 2장과 6장 참조.

40. 사업가들: Villette and Vullermot 2009. 로마공화국에 대해서는 이 책 2장 참조, 프랑스에 대해서는 이 책 2장 참조. 나는 전체적으로 부자에게 혜택을 줘왔던 미국과 몇몇 다른 앵글로색슨 국가들의 최근 상위 소득 점유율 증가와 관련해 세금 감면의 역할과 이러한 요인을 구분하기 위해 '개인화한' 정치적 혜택이란 용어를 쓴다. 이 책 15장 참조. 인용: "Lunch with the FT: Oleg Tinkov," *Financial Times*, December 30, 2015.

41. 자본 수익률의 역할 및 이러한 수익과 관련한 충격에 대해서는 특히 Piketty and Saez 2014: 841-842; Piketty 2015b: 73-78의 축약된 해설 참조. 그리고 더욱 일반적으로는 Piketty 2014: 164-208 참조. 논쟁에 관해서는 이 책 15장 참조.

42. Hudson 1996b: 34-35, 46-49; 1996c: 299, 303; Trigger 2003: 316-321, 333; Flannery and Marcus 2012: 500-501, 515-516. 수메르인의 경험은 이러한 과정에서 최초로 살아남은 사례를 대표하므로 여기서 가장 중요하게 언급할 만하다.

43. 라가시에 관해서는 Hudson 1996a: 12-13, 16; Flannery and Marcus 2012: 474-502, 특히 489-491 참조. 채무 면제에 대해서는 이 책 12장 참조.

44. 에블라: Hoffner 1998: 65-80, 특히 73-77. 인용: 75 단락 46, 48. 후르리인은 메소포타미아 북부에, 히타이트인은 아나톨리아에 거주했다.

45. Foster 2016: 40, 43, 56, 62, 72, 90, 92; 그리고 Hudson 1996c: 300. 인용: Foster 2016: 8(리무시), 13(나람신), 40(서기관), 43(엘리트). 아카디아 제국의 멸망에 대해서는 이 책 9장 참조. 연이은 제국 형성에서 수도의 엘리트와 국가 관료는 불균등한 혜택을 입었다. 예를 들어 Yoffee 1988: 49-52.

46. Trigger 2003: 375-394는 몇몇 초기 문명에 걸쳐 이러한 특징을 조사한다. 오요 제국에 대해서는 393 참조. Yun-Casalilla and O'Brien 2012와 Monson and Scheidel 2015의 내용을 합치면 세계사의 재정 정권(fiscal regime)에 관한 폭넓은 개괄을 선사한다.

47. 첫 번째 인용은 이른바 '바빌로니아 신정론(Babylonian Theodicy)'에서 따온 것으로, 원문은 바빌로니아 중기의 언어로 쓰였다. Oshima 2014: 167, 대사는 282. 그리고 두 번째 인용은 Trigger 2003: 150-151에서 가져왔다.

48. 인용: Fitzgerald 1926. 키의 불평등에 관해서는 Boix and Rosenbluth 2014: 11-

14 참조. 이는 Boix 2015: 188-194에서도 볼 수 있다. 또한 Payne 2016: 519-520 참조. Scheidel 2009b는 세계사에 걸쳐 번식 불평등을 조사한다.

49. 이 책 1장(바빌로니아인), 2장과 9장(주거) 참조.

50. 이 책의 부록(분배), 6장(그리스인), 3장(미국) 참조. 로렌츠 곡선은 모집단 내의 자산 분포를 나타내는 데 사용하는 그래프다. 소수의 구성원에게 강하게 집중되면 곡선의 오른쪽 끝이 가파르게 올라간다.

51. Oded 1979: 19, 21-22, 28, 35, 60, 78-79, 81-91, 112-113. 이 책 6장 또한 참조.

52. 노예제, 특히 노예를 생성하고 획득하는 다양한 방식에 관해서는 Patterson 1982: 105-171 참조. 세계 역사 속의 노예 제도에 관해서는 Miller 2012와 Zeuske 2013 참조. 로마에 대해서는 Scheidel 2005a 참조. 소코토에 관해서는 Lovejoy 2011 참조. 미국에 대해서는 이 책 3장 참조.

02 불평등의 제국

1. Morris 2010과 Morris 2013은 농경 제국에서 비교적 높은 수준의 사회 발전을 관찰한다. 명목적 및 실질적 관점 양면에서 산업혁명 이전과 산업화 초기 불평등의 등가물에 관해서는 이 책 3장과 부록 참조.

2. Wood 2003: 26-32는 이러한 이상적이고 전형적인 대조를 제시한다. 집중적 발전과 둘 사이의 유사성에 관해서는 Scheidel 2009a; Bang and Turner 2015 참조. 나는 Scheidel 2016에서 이들 두 제국의 불평등에 관해 훨씬 더 상세히 논의했다.

3. 전국 시대의 개혁과 대중 동원 문화에 관해서는 이 책 6장 참조.

4. Ch'ü 1972: 196-199; Hsu 1980: 31; Loewe 1986a: 205; Sadao 1986: 555-558. 왕망: Hsu 1980: 558; Sadao 1986: 558; Li 2013: 277.

5. 상인들: Swann 1950: 405-464(전기); Ch'ü 1972: 115-116, 176; Sadao 1986: 576, 578(활동). 사마천: Ch'ü 1972: 182-183. 무제의 조치에 관해서는 Hsu 1980: 40-41; Sadao 1986: 584, 599, 602, 604 참조. 무제의 군사 작전 규모에 대해서는 Barfield 1989: 54, 56-57; 무제의 일반적 근대화 정책에 관해서는 Loewe 1986a: 152-179 참조. 2차적 개입도 마찬가지로 과격한 전복—즉, 왕망의 찬탈—에 뿌리를 두고 있었다. Loewe 1986a: 232; Sadao 1986: 580, 606

6. 인용: Sadao 1986: 578 (《사기》 129). 제조업자에 관해서는 584도 참조. 금지: Hsu 1980: 41-42; Sadao 1986: 577. 지주와 관료의 중복: Ch'ü 1972: 119-121, 181.

7. 명목상 봉급은 비교적 적었다. Scheidel 2015c: 165-174. 편파주의: Hsu 1980: 46-53. 재산 규모: Swann 1950: 463-464. 매매: Mansveldt Beck 1986: 332(178년). 보호: Ch'ü 1972: 96-97.
8. Ch'ü 1972: 160-161, 175; Hsu 1980: 49, 54; Lewis 2007: 70.
9. Ch'ü 1972: 94, 176-178(연속성). 또한 특정 가문에 대해서는 173-174 참조; Hsu 1980: 49(흥망성쇠의 원리).
10. 무제의 숙청에 관해서는 Hsu 1980: 44-46(인용은 《한서》 16: 2b-3b에서 발췌) 참조; Ch'ü 1972: 164-165; Lewis 2007: 69, 120. 동한: Loewe 1986b: 275.
11. Ch'ü 1972: 97, 184, 200-202, 212-213, 218, 226, 228, 237-243; Loewe 1986b: 276-277, 289; Mansvelt Beck 1986: 328-329.
12. 국가 개입: Lewis 2007: 67(징집에 관해). 봉토: Loewe 1986b: 257, 259. 지주와 한나라의 계보: Li 2013: 295; Lewis 2007: 69-70. 실패한 개혁 시도에 관해서는 Ch'ü 1972: 204; Hsu 1980: 55; Ebrey 1986: 619-621 참조. 인구 조사: Li 2013: 297.
13. Ebrey 1986: 635-637, 646(사회적 폐쇄성, 엘리트 자율권); Hsu 1980: 56(하인); Lewis 2007: 263(클리엔텔리즘); Lewis 2009a: 135(갑부).
14. 토지 재분배: Powelson 1988: 164, 166, 168, 171(중국을 모델로 한 유사한 시도가 베트남에서 이뤄졌다. 290-292). 당나라에 관해서는 이 책 9장 참조. 송나라: Powelson 1988: 166-167. 명나라: Elvin 1973: 235(첫 번째 인용), 236(두 번째 인용), 240(상하이 현과 관련한 1800년경의 문서에서 가져온 세 번째 인용).
15. 수법: Zelin 1984: 241-246. 몇 배수의 소득과 대책: Deng 1999: 217-219.
16. Jacobs 2015; www.forbes.com/billionaires/.
17. Shatzman 1975: 237-439는 기원전 200~기원전 30년의 원로원 계급을 총망라한 '경제적 인물 연구'를 제공한다. 초기 제국에 관해서는 Duncan-Jones 1982: 343-344와 1994: 39 참조. 5세기에 관해서는 이 책 2장의 이후 논의 참조. 개인 재산은 Scheidel 2016에 그 목록이 있다. 나는 이후의 액면가에 따라 통화 가치를 표준화한다. 1000세스테르티우스는 대략 4인 가족의 평균 연간 소득에 해당한다(1인당 GDP에 관해서는 Scheidel and Friesen 2009: 91 참조).
18. 일반 서민의 제한적인 실질 임금 성장에 관해서는 Scheidel 2007 참조. 인구 수치는 대략적인 추정치다. 기사 계급: Scheidel 2006: 50. 도시화의 효과에 관해서는

이 책 3장 참조. 노예: Scheidel 2005a.

19. 경제 발전에 대해서는 가장 최근의 저서인 Kay 2014 참조. 소득 원천의 추정치: Rosenstein 2008. 그보다 먼저 나온 Shatzman 1975: 107은 "농업 소득은 원로원 경력으로 축적한 이윤과 비교했을 때 무시해도 될 정도였다는 것이 명백하다"고 보았다. 총독, 채권자, 세금 징수자의 소득: Shatzman 1975: 53-63, 296-297, 372, 409, 413, 429-437. 전쟁: 63-67, 278-281, 378-381. Tan은 출간 예정인 책에서 엘리트 소득과 이 시기 재정 제도의 구조를 분석한다.

20. Shatzman 1975: 37-44, 107, 268-272; Scheidel 2007: 332. 첫 번째 박탈로 인해 나타난 대토지에 관해서는 Roselaar 2010: 285-286 참조.

21. 지지자의 재산: Shatzman 1975: 400, 437-439; Mratschek-Halfmann 1993: 78, 97, 111, 160-161. 황제의 자산에 대해서는 Millar 1977: 133-201 참조. Mratschek-Halfmann 1993: 44(아우구스투스). 몰수의 규모: 52-54; Burgers 1993. Hopkins 2002: 208은 부를 압수해 나눠줌으로써 황제들이 '귀족 교체'를 창출했다고 적절히 묘사한다. 총국부와 엘리트의 부는 Scheidel and Friesen 2009: 74, 76과 Piketty 2014: 116-117 그림 3.1-2에서 추측한 것으로 1700년의 프랑스와 잉글랜드를 연간 GDP의 배수로서 국부에 대한 유사체(analog)로 활용한다.

22. Mratschek-Halfmann 1993: 106-107, 113-114, 214; *Inscriptiones Latinae Selectae* 1514.

23. Mratschek-Halfmann 1993: 53, 58, 138-139; Hopkins 2002: 205.

24. Scheidel 2015a: 234-242, 250-251.

25. Mouritsen 2015는 이를 간결하게 요약한다. Jongman 1988, 특히 108-112(인구), 207-273(사회적 불평등) 또한 참조. 이웃한 도시 헤르쿨라네움(Herculaneum)의 인구 대다수는 노예 및 전직 노예로 구성되었던 것으로 보인다. De Ligt and Garnsey 2012.

26. 주택 크기: 이 책 9장과 더 구체적으로는 Stephan 2013: 82, 86(영국), 127, 135(이탈리아, 일련의 서로 다른 두 가지 데이터에서 나온 상반된 결과), 171, 182(북아프리카) 참조. 로마 치하에서 인간의 신장에도 불균형이 증가했는지 결론 맺기 위해서는 유골을 세밀하게 분석할 필요가 있다. 원로와 기사의 소득 출처에 관해서는 Mratschek-Halfmann 1993: 95-127, 140-206 참조. 이탈리아 원로들의 토지 소유에 대해서는 Andermahr 1998과도 비교해볼 것.

27. Scheidel and Friesen 2009: 63-74, 75-84(소득 분배와 국가의 몫), 86-87(지니계수와 추출률), 91(GDP). 0.35 이상인 로마의 소득 지니계수와 75퍼센트의 추출률에 관해서는 Milanovic, Lindert, and Williamson 2011: 263 표 2와 비교해볼 것. 다른 국가에 대해서는 위의 책과 이 책 3장 참조. 경제적으로 중간층인 로마인에 대해서는 Scheidel 2006; Mayer 2012 참조.

28. 투자와 토지 취득: Jongman 2006: 249-250. 올림피오도루스: Wickham 2005: 162; Brown 2012: 16-17; Harper 2015a: 56-58, 61(안정기). 후기 제국이 더 가난했다면, 보고된 재산은 사실상 상대적 측면에서 더욱 컸을 것이다. 하지만 이것을 배제할 수 없다 해도 Milanovic 2010: 8과 2016: 67-68, 특히 68 그림 2.9에서 추측한 바처럼 1인당 평균 GDP의 급격한 하락 개념을 뒷받침할 만한 것은 거의 없다. 이 책 3장과 비교해볼 것. 서로마 귀족의 몰락에 관해서는 이 책 9장 참조.

29. 이집트: Palme 2015, Harper 2015a: 51. 로마령 이집트의 초기 토지 집중에 관해서는 이 책 11장 참조. 이탈리아: Champlin 1980, Harper 2015a: 54. 4세기 에게해의 좀더 상세한 토지 명부는 1000에이커 미만의 더 적은 토지를 기록하고 있다. Harper 2015a: 52 표 3.6. 대규모 부자: Wickham 2005: 163-165.

30. 비잔틴의 불평등: Milanovic 2006.

31. 맘루크의 제도에 관해서는 Borsch 2005: 24-34; 불법 돈벌이에 관해서는 Meloy 2004 참조.

32. Yaycioglu 2012; 유배, 해고 및 최고위직 관료의 재산 몰수(군사령관)에 관해서는 Ze'evi and Buke 2015 또한 참조.

33. Powelson 1988: 84-85, 220-229; 이 책 8장.

34. Powelson 1988: 234-239.

35. Turchin and Nefedov 2009: 172-173; with http://gpih.ucdavis.edu/files/Paris_1380-1870.xls(임금).

36. 28개 사회: Milanovic, Lindert, and Williamson 2011: 263 표 2와 이 책의 부록. 기원전 330년대 아테네: Ober 2016: 8, 22에 따르면, 1드라크마(drachma: 그리스의 유로 이전 화폐 단위—옮긴이)=밀 7.37g=1990년의 8.67국제 달러라는 환산법을 사용해 계산하니 1인당 GDP와 소득 지니계수는 각각 1647달러와 0.38이었다. 그리고 추출률에 관해서는 Ober 2016: 9 참조. 1118달러/0.45('비관적' 시나리오)와 1415달러/0.4('낙관적' 시나리오) 값에 관해서는 Ober 2015a: 91-93; 2015b:

502-504와도 비교해볼 것. Milanovic, Lindert, and Williamson 2011: 263 표 2; Maddison project에 비교할 만한 주제들이 있음. 비록 Milanovic, Lindert, and Williamson의 일련의 데이터가 Boix 2015: 258-259에서 추측한 것처럼 군주제와 공화국의 상반된 불평등 경험이라는 개념에 의구심을 제기하긴 하지만, 고대 아테네의 사례는 우리가 직접민주주의와 다른 형태의 정부 간 대조적인 성격에 초점을 맞추는 한 그의 모델에 신빙성을 더해줄 수 있다.

03 불평등의 기복

1. 바르나에 관해서는 이 책 1장, 미케네의 몰락에 대해서는 이 책 9장, 고전 시대 그리스에 관해서는 이 책 6장 참조. 우리는 로마 권역 내부의 차이도 고려해야 한다. 4~5세기 초 제국의 서쪽 지역은 당시 불평등이 절정에 달했음이 틀림없다. 이 책 2장 참조.
2. 국가 붕괴: 이 책 9장. 전염병: 이 책 11장.
3. 내가 개인적으로 로마 말기와 로마 이후 시대의 소득 불평등 하락을 추적하는 대단히 상상력 풍부한 시도라고 생각하는 Milanovic 2010: 8과 2016: 67-68 참조. 이 시기 콘스탄티노플의 상황에 대해서는 Mango 1985: 51-62; Haldon 1997: 115-117 참조.
4. 잉글랜드에 관해서는 Bekar and Reed 2013 참조. 두 저자의 모형에서 이러한 요인이 토지 지니계수를 0.14에서 0.68로 5배 뛰게 한 반면(308), 토지 거래나 인구 성장만 가지고는 훨씬 더 적은 효과를 냈다. 시뮬레이션에 관해서는 같은 책 302-311 참조. 소작인이 가까스로 살림을 꾸려갈 수 있게끔 한 15에이커의 소작지 모델에 관해서는 Turchin and Nefedov 2009: 51-53 참조. 임대료와 농지: Grigg 1980: 68; Turchin and Nefedov 2009: 50-51.
5. Turchin and Nefedov 2009: 55-58.
6. 비잔틴의 불평등: Milanovic 2006. 잉글랜드와 웨일스: Milanovic, Lindert, and Williamson 2011: 263. 위의 책 263 표 2는 Campbell 2008을 바탕으로 한 것이다(*c*.0.36). 두 번째로 오래된 1427년 토스카나의 추정치는 흑사병보다는 나중 것이지만 더 높은데(0.46), 이는 도시화가 심화된 환경에서 기대할 만한 수치다. 파리와 런던의 부의 집중: Sussman 2006, 특히 (세금 납부에서 유추한) 1313년 파리의 부 지니계수 0.79와 1319년 런던의 부 지니계수 0.76에 관해서는 위의 책 20 표 9 참조.

파리의 지니계수는 기본적인 과세 명부에서 극빈층을 누락시키지 않았다면 훨씬 더 높을 것이다(4와 비교할 것).

7. 이 책 10장 참조.

8. 이러한 전환에 관한 학계의 저술은 방대하다. 이런 맥락에 적합한 매우 높은 조감도(鳥瞰圖)에 관해서는 Christian 2004: 364-405 참조. Neal and Williamson 2014의 저자들은 다양한 양상을 가진 자본주의의 탄생을 탐색하고, Goetzmann 2016은 문명의 전 지구적 추이에서 재정의 역할을 강조한다. 말할 필요도 없이 '차지하기'는 오늘날 대부분의 세계에서도 여전히 존재하는 풍요와 불평등의 성공적 전략이다. 현대 중국에 관해서는 이 책 2장 참조. Piketty 2014: 446은 적도기니(Equatorial Guinea)의 독재자들을 예로 들면서 축적의 메커니즘으로서 '절도'를 언급한다.

9. 이 마지막 요점에 관해서는 가장 최신의 저술로 많은 인용을 담고 있는 Alfani 2016: 7 참조. 다음에서 특기할 만한 수치와 추세를 강조하는 서술 포맷은 다양한 지역별 데이터의 한계와 특이성에 최적화된 것으로 보이며, 그렇지 않았을 경우 생겨날, 통합된 도표가 전달하는 표면상 그럴듯한 정확성이라는 인상을 방지한다.

10. 피렌체의 카타스토: van Zanden 1995: 645 표 1. (1427년 피렌체의 522개 상인 가구의 자본 분배는 0.782의 지니계수를 나타낸다. Preiser-Kapeller 2016: 5는 http://home.uchicago.edu/~jpadgett/data.html에 기초하고 있다.) 토스카나: Alfani and Ammannati 2014: 19 그림 2. 피에몬테: Alfani 2015: 1084 그림 7.

11. 독일: van Zanden 1995: 645-647, 아우크스부르크에 관해서는 특히 647 그림 1과 이 책 11장 참조. 네덜란드: van Zanden 1995: 647-649; Soltow and van Zanden 1998: 46 표 3.10. 잉글랜드: Postles 2011: 3, 6-9; 2014: 25-27. Soltow 1979: 132 표 3은 1789년 코펜하겐의 부의 지니계수를 0.89로 계산한다. 도시화 비율: De Vries 1984: 39 표 3.7.

12. De Vries and Van der Woude 1997: 61(도시화); Soltow and van Zanden 1998: 23-25(일반적 조건), 42, 46, 53-54(자본과 노동력).

13. Soltow and van Zanden 1998: 38 표 3.6, 39(레이덴); van Zanden 1995: 652-653; Soltow and van Zanden 1998: 35 3.4(임대료 가치); 1808년 지니계수 0.65에 관해서는 139와도 비교해볼 것. 15개 중소 도시: Ryckbosch 2014: 13 그림 1. 시간의 경과와 함께 더 많은 차이를 보여주는 도시별 추이에 관해서는 13 그림 2 및 14 그림 3과 비교해볼 것. 니베유(Nijvel)의 주택 임대료 지니계수는 1525년

0.35에서 1800년 0.47까지 상승했다. Ryckbosch 2010: 46 표 4. 스헤르토헨보스('s-Hertogenbosch)에서 1500~1550년 고른 명목상 주택 임대료 불평등은 가구의 규모와 물가에 맞춰 조정된 실질적 불평등의 상승을 감추고 있다. Hanus 2013.

14. Soltow and van Zanden 1988: 40(시동 꺼진 성장); Ryckbosch 2014: 17-18, 특히 18 그림 5, 22(북부/남부)는 네덜란드와 플랑드르의 불평등이 사치재와 서비스의 기술 집약적 수출품 생산에서는 낮고, 저임금의 대규모 표준 수출품 생산에서는 높았다고 결론 내린다(23). Alfani and Ryckbosch 2015: 28(세금); van Zanden 1995: 660 표 8; Soltow and van Zanden 1998: 43-44, 47(임금).
15. Alfani and Ammannati 2014: 16 표 3(토스카나), 29 표 4(부 점유율); Alfani 2015: 1069 표 2(피에몬테); Alfani 2016: 28 표 2(풀리아); 12 그림 2, 13(중앙값의 배수). 시칠리아의 일련의 두 가지 데이터 역시 부의 불평등이 증가했음을 가리킨다. Alfani and Sardone 2015: 22 그림. 5.
16. Alfani 2014: 1084-1090; Alfani and Ryckbosch 2015: 25-30.
17. 그림 3.2는 Alfani and Ryckbosch 2015: 16 그림 2b와 Alfani and Sardone 2015: 28 그림 9에서 가져왔다. 상위 부 점유율과 '풍요도지수(richness index)'의 유사한 추세에 관해서는 Alfani 2016: 26 그림 4와 30 그림 6과 비교해볼 것. Alfani and Ryckbosch 2015: 30은 네덜란드와 이탈리아의 불평등 증가의 상이한 이유에 대한 비교학적 평가를 제공한다. 잉글랜드에 대해서는 Postles 2011: 3, 6-9; 2014: 27 참조.
18. 에스파냐: Alvarez-Nogal and Prados de la Escosura 2013. 그림 3.3은 표 S2와 S4(http://onlinelibrary.wiley.com/doi/10.1111/j.1468-0289.2012.00656.x/suppinfo)에서 가져왔다. 마드리드: Fernandez and Santiago-Caballero 2013. 카탈루냐에서는 상위 1퍼센트와 5퍼센트의 부 점유율이 1400~1800년 오르거나 꽤 고르게 유지됐고, 전체적인 부 지니계수는 어떤 뚜렷한 동향도 보여주지 않는다. García-Montero 2015: 13 그림 1, 16 그림 3. Santiago-Caballero 2011은 토지 개혁과 관련한 이 시기 말기의 경미한 감소를 제외하면 상당히 안정적이었던 18세기 과달라하라(Guadalajara) 지방의 불평등을 기록한다(이 책 12장 참조). 유럽의 실질 임금 추락에 관해서는 이 책 10장 참조.
19. 프랑스: 고전적인 연구는 Le Roy Ladurie 1966, 특히 239-259이며, 실질 임금 하락에 관해서는 263-276도 참조. 포르투갈: Reis, Santos Pereira, and Andrade

Martins n.d., 특히 27 그림 2, 30-32, 36-37 그림 5-6. 1770년의 불평등은 포르토(Porto)에서는 1700년보다 낮았고, 리스본에서도 1565년보다 낮았으며, 중소 도시와 농촌 지역에서는 1565년보다 낮았던 반면, 대도시에서는 1565년은 물론 1700년보다도 높았다(27 그림 2). 저자들의 작업은 소득세 데이터를 바탕으로 한 것으로서 유사한 추세를 시사하는 Johnson 2001에 나오는 1309~1789년의 자료 조사에서 한 걸음 더 나아간 것이다. 중부 유럽에 대해서는 거의 알려진 바가 없다. 1550년 헝가리의 농노 수를 대체 자료로 사용한 엘리트의 부 분배에 관해서는 Hegyi, Néda, and Santos 2005 참조.

20. Milanovic, Lindert, and Williamson 2011: 263 표 2. 1811년의 나폴리가 매우 낮은 0.28의 지니계수를 보여준다고 추정하는데, 이는 미심쩍어 보인다.

21. 추출률: 개념에 관해서는 이 책의 부록 참조. 추출률은 1인당 GDP가 침체하거나 감소하기까지 하면서 피에몬테, 토스카나 및 저지국 남부에서 상승했다. Alfani and Ryckbosch 2015: 24 그림 5b, 18 표 2도 참조. 네덜란드공화국과 잉글랜드의 경우, 미조정 추출률(기본 최저 생활과 관련해)은 전자에서는 하락했고 후자의 경우 집중된 경제 성장 상황에서 변동이 심했다. 반면 사회적 최저치의 상승에 맞춰 조정한 추출률은 변동 없이 유지됐다. Milanovic, Lindert, and Williamson 2011: 263 표 2; Milanovic 2013: 9 그림 3. 실질 임금에 관해서는 이 책 10장 참조. '실제' 불평등은 잉글랜드, 프랑스 및 네덜란드에서 1450년이나 1500년보다 1800년에 더 높았다. Hoffman, Jacks, Levin, and Lindert 2005: 161-164, 특히 163 그림 6.3(a-c). 나는 경제적 불균형을 인간의 키라는 관점에서도 유의미한 격차로 해석할 수 있음을 살짝 언급했다. 프랑스에 관해서는 Komlos, Hau, and Bourguinat 2003: 177-178, 184-185.

22. Canbakal and Filiztekin 2013: 2, 4, 6-7, 8 그림 7(도시 지니계수), 19 그림 9(상위 10분위수), 20 그림 10(농촌 지니계수), 22. 이들 도시 중 한 곳인 부르사(Bursa)에 관한 좀더 상세한 연구에 대해서는 Canbakal 2012 참조. Pamuk의 근간 서적은 1820년 이후의 발전을 탐구한다.

23. 한나라의 불평등에 관해서는 이 책 2장 참조. 위진남북조 시대의 발전은 Lewis 2009a에 요약되어 있다.

24. 당나라에 관해서는 이 책 9장 참조. 이후의 왕조들에 관해 매우 간단하게 요약한 것으로는 이 책 2장 참조. 1880년의 중국, 1750~1947년의 인도: Milanovic,

Lindert, and Williamson 2011: 263 표 2. 혁명 전 중국: 이 책 7장 참조. 아시아의 불평등에 관한 공식적 연구는 아직 부족하다. Broadberry and Gupta 2006: 14 표 5, 18 표 7은 양쯔강 삼각주 비숙련 노동자의 실질 임금이 명나라 말기(1573~1614)보다 청나라 중기(1739~1850)에 더 낮았고, 인도 북부와 서부에서는 무굴 제국 치하에서보다 1874년에 더 낮았으며, 인도 남부에서는 1610년보다 1790년에 더 낮았음을 보여준다. 비록 이 모든 것이 불평등 증가를 가리키긴 하지만, 이런 사실에 좀더 확실성을 부여하기 위해서는 완벽하게 전후 맥락과 관련지어 설명할 필요가 있을 것이다. 일본에 관해서는 이 책 4장 참조.

25. 이 책 1장(콜럼버스 이전의 불평등) 및 11장(전염병)과 13장 참조. 그림 3.4는 Williamson 2015: 35 표 3과 Prados de la Escosura 2007: 296-297 표 12.1에 바탕을 두고 있으며, 윌리엄슨이 제시한 불평등 수준을 그것들이 후자의 더 낮은 소득 지니계수, 그리고 아즈텍과 잉카 제국의 존재 및 전염병 사망의 효과에 대한 설명과 긴밀히 연결되도록 조정한다.

26. 부: Lindert 2000b: 181 표 2. 최상위의 소득 집중이 너무나 심했던 나머지 상위 5퍼센트의 전체 비중이 82퍼센트에서 87퍼센트로 상승했음에도 불구하고 바로 아래 부유한 4퍼센트의 비중은 43퍼센트에서 18퍼센트로 하락했다. 토지 소유권: Soltow 1968: 28 표 3. 19세기 처음 10년까지의 소득 불평등: Lindert 2000b: 18-19, 24.

27. 영국 산업화 기간의 '쿠즈네츠 곡선'(여기에 관해서는 이 책 13장 참조)과 관련한 개념에 대해서는 Williamson 1985와 1991, 특히 64 표 2.5 참조. 이것은 강력한 그리고 내 생각으로는 흥미진진한 Feinstein 1988의 도전을 받았다. 임금 분산: Williamson 1991: 61-62 표 2.2는 비숙련 직업 6개와 숙련 직업 12개를 바탕으로 했다. 63 표 2.3과도 비교해볼 것. Feinstein 1988: 705-706은 12개의 숙련 직업에 대한 곡선이 명목 연간 소득의 점진적 인상을 보여주는 7개와 불규칙한 변동을 드러내는 5개로 구성되어 있음을 나타낸다. 그는 "숙련도에 따른 급료 구조는 한 세기 동안 고도의 안정성을 보였다. 상반기에는 불평등의 상승이 없었고, 하반기에는 평등주의적 평준화가 없었다"고 결론짓는다(710; Jackson 1987도 참조). 가옥세 비판에 대해서는 717-718 참조. 상위 소득 비중: Williamson 1991: 63 표 2.4와 함께 Feinstein 1988: 718-720 참조. 사회 평가표: Feinstein 1988: 723 표 6과 Jackson 1994: 509 표 1도 참조. 1688년에는 0.47-0.54(극빈자 제외 및 포

함), 1901~1903년에는 0.52-0.58, 그리고 1867~1913년에는 0.48이었다. Jackson 1994: 511은 불평등이 19세기 중반 최고조에 달했을 가능성이 낮다고 여기며, Soltow 1968: 22 표 1은 일찍이 이 시기의 광범위한 안정에 대해 유사한 결론에 도달했다. Lindert 2000b: 21-24는 19세기 전반에 걸친 잉글랜드의 실질적 불평등 추세는 우리가 어떤 측정을 선택하느냐에 달려 있음을 보여준다. 이것은 19세기 초반 잉글랜드 노동자의 정체된 실질 임금과 하반기의 인상된 실질 임금에 대한 증거와는 무관하게 해당된다. 이런 현상에 대한 설명을 위해서는 Allen 2009 참조. '실제'—즉, 특정 계급의—불평등이 19세기 내내 하락했다는 관찰〔Hoffman, Jacks, Levin, and Lindert 2005: 162 그림 6.3(a)〕 역시 불평등의 상승에는 하락이 뒤따른다는 시나리오와 부합하지 않는다. 산업화 중이던 영국의 불평등이 쿠즈네츠 곡선을 따른다는 모든 주장의 증거상 약점은 1988년 이후 학계에서 이 개념의 인기가 지속된 이유를 설명하기 어렵게 만든다. 가령 Williamson 1991; Justman and Gradstein 1999: 109-110; Acemoglu and Robinson 2000: 1192-1193; 2002: 187 표 1 참조; 그리고 가장 최신 저술로는 Milanovic 2016: 73 그림 2.11, 74-75가 있는데, 그는 각주에서 파인스타인의 비판을 인용한다(248-249 n. 25).

28. 이탈리아: Rossi, Toniolo, and Vecchi 2001: 916 표 6은 1881~1969년 지니계수와 상위 10분위수 소득이 점차 하락했음을 나타낸다. 반면 Brandolini and Vecchi 2011: 39 표 8은 1871~1931년의 안정을 강하게 드러내는 다양한 지표를 제시한다. 프랑스: Piketty, Postel-Vinay, and Rosenthal 2006: 243 그림 3, 246 그림 7; Piketty 2014: 340 그림 10.1. 에스파냐: Prados de la Escosura 2008: 298 그림 3; 이 책 13장 참조.

29. 프러시아: Dell 2007: 367 그림 9.1, 371, 420 표 91.6(소득 점유율). 상위 1퍼센트의 소득 점유율은 1900~1913년 약 0.8퍼센트로 거의 하락이 없었다. 이는 이전에 추정했던 것보다도 한층 더 적다. 예전의 연구는 1896~1900년이나 1901~1910년과 1913년 사이에 순서대로 1퍼센트에서 2퍼센트 하락했다고 여겼다. Morrisson 2000: 234. 그리고 작센 지방에 대해서는 233, 257도 참조. Dumke 1991: 128 그림 5.1a는 1850~1914년의 불평등과 자본 점유율 상승을 찾아낸다. 프러시아의 지니계수: Grant 2002: 25 그림 1과 27-28. 네덜란드: Soltow and van Zanden 1998: 145-174, 특히 152, 163-165, 171. 저자들은 기술 프리미엄이 하락함에 따라 산업화 기간 동안 쿠즈네츠식의 임금 분산이 부재한다는 사실에 주목한다. 161-

162, 174.

30. 1870년의 소득 분배에 관해 암시된 지니계수는 0.53과 0.73이라는 명목상 극단 사이에 위치할 만큼 높았다. 1990년 당시의 국제 달러로 환산한 덴마크의 1인당 GDP를 2000달러라고 했을 때, 0.63이라는 중간값은 추출률 75퍼센트의 함의를 가질 것이다. 이는 불가능하지는 않지만 매우 불균등한 전근대 국가의 수치에 가깝다. 유일하게 지니계수 측정치의 하단(lower bound) 값만은 1801년 잉글랜드 및 웨일스와 동등한 수준이었는데, 우선 그 자체도 매우 불평등했다. 그러나 1870년의 제법 더 낮아진 0.55 내외의 지니계수 값은 1903년과 1910년에 측정한 신뢰 구간 내에 위치하고, 그것 때문에 1870~1910년의 불평등에서 유의미한 변화가 없었다는 귀무가설(null hypothesis: 두 집단을 대상으로 실험했을 때 각 집단에서 동일한 결과가 나올 것이라는 가설—옮긴이)을 배제하는 것이 불가능해진다. 1870~1903년 동안의 '한정된 데이터 범위'를 완곡어법으로 언급하는 Atkinson and Søgaard 2016: 274 참조. 1870년의 암시된 지니계수: 277 그림 5. 1789년에 관해서는 Soltow 1979: 136 표 6 참조. 여기서 Atkinson and Søgaard 2016: 275는 30퍼센트라는 최상위 1퍼센트의 소득 점유율을 유추한다. 덴마크의 1인당 GDP는 1820년경 1990년 국제 달러로 환산했을 때 약 1200달러였는데, 이는 소득 지니계수가 0.75까지 충분히 나올 만한 수치였다. 1789년에는 추정컨대 이 수치가 더 낮았을 것이다.

31. 부의 불평등: Soltow 1979: 130 표 2, 134와 함께 Roine and Waldenström 2015: 572 표 7.A2(1789년 56퍼센트에서 1908년 46퍼센트로 상위 1퍼센트 점유율이 하락한 것에 대해서. 하지만 이 시기에 변하지 않은 상위 10분위수에 대해서는 579 표 7.A4와 비교해볼 것).

32. 노르웨이: Aaberge and Atkinson 2010: 458-459(저자들은 초기 데이터가 형편없다고 언급한다. 456); Roine and Waldenström 2015: 572 표 7.A2(하지만 1789년보다 높았던 1930년의 상위 10퍼센트의 부 점유율에 대해서는 579 표 7.A4와 비교해볼 것). 1855~1920년 노르웨이 두 체제의 점진적 평준화에 대해서는 Soltow의 훨씬 예전 작업에 기초한 Morrisson 2000: 223-224와도 비교해볼 것. 스웨덴: WWID; Soltow 1985: 17; Söderberg 1991; Piketty 2014: 345 그림 10.4.

33. 식민지 시대에 관해서는 Lindert and Williamson 2014: 4, 28-29 참조. 1774년에 대해서는 Lindert and Williamson 2016: 36-41, 특히 전체 가구의 소득 지니계수

0.44와 상위 1퍼센트 소득 점유율 8.5퍼센트, 그리고 자유민 가구의 0.41과 7.6퍼센트에 관해서는 38 표 2-4 참조. 뉴잉글랜드는 각각 0.37과 4.1퍼센트로 이례적으로 평등주의적이었다. 혁명 시대: 82-90. 도시/농촌의 비숙련 남성 소득의 임금 프리미엄은 26퍼센트에서 5퍼센트로 하락했고, 평균 도시/농촌 소득은 179퍼센트에서 35퍼센트로 떨어졌다. 도시 화이트칼라 근로자의 프리미엄은 도시 남성 비숙련 소득에 비해 593퍼센트에서 100퍼센트까지 무너졌다. 1850년까지의 불평등 상승: 114-139. 격차는 자유민과 노예 사이에서는 물론이고 자유민 사이에서도 증가했다. 지니계수와 소득 점유율에 관해서는 115-116 표 5-6와 5-7 참조. 재산과 소득 불평등: 122 표 5-8과 5-9.

34. 1860~1870년의 기간에 대해서는 이 책 6장 참조. 1870~1910년: Lindert and Williamson 2016: 171-193, 특히 172(WWID로 본 1910년경의 상위 소득 점유율), 192-193. Smolensky and Plotnick 1993: 6 그림 2(Lindert and Williamson 2016은 참고문헌으로 인용하지 않았으나 Milanovic 2016: 49 그림 2.1, 72 그림 2.10에서는 사용했다)는 1948~1989년 알려진 소득 지니계수, 상위 5퍼센트 소득 점유율 및 실업률 간 관계를 기반으로 1913년 약 0.46의 국민 소득 지니계수를 추정하는데(9, 43-44), 이것이 만일 사실이라면 1870~1913년 전반적으로 소득 불평등이 상당히 하락했음을 시사한다. 그러나 이런 절차의 타당성과 이러한 날짜의 측정 비교가 가능한지는 여전히 불확실하며, 더욱 중요하게도 이런 생각은 이 기간 동안 상위 소득 점유율이 강하게 증가한 것과 양립할 수 없어 보인다. 부 점유율: Lindert 1991: 216 그림 9.1; Piketty 2014: 348; Roine and Waldenström 2015: 572 표 7.A2. 최대 재산: Turchin 2016a: 81 표 4.2.

35. 중남미 지니계수 측정값: Bértola and Ocampo 2012: 120 표 3.15; Prados de la Escosura 2007: 296-297 표 12.1. Rodríguez Weber 2015: 9-19는 칠레에 관해 더욱 미묘한 설명을 제공한다. Arroyo Abad 2013: 40 그림 1은 (토지) 임대료/(도시) 임금 비율을 사용해 1820~1900년 아르헨티나와 우루과이 불평등의 순증가를 찾아냈지만, 멕시코와 베네수엘라 및 일본에 대해서는 그러지 않았다. Bassino, Fukao, and Takashima 2014; Bassino, Fukao, Settsu, and Takashima 2014; Hayami 2004: 16-17, 29-31; Miyamoto 2004: 38, 43, 46-47, 55; Nishikawa and Amano 2004: 247-248. 근대화 기간의 불평등 증가에 관해서는 이 책 4장 참조.

36. 훨씬 더 제한적인 일련의 데이터에 바탕을 두긴 했지만 나의 조사는 피케티가 기술

한 19세기 부의 집중 과정이 "사실은 훨씬 더 긴 과정의 마지막 부분에 불과했다" (Alfani 2016: 34)는 알파니의 관찰을 확인해준다.

37. 공산주의 정권은 1950년 25억 6000만 명 중 거의 8억 6000만 명을 지배했다. 소득 점유율: WWID, Roine and Waldenström 2015: 493 그림 7에 요약되어 있다. 더 상세한 분석에 관해서는 이 책 5장 참조. (우리는 영국의 상위 1퍼센트 소득 점유율에 관한 산발적 데이터만을 갖고 있는데, 이는 1937~1949년 3분의 1이 하락한 것에 반영된 것처럼 상당한 압착을 겪었다. 1913년이나 1918~1949년까지 상위 0.1퍼센트와 1퍼센트 사이의 손실률은 우리로 하여금 1913년 상위 1퍼센트 소득 점유율을 약 25퍼센트로 유추하고 1949년에는 절반을 약간 넘는 만큼의 전반적 하락세를 추정할 수 있게끔 해준다.) 러시아와 동아시아에 관해서는 이 책 7장 참조. 부의 점유율: Roine and Waldenström 2015: 572-581, 그리고 특히 539에서 재현한 그림 7.19 참조. 자본/소득 비율: Piketty 2014: 26 그림 1.2(이 책 5장에 재현되어 있다), 196 그림 5.8; 데이터 부록의 표 TS12.4. (대단히 추론적인 글로벌 측정치에 관한 비판에 대해서는 Magness and Murphy 2015: 23-32 참조. 그러나 전반적 추세는 꽤 명확하다.) 평준화 과정의 완료에 관해서는 이 책 15장 참조. 실질적 불평등 수준을 규정하는 도전 과제에 관해서는 이 책 부록 참조. 일부 다차원적 불평등 측정에 의하면 현대의 스칸디나비아 국가들은 수렵·채집 사회만큼 평등화되었다. Fochesato and Bowles 2015. 20세기까지의 불평등 추이를 매우 간단히 요약한 것으로는 이 책 14장 참조.

2부 전쟁

04 총력전

1. Moriguchi and Saez 2010: 133-136 표 3A.2(소득 점유율); 148 표 3B.1(재산); 81 그림 3.2(지니계수), Milanovic 2016: 85 그림 2.18.
2. '덴마크 수준에 도달하기'는 인류의 복지를 상당히 증진하는 정치적·경제적 제도의 확립을 이르는 학계의 약칭으로, Pritchett and Woolcock 2002: 4로 거슬러 올라가며, 그 이후 특히 Fukuyama 2011: 14에 의해 대중화한 개념이다.
3. Saito 2015: 410; Bassino, Fukao, and Takashima 2014: 13; Hayami 2004: 16-17,

29-30.

4. 가장 최근의 재구성에 따르면, 지니계수는 1850년 0.35에서(추측이라는 걸 인정한다) 1909년 0.43으로, 1925년 0.5, 1935년 0.52로, 그리고 1940년에는 0.55로 올랐다. Bassino, Fukao, and Takashima 2014: 20 표 5. 상위 1퍼센트 소득 점유율에 관해서는 19 표 1 참조. 저자들은 1880~1930년대의 불평등 추세와 관련해 합의가 부족하다는 것을 언급하는데, 그 기간 중 불평등은 계속 상승하든지 아니면 처음엔 하락하다가 그다음에 상승했다(9). 시간의 경과와 함께 막부 시대 이후 불평등의 상승 가능성에 관해서는 Saito 2015: 413-414 참조. 단기적 변동에도 불구하고 WWID는 20세기 첫 30여 년의 상위 1퍼센트 소득의 비중이 꽤 안정됐음을 보여준다. 경제 발전과 불평등화: Nakamura and Odaka 2003b: 9, 12-13, 24-42; Hashimoto 2003: 193-194; Saito 2015: 413 n. 57; Moriguchi and Saez 2010: 100.
5. Nakamura 2003: 70 표 2.5, 82.
6. 세 가지 메커니즘에 관해서는 Moriguchi and Saez 2010: 100-102 참조. 다양한 국가 개입에 관해서는 특히 Hara 2003 and Nakamura 2003 참조; 그리고 매우 간략한 개괄에 관해서는 Moriguchi and Saez 2010: 101과도 비교해볼 것. 통제: Nakamura 2003: 63-66 표 2.2.
7. Nakamura 2003: 85; Okazaki 1993: 187-189, 195.
8. Takigawa 1972: 291-304; Yuen 1982: 159-173; Dore 1984: 112-114; Kawagoe 1999: 11-26.
9. Kasza 2002: 422-428; Nakamura 2003: 85. Kasza 2002: 429는 "전쟁은 1937년부터 1945년까지 일본의 복지 변신을 초래한 그 밖의 모든 요인보다 더욱 중요했다"고 결론 맺는다.
10. Moriguchi and Saez 2010: 101; 129-130 표 3A.1.
11. 주식 자본: Minami 1998: 52; Yoshikawa and Okazaki 1993: 86; Moriguchi and Saez 2010: 102. 손실: Nakamura 2003: 84; Yoshikawa and Okazaki 1993: 86. 폭격: *United States strategic bombing survey* 1946: 17.
12. 자본 소득 비중: Yoshikawa and Okazaki 1993: 91 표 4.4; Moriguchi and Saez 2010: 139 표 3A.3, 그리고 91 그림 3.7도 참조. 1886~1937년 동안, 자본 소득은 평균적으로 상위 1퍼센트 소득 점유율의 약 절반에 이르렀다(92). 소득 점유율: Moriguchi and Saez 2010: 88 그림 3.4; 134-135 표 3A.2; WWID.

13. GNP와 수출: Yoshikawa and Okazaki 1993: 87-88.

14. Moriguchi and Saez 2010: 129-130 표 3A.1; Nakamura 2003: 90-92와 비교해볼 것. 상이한 지수에 따른 커다란 비율 변동에 관해서는 Kuroda 1993: 33-34 참조; 그리고 Teranishi 1993a: 68-69; Yoshikawa and Okazaki 1993: 89와도 비교해볼 것.

15. Nakamura 2003: 87; Miwa 2003: 335-336.

16. Miwa 2003: 339-341. 실질 GNP는 사실상 1946~1950년 40퍼센트만큼 성장했다. 대개 투자 때문이 아니라 소비 때문이었다. Yoshikawa and Okazaki 1993: 87.

17. Miwa 2003: 347; Minami 1998: 52; Moriguchi and Saez 2010: 102; Nakamura 2003: 98 표 2.14; Teranishi 1993b: 171-172; Yoshikawa and Okazaki 1993: 90.

18. Nakamura 2003: 87; Minami 1998: 52; Estevez-Abe 2008: 103; Miwa 2003: 345; Miyazaki and Itô2003: 315-316; Yonekura 1993: 213-222. 인용: Miwa 2003: 349.

19. Miwa 2003: 336-337, 341-345; Nakamura 2003: 86-87, 91(인용). 여기서 명시한 목적과 관련한 조치는 "전시 이익의 제거"(Miwa 2003: 346)였는데, 이는 관찰된 소득 압착으로 판단해보건대 그 시점에서 현실적이라기보다 공상에 더 가까웠을 것 같다.

20. Yamamoto 2003: 240; Miyazaki and Itô 2003: 309-312.

21. Teranishi 1993b, 특히 172; Moriguchi and Saez 2010: 138 표 3A.3.

22. 노조: Hara 2003: 261; Nakamura 2003: 88; Miwa 2003: 347; Yonekura 1993: 223-230, 특히 225 표 9.3; Nakamura 2003: 88; Minami 1998: 52와 비교해볼 것. 혜택: Hara 2003: 285; Yonekura 1993: 227-228; Estevez-Abe 2008: 103-111.

23. 보고서: Miwa 2003: 341; 그리고 소작제, 농촌의 빈곤 및 침략의 관계에 대해서는 Dore 1984: 115-125도 참조. 토지 개혁: Kawagoe 1999: 1-2, 8-9, 27-34; Takigawa 1972: 290-291; Yoshikawa and Okazaki 1993: 90; Ward 1990: 103-104; 그리고 Dore 1984: 129-198 and Kawagoe 1993도 참조. 맥아더: Ward 1990: 98; Kawagoe 1999: 1에서 인용한, 1949년 10월 21일 요시다 시게루(吉田茂) 총리에게 보낸 편지에서 발췌.

24. Moriguchi and Saez 2010: 94 표 3.3.

25. Okazaki 1993: 180; Moriguchi and Saez 2010: 104-105. 단락의 제목에 인용한

맥아더의 말에 대해서는 Department of State 1946: 135 참조.

05 대압착

1. 인용: "le drame de la guerre de trente ans, que nous venons de gagner……": 1946년 7월 28일 바르르뒤크(Bar-le-Duc)에서 한 샤를 드골의 연설로, http://mjp.univ-perp.fr/textes/degaulle28071946.htm에서 가져왔다. 이 논지를 간단명료하게 서술한 것으로 가장 최근의 저술로는 Piketty 2014: 146-150; Piketty and Saez 2014: 840; Roine and Waldenström 2015: 555-556, 566-567 참조.
2. 이 부분과 이후에 나오는 상위 소득 점유율과 관련한 모든 정보는 WWID에서 가져왔다. 일관성을 위해 1937~1967년의 동일 기간을 모든 나라에 사용한다.
3. 아르헨티나 1938/1945, 오스트레일리아 1938/1945, 캐나다 1938/1945, 덴마크 1908/1918, 1938/1945, 핀란드 1938/1945, 프랑스 1905/1918, 1938/1945, 독일 1913/1918(1925), 1938/1950, 인도 1938/1945, 아일랜드 1938/1945, 일본 1913/1918, 1938/1945, 모리셔스 1938/1945, 네덜란드 1914/1918, 1938/1946, 뉴질랜드 1938/1945, 노르웨이 1938/1948, 포르투갈 1938/1945, 남아프리카공화국 1914/1918, 1938/1945, 에스파냐 1935/1940/1945, 스웨덴 1912/1919, 1935/1945, 스위스 1939/1945, 영국 1937/1949(1%), 1913/1918, 1938/1945(0.1%), 미국 1913/1918, 1938/1945.
4. Smolensky and Plotnick 1993: 6 그림 2. 1931년 약 0.54, 1939년 약 0.51, 1945년 약 0.41로 추정된 지니계수에 관해서, 그리고 1943~1980년 0.41±0.025로 문서화된 지니계수에 관해서는 43-44 참조. Atkinson and Morelli 2014: 63은 1929년 0.5, 1941년 0.447, 1945년 0.377인 총 가족 소득 지니계수를 보고한다. 이후에는 역시 안정이 뒤따랐다. 영국의 1938년 0.426에서 1949년 0.355로의 하락에 대해서는 Atkinson and Morelli 2014: 61 참조. 1913년의 시장 소득 지니계수 추정치인 0.5에 대해서는 Milanovic 2016: 73 그림 2.11도 참조. 일본에 대해서는 이 책 4장의 주 1 참조. Milanovic 2016이 수집한 일련의 국가 데이터 중에서, 네덜란드만이 1962~1982년에 1914~1962년의 규모에 버금가는 소득 지니계수의 하락을 보인다(81 그림 2.15).
5. 그림 5.3은 Roine and Waldenström 2015: 539 그림 7.19(http://www.uueconomics.se/danielw/Handbook.htm)에서 가져왔다. 스칸디나비아 초기 데이터의 요점에 관

해서는 이 책 3장 참조.

6. 따라서 진정한 특이치는 유일하게 노르웨이뿐인데, 이곳의 거의 모든 분산은 1940년대에 발생했다. 모든 데이터는 Roine and Waldenström 2015: 572-575 표 7.A2에서 가져왔다. 프랑스: Piketty 2007: 60 그림 3.5.
7. 그림 5.4는 Piketty 2014: 26 그림 1.2와 196 그림 5.8에서 가져왔다. Roine and Waldenström 2015: 499 그림 7.5(http://www.uueconomics.se/danielw/Handbook.htm)에서 가져온 118 그림 5.5도 참조.
8. 그림 5.6은 Broadberry and Harrison 2005b: 15 표 1.5; Schulze 2005: 84 표 3.9에서 가져왔다(오스트리아-헝가리 제국: 군사 지출만).
9. 국부: Broadberry and Harrison 2005b: 28 표 1.10. 비용: Harrison 1998a: 15-16 표 1.6; Broadberry and Harrison 2005b: 35 표 1.13. 전체적으로 볼 때 이는 오늘날의 글로벌 GDP로 약 1000조 달러에 해당한다. GNP/GDP: 독일: Abelshauser 1998: 158 표 4.16. 이러한 비중은 외국의 기여를 배제할 경우 64퍼센트로 떨어진다. 일본: Hara 1998: 257 표 6.11.
10. Piketty 2014: 107; Moriguchi and Saez 2010: 157 표 3C.1.
11. 세금: Piketty 2014: 498-499. 애초의 낮은 비율에 관해서는 Scheve and Stasavage 2010: 538 그림 5.7 참조. 그림 5.7은 Roine and Waldenström 2015: 556 그림 7.23(http://www.uueconomics.se/danielw/Handbook.htm)에서 가져왔다.
12. 그림 5.8은 Scheve and Stasavage 2016: 10 그림 1.1에서 가져왔다.
13. 그림 5.9는 Scheve and Stasavage 2016: 81 그림 3.9에서 가져왔다(제1차 세계대전의 동원국 10개국과 비동원국 7개국에 대해서). 또한 Scheve and Stasavage 2012: 83도 참조.
14. 정치적 압박: Scheve and Stasavage 2010: 530, 534-535; 2012: 82, 84, 100. Scheve and Stasavage 2012: 84에서 인용한 Pigou 1918: 145는 최고의 설명이다. 구글 엔그램(Google Ngram)에서, 세계대전 중 '희생 평등(equal sacrifice)'의 상대적 빈도수 급증에 관한 Scheve and Stasavage 2016: 202 그림 8.1도 참조. 미국 국민의 태도에 대해서는 Sparrow 2011 참조. 당헌: Scheve and Stasavage 2010: 531, 535. 529의 인용: "전쟁으로 재산을 모은 이들은 전쟁을 위해 돈을 내야 합니다. 그리고 노동당은 대단히 세분화된 과세 등급을 면제 한도 인상과 함께 요구할 것입니다. 그것이 노동당이 '부의 징집'이라고 할 때의 의미입니다." 1917년의 문서에 나

온 "현재 소득이 절대적으로 필요한 수준 이상이라면 징집한다"는 개념에 관해서는 551과 비교해볼 것. 정치적 공방에서 희생 평등의 개념에 관해서는 541 참조. 초과 이윤: Scheve and Stasavage 2010: 541-542. Bank, Stark, and Thorndike 2008: 88의 루스벨트 인용. 상속세: Piketty 2014: 508; Scheve and Stasavage 2010: 548-549.

15. Scheve and Stasavage 2016: 83 그림 3.10.

16. Piketty 2007: 56, 58 그림 3.4; Hautcoeur 2005: 171 표 6.1. 제1차 세계대전의 효과: Hautcoeur 2005: 185; Piketty 2007: 60 그림 3.5.

17. Piketty 2014: 121, 369-370; Piketty 2014: 273 그림 8.2; 275(자본 손실); Piketty 2007: 55-57, 60 그림 3.5(상위 재산).

18. Broadberry and Howlett 2005: 217, 227; Atkinson 2007: 96-97, 104 표 4.3; Ohlsson, Roine, and Waldenström 2006: 26-27 그림 1, 3.

19. Piketty and Saez 2007, 특히 149-156. 그러나 전반적 소득 지니계수는 매우 높은 실업률 때문에 1933년이 정점이었을 수 있다. Smolensky and Plotnick 1993: 6 그림 2, Milanovic 2016: 71도 함께 볼 것. 대공황에 관해서는 이 책 12장 참조.

20. 제1차 세계대전의 과세에 관해서는 특히 Brownlee 2004: 59-72; Bank, Stark, and Thorndike 2008: 49-81 참조. 세율: Bank, Stark, and Thorndike 2008: 65, 69-70, 78; Rockoff 2005: 321 표 10.5. 인용: Brownlee 2004: 58. Mehrotra 2013은 또한 급진적 법안의 출현에 중요한 역할을 했고 제2차 세계대전에서 재정을 더욱 정교화한 기반으로서 제1차 세계대전의 충격을 고찰한다. 완화: Brownlee 2004: 59; Bank, Stark, and Thorndike 2008: 81.

21. 세율: Piketty and Saez 2007: 157; Piketty 2014: 507; Brownlee 2004: 108-119 (109의 인용); Bank, Stark, and Thorndike 2008: 83-108. 개입과 불평등: Goldin and Margo 1992: 16(인용), 23-24; Piketty and Saez 2007: 215 표 5B.2; 그리고 이 책 5장(지니계수). 경영진 급료: Frydman and Molloy 2012. 임금 지니계수는 1938년 0.44에서 1953년 0.36으로 떨어졌다. Kopczuk, Saez, and Song 2010: 104. 골드스미스-경제경영국 시리즈(Goldsmith-OBE series), 상위 10분위수 대비 평균 임금 비율, 그리고 90번째와 50번째 백분위수 간 임금 격차는 일제히 1940년대의 평준화라는 단일한 사건을 가리킨다. 백분위수의 50번째 대비 10번째 임금 비율만이 1940년대에 처음 한층 강력한 하락이 있은 뒤 1960년대에 2차 하락을 보

였다. Lindert and Williamson 2016: 199 그림 8-2.

22. 시각화를 위해서는 Saez and Veall 2007: 301 표 6F.1과 264 그림 6A.2-3. 전쟁의 효과에 관해서는 232 참조. 국민 중앙값의 배수로서 백분위수의 90번째 소득은 1941년 254퍼센트에서 1950년 168퍼센트로 떨어졌고, 그 이후로는 거의 변화가 없었다. Atkinson and Morelli 2014: 15. GDP에서 국가의 비중은 1935년 18.8퍼센트에서 1945년 26.7퍼센트로 증가했다. Smith 1995: 1059 표 2.
23. Dumke 1991: 125-135; Dell 2007. 그림 5.10은 WWID에서 가져왔다. 동원율과 GDP의 국가 비중에 관해서는 이 책 5장의 앞선 논의와 그림 5.9 참조.
24. 상위 소득: Dell 2007: 372; Dumke 1991: 131; Dell 2005: 416. 상위 소득의 증거는 독일의 불평등이 제1차 세계대전 중에는 증가하지 않았다는 Baten and Schulz 2005의 수정주의적 논지를 뒷받침하지 않는다. 자금 조달과 인플레이션: Ritschl 2005: 64 표 2.16; Schulze 2005: 100 표 3.19; Pamuk 2005: 129 표 4.4.
25. Dell 2005: 416; 2007: 373; Holtfrerich 1980: 190-191, 76-92, 327, 39-40 표 8, 266, 273, 221 표 40, 274, 232-233, 268; Piketty 2014: 503 그림 14.2, 504-505.
26. Dell 2005: 416-417; 2007: 374-375; Harrison 1998a: 22; Abelshauser 2011: 45 그림 4, 68-69; Piketty 2014: 503 그림 14.2, 504-505; Klausen 1998: 176-177, 189-190.
27. 상위 소득: 이 책 5장의 앞선 논의 참조. Soltow and van Zanden 1998: 176-177, 184(1939~1950년 행정 인력과 숙련 산업 근로자의 실질 임금은 각각 23.5퍼센트와 8퍼센트 하락했지만, 비숙련 노동자의 경우 6.4퍼센트 상승했다). Salverda and Atkinson 2007: 454-458; Soltow and van Zanden 1998: 183-185.
28. 핀란드: Jäntti et al. 2010: 412 표 8A.1. 덴마크: Ohlsson, Roine, and Waldenström 2006: 28 그림 5; Atkinson and Søgaard 2016: 283-284, 287 그림 10. 노르웨이: Aaberge and Atkinson 2010: 458-459, 그리고 이 책의 표 5.1-2 참조.
29. Piketty 2014: 146-150은 "두 전쟁의 예산상의 충격과 정치적 충격은 전투 그 자체보다도 자본에 훨씬 더 치명적이었음이 입증됐다"(148)고 언급한다. 인용: Piketty 2014: 275.
30. 피로 물든 대지: Snyder 2010. 이탈리아에 관해서는 Brandolini and Vecchi 2011: 39 그림 8 참조. 하지만 양차 세계대전 중에 있었을 법한 단기적 평준화에 관해서는 Rossi, Toniolo, and Vecchi 2001: 921-922와 비교해볼 것. 이탈리아의 전시

경제에 관해서는 Galassi and Harrison 2005; Zamagni 2005 참조.

31. 네덜란드: Salverda and Atkinson 2007: 441; Dumke 1991: 131; De Jong 2005. 스웨덴: WWID; Atkinson and Søgaard 2016: 282-283, 287 그림 10.

32. Nolan 2007: 516(아일랜드); Alvaredo 2010b: 567-568(포르투갈). 에스파냐에 대해서는 이 책 6장.

33. 아르헨티나: Alvaredo 2010a: 267-269, 272 그림 6.6. 1948~1953년 발생한 급속한 평준화에 관해서는 이 책 13장 참조. SWIID의 중남미 지니계수: 아르헨티나 39.5(1961), 볼리비아 42.3(1968), 브라질 48.8(1960), 칠레 44.0(1968), 콜롬비아 49.8(1962), 코스타리카 47.8(1961), 에쿠아도르 46.3(1968), 엘살바도르 62.1(1961), 온두라스 54.1(1968), 자메이카 69.1(1968), 멕시코 49.8(1963), 파나마 76.0(1960), 페루 53.3(1961), 우루과이 43.0(1967), 베네수엘라 45.1(1962). 전시의 발전에 관해서는 이 책 13장 참조. Rodríguez Weber 2015: 8 그림 2, 19-24(칠레); Frankema 2012: 48-49(임금 불평등).

34. 식민지: Atkinson 2014b. 인도: Raghavan 2016: 331, 341-344. 하지만 부자들에 대한 이런 압박은 전쟁으로 촉발된 인플레이션은 공장주와 대지주에게 유리하고 중간 및 저소득 집단에 해를 끼치면서 상쇄됐다(348-350). 장기적 동향에 관해서는 Banerjee and Piketty 2010: 11-13 참조.

35. Atkinson n.d. 22, 28 그림 5.

36. Zala 2014: 495-498, 502; Oechslin 1967: 75-97, 112; Dell, Piketty, and Saez 2007: 486 표 11.3.

37. Zala 2014: 524-525; Oechslin 1967: 150 표 43, 152-160; Grütter 1968: 16, 22; Dell, Piketty, and Saez 2007: 486 표 11.3.

38. Oechslin 1967: 236, 239; Grütter 1968: 23; Zala 2014: 534-535; Dell, Piketty, and Saez 2007: 494.

39. 그림 5.11은 WWID에서 가져왔다.

40. Gilmour 2010: 8-10; Hamilton 1989: 158-162; Roine and Waldenström 2010: 310; Ohlsson, Roine, and Waldenström 2014: 28 그림 1. 농업 소득은 강하고 관리직 임금은 약세를 보임에 따라 임금 격차 역시 그 시기에 떨어졌다. Söderberg 1991: 86-87. 그림 5.12는 Stenkula, Johansson, and Du Rietz 2014: 174 그림 2(여기서는 Mikael Stenkula가 친절하게 제공한 데이터를 활용해 조정했다)에

서 가져왔다. 전반적으로 유사한 그림을 위해 지역 소득세를 포함하는 177 그림 4와 비교해볼 것. Roine and Waldenström 2008: 381과도 비교해볼 것. Ohlsson, Roine, and Waldenström 2006: 20 또는 Henrekson and Waldenström 2014: 12의 맥락에 따라 스웨덴이 양차 세계대전에 적극적으로 참여하지 않았기 때문에 심각한 충격을 경험하지 않았다고 주장하는 것만으로는 충분치 않을 것이다. 전투와 아주 근접해 있고 온갖 외세의 위협이나 그 밖의 전쟁 관련 부담에 대한 노출이 중요한 동원 효과—교전국보다는 한층 적은 규모이긴 하지만—를 촉발했다.

41. Gilmour 2010: 49(인용), 47-48, 229-230, 241-242; Hamilton 1989: 179; 그림 5.12; Roine and Waldenström 2010: 323 그림 7.9; Stenkula, Johansson, and Du Rietz 2014: 178; Du Rietz, Johansson, and Stenkula 2014: 5-6. 합의: Du Rietz, Johansson, and Stenkula 2013: 16-17(이 정보는 Stenkula, Johansson, and Du Rietz 2014의 최종 버전에서는 누락됐다). 지난 20년간의 혼란 뒤에 전시 연립 정부는 안정을 가져왔다. Gilmour 2010: 238-239; Hamilton 1989: 172-177과도 비교해볼 것.

42. Roine and Waldenström 2010: 320 그림 7.8; Ohlsson, Roine, and Waldenström 2014: 28 그림 1. 스웨덴 상위 1퍼센트의 부 점유율은 부유세 과세로부터 추산하건대 1930년부터 시작해 약 40년간 꽤 일정한 속도로 하락했다. Ohlsson, Roine, and Waldenström 2006: 그림 7. Waldenström 2015: 11-12, 34-35 그림 6-7은 2개의 구조적 불연속기를 식별해낸다. 1930년대의 국부/국민 소득 비율(제1차 세계대전 당시 더 적었던 비율에 이은)과 1950년대 초의 사유 재산/개인 소득 비율이 그것이다. 저자는 이 "불연속 지점들은 특히 장기적 관점에서 총 부-소득 비율을 형성하는 데 있어 세계대전과 연관된 정치 체제의 변화가 아마도 실제 전쟁만큼 중요했던 것 같다"(12)고 결론짓는다. Gustafsson and Johansson 2003: 205는 예테보리(Göteborg)의 소득 불균형이 1920~1940년대에 꾸준히 하락했다고 주장하는데, 이 과정은 주로 1925~1936년 자본 소득의 감소 및 분산과 1936~1947년의 소득세로 인해 유발됐다. 평준화: Bentzel 1952; Spant 1981. 전체 소득 집단에 걸친 실질적 평준화에 관해서는 Bentzel 1952에서 재현한 Bergh 2011: 그림 3 참조. 임금: Gärtner and Prado 2012: 13, 24 그래프 4, 15, 26 그래프 7. 농업 임금은 임금 안정화에서 면제되었기 때문에 상승했다. Klausen 1998: 100. 상위 소득에서 자본 소득의 비중은 1935~1951년 폭락했다. 이 책 그림 2.6 참조.

43. Gilmour 2010: 234-235, 245-249, 267. Klausen 1998: 95-107도 참조. 인용: Gilmour 2010: 238, 250, 267. Grimnes 2013은 점령 당시 노르웨이의 유사한 전개 과정을 기술한다.

44. Östling 2013: 191.

45. Du Rietz, Henrekson, and Waldenström 2012: 12. Hamilton 1989: 180에서 1944년 '전후 프로그램'의 인용을 가져왔다. Klausen 1998: 132와도 비교해볼 것.

46. Lodin 2011: 29-30, 32; Du Rietz, Henrekson, and Waldenström 2012: 33 그림 6; Du Rietz, Johansson, and Stenkula 2013: 17. 전시의 40퍼센트 법인세는 1947년에 이미 항구화됐다. Du Rietz, Johansson, and Stenkula 2014: 6.

47. "이런 추이는 위기 상황에서 수용할 수 있는 조세 증액 부담과 더 높은 세금 수준의 승인이 위기가 끝난 후에도 남아서 세율과 공공 지출이 순차적으로 증가하는 작용을 불러일으킨다는 생각에 힘을 실어준다"(Stenkula, Johansson, and Du Rietz 2014: 180). 이와 대조적으로 Henrekson and Waldenström 2014, 특히 14-16은 전쟁 효과를 부인하면서 정책 변화를 이데올로기와 관련해 설명하고자 한다—그러나 이는 **왜** 사회주의적 민주주의자들이 자신의 야심찬 정책을 시행할 수 없었는지 설명하지 못한다. Roine and Waldenström 2008: 380-382는 상위 소득 점유율의 전후 하락에 미친 조세의 강한 영향을 상정한다.

48. Piketty 2014: 368-375. 특히 상속세는 부의 세습에 큰 영향을 끼쳤다. 프랑스에서는 국민 소득에서 차지하는 비중으로서 상속의 흐름이 20~25퍼센트에서 5퍼센트 미만으로 전쟁 중 극적으로 떨어졌다(380 그림 11.1). Dell 2005는 프랑스(혹독한 전쟁의 충격과 전후의 누진 세제가 부의 집중을 급락시키고 회복을 차단했다), 독일(마찬가지로 충격을 겪었지만 약한 누진 세제를 선택했고, 그에 따라 부의 재집중이 약간 나타났다) 및 스위스(굵직한 충격을 피해갔으며 누진 세제를 거의 적용하지 않았고, 부의 불평등이 높게 유지됐다)의 경험을 비교한다. Piketty 2014: 419-421도 참조. 상위 소득 점유율의 관점에서 볼 때, 과거 교전국이었던 나라 중 전후 평준화의 유일한 예외는 핀란드였다. 1938~1947년 상당한 평준화가 지속되고 난 뒤 핀란드는 1950~1960년대에 소득 지니계수의 강한 상승과 더불어 상위 소득 점유율의 상당한 회복을 경험했다. 상위 1퍼센트의 소득 점유율이 1940년대 말보다 낮았던 것은 1970년대뿐이다. 반면 지니계수는 그만큼 낮은 수준으로 돌아간 적이 결코 없었다(WWID; Jäntti et al. 2010: 412-413 표 8A.1). 제2차 세계대전

중 세금은 대폭 증가했지만, 문턱이 높아지고 납세자 인구의 비율이 이후 하락했기 때문에 일반 인구에는 안정적이었다. Jäntti et al. 2010: 384 그림 8.3(b); 그리고 1950~1960년대 초의 총세율 하락에 관해서는 Virén 2000: 8 그림 6도 참조. 이것이 상위 소득을 높였는지는 불확실하다. 재정적 수단: Piketty 2014: 474-479. GDP에서 국가의 비중에 대해서는 475 그림 13.1 참조. 프랑스, 영국 및 미국에서 국민 소득 중 세금의 비중은 1910~1950년 3배 뛰었고, 경기 침체(미국)부터 추가적인 50퍼센트 성장(프랑스)에 이르는 여러 추세가 뒤따랐다. 이는 국가 예산 대부분을 궁극적으로는 의료와 교육 그리고 대체 소득과 이전에 쓰게끔 하는 새로운 균형 상태를 구축했다(477). Roine and Waldenström 2015: 555-556, 567도 마찬가지로 최고 한계 세율이 전후 낮은 불평등의 중요한 결정 요인이라고 여긴다. Piketty 2011: 10에서 "1914~1945년의 정치적·군사적 충격이 전례 없는 반(反)자본 정책의 공세를 불러일으켰는데, 그것은 전쟁 자체보다 사유 재산에 훨씬 더 큰 영향을 끼쳤다"고 한 것은 많이 과장된 얘기가 아니다.

49. Scheve and Stasavage 2009: 218, 235; 그러나 인과관계에 관해서는 218-219, 235과도 비교해볼 것. Salverda and Checchi 2015: 1618-1619도 참조. 영국: Lindsay 2003. 그림 5.13은 http://www.waelde.com/UnionDensity에서 가져왔다(1960년경에 나타나는 약간의 불연속성은 일련의 데이터 간 전환과 상관관계에 있다). 자세한 통계에 관해서는 특히 Visser 1989 참조.

50. Weber 1950: 325-326. Andreski 1968: 20-74, 특히 73은 계층화 수준이 모집단의 군사적 참여 정도와 반비례 관계에 있다고 주장한다.

51. 연관성: Ticchi and Vindigni 2008: 4는 이것을 언급한 문헌을 제공한다. 결코 시행되지 않긴 했지만, 1793년 프랑스의 징집령과 같은 시기에 일어난 보통선거권을 명시한 새 헌법 제정 계획에 관해서는 23과 n. 46 참조. 대응: 가령 Acemoglu and Robinson 2000: 1182-1186; Aidt and Jensen 2011, 특히 31. 다른 사례: 보통선거권은 뉴질랜드, 오스트레일리아 및 노르웨이에서는 제1차 세계대전 이전에 입법화했다. 평화: Ticchi and Vindigni 2008: 23-24. Ticchi and Vindigni 2008: 29 n. 27, 30 n. 38의 인용. 세계대전과 민주화 물결에 관해서는 예를 들어 Markoff 1996b: 73-79 참조; Alesina and Glaeser 2004: 220. 전쟁은 민주화에 산발적 영향을 미쳐왔을 뿐이라는 Mansfield and Snyder 2010의 발견은 적잖이 대중 동원 전쟁과 다른 종류의 충돌을 구분하지 못한 데서 기인한다.

52. Ticchi and Vindigni 2008: 30, 특히 중남미와 관련해 참고할 내용이 있다.

53. 이런 연관성은 전쟁과 관련한 사회 연대, 평등이라는 이상 및 정치적 합의부터 완전 고용과 노조로 인한 노동자 계급의 적극성, 국가 경비 및 역량의 막대한 증가 및 전후 개혁의 사기 진작 기능에 이르기까지 다양한 요인에 기인해왔다. Titmuss 1958이 대표적인 저술이다(그의 견해에 대한 논란을 요약한 것으로는 Laybourn 1995: 209-210 참조). 최신 연구 중에서는 Klausen 1998이 여러 국가의 전후 복지 국가 형성에서 제2차 세계대전의 결정적 중요성을 뒷받침하는 가장 설득력 있는 논거를 제시한다. 반면 Fraser 2009: 246-248은 Kasza 2002: 422-428이 일본에 대해 그렇듯 특히 영국에 대한 주장을 펼친다. 후자는 또한 대규모 전쟁과 복지 사이의 관계에 관한 이론을 간결하게 제시하면서, 건강한 병사와 노동자에 대한 수요, 남성 가장들의 부재 효과, 엘리트한테까지 요구했던 사회적 정의와 평등 및 급격한 변화를 가져온 전쟁이 유발한 긴급성을 강조한다(429-431). 그 밖에 Briggs 1961; Wilensky 1975: 71-74; Janowitz 1976: 36-40; Marwick 1988: 123; Hamilton 1989: 85-87; Lowe 1990; Porter 1994: 179-192, 288-289; Goodin and Dryzek 1995; Laybourn 1995: 209-226; Sullivan 1996: 48-49; Dutton 2002: 208-219; Kasza 2002: 428-433; Cowen 2008: 45-59; Estevez-Abe 2008: 103-111; Fraser 2009: 209-218, 245-286; Jabbari 2012: 108-109; Michelmore 2012: 17-19; Wimmer 2014: 188-189 참조; 그리고 더욱 일반적으로는 Addison 1994과도 비교해볼 것. 이런 영향은 식민 국가에까지 흘러넘칠 수 있었다. 케냐에 대해서는 Lewis 2000 참조. 국가 팽창의 역할에 관해서는 Berkowitz and McQuaid 1988: 147-164, 특히 147; Cronin 1991도 참조; 그리고 제2차 세계대전의 문화적 영향에 대해서는 Fussell 1989; Sparrow 2011과 비교해볼 것. 제2차 세계대전의 동원이 그 당시 성년이 된 세대에게서 더 큰 시민 참여를 끌어냈다고 보는 Kage 2010과도 마찬가지로 비교해볼 것. Bauer et al. 2016, 특히 42-43 표 2와 그림 1은 전쟁의 폭력에 대한 노출이 사회적 행동과 공동체 참여를 증가시키는 경향이 있음을 발견한 조사 및 연구다. Ritter 2010: 147-162는 다양한 국가의 전후 복지 개혁에 관한 일반적 탐구를 제공한다.

54. *The Times*, July 1, 1940, Fraser 2009: 358에서 인용.

55. Roine and Waldenström 2015: 555.

56. Beveridge 1942: 6.

57. Lindert and Williamson 2015: 218(인용), 이들 여섯 가지 요인에 관한 또 다른 리스트가 206에 나온다. Milanovic 2016: 56 표 2.1은 비슷한 맥락에서 전쟁, 국가 몰락 및 전염병 같은 '악성' 평준화 동력과 정치를 통한 사회적 압력(사회주의와 노조로 예시되는), 교육, 연령 및 미숙련 노동자에 유리한 기술적 변화로 밝혀진 '양성' 요인을 구분하면서 논지를 편다. Therborn 2013: 155-156은 1945년부터 대략 1980년까지의 '원대한 평화적 사회 개혁'과 선행된 폭력적 충격의 분리를 꾀한다. 이민 감소에 관해서는 Turchin 2016a: 61-64 참조. Lindert and Williamson 2015: 201 그림 8-3이 보여주듯 미국 금융 부문의 상대적 급료는 1930년대에 약간 상승한 이후 정확히 제2차 세계대전 중 곤두박질쳤다. 미국 기술 프리미엄의 불연속적 변동에 관해서는 이 책 13장 참조. 노조 가입률에 관해서는 이 책 5장의 앞선 논의 참조. 인구 고령화의 잠재적 불평등화 영향에 관해서는 이 책 16장 참조.
58. 앞의 주 53에서 인용한 문헌 참조. 경제 정책은 특히 전쟁의 효과에 민감했다. 한 가지 예만 들면, Soltow and van Zanden 1998: 195는 1918년과 1945년이 어떻게 네덜란드 경제를 국가 내에서 조직해야 할 것인가에 관한 공청회의 초점이었다고 언급한다. Durevall and Henrekson 2011에서 장기적으로 GDP의 국가 비중 성장이 전쟁 관련 도약의 단속적 효과로 주도되었다기보다는 주로 경제 성장의 작용이었다고 주장하는 것이 옳긴 하지만, 경제 성장은 그 자체로 전쟁 주도의 누진 세제 등장과 지속된 평준화가 원인인 규제를 설명하지 못한다. 장기적인 경제 발전과 관련지어 복지 국가의 출현을 추적하는 Lindert 2004는 전쟁과 공포가 사회적 민주주의를 부추겼던 1930~1940년대를 '중요한 분수령'이라고 부른다(176). 서구의 복지 제도 확대가 자연스럽게 전개되려면 1970년대까지 기다려야 했지만 말이다.
59. Obinger and Schmitt 2011(복지 국가); Albuquerque Sant'Anna 2015(냉전). 소련의 군사력이 상위 소득 점유율에 영향을 미칠 수도 있는 가장 가까운 요인들의 본질(한계 세율 말고)은 탐구해볼 필요가 있는 주제다. 전쟁의 미래에 관해서는 이 책 16장과 비교해볼 것.

06 산업화 이전의 전쟁과 내전

1. 그림 6.1은 Scheve and Stasavage 2016: 177 그림 7.1에서 가져왔다.
2. 대규모 군대의 존재만으로 반드시 그 범주에 속하는 것은 아니다. 가령 1850년 중국에서는 2퍼센트 문턱을 뛰어넘으려면 거의 900만 명이 군 복무를 해야 했을 것이

다. 우리가 아는 한 태평천국의 난이 일어난 동안에도 그런 일은 발생하지 않았다. 이 책 8장 참조.

3. Bank, Stark, and Thorndike 2008: 23-47. 남북 전쟁에 관해서는 특히 31-34, 41-42.
4. Turchin 2016a: 83 표 4.4, 139, 161. 인구 조사 데이터의 증거에 관해서는 이번 장의 주 7과 Soltow 1975: 103도 참조. 1860~1870년의 재산 소득 지니계수 추정치는 0.757에서 0.767로, 상위 1퍼센트의 점유율은 25퍼센트에서 26.5퍼센트로 상승했다—가능한 오차 범위 내에서 충분히 있을 수 있는 변동이다. Lindert and Williamson 2016: 122 표 5-8. 소득 지니계수는 뉴잉글랜드에서 6.1포인트, 대서양 중부 연안 주들에서 3.1포인트, 북동부 중앙 주들에서 6.7포인트, 그리고 북서부 중앙 주들에서 5.9포인트였고, 그에 상응하는 상위 1퍼센트 소득 점유율은 각각 7퍼센트, 9.1퍼센트, 7퍼센트 및 6.9퍼센트에서 10.4퍼센트, 9.2퍼센트, 9.1퍼센트 및 9.7퍼센트로 증가했다. 116 표 5-7A, 154 표 6-4A.
5. 재산으로서 노예: Wright 2006: 60 표 2.4, 59 표 2.3도 참조(농장과 건물은 남부 사유 재산의 36.7퍼센트를 차지했다). 과거 몇십 년간에 관해서는 Piketty 2014: 160-161 그림 4.10-11과도 비교해볼 것. 지니계수: Lindert and Williamson 2016: 38 표 2-4, 116 표 5-7; 그리고 1850년에 대해서는 115 표 5-6과도 비교해볼 것. 노예 소유: Gray 1933: 530; Soltow 1975: 134 표 5.3도 참조.
6. 조슈아 로젠블룸과 브랜든 듀폰트에게 많은 신세를 졌는데, 이들은 매우 친절하게도 나를 위해 IPUMS-USA, https://usa.ipums.org/usa/에서 이러한 결과를 산출해줬다. 이 데이터들의 성격에 관해서는 Rosenbloom and Stutes 2008: 147-148 참조.
7. IPUMS-USA 자료에 나온 전체 남부인의 전반적 부의 지니계수는 1860년 0.8, 1870년 0.74였다. 이전의 연구는 그 10년간 더욱 낮은 평준화 수치를 산출했다. Soltow 1975: 103은 1860년 남부 자유인의 부의 지니계수를 0.845로, 1870년 남부 백인의 지니계수를 0.818로 추정한다. 1860년과 1870년 두 해에 연구된 미 전역 6818명에 관한 Jaworski 2009: 3, 30 표 3, 31은 남부 대서양 지방에서는 상위의 손실로 유발된 0.81에서 0.75로의 부의 지니계수 하락을, 남부 중앙에서는 화이트칼라 노동자의 급속한 부의 축적에 기인한 0.79에서 0.82로의 상승을 산출한다. Rosenbloom and Dupont 2015는 그 10년 동안 부의 이동성을 분석하며 부의 분포에서 상위의 상당한 전복을 발견한다. 자산 소득: Lindert and Williamson 2016: 122 표 5-8. 표 2.4: 116 표 5-7, 154 표 6-4A(모든 지니계수는 소수점 두 자리로

반올림했다). 1860년 자유인 가구와 1870년 백인 가구 간 비교에 관해서는 116 표 5-7, 155 표 6-4B 참조. 상위 소득 점유율은 1860년 수준의 32퍼센트, 23퍼센트, 49퍼센트 수준으로 감소했고, 지니계수는 각각 4포인트, 3포인트, 8포인트만큼 떨어졌다.

8. 1920년대 미국과 일본 상위 소득 점유율의 신속한 회복은 부분적인 예외에 지나지 않는 듯하다.
9. Schütte 2015: 72에서 인용.
10. Clausewitz 1976: 592.
11. 이 책 8장 참조.
12. 나는 참여도가 높지만 일시적이거나 계절적인 전쟁에 참여하는 소규모 집단 또는 대부분의 성인 남성 인구를 끌어들였던 칭기즈칸과 그의 계승자 무리 같은 스텝 지대 유목 인구 등의 다른 유형은 배제하고, 이 책의 전체적 초점을 따라가면서 국가 수준의 정착 사회를 거론하고자 한다.
13. Kuhn 2009: 50(송나라); Roy 2016: ch. 3(무굴 제국); Rankov 2007: 37-58(고대 그리스 로마 시대 말기의 더 높은 수치는 믿을 만하지 못하다. Elton 2007: 284-285); Murphey 1999: 35-49(오스만 제국).
14. Hsu 1965: 39 표 4, 89; Li 2013: 167-175, 196. 그 시대의 정치적 담론은 백성에게 더 큰 관심을 보여 그들의 빈곤과 고통을 언급했는데, 국가라 함은 이를 완화시키는 것이 마땅했다. 요컨대 '이민(利民)' 혹은 '겸애(兼愛)' 등의 주장이 등장했다. Pines 2009: 199-203.
15. Li 2013: 191-194; Lewis 1990: 61-64; Lewis 1999: 607-608, 612.
16. Li 2013: 197; Lewis 1990: 15-96, 특히 64(인용).
17. 작전: Li 2013: 187-188; Lewis 1999: 628-629; Lewis 1999: 625-628(군대 규모); Li 2013: 199; Bodde 1986: 99-100(사상자); Li 2013: 194(하내군). 500만 인구의 왕국에서 10만 병력을 동원했으면 이미 언급한 2퍼센트 기준을 통과했을 것이다.
18. Lewis 2007: 44-45; Hsu 1965: 112-116; Sadao 1986: 556; Lewis 2007: 49-50. 인용은 Lewis 2007: 50에서 가져왔다.
19. Falkenhausen 2006: 370-399, 특히 391, 그리고 412는 군대화는 물론 평등주의를 언급한다. 이는 진나라 무덤들에서 이러한 무기가 사라진 것과 약간은 거북하게 대조된다. 여기엔 실용적 이유가 있었을 가능성이 있다(413).

20. 진나라의 세금이 더 높았다는 설에 관해서는 이것이 사실인지, 아니면 단지 적대적인 선전인지 확실치 않다. Scheidel 2015b: 178 n. 106.
21. Scheidel 2008은 로마 시민의 수에 관한 논쟁을 조사한다. 동원률에 관해서는 특히 Hopkins 1978: 31-35 참조; Scheidel 2008: 38-41. Lo Cascio 2001은 더 큰 기본 인구와 더 낮은 참여도 쪽에 찬성론을 편다.
22. Livy 24.11.7-8, Rosenstein 2008: 5-6도 참조. 아테네에 관해서는 이후 내용 참조.
23. Hansen 2006b: 28-29, 32(인구); Ober 2015a: 34 그림 2.3(영토); Hansen and Nielsen 2004; Hansen 2006a(폴리스의 성격).
24. Ober 2015a: 128-137, 특히 128-130(인용: 130), 131(인용), 131-132, 135-136.
25. 어떤 학자들은 긴밀한 (인과관계의) 연결을 사실화하는 반면, 다른 학자들은 거기에 의구심을 갖는다. Van Wees 2004: 79 and Pritchard 2010: 56은 가장 비판적인 견해에 속한다. 초기 팔랑크스의 혼재된 특징에 관해서는 Van Wees 2004: 166-197 참조. 권리: Ober 2015a: 153.
26. Plutarch, *Lycurgus* 8.1(Richard J. A. Talbert 번역).
27. Hodkinson 2000. 집중: 399-445, 특히 399, 437. 세습 자원의 불평등화 효과에 관해서는 이 책 1장 참조.
28. 이러한 전개 과정의 전체 사건에 대한 좀더 충분한 설명에 관해서는 Scheidel 2005b: 4-9 참조. Pritchard 2010: 56-59는 규제에 대해 주장한다. 인용: Herodotus 5.78.
29. 인용: Old Oligarch 1.2는 van Wees 2004: 82-83에서 발췌. Aristotle, *Politics* 1304a와도 비교해볼 것. "해군 선단이 살라미스에서 승리하고, 나아가 아테네가 헤게모니를 잡은 것은 해상 장악력에 기초한 것이었다. 그들은 민주주의를 더욱 공고히 했다." Pritchard 2010: 57에서 암시한 바처럼, 이것을 포함한 유사한 설명이 틀림없이 논쟁을 불러일으킬 만한 소지가 있다고 해서 그것이 반드시 허위는 아니라는 사실에 유의해야 한다. Hansen 1988: 27(아테네 사상자); Hansen 1985: 43 (라미아 전쟁).
30. Ober 2015b: 508-512; van Wees 2004: 209-210, 216-217.
31. 부담: Ober 2015b: 502와 함께 곧 출간할 Pyzyk의 저서 참조. 이 시나리오로 보면 아테네의 (대략) 1퍼센트 부자는 모든 개인 소득의 최소 5~8퍼센트만큼 받았을 것이다. 이 집단의 평균 소득을 2배로 상정하는 수정 모델은 조세 부담을 8분의 1로 낮게 잡곤 하지만(그리고 상위 1퍼센트의 소득 점유율을 2배로 잡아 대략 13퍼센

트로 본다), 그 아래 가장 부유한 800가구에 대해서는 여전히 더 높은 조세 부담을 암시한다. Ober 2015b: 502-503; 2016: 10(엘리트의 소득을 2배로 봤다). 아테네 재산의 성격에 관해서는 Davies 1971; 1981 참조. 소득세: 이 책은 내가 통계에서 추정한 평균보다 훨씬 많은 간헐적인 긴급 재산세 부담의 추가적 효과를 도외시한다. 군함 300척을 정비하는 연간 비용에 맞먹었던 기원전 428년의 부과에 관해서는 Thucydides 3.19.1 참조.

32. 인용: Theophrastus, *Characters* 26.6, van Wees 2004: 210에서 발췌. 토지 지니계수: Scheidel 2006: 45-46, Osborne 1992: 23-24의 요약; Foxhall 1992: 157-158; Morris 1994: 362 n. 53; 2000: 141-142. Ober 2015a: 91도 참조.
33. 소득과 부의 지니계수: Ober 2016: 8(그리고 2015a: 91-93과 비교해볼 것); Kron 2011; 2014: 131. Ober 2015a: 343 n. 45에 언급한 대로 부의 불평등은 외국인 주민과 특히 노예를 포함하면 훨씬 더 높았을 것이다. 실질 임금: Scheidel 2010: 441-442, 453, 455-456; Ober 2015a: 96 표 4.7. Foxhall 2002는 급진적 정치평등주의와 좀더 제한적인 자원평등주의 사이의 간극을 강조한다. 공공 지출: Ober 2015b: 499 표 16.1, 504.
34. Morris 2004: 722; Kron 2014: 129 표 2.
35. 근대에서와 마찬가지로 민주주의 자체가 불평등을 감소시켰다는 확실한 증거는 없다. 이 책 12장 참조. 이미 주어진 아테네 역사에 대한 간략한 연구로 판단하건대, 대중적 군사 동원과 민주화는 세계대전 기간에서와 비슷한 식으로 연계되었을 수 있다(이 책 6장의 앞선 논의 참조). 통합의 결핍: Foxhall 2002: 215. 토지 획득에 상한선을 뒀던 "많은 곳들"의 고대 법률에 대한 (별 도움이 되지 않는) 아리스토텔레스의 모호한 비유도 기억하라(*Politics* 1319a).
36. Tilly 2003: 34-41; Toynbee 1946: 287. Gat 2006 and Morris 2014는 역사 전반에 걸쳐 변모하는 전쟁의 성격을 탐구한다. Lament quoted by Morris 2014: 86.
37. Yamada 2000: 226-236, 특히 227(인용), 234, 260; Oded 1979: 78-79, 그리고 이 책 1장(분배).
38. 귀족: Thomas 2008: 67-71, 특히 68; Morris 2012: 320-321. 새로운 분배: Thomas 2003; Thomas 2008: 69에 기초한 Thomas 2008: 48-49. 토지 소유권의 공간적 분배 변동(산발적인 잉글랜드 보유분이 한층 조밀한 노르만 토지로 대체된 것)은 이 과정에 영향을 미치지 않았을 것이며, 뒤이은 장자 상속의 출현은 기존 보유분을

단순히 보존하는 데 일조했다. Thomas 2008: 69-70, 102.

39. 프라토: Guasti 1880; Alfani and Ammannati 2014: 19-20. 아우크스부르크: 이 책 11장.

40. Alvarez-Nogal and Prados de la Escosura 2013: 6 그림 3, 9 그림 3, 21 그림 8, 그리고 이 책 3장의 그림 3.3(에스파냐); Arroyo Abad 2013: 48-49(베네수엘라).

41. 전반적 불평등: Fearon and Laitin 2003; Collier and Hoeffler 2004. 집단 내 불평등: Ostby 2008, Cederman, Weidmann, and Skrede 2011. 불평등의 절정: Baten and Mumme 2013. 토지 불평등: Thomson 2015.

42. Bircan, Brük, and Vothknecht 2010, 특히 4-7, 14, 27. 단락의 제목 인용은 1990~1994년의 르완다 내전이 끝나갈 무렵 후투족 살인자가 대량 학살을 회상하며 한 말이다. Hatzfeld 2005: 82. 가해자들의 이야기는 연구에서 수행한 관찰 중 일부를 참조한다. "우리는 농지를 잃어버렸다고 할 수 없다. ……많은 이들이 갑자기 부자가 됐다. ……위원회에서 우리한테는 세금을 부과하지 않았다"(63, 82-83).

43. 인용: Bircan, Bruck, and Vothknecht 2010: 7. 1830s: Powelson 1988: 109.

44. 내전과 그 전개 과정에 대해서는 가령 Holtermann 2012 참조. 에스파냐: Alvaredo and Saez 2010, 특히 493-494; WWID. 그림 6.2는 Prados de la Escosura 2008: 302 그림 6에서 가져왔다.

45. Prados de la Escosura 2008: 294 그림 2(임금 지니계수); 288 표 1(GDP 1930~1952년), 309 그림 9(빈곤 1935~1950년); 301(인용).

46. Shatzman 1975: 37-44.

47. Scheidel 2007: 329-333.

48. 텍스트 인용: 군사 작전에 대한 이 적절한 묘사는 2015년 8월 6일 공화당 대통령 예비 선거 1차 토론회에 나왔던 전 아칸소 주지사 마이크 허커비(Mike Huckabee)의 발언에서 가져왔다.

3부 혁명

07 공산주의

1. 독일, 프랑스, 영국 및 미국에 관해서는 이 책 5장 참조. Brandolini and Vecchi

2011: 39 그림 8에 나오는 이탈리아의 지표 대부분은 1911~1921년 불평등이 경미하게 하락했음을 보여주지만, 전쟁 기간과 회복 가능성 있는 그 직후 여파의 추이를 구분하기에는 선명도가 떨어진다.

2. Gatrell 2005: 132-153.
3. Leonard 2011: 63. 인용: Tuma 1965: 92-93.
4. Tuma 1965: 92-93(첫 번째 법령); Davies 1998: 21(이후의 법령); Figes 1997: 523("이전 사람들"). 비도시화: Davies 1998: 22; 페테르부르크에 관해서는 Figes 1997: 603 참조; 기아 및 식량 부족으로 인한 도심 인구 감소에 관해서는 603-612 참조. Figes 1997: 522(〈프라우다〉); 레닌, "어떻게 경쟁을 구조화할 것인가", 1917년 12월, Figes 1997: 524에서 인용.
5. Powelson 1988: 119(토지); Tuma 1965: 91, 94(인용).
6. Leonard 2011: 64; Davies 1998: 18-19(전쟁 공산주의); Tuma 1965: 95(인용); Powelson 1988: 120(위원회); Figes 1997: 620(외부자); Ferguson 1999: 394(첫 번째 레닌 인용); Figes 1997: 618(두 번째 레닌 인용).
7. Tuma 1965: 96(결과); Powelson 1988: 120(집단 농장); Leonard 2011: 67(가구); Davies 1998: 19(인플레이션).
8. 신경제 정책: Leonard 2011: 65; Tuma 1965: 96. 회복: Leonard 2011: 66; Tuma 1965: 97. 차등화: Tuma 1965: 97; Leonard 2011: 67. 자본: Davies 1998: 25-26.
9. Davies 1998: 34(곡물); Tuma 1965: 99(토지); Powelson 1988: 123(스탈린). Allen 2003: 87은 공동체 조직이 부재했던 1920년대 농촌 불평등 증가의 잠재성에 주목한다.
10. Tuma 1965: 99; Powelson 1988: 123; Werth 1999: 147-148.
11. Leonard 2011: 69(집단화); Werth 1999: 146, 150-151, 155; Davies 1998: 51(폭력).
12. Werth 1999: 169, 190, 206-207, 191-192, 207; Davies 1998: 46, 48-50. 농민의 작물 식량 소비는 꾸준했던 반면 육류 소비는 하락했다. Allen 2003: 81 표 4.7.
13. Davies 1998: 54.
14. 소득 점유율과 지니계수: Nafziger and Lindert 2013: 38, 26, 39; Gregory 1982와도 비교해볼 것. Nafziger and Lindert 2013: 34(비율). 지니계수: Nafziger and Lindert 2013: 34; SWIID. 비율: Nafziger and Lindert 2013: 34. Flakierski 1992: 173은 1964~1981년 2.83에서 3.69까지의 차이를 기록한다. 1980년대에 이 비율이

약간 증가한 것에 관해서는 Flakierski 1992: 183 참조. 미국: http://stats.oecd.org/index.aspx?queryid=46189.

15. Davies 1998: 70; Flakierski 1992: 178. 물론 당 엘리트의 호화 수입품에 대한 접근 권한은 실질적 소비 불평등을 상승시켰다.

16. Milanovic 1997: 12-13, 21-22, 40-41, 43-45; Credit Suisse 2014: 53.

17. Treisman 2012.

18. Moise 1983: 27(주장); Brandt and Sands 1992: 182(절반); 이는 당시 기준으로는 극심하지 않았다(184). Walder 2015: 49-50은 1930년대 말 인구의 2.5퍼센트가 전체 토지의 약 40퍼센트를 소유했다는 추정을 인용한다. Moise 1983: 28; Hinton 1966: 209.

19. Moise 1983: 33-34, 37-38.

20. Moise 1983: 44-45; Dikötter 2013: 65.

21. Moise 1983: 48, 51, 55-56.

22. Moise 1983: 56, 67-68, 102-112. 다음으로 일반적인 토지 개혁에 대해서는 Walder 2015: 40-60 참조. 영향: Margolin 1999b: 478-479; Dikötter 2013: 73-74, 76(인용).

23. Dikötter 2013: 74, 82-83. 더 높은 수치에 관해서는 Margolin 1999b: 479와 비교해볼 것(200만~500만 명은 사망하고 400만~600만 명은 수용소로 보내졌다).

24. Moise 1983: 138-139; Hinton 1966: 592. Walder 2015: 49-50도 참조. 가장 부유한 2.5퍼센트의 토지 소유 점유율은 1930년대의 거의 40퍼센트에서 20년 뒤에는 2퍼센트로, 그다음으로 부유한 3.5퍼센트 인구는 18퍼센트에서 6.4퍼센트로 떨어졌다. 반면 빈농과 중농의 비중은 24퍼센트에서 47퍼센트로 상승했다.

25. Margolin 1999b: 482-484; Dikötter 2013: 166-172; Walder 2015: 76-77.

26. Dikötter 2013: 237-238, 241; Walder 2015: 95-97. 작업 단위는 의료, 연금 및 주거 같은 복지의 제공 기관이 됐다(같은 책 91-94).

27. Margolin 1999b: 498.

28. Brandt and Sands 1992: 205(1930년대); Walder 2015: 331 표 14.2도 참조. 지니계수: SWIID; Xie and Zhou 2014: 6930, 6932; Walder 2015: 331. 평준화: 시각화에 관해서는 Xie and Zhou 2014: 6931 그림 2; 쿠즈네츠에 관해서는 이 책 13장 참조. 유사한 부의 통계에 관해서는(1995년 0.45, 1995년 0.55 및 2010년 0.76)

Zhong et al. 2010(부르기농이 책임을 전가한)과 Li 2014에 기초한 Bourguignon 2015: 59-60 참조. 도시와 농촌 간 큰 소득 격차는 마오쩌둥 시대까지 거슬러 올라간다. Walder 2015: 331-332.

29. 불평등: Moise 1983: 150-151; 1930년대에 관해서는 Nguyen 1987: 113-114와 비교해볼 것. 개혁과 성과: Moise 1983: 159-160, 162-165, 167, 178-179, 191-214, 222; Nguyen 1987: 274, 288, 345-347, 385-451, 469-470.
30. 북한: Lipton 2009: 193. Rigoulot 1999는 북한 공산주의 테러의 성격을 요약한다. 쿠바: Barraclough 1999: 18-19. 니카라과: Kaimowitz 1989: 385-387; Barraclough 1999: 31-32.
31. Margolin 1999a.
32. Courtois 1999: 4(사망자 집계).

08 레닌 이전

1. 불균형: Morrisson and Snyder 2000: 69-70, 그리고 전체적인 혁명 이전의 불균형에 관해서는 61-70. 18세기 프랑스의 계급에 따른 신장 차이에 관해서는 Komlos, Hau, and Bourguinat 2003: 177-178도 참조. 조세 제도: Aftalion 1990: 12-15; Tuma 1965: 59-60. 토지에 대한 접근 기회: Hoffman 1996: 36-37; Sutherland 2003: 44-45. Aftalion 1990: 32-33(농민의 상황 악화); Marzagalli 2015: 9(지대와 물가).
2. Tuma 1965: 56-57, 60-62; Plack 2015: 347-352; Aftalion 1990: 32, 108. 인용: Plack 2015: 347, Markoff 1996a에서 가져옴. Horn 2015: 609도 참조.
3. Tuma 1965: 62-63; Aftalion 1990: 99-100, 187; Plack 2015: 354-355.
4. Aftalion 1990: 100, 185-186; Morrisson and Snyder 2000: 71-72; Postel-Vinay 1989: 1042; Doyle 2009: 297.
5. Aftalion 1990: 130-131, 159-160.
6. Doyle 2009: 249-310, 특히 287-289, 291-293.
7. Doyle 2009: 297-298에서 인용.
8. 평준화: 특히 Morrisson and Snyder 2000: 70-72와 Aftalion 1990: 185-187 참조. 실질 임금: Postel-Vinay 1989: 1025-1026, 1030; Morrisson and Snyder 2000: 71.
9. Morrisson and Snyder 2000: 71; Aftalion 1990: 193; Doyle 2009: 294.

10. 표 8.1은 Morrisson and Snyder 2000: 74 표 8에서 가져왔다. 그러나 같은 책 71과도 비교해볼 것. "소득 분배가 1790~1830년대에 어떻게 달라졌는지 추정하는 데 사용할 수 있는 독자적 지표는 없다."
11. Morrisson and Snyder 2000: 69 표 6은 혁명 이전 상위 10분위수 소득 점유율을 47~52퍼센트로 상정한다. 혁명 이후의 추이: Tuma 1965: 66; Doyle 2009: 295. 사유 재산의 비중에 관해서는 Piketty 2014: 341과도 비교해볼 것.
12. Kuhn 1978: 273-279(인용: 278); Platt 2012: 18; Bernhardt 1992: 101; Spence 1996: 173(인용).
13. 장안의 기록에서까지 언급하고 있는 증거 부족에 관해서는 Bernhardt 1992: 102 참조. 관계: Kuhn 1978: 279-280; 293-294; Bernhardt 1992: 103-105, 116.
14. 이 단락의 표제에 인용한 것은 Dobson 1983: 132에서 가져온 토머스 월싱엄(Thomas Walsingham)의 1381년 잉글랜드 농민 반란에 관한 설명이다.
15. Tuma 1965: 111; Powelson 1988: 218-229; Barraclough 1999: 10-11.
16. Tuma 1965: 121-123; Barraclough 1999: 12; Lipton 2009: 277.
17. 볼리비아: Tuma 1965: 118, 120-123, 127-128; Barraclough 1999: 12, 14-16; Lipton 2009: 277. 엘살바도르: Anderson 1971. 그리고 이번 장 마지막 부분도 참조. 더욱 일반적인 토지 개혁에 관해서는 이 책 12장 참조.
18. Deng 1999: 363-376, 247 표 4.4, 251(인용). 비록 기록에 있는 대부분의 저항이 실패하긴 했지만, 그 시기의 최소 48개 새 정권은 반란 세력에 의해 들어섰다(223-224 표 4.1). 대부분의 반란은 농촌의 소요에서 비롯되었다.
19. Mousnier 1970: 290.
20. 치르쿠므첼리오네: Shaw 2011: 630-720(695-696에서 아우구스티누스의 말 인용)과 현대 역사 편찬의 구조 분석에 관해서는 828-839. 바가우다이: 가령 Thompson 1952, Drinkwater 1992는 반대 의견을 제기한다.
21. 중세의 민중 반란에 대해서는 Fourquin 1978 참조; 중세 말의 사회 반란에 대해서는 Cohn 2004의 자료 수집과 함께 Cohn 2006 참조; 특히 14세기 말에 대해서는 Mollat and Wolff 1973; 14~17세기에 대해서는 Neveux 1997; 그리고 Blickle 1988도 참조. 근대 초기, 즉 17세기 프랑스와 러시아 및 중국에 대해서는 Mousnier 1970, 16~18세기의 농민 전쟁에 대해서는 Bercé 1987 참조. 중세와 근대 초기의 북구 국가들에 관해서는 Katajala 2004 참조. 수치: Blickle 1988: 8,

13(독일). Cohn 2006은 1000건 이상의 사건을 다루는데, 그중 약 100건은 Cohn 2004에 기록되어 있다. 플랑드르: TeBrake 1993; 자료 출처에 대해서는 Cohn 2004: 36-39도 참조. 《플랑드르 연대기 전집(Chronicon comitum Flandrensium)》은 Cohn 2004: 36-37에서 인용.

22. TeBrake 1993: 113-119, 123, 132-133; 《플랑드르 연대기 전집》은 Cohn 2004: 37에서 인용.

23. 반란에 대해서는 Cohn 2004: 143-200, 그리고 구이가 된 기사에 관해서는 152. 인용: Cohn 2004: 171-172에 있는 '장 드 베네트의 연대기(Chronique of Jean de Venette)'.

24. 1381년: Hilton 1973; Hilton and Aston 편집, 1984; Dunn 2004. Dobson 1983은 자료 출처를 모아놓았다. 인용: Dobson 1983: 136에 실린 '헨리 나이튼 연대기(Chronicon Henrici Knighton)', 그리고 Dobson 1983: 165에 실린 '익명의 연대기(Anonimalle Chronicle)'를 쉬운 말로 바꿔 쓴 Tyler 참조.

25. 피렌체: Cohn 2004에 있는 자료와 함께 Cohn 2006: 49-50: 367-370 참조. 에스파냐: Powelson 1988: 87. 독일: Blickle 1988: 30; 1983: 24-25. 가이스마이어: 같은 책 224-225, 그리고 그 밖의 급진주의자에 대해서는 223-236과 비교해볼 것. 실패: 246; 1988: 31.

26. 불가리아에 관해서는 Fine 1987: 195-198 참조(인용: 196). 코사크 기병: Mousnier 1970: 226.

27. 중세: Cohn 2006: 27-35, 47. 흑사병: 특히 Mollat and Wolff 1973과 Cohn 2006: 228-242. 후기 국면: Bercé 1987: 220.

28. Bercé 1987: 157, 179, 218(인용).

29. Fuks 1984: 19, 21, 25-26.

30. 아르고스: 대부분 Fuks 1984: 30, Diodorus 15.57-58에 기초했다.

31. 테살로니카: Barker 2004: 16-21, 특히 19. 이탈리아: Cohn 2006: 53-75. 이 단락의 제목은 지방 귀족을 도시 바깥으로 내쫓은 1282년 비테르보(Viterbo) 반군의 표어를 전하는 니콜라 델라 투르치아(Niccola della Turcia)의 '비테르보 연대기(Cronache di Viterbo)'에서 따온 것으로 Cohn 2004: 48에서 발췌했다. 원인: Cohn 2006: 74, 97. 치옴피: 자료에 관해서는 Cohn 2004: 201-260.

32. 자크리: 작자 미상, 대략 1397~1399년, Cohn 2004: 162에서 발췌. 엘살바도르:

Anderson 1971: 135-136, 92(인용). 인용: 이 책 8장의 이후 논의 참조. 자코뱅: Gross 1997.

33. Milanovic 2013: 14 그림 6 참조.

34. Ranis and Kosack 2004: 5; Farber 2011: 86; Henken, Celaya, and Castellanos 2013: 214; 그러나 경고에 대해서는 Bertelsmann Stiftung 2012: 6, 그리고 2000년(0.38) 쿠바의 더 낮은 측정값에 대해서는 Veltmeyer and Rushton 2012: 304와도 비교해볼 것. SWIID는 1962년 0.44에서 1973년 0.35, 1978년 0.34의 하락을 보고한다. 이것으로 볼 때, 공산주의가 서구 국가의 사회 정책에 끼친 효과(이 책 5장 참조)가 경제적 평준화에 가장 지속적으로 기여해왔는지의 문제는 고찰해볼 가치가 있다.

4부 붕괴

09 국가 실패와 체제 붕괴

1. Rotberg 2003: 5-10은 현대적 시각에서 국가 실패의 특징을 나열한다. 전근대 체제의 성격과 한계에 관해서는 Scheidel 2013: 16-26. Tilly 1992: 96-99는 모범적인 정확도로 국가의 필수 기능을 찾아낸다.
2. Tainter 1988: 4(인용), 19-20. 이번 장에서 일부 다룬 역사적 사례에 관해서는 이 책 서문 참조.
3. Renfrew 1979: 483.
4. 당나라의 토지 계획: Lewis 2009b: 48-50, 56, 67, 123-125; 이전의 균전제에 관해서는 Lewis 2009a: 138-140과도 비교해볼 것. 인용: Lewis 2009b: 123. 귀족 정치: Tackett 2014: 236-238(인용: 238).
5. 황소: Tackett 2014: 189-206. 인용: 201-203.
6. Tackett 2014: 208-215(인용: 209-210).
7. 묘비명: Tackett 2014: 236; 225 그림 5.3: 묘비명의 빈도는 800~880년 10년마다 150~200개이던 것이 그다음 40년간에는 10년마다 9개로 떨어졌다. 전환: 231-234.
8. 엘리트 소득의 상당 부분이 정치권력의 행사로부터 직접적으로 발생하는 이익의 작용인 사회에서는 국가 실패가 경제 활동에 개입하기만 했던 전쟁보다 엘리트에게

과도하게 치우친 영향을 미치곤 했다. 미국 남북 전쟁이 남부의 주들에 미친 효과는 후자의 시나리오에서는 경미한 평준화 사례를 제공한다. 이 책 6장 참조.

9. Wickham 2005: 155-168은 최고의 분석이다; 이 책 2장 참조. Ammianus 27.11.1(인용). 재산: *Life of Melania* 11, 19, 20.

10. 붕괴: Wickham 2005: 203-209. 인용: Gregory the Great, *Dialogues* 3.38. 교황의 자선: Brown 1984: 31-32; Wickham 2005: 205와 비교할 것.

11. Brown 1984: 32(폭력); Wickham 2005: 255-257(인용: 255), 535-550, 828.

12. Koepke and Baten 2005: 76-77; Giannecchini and Moggi-Cecchi 2008: 290; Barbiera and Dalla Zuanna 2009: 375. 신장을 해석하는 다양한 과제에 관해서는 Steckel 2009: 8 참조. 신장 불균등에 관해서는 Boix and Rosenbluth 2014 참조. 그리고 이 책 1장과도 비교해볼 것.

13. 주택 크기: Stephan 2013. 이집트 신왕국 아마르나(Amarna)의 주택 크기 분포에 대해서는 Abul-Magd 2002와 비교해볼 것. 그리고 콜럼버스 이전 중미의 주택 크기와 가구 비치의 불균형에 관해서는 Smith et al. 2014와 Olson and Smith 2016 참조. 영국: Esmonde Cleary 1989; Wickham 2005: 306-333, 특히 306-314.

14. Stephan 2013: 86-87, 90에서 재생산.

15. Stephan 2013: 131(이탈리아), 176(북아프리카) 참조. 그러나 북아프리카 주거 건물의 지니계수 역시 로마 시대보다 그 이후에 더 낮았다는 점에도 주목할 것. 182. 이 사례 연구는 경제 성장과 주택 크기의 확대가 더 큰 변화와 일치하지 않았던 고대 그리스의 추이와 유익한 대조를 보인다는 점을 기억할 필요가 있다. 틀림없이 각기 다른 일단의 사회·정치적 구조와 규범 덕분이었을 것이다. 이 책 6장 참조. 로마 제국 이후의 평준화에 관해서는 이 책 3장 참조. 노르만 정복에 관해서는 이 책 6장 참조.

16. Cline 2014: 102-138은 이러한 붕괴의 증거에 관한 가장 최근의 연구이다.

17. Cline 2014: 139-170과 Knapp and Manning 2015는 다양한 요인을 검토한다. 특히 Cline 2014: 2-3(인용), 1-11, 154-160(파괴), 140-142(지진), 143-147(가뭄), 165, 173; Morris 2010: 215-225(붕괴) 참조.

18. 미케네 문명의 초기 국면에 대해서는 Wright 2008, 특히 238-239, 243-244, 246 참조.

19. Galaty and Parkinson 2007: 7-13; Cherry and Davis 2007: 122(인용); Schepartz,

Miller-Antonio, and Murphy 2009: 161-163. 중심지 중 하나인 필로스에서는 더 화려한 무덤에서 복원한 머리뼈들이 좀더 양호한 치아 상태를 보여주기까지 한다. 170(필로스).

20. Galaty and Parkinson 2007: 14-15; Deger-Jalkotzy 2008: 387-388, 390-392.

21. 미케네 문명의 마지막 국면: Deger-Jalkotzy 2008: 394-397. 엘리트의 일시적 생존: Middleton 2010: 97, 101. 미케네 시대 이후의 상황에 관해서는 Morris 2000: 195-256; Galaty and Parkinson 2007: 15; Middleton 2010 참조.

22. 엘리트의 운명: Galaty and Parkinson 2007: 15; Middleton 2010: 74. 수입: Murray 2013: 462-464. 레프칸디: Morris 2000: 218-228.

23. Willey and Shimkin 1973: 459, 그리고 484-487과도 비교해볼 것. Culbert 1988: 73, 76; Coe 2005: 238-239. Coe 2005: 111-160은 이 시기에 대한 일반적 연구를 제공한다.

24. 마야의 붕괴: Culbert 1973, 1988; Tainter 1988: 152-178; Blanton et al. 1993: 187; Demarest, Rice, and Rice 2004b; Coe 2005: 161-176; Demarest 2006: 145-166 참조. 차이점: Demarest, Rice, and Rice 2004a. 원인: Willey and Shimkin 1973: 490-491; Culbert 1988: 75-76; Coe 2005: 162-163; Diamond 2005: 157-177; Kennett et al. 2012; 또한 Middleton 2010: 28과도 비교해볼 것.

25. Coe 2005: 162-163(인용: 162); 또한 Tainter 1988: 167: "엘리트 계급은 …… 소멸했다."

26. 치첸이트사의 몰락: Hoggarth et al. 2016. 마야판: Masson and Peraza Lope 2014. 평민: Tainter 1988: 167; Blanton et al. 1993: 189. 안심: Tainter 1988: 175-176. 날짜: Sidrys and Berger 1979, Culbert 1988: 87-88에 나온 비판도 참조; Tainter 1988: 167-168. 매장과 식생활: Wright 2006: 203-206. 달력 날짜: Kennett et al. 2012.

27. Millon 1988: 151-156. Cowgill 2015: 233-239는 예전에는 당국에서 사용하던 자원을 차지함으로써 정부를 약화시켰을 중간급 엘리트의 역할에 관해 고찰한다 (236-237). 이주한 엘리트가 테오티우아칸의 몰락 이후 지방 중심지의 출현에 관여했을 수도 있다.

28. Kolata 1993: 104, 117-118, 152-159, 165-169, 172-176, 200-205.

29. 불균형: Janusek 2004: 225-226. 붕괴에 관해서는 Kolata 1993: 282-302; Janusek

2004: 249-273 참조. 특화: Kolata 1993: 269, 299; Janusek 2004: 251, 253-257.

30. 몰락과 변화에 관해서는 Wright 2010, 특히 308-338; 그리고 도시의 주택 간 크기 차이에 관해서는 117 참조.

31. Thucydides 1.10; Diamond 2005: 175(코르테스); Coe 2003: 195-224(앙코르 문명의 붕괴).

32. Adams 1988: 30은 역사상 가장 오래된 것으로 알려진 국가 중에서 고대 메소포타미아 정치 조직과 관련해 "애초의 지향이 방어였건 약탈이었건 도시도, 훨씬 더 큰 영토의 국가도 물리적이고 사회적인 환경이 그들에게 부과한 취약성을 영원히 극복할 수는 없었다"라고 쓴다. 이집트: Kemp 1983: 112.

33. '제국': Scheidel 2013: 27은 기존의 정의를 요약한다. 저주와 인용: 《아가드의 저주(The Cursing of Agade)》, 옛 바빌로니아 버전 245-255("전자판 수메르 문학 대전집" http://etcsl.orinst.ox.ac.uk/section2/tr215.htm). Kuhrt 1995: 44-55, 특히 52, 55는 아카디아의 역사와 그 종말의 개요를 제공한다. 이 책 1장도 참조.

34. Kuhrt 1995: 115.

35. 사카라: Raven 1991: 13, 15-16, 23, 그리고 카탈로그 23-31과 Plates 13-36; 곧 출간할 Raven도 참조. 또한 날짜에 관해서는 Raven 1991: 17-23; Raven et al. 1998 참조.

36. 이집트 중부: Raven 1991: 23. 타니스: Raven et al. 1998: 12.

37. 테베: Cooney 2011, 특히 20, 28, 32, 37.

38. Nawar 2013: 11-12; 《인간개발보고서(Human development report)》 2014: 180-181(전반적인 지수에 관해서는 163과 비교해볼 것); http://www.theguardian.com/world/2010/may/08/ayaan-hirsi-ali-interview.

39. Clarke and Gosende 2003: 135-139; Leeson 2007: 692-694; Adam 2008: 62; Powell et al. 2008: 658-659; Kapteijns 2013: 77-79, 93. Hashim 1997: 75-122; Adam 2008: 7-79; Kapteijns 2013: 75-130은 바레의 통치에 대한 일반적 설명을 제공한다.

40. Nenova and Harford 2005; Leeson 2007: 695-701; Powell et al. 2008: 661-665. 소말리아의 붕괴 이후 경제적 탄력성에 관해서는 이미 Mubarak 1997과 비교했다.

41. 불평등: Nenova and Harford 2005: 1; SWIID; Economist Intelligence Unit 2014. 나는 로널드 레이건(Ronald Reagan) 대통령의 1981년 1월 20일 취임식 연

설을 조금 바꿔서 표현했다. "정부는 우리의 문제점에 대한 해결사가 아닙니다. 정부가 문제입니다."

42. 공공재: Blanton and Fargher 2008은 선구적인 글로벌 비교문화 연구이다. 모델: Moselle and Polak 2001.

5부 전염병

10 흑사병

1. Malthus 1992: 23(1권 2장)에서 발췌. 1803년판 사용.
2. 대응: 에스터 보세럽(Ester Boserup)의 저술이 고전이다(Boserup 1965; 1981). 특히 Boserup 1965: 65-69; Grigg 1980: 144; Wood 1998: 108, 111 참조. 모델: Wood 1998, 특히 113 그림 9, Lee 1986a도 참조. 101 그림 1. 맬서스식 제약: 가령 Grigg 1980: 49-144; Clark 2007a: 19-111; Crafts and Mills 2009. 유입: Lee 1986b, 특히 흑사병과 17세기 잉글랜드에서 그것이 부활한 외생성에 관해서는 100 참조.
3. 나는 주로 여전히 가장 체계적인 연구인 Gottfried 1983, 기본 설명에 관해서는 Dols 1977, 일차적인 출처에 관해서는 Horrox 1994 and Byrne 2006을 따른다.
4. Gottfried 1983: 36-37.
5. Byrne 2006: 79.
6. Gottfried 1983: 33-76.
7. Gottfried 1983: 45.
8. Horrox 1994: 33. 공동묘지: the Black Death Network, http://bldeathnet.hypotheses.org. 이 책 11장과도 비교해볼 것.
9. Horrox 1994: 33.
10. Gottfried 1983: 77; 53과도 비교해볼 것(지중해의 35~40퍼센트); Pamuk 2007: 294에서 인용한 미발간 저술; Dols 1977: 193-223.
11. Dols 1977: 67에서 발췌. Gottfried 1983: 77-128은 페스트의 여러 가지 영향을 논의한다.
12. 예를 들어 Gottfried 1983: 16-32; Pamuk 2007: 293. 14세기 초의 위기에 대해서는 이 책 11장 참조.

13. Horrox 1994: 57, 70.

14. Horrox 1994: 287-289.

15. Horrox 1994: 313, 79.

16. Gottfried 1983: 95.

17. 특히 Allen 2001; Pamuk 2007; Allen et al. 2011 참조. 그림 10.1은 Pamuk 2007: 297 그림 2에서 가져왔다.

18. 그림 10.2는 Pamuk 2007: 297 그림 3에서 가져왔다.

19. 인구와 소득: Pamuk 2007: 298-299. 그림 10.3은 Clark 2007b: 130-134 표 A2를 편집; 104 그림 2도 참조.

20. 급속한 상승: Dols 1977: 268-269, 그리고 페스트가 지역 경제에 미친 일반적 영향에 대해서는 255-280과 비교해볼 것. 유럽: Pamuk 2007: 299-300, 그리고 이 책 그림 5.9 참조. Dols 1977: 270에서 발췌. 기부: 269-270. 식단: Gottfried 1983: 138, Eliyahu Ashtor의 저서에서 가져왔다.

21. 비잔틴: Morrison and Cheynet 2002: 866-867(임금), 847-850(노예). 이스탄불: Özmucur and Pamuk 2002: 306.

22. Gottfried 1983: 129-134는 간결한 요약을 제공한다.

23. Pamuk 2007: 294-295(사치재); Dyer 1998(생활 수준의 변화); Gottfried 1983: 94(맥주와 파이); Turchin and Nefedov 2009: 40(노픽); Gottfried 1983: 95-96(법규).

24. Gottfried 1983: 94, 97, 103. 임차인 계약서: Britnell 2004: 437-444. 토지 소득: Turchin and Nefedov 2009: 65. 상속자: Gottfried 1983: 96. 엘리트의 수와 재산: Turchin and Nefedov 2009: 56, 71-72, 78.

25. Alfani 2015. 그림 10.4는 http://didattica.unibocconi.it/mypage/dwload.php?nomefile= Database_Alfani_Piedmont20160113114128.xlsx의 데이터를 사용한 1084 그림 7에서 가져왔다. 도시와 마을의 명세서에 관해서는 1071 그림 2a-b와 1072 그림 3 참조.

26. 부자 가구의 점유율 하락: Alfani 2016: 14 그림 2〔*recte* 그림 3〕. 이 측정에 관해서는 이 책 3장 참조.

27. 특히 Alfani 2015: 1078, 1080 참조. 그리고 피에몬테에 있는 도시 이브레아(Ivrea)의 페스트의 영향에 대한 사례 연구는 Alfani 2010도 참조. 이곳에서는 페스트 이

후 빈민의 유입이 부의 불평등을 즉각적으로 상승시켰다. 그림 10.1과 10.2는 17세기에 페스트가 도시 실질 임금에 일관된 효과를 미치지 않았음을 보여준다. 중세 말과 17세기 페스트의 각 단계 사이에 나타나는 이런 차이점은 더욱 체계적인 비교 연구의 필요성을 부각시킨다.

28. Alfani and Ammannati 2014: 11-25, 특히 19 그래프 2a-b, 25 그림 2. 저자들은 흑사병 이후 토스카나의 불평등 상승에 대한 데이비드 헐리히(David Herlihy)의 예전 주장이 왜 틀렸는지 입증하기도 한다(21-23). 그림. 10.5와 10.6은 15 표 2와 29 표 4에서 가져왔다.
29. 그림 10.7은 Ammannati 2015: 19 표 2(지니계수), 22 표 3(상위 5분위수)에서 가져왔다. 롬바르디와 베네토: Alfani and di Tullio 2015.
30. Gottfried 1983: 136-139.
31. Gottfried 1983: 97-103; Bower 2001: 44. 프랑스와 피렌체에 관해서는 Hilton and Aston, eds. 1984도 참조.
32. Blum 1957: 819-835. 수정주의는 현재 Cerman 2012에서 정점에 올랐다.
33. Dols 1977: 275-276. 이 책의 그림 11.2 참조. 그러나 특정한 도시 실질 임금이 1300/1500년과 1440/1490년 사이에 가파르게 하락했다는 보시의 논지는 지속되기 힘들어 보인다. Scheidel 2012: 285 n. 94와 더욱 일반적으로는 Pamuk and Shatzmiller 2014와 함께 Borsch 2005: 91-112 참조,
34. Dols 1977: 232; 농촌의 인구 감소에 관해서는 154-169, 14세기 말 반란에 관해서는 276-277 참조. 조합: Borsch 2005: 25-34, 40-54. 대조: Dols 1977: 271, 283.

11 대유행병, 기근 그리고 전쟁

1. 콜럼버스 이전 구세계와 신세계 간 질병군 차이에 관해서는 Diamond 1997: 195-214 참조. Crosby 1972 and 2004는 콜럼버스의 교환에 관한 고전적 저서이다. 매우 간략한 요약에 관해서는 Nunn and Qian 2010: 165-167 참조.
2. 이어지는 연구는 Cook 1998을 토대로 했다. 이 단락의 제목은 Cook 1998: 216에 실린 마야의 *Chilam Balam de Chuyamel*에서 발췌한 것이다. 인용: 202, 67.
3. 논쟁에 관해서는 McCaa 2000; Newson 2006; Livi Bacci 2008(다수의 인과관계 요소를 강조한다) 참조. Arroyo Abad, Davies, and van Zanden 2012: 158은 16~17세기 중엽 멕시코의 실질 임금이 4배가 된 것은 논리적으로 약 90퍼센트의 인구

손실과 일치한다고 말한다. 매우 높은 사망률 추정을 받쳐주는 증거가 조금은 결정적이지 못한 것이 안타깝다. 이번 장에서 나는 McCaa 2000: 258을 따른다.

4. 윌리엄슨: 2009: 15; Arroyo Abad, Davies, and van Zanden 2012. 그림 11.1은 http://gpih.ucdavis.edu/Datafilelist.htm#Latam의 데이터를 사용한 156 그림 1에서 가져왔다.
5. Arroyo Abad, Davies, and van Zanden 2012: 156-159.
6. Contra Williamson 2009: 14, 에스파냐의 정복이 콜럼버스 이전 수준보다 불평등을 대폭 상승시켰을 거라는 것은 선험적으로 명확하지 않다. 특히 적어도 매우 착취적이고 계층화한 아즈텍과 잉카 제국의 영토에서는 그렇지 않았다.
7. 문헌은 꽤 방대하다. 가장 종합적인 최근의 조사는 Stathakopoulos 2004: 110-154로, Little 2007의 사례 연구와 나란히 사용되었다. 특히 최초의 급증에 관해서는 Horden 2005에 나온 간편한 논의도 참조할 것. 이 단락의 표제는 Stathakopoulos 2004: 141에서 참고 자료로 활용한 고대의 출처에서 따왔다. 아울러 인용한 문구는 Procopius, *Persian War* 2.23에서 가져왔다.
8. 증상: Stathakopoulos 2004: 135-137; DNA: Wagner et al. 2014; Michael McCormick, personal communication. 두 번째 유적에 대한 보강 증거는 현재 발간 준비 중이다.
9. Stathakopoulos 2004: 139-141(수치). McCormick 2015는 이 시기의 공동묘지에 관한 고고학적 증거를 조사한다. 에페소 요아네스: Patlagean 1977: 172. 인용: *Novella* 122(544년 4월).
10. 경제학자: Findlay and Lundahl 2006: 173, 177. 이집트의 증거: 그림 11.2는 Scheidel 2010: 448 and Pamuk and Shatzmiller 2014: 202 표 2를 재구성한 것이다.
11. Scheidel 2010: 448-449; Sarris 2007: 130-131은 Jairus Banaji의 미출간된 1992년 옥스퍼드 대학교 논문에 관해 언급한다.
12. 카이로의 데이터에 관해서는 Pamuk and Shatzmiller 2014: 198-204, 연간 근무일수 250일이라는 가정에 기초해 산출한 밀 임금에 관해서는 205 참조. 바그다드: 204 그림 2. 소비 바스켓: 206-208, 특히 207 그림 3.
13. Pamuk and Shatzmiller 2014: 209 표 3A(발병), 216-218(황금시대).
14. Bowman 1985; Bagnall 1992.

15. 이 사건에 관해서는, 특히 Duncan-Jones 1996; Lo Cascio 2012 참조. 이 단락의 표제에서 인용한 말은 Orosius, *History against the pagans* 7.15. Ammianus, *History* 23.6.24에서 가져왔다. 천연두: Sallares 1991: 465 n. 367; Zelener 2012: 171-176(모델).
16. Duncan-Jones 1996: 120-121.
17. Scheidel 2012: 282-283, Scheidel 2002: 101을 업데이트한 것이다.
18. 그림 11.3은 Scheidel 2012: 284 그림 1에서 가져왔다. 대부분 Scheidel 2002: 101-107에 기반을 뒀다.
19. 이는 Scheidel 2010: 427-436에서 산출한 전염병 이전과 이후의 소비 바스켓에 대한 전반적 구매력의 차이 부족을 설명하는 데 일조할 수 있다. 이 책 그림 11.2에서처럼 외부 수요의 상이한 수준은 유스티니아누스 페스트와 비교해 안토니우스 전염병 이후 밀 임금 상승의 부족을 설명해줄 수도 있다. 더욱이 안토니우스 전염병의 사망자 수는 단지 병원균의 차이와 특히 지속 기간(몇 세기 대 몇십 년) 때문에 더욱 약했을 수 있다.
20. Sharp 1999: 185-189, with Scheidel 2002: 110-111.
21. 시나리오: Scheidel 2002: 110, 참고문헌. 인구: Scheidel 2001: 212, 237-242, 247-248(이집트); Frier 2001(제국). Borsch 2005: 18-19는 서유럽과의 유사성을 언급한다.
22. Watkins and Menken 1985, 특히 650-652, 665. 인도에 관해서는 이 책 5장 참조.
23. 이 책 7장 참조.
24. Jordan 1996: 7-39(기근), 43-60(물가와 임금), 61-86(지주), 87-166(평민).
25. 부의 점유율에 관해서는 이 책 그림 5.4-7 참조. 복지 비율에 관해서는 이 책 그림 5.1-2 참조. Clark 2007b: 132-133 표 A2는 실질 임금을 산출한다. 1300~1309년의 평균 실질 임금을 100으로 치면, 1310~1319년에는 88, 1330~1339년과 1340~1349년에는 모두 114, 1350~1359년에는 167, 1360~1369년에는 164, 그리고 1370~1379년에는 187이었다. 1349년(129)과 1350년(198) 사이에는 뚜렷한 분출이 발생했다. 기근의 사망자 규모에 관해서는 Jordan 1996: 145-148(1316년 도시화한 플랑드르에서는 아마도 5~10퍼센트였을 것이다) 참조.
26. 기근에 관해서는 Ó Gráda 1994: 173-209, 특히 178-179, 205 참조. "간에 기별도 안 갈 정도였다": Nassau William Senior가 Gallagher 1982: 85에서 발췌한

Benjamin Jowett의 말에서 인용. Ó Gráda 1994: 224, 227(이민), 207(자본 보유고).

27. 실질 임금과 생활 수준 상승에 관해서는 Ó Gráda 1994: 232-233, 236-254; Geary and Stark 2004: 377 그림 3, 378 표 4 참조. 초기 추세: Mokyr and Ó Gráda 1988, 특히 211, 215, 230-231(불평등 상승); Ó Gráda 1994: 80-83(실질 임금의 급격한 하락의 징후 부재); Geary and Stark 2004: 378 표 4, 383(불경기로 이어진 약간의 증가). 토지 소유: Turner 1996, 특히 69 표 3.2, 70, 72, 75, 79 표 3.3.
28. Harper 2015b는 가장 종합적인 연구이다. Parkin 1992: 63-64(디오니시우스); Freu 2015: 170-171(임금).
29. Jursa 2010: 811-816; Scheidel 2010: 440-441도 참조. 이 기간에 관해서는 이 책 1장도 참조.
30. 이 단락은 Roeck 1989의 기념비적 연구에 바탕을 두었다. 이 단락의 표제에서 인용한 말(790)은 아우크스부르크의 연대기 저자 Jacob Wagner의 글에서 가져왔다.
31. 등록 명부에 관해서는 Roeck 1989: 46-62 참조. 그림 11.4는 Hartung 1898: 191-192 표 IV-V를 바탕으로 한 것이다. van Zanden 1995: 647 그림 1도 참조.
32. Roeck 1989: 400-401(10퍼센트), 432(1퍼센트), 407, 413-414(노동자들), 512(중산층의 부재). 1618년에 대한 Roeck의 지니계수 추정치는 Hartung 1898에서 뽑은 좀더 낮은 수치보다 더 정확하다. 다른 곳의 실질 임금 하락에 관해서는 이 책 그림 10.1-2 참조.
33. Roeck 1989: 553-554(인플레이션), 555-561(부동산), 562-564(승자).
34. Roeck 1989: 630-633, 743-744, 916.
35. Roeck 1989: 575, 577(채무 원리금 상환), 680-767(스웨덴 점령), esp. 720-722, 731-732, 742.
36. 포위: Roeck 1989: 15-21. 식인 행위: 18 and 438 n. 467.
37. Roeck 1989: 765(수비대와 배상금), 773(신교도), 790(부동산), 870, 875(공사관).
38. Roeck 1989: 880-949(인구 손실: 881-882). 표 11.1은 Roeck 1989: 398 표 28, 905 표 120을 바탕으로 했다.
39. 등록의 특성상 재산을 평가하는 방식에 개입하는 변동이 실제 재산의 더 큰 손실을 모호하게 한다는 것을 시사한다. Roeck 1989: 907-908. 비중: 909 표 121(상위 10분위수), 945(귀족).

40. Roeck 1989: 957-960(포위), 307, 965(사망자), 966(투자), 973-974(1648년).

41. 마지막 요약에 관해서는 Roeck 1989: 975-981. 지속: 이 책 그림 11.4.

6부 대안

12 개혁, 불황 그리고 대의권

1. 소득과 부의 분배를 평준화하는 데 사상—좀더 구체적으로는 평등주의적 이데올로기—의 역할은 무엇인가? 우리가 지식의 보고라고 대략적으로 정의하는 것의 다른 요소와 마찬가지로 다양한 종교적 신조, 노예 제도 폐지론 및 사회민주주의에서부터 극단적 민족주의, 파시즘 및 과학적 사회주의에 이르기까지 넓은 스펙트럼에 걸쳐 있는 이데올로기가 오랫동안 평준화 과정에 깊숙이 얽혀왔음은 말할 필요도 없다. 이데올로기는 폭력적 충격을 촉발하고 그 결과 얻은 평등을 유지하는 데 일조해왔고(가장 최근에는 근대 복지 국가에서), 한편으로는 결국 이러한 충격에 의해 이데올로기의 틀이 형성되고 가끔씩은 대폭 신장되기도 했다(가령 이 책 5장에서처럼). 게다가 규범적인 사상은 특정 수준의 발전과 널리 연관되어 있는 경향이 있다. 농업 사회보다 수렵·채집 사회와 근대 고소득 국가에 평등주의 신념이 더욱 널리 퍼져 있는 데는 합당한 이유가 있다(Morris 2015). 그러나 이 연구의 목적을 위해 가장 중요한 것은 과연 이데올로기가 자율적이고 평화로운 평준화 수단으로서 작용했는지 입증할 수 있느냐 하는 것이다. 다시 말해, 그것은 폭력적 충격의 맥락을 벗어나 실질적인 경제적 평준화를 초래한 적이 있는가? 일반적으로 이런 일은 일어나지 않았다. 나는 차후에 가능할 법한 예외—최근 중남미의 전개 과정—를 논의할 것이다. 두 번째 관련 질문—지난 세기 동안 이데올로기가 폭력적 충격 없이 평준화를 가져올 기회가 있었는가?—은 14장 말미에서 내가 고찰하는 조건법적 시나리오에 포함되어 있다.
2. 프랑스와 영국: Piketty 2014: 116-117 그림 3.1-2.
3. Moyo and Chambati 2013a: 2; Moyo 2013: 33-34, 42, 43 표 2.2; Sadomba 2013: 79-80, 84-85, 88. 멕시코에 관해서는 이 책 8장과 비교해볼 것.
4. Powelson 1988: 176(개혁); 전후 사정에 관해서는 Batten 1986; Farris 1993: 34-57; Kuehn 2014: 10-17 참조.

5. Leonard 2011: 2(인용), 32-33; Tuma 1965: 74-81, 84-91; Leonard 2011: 52-58.
6. Powelson 1988: 104-105, 109.
7. Powelson 1988: 129-131(불가리아); Barraclough 1999: 16-17(과테말라).
8. You n.d.: 13, 15-16; Barraclough 1999: 34-35; You n.d.: 43 표 3; Lipton 2009: 286 표 7.2; You n.d.: 23; 그리고 특히 You 2015: 68-75 참조. 1960년대의 추정치는 0.2~0.55까지 다양하지만, 0.30대 중반에 집중되어 0.34, 0.38, 또는 0.39이다. 안보에 대한 우려의 핵심적 중요성 및 강경 정책과 관련한 미국의 영향에 대해서는 You 2015: 85-86 참조.
9. 남베트남: Powelson 1988: 303. 타이완: Barraclough 1999: 35; You n.d.: 13-14, 16-17, 27; You 2015: 68-69, 75-78, 86-87; Albertus 2015: 292-297. 토지 개혁의 설계자 첸 청(Chen Cheng)은 토지 개혁을 공산주의 선동가에게서 '선전의 무기'를 빼앗는 수단이라고 대놓고 정의했다(You 2015: 86에서 인용).
10. 루마니아: 이런 견해에 대한 참고문헌에 관해서는 Eidelberg 1974: 233 n.4 참조. 아이델베르크 자신은 여기에 동의하지 않았다(234). 칠레: Barraclough 1999: 20-28. 주로 소토지 소유자의 판매를 통해 개혁의 재분배 효과가 약해지는 것에 대해서는 Jarvis 1989도 참조.
11. 페루: Barraclough 1999: 29-30; Albertus 2015: 190-224. 후자는 군벌 통치자와 토지를 가진 엘리트 사이의 균열을 강조한다. 페루의 토지 지니계수는 처음에 지나치게 높았다(0.9대 중반). 강력한 재분배 성과에도 불구하고 0.8대 중반이었다. Lipton 2009: 280. 기타 국가: Lipton 2009: 275; Diskin 1989: 433; Haney and Haney 1989; Stringer 1989: 358, 380. 엘살바도르: Strasma 1989, 특히 408-409, 414, 426.
12. Tuma 1965: 152에서 발췌한 1952년 9월 4일 알 아흐람(Al-Ahram)의 연설 인용. Albertus 2015: 282-287(이집트); Lipton 2009: 294(이라크). 스리랑카: Samaraweera 1982: 104-106. 그때 이후로 마을의 확장과 침해에 대한 규제는 소토지 소유자에게 땅을 보태주는 주요 메커니즘이 되어왔다. World Bank 2008: 5-11.
13. Lipton 2009: 285-286 표 7.2. Thiesenheusen 1989a: 486-488과도 비교해볼 것. Albertus 2015: 137-140은 1930~2008년 모든 농지의 절반 이상이 개혁과 관련한 이전의 대상이 됐던 남미에 관해 더욱 낙관적인 평가를 제공한다(8-9). 하지만 칠레, 멕시코, 페루와 함께 볼리비아, 쿠바 및 니카라과에서 가장 성공적인 재분배가

일어났다는 사실은 명백하다(140). 베네수엘라: Barraclough 1999: 19-20.

14. Roselaar 2010, 특히 221-289.

15. You 2015: 78-81(필리핀); Lipton 2009: 284-294(남아시아); Hooglund 1982: 72, 89-91(이란). 토지 소유의 불평등 증가는 토지 개혁의 성과로는 드물지 않았다. 브라질에 관해서는 가령 Assuncão 2006: 23-24 참조.

16. 에스파냐: Santiago-Caballero 2011: 92-93. 과달라하라에서는 그것이 불평등에 미친 효과가 미미한 상태로 유지됐다. 88-89.

17. Zébitch 1917: 19-21, 33; Kršljanin 2016, 특히 2-12. 1900년 이후 그 밖의 사례에 관해서는 Albertus 2015: 271-273 표 8.1 참조.

18. Barraclough 1999: 17(푸에르토리코); Tuma 1965: 103(아일랜드).

19. 조사: Albertus 2015: 271-273 표 8.1(적어도 1년에 걸쳐 1퍼센트 이상의 인구가 몰수를 당함으로써 경작 가능한 토지의 최소 10퍼센트의 주인이 바뀐 것으로 밝혀진 '주요' 토지 개혁 31건 중 27건). 나머지 4건 중 2건—이집트와 스리랑카—에 대해서는 이 책 참조. 알베르투스의 데이터에 있는 54건의 토지 개혁 중에서 34건은 앞서 언급한 요인과 연관되어 있다. 알베르투스 자신은 흔히 전제 정치 아래서 토지 개혁을 가능하게 만든 지주 엘리트와 정치 엘리트 사이의 연합된 분열이라는 핵심적인 중요성을 강조한다(특히 2015: 26-59). 그의 결론은 나의 시각과 완전히 일치한다.

20. Lipton 2009: 130. 이 책에서 언급한 이유로 볼 때, 그의 사례—한국과 타이완—는 순수하게 비폭력적인 개혁으로서 요건을 갖추고 있지 않다. 일반적 토지 개혁 실행의 문제에 관해서는 127, 131-132, 145-146 참조. Tuma 1965: 179는 토지 개혁에 관한 자신의 글로벌 연구로부터 이런 결론을 끌어낸다. "위기가 좀더 근본적이고 한층 널리 퍼져 있을수록 개혁은 더욱 즉각적이고 급진적일 가능성이 높아 보인다." 그는 불평등을 유지하거나 심지어 증가시킬 수도 있는 개인 자산의 틀 안에서 이뤄지고 범위가 국한된 개혁과 집산화를 통해 개인 토지 보유권을 제거하고 부의 집중을 없애는 개혁을 구별하기도 한다(222-230).

21. 중국에 관해서는 이 책 2장과 특히 6장 참조. 우리가 아는 한 아테네에서 솔론(Solon)의 개혁은 실제 토지의 재분배를 포함하지 않았으며 채무 면제의 성격도 확실하지 않다. 게다가 그의 개혁은 외국의 정책 인센티브에 영향을 받았을 수도 있다. 이 책 6장 참조. Link 1991: 56-57, 133, 139; Fuks 1984: 71, 19.

22. Hodkinson 2000: 399; Cartledge and Spawforth 1989: 42-43, 45-47, 54, 57-58, 70, 78. 그리스의 데이터 역시 토지 개혁을 실행하는 데 전제 정치의 중요성을 강조하는 Albertus 2015와 잘 맞아떨어진다.

23. Hudson 1993: 8-9, 15-30, 46-47(메소포타미아); *Leviticus* 25, with Hudson 1993: 32-40, 54-64. 더욱 일반적인 것으로는 Hudson and Van De Mieroop 2002도 참조. 범세계적 채무에 관해 연구한 Graeber 2011이 이 질문을 제대로 다루지 않았다는 것이 놀랍다.

24. Draper 2010, 특히 94-95, 106-107, 164, 201.

25. Schmidt-Nowara 2010; 2011: 90-155는 최신 개요를 제공한다.

26. Álvarez-Nogal and Prados de la Escosura 2013: 9, 18-21. 이 책 3장의 그림 3.3도 참조.

27. Atkinson and Morelli 2011: 9-11, 35-42; Alvaredo and Gasparini 2015: 753. Atkinson and Morelli 2011: 42-48; Morelli and Atkinson 2015는 불평등 상승과 경제 위기 발발 사이에는 유의미한 상관관계가 없음을 밝힌다.

28. Bordo and Meissner 2011: 11-14, 18-19(시대 구분); Saez and Zucman 2016: Online Appendix 표 B1(부의 점유율; 그에 앞서 Wolff 1996: 436 표 1과 함께 440 그림 1과 비교해볼 것); WWID(소득 점유율); Turchin 2016a: 78 그림 4.1, 190.

29. 상위 1퍼센트 소득 점유율과 전반적 소득 지니계수는 1932~1939년 예전 상태를 유지했다. WWID; Smolensky and Plotnick 1993: 6 그림 2. Wolff 1996: 436 표 1은 1933~1939년 상위 부 점유율의 부분적 회복을 관찰한다. 반면 Saez and Zucman 2016: Online Appendix 표 B1은 지속적 감소를 기록으로 입증한다.

30. 대침체에 관해서는 Piketty and Saez 2013; Meyer and Sullivan 2013(미국); Jenkins, Brandolini, Micklewright, and Nolan, eds. 2013, 특히 80 그림 2.19, 234-238(2009년까지의 서구 국가) 참조. Piketty 2014: 296도 참조.

31. 이 책 5장과 6장 참조.

32. Acemoglu, Naidu, Restrepo, and Robinson 2015: 1902~1909(문헌 검토), 1913~1917(데이터), 1918~1927(세금에 미친 영향), 1928~1935(불평등에 미친 영향), 1954(이질성의 원인). 가처분 소득 지니계수에 미친 관찰된 효과는 작다. 2~3포인트(1928). 저자들의 결론은 민주주의와 재분배 및 복지 정책 사이의 연관성을 마찬가지로 발견하지 못했던 Mulligan, Gil, and Sala-i-Martin 2004 같은 더욱 제한적

인 초기 연구의 그것을 확장시키며, 그들 자신의 이전 논지에서 일부 일탈한 것으로 여겨진다(가령 Acemoglu and Robinson 2000). 경제 성장과 불평등에 관해서는 이 책 13장 참조.

33. 당파성과 중앙 집권화한 협상: Scheve and Stasavage 2009: 218, 229-230, 233-239. 최고 소득 세율: Scheve and Stasavage 2016: 63-72, 특히 그림 3.5-7.

34. 노동조합: 이 책 5장. 아시아 국가: WWID.

13 경제 발전과 교육

1. 이탈리아의 지니계수: Rossi, Toniolo, and Vecchi 2001: 916 표 6(1881년 이후의 하락); Brandolini and Vecchi 2011: 39 그림 8(1871~1911년의 안정). 이탈리아인의 이민: Rossi, Toniolo, and Vecchi 2001: 918-919, 922. 긍정적 이민자 선별: Grogger and Hanson 2011. 멕시코는 부분적인 예외가 되어왔다. Campos-Vazquez and Sobarzo 2012: 3-7, 그리고 성과의 복합성에 관해서는 특히 McKenzie and Rapoport 2007. 본국 송금은 불평등을 줄이는 경향이 있지만, 그 정도는 미미할 뿐이다. 가령 중남미에 관해서는 Acosta, Calderon, Fajnzylber, and Lopez 2008 참조. 1870~1914년 이민은 미국의 실질 임금을 낮췄다. Lindert and Williamson 2016: 180-181. Card 2009는 1980~2000년 미국 임금 불균형 증가의 5퍼센트를 이민이 차지했다고 평가한다. 역사를 통틀어 이민은 이따금 완전히 처음부터 다시 시작하는 대단히 평등주의적인 정착민 사회를 탄생시키기도 했다. 사례는 고대 그리스 식민지부터 아메리카 대륙의 개척자에 이르기까지 다양하다. 그러나 그에 상응하는 원주민과 신입자 사이의 집단 간 불평등 증가를 고려하는 순간, 그림은 상당히 달라질 수 있다.

2. Alvaredo and Piketty 2014: 2, 6-7은 산유국의 최신 증거 부족에 대한 견해를 밝힌다. 제2차 세계대전 이후 수십 년간의 강력한 경제 성장은 주로 1914~1945년의 격렬한 충격과 그것의 정책적 결과가 자본 수익률(세금과 전시 손실분을 제한 후)이 성장률 아래로 떨어지는 데 영향을 미쳤기 때문에 불평등의 하락과 연관이 있었다는 피케티의 논거를 기억하라. Piketty 2014: 356 그림 10.10.

3. Kuznets 1955: 7-9, 12-18. 인용은 18, 19, 20, 26에서 발췌. Piketty 2014: 11-15 (인용: 13).

4. 그림 13.1은 Alvaredo and Gasparini 2015: 718 그림 9.4에서 재생산했다. 이 책은

내가 구할 수 있는 가장 최신의 저술이자 종합적 편집본이다. 2명의 비평가들이 이러한 접근법에 대해 내린 적절한 정의에 의하면 "상이한 소득 수준을 가진 다른 국가에서 도출한 관찰이 한 나라의 소득 진화의 근사치를 산출하는 데 사용되고 있다" (Deininger and Squire 1998: 276).

5. 데이터의 질: Bergh and Nilsson 2010: 492와 n. 9. Palma 2011: 90 그림 1(지니계수 분포), 92와 그림 3(상위 10분위수), 93-109, 특히 95 그림 5, 96, 99 그림 7(불평등/1인당 GDP 관계). 중남미의 강력한 유인 효과는 이미 Deininger and Squire 1998: 27-28에서 언급했다. 중남미의 '과잉 불평등'에 관해서는 가령 Gasparini and Lustig 2011: 693-694; Gasparini, Cruces, and Tornarolli 2011: 179-181 참조. 게다가 Frazer 2006: 1467은 범세계적 조사에서 역 U자 곡선의 꼬리로 남겨진 저평등이 대부분 사하라 이남 아프리카의 고불평등/저소득 국가의 상대적 데이터 부족 때문일 수 있다는 점을 지적한다. 이 나라들은 더 많은 관찰의 원인을 제공했고, 1인당 GDP 척도의 가장 낮은 끝쪽의 불평등을 끌어내리는 집단인 다른 지역의 저불평등/저소득 국가에 특혜를 준다. Alvaredo and Gasparini 2015: 720은 더 많은 문제점에 주목한다. 부유한 나라가 곡선의 우측 꼬리를 끌어내린다는 것을 감안할 때, 암시된 변곡점 1800달러는 매우 낮은 액수이며, 불평등과 1인당 GDP의 관계는 개도국만 고려한다 해도 훨씬 더 약하다. 저자들의 표본에 있는 거의 절반의 나라에서 그들은 "불평등 패턴의 종류 및 발전과 성장의 상이한 측정치 사이의 유의미한 상관관계를 전혀 찾지 못한다"(723).
6. Deininger and Squire 1998: 261, 274-282, 특히 279.
7. 여기서 Milanovic 2016: 50-59, 70-91에 제시된 '쿠즈네츠 파동' 또는 '쿠즈네츠 사이클'이라 부르는 것에 관한 논거는 나와 의견이 갈린다. 1914~1945년의 충격에 영향을 받은 나라와 영국과 미국을 포함한 몇몇 나라의 장기적 증거에 관해서는 이 책 3장과 5장 참조. 에스파냐에 관해서는 Prados de la Escosura 2008: 298 그림 3, 300 참조; GDP 수치에 관해서는 매디슨 프로젝트 참조. 지니계수가 남북 전쟁 이후 하락한 1인당 GDP를 근접해서 따라가는 양상이 두드러진다. 300 그림 5. 내전의 효과에 관해서는 이 책 6장 참조. 쿠즈네츠 곡선과 관련해 1870년 이후 스웨덴의 초기 결과물에 반론을 펴는 저작에 대해서는 Roine and Waldenström 2015: 508 참조. 저자들은 또한 그것이 주로 자본 소득의 현상이었기 때문에 1914~1915년의 대대적인 평준화를 쿠즈네츠의 관점으로는 설명할 수 없다고 강조한다

(551). Milanovic 2016: 88 표 2.2는 1990년 국제 달러로 환산했을 때 1500~4800달러의 범위에 있는 국내 불평등의 최고치(지니계수로 표현됨)와 연관된 1인당 GDP 수준을 목록화했는데, 그의 연구는 몇 가지 이유에서 여전히 문제가 있다. 1732년 네덜란드, 1861년 이탈리아, 1867년 영국의 불평등 최고치라고 제시한 것은 순수하게, 혹은 직접적으로 이후의 수치에 상응하지 않을 수 있다. 네덜란드의 경우 약간 더 낮은 1914년의 수치와 똑같은 기반 위에서 1561년, 1732년 및 1808년의 지니계수 추정치를 산출할 준비가 되어 있을 때에만 1914년 이전의 하락을 상정하는 것이 가능한데, 어느 경우건 그 뒤 훨씬 더 강하고 상세하게 기록된 감소가 이어졌다(81 그림 2.15). 이탈리아에서 1861년이 절정이었다는 생각은 Brandolini and Vecchi 2011: 39 그림 8에서 나온 것인데, 저자들은 1861~1901년 매우 유사한 0.5 전후의 지니계수를, 1871~1921년에도 더 낮은 동일한 수치를 내놓는다. 그들의 추정치는 보통 1781~1931년의 전 기간 동안 0.45~0.5를 오가는데, 이로써 의미 있는 전환점을 찾아내는 것이 불가능해진다. 영국의 불평등에 관해서는 이 책 3장 참조. 미국에서 1933년, 일본에서 1937년 지니계수가 최대치에 도달한 이후 시작된 평준화는 경제 발전 자체보다는 제2차 세계대전이 원인으로 작용했다. 이로써 본문에서 언급한 에스파냐의 사례만이 남게 된다. 중남미에서는 GDP와 관련한 평준화 징후가 없다. 이 책 13장 참조.

8. 농업의 비중: Angeles 2010: 473. 이 책은 경제 성장 자체와 불평등 사이의 체계적 연관성을 부정하지 않지만, 그 모델의 최초 도식을 거부하며, 따라서 그것을 약화시키는 다른 결과물과 일치한다. Deininger and Squire 1998: 275-276은 부문 간 이동의 효과가 불평등의 결과에 미치는 영향은 사소하며, 직업 간 불평등이 가장 중요하다는 것을 이미 밝혀냈다. 비교: Frazer 2006, 특히 1465 그림 5, 1466 그림 6, 1477-1478. 지속적 노력: 1919~2002년 미국의 상위 소득 점유율에 대한 가장 주목할 만한 최근의 연구로는 Mollick 2012가 있다(이 책 15장 참조). Abdullah, Doucouliagos, and Manning 2015는 동남아시아의 불평등 상승과 1인당 GDP 사이의 연관성에 찬성론을 펴면서 필요한 변곡점에 아직 도달하지 않았다—이는 쿠즈네츠식 하락에 대한 증거가 현재로서는 없다는 것을 의미한다—고 주장한다. Angeles 2010처럼 저자들 역시 불평등과 비농업 부문의 고용 수준 사이에서 예측된 관련성을 찾지 못한다.

9. '경쟁(race)'이라는 표현은 Tinbergen 1974에서 가져왔다.

10. 전근대 기술 프리미엄: van Zanden 2009, 특히 126-131, 141-143. 1500년경 이후의 불평등 증가에 관해서는 이 책 3장 참조.

11. Goldin and Katz 2008: 57-88은 1890년대 이후 장기간에 걸친 미국의 기술 프리미엄을 분석한다. 최초의 하락에 관해서는 특히 60 그림 2.7(육체노동업계), 63(이민), 65(제1차 세계대전), 67 그림 2.8(화이트칼라/블루칼라 소득).

12. Goldin and Margo 1992는 제2차 세계대전과 연관된 임금의 '대압착'에 관한 기초 연구다. 교육 수익: Goldin and Katz 2008: 54 그림 2.6, 84-85 표 2.7과 그림 2.9; Kaboski 2005: 그림 1. 제대군인원호법과 회복: Goldin and Margo 1992: 31-32; Goldin and Katz 2008: 83. 제대군인원호법의 한정된 영향에 대해서는 Stanley 2003: 673과 비교해볼 것.

13. SWIID 참조; WWID. 인도네시아의 전개 과정은 한층 복잡하다. 서구 국가에 관해서는 이 책 15장 참조. 공산화 이후의 불평등에 관해서는 이 책 7장과 8장 참조. 이집트에 관해서는 특히 Verme et al. 2014: 2-3을 참조하고 Alvaredo and Piketty 2014와도 비교해볼 것. Seker and Jenkins 2015는 2003~2008년 터키의 급속한 빈곤층 감소가 균등한 분배적 요인보다는 강력한 경제 성장에 의해 주도됐다고 결론 맺는다.

14. 최근의 불평등 하락: Tsounta and Osueke 2014: 6, 8. 28개국: 앙골라, 부르키나파소, 부룬디, 카메룬, 중앙아프리카공화국, 코모로, 코트디부아르, 에티오피아, 가나, 기니, 케냐, 마다가스카르, 말리, 모잠비크, 나미비아, 니제르, 나이지리아, 르완다, 세네갈, 세이셸, 시에라리온, 남아프리카공화국, 스와질란드, 탄자니아, 우간다, 잠비아 및 짐바브웨에 관해서는 SWIID 참조. Alvaredo and Gasparini 2015: 735-736도 질 낮은 데이터에 대해 언급한다. 불평등의 하락이 나타난 10개국: 앙골라, 부르키나파소, 부룬디, 카메룬, 코트디부아르, 말리, 나미비아, 니제르, 시에라리온 및 짐바브웨. 여기에는 미심쩍은 사례—특히 악명 높은 불평등 사회인 앙골라의 하락을 추정한 것이 그렇다—가 포함되어 있다. 짐바브웨에서 볼 수 있는 강력한 하락은 정치적 폭력과 연관되었을 수 있다(이 책 12장).

15. 예외에는 극단적으로 유혈이 낭자했던 1864~1870년의 파라과이 전쟁, 그리고 1959년까지의 쿠바 혁명이 포함된다. 1910년대의 멕시코 혁명과 1978~1979년의 니카라과 혁명은 범위와 의욕 면에서 훨씬 더 국한되어 있었다. 2010년 아이티에서처럼 부분적인 국가 실패조차도 역시 드물었다. 양차 세계대전에서 사실상의 참

여는 했다 치더라도 비교적 최소한이었다. 반사실적 사례로서 중남미를 활용하는 데 따른 한계에 관해서는 이 책 13장과 14장 참조.

16. Williamson 2009(지금은 Williamson 2015: 13-23도 마찬가지로)는 장기적 추측에 관한 가장 대담한 시도다. Dobado González and García Montero 2010(18세기와 19세기 초); Arroyo Abad 2013 (19세기); Prados le la Escosura 2007(19세기 중엽 이후의 불평등); Frankema 2012(20세기 전반에 걸친 임금 불평등); 그리고 또한 Rodríguez Weber 2015(19세기 중반 이후의 칠레)도 참조할 것. 첫 번째 세계화 단계: Thorp 1998: 47-95; Bértola and Ocampo 2012: 81-137. 불평등 상승: Bértola, Castelnuovo, Rodríguez, and Willebald 2009; Williamson 2015: 19-21.

17. 1914년 이후: Thorp 1998: 97-125, 국제적 충격에 대해서는 특히 99-107; Bértola and Ocampo 2012: 138-147, 153-155. 이 시기에 이미 진행된 산업 발전에 관해서는 Haber 2006: 562-569 참조. 지니계수: Prados de la Escosura 2007: 297 표 12.1.

18. Thorp 1998: 127-199; Bértola and Ocampo 2012: 138-197, 특히 193-197; 임금 압착에 대해서는 Frankema 2012: 51, 53. 지니계수: Prados de la Escosura 2007: 297 표 12.1; 그러나 칠레의 상충하는 데이터에 관해서는 Rodríguez Weber 2015: 8 그림 2와 비교해볼 것.

19. 1938~1970년: 아르헨티나, 브라질, 칠레, 콜롬비아, 멕시코 및 우루과이. 아르헨티나에서는 순감소가 있었다. 1950~1970년: 위와 같은 나라들에 추가로 코스타리카, 도미니카공화국, 엘살바도르, 과테말라, 온두라스, 파나마, 페루 및 베네수엘라. 순감소는 과테말라와 베네수엘라에 국한되었다. Prados de la Escosura 2007: 297 표 12.1 참조. WWID에 따르면, 지니계수 결과는 아르헨티나 상위 소득 점유율의 움직임과 일치한다. (물가 통제, 최저 임금, 이전, 노동조합, 노동권, 연금 제도 같은) 페론의 정책에 관해서는 Alvaredo 2010a: 272-276, 284 참조. 칠레에 관해서는 앞의 관련 내용 참조.

20. Thorp 1998: 201-273; Haber 2006: 582-583; Bértola and Ocampo 2012: 199-257. 불평등 상승: 253(임금 격차 증가). 불균질성: Gasparini, Cruces, and Tornarolli 2011: 155-156, 그리고 1980년대에 관해서는 Psacharopoulos et al. 1995도 참조. 지니계수: Prados de la Escosura 2007: 297 그림 12.1(1980년/1990년); Gasparini, Cruces, and Tornarolli 2011: 152 표 2(1990년대/2000년대); Gasparini and

Lustig 2011: 696 그림 27.4(1980년/2008년).

21. 그림. 13.2는 Prados de la Escosura 2007: 296-297 표 12.1에서 가져왔다.

22. 데이터는 SWIID에서 가져왔다. 유사한 통계에 관해서는 Cornia 2014c: 5 그림 1.1(2002년 0.541에서 2010년 0.486까지 하락) 참조. Palma 2011: 91은 1985~2005년 브라질의 글로벌 소득 지니계수 랭킹이 1985년 상위 4위(다시 말해 최악의 4위)에서 2005년 상위 6위로 떨어졌다고 썼다. 상대적으로 아주 미미한 향상이다.

23. GDP: 세계은행, 1인당 GDP(현재 미국 달러), http://data.worldbank.org/indicator/NY.GDP.PCAP.CD. 검사: Tsounta and Osueke 2014: 18.

24. 교육과 기술 프리미엄: 가령 Lustig, Lopez-Calva, and Ortiz-Juarez 2012: 7-8(브라질), 9-10(멕시코); Alvaredo and Gasparini 2015: 731(일반) 참조. 중미: Gindling and Trejos 2013: 12, 16.

25. 볼리비아: Aristázabal-Ramírez, Canavire-Bacarezza, and Jetter 2015: 17. 볼리비아의 평준화에서 (이전이 아닌) 기술 프리미엄 하락의 중요성에 관해서는 Hernani-Limarino and Eid 2013 참조. 관찰된 수익 결핍은 교육의 확대가 혜택을 부여해왔다는 생각에 의구심을 제기한다(Fortun Vargas 2012). 교육 불평등: Cornia 2014c: 19; Lustig, Lopez-Calva, and Ortiz-Juarez 2014: 11-12에는 참고 자료가 있다.

26. 소비재: 최근 해외 수요의 극적인 하락에 관해서는 Economic Commission for Latin America and the Caribbean(ECLAC) 2015 참조. 아르헨티나: Weisbrot, Ray, Montecino, and Kozameh 2011; Lustig, Lopez-Calva, and Ortiz-Juarez 2012: 3-6; Roxana 2014. 그 밖의 회복: Gasparini, Cruces, and Tornarolli 2011: 167-170. 지니계수 1포인트: 170. 약화: Alvaredo and Gasparini 2015: 749. GDP 성장의 효과: Tsounta and Osueke 2014: 4, 17-18(아마도 전반적 불평등 하락의 8분의 1일 것이다). GDP 성장률: https://www.imf.org/external/pubs/ft/reo/2013/whd/eng/pdf/wreo1013.pdf; http://www.imf.org/external/pubs/ft/survey/so/2015/CAR042915A.htm의 IMF 데이터. Cornia 2014b: 44는 평준화를 한 걸음 더 나아가게 하는 데 몇 가지 구조적 장벽을 찾아낸다.

27. 브라질: Gasparini and Lustig 2011: 705-706; Lustig, Lopez-Calva, and Ortiz-Juarez 2012: 7-8. 세금: Goñi, López, and Servén 2008, 특히 7 그림 2, 10-14, 18-21; De Ferranti, Perry, Ferreira, and Walton 2004: 11-12와도 비교해볼 것. 낮은 이전과 퇴행적 혜택: Bértola and Ocampo 2012: 254-255; Medeiros and

Ferreira de Souza 2013. 전체적인 개도국의 낮은 이전에 관해서는 Alvaredo and Gasparini 2015: 750 참조. 이 책은 이를 낮은 수준의 과세와 연관지어 설명하기도 한다. 낮은 과세 수준의 경제적·정치적 원인에 관해서는 Besley and Persson 2014도 참조.

28. GDP 측정: Maddison project.
29. 세계사 전반에 걸친 폭력적 충격과 재정적 팽창: Yun-Casalilla and O'Brien 2012; Monson and Scheidel, eds. 2015. 보잘것없는 역할; 이 책 13장의 앞선 논의 참조. 특성: De Ferranti, Perry, Ferreira, and Walton 2004: 5-6은 전통적 시각을 간단하게 요약하는데, 이는 가령 Arroyo Abad 2013; Williamson 2015에서도 인정한다. Palma 2011: 109-120은 높은 소득 점유율을 유지하는 데 중남미 과두 정치의 탄력성과 성공을 강조한다. Williamson 2015: 23-25는 중남미가 "위대한 20세기의 평등주의적 평준화"를 놓쳤다고 본다.
30. 주요 원인: Cornia 2014c: 14-15, 17-18; Lustig, Lopez-Calva, and Ortiz-Juarez 2014: 6; Tsounta and Osueke 2014: 18-20. Thernborn 2013: 156은 이러한 과정의 "장기적인 정치적 지속 가능성"에 관한 우려를 표출한다.
31. 인용은 http://www.azquotes.com/quote/917097에서 가져왔다.

14 만일 이랬다면? 역사로부터 반사실로

1. 이번 단락과 다음 네 단락에서 나는 이 책 서문에서 처음 다루고 1~4부까지 발전시킨 기본 요점 중 일부의 개요를 재정리하겠다.
2. 근대 초기 유럽에 관해서는 이 책 3장 참조. Milanovic 2016: 50은 전근대 국가의 불평등과 경제 성장 사이의 연관성이라는 개념에 반론을 제기한다.
3. 특히 이 책 3장과 13장 참조.
4. 인용: Milanovic 2016: 98. 1790 노아 웹스터(Noah Webster)는 로마의 '막대한 재산 불평등'을 공화국 몰락의 주요 원인으로 생각했다("재산 분할에 대한 잡다한 발언……," http://press-pubs.uchicago.edu/founders/print_documents/v1ch15s44.html).
5. 장기적 주기 이론에 대한 가장 확실한 설명은 Turchin and Nefedov 2009: 6-21에서 찾을 수 있다. 일부다처제 사회의 좀더 급속하고 엘리트 중심적인 주기에 관해서는 23-25와도 비교해볼 것. 그리고 기존 사례 연구의 결과에 관해서는 303-314

참조. Turchin 2016a는 이 모델의 수정된 버전을 미국에 적용한다. Motesharrei, Rivas, and Kalnay 2014는 어떻게 엘리트의 과잉 소비가 불평등한 사회의 몰락을 촉발할 수 있는지에 관해 좀더 추상적인 모델을 제시한다.

6. Turchin and Nefedov 2009: 28-29는 외생적 요인을 간략하게만 인정한다. 이는 내생적 원인을 설명하기 불가능한, 특히 중세 말기 잉글랜드의 흑사병 사례에서 심각한 문제일 수 있다. 35-80. 본문에서 언급한 국가에 관해서는 이 책 3장 참조. Albertus 2015: 173-174는 종합적인 조사에서 특정 수준의 토지 불평등과 토지 개혁 혹은 토지 개혁으로 이어진 집단행동 사이의 관련성을 찾지 못했다는 것을 기억하라.

7. 여기서는 최근 100주년을 맞아 활발해진 1914년 세계대전의 발발 원인에 대한 논쟁은 건너뛰고자 한다. 가장 일반적 의미로 봤을 때, 세계대전은 산업화가 없었다면 가능하지 않았을 것이라는 점에서, 그리고 대규모 동원은 당시 활용할 수 있었던 무기 기술의 필연적 결과였다는 점에서 근대의 전개에 내생적 원인이었다고만 언급해둔다. Scheve and Stasavage 2016: 21-22와 비교해볼 것. 그러나 이것이 저절로 실제 전쟁의 가능성을 결정하지는 않았다. Milanovic 2016: 94-97은 불평등과 제1차 세계대전 사이의 좀더 구체적인 관련성을 제시한다. 즉 전쟁은 그 결과로 나타난 평준화가 "전쟁보다 선행된 경제적 조건에서 '내생적'으로 발생"(94)하도록 했다는 것이다.

8. 제1차 세계대전: WWID. 제2차 세계대전: 방관자로 추정되는 국가에 관해서는 이 책 5장 참조. 스위스: Dell, Piketty, and Saez 2007: 474; Roine and Waldenström 2015: 534-535, 545; 그리고 이 책 5장. 아르헨티나에 관해서는 이 책 5장 참조.

9. 세계화의 불평등화 효과에 관해서는 이 책 15장 참조. 영국령 아프리카 식민지는 몇몇 경우 전후 시대에 이미 불평등이 하락해왔음에도 불구하고 독립 시기에 대단히 불평등한 편이었다. Atkinson 2014b 참조. 유럽의 일부 부자 엘리트들에게 있어 식민지 자산의 중요성에 관해서는 Piketty 2014: 116-117 그림 3.1-2, 148 참조.

7부 돌아온 불평등과 평준화의 미래

15 우리의 시대

1. 표 15.1과 그림 15.1: WWID, SWIID.

2. 표 15.1 참조. 가처분 소득 불평등의 훨씬 더 가파른 증가를 방지하는 데 있어 이전의 역할에 관해서는 가령 Adema, Fron, and Ladaique 2014: 17-18 표 2; Morelli, Smeeding, and Thompson 2015: 643-645 참조; 그리고 Wang, Caminada, and Goudswaard 2012와도 비교해볼 것. 임금 분산: Kopczuk, Saez, and Song 2010: 104 그림 I(임금 지니계수는 1970년 0.38에서 2004년 0.47로 증가했다); 2006년까지 미국 소득과 소비 불평등의 평행적 추세에 관해서는 Fisher, Johnson, and Smeeding 2013과도 비교해볼 것. 그에 상응하는 지니계수와 상위 20/하위 20퍼센트의 소득 비중 비율과 상위 10/하위 10퍼센트의 평균 소득 비율: Morelli, Smeeding, and Thompson 2015: 635-640. 중간 계층의 실종: Milanovic 2016: 194-200, 특히 캐나다, 독일 및 스웨덴의 최소 변동과 에스파냐의 경미한 변동, 그리고 오스트레일리아, 네덜란드, 미국 및 특히 영국의 더욱 확연한 수축에 관해서는 196 그림 4.8과 비교해볼 것. 이런 추세에 관한 추가적인 요약은 Brandolini and Smeeding 2009: 83, 88, 93-94; OECD 2011: 24 그림 1, 39 그림 12; Jaumotte and Osorio Buitron 2015: 10 그림 1 참조. Wehler 2013은 지금까지 이런 현상을 억제하는 데 비교적 성공해온 독일의 불평등 증가에 책 전체를 할애한다.
3. 에스파냐에서 상위 1퍼센트 소득 점유율은 1988~1992년 평균 8.3퍼센트, 2008~2012년 8.4퍼센트였다. 뉴질랜드에서는 1988~1992년 7.3퍼센트, 2008~2012년 8.1퍼센트였다. 그리고 프랑스에서는 1988~1992년 8퍼센트, 2008~2012년 8.5퍼센트였다. 1980~2010년 상위 1퍼센트의 소득 비중은 캐나다에서 51퍼센트, 남아프리카공화국에서 54퍼센트, 아일랜드와 한국에서 57퍼센트, 스웨덴에서 68퍼센트, 핀란드에서 74퍼센트, 노르웨이에서 81퍼센트, 타이완에서 87퍼센트, 오스트레일리아에서 92퍼센트, 영국에서 약 100퍼센트, 그리고 미국에서 99~113퍼센트 상승했다(WWID).
4. 미국에서는 자본 수익을 제외할 경우 1929년 18.4퍼센트, 2012년 18.9퍼센트로, 자본 수익을 포함할 경우 각각 22.4퍼센트와 22.8퍼센트였다. 가장 최근에 구한 2014년의 수치는 자본 수익 제외 17.9퍼센트, 자본 수익 포함 21.2퍼센트로 약간 더 낮았다(WWID). 상위 부 점유율: Saez and Zucman 2016: Online Appendix 표 B1. 가장 부유한 1퍼센트의 부 점유율이 (아직) 1929년 수준으로 돌아오지 않았다는 사실은 당시보다 현재 엘리트 사회 내부에 더 많은 계층이 존재한다는 것을 가리킨다. 지니계수 수정치: Morelli, Smeeding, and Thompson 2015: 679 그리고 특

히 682 그림 8.28. 세금과 이전: Gordon 2016: 611 표 18-2.

5. 러시아와 중국에 관해서는 이 책 7장 참조. 인도, 파키스탄 및 인도네시아: SWIID, WWID. 아프리카와 중남미에 관해서는 이 책 13장 참조. 세계화 추세: Jaumotte, Lall, and Papageorgiou 2013: 277 그림 1, 279 그림 3.
6. 러시아와 중국: Milanovic 2013: 14 그림 6. 대지역권(macroregional)의 추세: Alvaredo and Gasparini 2015: 790; 그리고 Ravaillon 2014: 852-853도 참조.
7. 문헌 관련 최근 조사로는 Bourguignon 2015: 74-116, 특히 85-109; Keister 2014: 359-362; Roine and Waldenström 2015: 546-567; 그리고 무엇보다도 Salverda and Checchi 2015: 1593-1596, 1606-1612가 있다. Gordon 2016: 608-624; Lindert and Williamson 2016: 227-241; 그리고 Milanovic 2016: 103-112는 가장 최근에 나온 요약이다
8. 소득 격차: Autor 2014: 846; 1979~2012년 사이 고정 달러로 2012년 3만 298달러에서 5만 8249달러까지 고졸자와 대졸자 간 중간값 소득 격차의 증가에 관해서는 844 그림 1도 참조. 실질 소득: 같은 책 849; 여성 간 차이는 덜 극심하다. 불평등에 대한 기여: 844, 특히 Lemieux 2006에 참고문헌이 있다. 원인: 845-846, 849; 과학기술 변화의 중요성에 관해서는 가령 Autor, Levy, and Murnane 2003; Acemoglu and Autor 2012와도 비교해볼 것. 미국의 혁신(특허권은 대체 자료가 된다)과 상위 1퍼센트 소득 점유율은 1980년대 이래 유사한 자취를 따라왔는데, 이는 혁신 주도의 성장이 상위의 소득을 신장시킴을 시사한다. Aghion et al. 2016, 특히 3 그림 1-2. 양극화: Goos and Manning 2007; Autor and Dorn 2013. 개발도상국: Jaumotte, Lall, and Papageorgiou 2013: 300 그림 7.
9. 해결책으로서 교육: 가령 OECD 2011: 31; Autor 2014: 850. 편평해진 프리미엄: Autor 2014: 847-848. 유럽: Crivellaro 2014, 특히 37 그림 3, 39 그림 5; 그리고 Ohtake 2008: 93(일본); Lindert 2015: 17(동아시아)도 참조. 국가별 프리미엄: Hanushek, Schwerdt, Wiederhold, and Woessman 2013. 유동성: Corak 2013: 87 그림 4, 89 그림 5.
10. 지금은 특히 Mishel, Shierholz, and Schmitt 2013. Mismatch: Slonimczyk 2013 참조. 상위 소득에 관해서는 이 책 15장의 이후 논의 참조. 서비스 경제로의 일반적 이행이 불평등을 높일 수도 있다는 생각에 관해서는 Mollick 2012: 128과도 비교해볼 것.

11. Freeman 2009, Bourguignon 2015: 74-116, and Kanbur 2015는 세계화와 불평등 간 관계를 점검한다. 초기 변동: Roine and Waldenström 2015: 548. 국가 패널: Bergh and Nilsson 2010. 엘리트: 495; Medeiros and Ferreira de Souza 2015: 884-885. 글로벌 노동력: Freeman 2009: 577-579; Alvaredo and Gasparini 2015: 748. 무역과 금융의 세계화: Jaumotte, Lall, and Papageorgiou 2013: 274. 무역 경쟁: Machin 2008: 15-16; Kanbur 2015: 1853. 정책: Bourguignon 2015: 115; Kanbur 2015: 1877.

12. 과제: Hines and Summers 2009; Furceri and Karras 2011. 복지: Bowles 2012a: 73-100(이론); Hines 2006(실제).

13. 미국의 이민: Card 2009. 유럽: Docquier, Ozden, and Peri 2014(OECD 국가); Edo and Toubal 2015(프랑스); 그리고 D'Amuri and Peri 2014(서유럽)와도 비교해볼 것. 중남미에 관해서는 이 책 13장 n. 1. 동류혼: Schwartz 2010은 전반적인 증가의 17~51퍼센트를 이 요인 탓으로 여기는 이전의 연구들을 다룬다. 1980년대: Larrimore 2014.

14. Salverda and Checchi 2015는 이 주제에 관한 가장 종합적인 조사를 제공한다. 노동조합과 최저 임금의 중요성에 관해서는 1653, 1657 참조. 그리고 가령 Koeniger, Leonardi, and Nunziata 2007도 참조; 그리고 최저 임금의 역할에 관해서는 Autor, Manning, and Smith 2010; Crivellaro 2013: 12 참조. Visser and Checchi 2009: 245-251은 노조의 밀도 자체보다 노조 협상의 범위와 집중이 불평등에 영향을 끼치는 결정적 변수임을 찾아낸다. 재분배: Mahler 2010. 노조와 프리미엄: Crivellaro 2013: 3-4; Hanushek, Schwerdt, Wiederhold, and Woessman 2013. 국가별 차이: Jaumotte and Osorio Buitron 2015: 26 그림 7. 미국의 노조 가입률과 임금 분산: Western and Rosenfeld 2011. 미국의 노조와 최저 임금: Jaumotte and Osorio Buitron 2015: 26, 그리고 더욱 일반적으로는 Salverda and Checchi 2015: 1595-1596.

15. 세율과 소득 불평등: Alvaredo, Atkinson, Piketty, and Saez 2013: 7-9, 특히 상위 소득 점유율에 관해서는 8 그림 4; Piketty 2014: 509(그러나 Mollick 2012: 140-141과 비교해볼 것). 하향 추세: 499 그림 14.1, 503 그림 14.2; Morelli, Smeeding, and Thompson 2015: 661 그림 8.21(OECD 국가); Scheve and Stasavage 2016: 101 그림 4.1(상속세); Saez and Zucman 2016: Online Appendix, 표 B32(미국);

그리고 이 책 5장도 참조. 자본 소득: Hungerford 2013: 19-20. 미국의 소득과 부의 분산 원인: Kaymak and Poschke 2016: 1-25. 재분배: OECD 2011: 37. 높은 누진 과세는 낮은 소득세를 상쇄한다. 사회 보장 제도는 더욱 누진적이지 않았고, 실업자 수당은 시장 소득 불평등에 기여했다(38).

16. 나는 여기서 Bonica, McCarty, Poole, and Rosenthal 2013, 특히 104-105, 106 그림 1, 107, 108 그림 2, 109 그림 3, 110 그림 4, 112 그림 5, 118의 탁월한 요약에 의존한다. Bartels 2008; Gilens 2012; Schlozman, Verba, and Brady 2012; Page, Bartels, and Seawright 2013도 참조.

17. 증가한 소득의 분배: Bivens and Mishel 2013: 58; Salverda and Checchi 2015: 1575 그림 18.11(b). 상위 0.01퍼센트: WWID; 자본 점유율을 포함해 그 비중은 1992~1994년의 약 2.4퍼센트에서 2012~2014년에는 약 5.1퍼센트로 상승했다. 6년간 평균을 살펴보면, 1992~1997년의 2.7퍼센트에서 1996~2001년의 3.9퍼센트, 2002~2007년의 4.6퍼센트, 2008~2014년의 4.8퍼센트로 꾸준한 상승세가 나타난다. 게다가 6개년 평균의 마지막 두 건은 성장 규모를 축소 평가했다. 2002~2009년에 집중된 경기 침체로 인해 하락했기 때문이다. 2005~2007년, 2012~2014년의 3년간 평균은 각각 5.5퍼센트와 5.1퍼센트이다. 국가별 차이: 1581 그림 18.16, 1584 그림 18.17, 1592. 상위 1퍼센트 대(對) 2~10퍼센트: Roine and Waldenström 2015: 496 그림 7.3, 497-498. 그리고 20세기 대부분에 걸쳐 상위 2퍼센트에서 5퍼센트까지 부의 점유율이 약간만 하락한 것에 관해서는 539 그림 7.20도 참조. Morelli, Smeeding, and Thompson 2015: 662-663은 상위 소득 증가는 강력한 추세이며, 납세 순응 태도의 향상으로는 설명할 수 없다고 강조한다.

18. Keister 2014 and Keister and Lee 2014는 '1퍼센트'에 관한 최신 조사를 제공한다. 다른 유형의 설명: Volscho and Kelly 2012; Keister 2014: 359-362; Roine and Waldenström 2015: 557-562. 시장의 힘이냐 아니냐: Blume and Durlauf 2015: 762-764. 기업 규모: Gabaix and Landier 2008; Gabaix, Landier, and Sauvagnat 2014. 상위 소득의 주식 시장 실적에 대한 민감도에 관해서는 Rubin and Segal 2015와도 비교해볼 것. 슈퍼스타/승자 독식 모델: Kaplan and Rauh 2010, 특히 1046-1048; Kaplan and Rauh 2013; 그리고 Medeiros and Ferreira de Souza 2015: 876-877; Roine and Waldenström 2015: 559-560과도 비교해볼 것. 혁신으로 비롯된 상위 소득 증가에 관해서는 이 책 15장 n. 8도 참조.

19. 인용: Medeiros and Ferreira de Souza 2015: 886. 금융 부문: Philippon and Reshef 2012. 지대 추구와 CEO 급료: Bivens and Mishel 2013, 특히 57, 61 표 2, 69 그림 2. 교육: Roine and Waldenström 2015: 547, 550, 557. 사회적 기술과 인맥: Medeiros and Ferreira de Souza 2015: 881-882. 금융화와 불평등: Lin and Tomaskovic-Devey 2013, 그리고 일반적 과정에 관해서는 Davis and Kim 2015과 비교해볼 것. 연쇄 효과: Bivens and Mishel 2013: 66-67, 그리고 Keister 2014: 360과 비교해볼 것. 최고 세율과 소득 점유율: Atkinson and Leigh 2013; Piketty, Saez, and Stantcheva 2013; Roine and Waldenström 2015: 565-566. 거대한 재산: 32건의 사례 연구에 기초한 Villette and Vuillermot 2009. 중국 CEO: Conyon, He, and Zhou 2015.
20. Piketty 2014: 171-222, 특히 171 그림 5.3, 181, 195; Piketty and Zucman 2015: 1311 그림 15.1-2, 1316 그림 15.6, 1317 그림 15.8. 주택: Bonnet, Bono, Chapelle, and Wasmer 2014; Rognlie 2015. 국민 소득의 자본 비중: Piketty 2014: 222 그림 6.5. 상위 소득 구성 요소: Morelli, Smeeding, and Thompson 2015: 676-679, 특히 678 그림 8.27. 근로 소득은 많은 국가의 '1퍼센트'에 중요하다. Medeiros and Ferreira de Souza 2015: 872.
21. 국제적 다양성: Roine and Waldenström 2015: 574-575 표 7.A2; Piketty and Zucman 2015: 1320-1326. Saez and Zucman 2016은 광범위한 일련의 온라인 데이터를 가지고 미국의 부 분배에 관한 이전의 모든 연구를 실질적으로 대체한다. 부의 점유율에 관해서는 같은 책 Online Appendix 표 B1 참조. 상위 1퍼센트 부 점유율은 1978년 22퍼센트에서 2012년 39.5퍼센트로, 상위 0.1퍼센트 점유율은 1976년 6.9퍼센트에서 2012년 20.8퍼센트로, 상위 0.01퍼센트 점유율은 1978년 2.2퍼센트에서 2012년 11.2퍼센트로 증가했다. 미국의 부 불평등이 과거 최고조에 달했던 1929년 그에 상응하는 점유율은 50.6퍼센트, 24.8퍼센트, 10.2퍼센트였다. 표 B21-B22: 과세 대상 자본 소득의 상위 1퍼센트 점유율은 자본 수익을 제외할 경우 1978년 34퍼센트에서 2012년 62.9퍼센트, 자본 소득을 포함할 경우 36.1퍼센트에서 69.5퍼센트로 증가했다. 주식 배당과 이자 소득 점유율에 관해서는 표 B23a-b 참조.
22. 부의 지니계수: Keister 2014: 353 그림 2, 354. 부의 점유율 측정의 어려움에 관한 가장 최근 것으로 Kopczuk 2015, 특히 50-51 그림 1-2 참조. 연관성: Alvaredo,

Atkinson, Piketty, and Saez 2013: 16-18. 연금을 포함한 임금 소득 점유율 평균은 1979~1993년 62퍼센트, 1994~2003년 61퍼센트, 그리고 2004~2013년 56퍼센트였다(WWID). Lin and Tomaskovic-Devey 2013은 금융화가 소득에서 노동의 비중이 하락한 것의 대부분을 차지해왔다고 주장한다. 투자 소득: Nau 2013, 특히 452-454. 자본 수익과 배당금: Hungerford 2013: 19.

23. 글로벌 자산의 성장: Piketty 2014: 435 표 12.1. 해외 은닉 자산: Zucman 2013과 특히 2015: 53 표 1. Medeiros and Ferreira de Souza 2015: 885-886과도 비교할 것.
24. Förster and Tóth 2015: 1804 그림 19.3은 불평등과 그것의 상반된 효과를 명확하게 질적으로 요약한다. 본문에서 언급한 것에 덧붙여 저자들은 동류혼, 1인 가구, 투표율, 파벌주의 및 여성 취업을 거론한다. Levy and Temin 2007은 처음에는 소득 불평등을 억눌렀다가 나중에는 촉발시킨 제2차 세계대전 이후의 제도적 변화에 관해 종합적인 역사적 설명을 제공한다. 역사적으로 불평등을 부추긴 경제 자유화에 강력한 자극을 제공한 1970년대 경기 불황의 역할도 고찰할 필요가 있다. 사회학적 시각에 관해서는 Massey 2007 참조.

16 우리의 미래는?

1. 이 책 15장(지니계수 조정, 해외 은닉 자산), 서문(절대적 불평등); Hardoon, Ayele, and Fuentes-Nieva 2016: 10 그림 2(1988~2011년 브라질의 상위 10퍼센트와 하위 사이의 절대적 소득 격차) 참조. 글로벌 불평등에 관해서는 Milanovic 2016: 11 그림 1.1, 25 그림 1.2 참조. 세계 1퍼센트의 실질 임금은 세계 소득 분포의 40번째와 70번째 백분위수 사이에 있는 60~75퍼센트 계층의 비율에 맞먹는 3분의 2가량이 상승했다. 하지만 전체 수익의 19퍼센트는 1퍼센트에게, 25퍼센트는 그다음으로 높은 4번째 백분위수에게, 그리고 14퍼센트만이 중간의 세 10분위수에 돌아갔다. 세계의 하위 10퍼센트 대비 1퍼센트의 훨씬 더 큰 절대적 수익에 관해서는 Hardoon, Ayele, and Fuentes-Nieva 2016: 10-11 참조. 실질적 불평등: 이 책 부록 참조.
2. 지니계수: SWIID. 2011년 포르투갈의 시장 소득 지니계수(0.502)는 미국보다 훨씬 더 높기까지 했다. 낮은 시장 소득 지니계수를 가진 유럽 나라에는 오스트리아, 벨기에, 네덜란드, 노르웨이, 에스파냐 및 스위스가 있다. 벨기에는 독보적으로 실질적인 이상적 수치다. 이 책 15장 표 15.1 참조. 이 집단에서 벨기에와 에스파냐의 경

우에만 시장 소득 지니계수와 가처분 소득 지니계수 사이의 간극이 미국보다 작었다. 유럽의 떠오르는 시장 소득 불평등을 저지하는 데 필요한 재분배 노력에 관해서는 이 책 15장 참조. 사회 복지 지출: OECD 2014: 1 그림 1(큰 수치부터 역순으로 프랑스, 핀란드, 벨기에, 덴마크, 이탈리아, 오스트리아, 스웨덴, 에스파냐, 독일, 포르투갈, 그리고 25퍼센트보다 조금 아래인 네덜란드). GDP 중 중앙 정부의 점유율: OECD, 일반 정부 지출(지표), doi: 10.1787/a31cbd4d-en. Bergh and Henrekson 2011은 고소득 국가에서 GDP 중 정부가 차지하는 부문과 경제 성장 간 관계에 대한 문헌을 조사한다. 사회 복지 지출 동향: OECD 2014: 2 그림 2. 주요 요소에 관해서는 4 그림 4 참조.

3. European Commission 2007, 2013 및 2015는 유럽의 인구 노령화 규모와 영향에 관한 핵심적 보고서다. 글로벌 추세에 관해서는 간단하게 United Nations 2015와도 비교해볼 것. 출생률: European Commission 2007: 12(현재는 약 1.5이며, 2050년에는 대략 1.6으로 상승할 것으로 전망된다). 중간 연령 및 노동 연령 인구: 13. 부양비: 13(2050년 53퍼센트로 상승 전망); European Commission 2013(2050년 51퍼센트로 상승 전망) and 2015: 1(2060년 50.1퍼센트로 상승 전망). 80세 이상: European Commission 2007: 13. 46 그림 2.7과 비교해볼 것. 미래의 연령 피라미드의 범위에 관해서는 49 그림 2.9와 Hossmann et al. 2008: 8. GDP에서의 성장의 점유율: 13, 70 표 3.3(의료 서비스), 72 표 3.4(장기 요양)와 함께 볼 것. 그러나 국가별 큰 차이에도 불구하고(4-5), 2060년까지 추가로 GDP의 1.8퍼센트 지출이 필요하다는 것은 European Commission 2015: 4와 대조된다. 경제 성장률: European Commission 2007: 62(2031~2050년에 EU 15개국은 1.3퍼센트, EU 10개국은 0.9퍼센트), 2013: 10(2031~2050년에 1.2퍼센트), 2015: 3(2020~2060년에 1.4-1.5퍼센트).
4. 불평등에 미친 효과: Faik 2012, 특히 예측에 관해서는 20-23(독일); European Commission 2013: 10-11, 16. 일본: 청년층의 허물없는 노사 관계 확대와 함께 노령화의 불평등화 영향에 관해서는 Ohtake 2008: 91-93. 이민과 국내 불평등에 대한 제약: Lindert 2015: 18.
5. 부양비: Lutz and Scherbov 2007: 11 그림 5. Coleman 2006, 특히 401, 414-416. 이민 제로 정책조차도 2050년 외국 태생 인구를 3분의 1에서 2분의 1 미만으로만 줄일 것이다(417). 아동과 젊은 노동자: European Commission 2015: 27.

6. 대체의 규모: Coleman 2006: 419-421. 교육, 고용 및 통합: European Commission 2007: 15, 2013: 28. 이질성: Alesina and Glaeser 2004: 133-181(인용: 175). 조사: Brady and Finnigan 2014: 19-23.
7. Waglé 2013은 현재 이질성과 복지 간 관계의 복합성을 언급하는 가장 상세한 분석이다(특히 263-275). Ho 2013은 일단 그 밖의 동질감을 고려하고 나면, 민족적 다양성이 그 자체로 재분배를 감소시키지는 않는다고 주장한다. 동질적이고 이질적인 나라에서 민주주의가 불평등에 미친 상이한 효과에 관해서는 Huber, Ogorzalek, and Gore 2012, 민족적 동질성 아래 복지의 극대화를 예측하는 모델에 관해서는 Lindqvist and Ötling 2013 참조. 상관관계: Mau and Burkhardt 2009; Waglé 2013: 103-262. 태도: Finseraas 2012; Duch and Rueda 2014; 그리고 European Commission 2007: 15, 104도 참조. 이민과 종교적 이질성: Waglé 2013: 164, 166. Lindert and Williamson 2016: 246은 미래의 이민이 노동력 공급을 늘림으로써 유럽의 불평등을 상승시킬지도 모른다고 추측한다.
8. Greenwood, Guner, Kocharkov, and Santos 2014는 동류혼이 1960~1970년대에 증가했지만 그 이후로는 아니었음을 발견한 데 반해 Eika, Mogstad, and Zafar 2014는 대졸자 사이에서는 하락하고 저학력 수준에서는 상승했음을 관찰한다. 세대 간 이동성에 관해서는 이 책 서문, 안정적 비율에 관해서는 특히 Chetty et al 2014 참조. 거주지 분리: Reardon and Bischoff 2011a: 1093, 1140-1141; 2011b: 4-6.
9. Piketty 2014: 195-196; Piketty and Saez 2014: 840-842; Piketty and Zucman 2015: 1342-1365, 특히 1348 그림 15.24. 비판의 무작위 표본에 관해서는 Blume and Durlauf 2015: 755-760과 Acemoglu and Robinson 2015 참조. 후자는 피케티의 예측(82, 84)에 포함된 불확실성을 언급하는데, 여기에 대한 반응은 Piketty 2015b: 76-77에 나와 있다. 다른 저술에 대한 반응에 관해서는 Piketty 2015a과도 비교해볼 것. 세계화의 효과에 대해서는 이 책 15장 참조. 저소득 국가의 불평등화를 부추기는 무역 경쟁은 계속될 전망이다. Lindert and Williamson 2016: 250; Milanovic 2016: 115와 비교할 것. 글로벌 슈퍼엘리트: Rothkopf 2008; Freeland 2012. 정보화와 노동 시장에 대해서는 특히 Autor 2015: 22-28, 더욱 일반적으로는 Ford 2015 참조. 추정: Frey and Osborne 2013. 다른 많은 것 중에서 Brynjolfsson and McAfee 2014는 정보화의 막대한 변혁적 잠재력을 강조한다. 인공 지능에 관해서는 가장 최근의 Bostrom 2014 참조.

10. Center for Genetics and Society 2015는 유전공학 기술의 최신 발전, 특히 CRISPR/Cas9을 이용한 게놈 편집을 탐구한다. 특히 생식세포 계열의 변형에 대해서는 20-25, 윤리와 불평등에 대해서는 27-28 참조. Liang et al. 2015는 대부분 실패로 돌아갔지만 중국 대학에서 시행했던 인간 배아의 유전자 편집에 대해 보고한다. 합성 생물학의 잠재력에 관해서는 Church and Regis 2014도 참조. Harari 2015는 정치적 제약의 한계에 관해 중요한 요점을 정리한다. Bostrom 2003은 유전자 변형의 평준화 성과를 고찰하는 반면, Harris 2010은 그것의 윤리와 바람직함에 관해 낙관적이다. 종 분화: Silver 1997.

11. 이는 OECD 2011: 40-41; Bowles 2012a: 72, 98-99, 157, 161; Noah 2012: 179-195; Bivens and Mishel 2013: 73-74; Corak 2013: 95-97; Stiglitz 2013: 336-363; Piketty 2014: 515-539, 542-544; Blume and Durlauf 2015: 766; Bourguignon 2015: 160-161, 167-175; Collins and Hoxie 2015: 9-15; Kanbur 2015: 1873-1876; Ales, Kurnaz, and Sleet 2015; Reich 2015: 183-217; Zucman 2015: 75-101에서 제기한 아이디어의 '명시 선집' 같은 것이다.

12. 소득세: Bourguignon 2015: 163; Piketty 2014: 512-513(인용: 513), Piketty, Saez, and Stantcheva 2013에 기대고 있다. 글로벌 노동 기준: Kanbur 2015: 1876. 부유세: Piketty 2014: 515, 530(인용, 강조는 필자). 비판: Piachaud 2014: 703은 글로벌 자산이라는 개념과 관련이 있다. Blume and Durlauf 2015: 765와도 비교해볼 것. 다른 이들은 피케티의 과세에 대한 초점을 비판해왔다. 765-766; Auerbach and Hassett 2015: 39-40. Bowles 2012a: 156-157은 정치적으로 실행 가능한 정책 설계 고안의 중요성을 언급한다. 정치적 행동에 관해서는 Levy and Temin 2007: 41은 "정부 정책의 방향 전환만이 전후 붐의 일반적 번영을 회복할 수 있다"고 적는다. 그리고 Atkinson 2015: 305는 우리에게 "행동에 대한 욕구가 있어야 하며, 이것은 정치적 리더십을 필요로 한다"고 상기시킨다. 이는 시행의 문제를 요구한다. "제2차 세계대전과 뒤이은 전후 몇십 년의 기간"에 이뤄진 개선책에 관한 앳킨슨의 언급(308; 역사적 조사에 관해서는 55-77과 비교해볼 것)은 매우 간결하지만 현재에 관한 희망은 거의 내놓지 않는다. 그의 수많은 제안이 실행에 옮겨질 전망에 관해 Stiglitz 2013: 359-361은 실질적 제안을 전혀 제시하지 않았다. Milanovic 2016: 112-117은 시간의 경과와 함께 점차 소멸되는 지대와 저숙련 노동자의 상대적 생산성을 증가시킬 미래 과학기술의 등장에 희망을 걸면서, 다양한

평준화 동력의 잠재력에 관해 건전한 회의주의를 표방한다(정치적 변화, 교육 및 세계화 압력의 약화). 그는 특히 모든 지표가 가까운 미래에 불평등이 계속적으로 증가할 것임을 가리키는 미국의 경제적 평준화의 단기적 전망에 비관적이다(181-190, 특히 190).

13. Atkinson 2014a and 2015. Atkinson 2015: 237-238에 덧붙여, 나는 대부분 요약본(2014a)에서 인용했다. "그것이 시행될 수 있을까?"라는 질문에 관해서는 241-299 참조. 지니계수 감소: 294, 19 그림 1.2, 22 그림 1.3도 함께(그리고 약 4포인트 감소 가능성에 관해서는 299와도 비교해볼 것). 영국의 소득 지니계수는 제2차 세계대전 중 약 7포인트만큼 하락했다. 19 그림 1.2.

14. Piketty 2013: 921(Piketty 2014: 561에 영어 번역 게재).

15. 예측: Kott et al. 2015, 특히 1(인용), 7-11, 16-17, 19-21. 미래의 로봇 사용에 관해서는 Singer 2009도 참조. 최근 경제 위기의 효과에 관해서는 이 책 12장 참조.

16. 핵전쟁 여파에 대한 미국 정부의 계획에 관해서는 Zuckerman 1984: 2-5, 8-11, 236-237, 283-288 참조.. 강제 노동: the U.S. Oath of Allegiance는 시민들이 "법에서 요구할 때 민간의 동향 아래 국가적으로 중요한 작업을 수행"할 것을 요구한다. 새로운 형태의 핵 충돌에 대해서는 Bracken 2012를, 우발적 핵전쟁의 가능성에 대해서는 Barrett, Baum, and Hostetler 2013 참조. National Military Strategy 2015: 4는 미국과 "낮지만 성장세에 있는" 주요 세력 사이의 전쟁 가능성을 평가하고, 그 "영향이 막대할 것"이라고 예측한다. 대체 효과에 관해서는 http://www.huffingtonpost.com/artyom-lukin/world-war -iii_b_5646641.html에 실린 국제학자 Artyom Lukin의 기고문 참조. Allison 2014는 1914년과 2014년의 차이와 유사점에 관한 이해하기 쉬운 조사를 제공한다. Morris 2014: 353-393은 미래의 성과 범위를 고찰한다.

17. 폭력의 쇠퇴: Pinker 2011; Morris 2014, 특히 332-340. 인구통계학과 전쟁의 관계에 관한 조사는 Thayer 2009, 동북아시아 향후 노령화의 평화적 영향에 관해서는 Sheen 2013 참조. 인용: Milanovic 2016: 102-103.

18. 베네수엘라의 '볼리바르 혁명(Bolivarian revolution)'은 강력한 소득 평준화를 기록한 좌파 운동으로서 의회 제도를 통해 계속 작동하는데, 국내의 저항이 증가하는 사태에 직면해왔고 경제 부실 관리로 인해 살아남지 못할 수 있다.

19. 지수: http://www.systemicpeace.org/inscr/SFImatrix2014c.pdf. 내전과 불평등에

관해서는 이 책 6장 참조. 나는 9장에서 소말리아의 국가 실패를 다뤘다.

20. 새로운 감염병의 출현을 기술하고 미래의 위협을 고찰하는 대중적인 과학 저술은 많이 나와 있다. 가장 최근의 저서로는 Drexler 2009 and Quammen 2013 참조. 제일 정통한 기고문은 스탠퍼드 대학과 연계된 바이러스학자 나단 울프(Nathan Wolfe)가 쓴 것으로, 우리의 모니터링 및 대응 능력이 향상되었음을 강조한다. Wolfe 2011. 규모: 어쨌거나 빌 게이츠는 향후 수억 명의 죽음을 무시할 수는 없다고 생각한다. https://www.ted.com/talks/bill_gates_the_next_disaster_we_re_not_ready?language=en. '에스파냐 독감'으로부터의 추정: Murray et al. 2006. 생물학 테러: Stratfor 2013과 비교해볼 것. 잠재적 무기화와 연관된 병원균에 관해서는 Zubay et al. 2005 참조.

부록: 불평등의 한계

1. Milanovic, Lindert, and Williamson 2011: 256-259. 그림 A.1은 저자들의 258 그림 1을 기반으로 삼았다. Modalsli 2015: 241-242는 최저 생존 수준 이하에서 인간이 존재할 가능성에 대해 더욱 낙관적이다. 지니계수 최대치가 1이 아닌 ~1이라는 개념에 관해서는 이 책 서문 n. 9 참조.
2. Maddison project. 과거 선구자였을 법한 고대 아테네에 관해서는 이 책 2장 참조. 그러나 15세기 토스카나의 피렌체조차도 겨우 1000달러 정도에 도달했음을 기억하라.
3. 근본적인 데이터와 그 한계에 관해서는 Milanovic, Lindert, and Williamson 2011: 259-263. 그림 A.2는 265 그림 2에 기초했다. 사회적 목록에 대한 의존은 가능한 소득 분배의 범위를 만들어낸다. Milanovic, Lindert, and Williamson은 두 가지를 산출한다. 각각의 소득층별 불평등의 최소값과 최대값. 대개 이런 지수 사이의 차이는 적다.
4. Milanovic, Lindert, and Williamson 2011: 263 표 2. Modalsli 2015: 230-243은 사회적 목록의 집단 내 분산에 대한 적절한 설명이 논의 선상에 있는 국가의 전체 소득 지니계수를 실질적으로 더 높게 상정한다고 주장한다. 폭넓은 성과의 분산에 관해서는 특히 237 그림 2 참조. 그러나 약 15퍼센티지 포인트로 상정된 증가는 IPF에 매우 가깝거나 그것을 뛰어넘기까지 하는 지니계수의 상승을 가져올 것이다. 이 문제는 더 낮은 최저 생계선이나 더 높은 1인당 GDP를 일관되게 가정함으로써만

피해갈 수 있다. 가장 중요하게, 저자들은 이런 조정이 이들 국가의 상대적 불평등 순위를 바꾸는 일은 거의 없다고 언급한다(238). 상위 소득 점유율의 대체 자료로서 소득 불평등에 끼친 탈식민지화의 혼재된 효과에 관해서는 Atkinson 2014b 참조.

5. 그림 A.3은 Milanovic, Lindert, and Williamson 2011: 268 그림 4에서 가져왔다.
6. Milanovic 2013: 9 표 3에 실린 Adam Smith, *An inquiry into the nature and causes of the wealth of nations* V.ii.k. 그림 A.4.
7. Milanovic 2013: 12 표 1, 13 그림 4(영국과 미국). 1914년까지의 높은 불평등에 관해서는 이 책 8장 참조.
8. 나는 석유국은 제외했다. 높은 소득 불평등을 높은 1인당 GDP와 결합시킬 우려가 있고, 사실상 그렇기 때문이다. 보츠와나나 나미비아처럼 다른 유형의 광물 추출에 의존하는 나라 역시 아주 불평등하긴 하지만 높은 수준의 1인당 평균 소득에는 도달하지 못했다. 미국과 영국의 데이터: Milanovic 2013: 12 표 1. 나는 저자가 미국의 시장 소득 불평등 수치를 활용한 부분은 조절하는데, 이는 이런 맥락하고는 관련이 없다.
9. 데이터: SWIID; Maddison project; Milanovic 2013: 12 표 1과 Atkinson 2015: 18 그림 1.1도 참조. 0.55-0.6의 상한선에 대해서는 Milanovic 2015 참조. 1929년 미국에 관해서는 오직 시장 소득 지니계수 수치만 구할 수 있을 듯하지만, 당시의 과세와 이전이 낮은 수준이었음을 감안하면 가처분 소득 수치보다 많이 높지는 않았을 것이다. 불평등이 성장에 미친 영향에 관해서는 이 책 서문 참조.
10. 데이터에 관해서는 다시 한 번 Milanovic 2013: 12 표 1 참조. 나의 단순한 표본은 틀림없이 마찬가지 역할을 할 다른 요인, 특히 정치 체제를 배제한다.
11. 온라인 매체는 Scheidel and Friesen 2009의 고대 로마 불평등 연구를 참고해 현대 미국의 소득 불평등은 로마 제국보다 더 높다고 보고했는데, 이러한 관찰은 현대의 불평등 발생 후 시장 재분배와 각각의 IPF를 고려하지 못한 시장 지니계수에 기초하고 있다. http://persquaremile.com/2011/12/16/income-inequality-in-the-roman-empire/. 그 일부 내용은 http://www.huffingtonpost.com/2011/12/19/us-income-inequality-ancient-rome-levels_n_1158926.html에도 있다. 이러한 명제는 현재 미국의 실제 IPF가 0.5만큼 낮다고 가정할 때만 참일 것이다.

참고문헌

Aaberge, R., and Atkinson, A. B. 2010. "Top incomes in Norway." In Atkinson and Piketty, eds. 2010: 448-481.

Abdullah, Abdul Jabbar, Doucouliagos, Hristos, and Manning, Elizabeth. 2015. "Is there a Kuznets process in Southeast Asia?" *Singapore Economic Review* 60. doi:10.1142/S0217590815500174.

Abelshauser, Werner. 1998. "Germany: guns, butter, and economic miracles." In Harrison, ed. 1998b: 122-176.

Abelshauser, Werner. 2011. *Deutsche Wirtschaftsgeschichte: von 1945 bis zur Gegenwart*. 2nd ed. Munich: C. H. Beck.

Abul-Magd, Adel Y. 2002. "Wealth distribution in an ancient Egyptian society." *Physical Review E* 66: 057104, 1-3.

Acemoglu, Daron, and Autor, David. 2012. "What does human capital do? A review of Goldin and Katz's *The race between education and technology*." *Journal of Economic Literature* 50: 426-463.

Acemoglu, Daron, Naidu, Suresh, Restrepo, Pascual, and Robinson, James A. 2015. "Democracy, redistribution, and inequality." In Atkinson and Bourguignon, eds. 2015: 1883-1966.

Acemoglu, Daron, and Robinson, James A. 2000. "Why did the West extend the franchise? Democracy, inequality, and growth in historical perspective." *Quarterly Journal of Economics* 115: 1167-1199.

Acemoglu, Daron, and Robinson, James A. 2002. "The political economy of the Kuznets curve." *Review of Development Economics* 6: 183-203.

Acemoglu, Daron, and Robinson, James A. 2015. "The rise and decline of general laws of capitalism." *Journal of Economic Perspectives* 29: 3-28.

Acosta, Pablo, Calderon, Cesar, Fajnzylber, Pablo, and Lopez, Humberto. 2008. "What is the impact of international remittances on poverty and inequality in Latin America?" *World Development* 36: 89-114.

Adam, Hussein. 2008. *From tyranny to anarchy: the Somali experience*. Trenton, NJ: Red Sea Press.

Adams, Robert McC. 1988. "Contexts of civilizational collapse: a Mesopotamian view." In Yoffee and Cowgill, eds. 1988: 20-43.

Addison, Paul. 1994. *The road to 1945: British politics and the Second World War*. Rev. ed. London: Pimlico.

Adema, Willem, Fron, Pauline, and Ladaique, Maxime. 2014. "How much do OECD countries spend on social protection and how redistributive are their tax/benefit systems?" *International Social Security Review* 76: 1-25.

Aftalion, Florin. 1990. *The French Revolution: an economic interpretation*. Cambridge, UK: Cambridge University Press.

Aghion, Philippe, et al. 2016. "Innovation and top income inequality." NBER Working Paper No. 21247.

Aidt, Toke S., and Jensen, Peter S. 2011. "Workers of the world, unite! Franchise extensions and the threat of revolution in Europe, 1820-1938." CESIFO Working Paper 3417.

Albertus, Michael. 2015. *Autocracy and redistribution: the politics of land reform*. New York: Cambridge University Press.

Albuquerque Sant'Anna, André. 2015. "A spectre has haunted the West: did socialism discipline income inequality?" MPRA Paper No. 64756.

Ales, Laurence, Kurnaz, Musab, and Sleet, Christopher. 2015. "Technical change, wage inequality, and taxes." *American Economic Review* 105: 3061-3101.

Alesina, Alberto, and Glaeser, Edward L. 2004. *Fighting poverty in the US and*

Europe: a world of difference. New York: Oxford University Press.

Alfani, Guido. 2010. "Wealth inequalities and population dynamics in early modern Northern Italy." *Journal of Interdisciplinary History* 40: 513-549.

Alfani, Guido. 2015. "Economic inequality in northwestern Italy: a long-term view (fourteenth to eighteenth centuries)." *Journal of Economic History* 75: 1058-1096.

Alfani, Guido. 2016. "The rich in historical perspective: evidence for preindustrial Europe (ca. 1300-1800)." Innocenzo Gasparini Institute for Economic Research Working Paper No. 571.

Alfani, Guido, and Ammannati, Francesco. 2014. "Economic inequality and poverty in the very long run: the case of the Florentine state (late thirteenth to nineteenth century)." Dondena Working Paper No. 70, Università Bocconi, Milan.

Alfani, Guido, and di Tullio, Matteo. 2015. "Dinamiche di lungo periodo della disugualianza in Italia settentrionale: una nota di ricerca." Dondena Working Paper No. 71, Università Bocconi, Milan.

Alfani, Guido, and Ryckbosch, Wouter. 2015. "Was there a 'Little Convergence' in inequality? Italy and the Low Countries compared, ca. 1500-1800." Innocenzo Gasparini Institute for Economic Research, Working Paper No. 557.

Alfani, Guido, and Sardone, Sergio. 2015. "Long-term trends in economic inequality in southern Italy. The kingdoms of Naples and Sicily, 16th-18th centuries: first results." Economic History Association 2015 Annual Meeting, Nashville TN, September 11-13, 2015.

Allen, Robert C. 2001. "The great divergence in European wages and prices from the Middle Ages to the First World War." *Explorations in Economic History* 31: 411-447.

Allen, Robert C. 2003. *Farm to factory: a reinterpretation of the Soviet industrial revolution*. Princeton, NJ: Princeton University Press.

Allen, Robert C. 2009. "Engels' pause: technical change, capital accumulation, and inequality in the British industrial revolution." *Explorations in Economic*

History 46: 418-435.

Allen, Robert C., Bassino, Jean-Pascal, Ma, Debin, Moll-Murata, Christine, and van Zanden, Jan Luiten. 2011. "Wages, prices, and living standards in China, 1738-1925: in comparison with Europe, Japan, and India." *Economic History Review* 64: S8-S38.

Allison, Graham. 2014. "Just how likely is another world war? Assessing the similarities and differences between 1914 and 2014." *The Atlantic* July 30, 2014. http://www.theatlantic.com/international/archive/2014/07/just-how-likely-is-another-world-war/375320/.

Alvaredo, Facundo. 2010a. "The rich in Argentina over the twentieth century, 1932-2004." In Atkinson and Piketty, eds. 2010: 253-298.

Alvaredo, Facundo. 2010b. "Top incomes and earnings in Portugal, 1936-2005." In Atkinson and Piketty, eds. 2010: 560-624.

Alvaredo, Facundo. 2011. "A note on the relationship between top income shares and the Gini coefficient." *Economics Letters* 110: 274-277.

Alvaredo, Facundo, Atkinson, Anthony B., Piketty, Thomas, and Saez, Emmanuel. 2013. "The top 1 percent in international and historical perspective." *Journal of Economic Perspectives* 27: 3-20.

Alvaredo, Facundo, and Gasparini, Leonardo. 2015. "Recent trends in inequality and poverty in developing countries." In Atkinson and Bourguignon, eds. 2015: 697-806.

Alvaredo, Facundo, and Piketty, Thomas. 2014. "Measuring top incomes and inequality in the Middle East: data limitations and illustration with the case of Egypt." Paris School of Economics Working Paper.

Alvaredo, Facundo, and Saez, Emmanuel. 2010. "Income and wealth concentration in Spain in a historical and fiscal perspective." In Atkinson and Piketty, eds. 2010: 482-559.

Álvarez-Nogal, Carlos, and Prados de la Escosura, Leandro. 2013. "The rise and fall of Spain (1270-1850)." *Economic History Review* 66: 1-37.

Ammannati, Francesco. 2015. "La distribuzione della proprietà nella Lucchesia del tardo Medioevo (sec. XIV-XV)." Dondena Working Paper No. 73, Università Bocconi, Milan.

Anand, Sudhir, and Segal, Paul. 2015. "The global distribution of income." In Atkinson and Bourguignon, eds. 2015: 937-980.

Andermahr, Anna Maria. 1998. *Totus in praediis: senatorischer Grundbesitz in Italien in der frühen und hohen Kaiserzeit*. Bonn, Germany: Habelt.

Anderson, Thomas P. 1971. *Matanza: El Salvador's communist revolt of 1932*. Lincoln: University of Nebraska Press.

Andreski, Stanislav. 1968. *Military organization and society*. 2nd ed. Berkeley: University of California Press.

Andress, David, ed. 2015. *The Oxford handbook of the French Revolution*. Oxford: Oxford University Press.

Andrews, Dan, and Leigh, Andrew. 2009. "More inequality, less social mobility." *Applied Economics Letters* 16: 1489-1492.

Angeles, Luis. 2010. "An alternative test of Kuznets' hypothesis." *Journal of Economic Inequality* 8: 463-473.

Anghelinu, Mircea. 2012. "On Palaeolithic social inequality: the funerary evidence." In Kogalniceanu, Raluca, Curca, Roxana-Gabriela, Gligor, Mihai, and Stratton, Susan, eds., *Homines, funera, astra: proceedings of the international symposium on funeral anthropology 5-8 June 2011 '1 Decembrie 1918' University (Alba Iulia, Romania)*. Oxford: Archaeopress, 31-43.

Aristázabal-Ramírez, María, Canavire-Bacarezza, Gustavo, and Jetter, Michael. 2015. "Income inequality in Bolivia, Colombia, and Ecuador: different reasons." Working paper.

Arroyo Abad, Leticia. 2013. "Persistent inequality? Trade, factor endowments, and inequality in Republican Latin America." *Journal of Economic History* 73: 38-78.

Arroyo Abad, Leticia, Davies, Elwyn, and van Zanden, Jan Luiten. 2012. "Between conquest and independence: real wages and demographic change in Spanish America, 1530-1820." *Explorations in Economic History* 49: 149-166.

Assuncão, Juliano. 2006. "Land reform and landholdings in Brazil." UNI-WIDER Research Paper No. 2006/137.

Atkinson, Anthony B. 2007. "The distribution of top incomes in the United Kingdom 1908-2000." In Atkinson and Piketty, eds. 2007a: 82-140.

Atkinson, Anthony B. 2014a. "After Piketty?" *British Journal of Sociology* 65: 619-638.

Atkinson, Anthony B. 2014b. "The colonial legacy: income inequality in former British African colonies." WIDER Working Paper.

Atkinson, Anthony B. 2015. *Inequality: what can be done?* Cambridge, MA: Harvard University Press.

Atkinson, Anthony B. n.d. "Income distribution and taxation in Mauritius: a seventy-five year history of top incomes." Working paper.

Atkinson, Anthony B., and Bourguignon, Francois, eds. 2000. *Handbook of income distribution*. Vol. 1. Amsterdam: Elsevier.

Atkinson, Anthony B., and Bourguignon, Francois, eds. 2015. *Handbook of income distribution*. Volumes 2A-B. Amsterdam: North-Holland.

Atkinson, Anthony B., and Brandolini, Andrea. 2004. "Global world income inequality: absolute, relative or intermediate?" Working paper. www.iariw.org/papers/2004/brand.pdf.

Atkinson, Anthony B., and Leigh, Andrew. 2013. "The distribution of top incomes in five Anglo-Saxon countries over the long run." *Economic Record* 89 (S1): 31-47.

Atkinson, Anthony B., and Morelli, Salvatore. 2011. "Economic crises and inequality." UNDP Human Development Reports 2011/06.

Atkinson, Anthony B., and Morelli, Salvatore. 2014. "Chartbook of economic inequality." Working Paper No. 324, ECINE: Society for the Study of Economic Inequality. (Also available at http://www.chartbookofeconomicine quality.com.)

Atkinson, Anthony B., and Piketty, T., eds. 2007a. *Top incomes over the twentieth century: a contrast between continental European and English-speaking countries*. Oxford: Oxford University Press.

Atkinson, Anthony B., and Piketty, T. 2007b. "Towards a unified data set on top incomes." In Atkinson and Piketty, eds. 2007a: 531-565.

Atkinson, Anthony B., and Piketty, T., eds. 2010. *Top incomes: a global perspective*. Oxford: Oxford University Press.

Atkinson, Anthony B., and Søgaard, Jakob E. 2016. "The long-run history of income inequality in Denmark." *Scandinavian Journal of Economics* 118: 264-291.

Auerbach, Alan J., and Hassett, Kevin. 2015. "Capital taxation in the twenty-first century." *American Economic Review* 105: 38-42.

Autor, David H. 2014. "Skills, education, and the rise of earnings inequality among the 'other 99 percent.'" *Science* 344: 843-850.

Autor, David H. 2015. "Why are there still so many jobs? The history and future of workplace automation." *Journal of Economic Perspectives* 29: 3-30.

Autor, David, and Dorn, David. 2013. "The growth of low-skill service jobs and the polarization of the U.S. labor market." *American Economic Review* 103: 1553-1597.

Autor, David, Levy, Frank, and Murnane, Richard J. 2003. "The skill content of recent technological change: an empirical exploration." *Quarterly Journal of Economics* 116: 1279-1333.

Autor, David, Manning, Alan, and Smith, Christopher. 2010. "The contribution of the minimum wage to U.S. wage inequality over three decades: a reassessment." NBER Working Paper No. 16533.

Bagchi, Sutirtha, and Svejnar, Jan. 2015. "Does wealth inequality matter for growth? The effect of billionaire wealth, income distribution, and poverty." *Journal of Comparative Economics* 43: 505-530.

Bagnall, Roger S. 1992. "Landholding in late Roman Egypt: the distribution of wealth." *Journal of Roman Studies* 82: 128-149.

Balch, Stephen H. 2014. "On the fragility of the Western achievement." *Society* 51: 8-21.

Banerjee, Abhijit, and Piketty, Thomas. 2010. "Top Indian incomes, 1922-2000." In Atkinson and Piketty, eds. 2010: 1-39.

Bang, Peter F., Bayly, Christopher A., and Scheidel, Walter, eds. Forthcoming. *The Oxford world history of empire*. 2 vols. New York: Oxford University Press.

Bang, Peter F., and Turner, Karen. 2015. "Kingship and elite formation." In Scheidel 2015a: 11-38.

Bank, Steven A., Stark, Kirk J., and Thorndike, Joseph J. 2008. *War and taxes*. Washington, DC: Urban Institute Press.

Barbiera, Irene, and Dalla Zuanna, Gianpiero. 2009. "Population dynamics in Italy in the Middle Ages: new insights from archaeological findings." *Population and Development Review* 35: 367-389.

Barfield, Thomas J. 1989. *The perilous frontier: nomadic empires and China, 221 BC to AD 1757*. Cambridge, MA: Blackwell.

Barker, Graeme. 2006. *The agricultural revolution in prehistory: why did foragers become farmers?* Oxford: Oxford University Press.

Barker, John W. 2004. "Late Byzantine Thessalonike: a second city's challenges and responses." In Alice-Mary Talbot, ed., *Symposium on late Byzantine Thessalonike*. Washington, DC: Dumbarton Oaks Research Library and Collection, 5-33.

Barraclough, Solon L. 1999. "Land reform in developing countries: the role of the state and other actors." UNRISD Discussion Paper No. 101.

Barrett, Anthony M., Baum, Seth D., and Hostetler, Kelly R. 2013. "Analyzing and reducing the risks of inadvertent nuclear war between the United States and Russia." *Science and Global Security* 21: 106-133.

Bartels, Larry M. 2008. *Unequal democracy: the political economy of the new Gilded Age*. Princeton, NJ: Princeton University Press.

Bassino, Jean-Pascal, Fukao, Kyoji, and Takashima, Masanori. 2014. "A first escape from poverty in late medieval Japan: evidence from real wages in Kyoto (1360-1860)." Working paper.

Bassino, Jean-Pascal, Fukao, Kyoji, Settsu, Tokihiko, and Takashima, Masanori. 2014. "Regional and personal inequality in Japan, 1850-1955." Conference paper for "Accounting for the Great Divergence," University of Warwick in Venice, May 22-24, 2014.

Baten, Joerg, and Mumme, Christina. 2013. "Does inequality lead to civil wars? A global long-term study using anthropometric indicators (1816-1999)." *European Journal of Political Economy* 32: 56-79.

Baten, Joerg, and Schulz, Rainer. 2005. "Making profits in wartime: corporate profits, inequality, and GDP in Germany during the First World War." *Economic History Review* 58: 34-56.

Batten, Bruce. 1986. "Foreign threat and domestic reform: the emergence of the Ritsuryo state." *Monumenta Nipponica* 41: 199-219.

Bauer, Michal, et al. 2016. "Can war foster cooperation?" NBER Working Paper No. 22312.

Bekar, Cliff T., and Reed, Clyde G. 2013. "Land markets and inequality: evidence from medieval England." *European Review of Economic History* 17: 294-317.

Bentzel, Ragnar. 1952. *Inkomstfördelningen i Sverige*. Stockholm: Victor Peterssons Bokindustri Aktiebolag.

Bercé, Yves-Marie. 1987. *Revolt and revolution in early modern Europe: an essay on the history of political violence*. Manchester, UK: Manchester University Press.

Bergh, Andreas. 2011. "The rise, fall and revival of the Swedish welfare state: what are the policy lessons from Sweden?" IFN Working Paper No. 871.

Bergh, Andreas, and Henrekson, Magnus. 2011. "Government size and growth: a survey and interpretation of the evidence." *Journal of Economic Surveys* 25: 872-897.

Bergh, Andreas, and Nilsson, Therese. 2010. "Do liberalization and globalization increase income inequality?" *European Journal of Political Economy* 26: 488-505.

Berkowitz, Edward, and McQuaid, Kim. 1988. *Creating the welfare state: the political economy of twentieth-century reform*. 2nd ed. New York: Praeger.

Bernhardt, Kathryn. 1992. *Rents, taxes, and peasant resistance: the Lower Yangzi region, 1840-1950.* Stanford, CA: Stanford University Press.

Bertelsmann Stiftung. 2012. *BTI 2012—Cuba country report*. Güersloh, Germany: Bertelsmann Stiftung.

Bértola, Luis, Castelnuovo, Cecilia, Rodríguez, Javier, and Willebald, Henry. 2009. "Income distribution in the Latin American Southern Cone during the first globalization boom and beyond." *International Journal of Comparative Sociology* 50: 452-485.

Bértola, Luis, and Ocampo, José Antonio. 2012. *The economic development of Latin America since independence*. Oxford: Oxford University Press.

Besley, Timothy, and Persson, Torsten. 2014. "Why do developing countries tax so little?" *Journal of Economic Perspectives* 28 (4): 99-120.

Beveridge, Sir William. 1942. *Social insurance and allied services*. London: His Majesty's Stationery Office.

Biehl, Peter F., and Marciniak, Arkadiusz. 2000. "The construction of hierarchy: rethinking the Copper Age in southeastern Europe." In Diehl, Michael W., ed., *Hierarchies in action:* cui bono? Center for Archaeological Investigations, Occasional Paper No. 27: 181-209.

Bircan, Cagatay, Brück, Tilman, and Vothknecht, Marc. 2010. "Violent conflict and inequality." DIW Berlin Discussion Paper No. 1013.

Bivens, Josh, and Mishel, Lawrence. 2013. "The pay of corporate executives and financial professionals as evidence of rents in top 1 percent incomes." *Journal of Economic Perspectives* 27: 57-77.

Björklund, Anders, and Jäntti, Markus. 2009. "Intergenerational income mobility and the role of family background." In Salverda, Nolan, and Smeeding, eds. 2009: 491-521.

Blanton, Richard. 1998. "Beyond centralization: steps toward a theory of egalitarian behavior in archaic states." In Feinman, Gary M., and Marcus, Joyce, eds., *Archaic states*. Santa Fe: School of American Research, 135-172.

Blanton, Richard, and Fargher, Lane. 2008. *Collective action in the formation of pre-modern states*. New York: Springer.

Blanton, Richard E., Kowalewski, Stephen A., Feinman, Gary M., and Finsten, Laura M. 1993. *Ancient Mesoamerica: a comparison of change in three regions*. 2nd ed. Cambridge, UK: Cambridge University Press.

Blickle, Peter. 1983. *Die Revolution von 1525*. 2nd ed. Munich: Oldenbourg.

Blickle, Peter. 1988. *Unruhen in der ständischen Gesellschaft 1300-1800*. Munich: Oldenbourg.

Blum, Jerome. 1957. "The rise of serfdom in Eastern Europe." *American Historical Review* 62: 807-836.

Blume, Lawrence E., and Durlauf, Steven N. 2015. "*Capital in the twenty-first century*: a review essay." *Journal of Political Economy* 123: 749-777.

Bodde, Derk. 1986. "The state and empire of Ch'in." In Twitchett and Loewe, eds. 1986: 20-102.

Boehm, Christopher. 1999. *Hierarchy in the forest: the evolution of egalitarian behavior*. Cambridge, MA: Harvard University Press.

Boix, Carles. 2015. *Political order and inequality: their foundation and their consequences for human welfare*. Cambridge, UK: Cambridge University Press.

Boix, Carles, and Rosenbluth, Frances. 2014. "Bones of contention: the political economy of height inequality." *American Political Science Review* 108: 1-22.

Bonica, Adam, McCarty, Nolan, Poole, Keith T., and Rosenthal, Howard. 2013. "Why hasn't democracy slowed rising inequality?" *Journal of Economic Perspectives* 27: 103-123.

Bonnet, Odran, Bono, Pierre-Henri, Chapelle, Guillaume, and Wasmer, Etienne. 2014. "Does housing capital contribute to inequality? A comment on Thomas Piketty's *Capital in the 21st century*." SciencesPo, Department of Economics, Discussion Paper 2014-07.

Bordo, Michael D., and Meissner, Christopher M. 2011. "Do financial crises always raise inequality? Some evidence from history." Working paper.

Borgerhoff Mulder, Monique, et al. 2009. "Intergenerational wealth transmission and the dynamics of inequality in small-scale societies." *Science* 326: 682-688, with supporting online material at www.sciencemag.org/cgi/content/full/326/5953/682/DC1.

Borsch, Stuart J. 2005. *The Black Death in Egypt and England: a comparative study*. Austin: University of Texas Press.

Boserup, Ester. 1965. *The conditions of agricultural growth: the economics of agrarian change under population pressure*. London: Allen and Unwin.

Boserup, Ester. 1981. *Population and technological change: a study of long-term trends*. Chicago: University of Chicago Press.

Bostrom, Nick. 2003. "Human genetic enhancements: a transhumanist perspective." *Journal of Value Inquiry* 37: 493-506.

Bostrom, Nick. 2014. *Superintelligence: paths, dangers, strategies*. Oxford: Oxford University Press.

Bosworth, Barry, Burtless, Gary, and Zhang, Kan. 2016. "Later retirement, inequality in old age, and the growing gap in longevity between rich and poor." Washington, DC: Brookings Institution.

Bourguignon, Francois. 2015. *The globalization of inequality*. Princeton, NJ: Princeton University Press.

Bower, John M. 2001. *The politics of "Pearl": court poetry in the age of Richard II*. Woodbridge, UK: Boydell and Brewer.

Bowles, Samuel. 2006. "Group competition, reproductive leveling and the evolution of human altruism." *Science* 314: 1569-1572.

Bowles, Samuel. 2012a. *The new economics of inequality and redistribution*. Cambridge, UK: Cambridge University Press.

Bowles, Samuel. 2012b. "Warriors, levelers, and the role of conflict in human social evolution." *Science* 336: 876-879.

Bowles, Samuel. 2015. "Political hierarchy, economic inequality & the first Southwest Asian farmers." SFI Working Paper 2015-06-015.

Bowles, Samuel, and Choi, Jung-Kyoo. 2013. "Coevolution of farming and private property during the early Holocene." *Proceedings of the National Academy of Sciences* 110: 8830-8835.

Bowles, Samuel, and Gintis, Herbert. 2002. "The inheritance of inequality." *Journal of Economic Perspectives* 16: 3-30.

Bowman, Alan K. 1985. "Landholding in the Hermopolite nome in the fourth century AD." *Journal of Roman Studies* 75: 137-163.

Bracken, Paul. 2012. *The second nuclear age: strategy, danger, and the new power politics*. New York: Times Books.

Brady, David, and Finnigan, Ryan. 2014. "Does immigration undermine public support for social policy?" *American Sociological Review* 79: 17-42.

Brandolini, Andrea, and Smeeding, Timothy M. 2009. "Income inequality in richer and OECD countries." In Salverda, Nolan, and Smeeding, eds. 2009: 71-100.

Brandolini, Andrea, and Vecchi, Giovanni. 2011. "The well-being of Italians: a comparative historical approach." Quaderni di Storia Economica (Economic History Working Papers), No. 19.

Brandt, Loren, and Sands, Barbara. 1992. "Land concentration and income distribution in Republican China." In Rawski, Thomas G., and Li, Lillian M., eds., *Chinese history in economic perspective*. Berkeley: University of California Press, 179-207.

Brenner, Y. S., Kaelble, Hartmut, and Thomas, Mark, eds. 1991. *Income distribution in historical perspective*. Cambridge, UK: Cambridge University Press.

Briggs, Asa. 1961. "The welfare state in historical perspective." *European Journal of Sociology* 2: 221-258.

Britnell, Richard. 2004. *Britain and Ireland 1050-1500: economy and society*. Oxford: Oxford University Press.

Broadberry, Stephen, and Gupta, Bishnupriya. 2006. "The early modern great divergence: wages, prices and economic development in Europe and Asia, 1500-1800." *Economic History Review* 59: 2-31.

Broadberry, Stephen, and Harrison, Mark, eds. 2005a. *The economics of World*

War I. Cambridge, UK: Cambridge University Press.

Broadberry, Stephen, and Harrison, Mark. 2005b. "The economics of World War I: an overview." In Broadberry and Harrison, eds. 2005a: 3-40.

Broadberry, Stephen, and Howlett, Peter. 2005. "The United Kingdom during World War I: business as usual?" In Broadberry and Harrison, eds. 2005a: 206-234.

Brown, Peter. 2012. *Through the eye of a needle: wealth, the fall of Rome, and the making of Christianity in the West, 350-550 AD*. Princeton, NJ: Princeton University Press.

Brown, T. S. 1984. *Gentlemen and officers: imperial administration and aristocratic power in Byzantine Italy A.D. 554-800*. Rome: British School at Rome.

Brown, Kyle S., et al. 2012. "An early and enduring advanced technology originating 71,000 years ago in South Africa." *Nature* 491: 590-593.

Brownlee, W. Elliot. 2004. *Federal taxation in America: a short history*. 2nd ed. Washington, DC: Woodrow Wilson Center Press.

Brueckner, Markus, and Lederman, Daniel. 2015. "Effects of income inequality on aggregate output." World Bank Policy Discussion Paper No. 7317.

Brynjolfsson, Erik, and McAfee, Andrew. 2014. *The second machine age: work, progress, and prosperity in a time of brilliant technologies*. New York: Norton.

Buffett, Warren E. 2011. "Stop coddling the super-rich." *New York Times* August 15, 2011: A21.

Burbank, Jane, and Cooper, Frederick. 2010. *Empires in world history: geographies of power, politics of difference*. Princeton, NJ: Princeton University Press.

Burgers, Peter. 1993. "Taxing the rich: confiscation and the financing of the Claudian Principate (AD 41-54)." *Laverna* 4: 55-68.

Byrne, Joseph P. 2006. *Daily life during the Black Death*. Westport, CT: Greenwood Press.

Campbell, Bruce M. S. 2008. "Benchmarking medieval economic development: England, Wales, Scotland, and Ireland, *c.* 1290." *Economic History Review* 61: 896-945.

Campos-Vazquez, Raymundo, and Sobarzo, Horacio. 2012. *The development and fiscal effects of emigration on Mexico*. Washington, DC: Migration Policy Institute.

Canbakal, Hülya. 2012. "Wealth and inequality in Ottoman Bursa, 1500-1840." Conference paper for "New perspectives in Ottoman economic history," Yale University, November 9-10, 2012.

Canbakal, Hülya, and Filiztekin, Alpay. 2013. "Wealth and inequality in Ottoman lands in the early modern period." Conference paper for "AALIMS—Rice University conference on the political economy of the Muslim world," April 4-5, 2013.

Card, David. 2009. "Immigration and inequality." *American Economic Review* 99: 1-21.

Carneiro, Robert L. 1970. "A theory of the origin of the state." *Science* 169: 733-738.

Carneiro, Robert L. 1988. "The circumscription theory: challenge and response." *American Behavioral Scientist* 31: 497-511.

Cartledge, Paul, and Spawforth, Antony. 1989. *Hellenistic and Roman Sparta: a tale of two cities*. London: Routledge.

Cederman, Lars-Erik, Weidmann, Nils B., and Skrede, Kristian. 2011. "Horizontal inequalities and ethnonationalist civil war: a global comparison." *American Political Science Review* 105: 478-495.

Center for Genetics and Society. 2015. "Extreme genetic engineering and the human future: reclaiming emerging biotechnologies for the common good." Center for Genetics and Society.

Cerman, Markus. 2012. *Villagers and lords in Eastern Europe, 1300-1800*. Basingstoke, UK: Palgrave Macmillan.

Champlin, Edward. 1980. "The Volcei land register (*CIL* X 407)." *American*

Journal of Ancient History 5: 13-18.

Cherry, John F., and Davis, Jack L. 2007. "An archaeological homily." In Galaty and Parkinson, eds. 2007b: 118-127.

Chetty, Raj, et al. 2014. "Is the United States still a land of opportunity? Recent trends in intergenerational mobility." *American Economic Review* 104: 141-147.

Christian, David. 2004. *Maps of time: an introduction to Big History*. Berkeley: University of California Press.

Ch'ü, T'ung-tsu. 1972. *Han social structure*. Seattle: University of Washington Press.

Church, George, and Regis, Ed. 2014. *Regenesis: how synthetic biology will reinvent nature and ourselves*. New York: Basic Books.

Cingano, Federico. 2014. "Trends in income inequality and its impact on economic growth." OECD Social, Employment and Migration Working Papers No. 163.

Cioffi-Revilla, Claudio, Rogers, J. Daniel, Wilcox, Steven P., and Alterman, Jai. 2011. "Computing the steppes: data analysis for agent-based models of polities in Inner Asia." In Brosseder, Ursula, and Miller, Bryan K., eds., *Xiongnu archaeology: multidisciplinary perspectives of the first steppe empire in Inner Asia*. Bonn, Germany: Rheinische Friedrich-Wilhelms-Universität Bonn, 97-110.

Claessen, Henry J. M., and Skalník, Peter. 1978a. "The early state: models and reality." In Claessen and Skalník, eds. 1978b: 637-650.

Claessen, Henry J. M., and Skalník, Peter, eds. 1978b. *The early state*. The Hague: De Gruyter.

Clark, Andrew E., and D'Ambrosio, Conchita. 2015. "Attitudes to income inequality: experimental and survey evidence." In Atkinson and Bourguignon, eds. 2015: 1147-1208.

Clark, Gregory. 2007a. *A farewell to alms: a brief economic history of the world*. Princeton, NJ: Princeton University Press.

Clark, Gregory. 2007b. "The long march of history: farm wages, population, and economic growth, England 1209-1869." *Economic History Review* 60: 97-135.

Clark, Gregory. 2014. *The son also rises: surnames and the history of social mobility*. Princeton, NJ: Princeton University Press.

Clarke, Walter S., and Gosende, Robert. 2003. "Somalia: can a collapsed state reconstitute itself ?" In Rotberg, Robert I., ed,. *State failure and state weakness in a time of terror*. Washington, DC: Brookings Institution Press, 129-158.

Clausewitz, Carl von. 1976. *On war.* Trans. Peter Paret and Michael Howard. Princeton, NJ: Princeton University Press.

Cline, Eric C. 2014. *1177 B.C.: the year civilization collapsed*. Princeton, NJ: Princeton University Press.

Cobham, Alex, and Sumner, Andy. 2014. "Is inequality all about the tails? The Palma measure of income inequality." *Significance* 11 (1): 10-13.

Coe, Michael D. 2003. *Angkor and the Khmer civilization*. New York: Thames and Hudson.

Coe, Michael D. 2005. *The Maya*. 7th ed. New York: Thames and Hudson.

Cohen, Joel. 1995. *How many people can the earth support?* New York: W. W. Norton.

Cohen, Ronald. 1978. "State origins: a reappraisal." In Claessen and Skalník, eds. 1978b: 31-75.

Cohn, Samuel K., Jr. 2004. *Popular protest in late medieval Europe: Italy, France, and Flanders*. Manchester, UK: Manchester University Press.

Cohn, Samuel K., Jr. 2006. *Lust for liberty. The politics of social revolt in medieval Europe, 1200-1425: Italy, France, and Flanders*. Cambridge, MA: Harvard University Press.

Coleman, David. 2006. "Immigration and ethnic change in low-fertility countries: a third demographic transition." *Population and Development Review* 32: 401-446.

Collier, Paul, and Hoeffler, Anke. 2004. "Greed and grievance in civil war."

Oxford Economic Papers 56: 563-595.

Collins, Chuck, and Hoxie, Josh. 2015. "Billionaire bonanza: the Forbes 400 . . . and the rest of us." Washington, DC: Institute for Policy Studies.

Conyon, Martin J., He, Lerong, and Zhou, Xin. 2015. "Star CEOs or political connections? Evidence from China's publicly traded firms." *Journal of Business Finance and Accounting* 42: 412-443.

Cook, Noble David. 1998. *Born to die: disease and the New World conquest, 1492-1650*. Cambridge, UK: Cambridge University Press.

Cooney, Kathlyn M. 2011. "Changing burial practices at the end of the New Kingdom: defensive adaptations in tomb commissions, coffin commissions, coffin decoration, and mummification." *Journal of the American Research Center in Egypt* 47: 3-44.

Corak, Miles. 2013. "Income inequality, equality of opportunity, and intergenerational mobility." *Journal of Economic Perspectives* 27: 79-102.

Cornia, Giovanni Andrea, ed. 2014a. *Falling inequality in Latin America: policy changes and lessons*. Oxford: Oxford University Press.

Cornia, Giovanni Andrea. 2014b. "Inequality trends and their determinants: Latin America over the period 1990-2010." In Cornia, ed. 2014a: 23-48.

Cornia, Giovanni Andrea. 2014c. "Recent distributive changes in Latin America: an overview." In Cornia, ed. 2014a: 3-22.

Courtois, Stéphane. 1999. "Introduction: the crimes of communism." In Courtois et al. 1999: 1-31.

Courtois, Stéphane, Werth, Nicolas, Panné, Jean-Louis, Paczkowski, Andrzej, Bartosek, Karel, and Margolin, Jean-Louis. 1999. *The black book of communism: crimes, terror, repression*. Cambridge, MA: Harvard University Press.

Cowell, Frank A., and Flachaire, Emmanuel. 2015. "Statistical methods for distributional analysis." In Atkinson and Bourguignon, eds. 2015: 359-465.

Cowen, Deborah. 2008. *Military workfare: the soldier and social citizenship in Canada*. Toronto: University of Toronto Press.

Cowgill, George. 2015. *Ancient Teotihuacan: early urbanism in central Mexico*.

New York: Cambridge University Press.

Crafts, Nicholas, and Mills, Terence C. 2009. "From Malthus to Solow: how did the Malthusian economy really end?" *Journal of Macroeconomics* 31: 68-93.

Credit Suisse. 2014. *Global wealth report*. Zurich: Credit Suisse AG.

Credit Suisse. 2015. *Global wealth report*. Zurich: Credit Suisse AG.

Crivellaro, Elena. 2014. "College wage premium over time: trends in Europe in the last 15 years." Ca' Foscari University of Venice, Department of Economics, Working Paper No. 03/WP/2014.

Crone, Patricia. 2003. *Pre-industrial societies: anatomy of the pre-modern world*. 2nd ed. Oxford: Oneworld Publications.

Cronin, James E. 1991. *The politics of state expansion: war, state and society in twentieth-century Britain*. London: Routledge.

Crosby, Alfred. 1972. *The Columbian exchange: biological and cultural consequences of 1492*. Westport, CT: Westview Press.

Crosby, Alfred. 2004. *Ecological imperialism: the biological expansion of Europe, 900-1900*. 2nd ed. Cambridge, UK: Cambridge University Press.

Culbert, T. Patrick, ed. 1973. *The Classic Maya collapse*. Albuquerque: University of New Mexico Press.

Culbert, T. Patrick. 1988. "The collapse of classic Maya civilization." In Yoffee and Cowgill, eds. 1988: 69-101.

Dabla-Norris, Era, et al. 2015. "Causes and consequences of income inequality: a global perspective." IMF Staff Discussion Note.

D'Amuri, Francesco, and Peri, Giovanni. 2014. "Immigration, jobs, and employment protection: evidence from Europe before and after the Great Recession." *Journal of the European Economic Association* 12: 432-464.

Davies, John K. 1971. *Athenian propertied families, 600-300 B.C.* Oxford: Oxford University Press.

Davies, John K. 1981. *Wealth and the power of wealth in classical Athens*. New York: Ayer.

Davies, R. W. 1998. *Soviet economic development from Lenin to Khrushchev*.

Cambridge, UK: Cambridge University Press.

Davis, Gerald F., and Kim, Suntae. 2015. "Financialization of the economy." *Annual Review of Sociology* 41: 203-221.

De Ferranti, David, Perry, Guillermo E., Ferreira, Francisco H. G., and Walton, Michael. 2004. *Inequality in Latin America: breaking with history?* Washington, DC: World Bank.

Deger-Jalkotzy, Sigrid. 2008. "Decline, destruction, aftermath." In Shelmerdine, ed. 2008: 387-416.

Deininger, Klaus, and Squire, Lyn. 1998. "New ways of looking at old issues: inequality and growth." *Journal of Development Economics* 57: 259-287.

De Jong, Herman. 2005. "Between the devil and the deep blue sea: the Dutch economy during World War I." In Broadberry and Harrison, eds. 2005a: 137-168.

De Ligt, Luuk, and Garnsey, Peter. 2012. "The album of Herculaneum and a model of the town's demography." *Journal of Roman Archaeology* 24: 69-94.

Dell, Fabien. 2005. "Top incomes in Germany and Switzerland over the twentieth century." *Journal of the European Economic Association* 3: 412-421.

Dell, F. 2007. "Top incomes in Germany throughout the twentieth century: 1891-1998." In Atkinson and Piketty, eds. 2007a: 365-425.

Dell, F., Piketty, F., and Saez, E. 2007. "Income and wealth concentration in Switzerland over the twentieth century." In Atkinson and Piketty, eds. 2007a: 472-500.

Demarest, Arthur A. 2006. *The Petexbatun regional archaeological project: a multidisciplinary study of the Maya collapse*. Nashville, TN: Vanderbilt University Press.

Demarest, Arthur A., Rice, Prudence M., and Rice, Don S., eds. 2004a. "The Terminal Classic in the Maya lowlands: assessing collapse, terminations, and transformations." In Demarest, Rice, and Rice, eds. 2004b: 545-572.

Demarest, Arthur A., Rice, Prudence M., and Rice, Don S., eds. 2004b. *The Terminal Classic in the Maya lowlands: collapse, transition, and transformation*.

Boulder: University Press of Colorado.

Deng, Gang. 1999. *The premodern Chinese economy: structural equilibrium and capitalist sterility*. London: Routledge.

Department of State. 1946. *Occupation of Japan: policy and progress*. Washington, DC: U.S. Government Printing Office.

D'Errico, Francesco, and Vanhaeren, Marian. 2016. "Upper Palaeolithic mortuary practices: reflection of ethnic affiliation, social complexity, and cultural turnover." In Renfrew, Colin, Boyd, Michael J., and Morley, Iain, eds., *Death rituals, social order and the archaeology of immortality in the ancient world: "death shall have no dominion."* Cambridge, UK: Cambridge University Press, 45-64.

De Vries, Jan. 1984. *European urbanization, 1500-1800*. London: Methuen.

De Vries, Jan, and Van der Woude, Ad. 1997. *The first modern economy: success, failure, and perseverance of the Dutch economy, 1500-1815*. Cambridge, UK: Cambridge University Press.

Diamond, Jared. 1997. *Guns, germs, and steel: the fates of human societies*. New York: W. W. Norton.

Diamond, Jared. 2005. *Collapse: how societies choose to fail or succeed*. New York: Viking.

Dikötter, Frank. 2013. *The tragedy of liberation: a history of the Chinese revolution, 1945-1957*. New York: Bloomsbury.

Diskin, Martin. 1989. "El Salvador: reform prevents change." In Thiesenheusen, ed. 1989b: 429-450.

Dobado González, Rafael, and García Montero, Héctor. 2010. "Colonial origins of inequality in Hispanic America? Some reflections based on new empirical evidence." *Revista de Historia Económica* 28: 253-277.

Dobson, R. B. 1983. *The peasants' revolt of 1381*. 2nd ed. London: Macmillan.

Docquier, Frederic, Ozden, Caglar, and Peri, Giovanni. 2014. "The labour market effects of immigration and emigration in OECD countries." *Economic Journal* 124: 1106-1145.

Dols, Michael W. 1977. *The Black Death in the Middle East*. Princeton, NJ: Princeton University Press.

Dore, R. P. 1984. *Land reform in Japan*. London: Athlone Press.

Doyle, Michael. 1986. *Empires*. Ithaca: Cornell University Press.

Doyle, William. 2009. *Aristocracy and its enemies in the age of revolution*. Oxford: Oxford University Press.

Draper, Nicholas. 2010. *The price of emancipation: slave-ownership, compensation and British society at the end of slavery*. Cambridge, UK: Cambridge University Press.

Drexler, Madeline. 2009. *Emerging epidemics: the menace of new infections*. New York: Penguin.

Drinkwater, John F. 1992. "The bacaudae of fifth-century Gaul." In Drinkwater, John, and Elton, Hugh, eds., *Fifth-century Gaul: a crisis of identity?* Cambridge, UK: Cambridge University Press, 208-217.

Dubreuil, Benoît. 2010. *Human evolution and the origins of hierarchies: the state of nature*. Cambridge, UK: Cambridge University Press.

Duch, Raymond M., and Rueda, David. 2014. "Generosity among friends: population homogeneity, altruism and insurance as determinants of redistribution?" Working paper.

Dumke, Rolf. 1991. "Income inequality and industrialization in Germany, 1850-1913: the Kuznets hypothesis re-examined." In Brenner, Kaelble, and Thomas, eds. 1991: 117-148.

Duncan-Jones, Richard. 1982. *The economy of the Roman empire: quantitative studies*. 2nd ed. Cambridge, UK: Cambridge University Press.

Duncan-Jones, Richard. 1994. *Money and government in the Roman empire*. Cambridge, UK: Cambridge University Press.

Duncan-Jones, Richard P. 1996. "The impact of the Antonine plague." *Journal of Roman Archaeology* 9: 108-136.

Dunn, Alastair. 2004. *The peasants' revolt: England's failed revolution of 1381*. Stroud: Tempus.

Durevall, Dick, and Henrekson, Magnus. 2011. "The futile quest for a grand explanation of long-run government expenditure." *Journal of Public Economics* 95: 708-722.

Du Rietz, Gunnar, Henrekson, Magnus, and Waldenström, Daniel. 2012. "The Swedish inheritance and gift taxation, 1885-2004." IFN Working Paper 936.

Du Rietz, Gunnar, Johansson, Dan, and Stenkula, Mikael. 2013. "The evolution of Swedish labor income taxation in a 150-year perspective: an in-depth characterization." IFN Working Paper No. 977.

Du Rietz, Gunnar, Johansson, Dan, and Stenkula, Mikael. 2014. "A 150-year perspective on Swedish capital income taxation." IFN Working Paper No. 1004.

Dutton, Paul V. 2002. *Origins of the French welfare state*. Cambridge, UK: Cambridge University Press.

Dyer, Christopher. 1998. *Standards of living in the later Middle Ages: social change in England* c. *1200-1520*. Rev. ed. Cambridge, UK: Cambridge University Press.

Easterly, William. 2007. "Inequality does cause underdevelopment: insights from a new instrument." *Journal of Development Economics* 84: 755-776.

Ebrey, Patricia. 1986. "The economic and social history of Later Han." In Twitchett and Loewe, eds. 1986: 608-648.

Economic Commission for Latin America and the Caribbean (ECLAC) 2015. *Latin America and the Caribbean in the world economy, 2015*. Santiago, Chile: United Nations.

Economist Intelligence Unit. 2014. "Economic challenges in Somaliland." http://country.eiu.com/Somalia/ArticleList/Updates/Economy.

Edo, Anthony, and Toubal, Farid. 2015. "Selective immigration policies and wages inequality." *Review of International Economics* 23: 160-187.

Ehrenreich, Robert M., Crumley, Carole L., and Levy, Janet E., eds. 1995. *Heterarchy and the analysis of complex societies*. Washington, DC: American Anthropological Association.

Eidelberg, Philip Gabriel. 1974. *The great Rumanian peasant revolt of 1907:*

origins of a modern jacquerie. Leiden, Netherlands: Brill.

Eika, Lasse, Mogstad, Magne, and Zafar, Basit. 2014. "Educational assortative mating and household income inequality." Federal Reserve Bank of New York Staff Report No. 682.

Eisenstadt, Shmuel N. 1993. *The political systems of empires*. Pb. ed. New Brunswick: Transaction Publishers.

Elhaik, Eran, et al. 2014. "The 'extremely ancient' chromosome that isn't: a forensic investigation of Albert Perry's X-degenerate portion of the Y chromosome." *European Journal of Human Genetics 22*: 1111-1116.

Elton, Hugh. 2007. "Military forces." In Sabin, van Wees and Whitby, eds. 2007: 270-309.

Elvin, Mark. 1973. *The pattern of the Chinese past*. Stanford, CA: Stanford University Press.

Esmonde Cleary, Simon. 1989. *The ending of Roman Britain*. London: Routledge.

Estevez-Abe, Margarita. 2008. *Welfare and capitalism in postwar Japan: party, bureaucracy, and business*. Cambridge, UK: Cambridge University Press.

European Commission. 2007. *Europe's demographic future: facts and figures on challenges and opportunities*. Luxembourg: Office for Official Publications of the European Communities.

European Commission. 2013. "Demography and inequality: how Europe's changing population will impact on income inequality." http://europa.eu/epic/studies-reports/docs/eaf_policy_brief_-_demography_and_inequality_final_version.pdf.

European Commission. 2015. *The 2015 aging report: economic and budgetary projections for the 28 EU member states (2013-2060)*. Luxembourg: Publications Office of the European Union.

Faik, Jürgen. 2012. "Impacts of an ageing society on macroeconomics and income inequality—the case of Germany since the 1980s." ECINEQ Working Paper 2012-272.

Falkenhausen, Lothar von. 2006. *Chinese society in the age of Confucius (1000-250 BC): the archaeological evidence*. Los Angeles: Cotsen Institute of

Archaeology.

Farber, Samuel. 2011. *Cuba since the revolution of 1959: a critical assessment*. Chicago: Haymarket Books.

Farris, William Wayne. 1993. *Heavenly warriors: the evolution of Japan's military, 500-1300*. Cambridge, MA: Harvard University Press.

Fearon, James D., and Laitin, David. 2003. "Ethnicity, insurgency, and civil war." *American Political Science Review* 97: 75-90.

Feinstein, Charles. 1988. "The rise and fall of the Williamson curve." *Journal of Economic History* 48: 699-729.

Ferguson, Niall. 1999. *The pity of war: explaining World War I*. New York: Basic Books.

Fernandez, Eva, and Santiago-Caballero, Carlos. 2013. "Economic inequality in Madrid, 1500-1840." Working paper. http://estructuraehistoria.unizar.es/personal/vpinilla/documents/ Fernandez_Santiago.pdf.

Figes, Orlando. 1997. *A people's tragedy: the Russian revolution 1891-1924*. London: Pimlico.

Findlay, Ronald, and Lundahl, Mats. 2006. "Demographic shocks and the factor proportion model: from the plague of Justinian to the Black Death." In Findlay, Ronald, Henriksson, Rolf G. H., Lindgren, Hakan, and Lundahl, Mats, eds., *Eli Heckscher, international trade, and economic history*. Cambridge, MA: MIT Press, 157-198.

Fine, John V. A. 1987. *The late medieval Balkans: a critical survey from the late twelfth century to the Ottoman conquest*. Ann Arbor: University of Michigan Press.

Finlayson, Bill, and Warren, Graeme M. 2010. *Changing natures: hunter-gatherers, first farmers and the modern world*. London: Duckworth.

Finseraas, Henning. 2012. "Poverty, ethnic minorities among the poor, and preferences for redistribution in European regions." *Journal of European Social Policy* 22: 164-180.

Fisher, Jonathan D., Johnson, David S., and Smeeding, Timothy M. 2013.

"Measuring the trends in inequality of individuals and families: income and consumption." *American Economic Review* 103: 184-188.

Fitzgerald, F. Scott. 1926. "The rich boy." *Red Magazine* January/February 1926. http://gutenberg.net.au/fsf/THE-RICH-BOY.html.

Flakierski, Henryk. 1992. "Changes in income inequality in the USSR." In Aslund, Anders, ed., *Market socialism or the restoration of capitalism?* Cambridge, UK: Cambridge University Press, 172-193.

Flannery, Kent, and Marcus, Joyce. 2012. *The creation of inequality: how our prehistoric ancestors set the stage for monarchy, slavery, and empire*. Cambridge, MA: Harvard University Press.

Fochesato, Mattia, and Bowles, Samuel. 2015. "Nordic exceptionalism? Social democratic egalitarianism in world-historic perspective." *Journal of Public Economics* 127: 30-44.

Ford, Martin. 2015. *Rise of the robots: technology and the threat of a jobless future*. New York: Basic Books.

Formicola, Vincenzo. 2007. "From the Sungir children to the Romito dwarf: aspects of the Upper Paleolithic funerary landscape." *Current Anthropology* 48: 446-453.

Förster, Michael F., and Tóth, István György. 2015. "Cross-country evidence of the multiple causes of inequality changes in the OECD area." In Atkinson and Bourguignon, eds. 2015: 1729-1843.

Fortun Vargas, Jonathan M. 2012. "Declining inequality in Bolivia: how and why." MPRA Paper No. 41208.

Foster, Benjamin R. 2016. *The age of Agade: inventing empire in ancient Mesopotamia*. London: Routledge.

Fourquin, Guy. 1978. *The anatomy of popular rebellion in the Middle Ages*. Amsterdam: North-Holland.

Foxhall, Lin. 1992. "The control of the Attic landscape." In Wells, ed. 1992: 155-159.

Foxhall, Lin. 2002. "Access to resources in classical Greece: the egalitarianism of the polis in practice." In Cartledge, Paul, Cohen, Edward E., and Foxhall, Lin, eds., *Money, labour and land: approaches to the economies of ancient Greece*. London: Routledge, 209-220.

Frankema, Ewout. 2012. "Industrial wage inequality in Latin America in global perspective, 1900-2000." *Studies in Comparative International Development* 47: 47-74.

Frankfurt, Harry G. 2015. *On inequality*. Princeton, NJ: Princeton University Press.

Fraser, Derek. 2009. *The evolution of the British welfare state: a history of social policy since the Industrial Revolution*. Basingstoke, UK: Palgrave Macmillan.

Frazer, Garth. 2006. "Inequality and development across and within countries." *World Development* 34: 1459-1481.

Freeland, Chrystia. 2012. *Plutocrats: the rise of the new global super-rich and the fall of everyone else*. New York: Penguin.

Freeman, Richard B. 2009. "Globalization and inequality." In Salverda, Nolan, and Smeeding, eds. 2009: 575-598.

Freu, Christel. 2015. "Labour status and economic stratification in the Roman world: the hierarchy of wages in Egypt." *Journal of Roman Archaeology* 28: 161-177.

Frey, Carl Benedikt, and Osborne, Michael A. 2013. "The future of employment: how susceptible are jobs to computerization?" Oxford Martin School Working Paper.

Frier, Bruce W. 2001. "More is worse: some observations on the population of the Roman empire." In Scheidel, Walter, ed., *Debating Roman demography*. Leiden, Netherlands: Brill, 139-159.

Frydman, Carola, and Molloy, Raven. 2012. "Pay cuts for the boss: executive compensation in the 1940s." *Journal of Economic History* 72: 225-251.

Fuentes-Nieva, Ricardo, and Galasso, Nick. 2014. "Working for the few: political capture and economic inequality." Oxford: Oxfam.

Fuks, Alexander. 1984. *Social conflict in ancient Greece*. Jerusalem: Magnes

Press.

Fukuyama, Francis. 2011. *The origins of political order: from prehuman times to the French Revolution*. New York: Farrar, Straus and Giroux.

Furceri, Davide, and Karras, Georgios. 2011. "Tax design in the OECD: a test of the Hines-Summers hypothesis." *Eastern Economic Journal* 37: 239-247.

Fussell, Paul. 1989. *Wartime: understanding and behavior in the Second World War*. New York: Oxford University Press.

Gabaix, Xabier, and Landier, Augustin. 2008. "Why has CEO pay increased so much?" *Quarterly Journal of Economics* 121: 49-100.

Gabaix, Xavier, Landier, Augustin, and Sauvagnat, Julien. 2014. "CEO pay and firm size: an update after the crisis." *Economic Journal* 124: F40-F59.

Galassi, Francesco, and Harrison, Mark. 2005. "Italy at war, 1915-1918." In Broadberry and Harrison, eds. 2005a: 276-309.

Galaty, Michael L., and Parkinson, William A. 2007a. "2007 introduction: Mycenaean palaces rethought." In Galaty and Parkinson, eds. 2007b: 1-17.

Galaty, Michael L., and Parkinson, William A., eds. 2007b. *Rethinking Mycenaean palaces II*. Rev. and exp. 2nd ed. Los Angeles: Cotsen Institute of Archaeology.

Gallagher, Thomas. 1982. *Paddy's lament: Ireland 1846-1847. Prelude to hatred*. San Diego, CA: Harcourt Brace.

García-Montero, Héctor. 2015. "Long-term trends in wealth inequality in Catalonia, 1400-1800: initial results." Dondena Working Paper No. 79.

Gärtner, Svenja, and Prado, Svante. 2012. "Inequality, trust and the welfare state: the Scandinavian model in the Swedish mirror." Working paper.

Gasparini, Leonardo, and Lustig, Nora. 2011. "The rise and fall of income inequality in Latin America." In Ocampo, José Antonio, and Ros, Jaime, eds., *The Oxford handbook of Latin American Economics*. New York: Oxford University Press, 691-714.

Gasparini, Leonardo, Cruces, Guillermo, and Tornarolli, Leopoldo. 2011. "Recent trends in income inequality in Latin America." *Economía* 11 (2): 147-190.

Gat, Azar. 2006. *War in human civilization*. Oxford: Oxford University Press.

Gatrell, Peter. 2005. *Russia's First World War: a social and economic history*. Harlow, UK: Pearson.

Geary, Frank, and Stark, Tom. 2004. "Trends in real wages during the Industrial Revolution: a view from across the Irish Sea." *Economic History Review* 57: 362-395.

Gellner, Ernest. 1983. *Nations and nationalism*. Ithaca, NY: Cornell University Press.

Giannecchini, Monica, and Moggi-Cecchi, Jacopo. 2008. "Stature in archaeological samples from Central Italy: methodological issues and diachronic changes." *American Journal of Physical Anthropology* 135: 284-292.

Giddens, Anthony. 1987. *The nation-state and violence: volume two of a contemporary critique of historical materialism*. Berkeley: University of California Press.

Gilens, Martin. 2012. *Affluence and influence: economic inequality and political power in America*. Princeton, NJ: Princeton University Press.

Gilmour, John. 2010. *Sweden, the swastika and Stalin: the Swedish experience in the Second World War*. Edinburgh: Edinburgh University Press.

Gilmour, John, and Stephenson, Jill, eds. 2013. *Hitler's Scandinavian legacy: the consequences of the German invasion for the Scandinavian countries, then and now*. London: Bloomsbury.

Gindling, T. H., and Trejos, Juan Diego. 2013. "The distribution of income in Central America." IZA Discussion Paper No. 7236.

Goetzmann, William N. 2016. *Money changes everything: how finance made civilization possible*. Princeton, NJ: Princeton University Press.

Goldin, Claudia, and Katz, Lawrence F. 2008. *The race between education and technology*. Cambridge, MA: Harvard University Press.

Goldin, Claudia, and Margo, Robert A. 1992. "The Great Compression: the wage structure in the United States at mid-century." *Quarterly Journal of Economics* 107: 1-34.

Goñi, Edwin, López, J. Humberto, and Servén, Luis. 2008. "Fiscal redistribution and income inequality in Latin America." World Bank Policy Research Paper No. 4487.

Goodin, Robert E., and Dryzek, Jon. 1995. "Justice deferred: wartime rationing and post-war welfare policy." *Politics and Society* 23: 49-73.

Goos, Maarten, and Manning, Alan. 2007. "Lousy and lovely jobs: the rising polarization of work in Britain." *Review of Economics and Statistics* 89: 118-133.

Gordon, Robert J. 2016. *The rise and fall of American growth: the U.S. standard of living since the Civil War*. Princeton, NJ: Princeton University Press.

Gottfried, Robert S. 1983. *The Black Death: natural and human disaster in medieval Europe*. New York: Free Press.

Graeber, David. 2011. *Debt: the first 5,000 years*. Brooklyn, NY: Melville House.

Grant, Oliver Wavell. 2002. "Does industrialisation push up inequality? New evidence on the Kuznets curve from nineteenth-century Prussian tax statistics." University of Oxford Discussion Papers in Economic and Social History, No. 48.

Gray, Lewis C. 1933. *History of agriculture in the southern United States to 1860*. Vol. I. Washington, DC: Carnegie Institution of Washington.

Greenwood, Jeremy, Guner, Nezih, Kocharkov, Georgi, and Santos, Cezar. 2014. "Marry your like: assortative mating and income inequality." *American Economic Review* 104: 348-353.

Gregory, Paul R. 1982. *Russian national income, 1885-1913*. New York: Cambridge University Press.

Grigg, David. 1980. *Population growth and agrarian change: an historical perspective*. Cambridge, UK: Cambridge University Press.

Grimnes, Ole Kristian. 2013. "Hitler's Norwegian legacy." In Gilmour and Stephenson, eds. 2013: 159-177.

Grogger, Jeffrey, and Hanson, Gordon H. 2011. "Income maximization and the selection and sorting of international migrants." *Journal of Development Economics* 95: 42-57.

Gross, Jean-Pierre. 1997. *Fair shares for all: Jacobin egalitarianism in practice*. Cambridge, UK: Cambridge University Press.

Grütter, Alfred. 1968. "Die eidgenössische Wehrsteuer, ihre Entwicklung und Bedeutung." PhD thesis, Zürich.

Guasti, Cesare, ed. 1880. *Il sacco di Prato e il ritorno de' Medici in Firenze nel MDXII*. Bologna, Italy: Gaetano Romagnoli.

Gurven, Michael, et al. 2010. "Domestication alone does not lead to inequality: intergenerational wealth transmission among agriculturalists." *Current Anthropology* 51: 49-64.

Gustafsson, Björn, and Johansson, Mats. 2003. "Steps toward equality: how and why income inequality in urban Sweden changed during the period 1925-1958." *European Review of Economic History* 7: 191-211.

Haas, Ain. 1993. "Social inequality in aboriginal North America: a test of Lenski's theory." *Social Forces* 72: 295-313.

Haber, Stephen. 2006. "The political economy of Latin American industrialization." In Bulmer-Thomas, Victor, Coatsworth, John, and Cortes Conde, Roberto, eds., *The Cambridge economic history of Latin America*. Vol. 2. *The long twentieth century*. Cambridge, UK: Cambridge University Press, 537-584.

Haber, Stephen. 2012. "Climate, technology, and the evolution of political and economic institutions." PERC Working Paper.

Haldon, John F. 1993. *The state and the tributary mode of production*. London: Verso.

Haldon, John F. 1997. *Byzantium in the seventh century: the transformation of a culture*. Rev. ed. Cambridge, UK: Cambridge University Press.

Hamilton, Malcolm B. 1989. *Democratic socialism in Britain and Sweden*. Basingstoke, UK: Macmillan Press.

Haney, Emil B., Jr., and Haney, Wava G. 1989. "The agrarian transition in Highland Ecuador: from precapitalism to agrarian capitalism in Chimborazo." In Thiesenheusen, ed. 1989b: 70-91.

Hansen, Mogens H. 1985. *Demography and democracy: the number of Athenian*

citizens in the fourth century B.C. Herning, Denmark: Systime.
Hansen, Mogens H. 1988. *Three studies in Athenian demography*. Copenhagen: Royal Danish Academy of Sciences and Letters.
Hansen, Mogens H., ed. 2000. *A comparative study of thirty city-state cultures: an investigation conducted by the Copenhagen Polis Centre*. Copenhagen: Royal Danish Academy of Sciences and Letters.
Hansen, Mogens H. 2006a. *Polis: an introduction to the ancient Greek city-state*. Oxford: Oxford University Press.
Hansen, Mogens H. 2006b. *The shotgun method: the demography of the ancient Greek city-state culture*. Columbia: University of Missouri Press.
Hansen, Mogens H., and Nielsen, Thomas H., eds. 2004. *An inventory of archaic and classical poleis*. Oxford: Oxford University Press.
Hanus, Jord. 2013. "Real inequality in the early modern Low Countries: the city of 's-Hertogenbosch, 1500-1660." *Economic History Review* 66: 733-756.
Hanushek, Eric A., Schwerdt, Guido, Wiederhold, Simon, and Woessmann, Ludger. 2013. "Returns to skills around the world: evidence from PIAAC." NBER Working Paper No. 19762.
Hara, Akira. 1998. "Japan: guns before rice." In Harrison, ed. 1998b: 224-267.
Hara, Akira. 2003. "Wartime controls." In Nakamura and Odaka, eds. 2003a: 247-286.
Harari, Yuval Noah. 2015. "Upgrading inequality: will rich people become a superior biological caste?" *The World Post* February 4, 2015. http://www.huffingtonpost.com/dr-yuval-noah-harari/inequality-rich-superior-biological_b_5846794.html.
Hardoon, Deborah, Ayele, Sophia, and Fuentes-Nieva, Ricardo. 2016. "An economy for the 1%: how privilege and power in the economy drive extreme inequality and how this can be stopped." Oxford: Oxfam GB.
Harper, Kyle. 2015a. "Landed wealth in the long term: patterns, possibilities, evidence." In Erdkamp, Paul, Verboven, Koenraad, and Zuiderhoek, Arjan, eds., *Ownership and exploitation of land and natural resources in the Roman*

world. Oxford: Oxford University Press, 43-61.

Harper, Kyle. 2015b. "Pandemics and passages to late antiquity: rethinking the plague of *c.* 249-270 described by Cyprian." *Journal of Roman Archaeology* 28: 223-260.

Harris, John. 2010. *Enhancing evolution: the ethical case for making better people*. Princeton, NJ: Princeton University Press.

Harrison, Mark. 1998a. "The economics of World War II: an overview." In Harrison, ed. 1998b: 1-42.

Harrison, Mark, ed. 1998b. *The economics of World War II: six great powers in international comparison*. Cambridge, UK: Cambridge University Press.

Hartung, J. 1898. "Die direkten Steuern und die Vermögensentwicklung in Augsburg von der Mitte des 16. bis zum 18. Jahrhundert." *Jahrbuch für Gesetzgebung, Verwaltung und Volkswirtschaft im Deutschen Reich* 22 (4): 166-209.

Hashim, Alice B. 1997. *The fallen state: dissonance, dictatorship and death in Somalia*. Lanham, MD: University Press of America.

Hashimoto, Jurô. 2003. "The rise of big business." In Nakamura and Odaka, eds. 2003a: 190-222.

Hatzfeld, Jean. 2005. *Machete season: the killers in Rwanda speak*. New York: Farrar, Straus and Giroux.

Hautcoeur, Pierre-Cyrille. 2005. "Was the Great War a watershed? The economics of World War I in France." In Broadberry and Harrison, eds. 2005a: 169-205.

Hayami, Akira. 2004. "Introduction: the emergence of 'economic society.'" In Hayami, Saitô, and Toby, eds. 2004: 1-35.

Hayami, Akira, Saitô, Osamu, and Toby, Ronald P. 2004. *The economic history of Japan: 1600-1990*. Vol. 1. *Emergence of economic society in Japan, 1600-1859*. Oxford: Oxford University Press.

Hegyi, Géza, Néda, Zoltán, and Santos, Maria Augusta. 2005. "Wealth distribution of Pareto's law in the Hungarian medieval society." *arXiv*. http://arxiv.org/abs/physics/0509045.

Henken, Ted A., Celeya, Miriam, and Castellanos, Dimas, eds. 2013. *Cuba*. Santa Barbara, CA: ABC-CLIO.

Henrekson, Magnus, and Waldenström, Daniel. 2014. "Inheritance taxation in Sweden, 1885-2004: the role of ideology, family firms and tax avoidance." IFN Working Paper 1032.

Henshilwood, Christopher S., et al. 2001. "An early bone tool industry from the Middle Stone Age at Blombos Cave, South Africa: implications for the origins of modern human behavior, symbolism and language." *Journal of Human Evolution* 41: 631-678.

Hernani-Limarino, Werner L., and Eid, Ahmed. 2013. "Unravelling declining income inequality in Bolivia: do government transfers matter?" Working paper.

Higham, Tom, et al. 2007. "New perspectives on the Varna cemetery (Bulgaria)—AMS dates and social implications." *Antiquity* 81: 640-654.

Hilton, Rodney. 1973. *Bond men made free: medieval peasant movements and the English rising of 1381*. London: Temple Smith.

Hilton, R. H., and Aston, T. H., eds. 1984. *The English rising of 1381*. Cambridge, UK: Cambridge University Press.

Hines, James R., Jr. 2006. "Will social welfare expenditures survive tax competition?" *Oxford Review of Economic Policy* 22: 330-348.

Hines, James R., Jr., and Summers, Lawrence H. 2009. "How globalization affects tax design." *Tax Policy and the Economy* 23: 123-158.

Hinton, William. 1966. *Fanshen: a documentary of revolution in a Chinese village*. New York: Monthly Review Press.

Ho, Hoang-Anh. 2013. "Not a destiny: ethnic diversity and redistribution examined." MSc thesis, University of Gothenburg.

Hodkinson, Stephen. 2000. *Property and wealth in classical Sparta*. London: Duckworth.

Hoffman, Philip T. 1996. *Growth in a traditional society: the French countryside, 1450-1850*. Princeton, NJ: Princeton University Press.

Hoffman, Philip T., Jacks, David S., Levin, Patricia A., and Lindert, Peter H. 2005. "Sketching the rise of real inequality in early modern Europe." In Allen, Robert C., Bengtsson, Tommy, and Dribe, Martin, eds., *Living standards in the past: new perspectives on well-being in Asia and Europe*. Oxford: Oxford University Press, 131-172.

Hoffner, Harry A. Jr. 1998. *Hittite myths*. 2nd ed. Atlanta: Scholars Press.

Hoggarth, Julie A., et al. 2016. "The political collapse of Chichén Itza in climatic and cultural context." *Global and Planetary Change* 138: 25-42.

Holtermann, Helge. 2012. "Explaining the development-civil war relationship." *Conflict Management and Peace Science* 29: 56-78.

Holtfrerich, Carl-Ludwig. 1980. *Die deutsche Inflation 1914-1923: Ursachen und Folgen in internationaler Perspektive*. Berlin: Walter de Gruyter.

Hooglund, Eric J. 1982. *Land and revolution in Iran, 1960-1980*. Austin: University of Texas Press.

Hopkins, Keith. 1978. *Conquerors and slaves: sociological studies in Roman history 1*. Cambridge, UK: Cambridge University Press.

Hopkins, Keith. 2002. "Rome, taxes, rents, and trade" (1995/96). In Scheidel, Walter, and von Reden, Sitta, eds., *The ancient economy*. Edinburgh: Edinburgh University Press, 190-230.

Horden, Peregrine. 2005. "Mediterranean plague in the age of Justinian." In Mass, Michael, ed. *The Cambridge companion to the age of Justinian*. Cambridge, UK: Cambridge University Press, 134-160.

Horn, Jeff. 2015. "Lasting economic structures: successes, failures, legacies." In Andress, ed. 2015: 607-624.

Horrox, Rosemary, trans. and ed. 1994. *The Black Death*. Manchester, UK: Manchester University Press.

Hossmann, Iris, et al. 2008. "Europe's demographic future: growing imbalances." Berlin: Berlin Institute for Population and Development.

Hsu, Cho-yun. 1965. *Ancient China in transition: an analysis of social mobility, 722-222 B.C.* Stanford, CA: Stanford University Press.

Hsu, Cho-yun. 1980. *Han agriculture: the formation of early Chinese agrarian economy (206 B.C.-A.D. 220).* Seattle: University of Washington Press.

Huber, John D., Ogorzalek, Thomas K., and Gore, Radhika. 2012. "Democracy, targeted redistribution and ethnic inequality." Working paper.

Hudson, Michael. 1993. "The lost tradition of biblical debt cancellations." http://michael-hudson.com/wp-content/uploads/2010/03/HudsonLostTradition.pdf.

Hudson, Michael. 1996a. "Privatization: a survey of the unresolved controversies." In Hudson and Levine, eds. 1996: 1-32.

Hudson, Michael. 1996b. "The dynamics of privatization, from the Bronze Age to the present." In Hudson and Levine, eds. 1996: 33-72.

Hudson, Michael. 1996c. "Early privatization and its consequences." In Hudson and Levine, eds. 1996: 293-308.

Hudson, Michael, and Levine, Baruch, eds. 1996. *Privatization in the Ancient Near East and classical world*. Cambridge, MA: Peabody Museum of Archaeology and Ethnology, Harvard University.

Hudson, Michael, and Van De Mieroop, Marc, eds. 2002. *Debt and economic renewal in the Ancient Near East*. Bethesda, MD: CDL.

Human development report. 2014. *Human development report 2014. Sustaining human progress: reducing vulnerabilities and building resilience*. New York: United Nations Development Programme.

Hungerford, Thomas L. 2013. "Changes in income inequality among U.S. tax filers between 1991 and 2006: the role of wages, capital income, and taxes." SSRN Working Paper No. 2207372.

Jabbari, Eric. 2012. *Pierre Laroque and the welfare state in post-war France*. Oxford: Oxford University Press.

Jackson, R. V. 1987. "The structure of pay in nineteenth-century Britain." *Economic History Review* 40: 561-570.

Jackson, R. V. 1994. "Inequality of incomes and lifespans in England since 1688." *Economic History Review* 47: 508-524.

Jacobs, Harrison. 2015. "Here's the ridiculous loot that's been found with corrupt

Chinese officials." *Business Insider* January 22, 2015.

Janowitz, Morris. 1976. *Social control of the welfare state*. Chicago: University of Chicago Press.

Jäntti, Markus, and Jenkins, Stephen P. 2015. "Income mobility." In Atkinson and Bourguignon, eds. 2015: 807-935.

Jäntti, M., Riihelä, M., Sullström, R., and Tuomala, M. 2010. "Trends in top income shares in Finland." In Atkinson and Piketty, eds. 2010: 371-447.

Janusek, John Wayne. 2004. *Identity and power in the ancient Andes: Tiwanaku cities through time*. New York: Routledge.

Jarvis, Lovell S. 1989. "The unraveling of Chile's agrarian reform, 1973-1986." In Thiesenheusen, ed. 1989b: 240-275.

Jaumotte, Florence, Lall, Subir, and Papageorgiou, Chris. 2013. "Rising income inequality: technology, or trade and financial globalization?" *IMF Economic Review* 61: 271-309.

Jaumotte, Florence, and Osorio Buitron, Carolina. 2015. "Inequality and labor market institutions." IMF Staff Discussion Note 15/14.

Jaworski, Taylor. 2009. "War and wealth: economic opportunity before and after the Civil War, 1850-1870." LSE Working Papers No. 114/09.

Jenkins, Stephen P., Brandolini, Andrea, Micklewright, John, and Nolan, Brian, eds. 2013. *The Great Recession and the distribution of household income*. Oxford: Oxford University Press.

Jenkins, Stephen P., and Van Kerm, Philippe. 2009. "The measurement of economic inequality." In Salverda, Nolan, and Smeeding, eds. 2009: 40-67.

Johnson, Allen W., and Earle, Timothy. 2000. *The evolution of human societies: from foraging group to agrarian state*. 2nd. Stanford, CA: Stanford University Press.

Johnson, Harold B. Jr. 2001. "Malthus confirmed? Being some reflections on the changing distribution of wealth and income in Portugal [1309-1789]." Working paper.

Jongman, Willem. 1988. *The economy and society of Pompeii*. Amsterdam:

Gieben.

Jongman, Willem. 2006. "The rise and fall of the Roman economy: population, rents and entitlement." In Bang, Peter F., Ikeguchi, Mamoru, and Ziche, Hartmut G., eds., *Ancient economies, modern methodologies: archaeology, comparative history, models and institutions*. Bari, Italy: Edipuglia, 237-254.

Jordan, William C. 1996. *The great famine: northern Europe in the early fourteenth century*. Princeton, NJ: Princeton University Press.

Jursa, Michael. 2010. *Aspects of the economic history of Babylonia in the first millennium BC*. Münster, Germany: Ugarit-Verlag.

Jursa, Michael. 2015. "Economic growth and growing economic inequality? The case of Babylonia." Conference paper for "The haves and the have-nots: exploring the global history of wealth and income inequality," September 11, 2015, University of Vienna.

Justman, Moshe, and Gradstein, Mark. 1999. "The industrial revolution, political transition, and the subsequent decline in inequality in 19th-century Britain." *Explorations in Economic History* 36: 109-127.

Kaboski, Joseph P. 2005. "Supply factors and the mid-century fall in the skill premium." Working paper.

Kage, Rieko. 2010. "The effects of war on civil society: cross-national evidence from World War II." In Kier and Krebs, eds. 2010: 97-120.

Kaimowitz, David. 1989. "The role of decentralization in the recent Nicaraguan agrarian reform." In Thiesenheusen, ed. 1989b: 384-407.

Kanbur, Ravi. 2015. "Globalization and inequality." In Atkinson and Bourguignon, eds. 2015: 1845-1881.

Kaplan, Steve N., and Rauh, Joshua. 2010. "Watt Street and Main Street: what contributes to the rise in the highest incomes?" *Review of Financial Studies* 23: 1004-1050.

Kaplan, Steven N., and Rauh, Joshua. 2013. "It's the market: the broad-based rise in return to top talent." *Journal of Economic Perspectives* 27 (3): 35-55.

Kapteijns, Lidwien. 2013. *Clan cleansing in Somalia: the ruinous legacy of 1991*.

Philadelphia: University of Pennsylvania Press.

Kasza, Gregory J. 2002. "War and welfare policy in Japan." *Journal of Asian Studies* 61: 417-435.

Katajala, Kimmo, ed. 2004. *Northern revolts: medieval and early modern peasant unrest in the Nordic countries*. Helsinki: Finnish Literature Society.

Kautsky, John H. 1982. *The politics of aristocratic empires*. New Brunswick, NJ: Transaction Publishers.

Kawagoe, Toshihiko. 1993. "Land reform in postwar Japan." In Teranishi and Kosai, eds. 1993: 178-204.

Kawagoe, Toshihiko. 1999. "Agricultural land reform in postwar Japan: experiences and issues." World Bank Policy Research Working Paper No. 2111.

Kay, Philip. 2014. *Rome's economic revolution*. Oxford: Oxford University Press.

Kaymak, Baris, and Poschke, Markus. 2016. "The evolution of wealth inequality over half a century: the role of taxes, transfers and technology." *Journal of Monetary Economics* 77: 1-25.

Keister, Lisa A. 2014. "The one percent." *Annual Review of Sociology* 40: 347-367.

Keister, Lisa A., and Lee, Hang Y. 2014. "The one percent: top incomes and wealth in sociological research." *Social Currents* 1: 13-24.

Kelly, Robert L. 2013. *The lifeways of hunter-gatherers: the foraging spectrum*. New York: Cambridge University Press.

Kemp, Barry J. 1983. "Old Kingdom, Middle Kingdom and Second Intermediate Period, *c.* 2686-1552 BC." In Trigger, Bruce G., Kemp, Barry J., O'Connor, David, and Lloyd, Alan B., *Ancient Egypt: a social history*. Cambridge, UK: Cambridge University Press, 71-182.

Kennett, Douglas J., et al. 2012. "Development and disintegration of Maya political systems in response to climate change." *Science* 338: 788-791.

Kier, Elizabeth, and Krebs, Ronald, R., eds. 2010. *In war's wake: international conflict and the fate of liberal democracy*. Cambridge, UK: Cambridge University Press.

Klausen, Jytte. 1998. *War and welfare: Europe and the United States, 1945 to the present*. New York: St. Martin's Press.

Klein, Richard. 2009. *The human career: human biological and cultural origins*. 3rd ed. Chicago: University of Chicago Press.

Knapp, A. Bernhard, and Manning, Sturt W. 2015. "Crisis in context: the end of the Late Bronze Age in the Eastern Mediterranean." *American Journal of Archaeology* 120: 99-149.

Koeniger, Winfried, Leonardi, Marco, and Nunziata, Luca. 2007. "Labor market institutions and wage inequality." *Industrial and Labor Relations Review* 60: 340-356.

Koepke, Nicola, and Baten, Jörg. 2005. "The biological standard of living in Europe during the last two millennia." *European Review of Economic History* 9: 61-95.

Kolata, Alan. 1993. *The Tiwanaku: portrait of an Andean civilization*. Cambridge, MA: Blackwell.

Komlos, John, Hau, Michel, and Bourguinat, Nicolas. 2003. "An anthropometric history of early-modern France." *European Review of Economic History* 7: 159-189.

Kopczuk, Wojciech. 2015. "What do we know about the evolution of top wealth shares in the United States?" *Journal of Economic Perspectives* 29: 47-66.

Kopczuk, Wojciech, Saez, Emmanuel, and Song, Jae. 2010. "Earnings inequality and mobility in the United States: evidence from Social Security data since 1937." *Quarterly Journal of Economics* 125: 91-128.

Kott, Alexander, et al. 2015. "Visualizing the tactical ground battlefield in the year 2050: workshop report." US Army Research Laboratory ARL-SR-0327.

Kozol, Jonathan. 2005. *The shame of the nation: the restoration of apartheid schooling in America*. New York: Random House.

Kron, Geoffrey. 2011. "The distribution of wealth in Athens in comparative perspective." *Zeitschrift für Papyrologie und Epigraphik* 179: 129-138.

Kron, Geoffrey. 2014. "Comparative evidence and the reconstruction of the ancient economy: Greco-Roman housing and the level and distribution of wealth and income." In Callataÿ, Francois de, ed., *Quantifying the Greco-Roman economy and beyond*. Bari, Italy: Edipuglia, 123-146.

Kršljanin, Nina. 2016. "The land reform of the 1830s in Serbia: the impact of the shattering of the Ottoman feudal system." Conference paper for "Old and new words: the global challenges of rural history," Lisbon, January 27-30, 2016.

Kuehn, John T. 2014. *A military history of Japan: from the age of the Samurai to the 21st century*. Santa Barbara: ABC-CLIO.

Kuhn, Dieter. 2009. *The age of Confucian rule: the Song transformation of China*. Cambridge, MA: Harvard University Press.

Kuhn, Philip A. 1978. "The Taiping Rebellion." In Fairbank, John F., ed., *The Cambridge history of China.* Vol. 10. *Late Ch'ing, 1800-1911, Part I.* Cambridge, UK: Cambridge University Press, 264-317.

Kuhrt, Amélie. 1995. *The ancient Near East* c. *3000-330 BC*. 2 vols. London: Routledge.

Kuroda, Masahiro. 1993. "Price and goods control in the Japanese postwar inflationary period." In Teranishi and Kosai, eds. 1993: 31-60.

Kuznets, Simon. 1955. "Economic growth and income inequality." *American Economic Review* 45: 1-28.

Labuda, Damian, Lefebvre, Jean-Francois, Nadeau, Philippe, and Roy-Gagnon, Marie-Hélène. 2010. "Female-to-male breeding ratio in modern humans—an analysis based on historical recombinations." *American Journal of Human Genetics* 86: 353-363.

Lakner, Christoph, and Milanovic, Branko. 2013. "Global income distribution: from the fall of the Berlin Wall to the Great Recession." World Bank Policy Research Working Paper No. 6719.

Larrimore, Jeff. 2014. "Accounting for United States household income inequality trends: the changing importance of household structure and male and female labor earnings inequality." *Review of Income and Wealth* 60: 683-701.

Laybourn, Keith. 1995. *The evolution of British social policy and the welfare state*. Keele, UK: Keele University Press.

Lee, Richard B. 1979. *The !Kung San: men, women, and work in a foraging society*. Cambridge, UK: Cambridge University Press.

Lee, Richard B. 1984. *The Dobe !Kung*. New York: Holt, Rinehart and Winston.

Lee, Ronald D. 1986a. "Malthus and Boserup: a dynamic synthesis." In Coleman, David, and Schofield, Roger, eds., *The state of population theory: forward from Malthus*. Oxford: Blackwell, 96-130.

Lee, Ronald D. 1986b. "Population homeostasis and English demographic history." In Rotberg, Robert I., and Rabb, Theodore K., eds., *Population and economy: population and history from the traditional to the modern world*. Cambridge, UK: Cambridge University Press, 75-100.

Leeson, Peter T. 2007. "Better off stateless: Somalia before and after government collapse." *Journal of Comparative Economics* 35: 689-710.

Leigh, Andrew. 2007. "How closely do top income shares track other measures of inequality?" *Economic Journal* 117: F619-F633.

Leigh, Andrew, Jencks, Christopher, and Smeeding, Timothy M. 2009. "Health and economic inequality." In Salverda, Nolan, and Smeeding, eds. 2009: 384-405.

Leitner, Ulrich. 2011. *Imperium: Geschichte und Theories eines politischen Systems*. Frankfurt, Germany: Campus Verlag.

Lemieux, Thomas. 2006. "Post-secondary education and increasing wage inequality." *American Economic Review* 96: 195-199.

Leonard, Carol S. 2011. *Agrarian reform in Russia: the road to serfdom*. New York: Cambridge University Press.

Le Roy Ladurie, Emmanuel. 1966. *Les paysans de Languedoc*. 2 vols. Paris: Mouton.

Levy, Frank, and Temin, Peter. 2007. "Inequality and institutions in 20th century America." NBER Working Paper No. 13106.

Lewis, Joanna. 2000. *Empire state-building: war and welfare in Kenya 1925-52*. Oxford: James Currey.

Lewis, Mark Edward. 1990. *Sanctioned violence in early China*. Albany: State University of New York Press.

Lewis, Mark Edward. 1999. "Warring States: political history." In Loewe, Michael, and Shaughnessy, Edward L., eds., *The Cambridge history of ancient China: from the origins to 211 B.C.* Cambridge, UK: Cambridge University Press, 587-650.

Lewis, Mark Edward. 2007. *The early Chinese empires: Qin and Han*. Cambridge, MA: Harvard University Press.

Lewis, Mark Edward. 2009a. *China between empires: the Northern and Southern dynasties*. Cambridge, MA: Harvard University Press.

Lewis, Mark Edward. 2009b. *China's cosmopolitan empire: the Tang dynasty.* Cambridge, MA: Harvard University Press.

Li, Feng. 2013. *Early China: a social and cultural history*. Cambridge, UK: Cambridge University Press.

Li, Shi. 2014. "Rising income and wealth inequality in China." http://unsdsn.org/wp-content/uploads/2014/05/TG03-SI-Event-LI-Shi-income-inequality.pdf.

Liang, Puping, et al. 2015. "CRISPR/Cas9-mediated gene editing in human tripronuclear zygotes." *Protein and Cell* 6: 363-372.

Lin, Ken-Hou, and Tomaskovic-Devey, Donald. 2013. "Financialization and US income inequality, 1970- 2008." *American Journal of Sociology* 118: 1284-1329.

Lindert, Peter H. 1991. "Toward a comparative history of income and wealth inequality." In Brenner, Kaelble, and Thomas, eds. 1991: 212-231.

Lindert, Peter H. 2000a. "Three centuries of inequality in Britain and America." In Atkinson and Bourguignon, eds. 2000: 167-216.

Lindert, Peter H. 2000b. "When did inequality rise in Britain and America?" *Journal of Income Distribution* 9: 11-25.

Lindert, Peter H. 2004. *Growing public: social spending and economic growth since the eighteenth century*. 2 vols. Cambridge, UK: Cambridge University Press.

Lindert, Peter H. 2015. "Where has modern equality come from? Lucky and smart paths in economic history." Conference paper for "Unequal chances and unequal outcomes in economic history," All-UC Economic History Group/Caltech Conference, February 6-7, 2015.

Lindert, Peter H., and Williamson, Jeffrey G. 2014. "American colonial incomes, 1650-1774." NBER Working Paper 19861.

Lindert, Peter H., and Williamson, Jeffrey G. 2016. *Unequal gains: American growth and inequality since 1700*. Princeton, NJ: Princeton University Press.

Lindqvist, Erik, and Östling, Robert. 2013. "Identity and redistribution." *Public Choice* 155: 469-491.

Lindsay, Craig. 2003. "A century of labour market change: 1900 to 2000." Labour Market Trends 111 (3). www.statistics.gov.uk/downloads/theme_labour/LMT_March03_revised.pdf.

Link, Stefan. 1991. *Landverteilung und sozialer Frieden im archaischen Griechenland*. Stuttgart, Germany: Steiner.

Lipton, Michael. 2009. *Land reform in developing countries: property rights and property wrongs*. Abingdon, UK: Routledge.

Little, Lester K., ed. 2007. *Plague and the end of antiquity: the pandemic of 541-750*. Cambridge, UK: Cambridge University Press.

Livi Bacci, Massimo. 2008. *Conquest: the destruction of the American Indios*. Cambridge, UK: Polity Press.

Lo Cascio, Elio. 2001. "Recruitment and the size of the Roman population from the third to the first century BCE." In Scheidel, Walter, ed., *Debating Roman demography*. Leiden, Netherlands: Brill, 111-137.

Lo Cascio, Elio, ed. 2012. *L'impatto della "peste antonina."* Bari, Italy: Edipuglia.

Lodin, Sven-Olof. 2011. *The making of Swedish tax law: the development of the Swedish tax system*. Trans. Ken Schubert. Uppsala, Sweden: Iustus.

Loewe, Michael. 1986a. "The Former Han dynasty." In Twitchett and Loewe, eds. 1986: 103-222.

Loewe, Michael. 1986b. "Wang Mang, the restoration of the Han dynasty, and

Later Han." In Twitchett and Loewe, eds. 1986: 223-290.

Lovejoy, Paul E. 2011. *Transformations in slavery: a history of slavery in Africa*. 3rd ed. New York: Cambridge University Press.

Lowe, Rodney. 1990. "The second world war, consensus, and the foundation of the welfare state." *Twentieth Century British History* 1: 152-182.

Lustig, Nora, Lopez-Calva, Luis F., and Ortiz-Juarez, Eduardo. 2012. "Declining inequality in Latin America in the 2000s: the cases of Argentina, Brazil, and Mexico." World Bank Policy Research Working Paper No. 6248.

Lustig, Nora, Lopez-Calva, Luis F., and Ortiz-Juarez, Eduardo. 2014. "Deconstructing the decline in inequality in Latin America." Working paper.

Lutz, Wolfgang, and Scherbov, Sergei. 2007. "The contribution of migration to Europe's demographic future: projections for the EU-25 to 2050." Laxenburg, Austria: International Institute for Applied Systems Analysis, IR-07-024.

Machin, Stephen. 2008. "An appraisal of economic research on changes in wage inequality." *Labour* 22: 7-26.

Maddison project. "Maddison project." http://www.ggdc.net/maddison/maddison-project/home.htm.

Magness, Phillip W., and Murphy, Robert P. 2015. "Challenging the empirical contribution of Thomas Piketty's *Capital in the twenty-first century*." *Journal of Private Enterprise* 30: 1-34.

Mahler, Vincent A. 2010. "Government inequality reduction in comparative perspective: a cross-national study of the developed world." *Polity* 42: 511-541.

Maisels, Charles K. 1990. *The emergence of civilization: from hunting and gathering to agriculture, cities, and the state in the Near East*. London: Routledge.

Malinen, Tuomas. 2012. "Estimating the long-run relationship between income inequality and economic development." *Empirical Economics* 42: 209-233.

Malthus, T. R. 1992. *An essay on the principle of population; or a view of its past and present effects on human happiness; with an inquiry into our prospects respecting the future removal or mitigation of the evils which it occasions*. Selected and introduced by Donald Winch using the text of the

1803 edition as prepared by Patricia James for the Royal Economic Society, 1990, showing the additions and corrections made in the 1806, 1807, 1817, and 1826 editions. Cambridge, UK: Cambridge University Press.

Mango, Cyril. 1985. *Le développement urbain de Constantinople (IVe-VIIe siècles)*. Paris: De Boccard.

Mansfield, Edward D., and Snyder, Jack. 2010. "Does war influence democratization?" In Kier and Krebs, eds. 2010: 23-49.

Mansvelt Beck, B. J. 1986. "The fall of Han." In Twitchett and Loewe, eds. 1986: 317-376.

Marean, Curtis W. 2014. "The origins and significance of coastal resource use in Africa and Western Eurasia." *Journal of Human Evolution* 77: 17-40.

Marean, Curtis W. 2015. "An evolutionary anthropological perspective on modern human origins." *Annual Review of Anthropology* 44: 533-556.

Margolin, Jean-Louis. 1999a. "Cambodia: a country of disconcerting crimes." In Courtois et al. 1999: 577-644.

Margolin, Jean-Louis. 1999b. "China: a long march into night." In Courtois et al. 1999: 463-546.

Markoff, John. 1996a. *The abolition of feudalism: peasants, lords and legislators in the French Revolution*. University Park: Pennsylvania State University Press.

Markoff, John. 1996b. *Waves of democracy: social movements and political change*. Thousand Oaks, CA: Pine Forge Press.

Marlowe, Frank W. 2010. *The Hadza: hunter-gatherers of Tanzania*. Berkeley: University of California Press.

Marwick, Arthur. 1988. "Conclusion." In Marwick, Arthur, ed. 1988. *Total war and social change*. Houndmills, UK: Macmillan Press, 119-125.

Marzagalli, Silvia. 2015. "Economic and demographic developments." In Andress, ed. 2015: 3-20.

Massey, Douglas S. 2007. *Categorically unequal: the American stratification system*. New York: Russell Sage Foundation.

Masson, Marilyn A., and Peraza Lope, Carlos. 2014. *Kukulcan's realm: urban life at ancient Mayapan*. Boulder: University Press of Colorado.

Mau, Steffen, and Burkhardt, Christoph. 2009. "Ethnic diversity and welfare state solidarity in Western Europe." *Journal of European Social Policy* 19: 213-229.

Mayer, Emanuel. 2012. *The ancient middle classes: urban life and aesthetics in the Roman empire, 100 BCE-250 CE*. Cambridge, MA: Harvard University Press.

Mayshar, Joram, Moav, Omer, Neeman, Zvika, and Pascali, Luigi. 2015. "Cereals, appropriability and hierarchy." Barcelona GSE Working Paper No. 842.

McCaa, Robert. 2000. "The peopling of Mexico from origins to revolution." In Haines, Michael R., and Steckel, Richard H., eds., *A population history of North America*. Cambridge, UK: Cambridge University Press, 241-304.

McCormick, Michael. 2015. "Tracking mass death during the fall of Rome's empire (I)." *Journal of Roman Archaeology* 28: 325-357.

McDougall, Ian, Brown, Francis H., and Fleagle, John G. 2005. "Stratigraphic placement and age of modern humans from Kibish, Ethiopia." *Nature* 433: 733-736.

McEvedy, Colin, and Jones, Richard. 1978. *Atlas of world population history*. New York: Penguin.

McKenzie, David, and Rapoport, Hillel. 2007. "Network effects and the dynamics of migration and inequality: theory and evidence from Mexico." *Journal of Development Economics* 84: 1-24.

Medeiros, Marcelo, and Ferreira de Souza, Pedro H. G. 2013. "The state and income inequality in Brazil." IRLE Working Paper No. 153-13.

Medeiros, Marcelo, and Ferreira de Souza, Pedro H. G. 2015. "The rich, the affluent and the top incomes." *Current Sociology Review* 63: 869-895.

Mehrotra, Ajay K. 2013. *Making the modern America fiscal state: law, politics, and the rise of progressive taxation, 1877-1929*. New York: Cambridge University Press.

Meloy, John L. 2004. "The privatization of protection: extortion and the state in the Circassian Mamluk period." *Journal of the Economic and Social History of the Orient* 47: 195-212.

Meyer, Bruce D., and Sullivan, James X. 2013. "Consumption and income inequality and the Great Recession." *American Economic Review* 103: 178-183.

Michelmore, Molly C. 2012. *Tax and spend: the welfare state, tax politics, and the limits of American liberalism*. Philadelphia: University of Pennsylvania Press.

Middleton, Guy D. 2010. *The collapse of palatial society in LBA Greece and the postpalatial period*. Oxford: Archaeopress.

Milanovic, Branko. 1997. *Income, inequality, and poverty during the transition from planned to market economy*. Washington, DC: World Bank.

Milanovic, Branko. 2005. *Worlds apart: measuring international and global inequality*. Princeton, NJ: Princeton University Press.

Milanovic, Branko. 2006. "An estimate of average income and inequality in Byzantium around year 1000." *Review of Income and Wealth* 52: 449-470.

Milanovic, Branko. 2010. "Income level and income inequality in the Euro-Mediterranean region: from the Principate to the Islamic conquest." MPRA Paper No. 46640.

Milanovic, Branko. 2012. "Global inequality recalculated and updated: the effect of new PPP estimates on global inequality and 2005 estimates." *Journal of Economic Inequality* 10: 1-18.

Milanovic, Branko. 2013. "The inequality possibility frontier: extensions and new applications." World Bank Policy Research Paper No. 6449.

Milanovic, Branko. 2015. "A note on 'maximum' US inequality." *globalinequality* December 19, 2015. http://glineq.blogspot.com/2015/12/a-note-on-maximum-us-inequality.html?m=1.

Milanovic, Branko. 2016. *Global inequality: a new approach for the age of globalization*. Cambridge, MA: Harvard University Press.

Milanovic, Branko, Lindert, Peter H., and Williamson, Jeffrey G. 2011. "Pre-industrial inequality." *Economic Journal* 121: 255-272.

Millar, Fergus. 1977. *The emperor in the Roman world (31 BC-AD 337)*. London: Duckworth.

Miller, Joseph C. 2012. *The problem of slavery as history: a global approach*. New Haven, CT: Yale University Press.

Millon, René. 1988. "The last years of Teotihuacan dominance." In Yoffee and Cowgill, eds. 1988: 102-164.

Minami, Ryoshin. 1998. "Economic development and income distribution in Japan: as assessment of the Kuznets hypothesis." *Cambridge Journal of Economics* 22: 39-58.

Mishel, Lawrence, Shierholz, Heidi, and Schmitt, John. 2013. "Don't blame the robots: assessing the job polarization explanation of growing wage inequality." Economic Policy Institute—Center for Economic and Policy Research, Working Paper.

Mithen, Steven. 2003. *After the ice: a global human history, 20,000-5000 BC*. Cambridge, MA: Harvard University Press.

Miwa, Ryôchi. 2003. "Postwar democratization and economic reconstruction." In Nakamura and Odaka, eds. 2003a: 333-370.

Miyamoto, Matayo. 2004. "Quantitative aspects of Tokugawa economy." In Hayami, Saitô, and Toby, eds. 2004: 36-84.

Miyazaki, Masayasu, and Itô, Osamu. 2003. "Transformation of industries in the war years." In Nakamura and Odaka, eds. 2003a: 287-332.

Modalsli, Jorgen. 2015. "Inequality in the very long run: inferring inequality from data on social groups." *Journal of Economic Inequality* 13: 225-247.

Moise, Edwin E. 1983. *Land reform in China and North Vietnam: consolidating the revolution at the village level*. Chapel Hill: University of North Carolina Press.

Mokyr, Joel, and Ó Gráda, Cormac. 1988. "Poor and getting poorer? Living standards in Ireland before the famine." *Economic History Review* 41: 209-235.

Mollat, Michel, and Wolff, Philippe. 1973. *The popular revolutions of the late Middle Ages*. London: Allen and Unwin.

Mollick, André Varella. 2012. "Income inequality in the U.S.: the Kuznets hypothesis revisited." *Economic Systems* 36: 127-144.

Monson, Andrew, and Scheidel, Walter, eds. 2015. *Fiscal regimes and the political economy of premodern states*. Cambridge, UK: Cambridge University Press.

Morelli, Salvatore, and Atkinson, Anthony B. 2015. "Inequality and crises revisited." *Economia Politica* 32: 31-51.

Morelli, Salvatore, Smeeding, Timothy, and Thompson, Jeffrey. 2015. "Post-1970 trends in within-country inequality and poverty: rich and middle-income countries." In Atkinson and Bourguignon, eds. 2015: 593-696.

Moriguchi, Chiaki, and Saez, Emmanuel. 2010. "The evolution of income concentration in Japan, 1886-2005: evidence from income tax statistics." In Atkinson and Piketty, eds. 2010: 76-170.

Morris, Ian. 1994. "The Athenian economy twenty years after *The Ancient Economy*." *Classical Philology* 89: 351-366.

Morris, Ian. 2000. *Archaeology as cultural history: words and things in Iron Age Greece*. Malden, MA: Polity.

Morris, Ian. 2004. "Economic growth in ancient Greece." *Journal of Institutional and Theoretical Economics* 160: 709-742.

Morris, Ian. 2010. *Why the West rules—for now: the patterns of history, and what they reveal about the future*. New York: Farrar, Straus and Giroux.

Morris, Ian. 2013. *The measure of civilization: how social development decides the fate of nations*. Princeton, NJ: Princeton University Press.

Morris, Ian. 2014. *War! What is it good for? Conflict and the progress of civilization from primates to robots*. New York: Farrar, Straus and Giroux.

Morris, Ian. 2015. *Foragers, farmers, and fossil fuels: how human values evolve*. Princeton, NJ: Princeton University Press.

Morris, Ian, and Scheidel, Walter, eds. 2009. *The dynamics of ancient empires: state power from Assyria to Byzantium*. New York: Oxford University Press.

Morris, Marc. 2012. *The Norman conquest*. London: Hutchinson.

Morrison, Cécile, and Cheynet, Jean-Claude. 2002. "Prices and wages in the Byzantine world." In Laiou, Angeliki E., ed., *The economic history of Byzantium: from the seventh through the fifteenth century*. Washington, DC: Dumbarton Oaks Research Library and Collection, 815-878.

Morrisson, Christian. 2000. "Historical perspectives on income distribution: the case of Europe." In Atkinson and Bourguignon, eds. 2000: 217-260.

Morrisson, Christian, and Snyder, Wayne. 2000. "The income inequality of France in historical perspective." *European Review of Economic History* 4: 59-83.

Moselle, Boaz, and Polak, Benjamin. 2001. "A model of a predatory state." *Journal of Law, Economics and Organization* 17: 1-33.

Motesharrei, Safa, Rivas, Jorge, and Kalnay, Eugenia. 2014. "Human and nature dynamics (HANDY): modeling inequality and the use of resources in the collapse or sustainability of societies." *Ecological Economics* 101: 90-102.

Motyl, Alexander J. 2001. *Imperial ends: the decay, collapse, and revival of empires*. New York: Columbia University Press.

Mouritsen, Henrik. 2015. "Status and social hierarchies: the case of Pompeii." In Kuhn, Annika B., ed., *Social status and prestige in the Graeco-Roman world*. Stuttgart, Germany: Steiner, 87-114.

Mousnier, Roland. 1970. *Peasant uprisings in seventeenth-century France, Russia, and China*. New York: Harper & Row.

Moyo, Sam. 2013. "Land reform and distribution in Zimbabwe since 1980." In Moyo and Chambati, eds. 2013b: 29-77.

Moyo, Sam, and Chambati, Walter. 2013a. "Introduction: roots of the Fast Track Land Reform." In Moyo and Chambati, eds. 2013b: 1-27.

Moyo, Sam, and Chambati, Walter, eds. 2013b. *Land and agrarian reform in Zimbabwe: beyond white-settler capitalism*. Dakar, Senegal: CODESRIA.

Mratschek-Halfmann, Sigrid. 1993. *Divites et praepotentes: Reichtum und soziale Stellung in der Literatur der Prinzipatszeit*. Stuttgart, Germany: Steiner.

Mubarak, Jamil. 1997. "The 'hidden hand' behind the resilience of the stateless economy in Somalia." *World Development* 25: 2027-2041.

Mulligan, Casey B., Gil, Ricard, and Sala-i-Martin, Xavier. 2004. "Do democracies have different public policies than nondemocracies?" *Journal of Economic Perspectives* 18: 51-74.

Murphey, Rhoads. 1999. *Ottoman warfare, 1500-1700*. New Brunswick, NJ: Rutgers University Press.

Murray, Charles. 2012. *Coming apart: the state of white America*. New York: Crown Forum.

Murray, Christopher J. L., et al. 2006. "Estimation of potential global pandemic influenza mortality on the basis of vital registry data from the 1918-20 pandemic: a quantitative analysis." *Lancet* 368: 2211-2218.

Murray, Sarah C. 2013. "Trade, imports, and society in early Greece: 1300-900 B.C.E." PhD thesis, Stanford University.

Nafziger, Steven, and Lindert, Peter. 2013. "Russian inequality on the eve of revolution." Working paper.

Nakamura, Takafusa. 2003. "The age of turbulence: 1937-1954." In Nakamura and Odaka, eds. 2003a: 55-110.

Nakamura, Takafusa, and Odaka, Kônosuke, eds. 2003a. *The economic history of Japan: 1600-1990*. Vol. 3. *Economic history of Japan 1914-1955. A dual structure*. Trans. Noah S. Brannen. Oxford: Oxford University Press.

Nakamura, Takafusa, and Odaka, Kônosuke. 2003b. "The inter-war period: 1914-37, an overview." In Nakamura and Odaka, eds. 2003a: 1-54.

National Military Strategy. 2015. "The national military strategy of the United States of America 2015: the United States' military contribution to national security." http://www.jcs.mil/Portals/36/Documents/Publications/2015_National_Military_Strategy.pdf.

Nau, Michael. 2013. "Economic elites, investments, and income inequality." *Social Forces* 92: 437-461.

Nawar, Abdel-Hameed. 2013. "Poverty and inequality in the non-income multidimensional space: a critical review in the Arab states." Working Paper

No. 103. Brasília, Brazil: International Policy Centre for Inclusive Growth.
Neal, Larry, and Williamson, Jeffrey G., eds. 2014. *The Cambridge history of capitalism*. 2 vols. Cambridge, UK: Cambridge University Press.
Nenova, Tatiana, and Harford, Tim. 2005. "Anarchy and invention: how does Somalia's private sector cope without government?" World Bank: Findings No. 254.
Neveux, Hugues. 1997. *Les révoltes paysannes en Europe (XIVe-XVIIe siècle)*. Paris: Albin Michel.
Newson, Linda A. 2006. "The demographic impact of colonization." In Bulmer-Thomas, V., Coatsworth, John H., and Conde, Roberto Cortes, eds., *The Cambridge economic history of Latin America*. Cambridge, UK: Cambridge University Press, 143-184.
Nguyen, Ngoc-Luu. 1987. "Peasants, party and revolution: the politics of agrarian transformation in Northern Vietnam, 1930-1975. PhD thesis, Amsterdam.
Nishikawa, Shunsaku, and Amano, Masatoshi. 2004. "Domains and their economic policies." In Hayami, Saitô, and Toby, eds. 2004: 247-267.
Noah, Timothy. 2012. *The great divergence: America's growing inequality crisis and what we can do about it*. New York: Bloomsbury Press.
Nolan, B. 2007. "Long-term trends in top income shares in Ireland." In Atkinson and Piketty, eds. 2007a: 501-530.
North, Douglass C., Wallis, John J., and Weingast, Barry R. 2009. *Violence and social orders: a conceptual framework for interpreting recorded human history*. New York: Cambridge University Press.
Nunn, Nathan, and Qian, Nancy. 2010. "The Columbian exchange: a history of disease, food, and ideas." *Journal of Economic Perspectives* 24: 163-188.
Ober, Josiah. 2015a. *The rise and fall of classical Greece*. Princeton, NJ: Princeton University Press.
Ober, Josiah. 2015b. "Classical Athens." In Monson and Scheidel, eds. 2015: 492-522.
Ober, Josiah. 2016. "Inequality in late-classical democratic Athens: evidence and

models." Working paper.

Obinger, Herbert, and Schmitt, Carina. 2011. "Guns and butter? Regime competition and the welfare state during the Cold War." *World Politics* 63: 246-270.

Oded, Bustenay. 1979. *Mass deportations and deportees in the Neo-Assyrian empire*. Wiesbaden, Germany: Reichert.

O'Donnell, Owen, Van Doorslaer, Eddy, and Van Ourti, Tom. 2015. "Health and inequality." In Atkinson and Bourguignon, eds. 2015: 1419-1533.

OECD. 2010. *Economic policy reforms: going for growth*. Paris: OECD Publishing.

OECD. 2011. *Divided we stand: why inequality keeps rising*. Paris: OECD Publishing.

OECD. 2014. "Social expenditure update—social spending is falling in some countries, but in many others it remains at historically high levels." http://www.oecd.org/els/soc/OECD2014-Social-Expenditure-Update-Nov2014-8pages.pdf.

OECD. 2015. *In it together: why less inequality benefits all*. Paris: OECD Publishing.

Oechslin, Hanspeter. 1967. *Die Entwicklung des Bundessteuersystems der Schweiz von 1848 bis 1966*. Einsiedeln, Switzerland: Etzel.

Ó Gráda, Cormac. 1994. *Ireland: a new economic history, 1780-1939*. Oxford: Oxford University Press.

Ohlsson, Henry, Roine, Jesper, and Waldenström, Daniel. 2006. "Long run changes in the concentration of wealth: an overview of recent findings." WIDER Working Paper.

Ohlsson, Henry, Roine, Jesper, and Waldenström, Daniel. 2014. "Inherited wealth over the path of development: Sweden, 1810-2010." IFN Working Paper. 1033.

Ohtake, Fumio. 2008. "Inequality in Japan." *Asian Economic Policy Review* 3: 87-109.

Okazaki, Tetsuji. 1993. "The Japanese firm under the wartime planned economy." *Journal of the Japanese and International Economies* 7: 175-203.

Olson, Jan Marie, and Smith, Michael E. 2016. "Material expressions of wealth and social class at Aztec-period sites in Morelos, Mexico." *Ancient Mesoamerica* 27: 133-147.

Osborne, Robin. 1992. "'Is it a farm?' The definition of agricultural sites and settlements in ancient Greece." In Wells, ed. 1992: 21-27.

Oshima, Takayoshi. 2014. *Babylonian poems of pious sufferers:* Ludlul Bel Nemeqi *and the* Babylonian Theodicy. Tüingen, Germany: Mohr Siebeck.

Ostby, Gudrun. 2008. "Polarization, horizontal inequalities and violent civil conflict." *Journal of Peace Research* 45: 143-162.

Östling, Johan. 2013. "Realism and idealism. Swedish narratives of the Second World War: historiography and interpretation in the post-war era." In Gilmour and Stephenson, eds. 2013: 179-196.

Ostry, Jonathan D., Berg, Andrew, and Tsangarides, Charalambos G. 2014. "Redistribution, inequality, and growth." IMF Staff Discussion Note.

Özmucur, Süleyman, and Pamuk, Şevket. 2002. "Real wages and standards of living in the Ottoman empire, 1489-1914." *Journal of Economic History* 62: 292-321.

Page, Benjamin I., Bartels, Larry M., and Seawright, Jason. 2013. "Democracy and the policy preferences of wealthy Americans." *Perspectives on Politics* 11: 51-73.

Palma, José Gabriel. 2011. "Homogeneous middles vs. heterogeneous tails, and the end of the 'inverted-U': it's all about the share of the rich." *Development and Change* 42: 87-153.

Palme, Bernhard. 2015. "Shifting income inequality in Roman and late antique Egypt." Conference paper for "The haves and the have-nots: exploring the global history of wealth and income inequality," September 11, 2015, University of Vienna.

Pamuk, Şevket. 2005. "The Ottoman economy in World War I." In Broadberry and Harrison, eds. 2005a: 112-136.

Pamuk, Şevket. 2007. "The Black Death and the origins of the 'Great Divergence' across Europe, 1300-1600." *European Review of Economic History* 11: 289-317.

Pamuk, Şevket. Forthcoming. *Uneven progress: economic history of Turkey since 1820*. Princeton, NJ: Princeton University Press.

Pamuk, Şevket, and Shatzmiller, Maya. 2014. "Plagues, wages, and economic change in the Islamic Middle East, 700-1500." *Journal of Economic History* 74: 196-229.

Parkin, Tim G. 1992. *Demography and Roman society*. Baltimore, MD: Johns Hopkins University Press.

Patlagean, Evelyne. 1977. *Pauvreté économique et pauvreté sociale à Byzance, 4e-7e siècles*. Paris: Mouton.

Patterson, Orlando. 1982. *Slavery and social death: a comparative study*. Cambridge, MA: Harvard University Press.

Payne, Richard. 2016. "Sex, death, and aristocratic empire: Iranian jurisprudence in late antiquity." *Comparative Studies in Society and History* 58: 519-549.

Petersen, Michael B., and Skaaning, Svend-Erik. 2010. "Ultimate causes of state formation: the significance of biogeography, diffusion, and Neolithic Revolutions." *Historical Social Research* 35: 200-226.

Pettitt, Paul B., Richards, Michael, Maggi, Roberto, and Formicola, Vincenzo. 2003. "The Gravettian burial known as the Prince ('Il Principe'): new evidence for his age and diet." *Antiquity* 77: 15-19.

Philippon, Thomas, and Reshef, Ariell. 2012. "Wages and human capital in the U.S. finance industry: 1909-2006." *Quarterly Journal of Economics* 127: 1551-1609.

Piachaud, David. 2014. "Piketty's capital and social policy." *British Journal of Sociology* 65: 696-707.

Pigou, A. C. 1918. "A special levy to discharge war debt." *Economic Journal* 28: 135-156.

Piketty, Thomas. 2007. "Income, wage, and wealth inequality in France, 1901-98." In Atkinson and Piketty, eds. 2007a: 43-81.

Piketty, Thomas. 2011. "On the long-run evolution of inheritance: France 1820-1998." *Quarterly Journal of Economics* 126: 1071-1131.

Piketty, Thomas. 2013. *Le capital au XXIe siècle*. Paris: Éditions du Seuil.

Piketty, Thomas. 2014. *Capital in the twenty-first century*. Trans. Arthur Goldhammer. Cambridge, MA: Harvard University Press.

Piketty, Thomas. 2015a. "Vers une économie politique et historique: réflexions sur le capital au XXIe siècle." *Annales: Histoire, Sciences Sociales*, 125-138.

Piketty, Thomas. 2015b. "Putting distribution back at the center of economics: reflections on *Capital in the twenty-first century*." *Journal of Economic Perspectives* 29: 67-88.

Piketty, Thomas, Postel-Vinay, Gilles, and Rosenthal, Jean-Laurent. 2006. "Wealth concentration in a developing economy: Paris and France, 1807-1994." *American Economic Review* 96: 236-256.

Piketty, Thomas, and Saez, Emmanuel. 2007. "Income and wage inequality in the United States, 1913-2002." In Atkinson and Piketty, eds. 2007a: 141-225.

Piketty, Thomas, and Saez, Emmanuel. 2013. "Top incomes and the Great Recession: recent evolutions and policy implications." *IMF Economic Review* 61: 456-478.

Piketty, Thomas, and Saez, Emmanuel. 2014. "Inequality in the long run." *Science* 344: 838-842.

Piketty, Thomas, Saez, Emmanuel, and Stantcheva, Stefanie. 2013. "Optimal taxation of top incomes: a tale of three elasticities." *American Economic Journal: Economic Policy* 6: 230-271.

Piketty, Thomas, and Zucman, Gabriel. 2015. "Wealth and inheritance in the long run." In Atkinson and Bourguignon, eds. 2015: 1303-1368.

Pines, Yuri. 2009. *Envisioning eternal empire: Chinese political thought of the Warring States era*. Honolulu: University of Hawai'i Press.

Pinker, Steven. 2011. *The better angels of our nature: why violence has declined*. New York: Viking.

Plack, Noelle. 2015. "Challenges in the countryside, 1790-2." In Andress, ed. 2015: 346-361.

Platt, Stephen R. 2012. *Autumn in the heavenly kingdom: China, the West, and the epic story of the Taiping civil war*. New York: Knopf.

Plavcan, J. Michael. 2012. "Sexual size dimorphism, canine dimorphism, and male-male competition in primates." *Human Nature* 23: 45-67.

Ponthieux, Sophie, and Meurs, Dominique. 2015. "Gender inequality." In Atkinson and Bourguignon, eds. 2015: 981-1146.

Porter, Bruce D. 1994. *War and the rise of the state: the military foundations of modern politics*. New York: Free Press.

Postel-Vinay, Gilles. 1989. "À la recherche de la révolution économique dans les campagnes (1789-1815)." *Revue Économique* 40: 1015-1045.

Postles, Dave. 2011. "Inequality of wealth in the early sixteenth centuries." Paper for the 2011 Economic History Society Annual Conference, Cambridge.

Postles, Dave. 2014. *Microcynicon: aspects of early-modern England*. Loughborough, UK: self-published.

Powell, Benjamin, Ford, Ryan, and Nowrasteh, Alex. 2008. "Somalia after state collapse: chaos or improvement?" *Journal of Economic Behavior and Organization* 67: 657-670.

Powelson, John P. 1988. *The story of land: a world history of land tenure and agrarian reform*. Cambridge, MA: Lincoln Institute of Land Policy.

Poznik, G. David, et al. 2013. "Sequencing Y chromosomes resolves discrepancy in time to common ancestor of males versus females." *Science* 341: 562-565.

Pozzi, Luca, et al. 2014. "Primate phylogenetic relationships and divergence dates inferred from complete mitochondrial genomes." *Molecular Phylogenetics and Evolution* 75: 165-183.

Prados de la Escosura, Leandro. 2007. "Inequality and poverty in Latin America: a long-run exploration." In Hatton, Timothy, O'Rourke, Kevin H., and Taylor, Alan M., eds., *The new comparative economic history: essays in honor of Jeffrey G. Williamson*. Cambridge, MA: MIT Press, 291-315.

Prados de la Escosura, Leandro. 2008. "Inequality, poverty and the Kuznets curve in Spain, 1850-2000." *European Review of Economic History* 12: 287-324.

Preiser-Kapeller, Johannes. 2016. "Piketty in Byzanz? Ungleichverteilungen von

Vermögen und Einkommen im Mittelalter." Working paper. http://www.dasanderemittelalter.net/news/piketty-in-byzanz-ungleichverteilungen-von-vermogen-und-einkommen-im-mittelalter/.

Prentiss, Anne Marie, et al. 2007. "The emergence of status inequality in intermediate scale societies: a demographic and socio-economic history of the Keatley Creek site, British Columbia." *Journal of Anthropological Archaeology* 26: 299-327.

Prentiss, Anne Marie, et al. 2012. "The cultural evolution of material wealth-based inequality at Bridge River, British Columbia." *American Antiquity* 77: 542-564.

Price, T. Douglas, and Bar-Yosef, Ofer. 2010. "Traces of inequality at the origins of agriculture in the Ancient Near East." In Price, T. Douglas, and Feinman, Gary M., eds., *Pathways to power: new perspectives on the emergence of social inequality*. New York: Springer, 147-168.

Price, T. Douglas, and Bar-Yosef, Ofer. 2011. "The origins of agriculture: new data, new ideas. An introduction to Supplement 4." *Current Anthropology* 52: S163-S174.

Pringle, Heather. 2014. "The ancient roots of the 1%." *Science* 344: 822-825.

Pritchard, David M. 2010. "The symbiosis between democracy and war: the case of ancient Athens." In Pritchard, David M., ed., *War, democracy and culture in classical Athens*. Cambridge, UK: Cambridge University Press, 1-62.

Pritchett, Lant, and Woolcock, Michael. 2002. "Solutions when the solution is the problem: arraying the disarray in development." Center for Global Development Working Paper No. 10.

Psacharopoulos, George, et al. 1995. "Poverty and income inequality in Latin America during the 1980s." *Review of Income and Wealth* 41: 245-264.

Pyzyk, Mark. Forthcoming. "Onerous burdens: liturgies and the Athenian elite."

Quammen, David. 2013. *Spillover: animal infections and the next human pandemic*. New York: W. W. Norton.

Raghavan, Srinath. 2016. *India's war: the making of modern South Asia, 1939-1945*. New York: Basic Books.

Ranis, Gustav, and Kosack, Stephen. 2004. "Growth and human development in Cuba's transition." Miami, FL: University of Miami.

Rankov, Boris. 2007. "Military forces." In Sabin, van Wees, and Whitby, eds. 2007: 30-75.

Ravaillon, Martin. 2014. "Income inequality in the developing world." *Science* 344: 851-855.

Raven, Maarten J. 1991. *The tomb of Iurudef: a Memphite official in the reign of Ramesses II*. London: Egypt Exploration Society.

Raven, Maarten J., et al. 1998. "The date of the secondary burials in the tomb of Iurudef at Saqqara." *Oudheidkundige Mededelingen uit het Rijksmuseum van Oudheden* 78: 7-30.

Raven, Maarten J. Forthcoming. "Third Intermediate Period burials in Saqqara."

Reardon, Sean F., and Bischoff, Kendra. 2011a. "Income inequality and income segregation." *American Journal of Sociology* 116: 1092-1153.

Reardon, Sean F., and Bischoff, Kendra. 2011b. "Growth in the residential segregation of families by income, 1970-2009." US 2010 Project Report.

Reich, Robert B. 2015. *Saving capitalism: for the many, not the few*. New York: Alfred A. Knopf.

Reis, Jaime, Santos Pereira, Alvaro, and Andrade Martins, Conceicão. n.d. "How unequal were the Latins? The "strange" case of Portugal, 1550-1770." Working paper.

Renfrew, Colin. 1979. "Systems collapse as social transformation: catastrophe and anastrophe in early state societies." In Renfrew, Colin, and Cooke, Kenneth L., eds., *Transformations: mathematical approaches to cultural change*. New York: Academic Press, 481-506.

Reno, Philip L., and Lovejoy, C. Owen. 2015. "From Lucy to Kadanuumuu: balanced analyses of Australopithecus afarensis assemblages confirm only moderate skeletal dimorphism." *PeerJ* 3:e925; DOI 10.7717/peerj.925.

Reno, Philip L., McCollum, Melanie A., Meindl, Richard S., and Lovejoy, C. Owen. 2010. "An enlarged postcranial sample confirms *Australopithecus afarensis* dimorphism was similar to modern humans." *Philosophical Transactions of the Royal Society B* 365: 3355-3363.

Rigoulot, Pierre. 1999. "Crimes, terror, and secrecy in North Korea." In Courtois et al. 1999: 547-576.

Ritschl, Albrecht. 2005. "The pity of peace: Germany's economy at war, 1914-1918 and beyond." In Broadberry and Harrison, eds. 2005a: 41-76.

Ritter, Gerhard A. 2010. *Der Sozialstaat: Entstehung und Entwicklung im internationalen Vergleich*. 3rd ed. Munich: Oldenbourg.

Rivaya-Martínez, Joaquín. 2012. "Becoming Comanches: patterns of captive incorporation into Comanche kinship networks, 1820-1875." In Adams, David Wallace, and DeLuzio, Crista, eds., *On the borders of love and power: families and kinship in the intercultural American Southwest*. Berkeley: University of California Press, 47-70.

Roach, Neil T., Venkadesan, Madhusudhan, Rainbow, Michael J., and Lieberman, Daniel E. 2013. "Elastic energy storage in the shoulder and the evolution of high-speed throwing in *Homo*." *Nature* 498: 483-486.

Rockoff, Hugh. 2005. "Until it's over, over there: the US economy in World War I." In Broadberry and Harrison, eds. 2005a: 310-343.

Rodríguez Weber, Javier E. 2015. "Income inequality in Chile since 1850." Programa de Historian Económica y Social—Unidad Multidisciplinaria—Facultad de Ciencias Sociales—Universidad de la República. Documento On Line No. 36.

Roeck, Bernd. 1989. *Eine Stadt in Krieg und Frieden: Studien zur Geschichte der Reichsstadt Augsburg zwischen Kalenderstreit und Parität*. 2 vols. Göttingen, Germany: Vandenhoeck & Ruprecht.

Rognlie, Matthew. 2015. "Deciphering the fall and rise in the net capital share: accumulation, or scarcity?" Working paper.

Roine, Jesper, and Waldenström, Daniel. 2008. "The evolution of top incomes in an egalitarian society: Sweden, 1903-2004." *Journal of Public Economics* 92: 366-387.

Roine, Jesper, and Waldenström, Daniel. 2010. "Top incomes in Sweden over the twentieth century." In Atkinson and Piketty, eds. 2010: 299-370.

Roine, Jesper, and Waldenström, Daniel. 2015. "Long-run trends in the distribution of income and wealth." In Atkinson and Bourguignon, eds. 2015: 469-592.

Roselaar, Saskia T. 2010. *Public land in the Roman republic: a social and economic history of* ager publicus *in Italy, 396-89 BC*. Oxford: Oxford University Press.

Rosenbloom, Joshua, and Dupont, Brandon. 2015. "The impact of the Civil War on Southern wealth mobility." Paper presented at the annual meeting of the Economic History Association, Nashville.

Rosenbloom, Joshua L., and Stutes, Gregory W. 2008. "Reexamining the distribution of wealth in 1870." In Rosenbloom, Joshua L., ed., *Quantitative economic history: the good of counting*. London: Routledge, 146-169.

Rosenstein, Nathan. 2008. "Aristocrats and agriculture in the Middle and Late Republic." *Journal of Roman Studies* 98: 1-26.

Rossi, Nicola, Toniolo, Gianni, and Vecchi, Giovanni. 2001. "Is the Kuznets curve still alive? Evidence from Italian household budgets, 1881-1961." *Journal of Economic History* 61: 904-925.

Rotberg, Robert I. 2003. "The failure and collapse of nation-states: breakdown, prevention, and repair." In Rotberg, Robert I., ed. *When states fail*. Princeton, NJ: Princeton University Press, 1-25.

Rothkopf, David. 2008. *Superclass: the global power elite and the world they are making*. New York: Farrar, Straus and Giroux.

Roxana, Maurizio. 2014. "Labour formalization and declining inequality in Argentina and Brazil in 2000s [*sic*]." ILO Research Paper No. 9.

Roy, Kaushik. 2016. *Military manpower, armies and warfare in South Asia*. Milton Park, UK: Routledge.

Rubin, Amir, and Segal, Dan. 2015. "The effects of economic growth on income inequality in the US." *Journal of Macroeconomics* 45: 258-273.

Ryckbosch, Wouter. 2010. "Vroegmoderne economische ontwikkeling en sociale repercussies in de zuidelijke Nederlanden." *Tijdschrift voor Sociale en*

Economische Geschiedenis 7: 26-55.
Ryckbosch, Wouter. 2014. "Economic inequality and growth before the industrial revolution: a case study of the Low Countries (14th-19th centuries)." Dondena Working Paper No. 67, Università Bocconi, Milan.
Sabin, Philip, van Wees, Hans, and Whitby, Michael, eds. 2007. *The Cambridge history of Greek and Roman warfare*. Vol. II. *Rome from the late Republic to the late Empire*. Cambridge, UK: Cambridge University Press.
Sadao, Nishijima. 1986. "The economic and social history of Former Han." In Twitchett and Loewe, eds. 1986: 545-607.
Sadomba, Zvakanyorwa W. 2013. "A decade of Zimbabwe's land revolution: the politics of the war veteran vanguard." In Moyo and Chambati, eds. 2013b: 79-121.
Saez, Emmanuel, and Veall, Michael R. 2007. "The evolution of high incomes in Canada, 1920-2000." In Atkinson and Piketty, eds. 2007a: 226-308.
Saez, Emmanuel, and Zucman, Gabriel. 2016. "Wealth inequality in the United States since 1913: evidence from capitalized income tax data." *Quarterly Journal of Economics* 131: 519-578.
Saito, Osamu. 2015. "Growth and inequality in the great and little divergence debate: a Japanese perspective." *Economic History Review* 68: 399-419.
Sallares, Robert. 1991. *The ecology of the ancient Greek world*. London: Duckworth.
Salverda, Wiemer, and Atkinson, Anthony B. 2007. "Top incomes in the Netherlands over the twentieth century." In Atkinson and Piketty, eds. 2007a: 426-471.
Salverda, Wiemer, and Checchi, Daniele. 2015. "Labor market institutions and the dispersion of wage earnings." In Atkinson and Bourguignon, eds. 2015: 1535-1727.
Salverda, Wiemer, Nolan, Brian, and Smeeding, Timothy M., eds. 2009. *The Oxford handbook of economic inequality*. Oxford: Oxford University Press.
Samaraweera, Vijaya. 1982. "Land reform in Sri Lanka." *Third World Legal Studies* 1 (7). Valparaiso University Law School.
Sanderson, Stephen K. 1999. *Social transformations: a general theory of historical*

development. Exp. ed. Lanham, MD: Rowman and Littlefield.

Sandmo, Angar. 2015. "The principal problem in political economy: income distribution in the history of economic thought." In Atkinson and Bourguignon, eds. 2015: 3-65.

Santiago-Caballero, Carlos. 2011. "Income inequality in central Spain, 1690-1800." *Explorations in Economic History* 48: 83-96.

Sapolsky, Robert M., and Share, Lisa J. 2004. "A pacific culture among wild baboons: its emergence and transmission." *PLoS Biology* 2 (4): e106. doi:10.1371/journal.pbi0.0020106.

Sarris, Peter. 2007. "Bubonic plague in Byzantium: the evidence of non-literary sources." In Little, ed. 2007: 119-132.

Sassaman, Kenneth E. 2004. "Complex hunter-gatherers in evolution and history: a North American perspective." *Journal of Archaeological Research* 12: 227-280.

Scheidel, Walter. 2001. *Death on the Nile: disease and the demography of Roman Egypt*. Leiden, Netherlands: Brill.

Scheidel, Walter. 2002. "A model of demographic and economic change in Roman Egypt after the Antonine plague." *Journal of Roman Archaeology* 15: 97-114.

Scheidel, Walter. 2005a. "Human mobility in Roman Italy, II: the slave population." *Journal of Roman Studies* 95: 64-79.

Scheidel, Walter. 2005b. "Military commitments and political bargaining in classical Greece." Princeton/Stanford Working Papers in Classics.

Scheidel, Walter. 2006. "Stratification, deprivation and quality of life." In Atkins, Margaret, and Osborne, Robin, eds., *Poverty in the Roman world*. Cambridge, UK: Cambridge University Press, 40-59.

Scheidel, Walter. 2007. "A model of real income growth in Roman Italy." *Historia* 56: 322-346.

Scheidel, Walter. 2008. "Roman population size: the logic of the debate." In De Ligt, Luuk, and Northwood, Simon J., eds., *People, land, and politics: demographic developments and the transformation of Roman Italy, 300 BC-AD 14*. Leiden, Netherlands: Brill, 17-70.

Scheidel, Walter. 2009a. "From the 'Great Convergence' to the 'First Great Divergence.'" In Scheidel, Walter, ed. *Rome and China: comparative perspectives on ancient world empires*. New York: Oxford University Press, 11-23.

Scheidel, Walter. 2009b. "Sex and empire: a Darwinian perspective." In Morris and Scheidel 2009: 255-324.

Scheidel, Walter. 2010. "Real wages in early economies: evidence for living standards from 1800 BCE to 1300 CE." *Journal of the Economic and Social History of the Orient* 53: 425-462.

Scheidel, Walter. 2012. "Roman wellbeing and the economic consequences of the Antonine Plague." In Lo Cascio, ed. 2012: 265-295.

Scheidel, Walter. 2013. "Studying the state." In Bang, Peter Fibiger, and Scheidel, Walter, eds., *The Oxford handbook of the state in the ancient Near East and Mediterranean*. New York: Oxford University Press, 5-57.

Scheidel, Walter. 2015a. "The early Roman monarchy." In Monson and Scheidel, eds. 2015: 229-257.

Scheidel, Walter, ed. 2015b. *State power in ancient China and Rome*. New York: Oxford University Press.

Scheidel, Walter. 2015c. "State revenue and expenditure in the Han and Roman empires." In Scheidel 2015b: 150-180.

Scheidel, Walter. 2016. "Empires of inequality: ancient China and Rome." Working paper. http://papers.ssrn.com/abstract=2817173.

Scheidel, Walter, and Friesen, Stephen J. 2009. "The size of the economy and the distribution of income in the Roman empire." *Journal of Roman Studies* 99: 61-91.

Schepartz, Lynne A., Miller-Antonio, Sari, and Murphy, Joanne M. A. 2009. "Differential health among the Mycenaeans of Messenia: status, sex, and dental health at Pylos." In Schepartz, Lynne A., Fox, Sherry C., and Bourbou, Chryssi, eds., *New directions in the skeletal biology of Greece*. Princeton, NJ: American School of Classical Studies at Athens, 155-174.

Scheve, Kenneth, and Stasavage, David. 2009. "Institutions, partisanship, and inequality in the long run." *World Politics* 61: 215-253.

Scheve, Kenneth, and Stasavage, David. 2010. "The conscription of wealth: mass warfare and the demand for progressive taxation." *International Organization* 64: 529-561.

Scheve, Kenneth, and Stasavage, David. 2012. "Democracy, war, and wealth: lessons from two centuries of inheritance taxation." *American Political Science Review* 106: 81-102.

Scheve, Kenneth, and Stasavage, David. 2016. *Taxing the rich: fairness and fiscal sacrifice in the United States and Europe*. Princeton, NJ: Princeton University Press.

Schlozman, Kay L., Verba, Sidney, and Brady, Henry E. 2012. *The unheavenly chorus: unequal political voice and the broken promise of American democracy*. Princeton, NJ: Princeton University Press.

Schmidt-Nowara, Christopher. 2010. "Emancipation." In Paquette, Robert L., and Smith, Mark M., eds., *The Oxford handbook of slavery in the Americas*. Oxford: Oxford University Press, 578-597.

Schmidt-Nowara, Christopher. 2011. *Slavery, freedom, and abolition in Latin America and the Atlantic world*. Albuquerque: University of New Mexico Press.

Schulze, Max-Stephan. 2005. "Austria-Hungary's economy in World War I." In Broadberry and Harrison, eds. 2005a: 77-111.

Schütte, Robert. 2015. *Civilian protection in armed conflicts: evolution, challenges and implementation*. Wiesbaden, Germany: Springer.

Schwartz, Christine. 2010. "Earnings inequality and the changing association between spouses' earnings." *American Journal of Sociology* 115: 1524-1557.

Seidel, Frederick. 2016. *Widening income inequality: poems*. New York: Farrar, Straus and Giroux.

Seker, Sirma Demir, and Jenkins, Stephen P. 2015. "Poverty trends in Turkey." *Journal of Economic Inequality* 13: 401-424.

Sharp, Michael. 1999. "The village of Theadelphia in the Fayyum: land and population in the second century." In Bowman, Alan K., and Rogan, E., eds., *Agriculture in Egypt: from Pharaonic to modern times*. Oxford: British Academy, 159-192.

Shatzman, Israel. 1975. *Senatorial wealth and Roman politics*. Brussels: Latomus.

Shaw, Brent D. 2011. *Sacred violence: African Christians and sectarian hatred in the age of Augustine*. Cambridge, UK: Cambridge University Press.

Sheen, Seongho. 2013. "Northeast Asia's aging population and regional security: 'demographic peace?'" *Asia Survey* 53: 292-318.

Shelmerdine, Cynthia W., ed. 2008. *The Cambridge companion to the Aegean Bronze Age*. Cambridge, UK: Cambridge University Press.

Shennan, Stephen. 2011. "Property and wealth inequality as cultural niche construction." *Philosophical Transactions: Biological Sciences* 366: 918-926.

Shultziner, Doron, et al. 2010. "The causes and scope of political egalitarianism during the Last Glacial: a multi-disciplinary perspective." *Biology and Philosophy* 25: 319-346.

Sidrys, Raymond, and Berger, Rainer. 1979. "Lowland Maya radiocarbon dates and the Classic Maya collapse." *Nature* 277: 269-74.

Silver, Lee M. 1997. *Remaking Eden: cloning and beyond in a brave new world*. New York: Avon Books.

Singer, Peter W. 2009. *Wired for war: the robotics revolution and conflict in the 21st century*. New York: Penguin.

Slonimczyk, Fabián. 2013. "Earnings inequality and skill mismatch in the U.S.: 1973-2002." *Journal of Economic Inequality* 11: 163-194.

Smith, Eric A., et al. 2010a. "Production systems, inheritance, and inequality in premodern societies." *Current Anthropology* 51: 85-94.

Smith, Eric A., et al. 2010b. "Wealth transmission and inequality among hunter-gatherers." *Current Anthropology* 51: 19-34.

Smith, Michael E., et al. 2014. "Quantitative measures of wealth inequality in ancient central Mexican communities." *Advances in Archaeological Practice* 2: 311-323.

Smith, Roger S. 1995. "The personal income tax: average and marginal rates in the post-war period." *Canadian Tax Journal* 43: 1055-1076.

Smolensky, Eugene, and Plotnick, Robert. 1993. "Inequality and poverty in the United States: 1900 to 1990." Institute for Research on Poverty, University of Wisconsin-Madison Discussion Paper No. 998-93.

Snyder, Timothy. 2010. *Bloodlands: Europe between Hitler and Stalin*. New York: Basic Books.

Söderberg, Johan. 1991. "Wage differentials in Sweden, 1725-1950." In Brenner, Kaelble, and Thomas, eds. 1991: 76-95.

Soltow, Lee. 1968. "Long-run changes in British income inequality." *Economic History Review* 21: 17-29.

Soltow, Lee. 1975. *Men and wealth in the United States, 1850-1870*. New Haven, CT: Yale University Press.

Soltow, Lee. 1979. "Wealth distribution in Denmark in 1789." *Scandinavian Economic Review* 27: 121-138.

Soltow, Lee. 1985. "The Swedish census of wealth at the beginning of the 19th century." *Scandinavian Economic Review* 33: 60-70.

Soltow, Lee, and van Zanden, Jan Luiten. 1998. *Income and wealth inequality in the Netherlands 16th-20th century*. Amsterdam: Het Spinhuis.

Spant, Roland. 1981. "The distribution of income in Sweden, 1920-76." In Klevmarken, N. A., and Lybeck J. A., eds., *The statics and dynamics of income*. Clevedon, UK: Tieto, 37-54.

Sparrow, James T. 2011. *Warfare state: World War II Americans and the age of big government*. New York: Oxford University Press.

Speller, Camilla F., Yang, Dongya Y., and Hayden, Brian. 2005. "Ancient DNA investigation of prehistoric salmon resource utilization at Keatley Creek, British Columbia, Canada." *Journal of Archaeological Science* 32: 1378-1389.

Spence, Jonathan D. 1996. *God's Chinese son: the Taiping heavenly kingdom of Hong Xiuquan*. New York: W. W. Norton.

Stanley, Marcus. 2003. "College education and the midcentury GI bills." *Quarterly*

Journal of Economics 118: 671-708.

State Council. 2013. "Some opinions on deepening the reform of the system of income distribution." http://www.gov.cn/zwgk/2013-02/05/content_2327531.htm.

Stathakopoulos, Dionysios C. 2004. *Famine and pestilence in late Roman and early Byzantine empire: a systematic survey of subsistence crises and epidemics*. Aldershot, UK: Ashgate.

Steckel, Richard H. 2009. "Heights and human welfare: recent developments and new directions." *Explorations in Economic History* 46: 1-23.

Stenkula, Mikael, Johansson, Dan, and Du Rietz, Gunnar. 2014. "Marginal taxation on labour income in Sweden from 1862 to 2010." *Scandinavian Economic History Review* 62: 163-187.

Stephan, Robert Perry. 2013. "House size and economic growth: Regional trajectories in the Roman world." PhD dissertation, Stanford University.

Stiglitz, Joseph E. 2013. *The price of inequality: how today's divided society endangers our future*. New York: W. W. Norton.

Strasma, John. 1989. "Unfinished business: consolidating land reform in El Salvador." In Thiesenheusen, ed. 1989b: 408-428.

Stratfor. 2013. "Bioterrorism and the pandemic potential." *Security Weekly* March 7, 2013. https://www.stratfor.com/weekly/bioterrorism-and-pandemic-potential.

Stringer, Randy. 1989. "Honduras: toward conflict and agrarian reform." In Thiesenheusen, ed. 1989b: 358-383.

Sullivan, Michael. 1996. *The development of the British welfare state*. London: Prentice Hall.

Sussman, Nathan. 2006. "Income inequality in Paris in the heyday of the commercial revolution." Working paper. http://degit.sam.sdu.dk/papers/degit_11/C011_043.pdf.

Sutherland, Donald M. G. 2003. *The French Revolution and empire: the quest for a civic order*. Malden, MA: Blackwell.

Swann, Nancy Lee. 1950. *Food and money in ancient China: the earliest economic history of China to A.D. 25. Han shu 24 with related texts, Han shu 91 and*

Shih-chi 129. Princeton, NJ: Princeton University Press.

SWIID. "The standardized world income inequality database." http://fsolt.org/swiid/.

Taagepera, Rein. 1978. "Size and duration of empires: systematics of size." *Social Science Research* 7: 108-127.

Tackett, Nicolas. 2014. *The destruction of the medieval Chinese aristocracy*. Cambridge, MA: Harvard University Press.

Tainter, Joseph A. 1988. *The collapse of complex societies*. Cambridge, UK: Cambridge University.

Takigawa, Tsutomo. 1972. "Historical background of agricultural land reform in Japan." *The Developing Economies* 10: 290-310.

Tan, James. Forthcoming. *Politics and public finance at Rome (264-49 BCE)*. New York: Oxford University Press.

TeBrake, William H. 1993. *A plague of insurrection: popular politics and peasant revolt in Flanders, 1323-1328*. Philadelphia: University of Pennsylvania Press.

Teranishi, Juro. 1993a. "Inflation stabilization with growth: the Japanese experience, 1945-50." In Teranishi and Kosai, eds. 1993: 61-85.

Teranishi, Juro. 1993b. "Financial sector reform after the war." In Teranishi and Kosai, eds. 1993: 153-177.

Teranishi, Juro, and Kosai, Yutaka, eds. 1993. *The Japanese experience of economic reforms*. Basingstoke, UK: Macmillan.

Thayer, Bradley A. 2009. "Considering population and war: a critical and neglected aspect of conflict studies." *Philosophical Transactions of the Royal Society of London B* 263: 3081-3092.

Therborn, Göran. 2013. *The killing fields of inequality*. Cambridge, UK: Polity.

Thiesenheusen, William C. 1989a. "Conclusions: searching for agrarian reform in Latin America." In Thiesenheusen, ed. 1989b: 483-503.

Thiesenheusen, William C., ed. 1989b. *Searching for agrarian reform in Latin America*. London: Unwin Hyman.

Thomas, Hugh M. 2003. "The significance and fate of the native English landholders of 1086." *English Historical Review* 118: 303-333.

Thomas, Hugh M. 2008. *The Norman conquest: England after William the Conqueror*. Lanham, MD: Rowman and Littlefield.

Thompson, Edward A. 1952. "Peasant revolts in late Roman Gaul and Spain." *Past and Present* 2: 11-23.

Thomson, Henry. 2015. "Rural grievances, landholding inequality and civil conflict." SSRN Working Paper. http://dx.doi.org/10.2139/ssrn.2551186.

Thorp, Rosemary. 1998. *Progress, poverty and exclusion: an economic history of Latin America in the 20th century*. Washington, DC: Inter-American Development Bank.

Ticchi, Davide, and Vindigni, Andrea. 2008. "War and endogenous democracy." IZA Discussion Paper 3397.

Tilly, Charles. 1985. "War making and state making as organized crime." In Evans, Peter B., Rueschemeyer, Dietrich, and Skocpol, Theda, eds., *Bringing the state back in*. Cambridge, UK: Cambridge University Press, 169-191.

Tilly, Charles. 1992. *Coercion, capital, and European states, AD 990-1992*. Cambridge, MA: Blackwell.

Tilly, Charles. 2003. *The politics of collective violence*. Cambridge, UK: Cambridge University Press.

Tinbergen, Jan. 1974. "Substitution of graduate by other labour." *Kyklos* 27: 217-226.

Tinh, V. N., et al. 2011. "Mitochondrial evidence for multiple radiations in the evolutionary history of small apes." *BMC Evolutionary Biology* 10: 74. doi:10.1186/1471-2148-10-74.

Titmuss, Richard M. 1958. "War and social policy." In Titmuss, Richard M., ed., *Essays on the welfare state*. London: George Allen and Unwin, 75-87.

Toynbee, Arnold J. 1946. *A study of history: abridgment of volumes I-VI by David C. Somervell*. Oxford: Oxford University Press.

Treisman, David. 2012. "Inequality: the Russian experience." *Current History* 111: 264-268.

Trigger, Bruce G. 2003. *Understanding early civilizations: a comparative study*. Cambridge, UK: Cambridge University Press.

Trinkaus, Erik, Buzhilova, Alexandra P., Mednikova, Maria B., and Dobrovolskaya, Maria V. 2014. *The people of Sunghir: burials, bodies, and behavior in the Earlier Upper Paleolithic*. Oxford: Oxford University Press.

Tsounta, Evridiki, and Osueke, Anayochukwu I. 2014. "What is behind Latin America's declining income inequality?" IMF Working Paper 14/124.

Tuma, Elias H. 1965. *Twenty-six centuries of agrarian reform: a comparative analysis*. Berkeley: University of California Press.

Turchin, Peter. 2009. "A theory for formation of large empires." *Journal of Global History* 4: 191-217.

Turchin, Peter. 2016a. *Ages of discord: a structural-demographic analysis of American history*. Chaplin, CT: Beresta Books.

Turchin, Peter. 2016b. *Ultrasociety: how 10,000 years of war made humans the greatest cooperators on earth*. Chaplin, CT: Beresta Books.

Turchin, Peter, Currie, Thomas E., Turner, Edward A. L., and Gavrilets, Sergey. 2013. "War, space, and the evolution of Old World complex societies." *Proceedings of the National Academy of Science* 110: 16384-16389.

Turchin, Peter, and Gavrilets, Sergey. 2009. "Evolution of complex hierarchical societies." *Social Evolution and History* 8: 167-198.

Turchin, Peter, and Nefedov, Sergey A. 2009. *Secular cycles*. Princeton, NJ: Princeton University Press.

Turner, Michael. 1996. *After the famine: Irish agriculture, 1850-1914*. Cambridge, UK: Cambridge University Press.

Twitchett, Denis, and Loewe, Michael, eds. 1986. *The Cambridge history of China*. Vol. 1. *The Ch'in and Han empires, 221 B.C.-A.D. 220*. Cambridge, UK: Cambridge University Press.

United Nations. 2015. "World population prospects: the 2015 revision, key findings and advance tables." United Nations, Department of Economic and Social Affairs, Population Division, Working Paper No. ESA/P/WP.241.

United States strategic bombing survey 1946. *Summary report (Pacific war).* Washington, DC: United States Government Printing Office.

Vanhaeren, Marian, and d'Errico, Francesco. 2005. "Grave goods from the Saint-Germain-la-Rivière burial: evidence for social inequality in the Upper Palaeolithic." *Journal of Anthropological Archaeology* 24: 117-134.

van Praag, Bernard, and Ferrer-i-Carbonell, Ada. 2009. "Inequality and happiness." In Salverda, Nolan, and Smeeding, eds. 2009: 364-383.

van Treeck, Till. 2014. "Did inequality cause the U.S. financial crisis?" *Journal of Economic Surveys* 28: 421-448.

van Wees, Hans. 2004. *Greek warfare: myths and realities*. London: Duckworth.

van Zanden, Jan Luiten. 1995. "Tracing the beginning of the Kuznets curve: western Europe during the early modern period." *Economic History Review* 48: 643-664.

van Zanden, Jan Luiten. 2009. "The skill premium and the 'Great Divergence.'" *European Review of Economic History* 13: 121-153.

Veltmeyer, Henry, and Rushton, Mark. 2012. *The Cuban revolution as socialist human development*. Leiden, Netherlands: Brill.

Verme, Paolo, et al. 2014. *Inside inequality in the Arab Republic of Egypt: facts and perceptions across people, time, and space*. Washington, DC: World Bank.

Villette, Michel, and Vuillermot, Catherine. 2009. *From predators to icons: exposing the myth of the business hero*. Ithaca: Cornell University Press.

Virén, Matti. 2000. "Financing the welfare state in the global economy." Working Paper No. 732, Elinkeinoelämän Tutkimuslaitos, Helsinki.

Visser, Jelle. 1989. *European trade unions in figures*. Deventer, Netherlands: Kluwer.

Visser, Jelle, and Checchi, Danielle. 2009. "Inequality and the labor market: unions." In Salverda, Nolan, and Smeeding, eds. 2009: 230-256.

Voitchovsky, Sarah. 2009. "Inequality and economic growth." In Salverda, Nolan, and Smeeding, eds. 2009: 549-574.

Volscho, Thomas W., and Kelly, Nathan J. 2012. "The rise of the super-rich: power resources, taxes, financial markets, and the dynamics of the top 1 percent, 1949 to 2008." *American Sociological Review* 77: 679-699.

Waglé, Udaya R. 2013. *The heterogeneity link of the welfare state and redistribution: ethnic heterogeneity, welfare state policies, poverty, and inequality in high income countries*. Cham, Switzerland: Springer.

Wagner, David M., et al. 2014. "*Yersinia pestis* and the Plague of Justinian 541-543 AD: a genomic analysis." *The Lancet Infectious Diseases* 14 (4): 319-326.

Waldenström, Daniel. 2015. "Wealth-income ratios in a small, late-industrializing, welfare-state economy: Sweden, 1810-2014." Uppsala Center for Fiscal Studies Working Paper 2015:6.

Walder, Andrew G. 2015. *China under Mao: a revolution derailed*. Cambridge, MA: Harvard University Press.

Wang, Chen, Caminada, Koen, and Goudswaard, Kees. 2012. "The redistributive effect of social transfer programmes and taxes: a decomposition across countries." *International Social Security Review* 65 (3): 27-48.

Ward, Eric E. 1990. *Land reform in Japan 1946-1950, the Allied role*. Tokyo: Nobunkyo.

Watkins, Susan Cotts, and Menken, Jane. 1985. "Famines in historical perspective." *Population and Development Review* 11: 647-675.

Weber, Max. 1950. *General economic history*. New York: Free Press.

Wehler, Hans-Ulrich. 2013. *Die neue Umverteilung: soziale Ungleichheit in Deutschland*. 2nd ed. Munich: Beck.

Weisbrot, Mark, Ray, Rebecca, Montecino, Juan A., and Kozameh, Sara. 2011. "The Argentine success story and its implications." Washington, DC: Center for Economic and Policy Research.

Wells, Berit, ed. 1992. *Agriculture in ancient Greece*. Stockholm: Swedish Institute at Athens.

Wengrow, David, and Graeber, David. 2015. "Farewell to the 'childhood of man': ritual, seasonality, and the origins of inequality." *Journal of the Royal*

Anthropological Institute 21: 597-619.

Werth, Nicolas. 1999. "A state against its people: violence, repression, and terror in the Soviet Union." In Courtois et al. 1999: 33-268.

Western, Bruce, and Rosenfeld, Jake. 2011. "Unions, norms, and the rise of U.S. wage inequality." *American Sociological Review* 76: 513-537.

Wickham, Chris. 2005. *Framing the early Middle Ages: Europe and the Mediterranean, 400-800*. Oxford: Oxford University Press.

Wilensky, Harold L. 1975. *The welfare state and equality: structural and ideological roots of public expenditures*. Berkeley: University of California Press.

Willey, Gordon R., and Shimkin, Demitri B. 1973. "The Maya collapse: a summary view." In Culbert, ed. 1973: 457-501.

Williamson, Jeffrey G. 1985. *Did British capitalism breed inequality?* Winchester, MA: Allen and Unwin.

Williamson, Jeffrey G. 1991. "British inequality during the Industrial Revolution: accounting for the Kuznets curve." In Brenner, Kaelble, and Thomas, eds. 1991: 56-75.

Williamson, Jeffrey G. 2009. "History without evidence: Latin American inequality since 1491." National Bureau of Economic Research Working Paper No. 14766.

Williamson, Jeffrey G. 2015. "Latin American inequality: colonial origins, commodity booms, or a missed 20th century leveling?" NBER Working Paper No. 20915.

Wimmer, Andreas. 2014. "War." *Annual Review of Sociology 40*: 173-197.

Windler, Anne, Thiele, Rainer, and Müller, Johannes. 2013. "Increasing inequality in Chalcolithic Southeast Europe: the case of Durankulak." *Journal of Archaeological Science* 40: 204-210.

Winters, Jeffrey A. 2011. *Oligarchy*. New York: Cambridge University Press.

Wolfe, Nathan. 2011. *The viral storm: the dawn of a new pandemic age*. New York: Times Books.

Wolff, Edward N. 1996. "International comparisons of wealth inequality." *Review of Income and Wealth* 42: 433-451.

Wood, Ellen Meiksins. 2003. *Empire of capital*. London: Verso.

Wood, James W. 1988. "A theory of preindustrial population dynamics." *Current Anthropology* 39: 99-135.

World Bank. 2008. *Land reforms in Sri Lanka: a poverty and social impact analysis (PSIA)*. Washington, DC: World Bank.

Wright, Gavin. 2006. *Slavery and American economic development*. Baton Rouge: Louisiana State University Press.

Wright, James C. 2008. "Early Mycenaean Greece." In Shelmerdine, ed. 2008: 230-257.

Wright, Katherine I. 2014. "Domestication and inequality? Households, corporate groups and food processing tools at Neolithic Catalhöyük." *Journal of Anthropological Archaeology* 33: 1-33.

Wright, Lisa. 2006. *Diet, health, and status among the Pasión Maya: a reappraisal of the collapse*. Nashville, TN: Vanderbilt University Press.

Wright, Rita. 2010. *The ancient Indus: urbanism, economy, and society*. New York: Cambridge University Press.

WWID. "The world wealth and income database." http://www.wid.world.

Xie, Y., and Zhou, X. 2014. "Income inequality in today's China." *Proceedings of the National Academy of Sciences* 111: 6928-6933.

Yamada, Shigeo. 2000. *The construction of the Assyrian empire: a historical study of the inscriptions of Shalmaneser III (859-824 BC) relating to his campaigns to the west*. Leiden, Netherlands: Brill.

Yamamoto, Yûzô. 2003. "Japanese empire and colonial management." In Nakamura and Odaka, eds. 2003a: 223-246.

Yaycioglu, Ali. 2012. "Wealth, power and death: capital accumulation and imperial seizures in the Ottoman empire (1453-1839)." Working Paper, Yale Program in Economic History, Yale University.

Yoffee, Norman. 1988. "The collapse of ancient Mesopotamian states and civilization." In Yoffee and Cowgill, eds. 1988: 44-68.

Yoffee, Norman, and Cowgill, George L., eds. 1988. *The collapse of ancient states and civilizations*. Tucson: University of Arizona Press.

Yonekura, Seiichiro. 1993. "Postwar reform in management and labour: the case of the steel industry." In Teranishi and Kosai, eds. 1993: 205-238.

Yoshikawa, Hiroshi, and Okazaki, Tetsuji. 1993. "Postwar hyper-inflation and the Dodge Plan, 1945-50: an overview." In Teranishi and Kosai, eds. 1993: 86-104.

You, Jong-sung. 2015. *Democracy, inequality and corruption: Korea, Taiwan and the Philippines compared*. Cambridge, UK: Cambridge University Press.

You, Jong-sung. n.d. "Inequality and corruption: the role of land reform in Korea, Taiwan, and the Philippines." Working paper.

Yuen, Choy Leng. 1982. "The struggle for land reform in Japan: a study of the major land legislation, 1920-1943." PhD thesis, Harvard University.

Yun-Casalilla, Bartolomé, and O'Brien, Patrick K., with Comín Comín, Francisco, eds. 2012. *The rise of fiscal states: a global history, 1500-1914*. Cambridge, UK: Cambridge University Press.

Zala, Sacha. 2014. "Krisen, Konfrontation, Konsens (1914-1949)." In Kreis, Georg, ed. *Geschichte der Schweiz*. Basel, Switzerland: Schwabe, 490-539.

Zamagni, Vera. 2005. "Italy: how to lose the war and win the peace." In Harrison, ed. 1998b: 177-223.

Zébitch, Milorade. 1917. *La Serbie agricole et sa démocratie*. Paris: Libraire Berger-Levrault.

Ze'evi, Dror, and Buke, Ilkim. 2015. "Banishment, confiscation, and the instability of the Ottoman elite household." In Ze'evi, Dror, and Toledano, Ehud, eds., *Society, law, and culture in the Middle East: "modernities" in the making*. Berlin: De Gruyter, 16-30.

Zelener, Yan. 2012. "Genetic evidence, density dependence and epidemiological models of the 'Antonine Plague.'" In Lo Cascio, ed. 2012: 167-191.

Zelin, Madeleine. 1984. *The magistrate's tael: rationalizing fiscal reform in eighteenth-century Ch'ing China*. Berkeley: University of California Press.

Zeuske, Michael. 2013. *Handbuch der Geschichte der Sklaverei: eine Globalgeschichte von den Anfängen bis zur Gegenwart*. Berlin: De Gruyter.

Zhong, Wei, et al. 2010. "Wealth inequality: China and India." India China Institute collaborative project *Prosperity and inequality in India and China, 2008-2010*. Working paper.

Zubay, Geoffrey, et al. 2005. *Agents of bioterrorism: pathogens and their weaponization*. New York: Columbia University Press.

Zuckerman, Edward. 1984. *The day after World War III*. New York: Avon.

Zucman, Gabriel. 2013. "The missing wealth of nations: are Europe and the US net debtors or net creditors?" *Quarterly Journal of Economics* 128: 1321-1364.

Zucman, Gabriel. 2015. *The hidden wealth of nations: the scourge of tax havens*. Chicago: University of Chicago.

찾아보기

*쪽수 옆 괄호 안 숫자는 주 번호입니다.